U0018270

【暢銷經典版】

圖解金剛經

張宏實 著

【出版緣起】

佛陀的弟子絕大多數是不識字的
佛陀說法時用的是弟子能懂的語言，而非貴族或知識份子語言
佛陀宏法時不在乎使用何種形式，有效則用之
佛陀也鼓勵弟子為他人說法時要用普通話

「圖解系列」希望靈活運用圖繪、表解與文字的方式
詮釋佛陀所留給我們的諸多古老經典

圖繪比純文字敘述更能清楚表達經典裡的濃縮義理
表列可以比文字更能說明、比較佛法概念的發展與變化
特別是「般若」、「涅槃」等佛法獨有的概念
文字的線性特質，往往限制了讀者的思考的脈絡與順序
如果用圖繪來傳達，豈不更立體與清楚
圖解書給了編輯更多元的工具去傳播知識
也給了讀者新的閱讀經驗與思考方式

佛陀用八萬四千法門幫助眾生成佛
圖解系列則嘗試以更立體的方式轉述佛陀的法義

目錄

基礎分析：47個子題帶你進入《金剛經》的世界..........29

基本10問

空性練習題

三位大師的解題模型

《金剛經》關鍵字

《金剛經》的歷史源流

逐分解經：依照昭明太子32分詳細解析..........180

附錄 472

【12年版紀念序】

從量子力學開始理解《金剛經》

我的年紀慢慢接近六十歲，經歷更多的生命學習。十二年來，我針對《金剛經》陸續公開演講與進行學校系列課程，也曾到寺院與法師們分析《金剛經》的梵語原意。除此之外，還有幾個私下的個人課程，那是為早已熟悉《金剛經》經文的朋友分享如何讓《金剛經》融入日常生活。回想起第一次公開場合演講《金剛經》，是在信義計畫區的誠品講堂，來自當時牛頓雜誌王總編輯的邀約。我還記得當年以電影《駭客任務》（*The Matrix*, 1999）與「量子力學」（quantum mechanics，或稱量子論）談《金剛經》。演講時提及德國物理學家普朗克（Max Planck, 1858～1947），他在一場物理學的學會會議中，將「能量」予以量子化數值。這一天於科學史上量子力學正式誕生，而後普朗克也因為量子科學獲得諾貝爾獎項。

量子力學看似我們很遙遠、很深奧，其實你我幾乎天天使用的手機，就是由量子力學延伸而發展出來的科技產品，而手機即是電影《駭客任務》的關鍵物品。請逐字閱讀普朗克下面的一段重要文字，雖然他是物理學家，但這段科學史經典話語之中充滿了宗教與哲學意涵，他說：「萬物因為力而得以興起與存在……我們必須假設在力的背後存在有意識、有智慧的心智，這個心智就是萬物的母體（matrix）。」電影《駭客任務》的英文片名就是The Matrix。

◉ 量子科學的「母體」連結到金剛經的「阿耨多羅三藐三菩提」

在量子科學普及世界有一段時日了，具備理工背景的佛教徒會很自然地將萬物的心智「母體」（matrrix）連結到《金剛經》的「阿耨多羅三藐三菩提」（Annutara-samyaksambodhi）這個語詞。此一梵語原本意思是「無法超越、正確而且完美的覺知」，這個覺知是非常近似於普朗克描述的「有意識、有智慧的心智母體」，在量子力學認為由它啟動進而發展出整個宇宙。而《金剛經》的核心重點即是如何啟動阿耨多羅三藐三菩提，意思是如何啟動個人完美的覺知能量。於是在《金剛經》開始的第2分〈善現啟請分〉須菩提便請示釋迦牟尼佛：「善男子、善女人，發阿耨多羅三藐三菩提心，應云何住？云何降伏其心？」意思是：「發阿耨多羅三藐三菩提心的人，如何才能讓發起的心安住不退失？如何才能降伏妄想的心，讓它不生起？」。

除了母體與阿耨多羅三藐三菩提，量子力學與佛教思想在許多層面有著非常相近之處。在完成《圖解金剛經》（2009）的三年後，我以一個接一個的量子科學實驗寫了《咒語：下載宇宙能量的通關密碼》（2012）。如果具備理工背景的讀者，建議不妨再接觸量子力學，這將會讓你對於《金剛經》的領略有更深層的感受。

◉ 序是每一本書的精華

這回版社邀約寫篇新序，目的是為了推出圖解金剛經的十二週年紀念版。每一本書的序是作者最重視的區塊，都是竭盡所能告訴讀者書中的精華，甚至分享如何獲取書中知識或智慧的方法。這篇新序也是如此，試圖將《圖解金剛經》出版十二年後更多學習經驗分享給讀者。其中，這幾年筆者深刻地進行解門與行門的交換運作。「解門」的解意思是「理解、解釋」，也就是理解佛教思想的理論觀念；「行門」的行是「執行、實踐」，這是真實生活的修行與實踐。在佛教世界追尋智慧的過程中，一定要有理論配合方法真正地實踐，也就是所謂的「解行並重」。

◉ 解門走入行門：觀

如何由解門走入行門？這裡還是以物理學來描述解門與行門，理工科的學習過程先由高中物理課本牛頓力學開始（肉眼可觀察的世界），然後是大學的熱力學（球形狀粒子的隨機碰撞），最終來到研究所的量子力學（次原子粒子底層的真實世界）的基礎概念。簡言之，書本的理論基礎屬於「解門」。如要更深入體驗，就要走進實驗室，透由「行門」來證明這些理論，然後發展出實際運用於生活的科技產品。在這同時也啟動了更深層物理知識的探詢。

物理科學的學習就是如此，然而在佛教世界的修習也是一樣。先是透由佛經的概念理解，慢慢落入真實生活的實踐。世界現象的觀察過程，以上述物理科學而言由肉眼可見的「巨觀世界」進入奧祕的「微觀世界」，直到人類科技無法觀察也無法描述的宇宙邊界。這就可對比金剛經的「五眼」，出自於第18分〈一體同觀分〉。那是觀察世界與宇宙的五種眼睛：肉眼、天眼、慧眼、法眼與佛眼。

肉眼與天眼容易理解，此處就不多做解釋。而慧眼是阿羅漢的眼可以看到「空性世界」，諸法皆空。法眼是菩薩的眼，體悟了一切法「真空妙有」。最後的佛眼是「非空非有」，既不是空也不是有，那究竟是什麼狀態?佛陀所觀察到的境態是超乎人類語言所能表達的，也就是「不可說」的境界。不同五眼有不同的觀察境界，所有的觀照結束在金剛經最後的第32分〈應化非真分〉。經文上寫著「一切有為法，如夢幻泡影，如露亦如電，應作如是觀」。應作如是觀的「觀」可連結不同層面的觀，是透由五眼來觀。

上述完整經句的意思是世間的一切運作法則，都是虛幻無常的，如夢、如幻、 如泡、如影、如露珠亦如閃電，凡屬因緣和合所產生的一切現象、法理，終究是虛幻的，應該作如此的觀照。只要持續的觀察（觀照）這個世界，也同時觀看（觀照）自己，即是實踐金剛經的法門。

◉ 如何將《金剛經》融入生活之中？先有形，再將心放入，然後超越形的限制。

許多虔誠的佛教徒熟讀經文，如《心經》、《佛說阿彌陀經》、《藥師經》等等充滿宇宙智慧的善美經典，想要藉此進入美好的心靈層面。如果能夠落入人生的真實實踐那是更美好的境界，也就是踏實的「解行並重」。就如同上述的《心經》，其實是一本游泳指導手冊，僅260個字完整告訴人們如何由此岸游到彼岸，也就是由「有的世界」游向「空的世界」的實踐指南。

然而，許多人朗朗上口《心經》，日日念誦，卻沒有落實於真實生活，這就如同熟背游泳指導手冊，卻始終沒下過水，這是很可惜的。對於《金剛經》而言，如何實踐於生活呢？「先有形，再將心放入，然後超越形的限制」，形的意思就是「形式」。總共就這三個步驟，而且在一生的修行過程中反覆地重複。

「先有形」這是第一步驟，就是誦讀《金剛經》的原文，通常是指鳩摩羅什的東晉譯本。一開始無須完全理解每個字句的意思。只要養成習慣，於清晨念誦或是工作休息時念誦，也可以搭乘大眾捷運時念誦，一切自然自在，無須有壓力。

接著再慢慢「放入心」，漸漸理解金剛經的字句。建議初期時不妨參考本書「單元完整白話翻譯」。請讀者安心閱讀書中的白話文字，雖然無法百分之百完整翻譯，畢竟世界上沒有兩種語言是完全相同，甚至有時候無法找到相同的中文字眼來翻譯。但本書至少已經比對了四大譯師（鳩摩羅什、真諦、玄奘、義淨）的漢字譯文，也對照德國天才譯師孔茲的精彩英文譯本，還有參校印度原始梵本。

其中孔茲（Edward Conze, 1904~1979）是近代著名的般若學專家。他出生在英格蘭，擁有超凡的語言天賦，通曉包括梵文、巴利文、藏文、中文等十四種語言。他所完成的《金剛經》英譯本，其英譯經文忠實呈現梵本的原意，字義精準，為現代人提供了另一種語言的讀經參考。另外，如果還是習慣閱讀漢文金剛經，那麼玄奘、義淨的譯版是個極佳的選項，相當精準，幾乎不會產生字義上的困擾。

當透由「白話翻譯」而略有概念之後，請展開「圖解部分」的部分。進入清晰辯證的邏輯思考，這部分最有趣也最吸引人，會全面展開《金剛經》32分一層又一層的分析，於閱讀中充滿樂趣。等白話翻譯與圖解分析都熟悉之後，將是進入「超越形」的境態，一種超越形式、內化於心的體悟。此時再次回到原始經文的念誦時，自然會發現許多不解的地方，所謂的不解不是看不懂意思，而是無法與真實的觀察相吻合。這個階段請繼續專心讀誦，因為即將展開超越形的限制。而這時候孔茲的譯本與四大譯師的比對就非常有幫助。至於，準備進入「超越形」境態的不解於何處？通常是「法」與「相」的觀察。

◉ 邏輯條理明晰，令人讚歎的孔茲解題法，這是念誦《金剛經》的最佳指引方針

書中分享了古今中外的解題模型，其中西方學者孔茲所建立的《金剛經》解題模型，邏輯條理明晰，令人讚歎。筆者學習《金剛經》已經超過三十年了，過程中深刻受到這份解題的幫助，直到今日依舊如此。就覺醒的角度，孔茲分成自覺（自己覺醒）、覺他（覺悟他人）、覺滿（圓滿的覺悟）。

❶自覺（第2~16 分）
❷由自覺走向覺他（第17 分）
❸自覺、覺他而到覺滿（第18~32 分）

接著他再以發願追求菩薩乘的修習過程，來分析《金剛經》的完整結構。他將全經分成了以下八個階段。多年來，筆者每天的《金剛經》早課，誦經前一定在心中抓住孔茲的解析架構，然後再安穩地念誦完畢。讀者不妨也可試看看，肯定會開展不可思議的學習成果。此外，

請特別注意第13分〈如法受持分〉，除了是《金剛經》的第一次總結，也是跨越到彼岸的開始。如果再深入《金剛經》會察覺經文中有著「一心二鑰」貫穿全經，以一顆慈悲心與兩把智慧鑰匙，分別開啟「相」與「法」的觀照。透由「相」與「法」的體悟將由「有的世界」走入「空的境態」。一心二鑰的慈悲心、相與法的觀看方式就寫在最後的第32分，而最後一個字就是應作如是觀的「觀」。《金剛經》的行門就是時時刻刻觀察、觀看與觀照，這是這篇序最重要的分享，希望你能瞧瞧孔茲的《金剛經》八階段。

張宏實 2020年

《孔茲的金剛經八階段》

第1～2分	序（ntroductiuon）
第3～8分	菩薩的修行歷程（The Bodhisattva's Career）
第9～12分	慧命的歷程，代表心靈生命的變化（The Range of the Spiritual Life）
第13分	第一次的結語（The First Ending）
第13～16分	智慧境態的超越，此岸超越到彼岸（Transcendentality）
第17分	菩薩（The Bodhisattvas）
第18～29分	諸佛（The Buddhas）
第30～32分	給未達圓滿境界者的忠告（Advice to the Imperfect）

備註：當來到第18分到第29分，孔茲的大單元標題是「諸佛」（The Buddhas），全經以長達十二分的篇幅來告訴大菩薩們（他們都是準佛陀喔！）如何透過實踐慈悲心來達到佛陀的境界。

法
法
法
法
法
法
金剛經

【導讀】

你可以這樣讀《金剛經》！

——給五種讀經人的建議

1 無論是誰，都要優先閱讀的單元

◉ 請認真閱讀Part 1「基礎分析」下面六個小單元：

單元11,12：A，即非A，是名A。

單元13：非有、非無

單元14：「金剛般若波羅蜜」是個「假名」！

單元15：金剛經給菩薩「一心二鑰」？(以上是「空性練習題」的五個單元)

單元23：關鍵字：「住」與「不住」(一個漢字二個梵語)

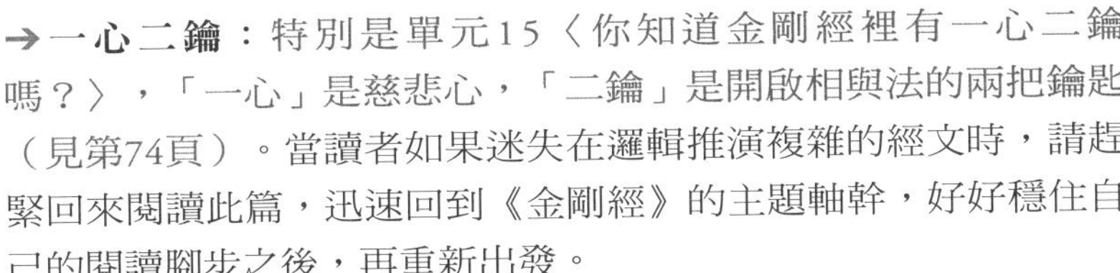

【說明】

→**空性練習題**：請一定要優先閱讀PART 1「基礎分析」裡「空性練習題」的這五個單元，這樣肯定可以掌握《金剛經》的基礎句型，然後，再進入PART 2「逐分解經」各單元，便可清楚理解經文的表達方式。

→**一心二鑰**：特別是單元15〈你知道金剛經裡有一心二鑰嗎？〉，「一心」是慈悲心，「二鑰」是開啟相與法的兩把鑰匙（見第74頁）。當讀者如果迷失在邏輯推演複雜的經文時，請趕緊回來閱讀此篇，迅速回到《金剛經》的主題軸幹，好好穩住自己的閱讀腳步之後，再重新出發。

→**「假名」是一座橋**：透過意識所能夠建構的一切，依據中觀學派的理論就叫「假名」。《金剛經》認為凡是「能被語言文字陳述的存在實態」就已經不是「真正的實態」，但《金剛經》並不否定它的存在，而在經裡設定它們為暫時的「名」。這個觀點即是《金剛經》最著名的「三段論式」（A，即非A，是名A），目的在清楚揭示「假名」的意涵，像「莊嚴佛土者，即非莊嚴，是名莊嚴」，這便是其中的典型範例。絕大部分的人們都是經由文字傳述而有得到文字般若的機會，接著再經過禪定般若的修習有更深體悟，最後才可能如同佛陀一般親證實相般若。因此，請勿忽略第11到14單元關於「假名」這個重要學習！

➔一個「住」兩個意思：另外我們還得提醒讀者「住」這個字的重要性，它在《金剛經》總共出現21次。若非經過梵本比對，我們很難在一開始就察覺經文中的「住」字，其實在原始梵文中用了兩個不同的字，這點沒弄清楚，當然很有可能誤解經文的意思。請先看下面這兩段經文，你能分辨出這些「住」分別是什麼意思嗎？

諸菩薩摩訶薩應如是生清淨心，不應住色生心，不應住聲香味觸法生心，應無所住而生其心。(第4分)
善男子、善女人，發阿耨多羅三藐三菩提心，應云何住？云何降伏其心？(第2分)

第4分的「住」梵文是pratisthitena，它的意思是「執著」，執著會讓你的心有罣礙；反之，「不住」則是「不執著」，不執著能讓你的心自由自在。「不應住聲、香、味、觸、法生心」的「住」就是這個意思，不要執著於六塵的牽絆。

「住」還有另一個梵字是sthatavyam，意思是「安住」，在「如發阿耨多羅三藐三菩提心，應云何住？」的「住」就是代表維持或保持，整句意思是發了心之後，該如何安住、維持這顆菩提心？所以，不知道「住」字的原始梵文，即使讀經多年，還可能在似懂非懂的狀態呢！

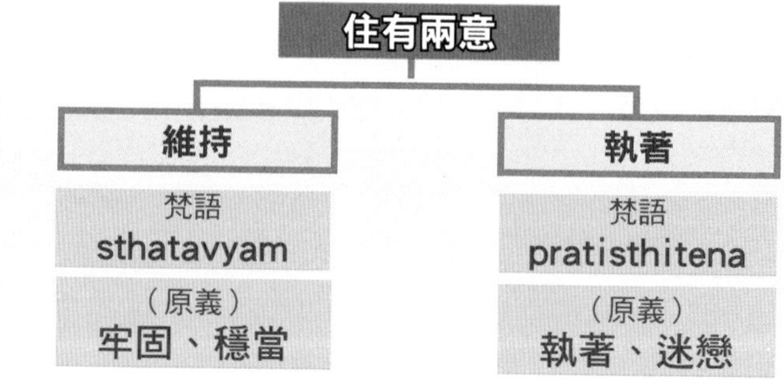

2 生活忙碌但很想認識《金剛經》的人

◉利用PART 2「逐分解經」的「關鍵內容」條例式整理，迅速抓住核心概念。

・以「關鍵內容」的條例式整理配合「白話翻譯」，肯定可以輕鬆閱讀經文。

◉花個幾分鐘逐字閱讀PART 1「基礎分析」的四個單元：

單元 1 ：「金剛般若波羅蜜經」 這八個字是什麼意思？
單元 2 ：《金剛經》是為誰說的？
單元 3 ：《金剛經》的核心概念是什麼？
單元 4 ： 釋迦牟尼在經裡， 為何要有三種不同的稱呼？

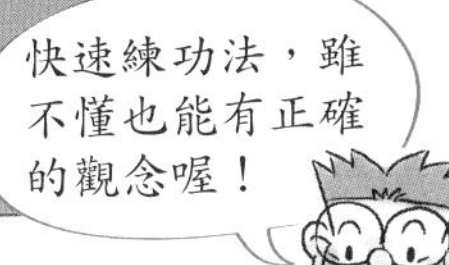

【說明】

➔抓住「關鍵內容」：對於時間有限、工作忙碌的讀者，或許只能撥出些許寶貴的時間來閱讀《金剛經》，那麼本書PART 2「逐分解經」裡的「關鍵內容」條例式整理就顯得格外重要，它可以協助這類讀者迅速抓住經文的文章脈絡，順暢輕鬆地進行經文的閱讀。

➔經名的真正意涵是什麼：此外，「金剛般若波羅蜜經」的經題，是根據鳩摩羅什所譯而來，如果要追根究柢的話，依梵語原典經名《Vajracchedika Prajnaparamita-sutra》來看，應該是玄奘所譯的《能斷金剛般若波羅蜜多經》較為正確。我們認為瞭解經名的真正涵意是很重要的，還有全經的講說對象與釋迦牟尼在經文裡的多種稱呼，也都是最基本的認識。

初次接觸《金剛經》便很相應的人

◉請務必留意「逐分解經」各單元的「關鍵詞彙」，盡量花點時間去體會每個梵語詞彙的原始意義。

◉解讀經文的表層意義，至少包括三個層面：

❶ 認識關鍵詞彙，例如「阿耨多羅三藐三菩提」、「四相」等這些專有名詞，在「逐分解經」的「關鍵詞彙」均有詳細說明。

❷ 要懂得分析句型，例如「A，即非 A，是名 A」。此外，先閱讀本書 PART2「逐分解經」的「白話翻譯」與「孔茲的梵譯英」，再加上 PART1「基礎分析」各單元的輔助，可有更多的體會。

❸ 逐步建立經文結構的理解，例如：由「發阿耨多羅三藐三菩提心」直到「得阿耨多羅三藐三菩提」，這部份的演繹過程，可藉助 PART2「逐分解經」的「關鍵內容」的條例式整理來理解。

◉行有餘力時，再進行總結構的分析：

・此乃透徹瞭解《金剛經》文字的必要程序，這部分可以參考〈附錄7：孔茲的金剛經結構分析〉。

【說明】

➔先讀表層意義：有些讀者雖然是初次接觸《金剛經》，卻可能與《金剛經》很相應，想要好好學習《金剛經》。這時候可以循序漸進先解讀「表層的意義」，包括：認識關鍵字詞、分析句型與建立經文的結構。

透徹掌握語言文字是探究《金剛經》意義的必要方法。雖然我們可以有效地運用語言文字，但其意義可能在翻譯過程中被制約或流失，因此，需要透過三個基礎學習，讀者才能去體會經文中「表層的意義」，也才有能力進一步思考佛陀的教法，甚至推測經典結集者的用意。這個意思是說，在達到「禪定般若」（禪修過程獲得的智慧）之前，還是得借助「文字般若」（經文典籍的智慧），因此，這對於有心想徹底認識《金剛經》的讀者，上述的三個建議是重要的。

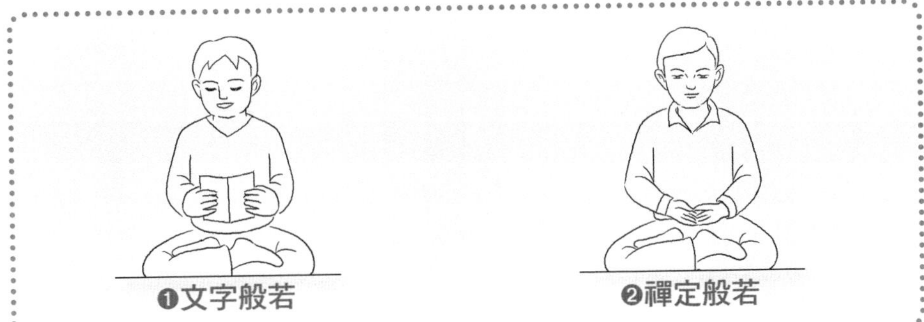

4 對《金剛經》早已倒背如流的人

◉**藉由附錄表格，反覆分析「法、相、住」等重要觀念：**

- 它們在《金剛經》裡均隱藏著多層次的意義，需要全心全意的去解讀分析。

◉**遇到模稜兩可或是有問題的部分，不妨細心閱讀古今中外不同譯者（鳩摩羅什、真諦、玄奘、義淨、孔茲）的多元解譯：**

- 這個過程必須借助附錄分析表，進行五個版本的比對。
- 這對於文章是難以達成的任務，系列分析表即可輕鬆實踐。

◉**認真分析關鍵詞彙「阿耨多羅三藐三菩提」，閱讀的單元包括：**

單元 19：阿耨多羅三藐三菩提
單元 20：發阿耨多羅三藐三菩提心
單元 21：三談阿耨多羅三藐三菩提

◉**認識古今三位大師的解題模型，提升為多元、多層次的思考：**

單元 16：古代解空高手僧肇的解題模型
單元 17：當代導師印順長老的解題模型
單元 18：西方般若學者孔茲的解題模型

【說明】

➔比較不同譯師的多元譯法：根據歷史記載，《金剛經》在無著菩薩（Asanga，大約西元四、五世紀左右）的時代，就曾經在印度的那爛陀寺（Nalanda）興起一股釋解與討論的熱潮。直至今日，《金剛經》與《心經》仍是和華文世界學佛者因緣最深的佛經，是佛弟子瞭解空性智慧最重要的佛經之一，許多優秀的學佛者對於經文早已是滾瓜爛熟。

雖然已經背得
滾瓜爛熟，但還
有深入思惟的
空間呢！

由於經文龐大，單憑個人超強記憶力，便想進行經文的比對分析，是件困難的事，我們建議這類讀者要妥善運用隨書配合的光碟，針對重要觀念如「法」、「相」、「住」等等的意義反覆推敲。若遇到模稜兩可或是有疑問之處，不妨細心體會古今中外不同譯者的多元譯法。

→**請耐心讀完「阿耨多羅三藐三菩提」這個語詞**：此一詞原本意思是「無法超越、正確而且完美的覺知」，在《金剛經》原始梵文裡，其實是在不同地方用了兩個不同的字詞，分別是「無上正等正覺」（anuttaram samyaksambodhimt）與「發趣菩薩乘」（bodhisattva-yana-samprasthitena）。鳩摩羅什對此二者都統一譯為「阿耨多羅三藐三菩提」，難怪許多讀經者雖然經過數年讀誦，仍然是模糊的瞭解。所以希望已熟讀《金剛經》的讀者，請耐著性子閱讀PART1「基礎分析」的第20、21、22單元，你會恍然大悟梵文原始經文的鋪陳是如此的完美。

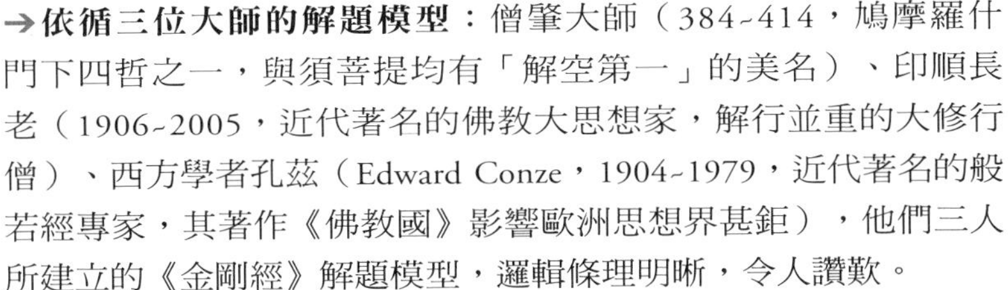

→**依循三位大師的解題模型**：僧肇大師（384~414，鳩摩羅什門下四哲之一，與須菩提均有「解空第一」的美名）、印順長老（1906~2005，近代著名的佛教大思想家，解行並重的大修行僧）、西方學者孔茲（Edward Conze，1904~1979，近代著名的般若經專家，其著作《佛教國》影響歐洲思想界甚鉅），他們三人所建立的《金剛經》解題模型，邏輯條理明晰，令人讚歎。

無論您是否同意三位古今中外大師的論點，我們深信他們三位一定可以引發您更多層次的理解。在一開始的學習，不過是蒐集廣博的文字知識而已，如果將範圍擴大，依循三位大師的腳步，最後會找到清晰理解《金剛經》的不同路徑。

5 想深刻鑽研、體悟經文的人

◉請認真閱讀PART2「逐分解經」中孔茲的英文翻譯，並特別注意孔茲譯文裡的括弧說明，你會有驚奇的發現。

◉以鳩摩羅什的譯本為基礎，搭配玄奘的譯本與近代孔茲的英譯本，是研究《金剛經》無懈可擊的金三角。

◉還是要精讀「逐分解經」的關鍵詞彙，徹底學習梵語詞彙，這將有助於未來其他佛教典籍的閱讀。

◉對於精讀者，強烈推薦閱讀的單元包括：

單元 5：為何《金剛經》要透過須菩提來教導空性？

單元 6：同一個問題，聰明的須菩提為何要問兩次？

單元 7：金剛經所說的四句偈到底是哪四句？

鳩摩羅什

玄奘

孔茲

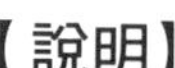

最深的學習還是要從最簡單的字詞開始喔！

【說明】

➔找出自己的解經模型：僧肇大師、印順長老、西方學者孔茲等三人精采的分析模型，這是為「熟讀者」特別準備的單元。不過我們相信還有更優秀的修行者，他們可以發展出不同於諸大師、屬於自己獨特的分析和體悟。

➔配合玄奘版和孔茲版閱讀：如果《金剛經》的「精讀者」想深入經文，進而擴展本書沒有提到的問題，那一定得配合閱讀「玄奘的漢譯本」與「孔茲的英譯本」。玄奘大師是眾人知曉，孔茲大家比較陌生，他是近代般若思想專家，曾經進行長達二十年的譯經工作，完成般若波羅蜜經相關的經文超過三十本以上，當中包括了《金剛經》與《心經》。他在當代佛學翻譯上的成就，經常和西域的鳩摩羅什、中國的玄奘相提並論。

特別提醒讀者的是，任何佛經只要經過翻譯過程，無可避免地，一定會遺失部分梵文意思，而也可能會增添原始梵文所沒有的意思，這是因為很難有兩種語言可以完全對等翻譯而毫無誤差。因此，除了比較閱讀諸漢文譯本之外，特別推薦閱讀孔茲的英譯本，可以開展另一個角度的思考。

➔**「四句偈」之外**：最後，建議你可以仔細想想這個問題：《金剛經》所說的「四句偈」到底是哪四句？真的只有四句偈嗎？還是有更多的偈呢？這問題可以在「逐分解經」第26分裡發現那個似乎被鳩摩羅什遺失的部分，請看以下的圖解。

鳩摩羅什所譯出的四句偈：

若以色見我，以音聲求我，是人行邪道，不能見如來。(第26分)

如果，你同時也閱讀了玄奘和孔茲的譯本，會發現他們兩人在上述的四句偈之後，還有以下這四句呢！這是未被鳩摩羅什翻譯的偈言：

(孔茲)

From the Dharma should one see the Buddhas,
From the Dharmabodies comes their guidance.
Yet Dharma's true nature cannot be discerned,
And no one can be conscious of it as an object.

(玄奘)

應觀佛法性
即導師法身；
法性非所識
故彼不能了

透過「既有」與「未被翻譯」的四句偈比對之後，「精讀者」必然能體會後四句的深遠意涵。

須菩提若有人言如來若來若去

臥是人不解我所說義何以故

所從來亦无所去故名如來

須菩提若善男子善女人以三千

碎為微塵於意云何是微塵

不甚多世尊何以故若是微塵

佛則不說是微塵眾所以者何

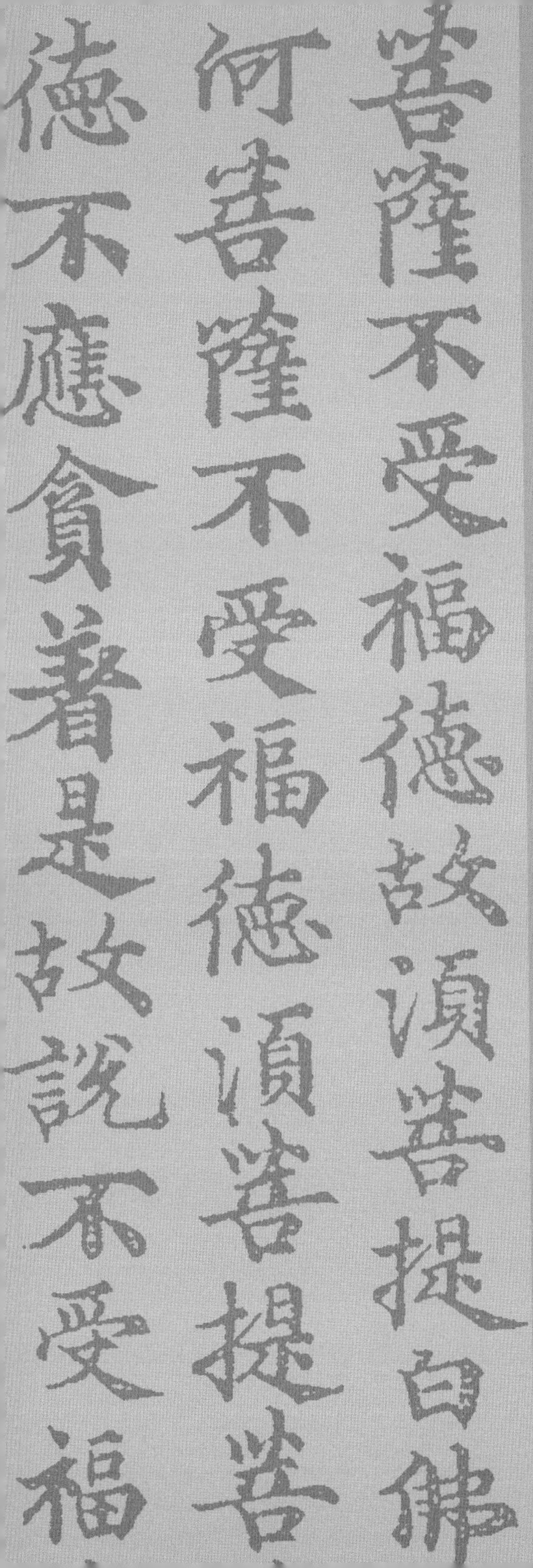

part I

基礎分析

47個子題帶你
進入《金剛經》的世界

「金剛般若波羅蜜經」八個字是什麼意思？

《金剛般若波羅蜜經》，人們簡稱為《金剛經》，經名的意思是說這部經「像金剛般堅固」？還是說這部經「能斬斷金剛」？

◉ 鳩摩羅什和玄奘兩位譯經家的譯法

「金剛般若波羅蜜經」這個經名是五世紀譯經家鳩摩羅什所譯。這部經梵語原典的經名為《Vajracchedika Prajnaparamita-sutra》，首先把鳩摩羅什翻譯的經名做正確斷讀：「金剛・般若波羅蜜・經」。再來看七世紀另一位偉大譯經師玄奘所譯出的經名是「能斷金剛般若波羅蜜多經」，我們也把玄奘翻譯的經名正確斷讀：「能斷金剛・般若波羅蜜多・經」，追根究柢來說，玄奘譯得較為貼切、正確。怎麼說呢？

從梵語看來，Vajracchedika（能斷金剛）意思是可以斷金剛或碎金剛，這是用來說明Prajnaparamita-sutra這部經「能斬斷金剛」，而非這部經「堅固「如金剛一般」。

◉ 近代學者孔茲的譯法

近代研究般若經典最著名的德國學者孔茲（E.Conze）則把此經翻譯為The Diamond Cutter（切斷金剛者），同樣說明了這部經能斬斷堅固的金剛，而不是這部經如金剛般堅固，這點與玄奘的譯法相近。當年，玄奘是這樣稱讚《金剛經》的，他說：「菩薩以分別為煩惱，而分別煩惱類如金剛。唯此經所詮無分別慧，乃欲明能除斷，故云能斷金剛般若波羅蜜多經。」

鳩摩羅什的譯法	玄奘的譯法	孔茲的英譯
金剛般若波羅蜜經	能斷金剛般若波羅蜜多經（能斬斷金剛的般若波羅蜜經）	The Diamond Cutter（切斷金剛者）

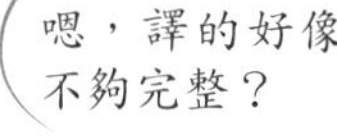

拆解梵語經名的字義

梵語經名

Vajracchedika Prajnaparamita-sutra

金剛	能斷	般若	波羅蜜	經
❶	❷	❸	❹	❺

❶金剛 vajra：意指金剛石（鑽石），其性堅利、堅固，不為他物所壞。

❷能斷 cchedika：這是玄奘翻譯多出來的字詞，強調這本經的力量強大，可切斷擊碎如金剛石般堅固的煩惱。

❸般若 prajna：一般譯為智慧，是聖者通達真理的無上妙慧，而非凡常人的聰明智慧。

❹波羅蜜 paramita：是波羅蜜多的略語，意思是到彼岸。用來比喻般若如船，能將眾生從生死的此岸，渡到不生不滅的涅槃彼岸。

❺經 sutra：梵語音譯為修多羅，原是編織用的線材，引伸為貫串佛陀的說法和道理。

玄奘如何稱讚《金剛經》？

菩薩

➲以分別為煩惱

➲分別煩惱如金剛

《金剛經》

➲無分別慧

➲可除斷煩惱，所以稱「能斷金剛般若波羅蜜多經」。

《金剛經》是為誰說的？

《金剛經》是為誰說的？由須菩提的第一句提問，答案就已經揭曉了。

◉ 發菩薩乘者

須菩提問說：「希有！世尊！如來善護念諸菩薩，善付囑諸菩薩。世尊！善男子、善女人，發阿耨多羅三藐三菩提心，應云何住？云何降伏其心？」意思是：「發阿耨多羅三藐三菩提心的人，如何才能讓發起的心安住不退失？如何才能降伏妄想的心，讓它不生起？」

由上文可知，「發阿耨多羅三藐三菩提心」的人顯然就是《金剛經》講說的對象。但這裡的「阿耨多羅三藐三菩提心」，似乎還可以找到更理想的譯法。在梵本《金剛經》裡，此處經句是bodhisattva-yana-samprasthitena，bodhisattva是「菩薩」，yana是「乘」，**samprasthitena是「趣向、趨近」，完整意思即為「發心追求菩薩乘的人」**。這段經文七世紀的玄奘翻譯成「諸有發趣菩薩乘者」，而二十世紀的西方般若專家孔茲則英譯為set out in the Bodhisattva-vehicle。所以《金剛經》是為誰說的？謎底揭曉，答案是「菩薩乘者」。

◉ Part 1 從善男善女到大菩薩（第1-16分）

《金剛經》是為菩薩乘者所寫的，於是一開始便以善男信女為對象，循序誘導他們發菩提心，繼而成為菩薩、大菩薩。所以，在《金剛經》的前半段，即前16分，就是為初發菩薩乘的善男子善女人而說，並指導不同階段的菩薩如何成為大菩薩，從孔茲所做的《金剛經》結構分析裡，可以看到這樣的鋪陳方法：

❶ 菩薩的修行歷程（第3~8分）
❷ 心靈生命的變化（第9~12分）
❸ 超越到彼岸（第13~16分）
❹ 終於達到菩薩的境界（第16分）

◉ Part 2 從不退轉大菩薩到未達圓滿境界的大菩薩（第17-29分）

發菩薩乘者經過漫長追求智慧的學習，便來到了《金剛經》的後半段。在第17分起，須菩提拋出了第二句相同的提問：「世尊！善男子、善女

《金剛經》的法說對象

《金剛經》的說法對象包含所有發菩薩乘的人

❶ 一般善男信女

❷ 新發菩提心的菩薩

❸ 久發菩提心的菩薩

❹ 不退轉的菩薩

❺ 達到一生補處的大菩薩
（盡此一生就能補到佛位，是最高階段的菩薩）

人，發阿耨多羅三藐三菩提心，云何應住？云何降伏其心？」這是《金剛經》的關鍵性轉折，由此開始，雖然也有善男子善女人，但主要對象是大菩薩與未達圓滿境界的大菩薩。當菩薩行者具備足夠空性的證悟能量，可以由「自覺」的境界，提昇為「自覺」與「覺他」同時進行的境界，這便是智慧（般若）與慈悲（方便）的結合。

讓我們作個比喻，前面的十六個單元就好比小學一直到大學的學習課程，來到第17單元，是大學部的「大四」關鍵時刻，學習的主要目的是為邁向研究所做準備。我們可以再次透過孔茲所做的《金剛經》結構分析裡，看到《金剛經》後半段的主要內容：

❶ 認真地說明菩薩的誓願、菩薩最終的歷程，以及菩薩對任務秉持的態度（第17分）

❷ 如何達到佛陀的境界（第18-29分）

◉ 菩薩乘者的兩把關鍵鑰匙（第30-32分）

結尾的時刻，《金剛經》給了未達圓滿境界大菩薩最後的提醒，這些忠告（第30-32分）是：對於我們所處的物質世界，應該秉持的態度與見解，以及開啟智慧的鑰匙。那把給菩薩乘者的關鍵鑰匙是：

❶ 為人演說，不取於相，如如不動。

❷ 一切有為法，如夢幻泡影，如露亦如電，應作如是觀。

《般若經》的「大品」和「小品」系列也有相同的開導手法

《金剛經》這種循序漸進引導的方法也表現在《般若經》的「大品」或「小品」系列裡。小品系的《般若經》多半會先開啟❶善男信女的學習新路，後面再慢慢地引導走向更高的學習，如同《金剛經》的前十六分。像大品系的《般若經》所關注的對象，已經不是小品系列所注意的善男子善女人，而是❶新發菩提心的菩薩、❶久發菩提心的菩薩、❸不退轉的菩薩，以及❹達到一生補處的大菩薩（盡此一生就能補到佛位的意思，是最高階段菩薩的別號）的境界，如同《金剛經》的後十六分。

《金剛經》循序漸進的開導手法

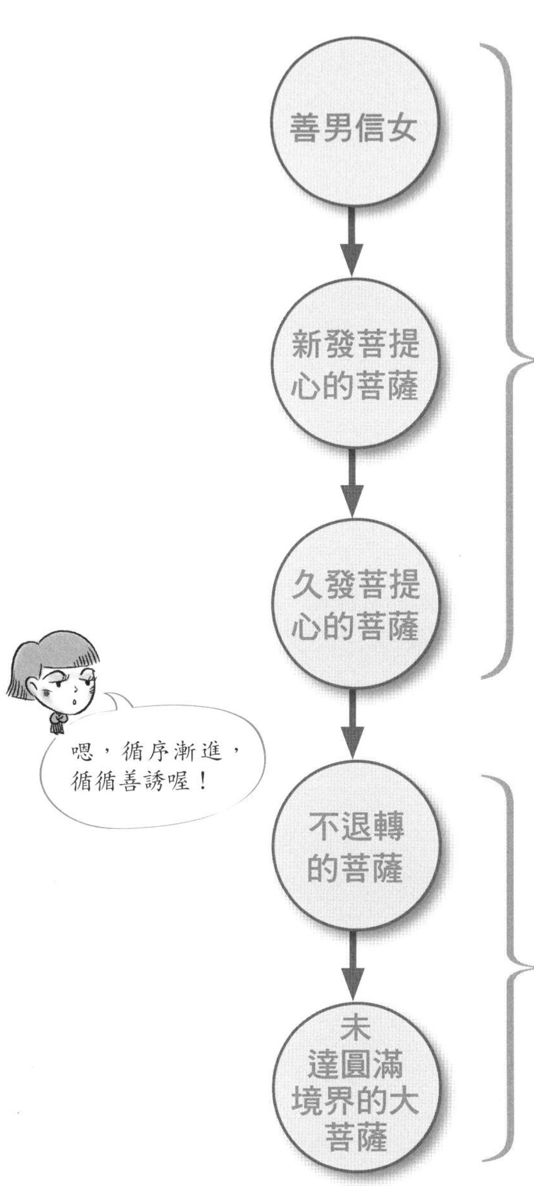

《金剛經》第1-16分

如同從小學到大學的學習

《金剛經》第17-29分

如同學習大四課程準備進入研究所

《金剛經》的核心概念是什麼？

《金剛經》卷末的四句偈文「一切有為法，如夢幻泡影，如露亦如電，應作如是觀」是全經的精髓之處，可直指《金剛經》的核心。

◉「離相」、「無住相」

這句經文裡的「有為法」是指因緣和合而生的一切現象理法，這一切有為法就如同夢、幻、泡、影、露、電，是空虛而不真實的。那麼，這句經文的真正意涵是什麼呢？意思是說世界上一切事物都是空幻不實，「實相」者則是「非相」，所以應「離一切諸相而無所住」，對現實世界不執著或留戀。

所謂「離一切諸相」即是「離相」，**離代表「遠離」或「超越」，但非全然否定一切諸相。而「無所住」的「無住」代表「無所執著」，對於一切相狀無所執著**，包括對六塵（色、聲、香、味、觸、法）的無所執著。綜觀全經，對於離相、無住相的教導可分為三個階段：

第一階段，是追求空性的體悟（般若道）。以佛陀與須菩提的對答指導修行者如何到達「涅槃境界」。此階段是透過「離相」與「無所住」來證悟空性，以這樣的修行方式達到「自覺」的狀態。

第二階段，則是實踐菩薩行（方便道），指導菩薩如何自由自在於「輪迴世界」，在「離相」與「無所住」的心境下進行「菩薩行」，以這樣的修行方式達到「覺他」的實踐。

最後階段，菩薩繼續展開上述自覺與覺他的實踐，以無所求的心態達到無上正等正覺的成就，**完成覺他與自覺完美融合的「覺滿」境界。**

◉ 聖嚴法師的精采見解

法鼓山聖嚴法師對離相、無住相的分析清楚而精采，在此提出來給讀者參考。聖嚴法師認為《金剛經》的要義有二：❶ 心有所住，即離無上菩提之心；❷ 心能降伏，即是無上菩提之心。意思是說：當心有所執著，無論你是執著於色相，或是執著於聲相、香相、味相、觸相、法相，都將遠離無上菩提之心。反之，心若能降伏，即是無上菩提之心。關於降

如何離相、不住相？

《金剛經》對於「離相」和「不住相」的教導，分為三階段

第一階段	第二階段	第三階段
般若道（智慧）	方便道（慈悲）	達到無上正等正覺
以離相、不住相、無所住來證悟空性	在離相境態下，以無所住的心，轉為菩薩行的實踐	證悟空性與實踐慈悲
學習如何到達「涅槃境界」取得智慧	學習如何自由自在於「輪迴世界」實踐慈悲	完美的「究竟涅槃」，慈悲與智慧結合為一
代表「自覺」的階段	代表「覺他」的境界	代表「覺滿」的終極境界

伏其心，佛陀於《金剛經》第3分曾開示須菩提，即使是大菩薩，也必須心無所住，菩薩要能滅度眾生，但是沒有「眾生可滅度」的念頭。菩薩如有「四相」的分別概念，即指自我相狀（我相）、他人的相狀（人相）、眾生的相狀（眾生相）、有限的一期壽命相狀（壽者相）的分別概念，即不是真正的菩薩。

心有所住➡即離無上菩提之心
心能降伏➡即是無上菩提之心

◉ 讀《金剛經》的目的

《金剛經》全經的目的是要發阿耨多羅三藐三菩提心，成阿耨多羅三藐三菩提果。此問題的概念看似複雜，但聖嚴法師解釋得很清楚明白：如何發？如何成？答案是「必先將心降伏」，又說如何降伏？答案則是「必先無所住」。所以我們將聖嚴法師上述觀點整理起來，便可呈現《金剛經》的清楚輪廓了，請見右頁圖解。

聖嚴法師說明誦讀《金剛經》的目的

發阿耨多羅三藐三菩提心 ⋯⋯ 發心

成阿耨多羅三藐三菩提果 ⋯⋯ 成果

必先將心降伏 ⋯⋯ 方法

必先無所住 ⋯⋯ 方法

釋迦牟尼在經裡，為何要有三種稱呼？

釋迦牟尼是《金剛經》的主角，經文一開始便指出「一時，佛在舍衛國祇樹給孤獨園，與大比丘眾千二百五十人俱」，這個佛，指的就是那位在菩提樹下證悟生命真相的釋迦牟尼。

釋迦牟尼，是梵語Sakyamuni的音譯，中文意思是釋迦族的聖人，此外他有個俗名是悉達多（Siddhartha Goutama）。這位生於西元前六世紀印度釋迦國的太子，在一次夜晚的禪修中經歷了禪那的四種境界。接著他繼續集中精神，做最大的努力，在那晚證悟了生命的真相，成就正覺，從此以後稱為佛陀（Buddha）。

在鳩摩羅什所譯的《金剛經》，提到這位釋迦牟尼，會出現三種不同稱謂，分別是佛（Buddha）、如來（Tathagata）與世尊（Lokanath、Bhagavat）。出現次數不一，使用時機有別。

◉ 使用時機有別

佛：當經中稱釋迦牟尼為「佛」時，是為了強調「正覺」和「遍知」的特質。遍知是說對於宇宙事理無所不知覺，正覺是說所知正確真實而無外道那樣邪見妄執的錯誤。當經文描述釋迦牟尼出現在某個場景過程中，便以「佛」來稱呼。全經出現43次。

如來：經中稱釋迦牟尼為「如來」，則是強調佛陀「乘真如之道而來，成正等正覺，垂化三界」。全經出現87次。

世尊：強調釋迦牟尼是我們這個世界的尊者，「為一切世間、出世間所尊重」，通常出現在佛陀弟子當面尊稱釋迦牟尼時。全經出現52次。

有時《金剛經》在同一段落會同時出現世尊、佛、如來等不同稱謂，其實都是指釋迦牟尼一人，而非指其他成佛者。

佛、如來、世尊

釋迦牟尼的三種稱呼

佛

強調正覺和遍知。遍知是說對於宇宙事理無所不知，正覺是說所知正確真實，而沒有邪見妄執。

如來

佛陀「乘真如之道而來，成正等正覺，垂化三界」。（強調釋迦牟尼來到三界垂化開示）

世尊

佛陀是「世界的尊者，為一切世人所尊敬」。（常用於佛陀弟子當著面直稱釋迦牟尼）

◉ 佛、如來與世尊三種稱呼，同時出現在同一段落，全經有兩處：

第 2 分

時，長老須菩提在大眾中即從座起，偏袒右肩，右膝著地，合掌恭敬而白佛言：「希有！世尊！如來善護念諸菩薩，善付囑諸菩薩。
世尊！善男子、善女人，發阿耨多羅三藐三菩提心，應云何住？云何降伏其心？」

第 30 分

「甚多，世尊！何以故？若是微塵眾實有者，佛即不說是微塵眾，所以者何？
佛說：微塵眾，即非微塵眾，是名微塵眾。
世尊！如來所說三千大千世界，即非世界，是名世界。
何以故？若世界實有，即是一合相。
如來說：一合相，即非一合相，是名一合相。」

須菩提是誰？為何要透過他來傳達空性教導？

須菩提是十大弟子中「解空第一」的智者，最適合傳達由「自覺」的「空性」，提升到「自覺、覺他」的「非空非有」，如此是更圓滿的空性體悟。

◉ 解空第一的「空」

《金剛經》最重要的人物當屬佛陀，另一位就是須菩提（Subhuti）。此經用問答對話的形式讓須菩提說般若之空理，也讓佛陀盛讚他的修行成果。在第9分「一相無相分」寫道，須菩提「得無諍三昧，人中最爲第一，是第一離欲阿羅漢」。又說須菩提「實無所行，而名須菩提，是樂阿蘭那（寂靜）行」。這些美言，讓須菩提在十大弟子中獲得「解空第一」的美名。

「空」，玄妙難懂，說「有」不是，說「無」也不是，是《金剛經》的全書核心。空性的體悟，是無法透過語言文字描述，也不是人類心思活動能理解的道理，**空是超越人類的語言與經驗所能領受的狀態**。在佛陀座下，一千二百五十個大阿羅漢的弟子中，能懂得空的道理，真正能體證到空的妙義，最有名的，就是這位須菩提尊者了。

◉ 須菩提出生傳奇

依佛教典籍的記載，須菩提是古印度憍薩羅國（Kosala）舍衛城（Sravasti）人。佛陀一生居住的地方，除了摩揭陀國的王舍城，就是住在須菩提出生的所在地舍衛城的時間為最多。須菩提的出生背景良好，屬婆羅門種姓，出生時的吉兆，便顯現出他的不平凡與奇特。

他誕生的那天，家中所有的財寶、傢俱忽然憑空消失，全家人對此異象都非常憂心，所以趕緊請示命理相師。卜卦後，相師認為這是可喜之事，因為須菩提命屬尊貴，家中的金銀寶物會在貴者出生時一切皆空。須菩提在出生時，由於這些吉兆象徵，家人就為他取名為「空生」，空生的空與解空的空有某種層面的關連。又因須菩提將來不會為世間的名利所束縛，亦取名為「善吉」，類似的譯名尚有「善業」、「善現」，

須菩提

舍衛城

舍衛城是古印度北方憍薩羅國（Kosala）的首都，位在恆河邊上。這裡是釋迦牟尼在世時傳法的主要地區之一，也是《金剛經》說法的所在地點。

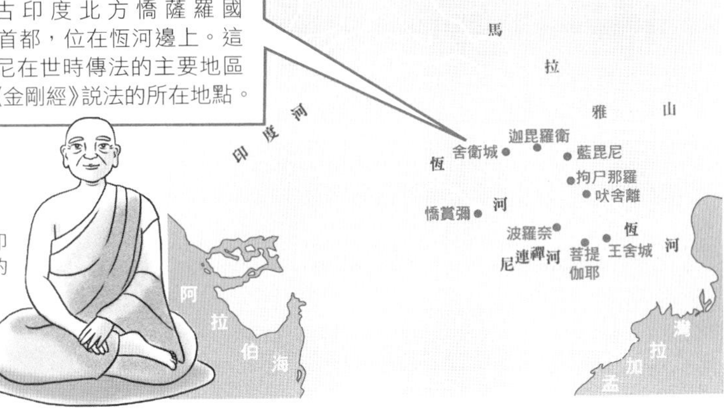

須菩提是古印度憍薩羅國的舍衛城人。

須菩提的故事

❶ 須菩提誕生時，家裡所有財寶憑空消失不見。

❷ 他的父親便將他取名為「空生」。

❸ 空生漸漸長大，不為世間名利所動，所以大家就叫他「善吉」或「善現」，也就是「須菩提」真正的意思啦。

❹ 佛陀稱讚須菩提：你真是樂阿蘭那行，解空第一！

所以《金剛經》第2分寫著「善現啟請分」。

◉ 為何要透過須菩提來教導大家空性？

空性是實證的體驗，它是必須經過智慧與禪定才能獲得的。許多證得阿羅漢果的優秀智者，認清世俗的一切現象是假有的，所以他們強調空、重視空。也正因為如此，當他們進入寂靜的涅槃境界之後，便無意回到輪迴世界來度化眾生。

《金剛經》談的空的層面更寬闊，與阿羅漢智者所追求的空不同，要求的體悟是「非空非有」。因為《金剛經》開示的對象是發菩薩乘者，其觀點「不全然否定世間一切存在的現象」，認為來到這個世界實踐菩薩行是必要的，也認為這樣的空才算究竟。**這樣體悟的境界，就好比是「住在世間而不受世間的現象所困擾」，而能自由自在地穿梭於輪迴世界與涅槃境界**，這就如同《心經》所說的「菩提薩埵，依般若波羅蜜多故，心無罣礙」的境界。

須菩提是佛陀十大弟子解空第一的智者，以他所擁有的證悟能量，已經足夠達到阿羅漢自覺的境界，**他的成就可以往上提升到另一個境界。因此，須菩提最適合傳達由「自覺」的「空性」提升到「自覺、覺他」的「非空非有」，如此是更圓滿的體悟。**

兩種「空」的境界

1.「自覺」的空性體悟

對象：阿羅漢
愛那個美好的涅槃境界，不再回來娑婆世界！

2.「自覺＋覺他」的空性體悟

對象：菩薩
自由自在地穿梭於輪迴世界與涅槃境界（涅槃境界、物質世界兩邊兼顧）

同一個問題，聰明的須菩提為何前後要問兩次？

「善男子、善女人，發阿耨多羅三藐三菩提心，應云何住？云何降伏其心？」此問是《金剛經》的大哉問，是整部經說法的緣由，但為什麼須菩提要問兩次呢？佛陀前後兩次的回答又有何差別嗎？

須菩提第一次發問：
善男子、善女人，發阿耨多羅三藐三菩提心，應云何住？云何降伏其心？（第2分）

須菩提第二次發問：
善男子、善女人，發阿耨多羅三藐三菩提心，云何應住？云何降伏其心？（第17分）

◉ 第一次發問：未深解義趣，還執著於有一個心可以發

這個問題的完整對話見於第2至3分，是須菩提請佛陀對這些初發菩提心的佛弟子們解釋，應該如何保持這個已發起的菩提心，使之不退失；應該如何使他們的真心安住而不動搖；以及應該如何修行，使他們的妄想心能夠降伏，使他們能夠了解並生起信心。

對此，佛陀的開示共有兩個重點，說明必須達到「我空」的境界：

❶ 滅度眾生，但是沒有眾生可滅的念頭。

❷ 如有四相的分別概念，即不是真正的菩薩。

須菩提在第一次問這個問題的時候，尚未深解義趣。所謂尚未深解義趣，是說對「應無所住」的道理，還沒有徹底的明白，心中還執著上求佛道、下化眾生的阿耨多羅三藐三菩提心，**還執著有一個心可以發**。

粗塵與細塵的比喻

須菩提在《金剛經》前後兩次問同一個問題，並不是他笨，也不是囉唆重覆，而是表達教導有不同層次。我們可以用除塵來比喻。先去粗塵，後去細塵！先去「我空」，再去「法空」。

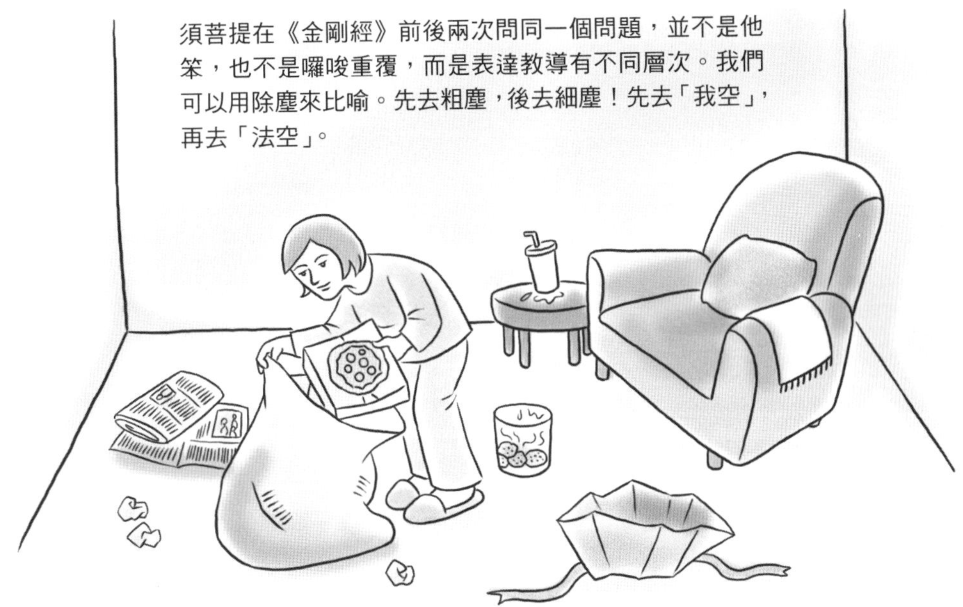

第一次提問尚未深解義趣，心中還有很深的執著，如同打掃房子，先掃地、除粗塵。

第二次提問是雖已深解義趣，但還有細微無明，如同房子角落裡還有灰塵堆積，必須用吸塵器、抹布擦拭乾淨。

◉ 第二次發問：已深解義趣，但還有細微無明

須菩提第二次發問的時候，對「應無所住」已深解義趣。但這一次的發問比上一次的發問又深入了一層。須菩提再次提問佛陀，如果連發無上菩提心也應該安住，應該降伏，那麼如何才能降伏呢？

佛的回答除了**延續第一次的「我空」的重點之外，又多了實無有法可以發阿耨多羅三藐三菩提心的概念，如此便是「法空」的境界**。佛陀的完整開示是：

❶ 滅度眾生，但是沒有眾生可滅的念頭。
❷ 如果有四相的分別，那就不是菩薩了。
❸ 實際上，沒有法叫做發無上正等正覺的。（這一項是新添的概念，對象是進階的修行者！）

對於須菩提的二次提問，星雲法師曾這樣說明：至第16分為止，須菩提對於「應云何住、云何降伏其心」的道理，已然了悟於心，但唯恐諸弟子們粗塵已遣，細惑難去。因此，第17分以下，再次啟請佛陀深究「住」、「降」之意，以去微細無明。所以，佛陀亦以己身上事示之，使知人空法空、究竟無我之妙理。

二談降伏其心

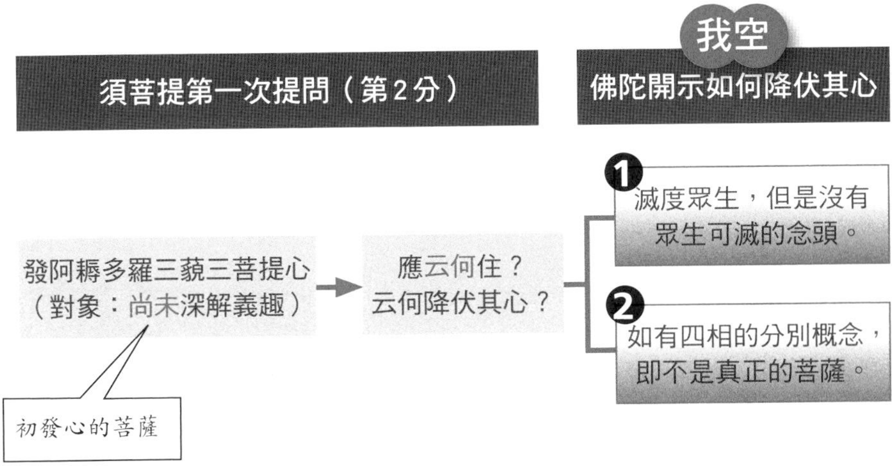

須菩提第一次提問（第 2 分）	我空 佛陀開示如何降伏其心

發阿耨多羅三藐三菩提心（對象：尚未深解義趣）→ 應云何住？云何降伏其心？

初發心的菩薩

1. 滅度眾生，但是沒有眾生可滅的念頭。
2. 如有四相的分別概念，即不是真正的菩薩。

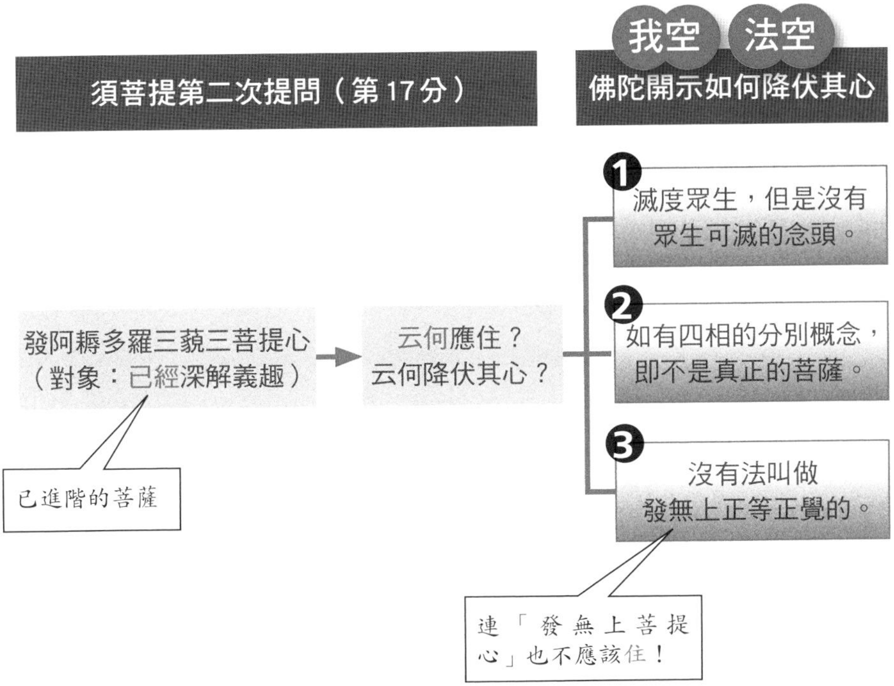

須菩提第二次提問（第 17 分）	我空　法空 佛陀開示如何降伏其心

發阿耨多羅三藐三菩提心（對象：已經深解義趣）→ 云何應住？云何降伏其心？

已進階的菩薩

1. 滅度眾生，但是沒有眾生可滅的念頭。
2. 如有四相的分別概念，即不是真正的菩薩。
3. 沒有法叫做發無上正等正覺的。

連「發無上菩提心」也不應該住！

《金剛經》所說的四句偈到底是哪四句？

《金剛經》中反覆提到「一四句偈」、「四句偈」，例如第8分說，若人以滿三千大千世界七寶布施，其福德是非常之多了，但是「若復有人於此經中受持乃至四句偈等為他人說，其福勝彼」。那「四句偈」究竟在哪裡呢？

◉ 兩種猜測

偈是佛教文學的詩歌，該字源於梵語gatha，每個偈是由四個句子構成，每句音節長短須相同，形成佛經中特殊的詩歌形式。

自從姚秦三藏法師鳩摩羅什將《金剛經》翻譯於中國，直至於今，僧團內一直存在一個爭執不休的問題，即經中佛常說的「四句偈」。歷來諸多的譯經法師與注疏的大德，都沒確定「四句偈」的內容，但最常見的說法有二：

若以色見我，以音聲求我，是人行邪道，不能見如來。（第**26**分）
一切有爲法，如夢幻泡影，如露亦如電，應作如是觀。（第**32**分）

◉ 泛指《金剛經》的所有經文

也有人認為，在古印度為了方便記誦，習慣以偈頌的形式記載流傳經教，其中，「四句偈」只不過是印度佛經的小單位，它可能並不是特指任何一個偈。這個論點認為《金剛經》中的「一四句偈」是泛指一個最基本的意義單位。為了表示受持、讀誦、為人說《金剛經》的功德是不可思量的，所以才說任何一個四句偈都具備偉大的力量。

最神祕的是，有的人看到《金剛經》中反覆出現「四句偈」，就費盡精神在經文中摸索尋找，試圖研究找尋「四句偈」，甚至相信找到了真正的四句偈，便可以找到開啟《金剛經》的鑰匙。這種神祕主義傾向，也是研究《金剛經》的眾多選擇之一。

四句偈的兩種說法

若以色見我，
以音聲求我，
是人行邪道，
不能見如來。
一切有為法，
如夢幻泡影，
如露亦如電，
應作如是觀。
到底是哪一個四句偈才對啊？
啊呀，四句偈是泛指《金剛經》的所有經文啦！

聽說持誦《金剛經》可以去業障？

前世的不善行為造成今生的障礙，稱為業障。而「去業障」則是去除前世身、口、意所造成的罪業，這是讀誦《金剛經》所能得到的好影響之一。

◉ 身、口、意三業所造的罪

雖然《金剛經》教導的主要功課是菩薩乘的空性，但是讓我們暫且從功能的角度來看《金剛經》。讀誦《金剛經》可以達到這三種好處：去業障、積福德、增功德。本單元先談去業障。

罪業，梵語 nigha，根本來源是由身、口、意三業所造的罪。身業即身之所作，如殺生、偷盜、邪淫、酗酒；口業即口之所語，如惡口、兩舌、綺語、妄語；意業即意之所思，如貪、瞋、癡等動念。這三業有輕重之別，依據北本《大般涅槃經卷二十》載：「一切眾生所造之罪有二，一爲輕，一爲重，由心、口所造得罪爲輕，由身、口、心所造得罪爲重。」而《金剛經》則是這樣談到罪業的影響：

復次，須菩提！善男子、善女人，受持讀誦此經，若爲人輕賤，是人先世罪業，應墮惡道，以今世人輕賤故，先世罪業即爲消滅，當得阿耨多羅三藐三菩提。（第16分）

這段經文呈現《金剛經》對業障的看法。這個觀點認為如果「所作所為皆不如意」的話，即是業障的緣故。善男子善女人如果受持讀誦此經卻被人人輕賤，這是和業障有關連的，佛陀並進一步說明解決之道：

❶受持讀誦《金剛經》卻被人輕賤，是因為前世罪業。

❷原本應墮入惡道，但卻能修持消滅先世罪業，依此應當可得無上正等正覺。

一位受持讀誦《金剛經》的人應是良善的學佛者，怎麼會被人輕賤呢？如果瞭解業障來源，找出原因就不會感到困惑了。今生對於這些先世罪業所造成的困擾無需放在心上，只要持續受持讀誦此經，仍然有機會得阿耨多羅三藐三菩提的。

受持《金剛經》卻被人看輕的原因

受持讀誦《金剛經》
卻被人人輕賤，為什麼？
業障！

身、口、意三業所造的罪

身業
身之所作，如殺生、偷盜、邪淫、酗酒。

口業
即口之所語，如惡口、兩舌、綺語、妄語

意業
即意之所思，如貪、瞋、癡等動念。

佛陀說明原因和解決之道

原因
受持讀誦《金剛經》
卻被人輕賤，
是因為前世罪業。

解決之道
原本應墮入惡道，但卻能
修持消滅先世罪業，
依此應當可得
無上正等正覺。

持誦《金剛經》可以積福德？

佛教認為福德的累積是來自於布施行為，所以《金剛經》花了相當篇幅來討論布施這件事，提出累積福德有三個層面的布施：❶寶布施、❷身命布施、❸法布施。

◉ 累積福德的三種布施

❶寶布施

第一是**物質層面**的寶布施，將金、銀、琉璃、珊瑚、琥珀、硨渠、瑪瑙布施給需要的人。經裡談到寶布施的福德由遍滿三千大千世界的七寶，逐漸擴大，到盛滿恆河沙等世界，再到遍滿無量阿僧祇世界，七寶累聚的數量與質量不斷增加。

❷身命布施

第二是**肉體層面**的身命布施，所謂的身命布施是甚至連性命都可以拿來布施，此福德肯定是超越寶布施的。像《金剛經》第14分裡的忍辱仙人甘願被歌利王割截身體，就是身命布施。

❸法布施

第三是**精神層面**的法布施，這種布施累積的福德最高，前兩種布施所得到的福德都比不上法布施。它包括對《金剛經》的❶受持、❷生信心、❸書寫、❹讀誦、❺為人解說、❻廣為人說等等。

◉ 寶布施與法布施的福德比較

《金剛經》花了相當的篇幅一一比較這三種不同層面的布施。先來看寶布施和法布施的比較：

寶布施	法布施	單元
滿三千大千世界七寶	於此經中受持，乃至四句偈等，為他人說。	第8分
滿三千大千世界中所有諸須彌山王七寶	若人以此般若波羅蜜經，乃至四句偈等，受持讀誦、為他人說。	第24分
滿恆河沙等世界七寶	知一切法無我，得成於忍。	第28分
滿無量阿僧祇世界七寶	持於此經，乃至四句偈等，受持讀誦，為人演說。	第32分

◉ 身命布施與法布施的福德比較

身布施	法布施	單元
恆河沙等身命布施	於此經中，乃至受持四句偈等，為他人說。	第13分
初日分以恆河沙等身布施，中日分復以恆河沙等身布施，後日分亦以恆河沙等身布施，如是無量百千萬億劫以身布施。	若復有人，聞此經典，信心不逆，其福勝彼，何況書寫、受持、讀誦、為人解說。	第15分

◉ 如何正確的累積福德？

無論是寶布施、身命布施與法布施都是布施，都可以累聚福德。但如何才能正確的累聚福德呢？佛陀曾三次清楚的指導和提醒，分別是：

開示重點	經文	出處
無住相	菩薩無住相布施，福德亦復如是不可思量。	第4分
生淨信	如來滅後，後五百歲，有持戒修福者，於此章句能生信心，以此為實，當知是人不於一佛二佛三四五佛而種善根，已於無量千萬佛所種諸善根，聞是章句，乃至一念生淨信者，須菩提！如來悉知悉見，是諸眾生得如是無量福德。	第6分
正確看待《金剛經》的方法	若有善男子、善女人，初日分以恆河沙等身布施，中日分復以恆河沙等身布施，後日分亦以恆河沙等身布施，如是無量百千萬億劫以身布施；若復有人，聞此經典，信心不逆，其福勝彼，何況書寫、受持、讀誦、為人解說。	第15分

有關福德的探討，見於《金剛經》第4、6、8、11、13、15、19、24、28、32分等共10個分，這樣的比例是相當高的，顯見福德的重要。

累積福德的三種布施

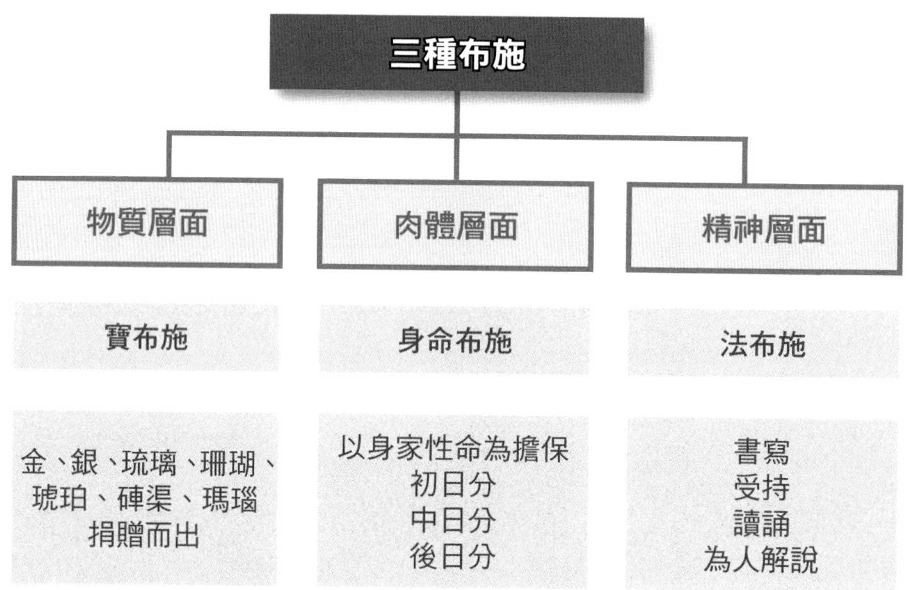

法布施

佛陀的指導

如何正確累積福德？

❶ 無住相：無住相布施（第 4 分）

❷ 生淨信：種諸善根，聞是章句，乃至一念生淨信（第 6 分）

❸ 正確看待《金剛經》：書寫、受持、讀誦、為人解說（第 15 分）

寶布施、身命布施

持誦《金剛經》可以增功德？

首先要釐清一件事：功德和福德兩者概念是不同的。福德是外修事功的有漏善，功德是內證佛性的無漏智。

◉ 功德與福德的差異

沈家楨居士分析《金剛經》時這麼說：「一、福德是由布施（包括持戒、忍辱、精進）的因所產生的果。二、功德是對般若經典信心清淨，受持讀誦的因而產生的果。也可以說，功德是智慧（包括禪定）的結晶，而功德中也包含了福德。」更精準的說法是，功德是內證佛性的無漏智（無漏是指無煩惱），福德是外修事功的有漏善（有漏是指有煩惱）。外與內是關鍵性的差別，如同慈悲（外）與智慧（內）。《金剛經》裡談到的功德有下面四種：

❶「受持讀誦」與「為人講說」可增功德

若有人能受持讀誦，廣爲人說，如來悉知是人，悉見是人，皆成就不可量、不可稱、無有邊、不可思議功德。（第**15**分）

「於後末世，有受持讀誦此經，所得功德，我若具說者，或有人聞，心則狂亂，狐疑不信。須菩提！當知是經義不可思議，果報亦不可思議」。（第**16**分）

閱讀持誦《金剛經》之後，如果能夠相信它、接受它，還能說給他人聽，這樣的功德有多大？《金剛經》花了相當多的篇幅，一次又一次告訴大家。經裡寫著，如果能受持讀誦此經，且廣為人說，佛陀可以完全知道、可以完全看到，此人成就不可思議、不可稱量、無邊的功德。至於在末世受持讀誦《金剛經》的功德到底又多大呢？經中對著善男子善女人說，如果具體一一詳述，有人聽了會內心狂亂，狐疑不信，這是此經義不可思議，果報亦不可思議。

❷聞經生信心可增功德

若復有人得聞是經，信心清淨，則生實相，當知是人，成就第一希有功德。（第**14**分）

從第2分到第13分，佛陀一連串的緊密開示後，須菩提當下突然有種深刻體會，滿面淚水，涕淚縱橫，因而說出這段話來。他認為自己昔日的

福德和功德的比較

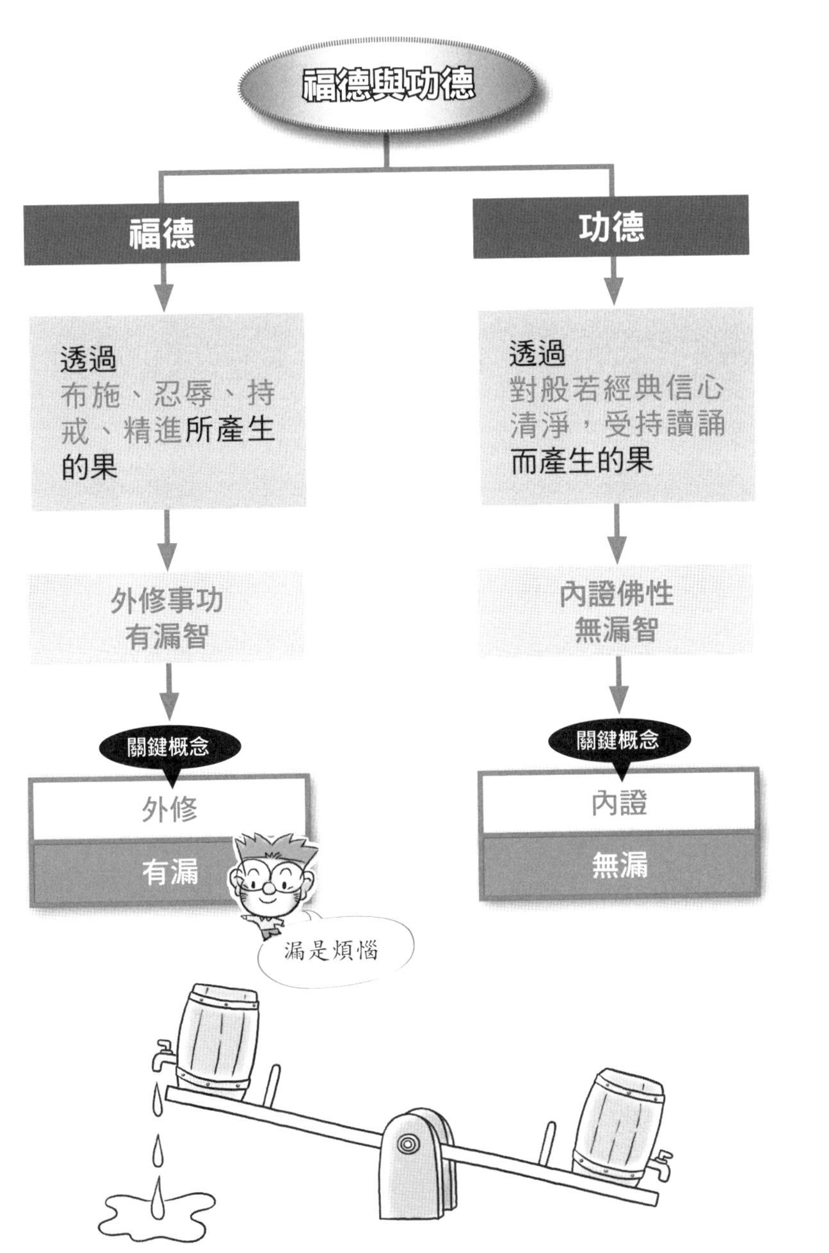
福德與功德
福德
透過
布施、忍辱、持戒、精進所產生的果
外修事功
有漏智
關鍵概念
外修
有漏
功德
透過
對般若經典信心清淨，受持讀誦而產生的果
內證佛性
無漏智
關鍵概念
內證
無漏
漏是煩惱

慧眼不曾聽過如此甚深的經典，並進一步體認，如果有人聽聞此經，信心清淨而生實相，應當知道此人已成就「第一希有」的功德。所以「生信心」與「生實相」兩者是聽聞《金剛經》後隨之而來的「第一希有功德」。

❸ 知一切法無我，得成於忍的功德

須菩提！若菩薩以滿恆河沙等世界七寶，持用布施；若復有人知一切法無我，得成於忍，此菩薩勝前菩薩所得功德。須菩提！以諸菩薩不受福德故。（第**28**分）

第28分，佛陀提出兩個菩薩的功德比較。第一類菩薩用「滿恆河沙等世界七寶布施」，第二類菩薩知一切法無我，得成於忍。佛陀的開示是「知一切法無我，得成於忍」的功德是優於「七寶布施的菩薩」的。「知一切法無我，得成於忍」是說能夠體認，不論是任何一切法，都是因為因緣生滅假合，其體是空，本來是無生無滅的。也因此世間的冷暖，人事的起落，哪裡會有個真實我和法的體相呢？如果能開展「得成於忍」的智慧，就能安忍一切塵緣境界，不會心生妄想分別。**所以透過「忍的修行」可啟發智慧，透過「忍的定力」，可以降伏妄心。**

❹ 書寫經文也是功德修行的方法之一

須菩提！若有善男子、善女人，初日分以恆河沙等身布施，中日分復以恆河沙等身布施，後日分亦以恆河沙等身布施，如是無量百千萬億劫以身布施；若復有人，聞此經典，信心不逆，其福勝彼，何況書寫、受持、讀誦、爲人解說。（第**15**分）

由於《金剛經》是大乘佛教的般若經典，除了讀誦受持之外，書寫經文亦為功德修行之法。自古以來許多書法名家參與寫經之列，留下許多《金剛經》的寶墨。例如：南宋張即之和葉鼎、元代趙孟頫、明代董其昌等四位名家的《金剛經》寫本，風格各具特色，都是人類史上珍貴的書法，**這些藏品珍藏在台北國立故宮博物院，有機會可以見到。**

四種功德

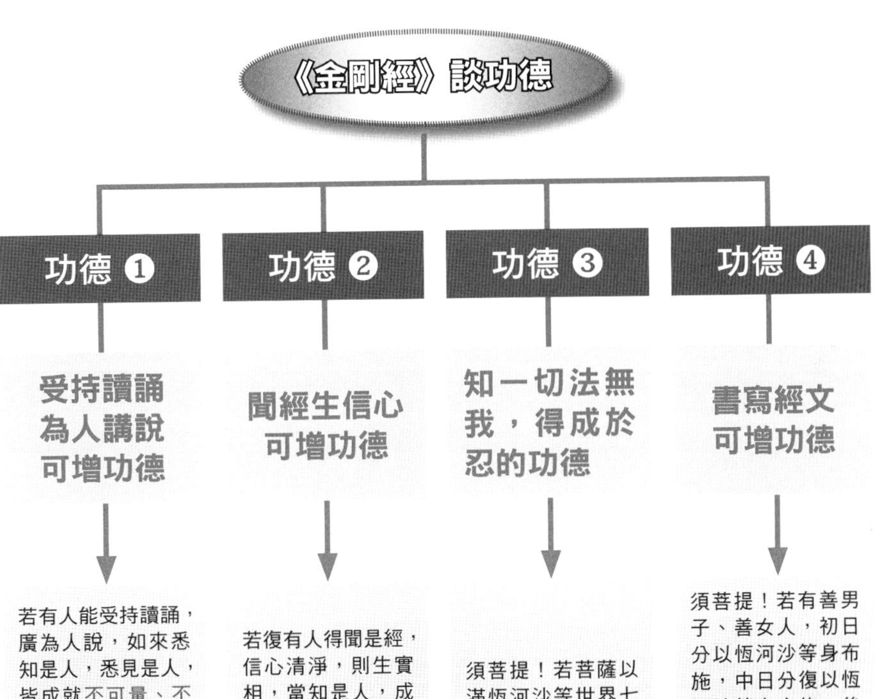

若有人能受持讀誦，廣為人說，如來悉知是人，悉見是人，皆成就不可量、不可稱、無有邊、不可思議功德。（第 15 分）

若復有人得聞是經，信心清淨，則生實相，當知是人，成就第一希有功德。（第 14 分）

須菩提！若菩薩以滿恆河沙等世界七寶，持用布施；若復有人知一切法無我，得成於忍，此菩薩勝前菩薩所得功德。須菩提！以諸菩薩不受福德故。（第 28 分）

須菩提！若有善男子、善女人，初日分以恆河沙等身布施，中日分復以恆河沙等身布施，後日分亦以恆河沙等身布施，如是無量百千萬億劫以身布施；若復有人，聞此經典，信心不逆，其福勝彼，何況書寫、受持、讀誦、為人解說。（第 15 分）

於後末世，有受持讀誦此經，所得功德，我若具說者，或有人聞，心則狂亂，狐疑不信。須菩提！當知是經義不可思議，果報亦不可思議。（第 16 分）

不可量=超越數量
不可稱=超越語言
無有邊=超越空間
不可思議=超越思考

那就是說這樣的功德用盡這個物質世界的方法都無法衡量的囉！

A，非A，是名A——第一種解題法

【A，非A，是名A】
「有 空 非空非有」或「有諦 空諦 中諦」

這是《金剛經》著名的三段式邏輯辯證，在佛陀和須菩提往來對話中，有許多這樣的討論，目的是協助行菩薩道的人，能理解和體悟《金剛經》的空性概念。

總括整部經，運用三段式辯證分析法探討的主題有三種，分別是：相、法和環境空間。其解題方法是「有 空 非空非有」或「有諦 空諦 中諦」。

◉ 第一，相的分析

如來說：「諸相具足，即非具足，是名諸相具足」，這段經是《金剛經》典型的邏輯辯證。以下運用解題方法「有 空 非空非有」或「有諦 空諦 中諦」來解釋這句經：

> 諸相具足（有），即非具足（空），是名諸相具足（非空非有）。
> 諸相具足（有諦），即非具足（空諦），是名諸相具足（中諦）。

這段經的意思是：如來不應該用「具足完美圓滿的諸相」來觀察。為什麼呢？因為如來所說的「諸相具足」，只不過是顯示為完美圓滿的相狀，並非永恆實存，但是為了方便度化眾生，暫且假借一個名，稱之為「諸相具足」而已。

我們採用解題方法來分析這段經。第一個「諸相具足」，立刻給了文字語言，等同於承認「有」的存在。第二句「即非具足」，是否定句型，對照於「空」的概念。第三句「是名諸相具足」，完整的意思是：在不否定「空」的狀態下，仍然暫且承認「有」的存在，所以暫且給了個名稱，這也就是「非空非有」的中道。對應於中道的概念：「有」即是「假諦」，「空」即是「空諦」，「非空非有」是不偏於任何一端即是「中諦」。

對於「相」的分析，《金剛經》裡的三段式邏輯，全經整理如下：

❶ 三十二相，即是非相，是名三十二相。（身相）(第13分)
❷ 人身長大，即為非大身，是名大身。（身相）(第17分)
❸ 諸相具足，即非具足，是名諸相具足。（身相）(第20分)
❹ 眾生眾生者，如來說非眾生，是名眾生。（眾生）(第21分)
❺ 凡夫者，如來說即非凡夫，是名凡夫。（眾生）(第25分)
❻ 我見、人見、眾生見、壽者見，即非我見、人見、眾生見、壽者見，是名我見、人見、眾生見、壽者見。（眾生）(第31分)

◉ **第二，法的分析**

對於法，《金剛經》也採取相同的邏輯辯證，例如「所言善法者，如來說非善法，是名善法」。其概念是：所謂的善法（先給了一個稱謂，有），事實上是並不存在（否定善法的存在，空），所以如來說非善法。接著最後的一句「所以如來說非善法」，其完整的意思是說：為了引導眾生開悟，在不否定空之下，暫且假借一個名，稱之為善法而已（非空非有，即是不偏於任何一端）。

對於「法」的分析，《金剛經》裡的三段式邏輯，全經整理如下：

❶ 第一波羅蜜，非第一波羅蜜，是名第一波羅蜜。(第14分)
❷ 說法者，無法可說，是名說法。(第21分)
❸ 所言善法者，如來說非善法，是名善法。(第23分)
❹ 所言法相者，如來說即非法相，是名法相。(第31分)

第三，空間環境的分析

《金剛經》花了更多篇幅來解釋環境空間的概念。由微塵、世界、一合相、三千大千世界、乃至於莊嚴世界都有相同的辯證方式。歸納以下的分析，可以清楚瞭解由小至大的結構變化。這些空間看似存在，但結論是**凡能以文字語言描述說明的空間，都是假有的**，並非真實永恆，但仍有短暫的存在，唯超越語言文字的體悟，才是最後的真實，這點又可對應於世俗諦與勝義諦。

對於「環境空間」的分析，《金剛經》裡的三段式邏輯，全經整理如下：

❶ 莊嚴佛土者，即非莊嚴，是名莊嚴。(第10分)
❷ 諸微塵，如來說非微塵，是名微塵。(第13分)
❸ 世界，非世界，是名世界。(第13分)
❹ 微塵眾，即非微塵眾，是名微塵眾。(第30分)
❺ 三千大千世界，則非世界，是名世界。(第30分)
❻ 一合相，即非一合相，是名一合相。(第30分)

A，非A，是名A——第二種解題法

【A，非 A，是名 A】
A→凡常人的體悟，**非 A**→小乘的體悟，**是名 A**→菩薩乘的體悟

如前所說，「A，非A，是名A」的分析重點與解題方法，可以是「有、空、非空非有」的三段式，或者是「有諦、空諦、中諦」的陳述方式。《金剛經》以「A，非A，是名A」的模式，讓讀者以不同的角度反覆去體會「相、法、空間環境」的認識。**但不可忽略能認識、體悟「相、法、空間環境」的主體是人類**，從「凡常人」到「小乘聖者」，最後再到「大乘菩薩」，這個主體在《金剛經》裡悉心照顧無一欠缺，呈現三者對空性認知是不同的。很有意思的是，其間的差異仍然可以採用「A，非A，是名A」的三段式模型。方式是這樣的：

❶ **A(有)**：凡常人的體悟，或初發菩提心者的認知。
❷ **非A(空)**：這是優秀的「緣覺乘行者」與「聲聞乘行者」的空性體悟。
❸ **是名A(非空非有)**：大乘菩薩的體悟，在不否定「空」的概念之下，暫時承認「有」的存在。

以下我們以「環境空間」的認識為例，做個說明。〈莊嚴淨土分第十〉寫著：「莊嚴佛土者，即非莊嚴，是名莊嚴」。這段經句的概念是：佛陀所說的莊嚴，不是形相莊嚴，不過假借莊嚴之名而已，真正的莊嚴佛土，是超越人類語言文字所能描述的。

◉ 凡常人對莊嚴佛土的認識

凡常人的體悟或初發心者的認知，一開始真以為可能有個永遠存在的莊嚴佛土，那個淨土在他們的心目中，像是極樂淨土那樣地美好靜寂，這部分便是對應於「莊嚴佛土者，即非莊嚴，是名莊嚴」的第一句「莊嚴佛土者」。

◉ 聲聞乘、緣覺乘對莊嚴佛土的體悟

接著是「聲聞乘」與「緣覺乘」的觀點，他們是一群優秀智者，他們的空性體悟，等同於第二句「即非莊嚴」，也就是否定莊嚴世界的存在。所謂聲聞乘行者，是因為聞如來聲教而覺悟得道，以四諦為車乘，出離欲界、色界、無色界等三界。而緣覺乘行者，不從佛陀或其他人那裡聽聞佛法，由自己的努力了悟「十二因緣」，證悟涅槃境界，但是不對他人宣說自己證悟的真理，只追求自覺的境界。聲聞乘與緣覺乘的聖者都能知道莊嚴佛土是超越人類語言文字所能描述的，並非永恆實存，它是空諦。

◉ 菩薩乘追求的空性體悟

然而菩薩乘認為，聲聞乘與緣覺乘者的體悟不夠究竟，需要再擴大層面，由自覺走向覺他。菩薩乘在不否定莊嚴佛土是「空」的概念之下，暫且承認娑婆世界「有」莊嚴佛土的存在。如此，菩薩乘修行者不會受到「空」的羈絆，而是自由自在地穿梭於「有」的輪迴世界與「空」的涅槃境界之間。這樣的修行境界，就好比菩薩摩訶薩**住在世間，而不受世間的現象所困擾**。當菩薩摩訶薩能夠優遊地在二者之間流轉變動，自覺與覺他的兩種狀態是同時並進的，直到有那麼一天能達到圓滿覺悟的境界。所以，菩薩對莊嚴佛土的體認是第三句「是名莊嚴」。

◉ 莊嚴佛土的三段式體悟

於是「莊嚴佛土者，即非莊嚴，是名莊嚴」的三段式是這樣的：

莊嚴佛土者：凡常人的體悟，或初發心者的認知，尚未達到自覺的境界。

即非莊嚴：優秀「緣覺乘行者」與「聲聞乘行者」的空性體悟，已經達到自覺的境界。

是名莊嚴：大乘菩薩的體悟，在不否定「空」的概念之下，暫時承認「有」的存在。自覺與覺他同時並進，在「無智亦無得」的狀態下，達到「圓滿覺悟」的境界。

認識三乘

三乘的概念

① 聲聞乘

聽聞四聖諦
而悟道

聽聞如來所說的四諦為車乘，出離三界，到於涅槃，故名聲聞乘。

② 緣覺乘

觀察十二因緣
而悟道

以獨自觀察十二因緣為乘，出離三界，到於涅槃。他們不從佛陀或其他人那裡聽聞佛法，也不對他人宣說自己證悟的真理。

③ 菩薩乘

以六度萬行為乘

菩薩之人以六度萬行為乘，運諸眾生同出三界，故名菩薩乘。

三乘與「A，非A，是名A」的關係

[A]

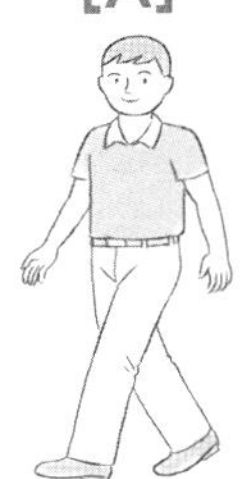

[非A]

[是名A]

凡常人 → 優秀智者（聲聞乘、緣覺乘）→ 菩薩乘者

凡常人	優秀智者（聲聞乘、緣覺乘）	菩薩乘者
仍被無明覆蓋	已經消除無明、洞察真理	求更究竟的體悟

簡言之，為那些被無明覆蓋的凡常人說法時，《金剛經》是承認世界和眾生的真實存在，這是三段式的第一段。接著，第二段的對象是已經消除無明、洞察真理的聲聞乘、緣覺乘修行人，他們的體悟是否認世界和眾生的真實性。但這兩端都不夠圓滿，必須如同菩薩摩訶薩從世俗人間入手，才能達到更究竟的體悟狀態，這是第三段。所以，大乘菩薩的空性體悟是「非空非有」，既深又廣。透過「三段式」的比較，可知菩薩乘追求的空性體悟，和小乘聖者是不同的。所以《金剛經》最後說**於法不說斷滅相**，斷滅相是**完全否定娑婆世界的相**，是小乘聖者執著的「空」，唯有破除完全否定娑婆世界的相，才能對「相」有更究竟的認識，這才是大乘行者的空性體悟。

關於「莊嚴佛土」的三段式體悟

❶ 莊嚴佛土者（A）

對象	凡常人，或初發菩提心者 仍被無明覆蓋
體悟認知	凡常人的體悟或初發心者的認知，一開始真以為可能有個永遠存在的莊嚴佛土。

輪迴世界

❷ 即非莊嚴（非 A）

對象	優秀智者，如聲聞乘、緣覺乘 已經消除無明、洞察真理
體悟認知	否定莊嚴世界的存在，能知道莊嚴佛土是超越人類語言文字所能描述的，並非永恆實存，它是空的。

涅槃世界

❸ 是名莊嚴（是名 A）

對象	菩薩乘行者，如菩薩摩訶薩 追求更究竟的體悟
體悟認知	不否定莊嚴佛土是空，但暫時承認娑婆世界有莊嚴佛土的存在。

自由自在穿梭於輪迴世界與涅槃境界

非有非無

【非有非無】
「有」與「無」兩端皆不可執取！
「有」與「無」兩端是超越分別的、無分別的
「有」與「無」兩端皆平等

《金剛經》告訴我們，即使是「發阿耨多羅三藐三菩提心」的菩薩，經歷過層層修習，最後也可能會執著於「眾生相」與「法相」。這個空性考題的解法即是「非有非無」。讓我們先看「眾生」帶給菩薩的考驗。

◉ 以「非有非無」來看待「眾生」：彼非眾生，非不眾生

《金剛經》第17分寫著：「若作是言：『我當滅度無量眾生』，即不名菩薩。何以故？須菩提！實無有法名爲菩薩。是故佛說：一切法無我、無人、無眾生、無壽者。」這段經句的重點有三：

❶ 心中若有「我當滅度無量眾生」，那麼就不叫菩薩。
❷ 沒有一個法的名稱叫菩薩。
❸ 一切法是四相皆無。

這裡所要說的是，菩薩的修行到此，是要避免落入另一種相狀的執著，這個迷思是：非「我」不可，才能救度「眾生」。一旦有了這種「捨我其誰」的念頭，會立刻產生「我」與「眾生」的分別概念。有了「我在救度眾生」 與「眾生需要救度」的想法，於是執著有「能救人的我」和「被我救的眾生」的「能所」二執相就產生了，如此肯定又墜入另一種「我執」，也同樣墜入菩薩必須救度眾生的「法執」。而正確對待眾生的態度即是「非有非無」的中道精神。《金剛經》這樣寫著：

彼非非眾生有，非非不眾生無。
（非有）　　（非無）

承認眾生的存在，代表「有」，對應於上面句型中的「眾生」。否定眾生的存在，代表「無」，對應於「不眾生」。非有非無，即是非「眾生」（有），非「不眾生」（無）。在這裡佛陀想說的是，那些眾生並不是眾生，也不是非眾生。因為眾生之所以為眾生，只是尚未了悟，如果能了悟，亦可成佛，所以如來說他們不是眾生，只是假名為眾生。更深一層的意涵是，無論是執著於眾生，或執著於非不眾生，都是偏於一端的見解，就是所謂的「邊見」，唯「不執著於眾生」，也「不執著於否定眾生」，才是中道，如此便是以「非有非無」的觀點看待眾生了。

◉ 以「非有非無」來看待「法」：無法相，亦無非法相。

接著再看「法」對菩薩的空性考驗，透過第6分「無法相，亦無非法相」這句，佛陀有了更深層的指導。「法相」的意思是「一切現象的相狀」，「非法相」的意思是「否定一切現象的相狀」。「法」總是以一種相狀或是相貌存在於眾生的心念，「非法」則試圖否定這些現象，使它們無法顯現在眾生的心流。不過，兩者都落入「法」與「非法」的對立角度，而非以超越分別概念的方式去「看」一切現象。**特別是「非法」的形成，它原本是為了破除一切現象皆有實體的執著，於是堅決將其視為一種虛無，如此又陷入另一種執著**。所以佛陀才會說「無法相，亦無非法相」。這可比擬菩薩對法的態度「不應取法，不應取非法」，意思就是不應執取於「法」，又不該執取於「非法」。

無非法相有，亦無非非法相無。

承認一切現象的相狀，代表「有」，對應於句型中的「法相」；否定一切現象的存在，代表「無」，對應於「非法相」。非有非無，即是無「法相」亦無「非法相」。無論是執著於法相，或執著於非法相，都是偏於一端的見解，唯「不執著於法相」，也「不執著於否定法相」，才是中道。

連「金剛般若波羅蜜」都是個「假名」！

經名「金剛般若波羅蜜」在全經中只出現過一次，而且是在經文進行到第13分才出現，為什麼呢？這點必須先認識「假名」的概念才能瞭解其中的原委。

◉ 假名和假有

「假名」是《金剛經》重要的概念之一，如表面字義──虛假的名字，諸法本來無名，是人給它假設了一個名字，這個名字既虛假不實，而且不合實體，好像一個虛瘦的人取了一個壯實的名字一樣。隨著假名而產生了假有，就如同色、受、想、行、識五蘊因緣和合而假名為「我」，這個我其實是色、受、想、行、識的假合，並沒有我的實體，而是假立了名字之後才有我。所以，在這個論點之下，經名「金剛般若波羅蜜」也是個假名。

◉ 經名也是假名和假有

在第13分，佛告須菩提：「是經名爲金剛般若波羅蜜，以是名字，汝當奉持。所以者何？須菩提！佛說般若波羅蜜，即非般若波羅蜜。須菩提！於意云何？如來有所說法不？」這是《金剛經》唯一出現過完整經名的地方。依據佛陀的意思，這部經的名字就叫做「金剛般若波羅蜜」，以此名稱，應當奉持。但是，佛陀又說所謂的般若波羅蜜，只是為了幫助眾生離苦得樂到達彼岸，所以立此假名，這是隨應眾生機緣而說法，其實並非真有般若可以獲取。所以「金剛般若波羅蜜」這樣的經名並非實存，**只是為了方便教化而給予文字語言，讓初步修行者能接觸到文字般若所呈現的知識**。只有透過禪定般若，捨棄語言文字的分別概念，才可體驗實相般若。

另外，在第24分提及：「若人以此般若波羅蜜經，乃至四句偈等，受持讀誦、爲他人說，於前福德百分不及一，百千萬億分，乃至算數譬喻所不能及。」無論是「般若波羅蜜經」或是「四句偈等」，也都是方便教化的文字與語言，都是個假名。

假名與假有

「我」是假名！

假名
「我」是誰？「我」是什麼？

假有、假合
這個「我」，其實是色(肉身)、受(生理感受)、想(對事物產生的概念)、行(行為或造作)、識(判斷分別)五蘊的暫時聚合在一起而有的。

「金剛經」也是假名！

假名
虔信者誦讀《金剛經》，有所領悟，而起了恭敬之心！

假有
偉大的譯經家翻譯《金剛經》時，一定是邊譯邊有所領悟：經典也是一種假名、假有呢！

你知道《金剛經》裡有「一心二鑰」嗎？

《金剛經》給菩薩乘修行人最大的叮嚀是要有「一心」，就是「慈悲」。而要開啟「般若智慧」的大門，要有「二鑰」，就是要正確地認識「相」與「法」。

◉《金剛經》給菩薩的最大叮嚀：慈悲

一般人以為《金剛經》僅著重於「空性思想」的辯證解析，當你反覆閱讀並深究下去，會發現並非僅止於此，而是圓滿實踐空性的美麗篇章。《金剛經》是為菩薩乘的修行者所寫的，整部經致力於追求「自覺」與「覺他」同時並進，朝向完美的空性體悟。

在「自覺」與「覺他」同時並進之時，我們發現《金剛經》格外關心「覺他」的慈悲精神，即使是來到了結尾第32分也是如此，不厭其煩在最後叮嚀讀經者「為人演說」的重要性。經文寫著「若有人以滿無量阿僧祇世界七寶，持用布施。若有善男子、善女人，發菩提心者，持於此經，乃至四句偈等，受持讀誦，爲人演説，其福勝彼。」

梵版原文裡的「有人」寫的是bodhisattva mahasattvo，也就是菩薩摩訶薩，說明大菩薩即使擁有無量阿僧祇世界七寶布施，還比不上善男子、善女人受持、為人演說《金剛經》，如此凸顯出菩薩乘慈悲精神，在《金剛經》裡是有多麼重要。

◉ 菩薩取得般若智慧的兩把鑰匙：「相的認識」與「法的認識」

接著《金剛經》提供給菩薩乘行者兩把獲取智慧的關鍵鑰匙，一個是「相的認識」，另一個是「法的認識」。這兩把鑰匙隱含在「云何為人演說？不取於相，如如不動」與「一切有為法，如夢、幻、泡、影，如露亦如電，應作如是觀」這兩段經文。

先看第一把鑰匙「相的認識」：「云何為人演說？不取於相，如如不動」，此經句點出：身處於「娑婆世界」，修行者仍應秉持「願為有情眾生說法」的胸懷，其重點是「不取於相，如如不動」，意思是為人演說要離相，不取於相，如此便可常住於真理實相，如如不動。「離相」

菩薩的「一心二鑰」

《金剛經》在最後第 32 分提醒行菩薩乘的人該有的配備是：一心二鑰。這也是整部經的最重要的總結。

一心

菩薩要擁有慈悲心。菩薩要時時記得：

❶ 受持《金剛經》❷ 讀誦《金剛經》❸ 為人演說《金剛經》

二鑰

菩薩擁有兩把關鍵鑰匙，可以取得智慧！

第一把鑰匙：相的認識

- 云何為人演說？不取於相，如如不動。
- 菩薩在輪迴世界實踐利他和覺他，要離相，不取於相。

第二把鑰匙：法的認識

- 一切有為法，如夢、幻、泡、影，如露亦如電。
- 認清輪迴世界虛幻不實，同時覺悟如何才能常住於涅槃境界。

的英譯是by detachment from appearances，「常住於真理」是abiding in real truth。相（appearances）與真理（real truth）的正確態度，在這裡說得清楚明白，於「相」需保持距離（離相），但非斷滅（斷滅相），如此就可常住（不動）於真理（真如）。

再看第二把鑰匙「法的認識」：它說明了追求「涅槃境界」應秉持的正確認知與體悟。它點出隨因緣和合而生的一切理法就如同夢、幻、泡、影、露、電，是虛假不實，是空幻虛無的。

有了第一把鑰匙，讓菩薩乘行者可以在輪迴世界實踐覺他的利他精神；再擁有第二把鑰匙就可以認清輪迴世界的虛幻不實，也同時覺悟到如何才能常住於涅槃境界。握著這兩把鑰匙，菩薩摩訶薩就能自由自在安穩地於「自覺的涅槃境界」與「覺他的輪迴世界」之間穿梭流轉，直到一天終能達到自覺、覺他具足的圓滿覺悟境界，這即是菩薩乘行者對於空性的圓滿實踐。

如果你忘了《金剛經》龐大的內容，請別忘記一心二鑰的這一個「慈悲心」，並請在娑婆世界收好這兩把鑰匙：
相的鑰匙：「云何為人演說？不取於相，如如不動」
法的鑰匙：「一切有為法，如夢、幻、泡、影，如露亦如電」

聽作者說，如果只給他10分鐘念這本書，那他一定選這個單元好好仔細弄懂。

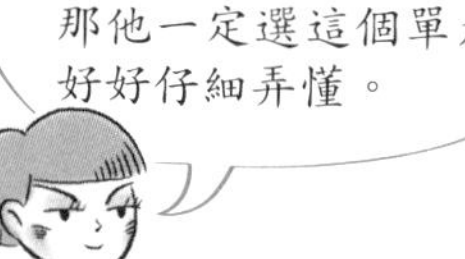

那麼，這個單元不就是本書的精華之處？

《金剛經》對菩薩乘的最後叮囑

《金剛經》格外關心「覺他」的慈悲精神，在最後第 32 分還不忘叮嚀讀經者要「為人演說」。同時，提供了兩把智慧鑰匙給「菩薩乘行者」，也就是鳩摩羅什所譯的「發阿耨多羅三藐三菩提心者」，或是玄奘所譯的「發趣菩薩乘者」。這兩把鑰匙就隱含在第 32 分的經文裡。

《金剛經》第 32 分	分析
一顆慈悲心 **為人演說的重要** 若有人以滿無量阿僧祇世界七寶，持用布施。若有善男子、善女人，發菩提心者，持於此經，乃至四句偈等，受持讀誦，為人演說，其福勝彼。	**慈悲** 叮嚀讀經者為人演說的重要性，凸顯菩薩乘慈悲精神的重要
兩把智慧鑰匙 **1 第一把鑰匙：相的認識** 云何為人演說？不取於相，如如不動	**相** 讓菩薩乘者可在輪迴世界實踐覺他與利他精神
兩把智慧鑰匙 **2 第二把鑰匙：法的認識** 一切有為法，如夢、幻、泡、影，如露亦如電	**法** 認清輪迴世界虛幻不實同時覺悟如何才能常住於涅槃境界

古代解空高手僧肇的解題模型

❶ 眾生空
體悟「五蘊無我」的真理
（第 1-16 分）

❷ 法空
體悟「諸法緣起性空」的真理
（第 17-32 分）

◉ 僧肇的主張

僧肇（384-414）是東晉時代高僧，也是大譯經家鳩摩羅什的弟子，對當時的般若學研究有獨到見解。他所寫的《金剛般若波羅蜜經注》，可說是中國第一部關於《金剛經》的注釋專書。在這部專論裡，僧肇提出了《金剛經》的結構模型：❶眾生空、❷法空。前者相當於梁昭明太子分章斷節的第1分～第16分，後者相當於第17分～第32分。

「眾生空」即悟五蘊無我的真理，眾生雖然都有一個心身，但那是五蘊（色、受、想、行、識）假合而成的，並沒有實在常一的我體。「法空」即體悟諸法緣起性空的真理，緣起性空是說宇宙間一切萬法都是隨因緣而產生的，此概念認為**緣起的諸法，其性本空，無真實的自體可得**。菩薩若能得此法空智慧，就能破除法執。

◉ 僧肇模型的特色與重要性

深入佛經研究的學者一定會同意，在中國翻譯流傳，卷數最多、流通最廣、注疏最豐的經典肯定是《金剛經》，這是般若系經典的重要代表作。般若經典在二世紀東漢時期就已陸續傳進漢地，到了四世紀鳩摩羅什翻譯《金剛經》的時代（魏晉南北朝，220～581），剛好是漢地玄學理論盛行的時代。

所謂的玄學，是指魏晉時代的何晏、王弼等發揮道家老莊思想，融合周易等儒家經義而形成的一種思潮。因為談論的多為玄虛的道理，故稱為玄學。玄學特別推崇老莊思想，崇尚虛無。老莊的思想主張宇宙的本源是虛無，所以應該以「無為」來處事，而「無為」即是「無所不為」。

中印兩位解空高手

須菩提

印度人/佛陀時代（西元前五世紀左右）/佛陀的弟子

僧肇

中國人/後秦時代（西元四、五世紀左右）/鳩摩羅什的弟子

僧肇認為「用老莊思想解釋空性」是錯的

❶老莊思想主張「宇宙的本源是虛無」，所以認為應該以「無為」來處事，而無為即是無所不為。當時佛教多以此見解來解釋佛教的「空」。

❷僧肇說「老莊思想的空無」≠「般若思想的空性」

❸僧肇寫出《金剛經般若波羅蜜注》！

❹僧肇說：《金剛經》的解題方法有兩個：先是「眾生空」，再來是「法空」。

老莊的虛無概念從某種層面來看，似乎與般若經典所說的空，頗為相似。於是當時的玄學主義者，也就研究起般若經典來了。**那個時代的僧人為了因應弘法的需要，也會以般若經教去迎合玄學，用老莊概念來闡釋般若思想，形成了般若學研究浪潮**。於此時出現了般若學弘揚史上的輝煌時期，即佛教史上的「六家七宗」。

不過因為般若經的翻譯難度高，再加上當時流行以般若經教迎合玄學的現象，人們對般若思想並不能正確理解。鳩摩羅什的弟子僧肇，就曾撰文，對「以老莊思想解釋空」的現象作了嚴正的批評，並在這段時期完成了《金剛般若波羅蜜經注》。

◉ 僧肇是「秦人解空第一者」！

鳩摩羅什的《金剛經》譯本，肯定是所有譯本中最受中國人喜愛的，同時成為流傳最廣的佛教經典之一。僧肇是鳩摩羅什門下的四聖八俊之一，後人稱他是「三論」之祖，**由他寫出了第一部中國式的《金剛般若波羅蜜經注》**。

鳩摩羅什對僧肇非常滿意，曾讚歎說：「秦人解空第一者，僧肇其人也。」以此敘述中國人對空性理解的第一度發展。若說佛陀時代解空第一的弟子是須菩提（即《金剛經》的提問者），那麼鳩摩羅什的弟子僧肇則是魏晉南北朝時期的解空第一，前者是印度人，後者是中國人。

僧肇在中國佛教史上有著重要的地位，有「三論之祖」的美名，此三論是中論、十二門論、百論。中論因申明大乘中道實相之理，故名中論，為龍樹菩薩所造；十二門論因申明十二個法門，故名十二門論，也是龍樹菩薩所造；百論本來是二十品，因每品各有五偈，依其偈數故名百論，為龍樹之弟子提婆菩薩所造。**如此龐大的經論的學習是很不容易的，身為「三論之祖」的僧肇，無怪乎是魏晉南北朝時的解空第一人。**

僧肇的《金剛經》見解

誰是僧肇？

鳩摩羅什門下四聖八俊之一
擁有三論之祖的美名
批評以老莊思想解釋佛法空性並不恰當

三論指的是中論、十二門論和百論，是龐大的經論課程呢！

提出解釋的模型

❶ 眾生空	相當於第 1～16 分
體悟「五蘊無我」的真理	眾生雖然都有一個心身，但那是五蘊假合而成的，沒有實在常一的我體。 追根究柢談的是從「我空」直到「眾生空」。

❷ 法空	相當於第 17～32 分
體悟「諸法緣起性空」的真理	緣起性空是說宇宙間一切萬法都是緣起的，緣起的諸法，其性本空，無真實的自體可得。 菩薩得此法空智慧，就能破除法執。

當代導師印順長老的解題模型

❶ 二道
（般若道、方便道）

❷ 五菩提
（發心菩提、伏心菩提、明心菩提、出到菩提、究竟菩提）

◉ 印順長老的主張

般若對應於智慧，方便對應於慈悲，大乘佛教追求的是慈悲與智慧的結合。般若與方便即是印順長老（1906-2005）分析《金剛經》的模型基礎。

他認為菩薩從初發心到成佛的過程中，可分為兩個階段，稱為「二道」。他說：「第一是般若道，從初發心開始，修空無我慧，到入見道，證聖位，這一階段重在通達性空離相，所以名般若道。第二是方便道，當徹悟法性無相之後，即進入修道，一直到佛果，這一階段主要為菩薩的方便度生，所以名方便道。」接著印順導師再根據《大智度論》裡所說「發心到七地是般若道——餘宗作八地，八地以上是方便道。般若為道體，方便即般若所起的巧用」，依此結合二道的概念而延伸發展出完整的分析模型。

另外，印順長老在他的《般若經講記》中更進一步解釋，《大智度論》所說的「般若」即是「菩提」，因此，他所分析的《金剛經》在般若道與方便道的二道觀點之下，又融入了《大智度論》的五種菩提。至此，形成了「二道五菩提」的模型。

◉ 認識五菩提

印順長老的五菩提是哪五個菩提？與《大智度論》的五種菩提是否完全相同呢？**事實上兩者是略有差異的**。印順長老重新以現代人的口語詮釋了「五菩提」，提醒讀者在認識這「五菩提」時，要特別注意「明心菩提」這一項，此乃「般若道」進入「方便道」重要的關鍵階段。印順長老的五菩提分述如下：

成佛要過五關

近代華人佛教導師，對許多佛教錯誤觀念提出劃時代精闢珍砭。

[第1關] 發心菩提

[第2關] 伏心菩提

[第3關] 明心菩提

[第4關] 出到菩提

[第5關] 究竟菩提

般若道（第1～3關）

發心
世俗菩提心
（輪迴世界的菩提心）

《金剛經》
第 1-16 分

方便道（第3～5關）

發心
勝義菩提心
（涅槃境界的菩提心）

《金剛經》
第 17-32 分

注意！明心菩提是從小乘跨越到菩薩乘的大關鍵！想當阿羅漢還是想當菩薩的差別就在這裡了。

哇！成佛要過五關耶！猜猜看，須菩提在哪一關？

❶ **發心菩提**：凡夫於生死中，初發「上求佛道、下化眾生」的大心，名「發阿耨多羅三藐三菩提心」，所以名為「發心菩提」。
❷ **伏心菩提**：發心以後，就依本願去修行，從六度的實行中，漸漸降伏煩惱，漸與性空相應，所以名為「伏心菩提」。
❸ **明心菩提**：降伏粗煩惱後，進而切實修習止觀，斷一切煩惱，徹證離相菩提——實相，所以名為「明心菩提」。

這三種菩提是走向菩提道路中由凡入聖的三階段，也就是般若道。這時，雖得聖果，還沒有圓滿，須繼續修行。明心菩提，望前般若道說，是證悟；望後方便道說，是發心。前面的發心菩提，是發世俗菩提心；而明心菩提是發勝義菩提心，悟到一切法本清淨，本來涅槃，名得真菩提心。
❹ **出到菩提**：發勝義菩提心，得無生忍，以後即修方便道，莊嚴佛國，成熟眾生；漸漸的出離三界，到達究竟佛果，所以名為出到菩提。
❺ **究竟菩提**：斷煩惱習氣究竟，自利利他究竟，即圓滿證得究竟的無上正等菩提。

印順長老最後說：「如上所說：二道各有三階，綜合凡五種菩提，總括了菩提道的因果次第。明白此二道、五菩提，即知須菩提與佛的二問二答，以及文段（指《金剛經》）次第的全經脈絡了！」

◉ 兩種發心

進一步詳談「二道五菩提」，可注意《金剛經》的「發心」，這裡有兩種不同層面的發心。般若道所發的菩提心是「世俗菩提心」，方便道所發的是「勝義菩提心」，所謂「世俗菩提心」裡頭含有語言文字概念，是世俗人類可理解的義理，也就是**你我目前所處世界的菩提心**。至於「勝義菩提心」則是超越文字語言，其甚深的微妙義理，是**涅槃境界的菩提心**，這是如同菩薩摩訶薩（大菩薩）那樣優秀智者所發的心。

《金剛經》的發心包含了前半部的發世俗菩提心與後半部的發勝義菩提心，這是代表輪迴世界與涅槃境界的心靈轉換。「二道五菩提」之中唯「明心菩提」橫跨前後兩部，等同於《金剛經》第17分的關鍵性單元，

印順導師的二道五菩提

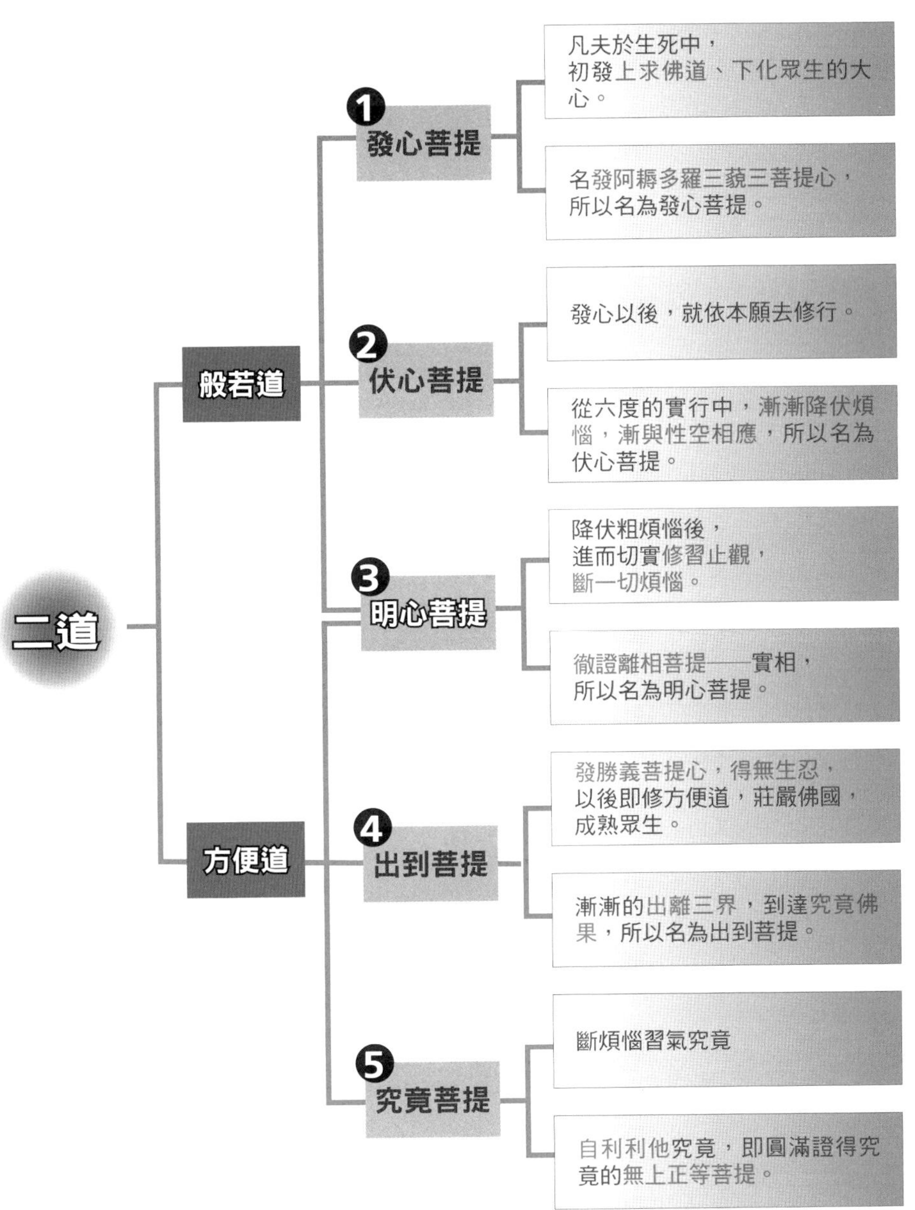

二道
般若道
方便道
❶ 發心菩提
凡夫於生死中，
初發上求佛道、下化眾生的大心。
名發阿耨多羅三藐三菩提心，
所以名為發心菩提。
❷ 伏心菩提
發心以後，就依本願去修行。
從六度的實行中，漸漸降伏煩惱，漸與性空相應，所以名為伏心菩提。
❸ 明心菩提
降伏粗煩惱後，
進而切實修習止觀，
斷一切煩惱。
徹證離相菩提——實相，
所以名為明心菩提。
❹ 出到菩提
發勝義菩提心，得無生忍，
以後即修方便道，莊嚴佛國，
成熟眾生。
漸漸的出離三界，到達究竟佛果，所以名為出到菩提。
❺ 究竟菩提
斷煩惱習氣究竟
自利利他究竟，即圓滿證得究竟的無上正等菩提。

這個部分請讀者稍微留心體會。

◉ 略談《大智度論》的五菩提

印順長老的「五菩提」源自於《大智度論》，這是部什麼樣的典籍呢？《大智度論》乃是《摩訶般若波羅蜜多經》的注釋本，共有一百卷，與《金剛經》一樣同是偉大譯經家鳩摩羅什所譯。

傳說《大智度論》原始的作者是龍樹菩薩（Nagarjuna），該論引述的資料豐富，是研究印度佛教史的重要資料庫，同時也是**中觀派的重要著作**。中觀派乃大乘佛教宗派之一，此宗依據龍樹菩薩思想，主張**一切現象都沒有真實的體性，現象僅是概念所假立的**。中觀派又分中觀自續派和中觀應成派二支。代表人物除龍樹菩薩外，有提婆、佛護、清辨、寂護、月稱等。在這部書的第53卷，龍樹菩薩提出「五菩提」，說明與「般若波羅蜜」之間的關係，他的見地是這樣的，請見下面圖表說明：

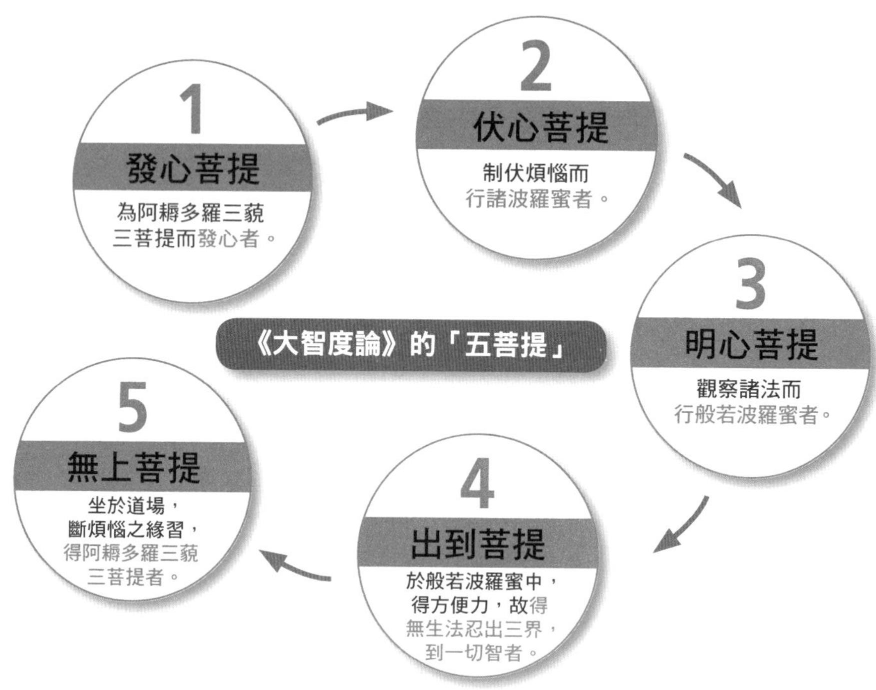

比較《大智度論》和印順長老的五菩提

<table>
<tr><th>《大智度論》五菩提</th><th colspan="2">《金剛經》五菩提（印順長老的見解）</th></tr>
<tr><td>❶發心菩提：為阿耨多羅三藐三菩提而發心者。</td><td>❶發心菩提：凡夫於生死中，初發上求佛道、下化眾生的大心，名發阿耨多羅三藐三菩提心，所以名為發心菩提。</td><td rowspan="3">這三種菩提即趣向菩提道中由凡入聖的三階，是般若道。這時，雖得聖果，還沒有圓滿，須繼續修行。
明心菩提，望前般若道說，是證悟；望後方便道說，是發心。
前發心菩提，是發世俗菩提心；而明心菩提是發勝義菩提心。
悟到一切法本清淨，本來涅槃，名得真菩提心。</td></tr>
<tr><td>❷伏心菩提：制伏煩惱而行諸波羅蜜者。</td><td>❷伏心菩提：發心以後，依本願去修行，從六度的實行中，漸漸降伏煩惱，漸與性空相應，所以名為伏心菩提。</td></tr>
<tr><td>❸明心菩提：觀察諸法而行般若波羅蜜者。</td><td>❸明心菩提：降伏粗煩惱後，進而切實修習止觀，斷一切煩惱，徹證離相菩提─實相，所以名為明心菩提。</td></tr>
<tr><td>❹出到菩提：於般若波羅蜜中，得方便力，故得無生法忍而出三界，到一切智者。</td><td colspan="2">❹出到菩提：發勝義菩提心，得無生忍，以後即修方便道，莊嚴佛國，成熟眾生；漸漸的出離三界，到達究竟佛果，所以名為出到菩提。</td></tr>
<tr><td>❺無上菩提：坐於道場，斷煩惱之緣習，得阿耨多羅三藐三菩提者。</td><td colspan="2">❺究竟菩提：斷煩惱習氣究竟，自利利他究竟，即圓滿證得究竟的無上正等菩提。</td></tr>
</table>

西方般若學者孔茲的解題模型

❶ 注意「說法對象」
（由初發心的菩薩乘者，直到即將達佛陀境界的菩薩。）

❷ 全經分為八個階段
（以發願追求菩薩乘的修習過程來分析）

◉ 孔茲的主張

孔茲（Edward Conze，1904-1979）是近代著名的般若學專家。他出生在英格蘭，擁有超凡的語言天賦，通曉包括梵語等十四種語言。他所完成的《金剛經》英譯本，英譯經文忠實呈現梵本的原意，字義精準，不輸中國其他譯經家的《金剛經》譯本，為現代人提供了另一種語言的讀經參考。

孔茲的模式是以發願追求菩薩乘的修習過程，來分析《金剛經》的結構，他將全經分成了八個階段：

❶ 序Introductiuon （第1-2分）
❷ 菩薩的修行歷程The Bodhisattva's Career （第3-8分）
❸ 心靈生命的變化The Range of the Spiritural Life （第9-12分）
❹ 第一次的結語The First Ending （第13分）
❺ 超越到彼岸Trancedentality （第13-16分）
❻ 菩薩The Bodhisattvas （第17分）
❼ 諸佛The Buddhas （第18-29分）
❽ 給未達圓滿境界者的忠告Advice to the Imperfect（第30-32分）

◉ 發心追求菩薩乘者（自覺的階段）

第1分與第2分，就是《金剛經》的序（❶），說明了《金剛經》的人（參與的人物）、地（舍衛國祇樹給孤獨園）、時（次第乞已、還至本處之後）、事（長老須菩提開始發問）。由此開啟了全經的大哉問：「善男子、善女人，發阿耨多羅三藐三菩提心，應云何住？云何降伏其心？」

菩薩乘的覺悟歷程

❶近代西方重量級般若學者。

❷精通梵文、巴利文、藏文、中文等十四國語言。

❸精通大乘和小乘經典。翻譯的般若經典達三十餘部，包括《心經》和《金剛經》。

❹強調禪修實踐和佛學研究同樣重要。

孔茲認為《金剛經》談的是菩薩乘追求覺悟的過程，共有三個階段：

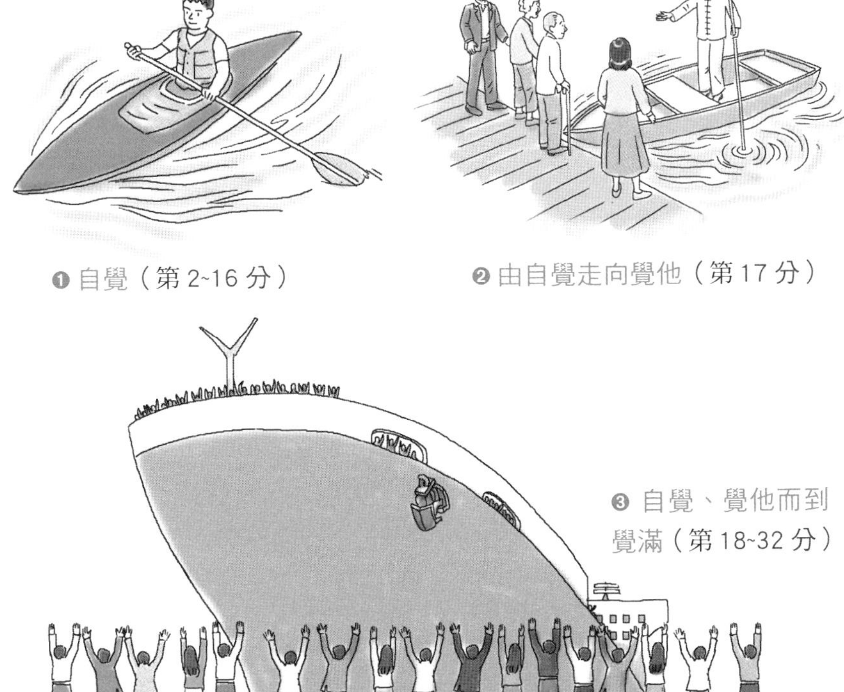

❶ 自覺（第 2~16 分）

❷ 由自覺走向覺他（第 17 分）

❸ 自覺、覺他而到覺滿（第 18~32 分）

接著由第3分至第16分，循序漸進地告訴發菩薩乘心的修行者，如何達到菩薩摩訶薩（大菩薩）的境界。孔茲清楚整理出「菩薩的修行歷程」（❷）、「心靈生命的變化」（❸）、「超越到彼岸」（❺）。全經到此，就是指發心追求菩薩乘修行者的「自覺」階段。

◉ 由個人的「自覺」走向協助眾生的「覺他」

第17分是關鍵的轉折單元，須菩提再度發問，他提出一個與第2分幾乎一樣的問題：「善男子、善女人，發阿耨多羅三藐三菩提心，云何應住？云何降伏其心？」在第2分，鳩摩羅什譯為「應云何住」，在這裡譯為「云何應住」，兩次問題有絲毫差異，似乎隱約透露之間的不同。

的確！相同的問題隨著對象不同發生了變化，而佛陀也有不同的回答。第2分的對象是初發心的菩薩乘行者，而第17分則是發心已久的菩薩，甚至是不退轉大菩薩。孔茲在此單元標題寫著「菩薩」（❻），在這內容豐富的單一段落裡，完整介紹《金剛經》裡「菩薩的誓願」、「遇到燃燈佛時，菩薩的心境 」、「菩薩最終的歷程」，以及「菩薩對任務秉持的態度」。全經到此，菩薩由個人的**自覺**走向協助眾生的**覺他**的關鍵修習。

◉ 大菩薩必須透過實踐慈悲心來達到佛陀的境界

繼續看第18分到第29分，孔茲的大單元標題是「諸佛」（❼），以長達十二分的篇幅來告訴大菩薩們（他們都是準佛陀喔！）如何透過實踐慈悲心來達到佛陀的境界。

這裡精采說明了佛陀的五眼、佛陀的超智慧能知眾生的心、佛陀的福德、佛陀的身形、佛陀的教導與法，也談到佛陀慈悲救度的特質與佛陀的真實本性。所有的內容都是要告訴**不退轉的菩薩**以及達到**一生補處的大菩薩**（盡此一生就能補到佛位的意思，是最高階段的菩薩的意思），如何達到佛陀的境界。

到了最後的三個單元，也就是第30分到第32分，佛陀給這群最優秀但未達圓滿境界的諸位準佛陀一個忠告（❽），提醒他們能在「自覺」與「覺他」的過程，以無我、無相的狀態之下達到「覺滿」的境界。

《金剛經》的結構分析

初發心
（追求菩薩乘修行者）

自覺

《金剛經》第 1-16 分

❶ 序（第 1-2 分）
Introductiuon
❷ 菩薩的修行歷程（第 3-8 分）
The Bodhisattva's Career
❸ 心靈生命的變化（第 9-12 分）
The Range of the Spiritual Life
❹ 第一次的結語（第 13 分）
The First Ending
❺ 超越到彼岸（第 13-16 分）
Trancedentality

❶ 發心已久的菩薩
❷ 不退轉大菩薩
❸ 一生補處大菩薩

自覺走向覺他

《金剛經》第 17-32 分

❻ 菩薩（第 17 分）
The Bodhisattvas
❼ 諸佛（第 18-29 分）
The Buddhas
❽ 給未達圓滿境界者的忠告（第 30-32 分）
Advice to the Imperfect

提醒：請詳見〈附錄 7：孔茲的金剛經結構分析〉、〈附錄 8：全經文孔茲譯版完整分析表〉。

如來

「如來」一詞出現在《金剛經》多達87次，是釋迦牟尼的另一個稱呼。「如來」涉及空性不同境界的探討，有三層意義：❶有來有去 ❷諸法體性空寂 ❸無來無去。

◉ 第一層次的認識：如過去諸佛那樣的來，那樣的去

「如來」是「佛陀的十大名號」之一，大家對這個名號的認識是「如過去諸佛那樣的來、那樣的去」，所以稱之為「如來」。我們可以先從《大日經疏》、《秘藏記本》和《教行信證》三部經典來看如來的概念。

《大日經疏》裡的「報身如來」，說明親身證悟過程中的成就果報，於此特別強調正覺的概念。接著是《秘藏記本》的「應身如來」，當世尊成佛以後，充滿慈悲的他，隨人們的期盼來到三界垂化眾生。第三個則是《教行信證》應身與報身的合併說明，除延伸上述概念，並在這之中以彌陀如來為例，說明示現報、應、化等種種身。以上所有的概念都意味著如來有「來去」的意思。當達到覺悟成就的時候，「去」到某個境界；當依慈悲垂化眾生時，「來」到我們這世界。在經中，須菩提尊稱釋迦牟尼為「如來」時，都是這觀點。對於初發菩提心的修行者而言，如來一詞的理解有著「來去」的看法。

如來的意義	經典的說法	參考出處
如來的成就（強調正覺）	乘真如之道，從因來果，而成正覺	《大日經疏》曰：「如諸佛乘如實道來成正覺，今佛亦如是來，故名如來。」
如來的慈悲（三界垂化）	乘真如之道，來三界垂化	《秘藏記本》曰：「如來謂成佛以後悲願力故垂化也，乘如而來故曰如來。」
如諸佛而來（諸佛並不只一位）	從如來生，示現報應化種種身	《教行信證》曰：「真如即是一如，然者彌陀如來從如來生示現報應化種種身也。」

註：「真」如的意思，「真」是「真實不虛」，「如」是「如常不變」，合真實不虛與如常不變二義，謂之「真如」。

如來的三層意義（之一）

❶ 如來：有來有去

對象：初發心的菩薩乘者眼中的如來

《大日經疏》	《秘藏記本》	《教行信證》
報身如來	應身如來	報身、應身、化身等種種身

↓	↓	↓
如來的成就：正覺	如來的慈悲：三界垂化	如諸佛而來：諸佛並不只一位

◉ 第二層次的認識：諸法體性空寂，如其本來之義

接著來到第17分，經中寫著「如來者，即諸法如義」，全經至此是說明不退轉菩薩的另一種體悟。這裡認真定義「法身如來」的意義，就經句上文字最直接翻譯是：「如來的意思，就是諸法體性空寂，如其本來之義」。我們看到許多不錯的譯法，屬於「概念延伸式」的翻譯，並非直接翻譯。「如來者，即諸法如義」這一句，諸譯家的「延伸式翻譯」是：此「如來」的意思就是親證了一切現象的實際情態（諸法），也就是對一切現象都如它本來所示現的樣子，沒有任何分別與執著（如義）。很清楚，如來**已非一個可以來與去的人物或對象，也沒有慈悲度化眾生的意思**，僅是諸法體性空寂，如其本來之義。

◉ 第三層次的認識：如來者，無所從來，亦無所去，故名如來。

在第29分「威儀寂靜分」，可說是《金剛經》對「如來」的終極定義，說明「如來」根本沒有「來與去」的分別。對於初發心的菩薩乘者，「如來」是上述第一層次的認識，他們真誠期盼如來的來臨，於是相信「如來」他是會來的，所以說「好像來了」。優秀的智者或不退轉菩薩的體悟則是屬於第二層次的認識。當他們得「無生法忍」（詳見第436頁）而親證法身的時候，已是觀諸法無生無滅的道理，安住在不動心的狀態，於是他們覺得如來終於「來了」。其實，對修行者而言，**即使是初階修行者，如來也從來不曾離開過，只因個人證悟能量不足，才會認為自己見不到如來，才會有「來」、「不來」的看法**。當親證法身之時，就體悟到「如來者，即諸法如義」，這時覺得如來「來過了」。而「如來者，無所從來，亦無所去，故名如來」，是第三層次也是最高層次的認識，如來根本沒有「來與去」的分別。

如來的三層意義（之二）

❷ 如來：諸法體性空寂

對象：優秀智者和不退轉菩薩眼中的如來

法身如來

親證「諸法體性空寂，如其本來之義」：親證了一切現象的實際存在情態（諸法），也就是對一切現象都如它本來所示的樣子，沒有任何分別與執著（如義）。

❸ 如來：無來無去

對象：一生補處菩薩眼中的如來

如來根本沒有「來與去」的分別

阿耨多羅三藐三菩提

大乘菩薩行者是透過慈悲而取得智慧，「發大乘菩薩心」是大乘菩薩行的「起點」，而「阿耨多羅三藐三菩提」是大乘菩薩行的「終點」。

◉ 阿耨多羅三藐三菩提是大乘菩薩行的終極境界

《金剛經》的核心詞彙之一阿耨多羅三藐三菩提Annutara-samyak-sambodhi，該詞是「阿耨多羅」、「三藐」與「三菩提」三個字詞的合稱，完整意思是「無上正等正覺」、或「無上正遍覺」。這麼長的一個詞代表佛陀所覺悟的智慧，故稱正覺。其內涵有平等圓滿之意，所以稱正等；也因為佛陀境界體悟的真理至高，故稱無上；而其道理周遍而無所不包，故稱正遍知。

許多人都知道「阿耨多羅三藐三菩提」這個詞在《金剛經》是非常重要的，但不知道此經是為大乘菩薩而寫的，於是以為《金剛經》只著重於空性，因而忽略慈悲的重要。

其實智慧的證得是築基於慈悲，所以，發大乘菩薩心是大乘菩薩行的「起點」，而阿耨多羅三藐三菩提是「終點」。這個修行道路的起點是慈悲，終點則是圓滿的智慧，也就是阿耨多羅三藐三菩提等同於大乘菩薩行的終極境界。

◉ 第17分與第23分如何談阿耨多羅三藐三菩提？

對整個《金剛經》進行整理分析時，我們發現阿耨多羅三藐三菩提出現高達20次。其中在第17分「究竟無我」與第23分「淨心行善」有相當完整的說明，我們整理比較如下，請仔細體悟其間的差異。

第17分：

若有人言：如來得阿耨多羅三藐三菩提。須菩提！實無有法，佛得阿耨多羅三藐三菩提。須菩提！如來所得阿耨多羅三藐三菩提，於是中無實無虛。

❶如果有人說如來得阿耨多羅三藐三菩提，這是不正確的。實際上並沒有任何一個法，也沒有如來得到阿耨多羅三藐三菩提這件事。
❷所謂如來所得到的阿耨多羅三藐三菩提，於此之中「無實無虛」。

這一段經，佛陀解釋了阿耨多羅三藐三菩提，提出兩個重要的觀念「實無有法」與「無實無虛」。這個無上正等正覺，其實是「非虛非實」，也就是既不能執著於「實有所得」，也不能執為「空無」，所以它是「無實無虛」。

第23分：

是法平等，無有高下，是名阿耨多羅三藐三菩提；以無我、無人、無眾生、無壽者，修一切善法，即得阿耨多羅三藐三菩提。

❶是法平等，無有高下，是名阿耨多羅三藐三菩提。
❷以無我、無人、無眾生、無壽者，修一切善法，則得阿耨多羅三藐三菩提。

接著再看第23分的說明，佛陀除了解釋什麼是阿耨多羅三藐三菩提，並開示如何得阿耨多羅三藐三菩提。經文的意思是此法絕對平等的，沒有高下的分別，所以才稱為無上正等正覺。雖然第17分才說實無有法可得無上正等正覺，第23分卻又告訴我們，只要不執著於我相、人相、眾生相、壽者相的妄想分別去修持一切善法，那麼即可證得此無上正等正覺。

到底是得或是不得？這點看似衝突，其實不然。阿耨多羅三藐三菩提是在無智無得的狀態下體悟的，它是超越人類語言文字所能解釋的，它存在於發心者本身，本來就在那裡，無求於外，沒有得不得。

我們可參考玄奘對第17分的翻譯是：「無有少法，如來、應、正等覺能證阿耨多羅三藐三菩提。」這點解釋是對輪迴世界修行者的提示，提醒他們必須避開語言文字的障礙，也必須遠離法的執著，這也就是印順長老所提「般若道」的核心。再來到第23分，當輪迴世界的修行者已經成為菩薩摩訶薩（大菩薩），他們有了空性的體悟之後，可以自由自在地穿梭於輪迴世界，於是，度化眾生成為這一個階段的重點，這也就是印順長老所提的「方便道」。

般若道認為阿耨多羅三藐三菩提是「實無有法」與「無實無虛」，而方便道認為修一切善法，則得阿耨多羅三藐三菩提。我們必須知道此法不是語言文字的佛法，也不是代表宇宙一切現象，而是佛陀親證的法，是不可取、不可說。

大乘菩薩行的終極境界

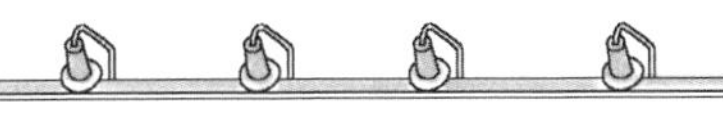

（梵語）**Annutara-samyak-sambodhi**

（音譯）	阿耨多羅	三藐	三菩提
（原意）	無上	完全的、徹底的 正確的	正等菩提

（意譯）　無上正等正覺

星雲法師分析「阿耨多羅三藐三菩提」

對於阿耨多羅三藐三菩提的解釋，星雲法師寫的真好，是這樣說的：

「阿耨多羅三藐三菩提於華語是無上正等正覺。即指真心而言，此心包含太虛，至高無上，故云無上；由上自諸佛，下至蠢動含識，此心依正平等，故云正等；其覺圓明普照，無偏無虧，故云正覺。大乘菩薩行之全部內容，即在成就此種覺悟。」

好清晰的解釋，大師以「空間概念」天空與空虛寂靜來表達無上。再以上自諸佛，下至蠢動含識的「對象」，來說明不分賢愚聖凡，所發的菩提心絕對平等的，沒有高下的分別。最後以「月的圓滿」來描述覺悟的狀態是無偏無虧。

發阿耨多羅三藐三菩提心

「阿耨多羅三藐三菩提」這個關鍵字在鳩摩羅什所譯的《金剛經》裡共出現了20次。細心的讀者若同時閱讀鳩摩羅什和玄奘的譯本，會發現兩位大師對「發阿耨多羅三藐三菩提心」的翻譯不盡相同，為什麼會這樣？

◉ 玄奘和鳩摩羅什兩譯版的不同在哪裡？（第2、17、31分）

首先，我們可以先將鳩摩羅什與玄奘兩個譯版的「阿耨多羅三藐三菩提」找出來，再搭配近代般若思想專家孔茲的英文翻譯做參考，便完成了右頁這個比對表。

很快地，我們發現，在第一欄，第2、17、31分經文處，鳩摩羅什的譯法和玄奘、孔茲二人的翻譯是不同的（表格上標註★處）。而其他三欄經文，他們三個人的翻譯幾乎相同。從這裡要說明三個要點：

❶ 阿耨多羅三藐三菩提Annutara-samyak-sambodhi與發菩薩乘bodhisattva-yana-samprasthitena意思是不相同的，但鳩摩羅什都統一譯成了阿耨多羅三藐三菩提，讓讀經者產生很大困擾。
❷ 從梵本原義來看，發大乘菩薩心（發趣菩薩乘），是代表「開始」的大乘菩薩行。而其餘三個包括菩薩摩訶和諸佛所發的阿耨多羅三藐三菩提，代表的是「終極」無法超越的覺悟狀態。
❸ 我們再檢驗其他譯版，如《佛說能斷金剛般若波羅蜜多經》（唐・義淨）與《金剛能斷般若波羅蜜經》（隋・笈多譯）的譯本，也與玄奘譯法相同，因此幾乎可以確認鳩摩羅什版要作適當的更正。

◉ 還原回梵版原義，是讀懂《金剛經》的好方法

若能還原梵版經文的原義，對理解《金剛經》肯定有相當大的助益。像此處所討論的「發阿耨多羅三藐三菩提心」，關鍵就在於要弄清楚「對象」，才能知道他的「發心」究竟指的是什麼心，這在原來的梵版《金剛經》都可以清楚看到。因此，先清楚了這個前提，並留心下面所談的三個規則，閱讀鳩摩羅什所譯的「發阿耨多羅三藐三菩提心」就不會弄錯意思了。**（如果閱讀的是玄奘、義淨或是近代孔茲的譯版，不會出現以上的困擾。）**

比較諸大譯師對「發心」的譯法

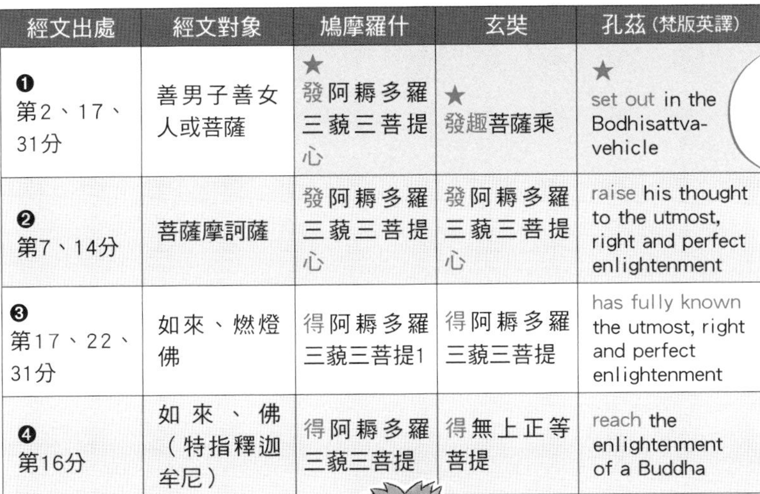

經文出處	經文對象	鳩摩羅什	玄奘	孔茲（梵版英譯）
❶ 第2、17、31分	善男子善女人或菩薩	★ 發阿耨多羅三藐三菩提心	★ 發趣菩薩乘	★ set out in the Bodhisattva-vehicle
❷ 第7、14分	菩薩摩訶薩	發阿耨多羅三藐三菩提心	發阿耨多羅三藐三菩提心	raise his thought to the utmost, right and perfect enlightenment
❸ 第17、22、31分	如來、燃燈佛	得阿耨多羅三藐三菩提1	得阿耨多羅三藐三菩提	has fully known the utmost, right and perfect enlightenment
❹ 第16分	如來、佛（特指釋迦牟尼）	得阿耨多羅三藐三菩提	得無上正等菩提	reach the enlightenment of a Buddha

注意❶！鳩摩羅什的翻譯和玄奘、孔茲二人的翻譯不同喔！

三個人翻譯都相同！

❶與❷所說的經文，其實梵本原義是指發菩薩乘心。

❸與❹，才是真正指「無上正等正覺」。

比較五位譯經家在第 2 分的譯法：

發阿耨多羅三藐三菩提心

發趣菩薩乘

發阿耨多羅三藐三提心，行菩薩乘

發趣菩薩乘

set out in the Bodhisattva-vehicle

◉讀懂「發阿耨多羅三藐三菩提心」的三個規則

經文裡的「發阿耨多羅三藐三菩提心」，其真正的意思是隨著對象不同而有差異，有三種可能：

❶第一種對象：對象是善男子善女人（a son or daughter of good family），或菩薩（a Bodhisattva）時，發阿耨多羅三藐三菩提心是指「發菩薩乘心」，這時玄奘譯為「發趣菩薩乘」，孔茲譯為set out in the Bodhisattva-vehicle。

❷第二種對象：如果對象是菩薩摩訶薩（the Bodhi-being, the great being,）發阿耨多羅三藐三菩提心是「發無上正等正覺心」，玄奘譯為「發阿耨多羅三藐三菩提心」，孔茲譯為raise his thought to the utmost, right and perfect enlightenment。

❸第三種對象：當對象是如來、燃燈佛、釋迦牟尼等，經文不再寫著「**發**阿耨多羅三藐三菩提心」，而是「**得**阿耨多羅三藐三菩提」，玄奘譯法有二：「證得阿耨多羅三藐三菩提耶」，或是「得無上正等菩提」；孔茲譯為has fully known the utmost, right and perfect enlightenment，與reach the enlightenment of a Buddha。前者多半針對如來、燃燈佛，後者是特指釋迦牟尼，這兩者基本上意義相同，可以不刻意區分。

◉ 判斷的標準：要看清楚「對象」是誰！

所以，綜合上述所說，再回到第101頁的表格，第一欄善男子善女人所發阿耨多羅三藐三菩提，從梵本原義來看，其實是發大乘菩薩心（發趣菩薩乘），是代表**開始**的大乘菩薩行。其餘三欄包括**菩薩摩訶薩**所發的阿耨多羅三藐三菩提和**諸佛所得**的阿耨多羅三藐三菩提，代表的是「終極」無法超越的覺悟狀態。

連連看！你連對了嗎？

什麼人發什麼心？你連對了嗎？

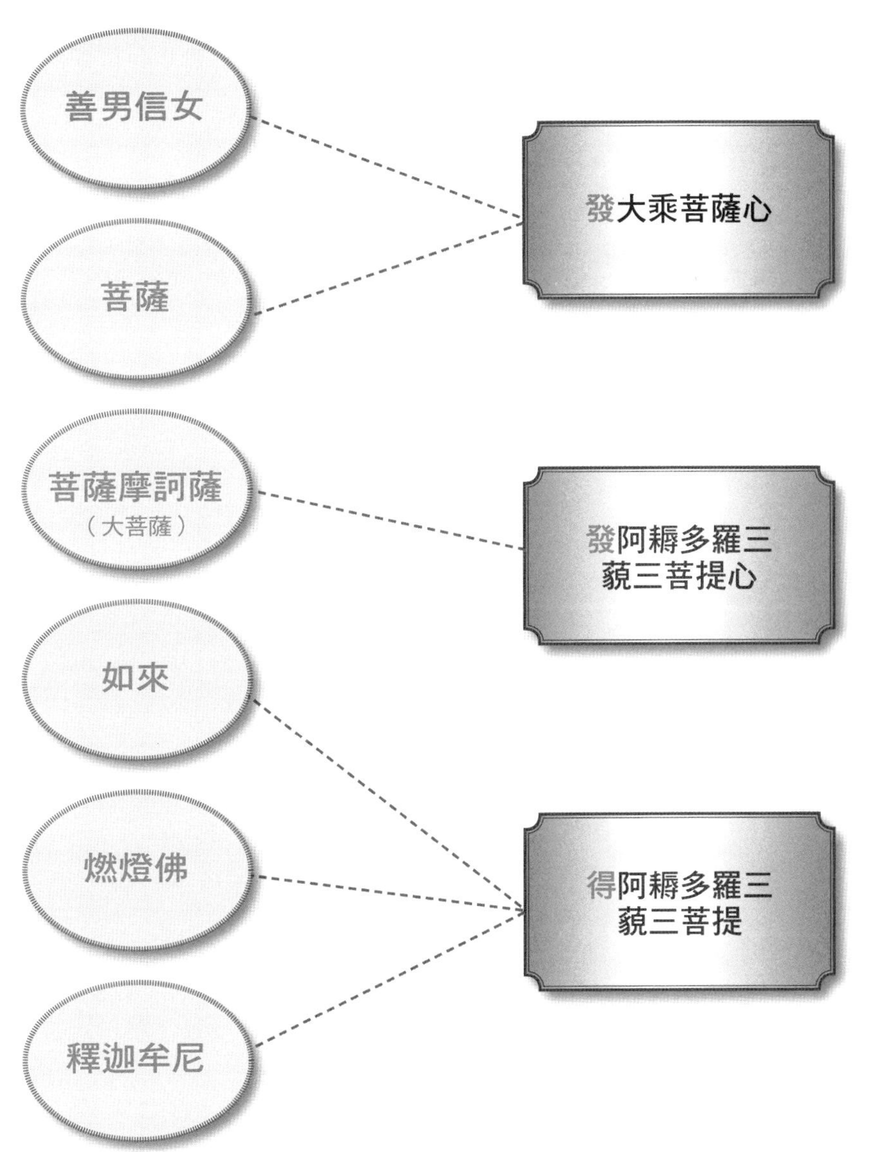

三談阿耨多羅三藐三菩提

上面兩篇已經分別敘述了「阿耨多羅三藐三菩提心」的基本定義和《金剛經》所提及的不同層級的發心。這裡我們可以再從下面兩個分析法來整理《金剛經》的阿耨多羅三藐三菩提。

◉ PARTI：以對象來分析（四類問題）

Q1 發阿耨多羅三藐三菩提心，應云何住？云何降伏其心？
對象：善男子善女人初發心

善男子、善女人，發阿耨多羅三藐三菩提心，應云何住？云何降伏其心？（第**2**分）

此處的「阿耨多羅三藐三菩提心」，其實是「發大乘菩提心」，而不是指「無上正等正覺」，這是初發菩提心者的根本問題，也是《金剛經》一開始就提出的核心問題。

Q2 阿耨多羅三藐三菩提法由何處而出？
對象：一切諸佛

一切諸佛，及諸佛阿耨多羅三藐三菩提法，皆從此經出。（第**8**分）

玄奘將此處譯為「一切如來、應、正等覺阿耨多羅三藐三菩提皆從此經出」，孔茲則譯為it has issued the utmost, right and perfect enlightenment。這句經文說明《金剛經》的重要性，點出此經可以協助修行者走向無上正等正覺的道路，甚至「一切諸佛」（已成就者）與「諸佛阿耨多羅三藐三菩提法」（法）都是由此經而出。

Q3 什麼樣的人能得到（荷擔）如來阿耨多羅三藐三菩提？

對象：承當大業者

若有人能受持讀誦，廣爲人說，如來悉知是人，悉見是人，皆成就不可量、不可稱、無有邊、不可思議功德，如是人等，即爲荷擔如來阿耨多羅三藐三菩提。（第15分）

這裡的「荷擔如來阿耨多羅三藐三菩提」，玄奘作了些微的修正，譯成「其肩荷擔如來無上正等菩提」，孔茲則翻譯為All these beings, Subhuti, will carry along an equal share of enlightenment。此段經文討論功德的養成與功德相關的因果。這樣成就的功德是不可量、不可稱、無有邊、不可思議，肯定已超越了第2分所說「善男子、善女人，發阿耨多羅三藐三菩提心」（此處梵版《金剛經》意思應為：善男子、善女人，發大乘菩薩心），所以才能荷擔「如來」的阿耨多羅三藐三菩提。注意！這兩處經文鳩摩羅什都譯成阿耨多羅三藐三菩提，但了解梵版《金剛經》的用字，並比對玄奘、孔茲的翻譯，就可發現兩處所說是大大的不同。

Q4 佛陀是否「得」阿耨多羅三藐三菩提？

對象：如來、燃燈佛、佛陀

如來得阿耨多羅三藐三菩提耶？（第7分）
如來於燃燈佛所，有法得阿耨多羅三藐三菩提不？（第17分）
佛得阿耨多羅三藐三菩提，爲無所得耶？（第22分）

如同上述的範例，這裡必須注意「如來得阿耨多羅三藐三菩提」與

「善男子、善女人，發阿耨多羅三藐三菩提心」的「阿耨多羅三藐三菩提」是不同的。如來、燃燈佛、佛陀的修行狀態，是不同於善男子、善女人的。前三者的阿耨多羅三藐三菩提在梵本原意即是「無上正等正覺」（the utmost, right and perfect enlightenment）。而善男子、善女人發的阿耨多羅三藐三菩提心，在梵本原意是「發趣菩薩乘」（set out in the Bodhisattva-vehicle）。此兩組分別代表「終極」無法超越的覺悟狀態，與「開始」的大乘菩薩心。

對於以上三個問題，經中的解釋都是「否定」。因為真正的阿耨多羅三藐三菩提是超越「得」或「不得」的二邊概念。

◉ PARTII：以「發」與「得」來分析

「發」阿耨多羅三藐三菩提心者需注意的事項：

對象：大菩薩

菩薩應離一切相，發阿耨多羅三藐三菩提心，不應住色生心，不應住聲、香、味、觸、法生心，應生無所住心。（第**14**分）

對象：善男子善女人

發阿耨多羅三藐三菩提者，於法不說斷滅相。（第**27**分）

對象：善男子善女人

發阿耨多羅三藐三菩提心者，於一切法，應如是知，如是見，如是信解，不生法相。須菩提！所言法相者，如來說即非法相，是名法相。（第**31**分）

以上三段經文告訴我們，只要分清楚講經內容所提的對象為何，就可知道「阿耨多羅三藐三菩提」所代表的意義。例如，第14分「菩薩應離一切相，發阿耨多羅三藐三菩提心，不應住色生心，不應住聲、香、味、觸、法生心，應生無所住心。」這裡的「菩薩」在梵本原義是「菩薩摩訶薩」。而後兩者的對象都是善男子善女人。所以前者的「阿耨多羅三藐三菩提」是「無上正等正覺」，而後兩者的「阿耨多羅三藐三菩提」，也就是「發趣菩薩乘」。

「如何得」阿耨多羅三藐三菩提？

對象：消除業障者

受持讀誦此經，若爲人輕賤，是人先世罪業，應墮惡道，以今世人輕賤故，先世罪業即爲消滅，當得阿耨多羅三藐三菩提。（第**16**分）

佛陀開示

是法平等，無有高下，是名阿耨多羅三藐三菩提；以無我、無人、無眾生、無壽者，修一切善法，即得阿耨多羅三藐三菩提。（第**23**分）

既然是「得」阿耨多羅三藐三菩提，那表示達到一種證悟狀態，是不可透過語言文字來陳述。所以，這樣的阿耨多羅三藐三菩提應該是「無上正等正覺」，而非善男子善女人的「發趣菩薩乘」。

「住」與「不住」

「住」一字在《金剛經》總共出現21次，足見此字的重要。《金剛經》裡所談的這個「住」，用了兩個不同的梵字：sthatavyam和pratisthitena，前者是「維持」或「保持」的意思，後者是「執著」的意思。

◉ 住是「維持」或「保持」

在什麼時候《金剛經》裡的「住」，指的是「維持」或「保持」呢？

第2分一開始 ，須菩提提三個大哉問：「發阿耨多羅三藐三菩提心，應云何住？云何降伏其心？」這裡的「住」在梵版裡用的是sthatavyam這個字，即維持、保持的意思，所以該句應解釋為：「已經發心求無上菩提心的人，應該如何『保持』那顆菩提心？如何降伏自己的妄心？」這樣的問題在第17分須菩提又問了佛陀一次，顯見這件事是相當重要而不可忽視的。

◉ 住是「執著、迷戀」

此外，「住」還有另一個意思，梵語是pratisthitena，意思接近於「執著」。通常經文出現「住」的意思是「執著」的時候，用詞多半是「不應住」或「無所住」，取其「不執著」的意思。《金剛經》在「不執著」這部分開示非常多，歸納起來，有下面三種不執著：

❶布施

菩薩於法，應無所住，行於布施，所謂不住色布施，不住聲、香、味、觸、法布施，應無所住而生其心。（第4分）

經文的要點：

❶ 菩薩應該：無所住（無所執著）
❷ 菩薩布施：不住色布施
❸ 菩薩布施：不住聲香味觸法布施

說明：對於一切事物的現象，菩薩應該像這樣布施，於世間所有的萬事萬物，都應無所執著與迷戀，不執著於色、聲、香、味、觸、法的六塵相而行布施，在無所住的境態中去行布施，去利益眾生。

「住」這個字的梵文解釋

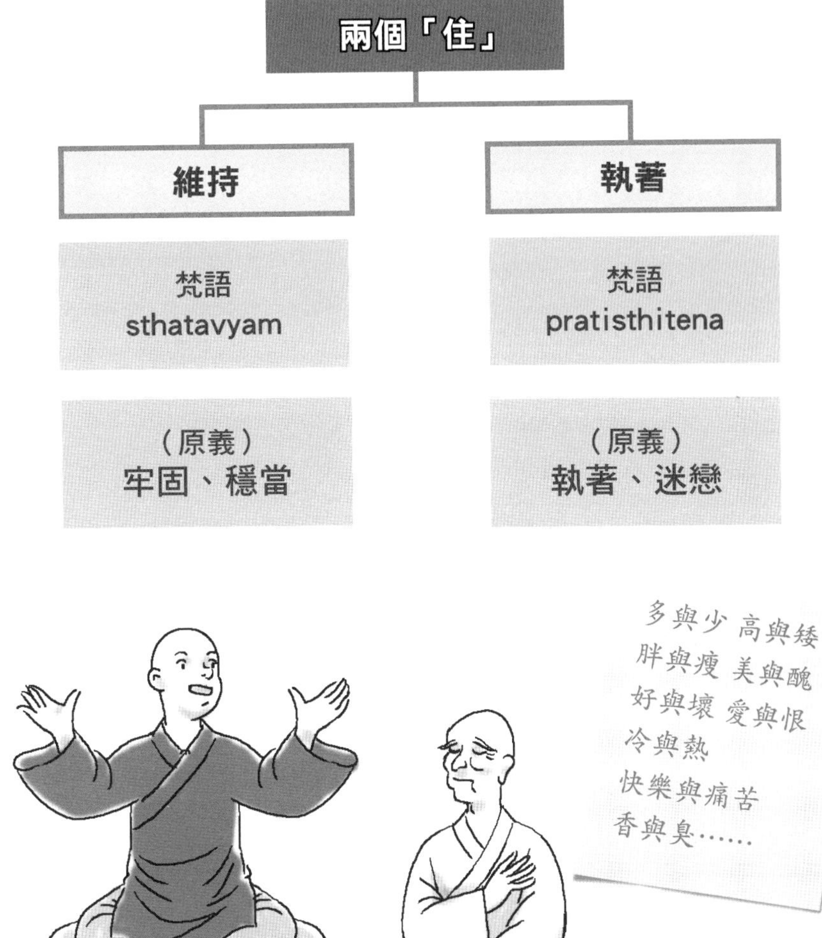

兩個「住」
維持
執著
梵語
sthatavyam
梵語
pratisthitena
（原義）
牢固、穩當
（原義）
執著、迷戀
多與少 高與矮
胖與瘦 美與醜
好與壞 愛與恨
冷與熱
快樂與痛苦
香與臭……
那到底什麼是執著、迷戀啊？
只要是有「分別」、「比較」就是執著了！像是……

❷生清淨心

諸菩薩摩訶薩應如是生清淨心，不應住色生心，不應住聲、香、味、觸、法生心，應無所住而生其心。（第**10**分）

經文的要點：

❶ 不應住（執著）色而生心
❷ 不應住（執著）聲、香、味、觸、法而生心
❸ 應無所住而生其心

說明：佛陀告訴須菩提，諸菩薩摩訶薩該如何生清淨心？諸位大菩薩都應該像這樣生起清淨心，不應該對眼識所見的種種色相生起迷戀、執著，不應執著於色相而行布施，也不應該執著於聲、香、味、觸、法等塵相而行布施，應該心無所住，令清淨自心生起顯現。

❸離相

菩薩應離一切相，發阿耨多羅三藐三菩提心，不應住色生心，不應住聲、香、味、觸、法生心，應生無所住心。若心有住，即爲非住。（第**14**分）

經文的要點：

❶ 應離一切相，發阿耨多羅三藐三菩提心
❷不應住（執著）色生心，不應住（執著）聲、香、味、觸、法生心
❸ 應生無所住心。若心有住，即為非住（執著）

說明：本段落由佛陀先開示過去五百世佛陀作忍辱仙人時，必然已無四相，緊接著再開示菩薩該怎麼做？佛陀告訴須菩提，菩薩應該捨離一切妄相，如此發無上正等正覺的菩提心，修行過程中不應該住於（執著於）色塵生心，也不應該執著於聲、香、味、觸、法等諸塵相生心，應當無所執著而生清淨心。如果心有執著迷戀，就無法「無住而生其心」了。

《金剛經》裡的兩種「住」

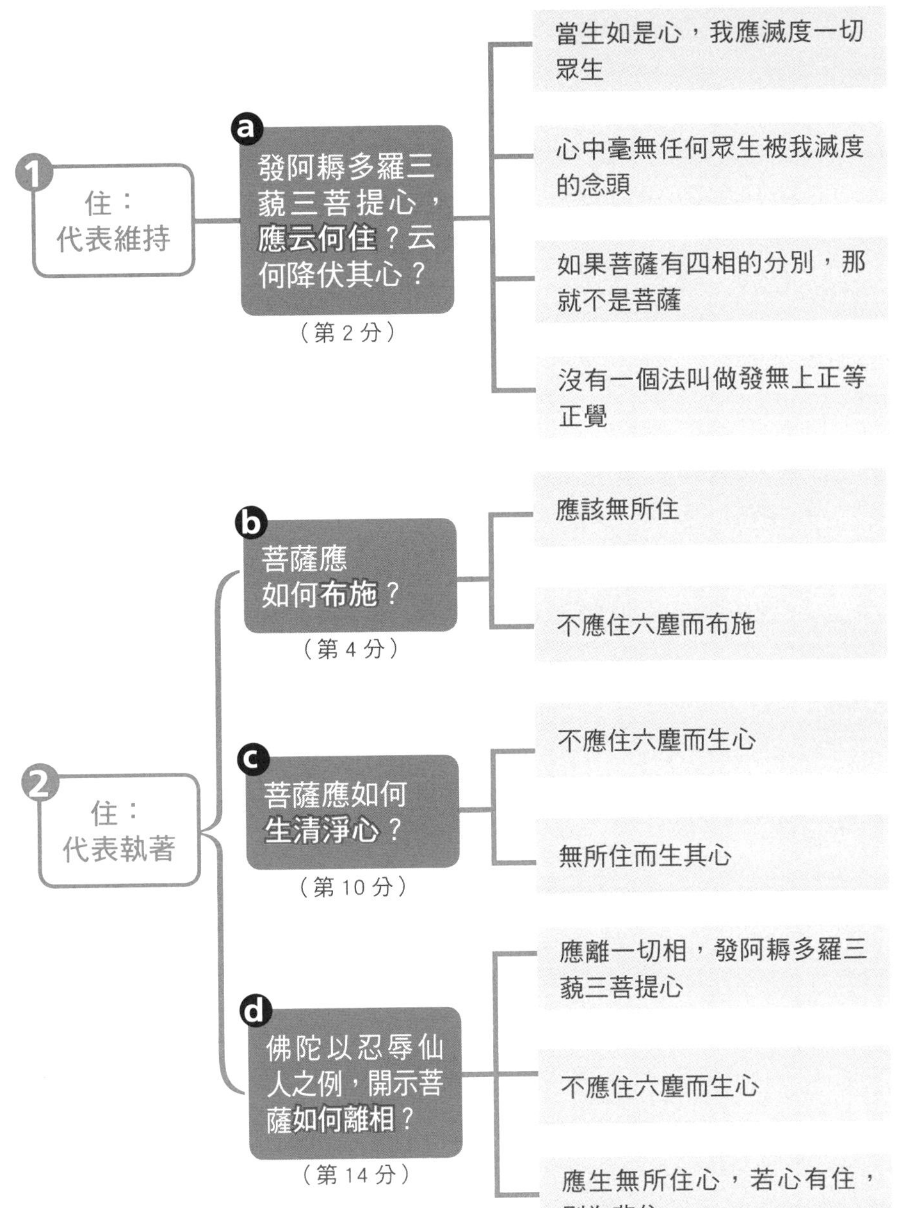
1 住：代表維持
a 發阿耨多羅三藐三菩提心，應云何住？云何降伏其心？
（第 2 分）
當生如是心，我應滅度一切眾生
心中毫無任何眾生被我滅度的念頭
如果菩薩有四相的分別，那就不是菩薩
沒有一個法叫做發無上正等正覺
2 住：代表執著
b 菩薩應如何布施？
（第 4 分）
應該無所住
不應住六塵而布施
c 菩薩應如何生清淨心？
（第 10 分）
不應住六塵而生心
無所住而生其心
d 佛陀以忍辱仙人之例，開示菩薩如何離相？
（第 14 分）
應離一切相，發阿耨多羅三藐三菩提心
不應住六塵而生心
應生無所住心，若心有住，則為非住

相

「相」是指「表現於外」而能「想像於心」的各種事物的相狀。《金剛經》依循此概念，分析了四種相：❶物質構成與眾生❷如來與轉輪聖王的形象❸宇宙存在的現象❹佛陀親證的真理。

「相」一字有審視、察看的意思，是觀者的主動狀態；也有容貌、外形、模樣的意義，是被觀者被審視、察看的層面。例如觀察植物的花蔓葉紋，觀察者以「審視、察看」來看待花蔓葉紋所呈現的「容貌、外形、模樣」。

佛經裡所說的「相」，是梵字laksana，此字在梵語的意思是「形相或狀態」之意。相對於性質、本體等概念，這個「相」是指諸法的形相與狀態，說得再仔細一點，「相」是「表現於外」而能「想像於心」的各種事物的相狀。表現於外如同可見的植物葉瓣紋理，想像於心則是觀察者的內在審視，同一件事物「表現於外」與「想像於心」未必相同。

《金剛經》依循上述的概念，分析了四種相：❶物質構成（器世間）與眾生（情世間），❷如來與轉輪聖王的形象，❸宇宙的現象，❹佛陀親證的真理。

❶物質構成與眾生：微塵、世界、身相、四相

《金剛經》多次談論「物質的構成模型」，說明色法中極微分子「微塵」如何聚合成「世界」的相狀，這就是「一合相」的概念。不僅微塵構成世界是一合相，人身也是一合相。當四大（地大、水大、火大、風大）假合成人體的色身幻相，即是所謂的「身相」。身相隨因緣生滅，虛妄不實，並非真實永存之身。因此，透過物質構成以及有情眾生形成的分析，來理解一合相、微塵、世界與身相等等，這是《金剛經》認識「相」的第一步。

❷如來與轉輪聖王：三十二相與具足諸相

在人類的觀點裡，人身是不完美的，但如來的身相是完美的，總集了三十二個美好而圓滿的特徵，彰顯、示現於身相，稱為「三十二相」。如此完美的身相，也稱為「諸相具足」，「具足」一詞意思是圓滿，是完美無缺的，所以諸相具足也是代表佛身圓滿的一切相狀。

《金剛經》裡的四種「相」(之一)

laksana

❶指「形相或狀態」。英文則解釋為characteristic, mark, sign。

❷在佛經裡，指諸法的形相與狀態，「相」是「表現於外」而能「想像於心」的各種事物的相狀，如三十二相、身相、法相、實相等等。

第一種相　**物質的構成和眾生**

一合相

微塵　世界　身相

第二種相　**如來與轉輪聖王**

圓滿相狀

三十二相　諸相具足

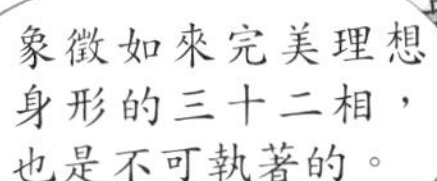

但《金剛經》裡佛陀開示須菩提「法身非相」的真理，他說：「須菩提！若能以三十二相觀如來，那麼世間第一福德者轉輪聖王也具足三十二相，他也是如來了。」須菩提心有領悟地回答：「理解了悟佛陀所說的義理，是不可以從三十二相觀如來的。」相對於凡常人的身相，如來的三十二相是完美無缺的，但如來法身遍滿法界，無一處不是如來的法身理體；既遍滿法界，即不能住相觀如來，所以說，如來法身非相。

❸宇宙的現象：法相、非法相、不取相、斷滅相

《金剛經》談了三種「法」，其中一種「法」，指的是宇宙間一切存在的現象，而「法相」是宇宙間一切現象所表現的相狀。《金剛經》對法相的看法很獨特，認為執著於法相者是執著於宇宙間一切現象；而與之對應的**非法相**，則是否定一切現象的相狀。過於傾向任何一端，都是偏執，正確的態度應是**不取相**，即不執取於相狀，但也非**斷滅相**，這樣的意思是保持距離或超越。斷滅就是「斷見」，斷見是偏於「無」的邪見，完全否定一切現象，與執取法相是對立的兩端。所以《金剛經》在第27分〈無斷無滅分〉，闡述發無上正等正覺心的人，於法不說斷滅相，不著法相，也不著斷滅相。

❹佛陀親證的真理：實相

《金剛經》所談第四種相是「實相」，實相是真實的本體，引申為一切萬法真實不虛之體相。實相的意思近似於佛性、法性、真如、法身、真諦。實相代表現象的本質、真實性，是佛陀最後親證的真理。以世俗概念認識法（宇宙一切存在的現象）均是假相，唯有超越世俗認識的體驗，才能顯示諸法無常的真實相狀。

《金剛經》裡的四種相（之二）

第三種相

宇宙存在的現象

一切相狀（可經驗）

法相　非法相

不取相　斷滅相

第四種相

佛陀親證的真理

實相（本質）

佛性　法性　真諦

真如　法身

四相

《金剛經》第一次談起「四相」是在第3分，說菩薩如果執取四相，就會生起顛倒之心。關於四相的定義，到現在仍是大家研究《金剛經》熱衷討論的主題之一。

◉《金剛經》對所有對象都一再提醒要離四相

所謂「四相」，是指我相、人相、眾生相、壽者相。在這部超過五千字的《金剛經》裡，佛陀透過與須菩提綿密的對話，向不同的對象開導如何超越四相的執著。到底四相的定義是什麼？我們先在這裡探討。

◉ 傳統的四相概念

經裡寫著「若菩薩有我相、人相、眾生相、壽者相，即非菩薩。」這是說菩薩如果還有我度化眾生的念頭，即證明他的四相未除──執著於自我相狀（我相）、他人的相狀（人相）、眾生的相狀（眾生相）、有限的一期壽命的相狀（壽者相），那就不能稱為菩薩。那我相、人相、眾生相、壽者相的意思究竟為何？我們先來看漢地對四相的傳統看法：

我相：在五蘊法（色、受、想、行、識五蘊假合的如幻色身）中執著有一個實在的我，產生有「我」的分別概念。

人相：因為執著有實在的我，於是站在我的立場，就稱「他人」為人。

眾生相：「眾生」不止一個，於是產生人類與其他生命體的差別相。

壽者相：在一期的生命中，執著於「壽命的長短」。

到底四相是什麼意思呢？我們以第6分「正信希有分」的經文，來看看五位譯經家的翻譯，並進一步從梵文用字原義來探討。大家可以先看右頁的圖表，然後再往下閱讀。

◉ 從梵語來重新理解四相

在這段經文中，回歸到梵文，可以探討的有兩件事，一是相和想，一是四相。要深入瞭解四相，一定要注意梵字的意義，如能記住它們，往後閱讀其他佛經肯定會有很大的幫助。

五位譯經家如何譯「四相」

[鳩摩羅什]

若取非法相，即著我、人、眾生、壽者，是故不應取法，不應取非法。

[真諦]

是諸菩薩若有法想，即是我執，及眾生、壽者、受者執。須菩提！是故菩薩不應取法，不應取非法。

[玄奘]

若有非法想轉，彼亦應有我執、有情執、命者執、補特伽羅等執。何以故？善現！不應取法，不應取非法。

[義淨]

若有非法想，彼亦有我執、有情執、壽者執、更求趣執。妙生！是故菩薩，不應取法，不應取非法。

[孔茲]

If, Subhuti, these Bodhisattvas should have a perception of either a dharma, or a no-dharma, they would thereby seize on a self, a being, a soul, or a person.

[梵版原文]

Sacet Subhute tesam bodhisattvanam mahasattvanam dharma-samjna pravarteta, sa eva tesam atma-graho bhavet, sattva-graho jiva-grahah pudgala-graho bhavet. Saced a-dharma-samjna pravarteta, sa eva tesam atma-graho bhavet, sattva-graho jiva-grahah pudgala-graha iti.

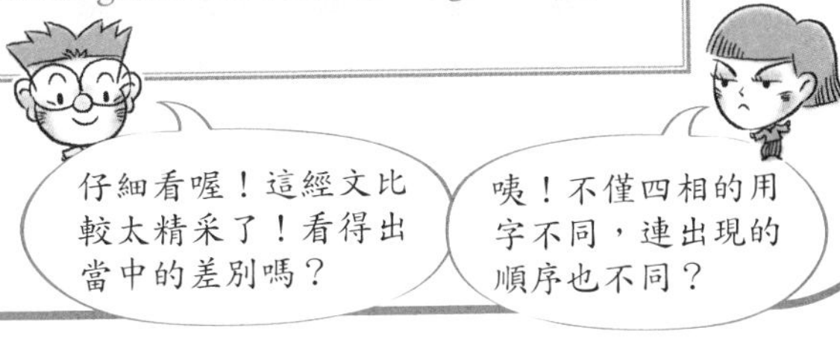

仔細看喔！這經文比較太精采了！看得出當中的差別嗎？

咦！不僅四相的用字不同，連出現的順序也不同？

◉ Part 1：samjna（相或想）

samjna一詞，可以翻譯成「想」或「相」，這兩個漢字只差一個「心」。前者「想」強調「想像於心」的狀態，後者「相」是陳述「表現於外」的狀態。除了鳩摩羅什譯為「相」，其他三大譯師都譯為「想」。

◉ Part 2：atman, sattva, jiva, pudgala（我、眾生、壽者、人）

atman（我）：第一個是「我」，該字梵語atman，一般英譯為self，四大譯師的譯法都一樣都是「我」，這點完全相同無任何差異。

sattva（眾生）：接著是sattva，中文音譯是「薩埵」，也就是「菩提薩埵」的薩埵，《金剛經》裡譯成「眾生」或是「有情」。孔茲的譯法是being，就意義來說，英文譯法是非常的貼切。

jiva（壽者）：第三個梵語詞是jiva，在漢譯典籍被譯成「壽者」，或「命者」，英譯為soul，意義上大致可以理解它的意思是一期的壽命。

pudgala（人）：最後一個梵字pudgala就有點困擾，很難以單一漢詞清楚地說明解釋。鳩摩羅什翻譯成「人」，後來，真諦改譯為「受者」，意思是「五陰等法中，妄計我之後身，當受罪福果報」。到了唐代，玄奘覺得沒有一個適當的中文字，所以又將pudgala音譯為「補特伽羅」。在這之後的義淨，又改以意譯方式寫成「更求趣」。**「求」代表「追求」，「趣」意思是「接近」**，接近成為人？或追求成為人？很不容易說清楚。一個梵字pudgala，四大譯師分別採用四種不同譯法，足見它的難度。我們先暫且採用鳩摩羅什的「人」，或是想想孔茲的英文譯法person，這是指身體、人身、外表與容貌。

◉ Part 3：四相的順序，哪個才對？

細心的讀者會發現四相的次序，只有鳩摩羅什譯的是：❶我相、❷人相、❸眾生相、❹壽者相。其他三大譯師與西方的孔茲都是：❶我相（self）、❷眾生相（being）、❸壽者相（soul）、❹人相（person）。不妨仔細思考後一組的次序，它似乎隱含著某種道理：一個具備身體、人

「四相」的順序

鳩摩羅什談四相的順序：
我相→人相→眾生相→壽者相

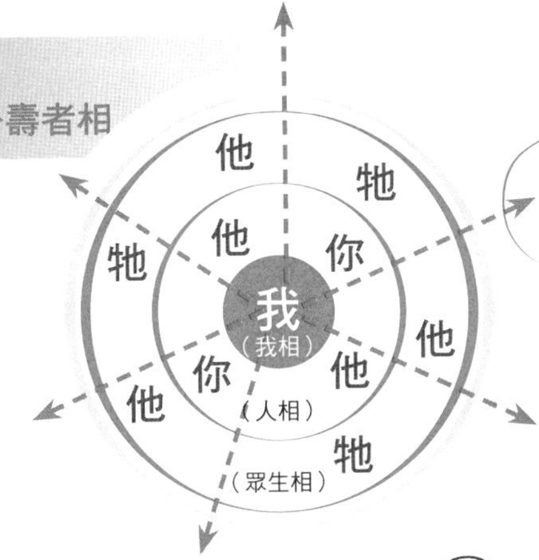

這是漢地對四相的傳統認識。

那追求生命永恆的「壽者相」要放在哪裡呢？

西方學者孔茲談四相的順序：
我相→眾生相→壽者相→人相

三大譯經家玄奘、義淨和真諦，他們譯出的四相也都是這個順序喔！

我相	+	眾生相	+	壽者相	=	人相
自我的意識 self		眾生之一 being		有靈魂壽命 soul		具備身體容貌的人 person

我相是五蘊假合而來，是緣生緣滅。看穿了我相的本質，就沒有人相、眾生相和壽者相的困擾了。

哈哈！星雲大師最聰明了。

星雲法師看四相

星雲法師對四相的解釋很清楚，完全避開次序的問題，因此沒有解釋上的困擾。他說：「先以我相的我來說，我的身體是五蘊和合，沒有主宰性；是緣生幻有，沒有常住性；是業報所感，沒有自在性；是處處有障礙，沒有普遍性。所以五蘊假聚法的我，實在是緣生緣滅的，如此，我相即除，也就沒有人相、眾生相、壽者相的結縛。」

身、外表與容貌的「人」（person），不就應該包括self 、being、soul等意義的組合體嗎？按照三大譯師與孔茲的次序來解釋：擁有自我的意識（self），屬於眾生之一（being），並且會有靈魂壽命（soul），於是形成一個具備身體、容貌的人（person）。

◉ 四相譯詞的比較

四相梵語	atman	sattva	jiva	pudgala
鳩摩羅什譯法	我	眾生	壽者	人
真諦譯法	我	眾生	壽者	受者
玄奘譯法	我	有情	命者	補特伽羅
義淨譯法	我	有情（眾生）	壽者	更求趣
孔茲譯法	self	being	soul	person

如此說來，可能一開始鳩摩羅什是為了方便「順誦」，於是將「我、眾生、壽者、人」次序調為「我、人、眾生、壽者」，關鍵的差別是在於「人」由第四調到第二個位置。也因為後世大部分的解經者都是依據鳩摩羅什的版本，所以才會產生漢譯典籍的傳統解釋方法，以「我」為中心，向外為「人」（在中文被解釋成他人），更外圍的「眾生」，直到「壽者」（一期生命的長短）。而我們若看其他四位東西方譯師的次序，解釋起來就不一樣了。哪個才對，讀者可以自行判斷。

這個單元很難！請大家耐著性子來回多看幾次，因為領悟「四相」的虛妄在《金剛經》裡太重要了。

進一步探究「人相」這個字詞

關於四相裡的「人相」，梵文是pudgala這個字，諸譯經家有許多不同的翻譯呢！

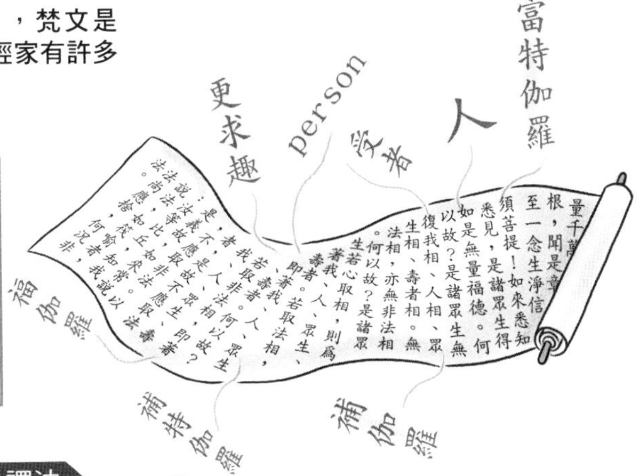

音譯

富特伽羅
福伽羅
補伽羅
富伽羅弗伽羅
富特伽耶

[鳩摩羅什]譯法

人

[真諦]譯法

受者

來自於「五陰等法中，妄計我之後身，當受罪福果報」的說法。

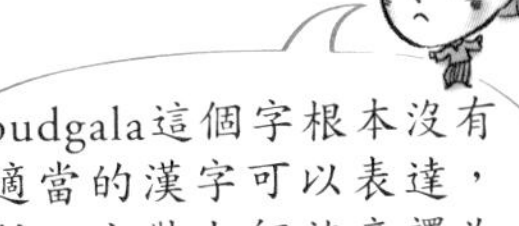

[玄奘]譯法

補特伽羅

pudgala這個字根本沒有適當的漢字可以表達，所以玄奘大師就音譯為「補特伽羅」嗎？

[義淨]譯法

更求趣

這個譯法更有意思了。求是追求，趣是接近，是要接近成為人？或是追求成為人？

[孔茲]英譯

person

person這個字是指身體、肉身、外表和容貌的意思，也是說擁有具體形貌的意思。

再談四相

該如何遠離「四相」帶來的顛倒呢？要破除「我執」。因為所有相都是由一個「我相」發展出來的。在《金剛經》裡，佛陀因材施教，指導不同對象遠離四相的方法。

佛陀耐心開示的不同對象，究竟有哪幾類？我們分析了全經有關四相的經文，整理出來的答案是：

在開始的階段有❶初發心菩薩、❷後五百歲持戒修福者、❸比丘、❹阿羅漢等四個對象，這是針對已發菩薩乘心而未達涅槃境界的人。

接著是第二階段，經句提到了❶第一希有者、❷忍辱仙人、❸樂小法的人、❹久發心的菩薩，此階段的對象是已經具備達到涅槃境界能力，但無法「安住」於涅槃境界的智者，這包含了沒有意願回到輪迴世界普渡眾生的小乘聖者。

最後的第三階段，佛陀針對可安穩停留在涅槃境界的人說法。這回佛陀鼓勵他們回到輪迴世界度化眾生，如此在菩薩行實踐的過程中，才能對空性有更寬更廣的修行體悟。這樣的修行境界，就好比是「住在世間而不受世間的現象所困擾」，而能「自由自在地穿梭於輪迴世界與涅槃境界」。

佛陀對哪些人開示四相？(之一)

第一階段

● 開示對象：❶ 初發心菩薩　❷ 後五百歲持戒修福者　❸ 比丘
❹ 阿羅漢

● 開示重點：不應該執著於我相、人相、眾生相、壽者相

● 對象的狀態：

狀態：已發菩薩乘心，尚未達涅槃境界
初始目標：追求自覺

● 佛陀開示的要點：

❶ 如有四相的分別概念，即不是真正的菩薩。（見第3分）
❷ 眾生聞此章句能生信心，早在無量千萬佛處種善根，他們已達無四相的境界。（見第6分）
❸ 若取法相則是執著四相，若取非法相還是執著四相，應該不取法，亦不取非法。（見第6分）
❹ 心中有我得到阿羅漢道的念頭，即代表執著於四相，並非真正的阿羅漢道。（見第9分）

● 說明：

不同於凡常人輪迴於生死迷界，善男子善女人發下了菩薩乘心。對於新發心的初階菩薩，《金剛經》先是以如何成為一位菩薩來說明遠離四相的重要（第3分），再以佛滅後五百歲持戒修福者鼓勵他們好好在「般若道」上邁向前去（第6分）。而筏喻（第6分）與阿羅漢（第9分）的段落是點醒菩薩們「法執」與「我執」帶來的考驗，通過考驗的方法就是超越四相的羈絆。這群已發菩薩乘心的修行者，雖然尚未達涅槃境界，但已經有了追求自覺的明確目標。

佛陀對哪些人開示四相?(之二)

第二階段

● 開示對象：❶ 第一希有者　❷ 忍辱仙人　❸ 樂小法的人
❹ 久發心的菩薩

● 開示重點：佛陀再深入解說四相皆無的重要

● 對象的狀態：

狀態：已經達到自覺狀態，
但無法安住在涅槃境界
階段目標：追求自覺與覺他

● 佛陀開示的要點：

❶ 得聞此經，能夠信解受持，此人達到四相皆無的境界。（見第14分）

❷ 過去五百世佛陀作忍辱仙人，必無四相的執取。（見第14分）

❸ 有四相的執著，不能聽受讀誦此經，也不能為他人解說。（見第15分）

❹ 沒有一個法的名稱叫菩薩。所有一切法是四相皆無。（見第17分）

● 說明：

一群優秀的智者，雖然已經達到自覺狀態，但仍然無法安穩住在涅槃境界，這是《金剛經》第二階段的講說對象。《金剛經》鼓勵這群已經到彼岸的智者，要同時追求自覺與覺他。經文中以第一希有者、忍辱仙人為例（第14分）為例，告訴我們此二類智者早已達到「四相皆無」的境界。同時也提醒「樂小法」的人如果沒有菩薩行的實踐，就會有四相的執著，也因此無法聽受讀誦《金剛經》，更不能為他人解說（第15分）。接著，再開示菩薩該如何滅度眾生（第17分），經文裡達傳了「一切法乃四相皆無」的義理，這個單元句句精采，值得細讀深思。

最後階段

● 開示對象：大菩薩

● 開示重點：深談無四相

● 對象的狀態：

狀態：可安穩停在涅槃境界，
實踐自覺與覺他的修行
終極目標：追求圓滿的覺悟境界（自覺＋覺他）

● 佛陀開示的要點：

❶ 以無我、無人、無眾生、無壽者，修一切善法，則得阿耨多羅三藐三菩提。（見第23分）
❷ 如果有我當度眾生這樣的念頭，則有四相的執著。（見第25分）
❸ 我見、人見、眾生見、壽者見，即非我見、人見、眾生見、壽者見，是名我見、人見、眾生見、壽者見。（見第31分）

● 說明：

最後《金剛經》再以「一切善法」與「菩薩該如何度眾生」開示無四相的重要，這是為已到達一生補處的大菩薩的最後叮嚀。這些即將成佛的智者，還有些微的不完滿，如同滿月前夕的月亮。只要能夠斷破煩惱習氣，達到圓滿的悲智合一，就能證得究竟的無上正等菩提。《金剛經》在這裡鼓勵他們持續追求慈悲與智慧的結合，在自覺與覺他的過程，即將達到圓滿的境界。

法

閱讀《金剛經》有個非常重要的訣竅，每看到「法」這一字，一定要立刻分析，弄清楚屬於哪個層面的法，如此，才不會產生錯誤的理解。

佛教所說的法有三種，第一，代表宇宙的一切現象，涵蓋一切現象事物，不論大的小的，有形的或是無形的，甚至存在的或不存在的，都叫做法，在這之中有形的是叫做「色法」，無形的是叫做「心法」。第二，佛陀對世間弟子所說的法，屬於語言文字可以描述的層面，例如佛經上所說的法、大師的講經說法。第三，佛陀親證的法，它超越語言文字，也超越凡常人類所理解的事實與真理。

❶ 宇宙的一切現象

像是「菩薩於法，應無所住，行於布施」或是「一切法，無我、無人、無眾生、無壽者」，這裡的法，指宇宙的一切現象。無論現象是大的小的，有形的或是無形的，甚至存在的或不存在的，菩薩都應體認它們其實是無分別概念的。

❷ 佛陀對世間弟子所說的法

佛陀針對一切現象的實際相狀，為了方便弟子瞭解，所做的方便陳述。像是佛典中的佛法，以文字記載佛陀的言論、道理或是法門，這些都是為了教化眾生而產生的。例如「若有眾生，於未來世，聞說是法，生信心不」，這裡的「法」就是指《金剛經》以文字紀錄的法，是可以「聽聞」與「述說」的。

❸ 佛陀親證的法

這個法是佛陀在菩提樹下親自體悟的究竟真實，是宇宙真理的本質。它超越語言文字，也超越凡常人類所能理解的事實與真理，不再是指佛典記載的語言、義理或是法門的層面。例如「無有定法如來可說，如來所說法皆不可取、不可說」，如來所說法是不可說的，那是超越文字語言所能表達的法。

三種法

佛經裡的三種法

❸佛陀親證的法

❶宇宙的一切現象

❷佛陀對世間弟子所說的法

兩個考題

考題一

「若取非法相，即著我人眾生壽者，是故不應取法，不應取非法」的「法」是什麼意思？（難度★★）

答案：這句話的意思是「不該執著於一切現象，也不應該執著於否定一切現象」，這個法即是「一切現象」。

考題二

「當知是人成就最上第一希有之法」的「法」是指上述的哪一個？（難度★★★）

答案：第一希有法是以「成就」的方式體悟，既不是閱讀語言文字形式的佛經，也不是分析一切現象，而是第三種法，也就是佛陀親證的法。

「無為法」與「有為法」

「無為法」是無因緣造作的理法，「有為法」是指因緣和合而生的一切理法。

「無為法」是無因緣造作的理法，也就是無生滅變化而寂然常住之法；與之相對的「有為法」是指因緣和合而生的一切理法。所謂因緣和合是說天地間一切萬物，都是由因（親因）與緣（助緣）和合而成的。唯有脫離因緣的限制、影響，才能通達離生滅變化而絕對常住之法。

◉ 認識無為法

須菩提言：「如我解佛所說義，無有定法名阿耨多羅三藐三菩提，亦無有定法，如來可說。何以故？如來所說法，皆不可取、不可說、非法、非非法。所以者何？一切賢聖，皆以無爲法而有差別。」（第7分）

在老莊思想中，「無為」是「不從事人為干預，任萬物自然生長」之意。在佛經裡，「無為」是「非造作，非條件構成」之意，如「虛空是無為法」。

無為法（asamskrta –dharma）有時也被視為涅槃的異名，《金剛經》第7分寫著「一切賢聖，皆以無為法而有差別」。星雲大師的解釋是：「因為沒有一定的法名為菩提，一切賢聖，也都是依寂滅的無為法而修，因證悟的深淺不同，才產生有三賢十聖等階位的差別」。他又說：「與有為法相對。非修造作為，非生滅變化，故名無為，即是非空非有之本來自性清淨心。」簡單說，**無為法是無因緣造作的理法，也就是無生滅變化而寂然常住之法**，所以星雲大師才會說它是「非空非有」之「本來自性清淨心」。

◉ 認識有為法

一切有爲法，如夢幻泡影，如露亦如電，應作如是觀。（第32分）

有為法是因緣和合而生的一切理法，與無為法相對應。佛陀以夢、幻、泡、影、露、電，來比喻一切有為之法。有為法的構成是來自於五陰、六入、十二處、十八界，這些都不是真實的，而是三界眾生於妄見之下執著為有。所以**世間的一切法，都是虛幻無常，如夢如幻如泡如影**，如露珠亦如閃電，凡屬有所為的，終究是虛幻的。

無為法與有為法

梵字 asamskrta 無為⟷ samskrta 有為

梵語	asamskrta	samskrta
中文	無為	有為
原意	沒有造作	造作
引申義	非因緣和合	因緣和合

無為法（第 7 分）

意義

如來所說法皆不可取、不可說、非法、非非法 → 所以者何？一切賢聖皆以無為法而有差別

1. 無因緣造作的理法
2. 無生滅變化而寂然常住之法

有為法（第 32 分）

意義

一切有為法 → 如夢幻泡影 如露亦如電 應作如是觀

1. 因緣和合而生的一切理法
2. 其構成是來自於五蘊、六入、十二處、十八界

都不是真實！是在妄見之下執著為有。

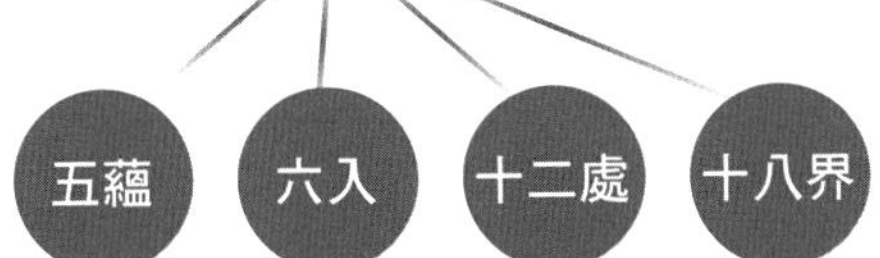

一切法

一切法，梵語sarva-dharma，又名一切萬法，一切諸法。一切法代表一切道理或一切事物的意思。

《大智度論》說：「一切法略說有三種：一者有為法，二者無為法，三者不可說法。此三已攝一切法。」有為法是指因緣和合而生的一切理法，與之相對的無為法是指無因緣造作的理法，也就是無生滅變化而寂然常住之法。最後的不可說法，是不能以文字語言分別概念的法。對於最後的不可說法，《金剛經》第7分這麼說：「如來所說法，皆不可取、不可說、非法、非非法。」如來所說的法，沒有具體可以執取（不可取），也都不是語言所能表達（不可說）。那麼，《金剛經》如何討論「一切法」呢？總共有以下四處：

❶ 一切法的三段式分析

第17分：「是故如來說一切法，皆是佛法。須菩提！所言一切法者，即非一切法，是故名一切法。」這是《金剛經》典型的三段式分析，是藉由「假有」與「空」來分析一切法，達到「真有」的認識，或說藉由認識「有」、「空」，再進入「非空非有」的體悟狀態。

❷ 一切法無四相分別

接著再看第17分：「實無有法，名爲菩薩。是故佛說：一切法無我、無人、無眾生、無壽者。」意思是沒有任何一個法名為菩薩的，所以佛陀說，一切現象之中沒有我相、人相、眾生相、壽者相的分別概念。這裡的「一切法」，是強調「無四相」的分別概念。

❸ 知一切法無我，所成就的功德最大

「得忍菩薩」勝過「寶施菩薩」的功德，是《金剛經》另一個一切法的說明。第28分說：「若菩薩以滿恆河沙等世界七寶，持用布施。若復有人，知一切法無我，得成於忍。此菩薩勝前菩薩所得功德。」意思是說菩薩如果知道一切法是無我的，而且因此證得無生法忍。如此所得到的功德要勝過寶施菩薩。

一切法

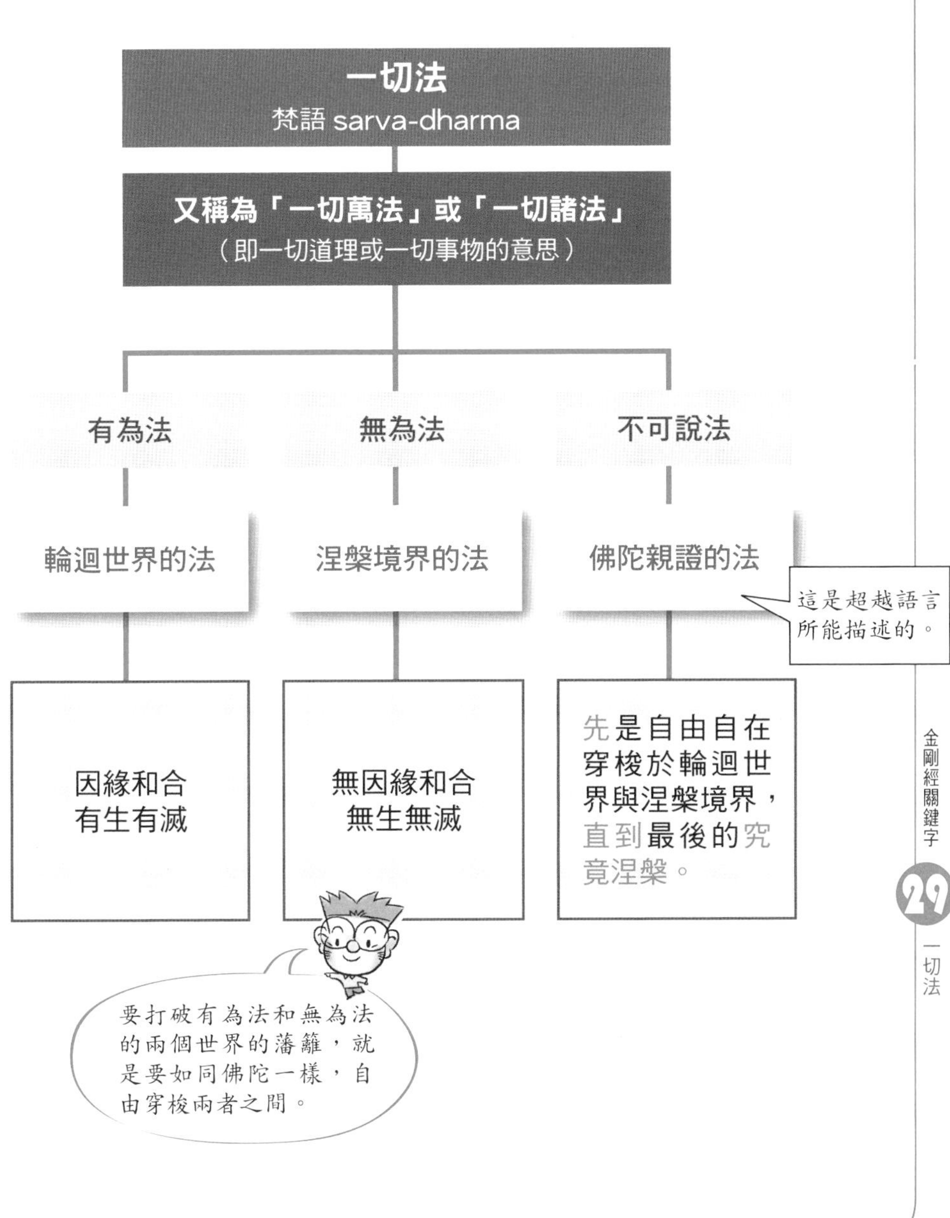
一切法
梵語 sarva-dharma
又稱為「一切萬法」或「一切諸法」
（即一切道理或一切事物的意思）
有為法
無為法
不可說法
輪迴世界的法
涅槃境界的法
佛陀親證的法
這是超越語言所能描述的。
因緣和合
有生有滅
無因緣和合
無生無滅
先是自由自在穿梭於輪迴世界與涅槃境界，直到最後的究竟涅槃。
要打破有為法和無為法的兩個世界的藩籬，就是要如同佛陀一樣，自由穿梭兩者之間。

❹ 菩薩對一切法應有正確的認知

最後，在第31分接近全經的結尾有這樣一段總結：「發阿耨多羅三藐三菩提心者，於一切法，應如是知，如是見，如是信解，不生法相。須菩提！所言法相者，如來說即非法相，是名法相。」佛陀開示，凡是發心要證得無上正等正覺的人，對一切法應該像這樣理解，像這樣認識，像這樣信仰，如此不生法相。佛陀又說所謂的法相，並非有一個真實不變的法相，而是如同緣起的幻相，如來暫且應機說法，所以才稱之為法相。

如何正確的體悟「一切法」？

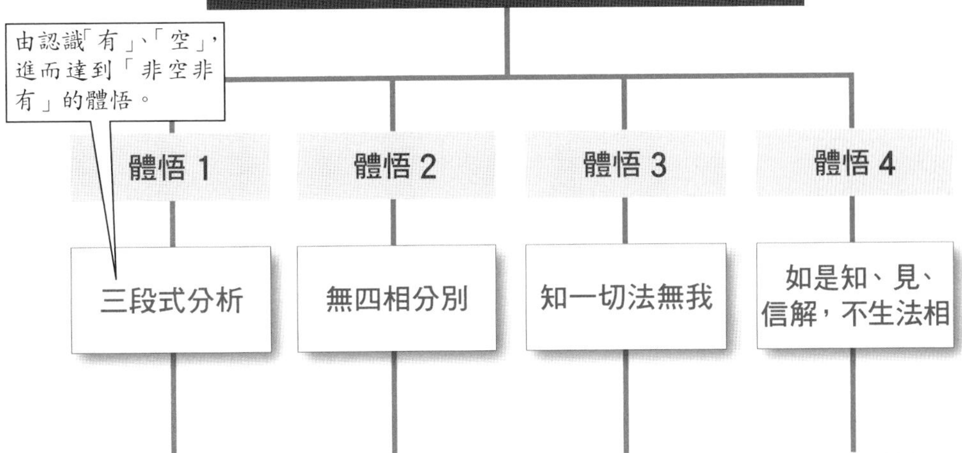

體悟 1	體悟 2	體悟 3	體悟 4
是故如來說一切法，皆是佛法。須菩提！所言一切法者，即非一切法，是故名一切法。（第 17 分）	實無有法，名為菩薩。是故佛說：一切法無我、無人、無眾生、無壽者。（第 17 分）	若菩薩以滿恆河沙等世界七寶，持用布施。若復有人，知一切法無我，得成於忍。此菩薩勝前菩薩所得功德。（第 28 分）	發阿耨多羅三藐三菩提心者，於一切法，應如是知，如是見，如是信解，不生法相。須菩提！所言法相者，如來說即非法相，是名法相。（第 31 分）

六塵

《金剛經》提醒菩薩說，如果老是執著於六根所緣的外境：色塵、聲塵、香塵、味塵、觸塵和法塵，那麼就無法生起清淨心了！

「諸菩薩摩訶薩，應如是生清淨心，不應住色生心，不應住聲、香、味、觸、法生心，應無所住，而生其心。」

這段經文是《金剛經》精要中的精要，出自於第10分，說明大菩薩們該如何生清淨心？佛陀在這裡開示了三項要點：❶不應執著色而生清淨心。❷不應執著聲、香、味、觸、法而生清淨心。❸應無所住而生其心。

◉ 六根與六塵是認識活動的主體和客體

經文中所提到的「色、聲、香、味、觸、法」就是「六塵」。**「塵」有污染之意，代表能染污或干擾人們的清淨心靈，使真性不能顯發出來。**那麼，色塵、聲塵、香塵、味塵、觸塵和法塵這六塵是從哪兒來的呢？怎麼會產生這些污染心性的東西呢？

這六塵是與「六根」對應所產生的。六根和六塵的關係是這樣的：六根就是眼根、耳根、鼻根、舌根、身根和意根，是一個人接觸外境的六種感官功能，透過它們，人們可以接收到的外在世界的色塵、聲塵、香塵、味塵、觸塵和法塵，它們是雜染的，如同塵土一般。我們可以說：六根是認識活動的主體，六塵是認識活動的客體。而六塵又名「六境」，也就是指六根所緣之外境。

◉ 菩薩必須超越六塵的羈絆

所以《金剛經》在第10分提醒說，如果菩薩執著於這六根所緣的外境，即色塵、聲塵、香塵、味塵、觸塵和法塵，那麼就無法生起清淨心了。《般若波羅蜜多心經》也說得很清楚：「無眼、耳、鼻、舌、身、意，無色、聲、香、味、觸、法」，意思是**「空性之中」沒有六根與六塵，空性的體悟是必須超越主體（六根）與客體（六境）的羈絆束縛的。**

《金剛經》裡如何談六塵？

有關「六塵」在《金剛經》出現的次數分別是第4、9、10、14分。這幾段經句的核心內容是「不應住六塵，應無所住」，分別表現在「如何布施」、「如何生清淨心」與忍辱仙人的章節中「應離一切相，發阿耨多羅三藐三菩提心」。

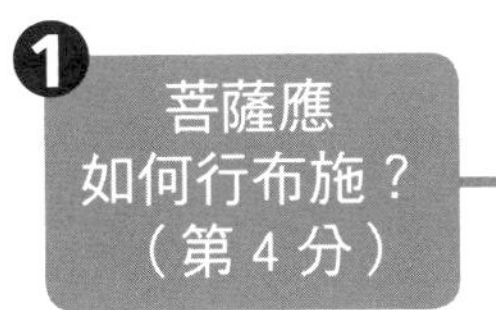

- 應該無所住
- 不應住六塵（六境）而行布施

2 菩薩應如何生清淨？心（第4分）

- 不應住六塵（六境）而生心
- 應無所住而生其心

3 須陀洹無所入（第9分）

- 須陀洹雖然名為入流，但實際是無所入
- 而且須陀洹不入六塵（六境）

4 佛陀以忍辱仙人之例，開示菩薩如何離相？(第14分)

- 應離一切相，發阿耨多羅三藐三菩提心
- 不應住六塵（六境）而生心
- 應生無所住心，若心有住，即為非住

六根與六塵

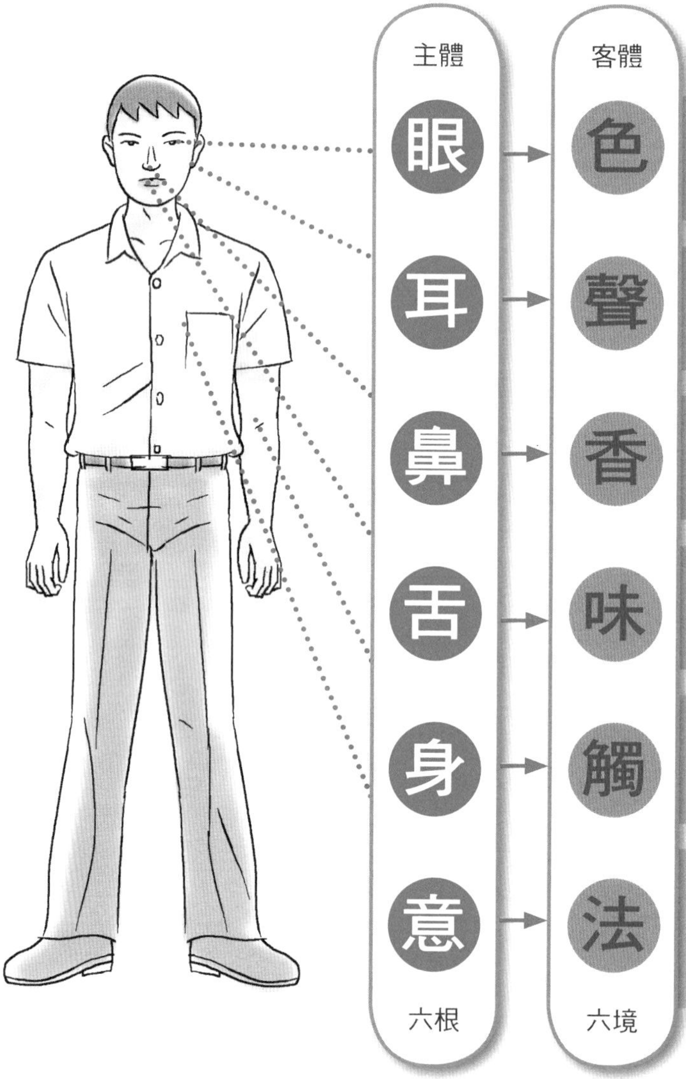

主體
眼
耳
鼻
舌
身
意
六根
客體
色
聲
香
味
觸
法
六境
包括物質的顏色
各種聲音
各種香味等氣味
酸、甜、苦、辣
等味道
冷、暖、細、滑、
粗、澀、軟、硬等
身體感覺
內心所緣取的種種
境界，也包括用來
記憶、分析、思想
的文字與符號

「六根」是能接觸外境與心境的眼、耳、鼻、舌、身、意（心理）的六種感官功能。「六塵」是色塵、聲塵、香塵、味塵、觸塵、法塵。塵者染污之義，謂能染污人們清淨的心靈，使真性不能顯發。六塵又名六境，即六根所緣之外境。

六塵（宛若塵埃的污染）
＝六境（所處環境）
＝色、聲、香、味、觸、法

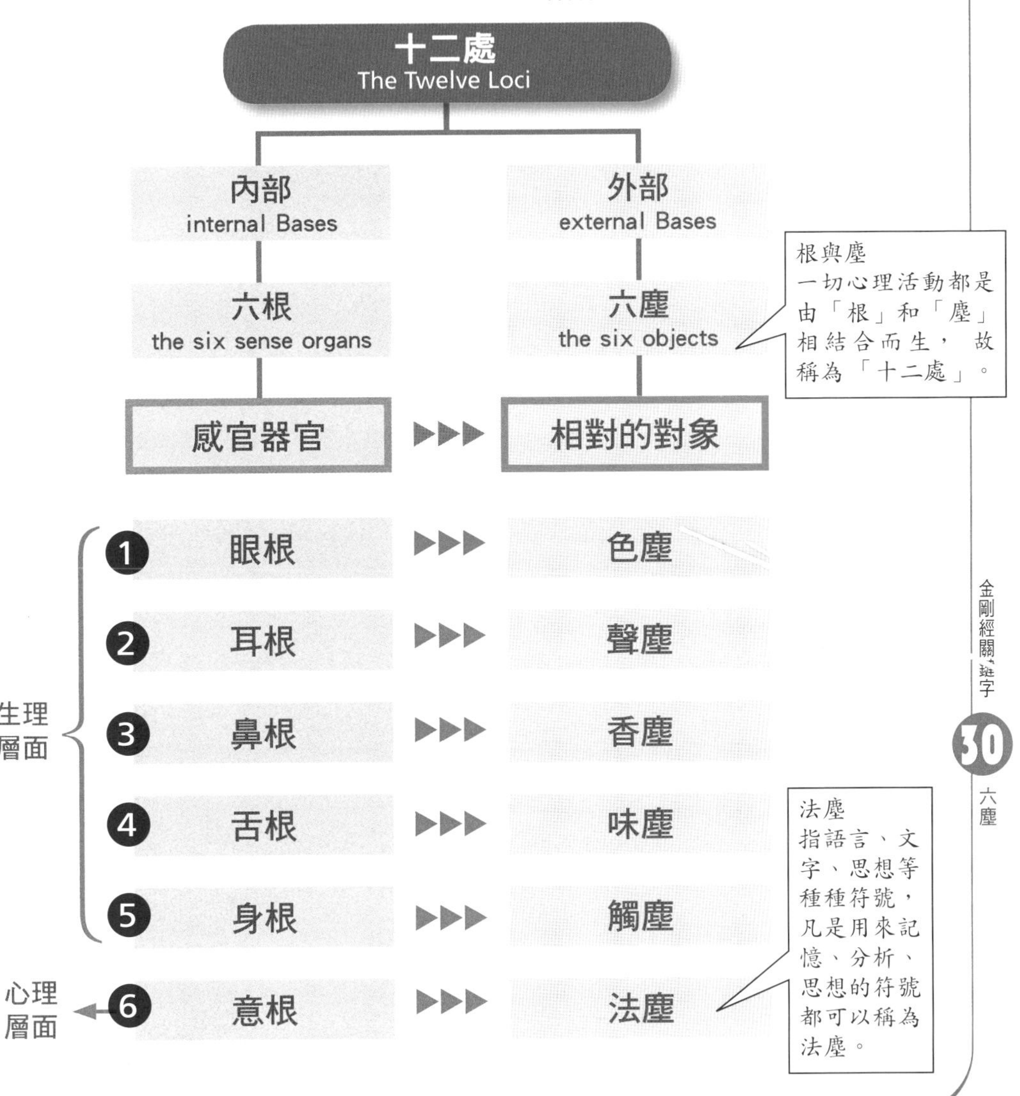

微塵

整部《金剛經》有兩處談到「物質」的見解，非常有意思，分別出現在第13分和第30分。整個基礎是從「微塵」這個概念開始的。

這裡先來讀讀這段經文：

「須菩提！若善男子、善女人，以三千大千世界碎爲微塵，於意云何？是微塵眾，寧爲多不？」須菩提言：「甚多。世尊！何以故？若是微塵眾實有者，佛即不說是微塵眾。所以者何？佛說微塵眾，即非微塵眾，是名微塵眾。世尊！如來所說三千大千世界，即非世界，是名世界。何以故？若世界實有者，即是一合相。如來說一合相，即非一合相，是名一合相。」「須菩提！一合相者，即是不可說，但凡夫之人，貪著其事。」（第**30**分）

雖然經文有些長，但我們可以找出裡面的關鍵字：❶微塵、❷ 一合相、❸世界和❹三千大千世界。這四個關鍵字，再加上另一個關鍵字❺「極微」，便構成了佛教對物質世界的理解。

◉ 微塵與極微：物質的基本元素

針對我們所能看見或感受到的物質，《金剛經》提出微塵的概念。所謂微塵是指透過眼根能獲取最微細的色量，是物質的最小單位。根據《俱舍論》卷十、卷十二所說，「色法」存在的最小單位便稱為「微塵」。此外，還有一個比微塵更小的單位是「極微」，但不在色法（肉眼可見）之內。

微塵與極微之間的關係是：**一「極微」在中心，四方上下六極微，如此七個極微而成「一團者」，形成單一的「微塵」**。極微是比微塵更小，非肉眼可見，但是當七個極微合併為一微塵時，天眼便見得到極微。不同層面的眼可以看到不同的物質，這好比現代科學觀察的工具，透過肉眼或是放大鏡等可以觀察動植物類的組織，如果變換不同的工具如顯微鏡、電子顯微鏡，則可觀察到更細微的病毒、蛋白分子。

古代印度用微塵和極微來說明物質構成的概念，與現代科學是相近而可比對的。現代科學解釋物質是由原子構成的，原子是構成化學元素的最小粒子，它由質子、中子和電子組合而成。而兩個以上的原子可組成分

《金剛經》的物質觀

《金剛經》告訴我們，人們所能感受到的物質是「一合相」，也就是由眾緣和合而呈現出來的。這是一個不斷聚合聚合再聚合的過程。

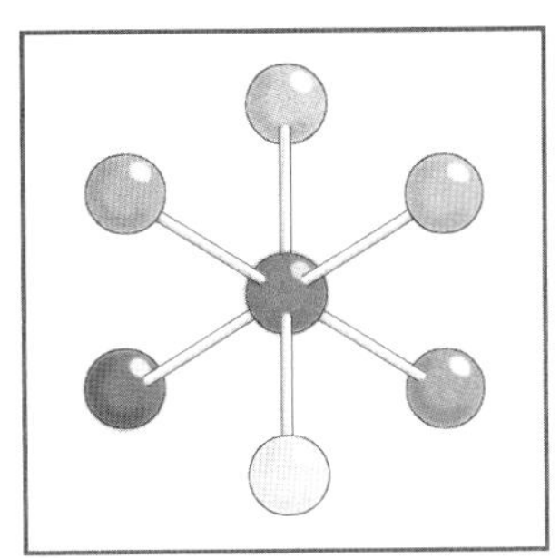

肉眼所能見到的最小物質「微塵」是由七個極微所構成。其排列是一個極微在中心，四方上下有六極微。

❶ 極微
天眼也看不到

❷ 微塵
七個極微聚合

❸ 金塵
七個微塵聚合

❹ 水塵
七個金塵聚合

三千大千世界是很多很多的世界，好比天文學家所說的「銀河系有好多好多的星球」。

（一合相）

❺ 世界
有情眾生所住的國土

❻ 三千大千世界
一尊佛所教化的世界

子，例如水是由二個氫原子及一個氧原子組成。這是個有趣的對應。

◉ 一合相：微塵聚合的過程

「一合相」的梵語是pinda-graho，意即「由眾緣和合而成的一件事物」。《俱舍論》說，合此七極微構成一微塵，再來可以合七微塵為一金塵，接著再結合七金塵形成一個水塵。因此，眾多佛教經論便經常以「微塵」比喻「量極小」、以「微塵數」比喻「數極多」。當無數無量的微塵結合聚集，逐一形成了更大的空間，最後產生了世界，這個過程稱為「一合相」，由眾緣和合而成的一件事物（孔茲譯得很棒：seizing on a material object）。

◉ 世界：有情眾生所住的國土

世界的梵語是lokadhatur。在中文裡，「世」代表時間，是遷流的意思；「界」代表空間，即東、西、南、北的界畔。佛經裡的世界又名世間，是有情眾生所住的國土。以過去、現在、未來為世（時間軸），東、西、南、北、上、下為界（空間軸），如此說明有情眾生所居住的國土，不但有四方上下的分界，而且是有生滅的，不是永恆存在的東西。

◉ 三千大千世界：一佛所教化的世界

再擴大世界的空間概念，世界還有不同的區別，包括小千世界、中千世界、大千世界，以上共有三個千，共稱三千大千世界，一個三千大千世界便是一佛所教化的世界。

請注意讀右頁譯法的比較！真諦、玄奘和義淨的翻譯裡都有「執著」的意思喔！

一合相

（梵語） pinda-graho或pinda grahas

（原義） 摶取、攫取一個物件

（引申義）執著於由眾緣和合而成的一件事物

（英譯） seizing on a material object

關於「一合相」，來看看不同譯經家的譯法：

［鳩摩羅什］一合相

何以故？若世界實有，則是一合相。如來說：一合相，即非一合相，是名一合相。

［真諦］聚一執

若執世界爲實有者，是聚一執。此聚一執，如來說非執，故說聚一執。

［玄奘］一合執

世尊！若世界是實有者，即爲一合執，如來說一合執即爲非執，故名一合執。

［義淨］聚執

若世界實有，如來則有聚執。佛說聚執者，說爲非聚執，是故說爲聚執。

［孔茲］seizing on a material object

If, O Lord, there had been a world system, that would have been a case of seizing on a material object, and what was taught as 'seizing on a material object' by the Tathagata, just as a no-seizing was that taught by the Tathagata.

三千大千世界

佛教的宇宙觀主張宇宙係由無數個世界所構成，一千個一世界稱為一小千世界，一千個小千世界稱為一中千世界，一千個中千世界為一大千世界，合小千、中千、大千總稱為三千大千世界，這就是一位佛的教化域境。

◉ 宇宙的生命週期：成住壞空

佛教對於地球的形成，認為最初是一團泡沫，逐漸凝結而成為固體。佛教還認為，這個世界的發展，必然是循著成（世界初成立的階段）、住（世界安住的階段）、壞（世界壞滅的階段）、空（世界空無的階段）這四個階段，它們是循環不已的，由此而形成宇宙的生滅。這是承接了古代印度的看法，而這點也類似於現代科學家的看法。

◉ 一個小千世界就好比一個太陽系

古代的印度還認為，一千個一世界稱為一小千世界，一小千世界有個太陽與月亮，就好比一個太陽系。而一千個小千世界稱為一中千世界，一千個中千世界為一大千世界，合小千、中千、大千總稱為三千大千世界，是一位佛的教化域境。但現代科學家的看法就不同了，他們認為一太陽系的構成是「太陽和以其為中心受其引力影響而環繞的各種天體的集合」，包括各大小行星及衛星、彗星、流星群等。

◉ 三千大千世界相當於十億個太陽系

再來，佛教的一個佛國土「三千大千世界」到底有多大呢？**如果一小千世界好比一個太陽系，三千大千世界就相當於十億個太陽系**（即1000^3=1,000,000,000）。這樣的數字真是驚人。

那麼《佛說阿彌陀經》介紹西方極樂世界說，「從是西方過十萬億佛土有世界名曰極樂」，十萬億佛土等於十萬億個佛教化的世界。一個佛教化的世界等於十億個太陽系，那麼，十萬億究竟有多大？「十萬億」（10^{13}）乘以「十億」（10^9）等於10^{22}，**10^{22}實在太難以中文文字表達了，所以只能說極樂世界好遙遠。**

須彌山是三千大千世界的中心

梵語

tri sahasra maha sahasre lokad hatau
❶ ❷ ❸ ❹ ❺ ❻

1. 中文譯為三千大千世界，英譯1,000 million worlds。
2. 梵語分開來看：❶ tri：三，❷sahasra：千，❸maha：大，❹sahasre：千，❺loka：世，❻dhatau：界。

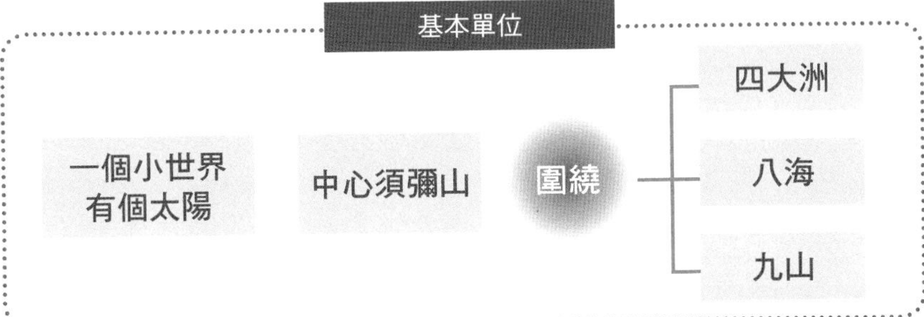

三千大千世界乃一佛所教化之領域，故又稱一佛國。

合小千、中千、大千總稱為「三千大千世界」

須彌山

須彌山被視為世界的中心，是佛教徒心目中的聖山。在《金剛經》裡，須彌山出現在兩種經文裡，一是用在偉大身量的比較，一是用在布施的較量。究竟須彌山的起源為何？

「……譬如有人，身如須彌山王，於意云何？是身爲大不？」須菩提言：「甚大。世尊！何以故？佛説非身，是名大身。」（第**10**分）

若三千大千世界中，所有諸須彌山王，如是等七寶聚，有人持用布施。若人以此般若波羅蜜經，乃至四句偈等，受持讀誦，爲他人説，於前福德，百分不及一，百千萬億分，乃至算數譬喻所不能及。（第**24**分）

◉ 須彌山

須彌，是梵名 Sumeru的音譯，意譯妙高或好光。在古印度宇宙觀中，須彌山位居世界中央。佛典記載它聳立在大地的中央，聳立雲霄，凡人無法攀登，充滿著各種奇花異草、溪流瀑布、璀璨寶石，而且天神居住於此。須彌山由東面白銀，北面黃金，南面吠琉璃，西面頗胝迦（水晶）四寶構成。山高八萬四千由旬（古印度計算路程的單位，為梵語yojana的音譯），山頂為帝釋天（印度教的雷雨之神，後來漸發展成戰神，亦稱為釋提桓因、因陀羅）居所。這其中共有九山八海。九山八海是指以須彌山為中心等九山與圍繞於各山間之八海。（請參閱《長阿含經．卷十八閻浮提洲品》的記載）

◉ 世界真有須彌山嗎？

佛經所指的須彌山到底在哪裡呢？印度人認為就是喜馬拉雅山，西藏人則認為須彌山是岡底斯山的主峰岡仁波齊。岡仁波齊在藏語中意為「神靈之山」，在梵文中意為「濕婆的天堂」。兩者意義是相近的，因為濕婆是宇宙掌管破壞力量之神。

類似於印度須彌山的概念，在西方與中國各有其特指的山，在西方是希臘神話中的奧林帕斯山，在中國則是道家的崑崙山，兩者可指出真實的地理位置。無論是道家的崑崙山，或是佛家的須彌山，還有許許多多的「山」，其實都是古人**以人類有限的語言與文字，形容那無法被形容的、崇高偉大的天界形象。**

世界的中心：須彌山

無色界四天　❶非想非非想、❷無所有處天、❸識無邊處天、❹空無邊處天

色界十八天　❶四禪九天、❷三禪三天、❸二禪三天、❹初禪三天

欲界六天　❶他化自在天、❷化樂天、❸兜率天、❹夜摩天（這四天皆空居天，依雲而住。）

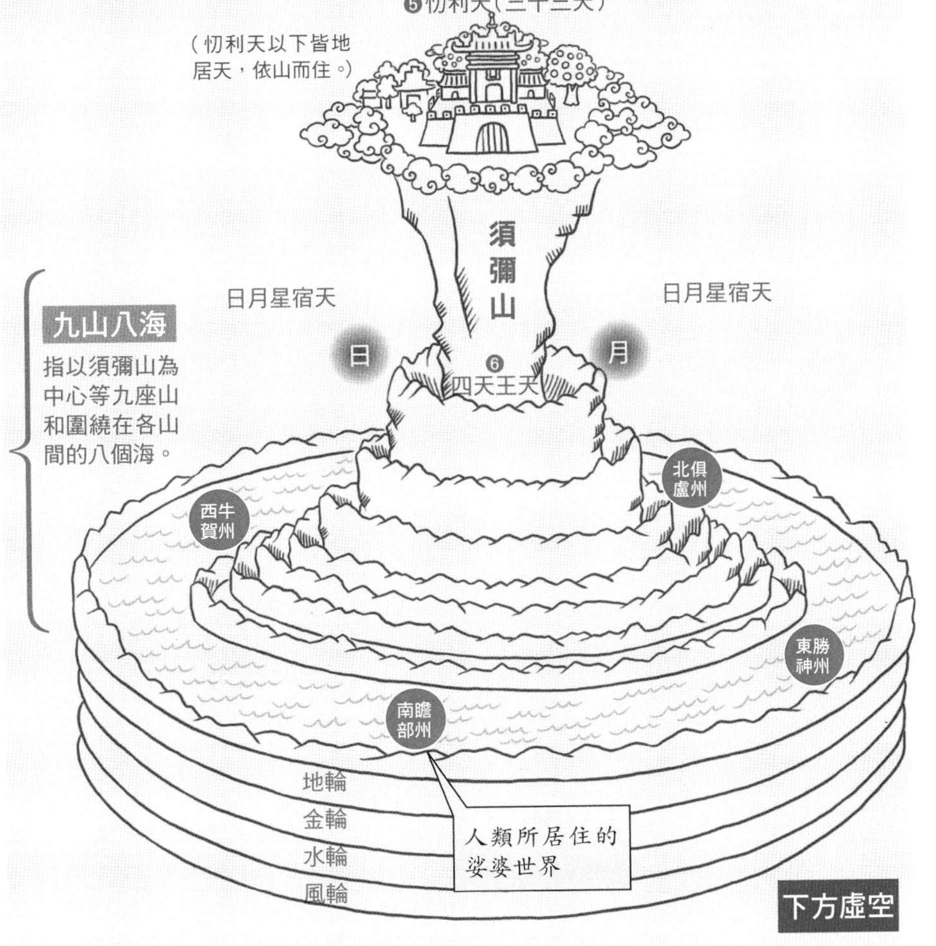

「福德」與「功德」

在閱讀《金剛經》時，我們很容易會注意到「功德」與「福德」這兩個字詞，鳩摩羅什刻意區分這兩者的差異；但是在原始梵本裡，「功德」與「福德」用的是同一個梵字，並未區分兩者的不同。

◉ 功德是內證佛性，福德是外修事功

第14分：「若復有人得聞是經，信心清淨，即生實相，當知是人，成就第一希有功德。」這裡談的是功德。而第8分：「若人滿三千大千世界七寶以用布施，是人所得福德，寧為多不？」這次寫的是福德。兩句的涵意是不同的：「得聞是經，信心清淨」是內在精神層面的獲得，是功德；「三千大千世界七寶」代表外在物質層面的布施，是福德。

再看這一句：「須菩提！若菩薩以滿恆河沙等世界七寶，持用布施；若復有人知一切法無我，得成於忍，此菩薩勝前菩薩所得功德。須菩提！以諸菩薩不受福德故。」其中，**「知一切法無我，得成於忍」是內在精神層面的獲得，「七寶布施」依然是在物質層面的布施**。兩者同樣對應於功德與福德。

在佛學辭典，我們找到了這樣的說法：「福德與功德不同，外修事功的有漏善是福德，內證佛性的無漏智才是功德，福德功德俱修俱足，才是出離生死苦海乃至成佛作祖之道。」這裡的「漏」一字代表「煩惱」，有漏善與無漏智是兩個對等詞。對「內」沒有煩惱的「智」與對「外」有煩惱的「善」，成了「功德」與「福德」的比對。

◉《金剛經》原始梵本並未刻意區分功德與福德

可是在《金剛經》的原始梵本中，無論是功德或福德，使用的都是這個梵詞punya skandhasya，並未刻意區分此兩者的差異。顯然功德與福德的差異，是漢譯典籍特別發展出來的解釋方法。以譯經向來謹慎考證的玄奘來看，在《能斷金剛般若波羅蜜多經》中便沒有區分兩者不同，他譯成「福聚」或「福德聚」，整部經完全沒有功德的譯詞。再看孔茲《The Diamond Cutter》的譯法，也只有heap of merit的單一譯詞。玄奘與孔茲，**一位是中國人，一位是德國人，時空相距千年以上，但他們的譯法竟是如此相同**，令人佩服兩位對梵語翻譯的準確性。

福德與功德到底哪裡不一樣？

一般漢譯典籍的看法

一個修行者要透過外修福德、內證功德，才可以成佛。

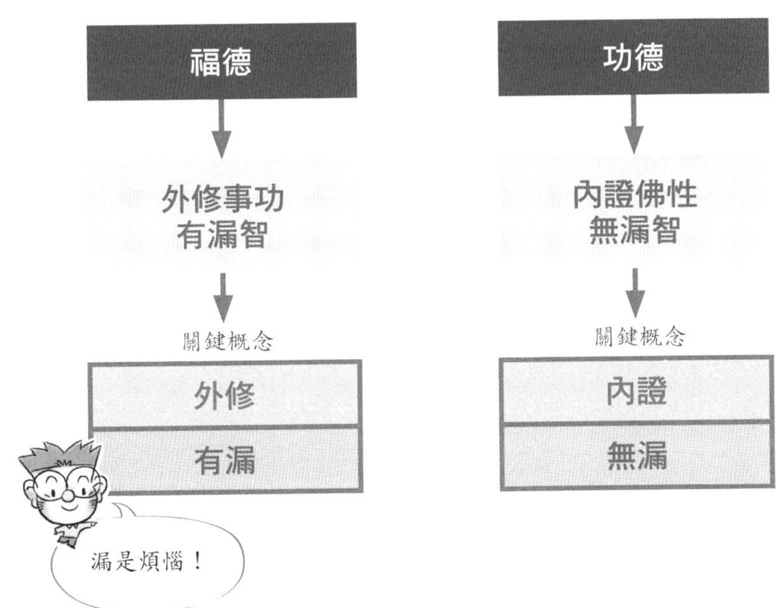

《金剛經》認為功德和福德並沒有差別？

《金剛經》談到功德和福德兩處，都採用 punya skandhasya 這個字詞，看看玄奘和孔茲的忠實翻譯便知道了。

梵文	玄奘的譯法	孔茲的譯法
punya skandhasya	福聚 / 福德聚	heap of merit

布施

布施是六波羅蜜之一，能幫助大乘行者實踐菩薩道的重要方法。《金剛經》從物質層面的布施，談到身體性命的布施，再談到精神層面的布施，相當精采，幫助大家了解大乘佛教對於布施的基本態度。

◉ 布施的類別

布施是將自己所擁有的東西給人，舉凡救濟、捐贈、賑濟、施捨都是布施的範圍。在《大智度論》裡，將布施分為三種：❶財布施：財物的施捨，❷法布施：佛法的施捨，❸無畏布施：保護有情免於恐懼之苦，給予心靈的安全感。

◉ 布施波羅蜜和其他五波羅蜜的關係

六波羅蜜中的布施，與其他五波羅蜜是息息相關的，良善的布施波羅蜜可以收攝其他五波羅蜜。而上述《大智度論》所談的三種布施與六波羅蜜的關係是這樣的：

一、財布施，等同於六波羅蜜中之布施波羅蜜，施以物質給需要幫助的人。

二、無畏布施，可攝持戒波羅蜜、忍辱波羅蜜。由於無畏的精神，所以任何惡魔都不能破他的戒體。能行無畏布施的人，自然能持戒，對一切凌辱都能忍受，精進勇猛地修行正法，像《金剛經》所說的忍辱仙人就是這樣的菩薩。

三、法布施，可攝精進、禪定、般若等三波羅蜜。法布施即以正法勸人修善斷惡，於修行過程中精進不懈；說法之前，必先入禪定，透過般若智慧來觀察聽法大眾的根性，然後應機說法。

◉《金剛經》的布施較量

雖然財布施、法布施和無畏布施都是良善的美德，《金剛經》清楚明白地告訴我們法布施是超越財布施的。經中這麼說著：

若有人以滿無量阿僧祇世界七寶持用布施，若有善男子、善女人，發菩提心者，持於此經，乃至四句偈等，受持讀誦，爲人演說，其福勝彼。（第32分）

三布施與六波羅蜜的關係

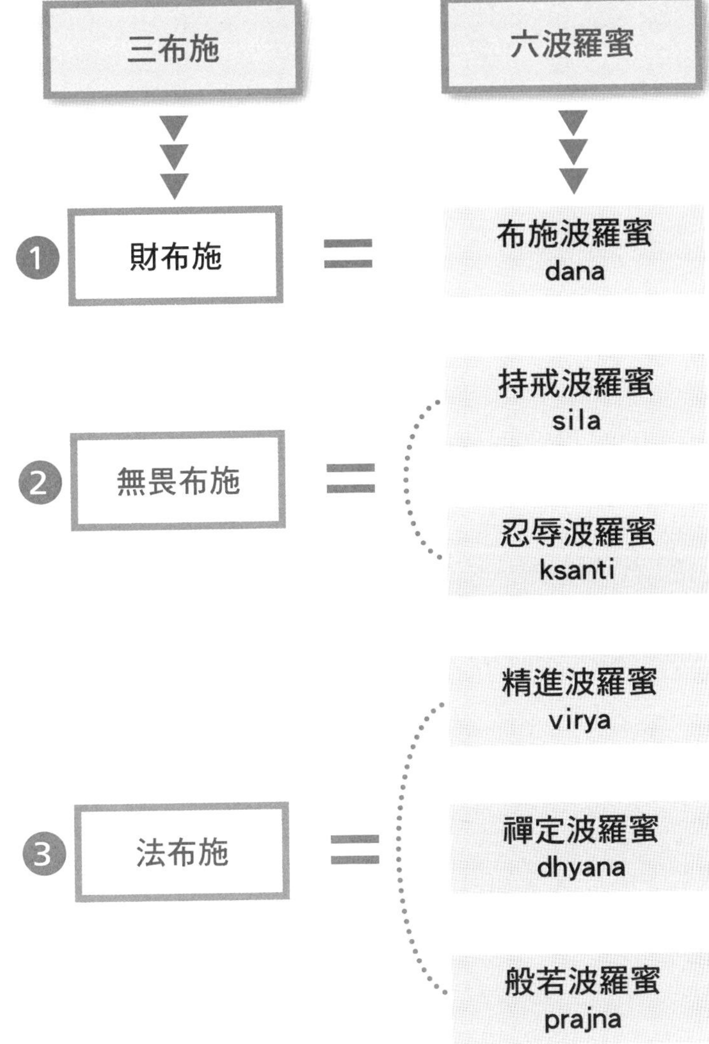

這意思是說，發菩提心者受持這部經，那怕只是其中的四句偈，不但受持讀誦，並且能為他人講說，如此所獲得的福德將會遠遠勝過七寶布施的福德。

《金剛經》對布施花了相當多的篇幅，所談到的布施已超出《大智度論》所提的三種布施，包括有物質層面的色布施、金錢層面的財布施或寶布施、性命層面的身布施，進而到精神層面的法布施。特別是法布施與財布施的較量，《金剛經》花了最多篇幅來說明。

如此層層較量還不夠，《金剛經》強調菩薩行者的布施應是不住法布施、不住相布施，也就是沒有我、人、眾生與壽者「四相」的執著，也沒有色、聲、香、味、觸與法「六塵」的執著（第4、14分）。所以《金剛經》寫著：「若菩薩心住於法而行布施，如人入闇，則無所見；若菩薩心不住法而行布施，如人有目，日光明照，見種種色。」（第14分），真正的布施是心裡並沒有一個布施的法而去布施！

布施的較量

《金剛經》對布施的較量是這樣的：財布施、寶布施→身布施、無畏布施→法布施→不住法布施、不住相布施

不住法布施
不住相布施

這是境界最高的布施呢！

法布施

為人說法，雖然只是短短四句偈，都遠勝過前兩者呢！

身布施

很了不起！

財布施
寶布施

不錯了！

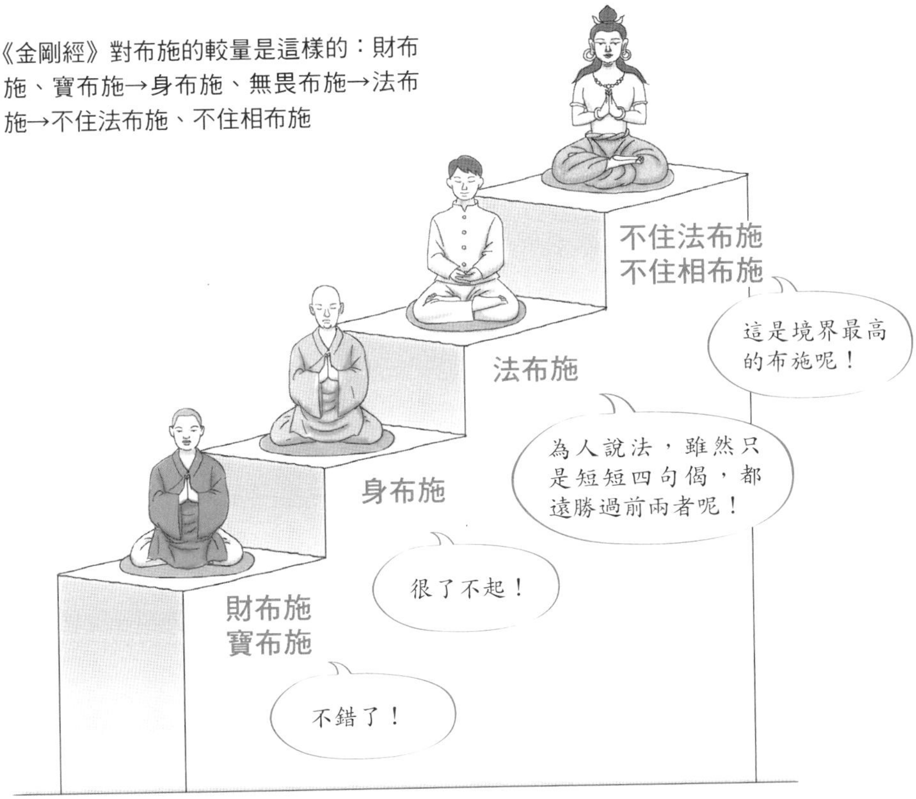

三種布施

財施
即以財物去救濟疾病貧苦的人

無畏施
即不顧慮自己的安危去解除別人的怖畏

法施
即以正法去勸人修善斷惡

七寶

「七寶」在不同經典有不同的說法，由於《金剛經》屬於般若經系統，所以不妨採用金、銀、琉璃、珊瑚、琥珀、硨渠、瑪瑙的說法。

◉「七寶」的經典來源

在佛教典籍裡，謹慎地選出世界上最珍貴的寶物，共有七種，稱為「七寶」（sapta-ratna），此七寶隨不同典籍略有不同。《般若經》所說的七寶是金、銀、琉璃、珊瑚、琥珀、硨渠、瑪瑙。《法華經》所說的七寶是金、銀、琉璃、硨渠、瑪瑙、真珠、玫瑰。《阿彌陀經》所說的七寶又是金、銀、琉璃、玻璃、硨渠、赤珠、瑪瑙。由於《金剛經》屬於般若經系，所以可以採用金、銀、琉璃、珊瑚、琥珀、硨渠、瑪瑙的說法。

七寶布施在《金剛經》之中不斷地被拿來和「身命布施」、「法布施」乃至於「不住相布施」做比較。它呈現在《金剛經》中就有不同的四種層次，主要是表現在數量上的差異：

❶滿「三千大千世界」的七寶
❷滿「恆河沙數三千大千世界」的七寶
❸滿「三千大千世界中所有諸須彌山王」的七寶
❹滿「無量阿僧祇世界」的七寶

◉「七寶」究竟指的是哪些寶物？

仔細分析各個經典所提的七寶，有的是貴重金屬，有的是透明寶飾，也有的是海洋珍寶或地底礦石。

第一類，貴重金屬，金與銀

金（gold，Au），原子序是79。銀（argentum，Ag），原子序47。黃金質地柔軟，延展性極大，可製成金幣。而銀白色、光澤甚為美麗，也同樣具有質軟富延展性特質的銀，可以製成銀幣。印度金銀幣的年代可以追溯到西元前3世紀統治印度北部的孔雀王朝，並且延續到西元6世紀笈多王朝、以及更後期莫臥兒王朝。

第二類，透明寶飾，琉璃與玻璃

這類寶物的特色是清澈透明，可分為人造與天然兩種。先談人造的琉

不同經典裡的「七寶」

《般若經》	《法華經》	《阿彌陀經》	《無量壽經》	《大智度論》
金	金	金	金	金
銀	銀	銀	銀	銀
琉璃	琉璃	琉璃	琉璃	毗琉璃
硨磲	硨磲	硨磲	硨磲	硨磲
瑪瑙	瑪瑙	瑪瑙	瑪瑙	瑪瑙
琥珀	玫瑰	玻璃	玻璃	頗梨
珊瑚	真珠	赤珠	珊瑚	赤真珠 (此珠極貴， 非珊瑚)

三個經典《般若經》、《法華經》《阿彌陀經》都有五種寶石是相同的，分別是金、銀、琉璃、硨渠、瑪瑙。《阿彌陀經》裡既有琉璃，又有玻璃，兩者不一樣嗎？這是怎麼一回事呢？

在唐代以前，琉璃，是指我們今天所說的人工製造的玻璃；而頗梨（玻璃，sphatika），是指天然寶石，特別是指水晶（rock crystal）。這與我們現代用語的意思是不同的，甚至相反。

璃。琉璃（梵語vaidurya），中國古代稱為「琉璃」或稱「流離」，也有「毗琉璃」、「璧流離」的說法。在唐代之前，琉璃是指人造的玻璃（glass），用白砂、石灰石、碳酸鈉、碳酸鉀等混合起來，加高熱燒融，冷卻後製成的堅硬透明與半透明的物質。

另一種是天然的透明寶石頗梨（或玻璃），是來自於梵語sphatika的音譯，該詞在梵語中是指天然透明的寶石，傳統上認為是水晶（或稱水精），也就是英文裡的rock crystal。寶物必然是以稀有珍貴為準，由於古代人造的琉璃（glass）是不容易製作的，所以當時人造的琉璃比天然的玻璃（rock crystal）更為珍貴，所以古代佛經談到寶物，一定都會有琉璃。

第三類，海洋珍寶

接著要談三種是來自於海洋的珍貴寶物，分別是硨渠、珊瑚與珍珠。其中的硨渠是蛤類的一種，屬軟體動物硨磲貝科。它們是世界的最大型貝類，長者可達一公尺。而珊瑚是蟲在暖海中結合營生過程裡，分泌出石灰質骨骼而成，可以形成分歧如樹枝的珊瑚樹。珍珠又稱為真珠，指蚌內因異物侵入產生的圓形顆粒。直至現在，珊瑚與珍珠仍然是貴重的寶飾。在古代佛經裡的七寶，在海洋珍寶這一項一定有硨渠，至於珊瑚與珍珠則是兩者取一。

第四類，地底礦石

七寶中來自地底的寶飾有二，瑪瑙見於各經典，琥珀僅見《般若經》與《法華經》。瑪瑙是一種礦物，為結晶石英、石髓及蛋白石的混合物，有赤、白、灰各色相間，成平行環狀波紋，中心部的空隙常附著有石英結晶，可作寶飾。在中國，「瑪瑙」意為「馬腦」。這是因為從切開的剖面可以看到由多種不同顏色組成的同心圓狀、波紋狀、層狀或平行條帶狀，其紋路就如同馬腦的結構。

琥珀則是古代松柏等樹脂的化石，為淡黃色、褐色或赤褐色的半透明固體，光澤美麗，質脆，燃燒時有香氣。在中國，傳說這種寶物是老虎的魂魄，所以又稱為「虎魄」。

七寶的分析

❶ 貴重金屬

金

gold
化學元素 Au
原子序 79

銀

argentum
化學元素 Ag
原子序 47

❷ 透明寶飾

琉璃（流離）

梵語 vaidurya，在唐代之前，琉璃意思是指人造的玻璃（glass）。

人造的！
透明的！

玻璃（頗梨）

梵語 sphatika 的音譯，古代是指天然的透明寶石水晶（或稱水精），也就是英文裡的 Rock Crystal。

天然的！
透明的！

❸ 海洋珍寶

珊瑚

蟲在暖海的結合營生過程中，分泌出石灰質骨骼而成的，可以形成分歧如樹枝的珊瑚樹。

珍珠

又稱真珠，蚌內因異物侵入產生的圓形顆粒。

硨渠

蛤類的一種，屬軟體動物硨磲貝科。

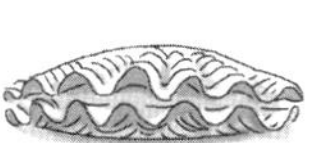

❹ 地底礦石

琥珀

古代松柏等樹脂的化石，在中國的傳說是老虎的魂魄，所以又稱為「虎魄」。

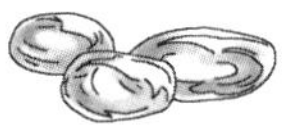

瑪瑙

同心圓狀、波紋狀、層狀或平行條帶狀，如同馬的腦。

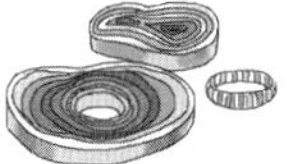

八百四千萬億

八百四千萬億，到底有多少？這是古印度對於「數量」的獨特表達法，是超越現實，無視時間與空間客觀性的表達法！

◉ 古印度人的數學成就

古印度人為了研究天文曆法，很早就發展出複雜的數學運算，他們不但是世界上最早採用十進位計算的民族，連我們天天使用的阿拉伯數字也是印度人發明的。甚至複雜的算術運算、乘方、開方以及一些代數學、幾何學和三角學的規則，都已運用在天文學裡。顯見古印度的數學思維已有極大的發明與成就。

另一方面，印度人對數字的確具有超越其他民族的敏銳感覺，**古印度宗教經典便經常出現難以想像的極大數字和極小數字**。譬如在成立年代距今約3200年前的古印度教聖典《夜柔吠陀》（Yajurveda）裡，就已經出現了「億」這樣的龐大數字。

◉ 「八百四千萬億」是超越現實的數字表達？

不過像《金剛經》裡所說的「八百四千萬億」，確實是一個現代人無法想像的數字概念，這數字應該是已經超越現實，無視時間與空間客觀性的基礎，是一種無法計量的虛數詞，卻又喜歡採用數字量化的描述方式。

《金剛經》裡概念的數詞，有「百」、「千」、「萬」、「億」等各種數字單位，不勝枚舉。還有以譬喻的方式形容無限多，如「恆河沙」、「微塵數」。也有來自於印度獨特的無限大單位如「那由他」（nayuta）、「阿僧祇」（asamkhya），前者是無量多，後者是多到沒有數字可以表達的數量，都是無限大的意思。

有人認為這或許可以從文化因素來看，古印度人很重視宗教祭祀活動，為了精準地確定祭祀儀式的舉行時間（宗教需要），必須對日月運行進行觀測（天文曆法），所以影響佛經的數量表達方式。這是有待研究的部分。

◉ 古代的數字表達和現代不同

以下幾個例子，可以看出《金剛經》的數字表達是由小至大，先是百、千，然後才是萬、億，這與目前數學的單位排列順序剛好顛倒。除此之外，八百四千萬億多次被拿來比喻，例如八百四千萬億那由他諸佛。八與四，有特別的意思嗎？應該都是可以深入探討的地方。

◉ 由小至大的三個例子

下面舉三段經文來看看《金剛經》對數字的表達：

❶初日分以恆河沙等身布施，中日分復以恆河沙等身布施，後日分亦以恆河沙等身布施，如是無量百千萬億劫以身布施。（第**15**分）

❷我念過去無量阿僧祇劫，於燃燈佛前，得值八百四千萬億那由他諸佛，悉皆供養承事，無空過者。（第**16**分）

❸若人以此《般若波羅蜜經》，乃至四句偈等，受持讀誦、爲他人說，於前福德百分不及一，百千萬億分，乃至算數譬喻所不能及。（第**24**分）

阿拉伯數字

這些數字符號原是古代印度人發明的，後來傳到阿拉伯，又從阿拉伯傳到歐洲，歐洲人誤以為是阿拉伯人發明的，就把它們叫做「阿拉伯數字」，因為流傳了很多年，人們叫得順口，所以至今人們仍然將錯就錯，把這些古代印度人發明的數字符號叫做阿拉伯數字。現在，阿拉伯數字已成了全世界通用的數字符號了。

莊嚴佛土

《金剛經》清楚說明所謂莊嚴佛土，並非真正有佛土可莊嚴，只是方便度化眾生，假名莊嚴而已，即使是莊重、肅穆、威嚴，也都是修行者心中的念頭。

◉ 佛國世界及莊嚴佛土的樣貌都是因人而異的

「莊嚴」梵語 alakra，如同中文的字面，意思是嚴飾布列。凡是布列諸種眾寶、雜花、寶蓋、幢、幡、瓔珞等，以裝飾嚴淨道場或國土等，都可說是莊嚴的一種。例如佛殿寺院等堂內經常以幡蓋、花鬘等裝飾，柱壁、欄楯也刻繪天人等種種相，這些都是表達對佛陀的崇敬，能使敬拜者生起虔敬之心。佛國世界及莊嚴佛土的樣貌究竟如何？都是因人而異的，可以黃金堆砌而成，可以是琉璃水晶，清淨、好美、莊嚴，隨心所想。也就是《楞嚴經》所說「隨眾生心，應所知量，循業發現，寧有方所」。但任何能想像出來的樣貌，都無法超越人類知識的範疇。這個空間到底有多大，依個人所知的範圍，量的大小，佛國就有多大，所以並不是真實本來的相貌。

◉ 並不存在「能夠莊嚴的人」與「所莊嚴的法」，也沒有實體的佛土可莊嚴

有關莊嚴佛土這件事，《金剛經》清楚明白地說，所謂莊嚴佛土，並非真正有佛土可莊嚴，只是方便度化眾生，假名莊嚴而已，即使是莊重、肅穆、威嚴，也都是修行者心中的念頭。佛陀在第17分開示須菩提菩薩該如何修行時，有個完整的說明。

須菩提！若菩薩作是言：「我當莊嚴佛土。」是不名菩薩。何以故？如來說莊嚴佛土者，即非莊嚴，是名莊嚴。須菩提！若菩薩通達無我法者，如來說名真是菩薩。（第17分）

在這段經文裡，佛陀說了六個重點，其中第四、五點論及莊嚴佛土：

1.心中若有「我當滅度無量眾生」，那麼就不叫菩薩。

2.沒有一個法的名稱叫菩薩。

3.一切法是四相皆無。

4.心中如果有「我當莊嚴佛土」，那麼就不叫菩薩了。

5.莊嚴佛土者，即非莊嚴，是名莊嚴。

6.如果菩薩能通達無我法，那才是真正的菩薩。

佛國世界的莊嚴面貌

佛國世界的莊嚴面貌因人而異。瞧！這是清代丁觀鵬所繪的阿彌陀佛「極樂世界莊嚴圖」，透過他的畫筆，描繪出在他眼中的西方彌陀淨土，圖中嚴飾布列諸寶、華蓋、香花、幢、幡、纓絡等等，極為華麗莊嚴。

極樂世界莊嚴圖 清代丁觀鵬 台北故宮收藏

恆河

《金剛經》經常用「恆河」一詞來表達數量或次數甚多的意思，包括七寶布施、身命布施以及佛國世界的數量等等的陳述。

像這一句是大家所熟悉的：「以七寶滿爾所恆河沙數三千大千世界以用布施，得福多不？」表示布施七寶的數量就像恆河的沙一般多不可數。

◉ 印度人的聖河

恆河（Ganges River）發源於喜馬拉雅山南麓，南流經印度平原，再東流與雅魯藏布江會合，注入孟加拉灣，全長2700公里，為印度重要河川。對印度人而言，恆河是神聖的朝拜地區，於河岸兩旁建築無數寺廟，各教教徒常至此巡禮。印度教許久以前就已經視恆河為聖河，傳說因古代仙人的祈求，恆河水自維護之神毘濕奴（Vishnu，印度教三大主神之一）的腳尖流出，自天而降。**佛教也視恆河為福水，因為佛陀經常到恆河流域宣說妙法。**

◉ 印度重要文化的中心

恆河流域是印度重要文化的中心，例如上流為阿闥婆吠陀（Atharvaveda，形成於西元前10世紀前後）與梵書（Brahmana）成立時代的印度文明中心，中流為古奧義書時代（UpaniSad，西元前700~300年）的文明中心。直到釋迦牟尼佛應世，恆河兩岸更是佛陀及弟子教化活動之重要區域。其地人口稠密，經濟繁榮，交通發達，物產豐富，故印度人視為神聖之地。**釋迦牟尼傳教主要集中在恆河流域的中游地區，**而其直傳弟子的活動地區和影響所及更至恆河流域下游。

◉ 佛陀居住最久的地區

佛陀居住最久的地區是憍薩羅國的舍衛城和摩揭陀國的王舍城。舍衛城有富商給孤獨長老和太子祇陀（逝多）捐贈的祇園精舍（又名「祇樹給孤獨園」），而王舍城有竹林精舍，兩者都是釋迦牟尼佛對眾人說法布教的重要場所，均位處恆河流域。由於這樣的地緣關係，釋迦牟尼佛傳法便經常以恆河的沙多到不可計數，來比喻數量極多。

恆河：印度文化的大搖籃

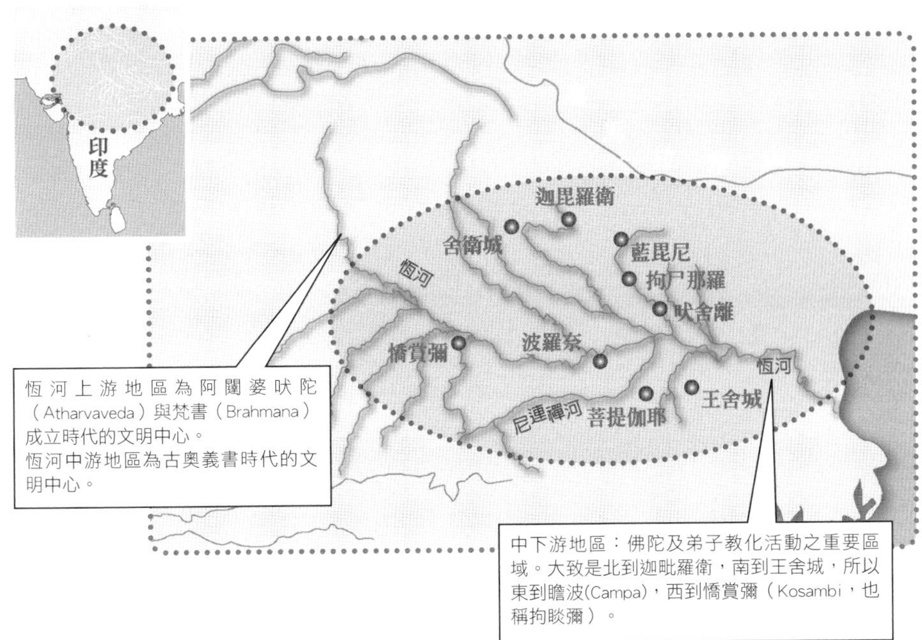

《金剛經》以恆河來形容七寶、身命與佛陀世界的數量

類別	數量的形容	經句
寶布施	恆河沙數三千大千世界	以七寶滿爾所恆河沙數三千大千世界，以用布施。(第11分)
寶布施	恆河沙等世界	若菩薩以滿恆河沙等世界七寶，持用布施；若復有人，知一切法無我，得成於忍。此菩薩勝前菩薩所得功德。(第28分)
身命布施	恆河沙等身命	以恆河沙等身命布施(第13、15分)
佛世界的數量	沙等恆河	如一恆河中所有沙，有如是沙等恆河，是諸恆河所有沙數，佛世界如是，寧為多不？(第18分)

信心

《金剛經》非常強調信心的作用，多次強調信心與種諸善根、布施福德和成就功德等等有緊密關係。而聽聞此經並生起清淨信心，是極為重要的。

◉《金剛經》裡的四個信心

❶信心與種諸善根的關係：
佛陀說：如來滅後，後五百歲，有持戒修福者，於此章句能**生信心**，以此為實，當知是人不於一佛二佛三四五佛而種善根，已於無量千萬佛所種諸善根。(第6分)

❷信心與第一希有功德的關係：
須菩提說：若復有人得聞是經，**信心清淨**，即生實相，當知是人，成就第一希有功德。(第14分)

❸信心與布施福德的關係：
佛陀說：若有善男子、善女人，初日分以恆河沙等身布施，中日分復以恆河沙等身布施，後日分亦以恆河沙等身布施，如是無量百千萬億劫以身布施；若復有人，聞此經典，**信心不逆**，其福勝彼，何況書寫、受持、讀誦、為人解說。(第15分)

❹信心與未來世聞說是法的關係：
慧命須菩提白佛言：世尊！頗有眾生，於未來世，聞說是法，**生信心**不？(第21分)

忍

「忍」是「承受，抑制」。《金剛經》三次談到「忍」，包括六波羅蜜中的「忍辱波羅蜜」，「忍辱仙人」如何實踐忍辱，以及大菩薩體悟的「得成於忍」。

◉ 第一「忍」：忍辱波羅蜜的基本意思

忍辱波羅蜜是六波羅蜜之一，又作忍波羅蜜、羼提（ㄔㄢˋㄊㄧˊ，梵語ksanti的音譯）波羅蜜與忍辱度無極。這種波羅蜜，不是勉強忍耐，而是安住在無我空性之中，對施害者、受害者、所受之苦不起「執為實有」的想法，所以能安忍，對治瞋恨與怨恨，使心維持於安定之中，甚至對加害者生起慈悲心，並發願度化他，脫離這造惡必受苦報的輪迴。

忍辱波羅蜜，如來說非忍辱波羅蜜。（第**14**分）

◉ 第二「忍」：忍辱仙人，實踐忍辱波羅蜜的典範

根據《賢愚經》，過去久遠的時候，印度有個波羅國，當時有個仙人羼提波梨與五百個弟子居住山林，修忍辱行。但波羅國的國王因女色與嫉妒的緣故，殘忍截斷仙人的手足與耳鼻等。即使是如此的苦痛，這位仙人依然安住空性而忍辱不生瞋恨，並告訴這位殘忍的國王如果他成佛後將以慧刀斷王的貪、瞋、癡三毒，如此忍辱的精神感動了國王，於是國王心生懺悔，再供養這位仙人。這仙人事實上是世尊的前身，而故事中的國王與其四大臣則為後來追隨佛陀的五比丘。

又念過去於五百世作忍辱仙人，於爾所世，無我相、無人相、無眾生相、無壽者相。（第**14**分）

◉ 第三「忍」：得成於忍，更深層忍的體悟

無生忍是說安住於無生無滅之理而不動，《金剛經》說如果菩薩能夠體悟一切現象都是無我的，如此便有機會證得無生法忍，也就是得成於忍。這樣的菩薩所得到的功德要勝過寶布施的菩薩。星雲大師有個很精采的分析，他說：「菩薩修行階次的深淺不同，凡夫菩薩雖知外塵之相不實，但未證得無生法忍，心中還存有微細之妄念，著相布施，未能通達無我之法。」他又說：「聖賢菩薩，心不住法，得成於忍，因此得忍菩薩的無漏功德，勝過寶施菩薩有漏的福德。」

若菩薩以滿恆河沙等世界七寶，持用布施；若復有人知一切法無我，得成於忍。此菩薩勝前菩薩所得功德。（第**28**分）

印度何時開始流行《金剛經》？

根據歷史記載，《金剛經》在無著大師（Asanga）的時代，大約西元四、五世紀左右，曾經在印度的那爛陀寺（Nalanda）興起一股釋解與討論的熱潮。

◉ 無著大師是關鍵人物

誰是無著大師呢？他是大乘佛教瑜伽行派的創立者之一，曾在那爛陀寺住過十二年，他的教法深刻影響印度、中國、西藏的佛教思想和修行。無著大師所創立的瑜伽行派是大乘佛教宗派之一，這個宗派以彌勒、無著、世親之學為宗。**瑜伽行派主張一切現象都是心識所轉化變現，只有心識是真實存在，現象是幻有；並立八識**，以第八識阿賴耶識為輪迴的主體。此派後來經由真諦、玄奘傳入中國，亦稱為「唯識宗」。

至於那爛陀寺，乃古印度摩揭陀國王舍城東的佛寺，位處在今印度比哈爾省巴臘貢（Baragaon）。是古印度規模宏偉的佛教寺院，更是西元七、八世紀印度佛教最高學府。護法、月護、戒賢、月稱等著名論師都曾在此講學，中國高僧如玄奘、義淨等也留學於此。

◉ 印度宣揚《金剛經》最賣力的三位大師：彌勒、無著、世親

在印度本土，宣揚《金剛經》最賣力的有三位大師，他們是：彌勒（Maitreya）、無著（Asanga）、世親（Vasubandhu，又譯天親）等。這三位大師圍繞著《金剛經》還有一個故事。**據說大乘佛教瑜伽行派創始人無著以神通力升到兜率宮（Tusita），這個地方是未來佛彌勒菩薩等待成佛之處**。在這天宮無著向彌勒菩薩請益《金剛經》，喜得彌勒菩薩開示的七十七偈。無著轉而教導其弟世親，世親再依照其教造論作釋，並加進歸敬偈二（首），結偈一（尾），於是就有了傳世的《彌勒菩薩八十偈》。自古以來，這彌勒菩薩八十偈就是理解、修習《金剛經》的權威性依據，無數高僧大德關於《金剛經》的注解疏論，都依經引偈，然後引申發揮。

彌勒菩薩八十偈

❶無著大師上天宮請益《金剛經》，彌勒菩薩開示了七十七偈。

❷無著轉教七十七偈給弟弟世親大師。

❸世親再依照無著所教，造論作釋。

❹這以後便有了《彌勒菩薩八十偈》傳世。

這是當時印度理解、學習《金剛經》的權威性依據呢！

◉ 印度本土關於《金剛經》的重要的注疏作品

彌勒	《八十偈釋本》
無著	《金剛般若論》
世親	《金剛般若波羅蜜經論》
功德施	《金剛般若波羅蜜經破取著不壞假名論》
師子月、月官等人所撰的論釋	無漢譯版本

◉ 三藏是佛教典籍的總稱，包括經藏、律藏、論藏三部分。

以佛說法的形式創作的典籍，例如《金剛經》。

雖同是以佛說的形式，但內容都和戒律有關。

佛弟子或後世論師闡釋經義的作品，眾多《金剛經》的相關注疏即是其中的代表。

三位印度大師：彌勒、無著、世親

彌勒論師是不是未來佛彌勒菩薩？

彌勒是梵文 Maitreya 的音譯。根據佛經的說法，他將繼釋迦牟尼佛在未來世的時候，成佛度眾生。彌勒並被認為是大乘佛教瑜伽行派的開創者。關於他的塑像，在漢地寺院中多依契此和尚的外形，塑成笑容可掬的大肚比丘。但是，扮演論師角色的彌勒是不是就是這位未來佛彌勒菩薩，不同學者看法不盡相同，但可以推斷彌勒論師是佛陀入滅後九百年左右之印度人。這位《金剛經》注疏的論師乃瑜伽大乘之始祖，於現存漢譯藏經中，彌勒相關的著作有《瑜伽師地論》、《大乘莊嚴經論頌》、《辯中邊論頌》、以及本經的注釋《金剛般若波羅蜜經論》等。

後世有人將彌勒論師視同為當來成佛之彌勒，究竟彌勒是否為歷史上實在之人物，至今未有定論。比利時學者拉莫特（E. Lamotte）綜合多位學者的分析，認為成立時期稍遲的大乘經典經常具有「藉託聖言，以為權威」之傾向，也就是聲稱獲得宗教教義或經典的方式，是來自天神的神祕傳授的天啟乘概念，所以他懷疑彌勒於歷史上的真實性。日本學者宇井伯壽則反對此派說法，主張彌勒論師為真實歷史人物，既創倡瑜伽大乘之教，且造立上述諸論，而由他的學生無著筆錄成書。

◉ 彌勒是誰？

❶傳統佛教概念➲彌勒菩薩：是菩薩，是未來佛。

❷日本學者宇井伯壽➲彌勒論師：真實人物，瑜伽大乘之始祖。

❸比利時學者拉莫特E. Lamott➲彌勒論師：大乘經典經常具有藉託聖言以為權威之傾向，無法確定是否為真正完成論著者。

彌勒菩薩像 印度犍陀羅風格

無著：認識大乘佛教瑜伽行派創始者之一

無著梵名 Asana，音譯為阿僧伽。他誕生於西元四、五世紀左右，是古代印度大乘佛教瑜伽行派創始人之一。無著的家鄉是北印度健馱邏國，健馱邏是阿富汗東部和巴基斯坦西北部的一個印度古國，位於喀布爾河的南方，西抵印度河並包括喀什米爾的部分地區。當時無著的父親是國師婆羅門，家世地位顯赫。無著一開始先追隨小乘學習空觀，但仍不滿意，相傳改以神通前往兜率天，跟隨彌勒菩薩學習大乘空觀，歸來通達大乘的空性理論。後來，竭力舉揚大乘教義。著有《金剛般若論》、《順中論》、《攝大乘論》、《大乘阿毘達磨雜集論》、《顯揚聖教論頌》、《六門教授習定論頌》等。

世親：認識大乘瑜伽行派的大師

世親（Vasubandhu）是無著的弟弟，在他出家之後先學小乘有部，後學經部，並採用經部見解批判有部。而後在哥哥無著的誘導之下改宗大乘，成為大乘瑜伽行派的大師，並與無著齊名。世親論著有《唯識二十論一卷》、《唯識三十論頌一卷》、《大乘百法明門論一卷》、《阿毗達磨俱舍論三十卷》等。但近世學者對於這些著作是否為同一人所著，尚頗多爭議。

《金剛經》流傳到哪些地區？

從現今仍流布或遺存的《金剛經》梵文本顯示，金剛經流傳的區域廣泛，分別在中國、日本、巴基斯坦，甚至中亞地區都有發現。除此之外，漢文譯本共有六個版本。而在中國吐魯番地區還發現以和闐、粟特等文字的譯本出土，這部分最為特殊。另外，還有藏文、滿文譯本等。直到近代，《金剛經》也傳入西方，陸續被譯成多種文字，包括德文、英文、法文等等。在東亞，除了中國，近代日本學者亦多次譯成日文。

文字	說明
梵文本	中國、日本、巴基斯坦，甚至中亞地區亦有出土。
德文	西元1837年修彌篤（Isaak Jakob Schmidt）根據藏文版轉譯。
英文	西元1876年德裔英國東方學家馬克斯繆勒（Friedrich Max Muller）將漢文、日文及藏文譯本加以校訂，譯成英文，收入《東方聖書》第49卷。
英文	愛德華．孔茲（Edward Conze）又再次譯成英文，收入《羅馬東方叢書》第8卷。這是譯法最準確的歐美版本。
法文	這是達爾杜根據梵文，並對照中國滿文的譯本。
日文	宇井伯壽、中村元曾多次譯成日文。

粟特語是伊朗語中一種古代東方語支，一度成為中亞、北亞的一種通用語言。考古發現西元前六世紀已經出現這種語言，並在中國吐魯番盆地出土相關文物。粟特文共採用三種字體書寫：❶粟特字體、❷摩尼字體與❸敘利亞字體，其中粟特字體在後來演變出特殊的佛經體。

最早把《金剛經》譯成中文的是誰？

最早把《金剛經》譯成中文的人，是西元四、五世紀的西域人鳩摩羅什，他在東晉時代來到中國譯經，而在西元402年將《金剛經》譯成中文。

在鳩摩羅什之後，《金剛經》相繼出現五種譯本，分別是北魏菩提流支譯《金剛般若波羅蜜經》；南朝陳的陳真諦譯《金剛般若波羅蜜經》；隋達摩笈多譯《金剛能斷般若波羅蜜經》；唐玄奘譯《能斷金剛般若波羅蜜多經》（即《大般若經》的第九會）；唐義淨譯《佛說能斷金剛般若波羅蜜多經》。因此，《金剛經》的漢譯版本共有六種，而以五世紀鳩摩羅什譯本最為流行。

這部闡明般若空義的經典，在眾多般若思想的經典，其流行程度僅次於《般若心經》。在中國，自禪宗五祖弘忍以來特別重視此經，**相傳禪宗六祖慧能即因《金剛經》中「應無所住而生其心」此八字而徹底證悟。**《金剛經》除了漢譯本外，尚有梵文本和藏譯本傳世。而在中國與日本相關注解與闡釋注解的文章達數百種。

◉《金剛經》漢譯版本

1	後秦	鳩摩羅什	《金剛般若波羅蜜經》	譯於西元402年
2	北魏	菩提流支	《金剛般若波羅蜜經》	譯於西元509年
3	南朝陳	真諦	《金剛般若波羅蜜經》	譯於西元562年
4	隋	達摩笈多	《金剛能斷般若波羅蜜經》	譯於西元590年
5	唐	玄奘	《能斷金剛般若波羅蜜多經》	譯於西元648年，《大般若經》的第九會
6	唐	義淨	《佛說能斷金剛般若波羅蜜多經》	譯於西元703年

六位漢譯家

1 鳩摩羅什（Kumrajiva，東晉後秦，約四～五世紀，西域僧人）

譯本：《金剛般若波羅蜜經》

鳩摩羅什是本書經文的漢譯者。後秦（384~417）是東晉時期的十六國之一。當年羌族首領姚萇弒苻堅，自稱「秦王」，史稱後秦，這即是鳩摩羅什生長的年代。鳩摩羅什是梵語Kumrajiva的音譯，意思是童壽。他是中國佛教史上四大譯經家之一。鳩摩羅什的父親是天竺人，而鳩摩羅什則生於西域的龜茲國（今新疆庫車一帶）。七歲隨母親出家。博讀大、小乘經論，名聞西域諸國。秦弘始三年姚興派人迎入長安，翻譯佛典。共譯出《大品般若經》、《維摩詰經》、《妙法蓮華經》、《金剛經》、《大智度論》、《中論》、《百論》、《成實論》等三十五部二百九十四卷。他的成就，不僅在於系統的介紹般若、中觀之學，在翻譯上更一改過去滯文格義的現象，辭理圓通，使中土誦習者易於接受理解，開闢後來宗派的義海。弟子多達三千人，著名者數十人，其中以僧肇、僧叡、道融、道生最著，稱「什門四聖」。鳩摩羅什在當時完成了《金剛經》的翻譯，被稱為「解空第一」的弟子僧肇亦曾參與鳩摩羅什譯場，並完成《金剛般若波羅蜜經注》。據說鳩摩羅什圓寂後火化，舌頭不爛，表示他所翻譯的經典絕對可靠無誤。

2 菩提流支（Bodhiruci，北魏，約六世紀，北印度僧人）

譯本：《金剛般若波羅蜜經》

北魏（386~534）是北朝諸朝之一，當年拓跋氏自立為代王，淝水戰後不久，改國號魏，史稱為「後魏」或「北魏」。這時北天竺的一位高僧菩提流支（Bodhiruci，意譯道希）來到中國，這位印度高僧深悉三藏，顯密兼通，精通咒術。大約於北魏永平元年（508），菩提流支攜大量梵本，經蔥嶺來到洛陽。宣武帝慰勞禮遇，請居靈太后所建規模宏麗的永寧寺。當時，該寺有印度、西域僧七百人，而以菩提流支為翻譯的宗主。據唐《開元釋教錄》刊定，菩提流支有《金剛般若波羅蜜經》一卷，大約譯於西元509年。據李廓《眾經目錄》所記，菩提流支室內梵本萬夾，譯稿滿屋，其翻譯偏重大乘瑜伽行派的學說。

3 真諦（Paramrtha，南朝陳，約六世紀，西印度人）

譯本：《金剛般若波羅蜜經》

東晉以後，漢族先後於長江以南建立了宋、齊、梁、陳四朝，均建都於建康，史稱為「南朝」（420~589）。在四朝中的陳朝出現了一位來自西印度優禪尼國（Ujjeni）人的譯經大師真諦（Paramrtha，499~569），是中國佛教史上四大譯經家之一（鳩摩羅什、玄奘、真諦、義淨，另一種四大譯經家的說法是：鳩摩羅什、玄奘、真諦、不空）。真諦應梁武帝的邀請，於大同元年（546）到達中國，後在廣州刺史歐陽頠父子的支持下專心譯經，他是較有系統的介紹大乘瑜伽行派到中國的譯經家。

真諦在中國，雖然譯經甚多，但所譯經多屬隨譯隨講，以致於譯文不是很統一。所以必須仰賴弟子記其義理，號為「義疏」，或稱為「注記」、「本記」、「文義」。真諦傳譯印度瑜伽行派學說，其主要特點為：關於唯識一般只講八識，自眼識至阿賴耶識止，他則在八識外建立第九「阿摩羅識」（「無垢識」或「淨識」）；認為三性（遍計所執自性、依他起自性、圓成實自性）中，「依他起」的性質是染污的，與「遍計所執」一樣，最後也應斷滅。

4 達摩笈多（Dharmagupta，隋，約六～七世紀，南印度僧人）

譯本：《金剛能斷般若波羅蜜經》

達摩笈多是隋代譯經僧（?~619），梵名 Dharmagupta，一般簡稱「笈多」。他是南印度羅囉國人，是剎帝利種姓的貴族階級。二十三歲於中印度僧伽藍（Samgharama，僧園）出家，二十五歲受具足戒。隨後，達摩笈多與同伴六人東行，歷遊西域諸國（沙勒、龜茲、烏耆、高昌、伊吾、瓜州）等地。一直到西元590年抵達長安，同伴或歿或留中途，入京時僅笈多一人，奉敕住於大興善寺。西元606年達摩笈多與闍那崛多（Jnanagupta）於洛陽創設譯經院，這是屬於官立的譯經機構。當時，他翻譯了《金剛經》，題名為《金剛能斷般若波羅蜜經》，是首度將「能斷」（cchedika）一詞正確譯出的《金剛經》譯者。

5 玄奘（唐，七世紀，俗名陳禕）

譯本：《能斷金剛般若波羅蜜多經》

唐朝建都長安，與漢朝並稱為中國歷史上最富強的盛世。當時文化優越，版圖遼闊，聲威遠播，對鄰近諸國有深遠的影響，玄奘（602~664）是這個輝煌年代最重要的宗教人物之一。玄奘是他的法號，俗姓陳，名禕。玄奘於幼年時，因家境貧困，隨兄長捷法師住洛陽淨土寺，學習佛經。十三歲入選為僧。其後遊歷各地，參訪名師，研究《涅槃經》、《攝大乘論》、《雜阿毗曇心論》、《成實論》、《俱舍論》等。因感諸家各擅一宗，說法不一，故欲取得總攝三乘的《瑜伽師地論》來解決疑難而決心西行求法。唐太宗貞觀三年（629）從長安出發，歷盡艱險，才到那爛陀寺，投入該寺大長老戒賢（Silabhadra，約528-651）之門。貞觀十九年（645）返回長安，帶回大小乘佛典五百二十筴，六百五十七部，其後將近二十年間共譯出大、小乘經論七十五部，一千三百三十五卷。譯本無論在質或量上都超過各譯家的成就，為中國最偉大的經譯家之一。弟子數千人，著名的有窺基、普光等。玄奘的《金剛經》譯於西元648年，經名為《能斷金剛般若波羅蜜多經》，列入《大般若經》的第九會。

6 義淨（唐，七～八世紀，俗名張文明）

譯本：《佛說能斷金剛般若波羅蜜多經》

唐代另一位翻譯《金剛經》的高僧是義淨（635~713），俗姓張，字文明。他在高宗咸亨二年至印度求法，巡禮聖跡，歷時二十餘年，帶回梵本四百部。接著參與實叉難陀（唐僧，Siksananda）譯場，後在洛陽、長安主持譯經工作，主要是說一切有部律典的翻譯。他與鳩摩羅什、玄奘、真諦並稱「四大譯經家」，四位偉大的譯經師紛紛完成《金剛經》的翻譯，足見《金剛經》的重要。義淨於西元703年翻譯《金剛經》，經名題為《佛說能斷金剛般若波羅蜜多經》。他還在法相宗慧沼協助下，補譯了玄奘未譯的要籍，如《金剛經》彌勒的「頌」和世親的「釋」，無著、世親的《六門教授習定論》、《止觀門論頌》等，均為梵本失傳或西藏所缺譯的。

有多少中國大師投入《金剛經》的注解工作？

這部千年來影響最深遠的經典，從東晉到民國初年撰述不絕，至少有十一位重要的注釋者。

◉ 大師盡出！

一部經從印度到了中國，開始有了「譯本」；再來為了幫忙讀者瞭解經義，便有了經的「注解」；再來更有了「闡釋注解」；而注解及闡釋注解的文字，便合稱為「注疏」。

般若系統部類卷帙繁多，其中《金剛經》不僅是進入六百卷《大般若經》的導覽，而且是千年來受討論最久、注疏最多、影響最深遠的經典之作。從東晉到民國初年撰述不絕，《金剛經》至少有十一位重要注釋者。

◉ 後秦時期：僧肇

僧肇大師，他是鳩摩羅什門下四哲之一，曾參與鳩摩羅什的譯經場，有「解空第一」的美名。

◉ 隋代：吉藏與智顗

吉藏是三論宗（**依中論、十二門論、百論等而立的宗派**）的創始人大師，是西域安息的宗教大師，涉獵的典籍廣泛豐富。他在隋朝統一後，於嘉祥寺弘傳佛法，世稱「嘉祥大師」。

天台宗第四祖智顗（一ˇ）大師闡明「一念三千」（**日常的一念之中，三千諸法同時具足的意思**）與「圓融三諦」（空諦、假諦、中諦）的思想，成立天台宗的思想體系，生前獲得隋文帝授予智者之號，世稱「智者大師」。

◉ 唐代：包括慧淨、窺基等六位大師

慧淨高僧，他被唐朝名相房玄齡稱為「東方菩薩」，佛法之所以能興盛於唐，慧淨大師功不可沒。華嚴宗第二祖智儼（一ㄢˇ）大師，號「至相大師」、「雲華尊者」。智儼幼即有志於佛道，嬉戲時常累石成塔，或以友伴為聽眾，自任法師。

法相宗的創始人之一窺基大師，是玄奘大師最重要的弟子，二十五歲參加玄奘譯場，因常住大慈恩寺，世稱為「慈恩大師」，曾造疏百本，又稱為「百本疏主」。

禪宗六祖慧能也為《金剛經》留下了重要注疏，此注疏現在仍受廣泛閱讀與討論。華嚴宗第五祖宗密，唐代果州（四川西充）人，俗姓何，世稱「圭峰禪師」、「圭山大師」，諡號定慧禪師。

◉ 北宋到近代：子璿、徐槐廷、丁福保

北宋的子璿完成《金剛經同刊定記》四卷，這位華嚴宗僧，促成宋代華嚴宗的再振，居功甚偉。清代的徐槐廷的《金剛經解義》共二卷。近代則有丁福保《金剛經箋註》等。

簡要介紹漢地的四個宗派

三論宗

主要以研習龍樹的《中論》、《十二門論》及提婆《百論》而得名。這個佛教宗派源於鳩摩羅什譯出三論，師徒講習，至隋吉藏集大成，是中國佛教諸宗中最接近印度中觀思想的一派，至唐代漸趨沒落。

天台宗

在中國又稱法華宗，隋僧智顗所創的佛教宗派，因智顗晚年居住天台山，故稱為「天台宗」。以《法華經》為主要教義根據，故亦稱為「法華宗」。強調止觀雙修的原則，發明一心三觀、圓融三諦、一念三千的道理。

華嚴宗

以《華嚴經》為該宗教義的依據，故稱為「華嚴宗」。實際創始人是唐朝時期康居國（今新疆北境至俄國中亞的西域古國）的法藏，但傳統上以杜順為初祖。在判教上，尊《華嚴經》為最高經典，並從《華嚴經》的思想，發展出法界緣起、十玄、四法界、六相圓融的學說，發揮事事無礙的理論。此派從盛唐立宗，至武宗滅佛後，逐漸衰微。

法相宗

在中國又稱「慈恩宗」、「唯識宗」，由玄奘與其弟子窺基所創。因其創始人玄奘常住慈恩寺，故亦稱為「慈恩宗」。玄奘到印度留學，從戒賢大師學習瑜珈行派的典籍，回國後將之翻譯，由其弟子加以傳揚，而形成一宗派。其學說主要在闡明一切現象，因心識才存在，無心識則無現象之理，亦稱為「唯識宗」。

十二本注疏

從東晉、隋唐直至清末民初時代的《金剛經》注疏

編號	朝代	注疏者	書名	卷數	著論者的重要性
1	後秦	僧肇	《金剛經注》	1卷	鳩摩羅什門下四哲之一，在中土有「解空第一」美稱。
2	隋	吉藏	《金剛經義疏》	4卷(或6卷)	中國佛教三論宗的創始人，世稱「嘉祥大師」。
3	隋	智顗	《金剛經疏》	1卷	天台山創立天台宗，世稱「天台大師」、「智者大師」。
4	唐	慧淨	《金剛經註疏》	3卷	房玄齡等尊為東方菩薩
5	唐	智儼	《金剛經略疏》	2卷	華嚴二祖
6	唐	窺基	《金剛經讚述》	2卷	玄奘最重要弟子，世稱「慈恩大師」。
7	唐	惠能	《金剛經解義》	2卷	禪宗第六祖，論述流傳甚廣。
8	唐	惠能	《金剛經口訣》	1卷	禪宗第六祖，論述流傳甚廣。
9	唐	宗密	《金剛經疏論纂要》	2卷	華嚴宗第五祖，世稱「圭山大師」。
10	北宋	子璿	《金剛經同刊定記》	4卷	北宋華嚴宗之再振，居功甚偉。
11	清	徐槐廷	《金剛經解義》	2卷	
12	近代	丁福保	《金剛經箋註》		

《金剛經》與《大般若經》有什麼關係？

《金剛經》被編彙在《大般若經》的第九會，稱為〈能斷金剛分〉，也就是第577卷。

◉《金剛經》是六百卷《般若經》的濃縮精華

《大般若經》，全稱為《大般若波羅蜜多經》，是一部宣說諸法皆空之義的大乘般若類經典的彙編。唐朝時由偉大的譯經家玄奘（600~664）集結譯成，共六百卷，包括般若系十六部經典，即一般所謂的「十六會」。其中第二會《二萬五千頌般若》、第四會《八千頌般若》和第九會《金剛般若》為般若經的基本思想，這三會大概成書於西元前一世紀左右，其他各會則是在以後幾個世紀中成書的。

一般認為《大般若經》最早出現於南印度，後來傳播到西、北印度，在貴霜王朝時廣為流行，當時的梵本大部分都流傳下來。其中，《金剛經》長短適中，經義精粹，而獨得宏布，在漢地三百年間（自鳩摩羅什至義淨三藏），至少出現了六個漢譯本，論疏注釋則不下百種。

在中國佛教史上，般若部的經典並非同一時期完成的，而是分頭譯出，一直要到玄奘，才得以譯出整部《大般若經》。這是因為《大般若經》共有六百卷之多，篇幅太過龐大。

◉四處十六會

《大般若經》有「四處十六會」之說，所謂「四處」，**就是指佛陀說法的地方**，包括了王舍城的鷲峰山、舍衛國的祇樹給孤獨園、他化自在天王宮、王舍城竹林精舍說法的四個處所。這四個地方總共進行了十六次集會，這就是「四處十六會」的由來。十六次集會都是在宣說諸法皆空的義理，但重點不同，請詳見右頁圖解說明。

《金剛經》是《大般若經》第九會的作品

《大般若經》
全稱《大般若波羅蜜多經》

大般若經的基本思想
共在這 3 會

第 9 會
《金剛般若》

第 2 會
《二萬五千頌般若》

第 4 會
《八千頌般若》

完整 16 會

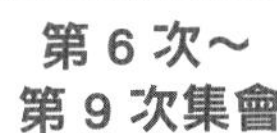

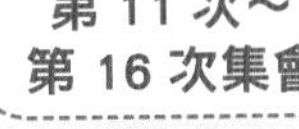

第 1 次～第 5 次集會	第 6 次～第 9 次集會	第 10 次集會	第 11 次～第 16 次集會
這五會文異義同，每一會都針對般若教義，進行全面系統的敘述。	這四會擷取大部般若的精要，宣說無所得空的法門義理。代表《金剛經》的〈能斷金剛分〉編彙於第九會。	此會最特殊，帶有密教的色彩。佛對金剛手菩薩等說一切法甚深微妙般若理趣清淨法門等。	最後的六會依序談論六度，也就是六波羅蜜實踐的義理，人們如果通過菩薩乘修行的這六種方法，有機會可以獲得解脫。

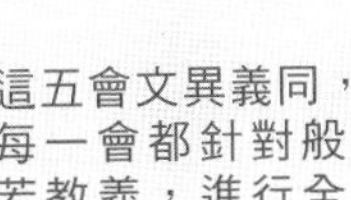

金剛經在這裡！

《金剛經》與《華嚴經》並肩，俱得「經中之王」

誰將《金剛經》分成三十二分？

將《金剛經》分成三十二分的人，便是這位編纂了中國第一部詩文集《昭明文選》的昭明太子，他是中國南朝重要的文學家，一生篤信佛教，遍覽眾經。

◉ 梁昭明太子將《金剛經》分成三十二分

昭明太子即是蕭統（501~531），他是中國南朝梁重要的文學家。東晉以後，漢族先後於長江以南建立了宋、齊、梁、陳四國，均建都於建康（今江蘇省江寧縣南），史稱「南朝」。蕭統即是四國中梁國梁武帝的長子。雖然他很早就被立為太子，但英年早逝，不曾即位便去世了。蕭統死後謚昭明，所以世稱「昭明太子」。**昭明太子編纂了中國最早的一部詩文總集《文選》，人稱《昭明文選》**，這是研究中國文學非讀不可的書，幾乎可說是大學中文系必讀之書。

昭明太子信奉佛教，曾受菩薩戒，奉持唯謹。他遍覽眾經，深究教旨，在宮內特別持立慧義殿，招高僧講論。《金剛經》三十二分的編輯，即昭明太子所定。原本長篇連貫的《金剛經》經文，經過他的整理，成為容易傳誦理解的三十二個段落（三十二分），各段落並增添了簡潔精要的標題。

◉ 有讚許，也有質疑

有人認為《金剛經》文與義本是一氣連貫，昭明太子將《金剛經》切分為三十二分，甚至增添各段標題並不妥當，但也有人對他的組織分析表示贊同。反對也好，贊同也好，各有所好。贊同者一般而言，都是站在幫助理解、易於流通的立場上。例如清代石成金所寫的《金剛經石注》（見於《續藏經》第40冊），既批評但也保留認同。他說：「此經，分三十二分，相傳自梁昭明太子，但天衣無縫，割裂為繁，且如推窮四果，漸至如來政緊關，昔在然燈，何單承莊嚴佛土，又色見聲求四句，原與下文一氣瀠洄，勢難以刀斷水。然而品節有序，讀者賴以記述，今予此著，止將各分標存細字於傍，可以不必雜於經文讀。」由於以此分類的《金剛經》已被大眾普遍接受並讀誦，所以本書仍以昭明太子三十二分來進行解說。

者於一切法應如是知如是見如
生法相須菩提所言法相者如
法相是名法相
提若有人以滿無量阿僧祇世
用布施若有善男子善女人
者持於此經乃至四句偈等受

part 2

逐分解經

依照昭明太子32分
詳細解析

法會因由分

如是此我聞。一時，佛在舍衛國印度古國祇樹給孤獨園佛陀重要說法之處，與大比丘眾千二百五十人俱。爾時，世尊食時，著衣持缽，入舍衛大城乞食。於其城中，次第乞平等心次第行乞，最多七家即止已，還至本處。飯食訖，收衣缽，洗足已，敷座而坐。

【白話翻譯】

這卷經，是我（阿難 Ananda）親自聽到佛陀這樣說的。那時，佛陀是住在舍衛國（Shravasti）的祇樹給孤獨園（Anathapindika's Park）裡，在一起的，還有大比丘僧總共一千二百五十人。每天，到了乞食的時間，佛陀便披上袈裟，拿著缽具，和大家一起到舍衛城去乞食化緣。依平等心乞食的規矩，不分貧富貴賤，化緣所得之後，返回居所。吃過飯，把衣缽收拾起來，洗淨腳，敷好座位，準備靜坐。

關鍵詞彙

【世尊】、【佛】、【阿難】、
【舍衛國】、【祇樹給孤獨園】

關鍵內容

❶說明《金剛經》說法的時空背景。
❷佛陀的一天。從佛陀的日常生活展現六波羅蜜的要義。

【孔茲．梵版英譯】

Thus have I heard at one time. The Lord dwelt at Sravasti, in the Jeta Grove, in the garden of Anathapindika, together with a large gathering of monks, consisting of 1,250 monks, and with many Bodhisattvas, great beings（此處在場者還有許多菩薩，是鳩摩羅什漢譯版所沒有記載的）. Early in the morning the Lord dressed, put on his cloak, took his bowl, and entered the great city of Sravasti to collect alms. When he had eaten and returned from his round, the Lord put away his bowl and cloak, washed his feet, and sat down on the seat arranged for him, crossing his legs, holding his body upright, and mindfully fixing his attention in front of him.（敷座而坐） Then many monks approached to where the Lord was, saluted his feet with their heads, thrice walked round him to the right, and sat down on one side.

註：本書的《金剛經》英譯文是由孔茲(E. Conze)由梵文版《金剛經》直接翻譯成英文。

關鍵詞彙

【世尊】梵語 Lokanatha 或 Bhagavat

❶是佛陀的尊號之一。

❷意思是「世間」及「出世間」共同尊重的人，所以稱「世尊」。

【佛】梵語 Bubdha

❶佛陀一詞是梵語Bubdha的音譯，一般簡稱為「佛」。

❷佛教指證悟宇宙真理、解脫一切煩惱的人為「佛陀」。

【阿難】梵語 Ananda

❶阿難是阿難陀（Ananda）的略稱。阿難陀，梵語意思是「歡喜、慶喜」。

❷傳說他是印度國王斛（ㄏㄨˊ）飯王的兒子，他也是釋迦牟尼佛的堂弟。

❸阿難跟隨且侍從釋迦牟尼長達二十五年，是佛陀的十大弟子之一，擁有「多聞第一」的美名。在《增一阿含經三》裡寫著：「我聲聞中，第一比丘，知時明物，所至無疑，所憶不忘，多聞廣遠，堪忍奉上，所謂阿難比丘是。」即是說明阿難超強記憶與多聞廣見的特殊資質。

【舍衛國】梵語 Shravasti

❶舍衛，梵語的意思是「聞物、豐德、好道」，所以舍衛國又稱「聞物國」。

❷舍衛國（Shravasti）是印度古代城邦國家憍薩羅國（Kosala）的首都，所以該國也稱舍衛國。

Shravasti
意譯：聞物
音譯：舍衛

【祇樹給孤獨園】梵語 Anathapindika's Park

❶祇樹給孤獨園（Anathapindika's Park）是佛陀當年在舍衛城城外居住與說法的地方，也是《金剛經》的說法地點。

❷「園」是給孤獨長者須達多（Sudatta）發心修蓋供養的，「樹」是波斯匿王王子祇陀（Geta）奉施的，故稱祇樹給孤獨園。

祇樹給孤獨園的故事

那時，佛陀四處教導大眾，也越來越多的學生跟隨佛陀修行，但沒有固定的住處。當時有位仁慈的富翁，稱「給孤獨長者」，他想建一間寺院，送給佛陀和他的弟子。長者發現祇陀太子的花園很合適，但是太子卻說：「只要你用黃金把整座園林的地鋪滿，我就賣給你。」原來，太子不想賣又不好意思拒絕，所以就想了一個讓長者知難而退的方法，沒想到長者真的運來一車又一車的黃金……。太子看了很感動，不但答應賣園林，還把園裡的樹木送給佛陀。房子蓋好了，佛陀因祇陀太子與給孤獨長者捐贈的因緣取名為「祇樹給孤獨園」。此處，便成為佛陀說法以及僧人居住的寺院之一。

分析 1 誰來參加了金剛經這場盛會？

如是我聞。一時，佛在舍衛國祇樹給孤獨園，與大比丘眾千二百五十人俱。

《金剛經》一開始立刻說明這場法會的因由，包括這次法會的記錄者、說法者，以及法會當時所在的地點、時間和參加的人。

「如我是聞」的「我」是指佛陀的弟子阿難，他是這場法會的記錄者，阿難是佛陀的十大弟子之一，跟隨佛陀並服侍他長達二十五年，記憶力超強，人稱「多聞第一」。**我們現在所讀的佛經大多是經由他口述背誦而流傳下來的**。這次的說法者是釋迦牟尼佛，而參加者有一千二百五十位平日追隨佛陀聽法的常隨眾。

◉大比丘眾千二百五十人是哪些人？

大比丘眾千二百五十人，是指追隨佛陀聽法的常隨眾。首先佛陀在鹿野苑首次度化憍陳如等五比丘，接著又有富家子弟耶舍與其親友等五十多人隨佛出家。當拜火教領袖迦葉三兄弟（樓頻螺迦葉、伽耶迦葉、那提迦葉）率領他的徒眾跟隨佛陀出家，一下子就多了一千多眾了。而王舍城的舍利弗、目犍連，又帶了二百五十弟子來出家，於是佛的初期出家弟子，總計約一千二百五十人了。這些佛陀的弟子他們最初修持外道法門，均徒勞無功無法獲得解脫，直到遇見佛陀才證得聖果。

◉在場的還有「四眾」和「三善道」

其實，到了《金剛經》的結尾第32分，可以看見參加的人不只這樣，經文這麼說：「佛說是經已，長老須菩提，及諸比丘、比丘尼、優婆塞、優婆夷，一切世間天、人、阿修羅，聞佛所說，皆大歡喜，信受奉行。」原來在現場的還有四眾（比丘、比丘尼、優婆塞與優婆夷）與三善道（天、人、阿修羅）。他們在聽聞佛所說之後，皆大歡喜，信受奉行，依照佛所說的，去修行金剛般若波羅蜜。

如是我❶聞。一時，佛❷在舍衛國祇樹給孤獨園，與大比丘眾千二百五十人❸俱。(第1分)

佛說是經已，長老須菩提，及諸比丘、比丘尼、優婆塞、優婆夷❹，一切世間天、人、阿修羅❺，聞佛所說，皆大歡喜，信受奉行。(第32分)

❶ 我：記錄者阿難
❷ 佛：主講者釋迦牟尼佛
❸ 大比丘眾千二百五十人：現場聆聽《金剛經》的人
❹ 諸比丘、比丘尼、優婆塞、優婆夷：即「四眾」
❺ 天、人、阿修羅：即「三善道」

次序	關鍵人物	人數
1	憍陳如等五比丘	5 人
2	富家子弟耶舍與其親友	50 人
3	拜火教迦葉三兄弟與其弟子	1000 人
4	舍利弗、目犍連與其弟子	250 人
	大比丘眾總計	約 1250 人

怎麼算來算去都不只1250人呢？

◎四眾

比丘：出家受具足戒者的男眾

比丘尼：出家受具足戒者的女眾

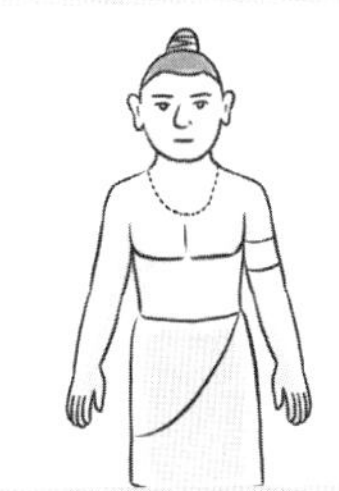

優婆塞：在家親近奉事三寶和受持五戒的男居士

優婆夷：在家親近奉事三寶和受持五戒的女居士

◎三善道

天：天神，因著過去世的行善業力，享有最勝妙的果報。

人：人類

阿修羅：又稱做「非天」，性嫉妒好鬥，時常與天人征戰。

在孔茲的英譯本以及義淨譯本裡，參加者除了這一千二百五十位大比丘眾之外，還有大菩薩眾呢！

分析2 佛陀的一日生活

爾時，世尊食時，著衣持缽，入舍衛大城乞食。於其城中，次第乞已，還至本處。飯食訖，收衣缽，洗足已，敷座而坐。

佛法的修行本是簡單平凡的，《金剛經》在這單元，清楚描述了佛陀一天單純的生活。

◉在日常生活中實踐六波羅蜜

當化緣乞食的時間一到，佛陀披上袈裟，開始進行平等乞食，直到洗淨腳足為止，在一天當中完整地逐一完成「六波羅蜜」的修習。

「六波羅蜜」是佛教從「生死苦惱此岸」得度到「涅槃安樂彼岸」的六種法門，特別是菩薩乘修行人的修行路徑，它們是布施、持戒、忍辱、精進、禪定與般若。**這些簡單平淡的生活，就如同凡常人吃飯、洗澡、睡覺，但卻能自然展現出般若智慧（prajna）的妙用。**

經文中又說「洗足已，敷座而坐」，為何要洗腳？這是因為佛陀當時入城乞食是赤足行腳，路上來回，難免沾染塵埃，所以上座前需要洗足。而「敷座而坐」，並非閒閒坐著發呆，而是敷設座位，端身正坐，這是為了修習「止觀」的功課，也就是禪定波羅蜜（dhyana）的準備，修習「離諸邪亂，攝心不散」的境界。

順序	程序	意義	六波羅蜜
1	乞食的時間到	日中一食	
2	佛陀披上袈裟 拿著缽具	規律素淨的生活	如同持戒波羅蜜 (sila)
3	大家一起到 舍衛城去化緣	讓眾生得以接觸佛法	如同布施波羅蜜 (dana)
4	依乞食的次第 不分貧富貴賤化緣 最多七家	缽空缽滿都需接受	如同忍辱波羅蜜 (ksanti)
5	返回居所		
6	吃飯		
7	把衣缽收拾起來	肅穆完成 整個乞食過程	如同精進波羅蜜 (virya)
8	洗淨腳	入城乞食是赤足的 腳會不乾淨	
9	敷好座位 準備禪定靜坐	禪定冥想的開始	如同禪定波羅蜜多 (dhyana)
10	完成一天的生活	圓滿的一天	如同般若波羅蜜多 (prajna)

佛陀一日的生活和「六波羅蜜」的對應關係只是一種提醒喔，其實每一種行持都可以完整包含六種波羅蜜的修行。這裡告訴大家：在我們日常生活中無處不可實踐「六波羅蜜」呢！

分析3 乞食的規矩與原始意義

「次第乞」一詞，這是什麼樣的規矩呢？這個規定是乞食時要以**平等心次第行乞**，最多不得超過七家。在這過程中不可有分別心，既不可棄貧從富，也不可捨富就貧。乞食所得，回歸本處，還要作三種分享：一分施與貧病的人，一分施給水陸眾生，然後與同行者平均分食。根據星雲大師的解釋，乞食的原始意義有二：❶自利，為杜絕俗事，方便修道。❷利他，為饒益世人，給予眾生種植福田的機會。

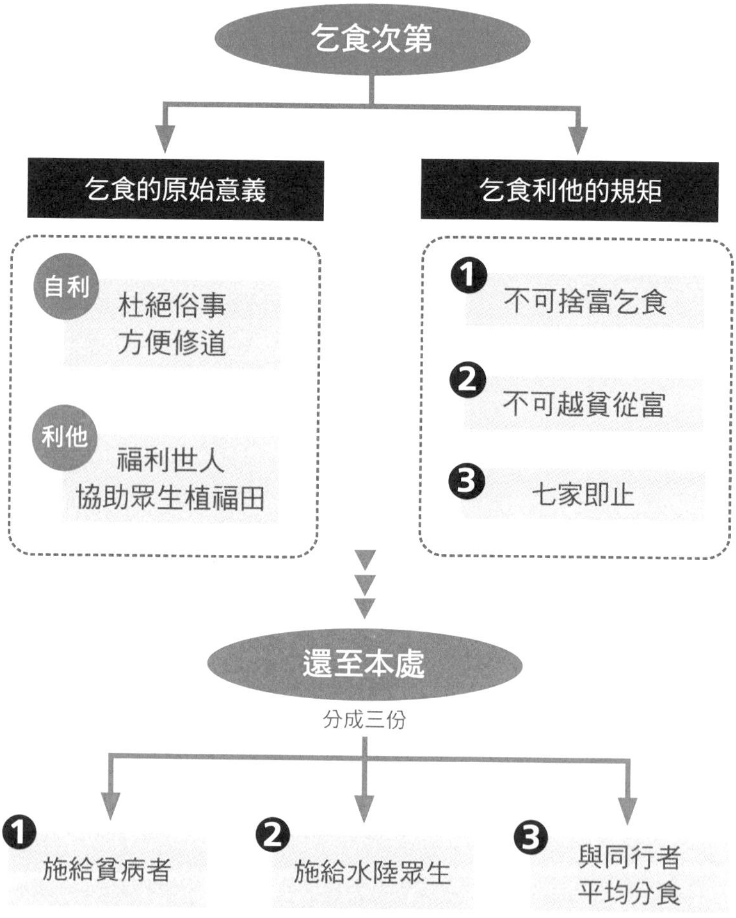

分析4 《金剛經》裡的佛與世尊，分別是誰？

《金剛經》經常在同一段落出現「世尊」與「佛」兩種不同的稱謂，都是直指釋迦牟尼一人，並非其他成佛者。當經中採用「世尊」一詞時，應該是強調釋迦牟尼是位深受世間、出世間尊重的人；而採用「佛陀」一詞時，則可能是強調「覺知者」的意義，以此說明釋迦牟尼是位證悟宇宙真理、覺行圓滿的偉大聖者。

◉**世尊**

世尊（梵語Lokanatha或Bhagavat）是佛陀的尊號之一，意為世間及出世間共同尊重的人。世間是生死輪迴的世界，出世間則是脫離輪迴的涅槃境界，佛教的修行者終其一生致力於由**生死輪迴的世界**度到**脫離輪迴的涅槃境界**。該詞在鳩摩羅什版《金剛經》裡，共出現52次。

◉**佛**

佛是佛陀（Bubdha）的略稱，意思是「**覺知者**」。在佛教中，凡是能證悟宇宙真理、解脫一切煩惱的人，即可稱為佛陀，因此佛經裡有三世諸佛、過去七佛等等，當然包括佛教的創始人物釋迦牟尼。而在《金剛經》裡共出現43次的佛，特指釋迦牟尼這位成佛者，而非其他宇宙諸佛。

世尊
意思是世間（生死輪迴世界）及出世間（涅槃境界）共同尊重的人。

佛
是佛陀的略稱，意思是「覺知者」。凡是能證悟宇宙真理，解脫一切煩惱的人都是佛陀。但在此經特指釋迦牟尼佛。

善現啟請分

「善現」就是指佛弟子須菩提

時，長老須菩提在大眾中即從座起，偏袒右肩，右膝著地，合掌恭敬而白稟白、稟告佛言：「希有！世尊！如來善護念愛護顧念諸菩薩，善付囑教導付囑諸菩薩。世尊！善男子、善女人，發阿耨多羅三藐三菩提心發大乘菩薩心，應云何住應如何安住？云何降伏其心如何降伏攀緣的妄心？」佛言：「善哉，善哉！須菩提！如汝所說：如來善護念諸菩薩，善付囑諸菩薩。汝今諦聽，當為汝說：善男子、善女人，發阿耨多羅三藐三菩提心，應如是此住，如是降伏其心。」「唯然。世尊！願樂欲聞。」

關鍵詞彙

【如來】、【長老】、
【須菩提】、【菩薩】、
【阿耨多羅三藐三菩提心】

關鍵內容

長老須菩提發問了一個《金剛經》最關鍵的問題：「善男子、善女人，發阿耨多羅三藐三菩提心，應云何住？云何降伏其心？」

➡佛陀答應解答這個問題。

➡須菩提恭敬表達樂意聽聞。

【白話翻譯】

那時候，大比丘眾中，有一位長老叫做須菩提，從自己的座位上站了起來。他披著袈裟，偏袒右肩，走到佛陀的面前，右膝跪地，合起手掌，恭恭敬敬地向佛陀稟白，請求開示：「希有的世尊！如來您向來善於護持顧念諸菩薩眾，而且善於教導叮囑諸菩薩眾。世尊！世間的善男子、善女人，如果想要發心追求無上正等正覺（注意！此處在梵文版《金剛經》是 bodhisattva-yana-samprasthitena，意思是「發菩薩乘心」)，如何才能使發起的菩提心安住？要怎樣做才能降伏妄想的心？」

佛陀說：「問得好！問得好！須菩提！就像你所說的，如來向來善於護持諸菩薩們，而且善於付囑諸菩薩們。你現在就用心注意聽，我要為你們解說：善男子、善女人發起無上正等正覺（此處同上，在梵文版《金剛經》的意思是「發菩薩乘心」)，應該這樣安住不退失，應該這樣降伏自己的妄心。」須菩提說：「是的！世尊！我非常樂意好好仔細聽。」

【孔茲．梵版英譯】

At that time the Venerable Subhuti came to that assembly, and sat down. Then he rose from his seat, put his upper robe over one shoulder, placed his right knee on the ground, bent forth his folded hands towards the Lord (佛陀十號之一「世尊」), and said to the Lord: 'It is wonderful O Lord, it is exceedingly wonderful, O Well-Gone(佛陀十號之一「善逝」), how much the Bodhisattvas, the great beings, have been helped with the greatest help by the Tathagata(如來善護念諸菩薩，善付囑諸菩薩), the Arhat, the Fully Enlightened One. It is wonderful, O Lord, how much the Bodhisattvas, the great beings, have been favoured with the highest favour by the Tathagata(佛陀十號之一「如來」), the Arhat(佛陀十號之一「應供」), the Fully Enlightened One(佛陀十號之一「正遍知」). How then, O Lord, should a son or daughter of good family, who have set out in the Bodhisattva-vehicle, stand, how progress, how control their thoughts(發阿耨多羅三藐三菩提心，應云何住？云何降伏其心？)?'

After these words the Lord said to the Venerable Subhuti: 'Well said, well said, Subhuti! So it is, Subhuti, so it is, as you say! The Tathagata, Subhuti, has helped the Bodhisattvas, the great beings with the greatest help, and he has favoured them with the highest favour. Therefore, 'Subhuti, listen well, and attentively! I will teach you how those who have set out in the Bodhisattva vehicle (梵文是bodhisattva-yana-samprasthitena，發菩薩乘心) should stand, how progress, how control their thoughts.' 'So be it, O Lord', replied the Venerable Subhuti and listened.

關鍵詞彙

【如來】梵語 Tathagata

❶有時音譯為「多陀阿伽陀」，是佛陀的十種名號之一。

❷意謂「像過去諸佛那樣的來，那樣的去」。

【長老】

❶長老一詞是尊稱「年高德卲的比丘」。

❷佛陀的弟子除了須菩提之外，還有舍利弗、目犍連也被冠上「長老」的敬語。

【須菩提】梵語 Subhuti

❶ Subhuti，梵語的意思是「善現，善吉，善業」。

❷有時音譯為須浮帝、須扶提、蘇補底、蘇部底。

❸須菩提是優秀的佛陀弟子，對空性的理解超乎同時的其他弟子，所以世尊在世時曾讓他代為解說般若的空理，被稱為「解空第一」。關於須菩提的介紹請詳見本書第42頁。

【菩薩】梵語 Bodhisattva

❶菩薩是菩提薩埵（Bodhisattva）的簡稱。

❷「菩提」意思是「覺」（enlighten），薩埵（sattva）是有生命、情感、本質之意，譯為「有情」或「眾生」。

❸兩字合併成「覺有情」，意思是「具有覺悟本質的眾生」。

Bodhi **sattva**

覺悟　　有情或眾生

合譯：具有覺悟本質的眾生

音譯：菩提薩埵

簡稱：菩提

【阿耨多羅三藐三菩提心】梵語 Annutara-samyak-sambodhi

❶阿耨（ㄋㄡˋ）多羅（Annutara）的意思是無上（unexcelled）。三藐（samyak）是完全地、徹底地、正確地。三菩提（sambodhi）意思是正等菩提。

❷三個字詞合起來的意思是「無上正等正覺」或「無上正遍覺」。

❸音譯為「阿耨多羅三藐三菩提」。

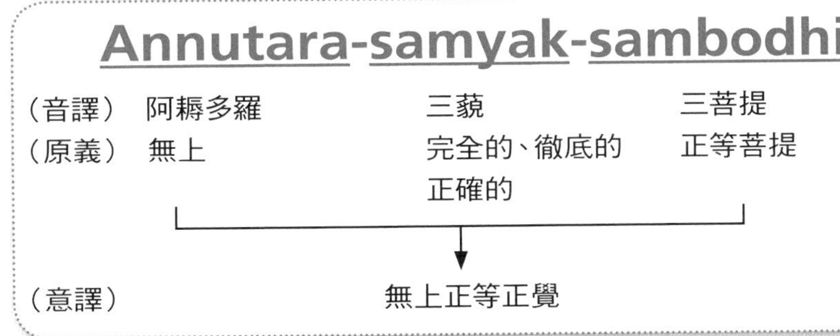

分析1 善現啟請分的「善現」是指誰？

「善現啟請分」的善現，就是指「解空第一」的須菩提，本單元由長老須菩提首度發問。長老「須菩提」梵語Subhuti，是「善現、善吉、善業」，所以由須菩提祈請世尊說法的這個單元，梁朝昭明太子就稱為「善現啟請分」。

須菩提的問題是：「善男子、善女人，發阿耨多羅三藐三菩提心，應云何住？云何降伏其心？」這是個大哉問，是這場法會的起因，這一問便問出了整部《金剛經》。**因此第一分和第二分合起來，就是整本《金剛經》的序分（即序言）**，完整而清楚交待了法會的地點、時間、人物和事由。

《金剛經》裡的所有對話，其實是佛陀與須菩提兩人之間的問答。透過師徒兩人的談話，闡述空性的概念。他們二人的對話不外乎以下四種模式：

1	佛陀開示與提問	即佛陀說法，或是佛陀對須菩提提出問題
2	佛陀補充與解釋	依據須菩提的回答補充開示
3	須菩提的應答	回應佛陀提出的問題
4	須菩提開口提問	須菩提提出新的問題

閱讀《金剛經》，如果不先了解這四種模式，經常會弄不清楚話是誰說的。有時須菩提會重複佛陀的話（第三種模式），這時就有可能會讓人誤會佛陀連續解說兩次相同的開示。

分析2 佛陀有哪些稱號？

在此分裡，鳩摩羅什對於釋迦牟尼佛的稱號**總共有三種**：佛、世尊、如來。但在其他三個漢譯本和孔茲英譯本中，**卻出現六種稱號**：佛、世尊、如來、善逝、應供、正等覺。這些稱號都被列在「佛陀十號」裡面。

[真諦譯本]

……向佛合掌而白佛言：「希有世尊！如來應供正徧覺知，善護念諸菩薩摩訶薩，由無上利益故；善付囑諸菩薩摩訶薩，由無上教故。……

[玄奘譯本]

……合掌恭敬而白佛言：「希有！世尊！乃至如來、應、正等覺，能以最勝攝受，攝受諸菩薩摩訶薩……

[義淨譯本]

……合掌恭敬白佛言：「希有！世尊！希有！善逝。如來應正等覺，能以最勝利益，益諸菩薩；能以最勝付囑，囑諸菩薩。……

[孔茲英譯本]

共譯出了五種稱號：Lord（世尊）、Well-Gone（善逝）、Tathagata（如來）、Arhat（應供）、Fully Enlightened One（正遍知）。（詳見第195頁英文）

佛陀十號

佛陀十號的典故記載在《佛本行集經》、《阿含經》等等，以下我們以《阿含經》裡所談的十個稱號來說明它們的意義。同時，為了方便大家了解並記憶，我們把十個稱號分成下面三類屬性，給大家參考。

稱號	梵語	英譯解說	中譯解說	特徵
A. 描述佛陀「來、去」這個世界				
1 如來	Tathagata	Thus-Come	佛陀是乘著如實之道前來完成正覺者	稱此名號時，強調佛陀「如過去諸佛那樣如實依正法而來、去」的佛功德
5 善逝	Sugata	Well-Gone	佛陀自在好去，入於涅槃境界	稱此名號時，強調佛陀「自在入於涅槃」的佛功德
B. 說明佛陀「證悟真理」的非凡成就				
3正遍知	Samyak-sambuddha	Correctly Enlightened	佛陀真正遍知一切法	稱此名號時，強調佛陀「圓滿了知三世一切法之純正實相」的佛功德
7無上士	Anuttara	Unsurpassed	佛陀是無法超越之士	稱此名號時，強調佛陀「證諸法之中無上之涅槃，故眾生之中最為無上」的佛功德
4明行足	Vidya-carana-sampanna	Perfected in Wisdom and Action	佛陀具備圓滿的智慧與行持	稱此名號時，強調佛陀「圓滿俱足智慧與行持」的佛功德

此三類屬性不就是佛陀曾經所處的空間狀態：（A）來去涅槃境界（B）涅槃境界（C）輪迴世間等不同狀態的尊稱。

6世間解	Lokavid	Knower of the Secular World	佛陀能瞭解一切世間的事理	稱此名號時，強調佛陀「了知世間、出世間一切事理，能解一切世間結」的佛功德
C. 表達世間對佛陀的「恭敬尊重」				
2應供	Arhat	One who deserves offering	佛陀應受人天的供養	稱此名號時，強調佛陀「成等正覺，應受人、天供養，以成為眾生福田」的佛功德
8調御大夫	Purusadamya-saratha	The Tamer	佛陀是能調御修正道的大丈夫	稱此名號時，強調佛陀「善以種種方便調御行者修持正道」的佛功德
9天人師	Sastadevamanu syanam	Teacher of Gods and Men	佛陀是一切天、人的導師	稱此名號時，強調佛陀「圓滿證悟故堪為一切天、人之師範」的佛功德
10世尊（薄伽梵）	Bhagavan	World Honored One	世尊，意為佛陀是一切世人所共同尊重；薄伽梵，本意是「破魔」，能破煩惱魔、蘊魔、天魔、死魔等四魔	稱「世尊」名號時，強調佛陀「為一切世間、出世間所共同敬重」的佛功德；稱「薄伽梵」時，強調佛陀「破除四魔，出離煩惱生死」的的佛功德

分析3 《金剛經》的第一個提問是什麼？

「解空第一」的須菩提，是《金剛經》這場般若會上的提問者，他的慧眼看出佛陀在生活中顯現的般若妙趣。因此這位智者代表大眾，恭請佛陀說法，由提問「如何使菩提心常住不退？」、「如何降伏妄念之心？」展開金剛般若的法源，使一切世間無量的眾生，共同聆聽佛陀的開示，共同獲得解脫的機會。在這關鍵性的經句有兩個心，一個是發阿耨多羅三藐三菩提心，一個是妄見之心。前者要讓它安住不退讓，後者要讓它降伏不生起。

《金剛經》的第一個問題

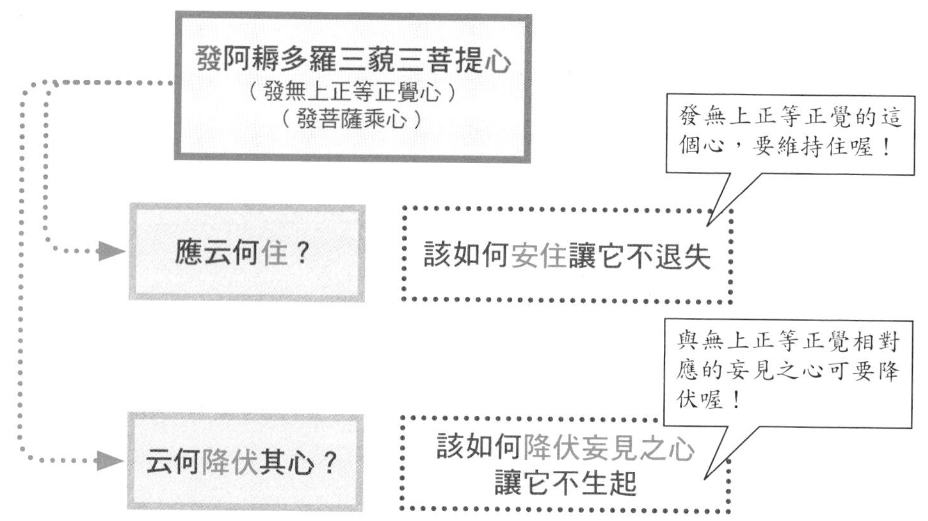

降伏其心

「降伏其心」意思是降伏妄想的妄心，這裡的「心」梵語是 cittam，意思是「思維的過程」或「思考的能力」，接近英文的 thought，而非 heart 或 mind。

「降伏其心」在孔茲的英譯版本是「管理、掌控其思考」（control their thoughts），而玄奘解釋成「攝伏其心」，「攝」這一字帶有「管理」的意思，由此看來孔茲與玄奘的譯法頗為相似。

分析4 「阿耨多羅三藐三菩提心」是什麼樣的心？

善男子、善女人，發阿耨多羅三藐三菩提心，應云何住？云何降伏其心？

此處的「阿耨多羅三藐三菩提心」是整個《金剛經》的核心概念，無論如何一定要先弄懂。

阿耨多羅三藐三菩提是梵語Annutara-samyak-sambodhi的音譯，在經典裡通常翻譯為「無上正等正覺」或「無上正遍覺」。這麼長的一句梵語，代表佛陀所覺悟的智慧是最正確、圓滿、至高無上的境界。（詳細解說請見第197頁關鍵詞彙。）

這裡要特別提出來探討的是：此處鳩摩羅什所譯的「發阿耨多羅三藐三菩提心」，在梵本的《金剛經》裡寫的是：Bodhisattva-yana-samprasthitena，意思是「發菩薩乘心」。而孔茲英譯本為set out in the Bodhisattva vehicle，也是發菩薩乘心的意思。

再看看其他三個漢譯本。真諦譯本譯為：「發阿耨多羅三藐三菩提心，行菩薩乘」；玄奘譯本譯為：「諸有發趣菩薩乘者」；義淨譯本則譯為：「若有發趣菩薩乘」。那麼，「阿耨多羅三藐三菩提心」等於「菩薩乘心」嗎？這兩者之間仍有細微的分別，請見第100頁的分析。

[鳩摩羅什]譯法
發阿耨多羅三藐三菩提心

[義淨]譯法
若有發趣菩薩乘

[真諦]譯法
發阿耨多羅三藐三菩提心，行菩薩乘

[孔茲]英譯
set out in the Bodhisattva vehicle

[玄奘]譯法
諸有發趣菩薩乘者

為什麼會這樣？「阿耨多羅三藐三菩提心=菩薩乘心」嗎？

大乘正宗分

佛經分成序分（序）、正宗分（主文）、流通分（結論）等三大部分，這裡開始正宗分（主文）。

佛告須菩提：「諸菩薩摩訶薩應如是降伏其心！所有一切眾生之類，若卵生、若胎生、若濕生在濕地孕育而生**、若化生**突然而生，例如天神鬼靈因為業力而生**；若有色**有物質形體的眾生**、若無色**沒有物質形體者**；若有想**感知能力**、若無想、若非有想非無想，我皆令入無餘涅槃而滅度之。如是滅度無量無數無邊眾生，實無眾生得滅度者。何以故？須菩提！若菩薩有我相**自我的相狀**、人相**他人的相狀**、眾生相**眾生的相狀**、壽者相**一期壽命的相狀**，即非菩薩。」**

關鍵詞彙

【相】、【想】、【四生】、【有色、無色】、【有想、無想】、【非有想、非無想】、【無餘涅槃】【我相、人相、眾生相、壽者相】

關鍵內容

❶佛陀說明了眾生的不同形式，並且解釋如何「降伏其心」。眾生的形式包括：

1.四生（卵、胎、濕、化）

2.有無形色（有色、無色）

3.有無意識（有想、無想、非有想非無想）。

❷佛陀回答「降伏其心的方法」是：滅度眾生，但是沒有眾生可滅度的念頭。

❸如有四相的分別概念，就不是真正的菩薩。

【白話翻譯】

佛陀告訴須菩提：「諸位菩薩、大菩薩們，應該如此降伏自己的妄心。宇宙間所有一切眾生的類別很多，像卵生的、胎生的、濕生的、化生的；有色的、無色的；有想的（有感官意識）、無想的（無感官意識），非有想、非無想，我都將他們救度到無餘涅槃的彼岸去。像這樣地去滅度（滅除煩惱，從輪迴中度脫出來）無數、無量、無邊的眾生，但實際上並沒有任何眾生得到滅度。

為什麼要說實無任何眾生獲得滅度呢？須菩提！如果菩薩還有『我度化眾生』的念頭，即證明他的四相未除，包括認為有自我的相狀、他人的相狀、眾生的相狀，執著於一期壽命的相狀，這四相未除，如此就不能稱為菩薩。」

【孔茲．梵版英譯】

The Lord said: Here, Subhuti, someone who has set out in the vehicle of a Bodhisattva should produce a thought in this manner(此處鳩摩羅什版的翻譯是：如是降伏其心，孔茲版的意思：如此生其心)：'As many beings as there are in the universe of beings(眾生), comprehended under the term "beings"—egg-born, born from a womb, moisture-born, or miraculously born(化生); with or without form; with perception(有想), without perception(無想), and with neither perception(非有想) nor non perception(非無想),—as far as any conceivable form of beings is conceived: all these I must lead to Nirvana, into that Realm of Nirvana which leaves nothing behind. And yet, although innumerable beings have thus been led to Nirvana, no being at all has been led to Nirvana.' And why? If in a Bodhisattva the notion (notion通常是指不正確的想法) of a 'being' should take place, he could not be called a 'Bodhi-being'. 'And why? He is not to be called a Bodhi-being, in whom the notion of a self or of a being should take place, or the notion of a living soul or of a person.'(若菩薩有我相、人相、眾生相、壽者相，即非菩薩)

關鍵詞彙

【相】梵語 samjna

❶「相」在中文的意思是容貌、外形、模樣，或心理上「執為實有」的著相感。

❷「相」這個字詞在梵語是samjna，孔茲譯為perception，意思是透過「感官意識」獲得資訊或知識，可以解釋成「感知能力」或「感知看法」。例如，以「視覺」或「聽覺」獲得的相貌，就是這種感知能力。

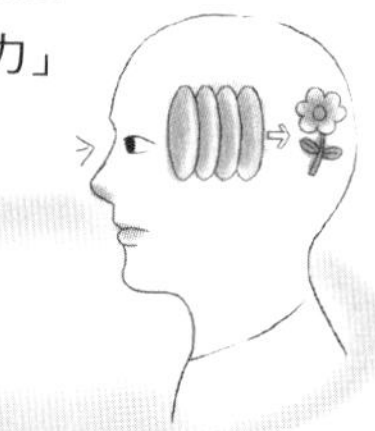

❸在本分文句中「若菩薩有我相、人相、眾生相、壽者相」的相，便是譯自梵語samjna。

samjna這個字太重要了，請每位讀者務必牢記在心！

【想】梵語 samjna

❶梵語samjna除了被譯成「相」之外，還可以譯成「想」，例如《心經》裡的「色、受、想、行、識」的「想」。這「想」的意思是透過感官（眼、耳、鼻、舌、身）所獲得的概念或相貌。

❷本段裡的「若有想、若無想、若非有想非無想」，也是譯自梵語samjna。

相與想

samjna一詞在漢譯佛典有不同的譯法，在《心經》被譯為「想」，在《金剛經》譯為「相」或「想」。就中文而言，「想」比「相」多了一個「心」，「想」強調「思索、思考與心念」的過程，而「相」則是這些過程之後形成的「相狀、外形或是模樣」。至於英譯版的《金剛經》與《心經》，孔茲都將samjna譯為perception，意思都是透過「感官意識」獲得資訊或知識，代表「感知能力」或「感知看法」。

【四生】

❶從眾生產生的方式來分類，共有四種：卵生、胎生、濕生、化生。

❷「化生」一詞最為特殊，是指「因業力成熟而忽然產生」。

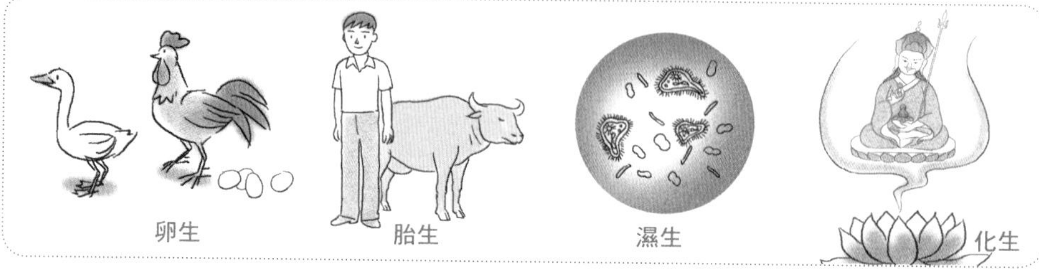

【有色、無色】

❶有色（with form），指有物質形體的眾生。

❷無色（without form），指沒有物質形體，但仍有心識存在的眾生。

【有想、無想】

依據感知能力（perception）的有無，分成有心念的眾生（有想）與沒有心念的眾生（無想）。

【非有想、非無想】

❶無色界中第四層天「非想、非非想處天」，是三界中的最高天。

❷般若思想專家孔茲的英譯版本分別寫著：neither perception和nor non-perception，翻譯成中文「不是有感知能力，也不是無感知能力」。

【無餘涅槃】梵語 nirupadhisesa-nirvana

❶二種涅槃之一，或稱「無餘依涅槃」。

❷肉身與心智寂滅的涅槃狀態。達到這種境界，已經沒有肉身，而且能夠出離「生死障」，不再有生死流轉的障礙。

【我相、人相、眾生相、壽者相】

❶我相、人相、眾生相、壽者相的分別相狀稱為「四相」。

❷我：梵語atman，一般英譯self，即執著於有一個我的存在。

❸人：梵語pudgala，此字難解，未有定論，四位中文譯師採用四種不同譯法，其中，玄奘認為沒有適當的中文字可表達，便直接採音譯「補特伽羅」。而孔茲英譯為person，這是指身體、人身、外表與容貌。

❹眾生相：梵語sattva，孔茲英譯為being，即「眾生」或是「有情」。

❺壽者相：梵語jiva，孔茲英譯為soul，大致的意思是指「一期的壽命」。

❻四相的詳細討論請見第116頁。

分析1 《金剛經》裡如何解釋「眾生」？

這個單元既關鍵而且重要，佛陀回答須菩提降伏其心的方法是：滅度眾生，但是心中沒有一絲絲眾生為自己所滅度的念頭。同時又說明若有四相的分別概念，即不是真正的菩薩。

此外，本單元裡也清楚闡釋了眾生的概念，先是說明❶眾生依據形

❶ 生命形式的方式

生命形式	說明
卵生	由卵體而生，例如鳥禽
胎生	由母體孕育而生，例如哺乳動物
濕生	濕地孕育，例如昆蟲
化生	突然而生或因業力而生，例如天神鬼靈、地獄或中陰世界的意識體

這四種生成方式叫做「四生」。

❷ 形體有無

形體	說明
有色	有物質形體的眾生，包括色界與欲界的眾生
無色	沒有物質形體，但仍有心識存在，指無色界眾生

成的類別，分為四生；接著是❷依物質形體有無，分成有形體和沒有形體兩種眾生；再來❸依據情識的有無，分成三種眾生。在此單元的最後，❹依據主客體的角度，分為四相。這些以不同的角度所做的分類法，完整說明佛教對眾生的看法。

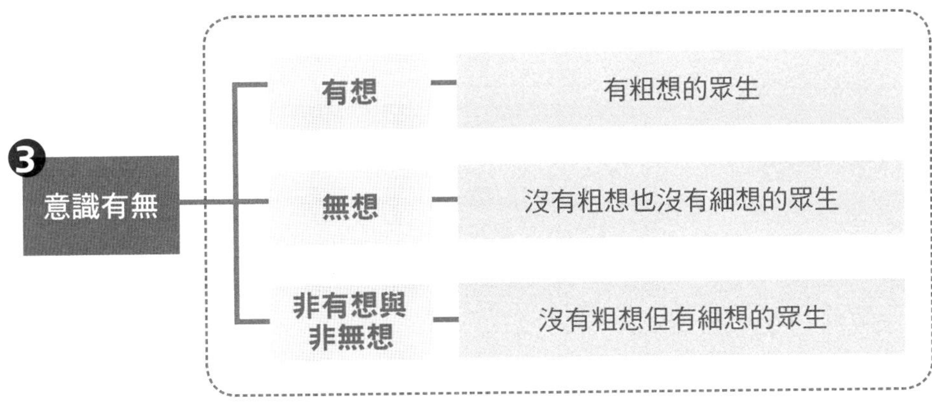

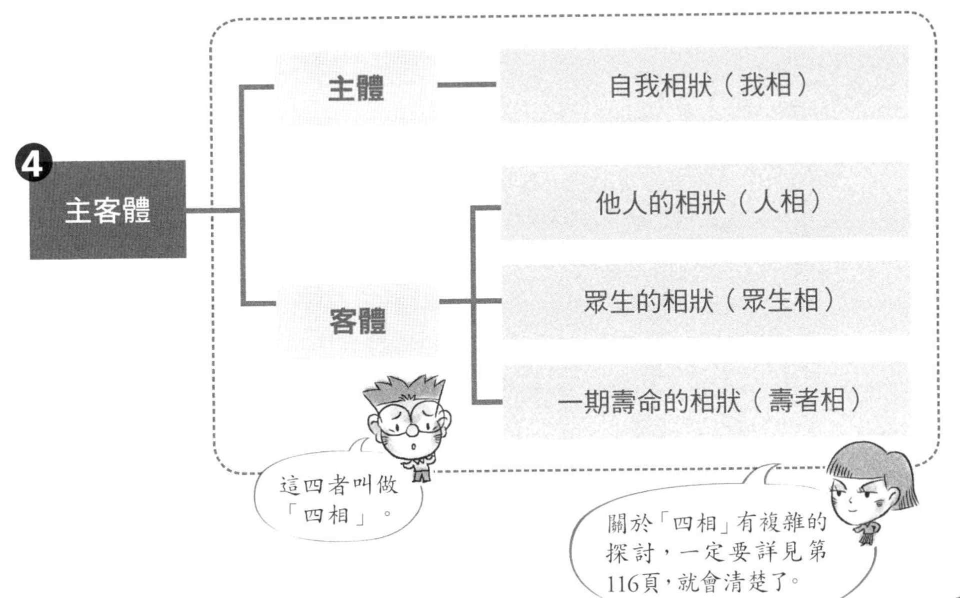

分析2 什麼是「無餘涅槃」的境界？

經中寫著「我皆令入無餘涅槃而滅度之」，這是諸菩薩摩訶薩「降伏其心」的重點之一，可說是《金剛經》精要中的精華。其概念簡單的說，就是要能夠致力於協助眾生入「無餘涅槃」的境界，這不但是菩薩的誓約（The Vow of a Bodhisattva），而且還是降伏其心的根本關鍵，孔茲認為如此偉大的誓約是菩薩修行歷程的第一個歷程（共有六個歷程，詳見〈附錄7：孔茲的金剛經結構分析〉。像菩

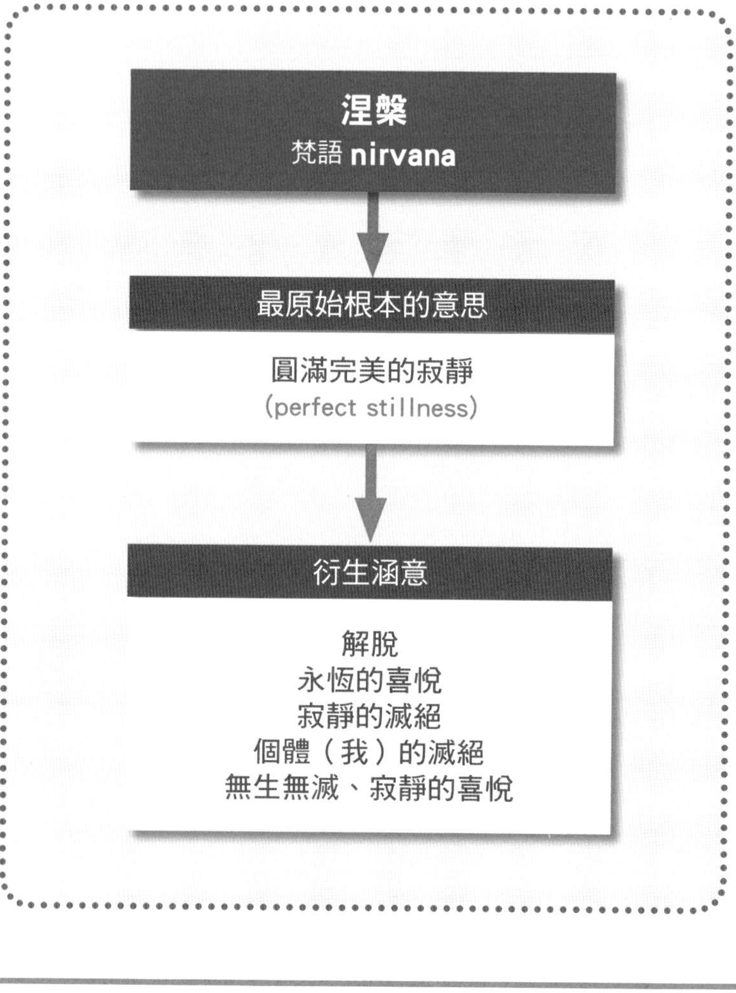

涅槃
梵語 **nirvana**

↓

最原始根本的意思

圓滿完美的寂靜
(perfect stillness)

↓

衍生涵意

解脫
永恆的喜悅
寂靜的滅絕
個體（我）的滅絕
無生無滅、寂靜的喜悅

薩這般的發心，雖然滅度無數、無量、無邊的眾生，卻沒有任何眾生為自己所滅度的念頭。

這裡所說的無餘涅槃，梵語nirupadhisesa-nirvana，是二涅槃（有餘涅槃與無餘涅槃）之一。無餘涅槃也稱為「無餘依涅槃」，這是身體與意識均已寂滅的涅槃境界，當達到這種境界，修行者已經沒有色身，而且解脫生死障礙。

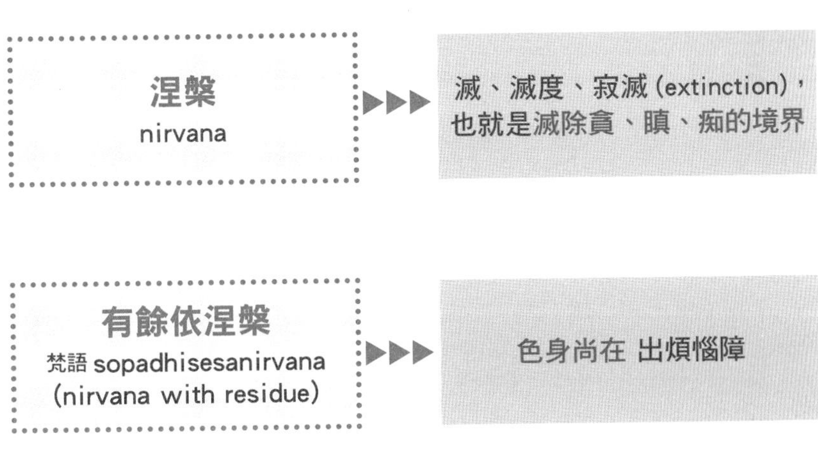

無餘依涅槃
梵語 nirupadhisesa-nirvana
(nirvana without residue)

▶▶▶ 沒有色身 出生死障

原來真正理想的涅槃境界是既要跳脫「煩惱障」，也要出「生死障」！

妙行無住分

「妙行」是殊勝奇妙的修行，
「無住」是不執著。

「復次，須菩提！菩薩於法宇宙的一切現象，應無所住執著，行於布施，所謂不住色布施，不住聲香味觸法布施。須菩提！菩薩應如是布施，不住於相。何以故？若菩薩不住相布施，其福德不可思量。」「須菩提！於意云何？東方虛空可思量不唸「ㄈㄡˇ」？」「不唸「ㄈㄡˇ」也，世尊！」「須菩提！南西北方四維東南、東北、西南、西北上下虛空可思量不？」「不也，世尊！」「須菩提！菩薩無住相布施，福德亦復如是不可思量。須菩提！菩薩但應如所教住。」

關鍵詞彙

【布施】、【六塵】、【虛空】、【福德】

關鍵內容

❶佛陀指導「布施」，提出以下五點：
- 菩薩於法應該：無所住，也就是無所執著。
- 菩薩於布施應該：不住色布施。
- 菩薩於布施應該：不住聲香味觸法布施。
- 菩薩於布施應該：不住於相。
- 菩薩於布施不住於相：則福德不可思量。

❷佛陀問須菩提一連串關於十方虛空是否可以思量的問題，來提醒須菩提：菩薩應該無相布施，如此菩薩的福德也將如十方虛空沒有邊際般的不可思量。佛陀的提問依序是：

1.東方虛空的空間是否可以思量其大小？
2.南北西方的虛空是否可以思量大小？
3.四維的虛空是否可以思量大小？
4.上下虛空是否可以思量大小？

- 須菩提的回答都是「不可！」

【白話翻譯】

佛陀說：「其次，須菩提！菩薩不僅不能執著於一切現象，就是布施時也不能有所執著。所謂『應無所住而行布施』，即是不執著於色相而行布施，亦不執著於聲相、香相、味相、觸相、法相（mind-objects）而行布施。須菩提！菩薩應該像這樣行布施，不執著於任何事物的外相。為什麼呢？須菩提！假若菩薩不執著於外相而布施，所得的福德是無法想像的多。」

佛陀問:「須菩提！你認為如何？東方的虛空，可以想像到有多大嗎？」須菩須回答：「不能，世尊！」

佛陀又問須菩提：「南、西、北方，以及四維和上方下方的虛空，可以想像有多大嗎？」須菩提回答：「不能，世尊！」

於是佛陀開示說：「須菩提！菩薩布施時不執著於任何事物的外相（孔茲此處英譯 without being supported by the notion of a sign），那他所得的福德的廣大，也是像十方虛空那樣的不可思量。須菩提！菩薩應當像我所說的那樣來安住自己的心念。」

【孔茲・梵版英譯】

Moreover, Subhuti, a Bodhisattva who gives a gift should not be supported by a thing, nor should he be supported anywhere（菩薩於法，應無所住，行於布施）. When he gives gifts he should not be supported by sight-objects, nor by sounds, smells, tastes, touchables, or mind-objects（法）. For, Subhuti, the Bodhisattva, the great being should give gifts in such a way that he is not supported by the notion of a sign（不住相布施）. And why? Because the heap of merit（福德） of that Bodhi-being, who unsupported gives a gift, is not easy to measure. What do you think, Subhuti, is the extent of space in the East easy to measure? Subhuti replied: No indeed, O Lord. The Lord asked: In like manner, is it easy to measure the extent of space in the South, West or North, downwards, upwards, in the intermediate directions, in all the ten directions all round? Subhuti replied: No indeed, O Lord. The Lord said: Even so the heap of merit of that Bodhibeing who unsupported gives a gift is not easy to measure. That is why, Subhuti, those who have set out in the Bodhisattva-vehicle, should give gifts without being supported by the notion of a sign.（無住相布施）

關鍵詞彙

【布施】梵語 dana

❶布施，有時音譯為「檀波」，是六波羅蜜之一，意為把自己所擁有的東西給予他人。

❷就布施的內容區分，包括：財物的施捨（財布施），佛法的施捨（法布施），及給予保護、安全感（無畏布施）。

財布施：給予財物

法布施：給予佛法

無畏布施：給予安全感

【六塵】梵語 gunas

❶此處的「塵」，梵語gunas，指「接觸的對象」。六塵，又稱六境，是指感官和心接觸的六種外在對象。

❷佛教將眼、耳、鼻、舌、身、意「內六根」接觸的對象，分成色、聲、香、味、觸、法「外六塵」。

❸「塵」字原有「染污」的意思，若任由眼、耳、鼻、舌、身、意六根，去追逐色、聲、香、味、觸、法六塵，執為實有，就會受染污而充滿煩惱。六塵的詳細討論請見第134頁。

【虛空】

❶浩瀚的宇宙空間的描述，虛無形質，空無障礙，故名虛空。

❷引申為周遍（all-pervading）、不動、無盡（infinite）、永恆等意義。

虛空 = 周遍（all-pervading）
= 不動
= 無盡（infinite）
= 永恆

【福德】梵語 punya skandhasya

❶梵文punya是福，skandhasya是聚，這二字鳩摩羅什譯為「福德」，玄奘譯為「福聚」或「福德聚」，而孔茲則譯為heap of merit。

❷在漢文佛學辭典裡，福德與功德是不同的。福德指外在物質層面的布施善行，功德指內在精神層面的修證佛性，兩者俱足才能成佛。但在《金剛經》的原始梵本中，其實並未刻意區分此兩者的差異。可詳見本書第146頁。

分析 1 菩薩應如何布施？

本單元的主題是「妙行無住」，這句話的意思是點出**心應無所住而行布施**。第一個核心的概念是菩薩於法應該無所「住」，也就是無所「執著」。第二個核心的概念是：菩薩於布施，既不可住於色布施，也不該住於聲、香、味、觸、法而行布施。這裡同時延伸出一個論點：菩薩行布施不住於相，如此福德將不思量。

菩薩於布施應有的態度
- 菩薩於法應無所住行於布施 → 菩薩不執著於一切現象而行布施

這裡的「法」意思是一切的現象。請注意《金剛經》「法」這一字，共有三種不同的意思。可詳見第126頁。

一連串的不執著
- 不住色布施 → 不執著於色相
- 不住聲香味觸法布施 → 不執著於聲相、香相、味相、觸相、法相
- 不住相布施 → 不執著於相狀的布施

如此獲得的福德
- 不可思量 → 如同十方虛空不可思量

十方：四方（東、西、南、北）、四維（東北、東南、西北、西南）、上、下。

所謂的福德是修人天善行所感得的福分，如果仔細讀鳩摩羅什譯版的《金剛經》，會發現經文有時說福德，有時又說功德，顯然在鳩摩羅什的看法裡，福德與功德是不同的。其差別在於：外修事功的有漏善是福德，內證佛性的無漏智才是功德。「漏」一字的意思是「煩惱」，有漏與無漏是有無煩惱的差異；福德（外）與功德（內）俱修俱足，才是出離生死苦海乃至成佛之道。

就此單元，星雲大師說：「有住與無住是相對的，有住就是住相，即是對諸法產生虛妄的分別概念，如果能不住相，就不為妄境所動；不為妄境所動，則不生不滅，如此清淨本然之體則可顯現而出。」

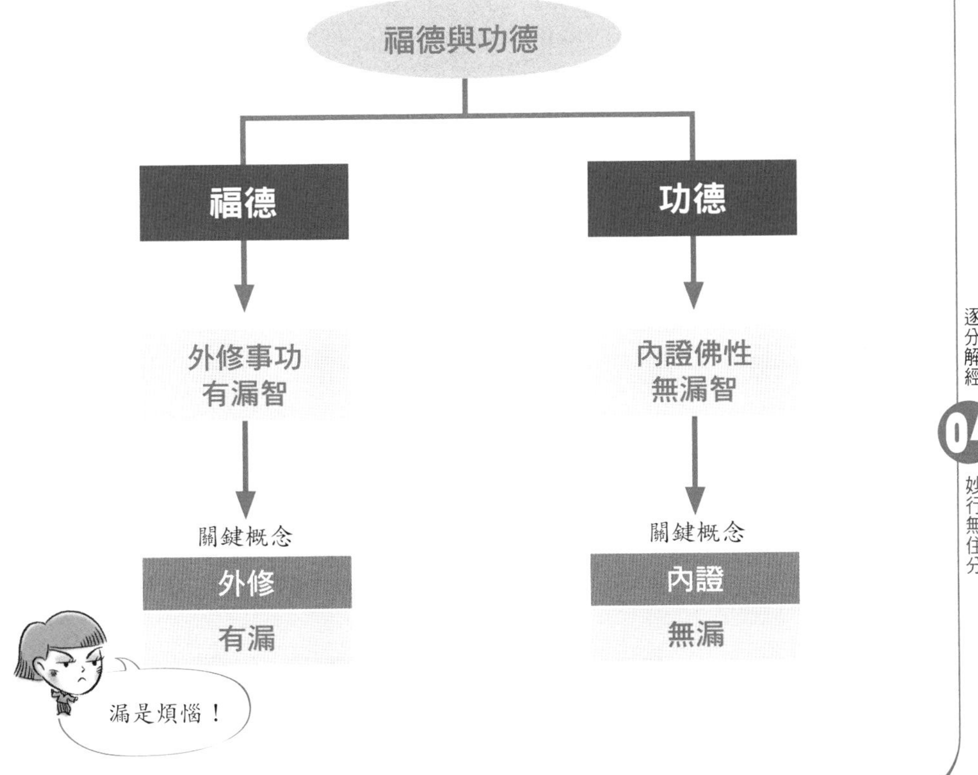

分析 2 何謂「不住相」布施？

復次，須菩提！菩薩於法，應無所住，行於布施，所謂不住色布施，不住聲香味觸法布施。須菩提！菩薩應如是布施，不住於相。何以故？若菩薩不住相布施，其福德不可思量。

「不住相」布施，簡單的說就是「不執著於相狀」的布施（is not supported by the notion of a sign）。布施是菩薩修行方法「六波羅蜜」之一。一般布施的初步概念是：以自己的財物，分施給別人；本單元深入談菩薩的「無住相布施」，這是指「不執著於外相的布施」。

◉ 菩薩的布施與一般人的布施有何不同？

於此單元，《金剛經》傳達的一個概念是：菩薩的布施與世俗人們的布施有所不同，所獲得的福德自然不可思量。一般人行布施是透過「六塵相」來行布施，六塵相包括色塵、聲塵、香塵、味塵、觸塵、法塵。塵者有「染污」之義，塵字代表能染污人們清淨的心靈，以致人的真性不能顯發。因此如果執著於六塵相，而行布施，這樣的布施是不夠清淨、有限制的。所以無相布施勝於有相的財寶布施。

六塵又稱「六境」，是說眼、耳、鼻、舌、身、意等六根所緣（接觸、遇合）的六種外境、外在對象。**「塵」強調污染的特質，「境」說明所接觸的外境、對象**。菩薩追求「無住相布施」，而一般世間人的布施，卻執著於色相、聲相、香相、味相、觸相與法相的「住相布施」。例如：公眾場合的講經說法，即涵蓋「聲相布施」與「法相布施」。意思是說先透過「聲塵」發出聲音，再借助「法塵」的符號語言文字，來傳達佛陀宣說的道理，雖然這已經是很不錯的「法布施」，但並非完全純淨無染，因為仍是「有相布施」。而菩薩行布施是追求無相的，既沒有我相、人相、眾生相、壽者相，也不執著色相、聲相、香相、味相、觸相、法相，這樣布施而獲得的福德，更是不可思量，究竟有多麼不可思量？《金剛經》以四維、十方一路延伸無盡的空間概念，來比喻其廣大無量。

六塵與布施

感知器官		外在環境		六相布施	不住相布施
六根	▶▶▶	六塵（六境）	▶▶▶	六相布施	不住相布施
眼根	▶▶▶	色塵	▶▶▶	執著於色相布施	《金剛經》裡先說：不住色布施
耳根	▶▶▶	聲塵	▶▶▶	聲相	《金剛經》裡再說：不住聲香味觸法布施
鼻根	▶▶▶	香塵	▶▶▶	香相	
舌根	▶▶▶	味塵	▶▶▶	味相	
身根	▶▶▶	觸塵	▶▶▶	觸相	
意根	▶▶▶	法塵	▶▶▶	法相	

不因欲求快樂而布施，
所以無相心布施的人是：
❶無能施之心，❷不見有施之物，❸不分別受施之人。

「塵」是說塵
埃污染了心

孔茲對本單元的看法

孔茲分析本單元的主題，是菩薩修行歷程中的第二個歷程：六度的實踐。六度是「度脱到彼岸的六個方法」，分別是：一布施，二持戒，三忍辱，四精進，五禪定，六般若。孔茲認為，本單元以布施的實踐，代表六度的實踐。

可詳見〈附錄7：孔茲的金剛經結構分析〉。

04

分析3 「虛空」是空間與時間概念的極致？

「須菩提！於意云何？東方虛空可思量不？」
「不也，世尊！」「須菩提！南西北方四維上下虛空可思量不？」
「不也，世尊！」「須菩提！菩薩無住相布施，福德亦復如是不可思量。須菩提！菩薩但應如所教住。」

倘使菩薩布施時不執著於任何事物的外相，那所獲得的福德之廣大，將如同十方虛空那樣的不可思量，這是本單元的另一個重點。

這個部分《金剛經》先呈現東方虛空的空間概念，接著延伸到南、西、北方，乃至於四維與上下虛空，如此來表達福德廣大的不可思量。四維是東南、西南、東北與西北；十方是東、西、南、北，再加上四維以及上、下；而虛空有周遍、不動、無盡、永恆的意義，既有空間、也有永恆的時間概念。所以「東南西北方四維上下虛空可思量不？」這句經不僅止於**天地之間的「空間概念」，也擴及歲月的「時間概念」，這代表菩薩無住相的福德是超越時空的限制，是完完全全不可思量的。**

虛空與菩薩布施的比喻

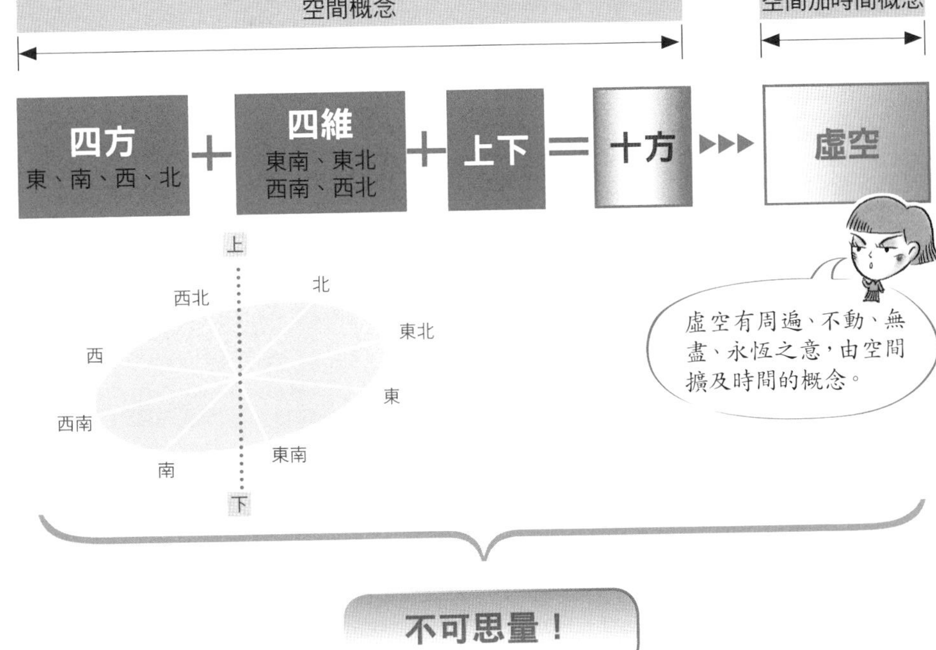

不可思量！

菩薩無住相行於布施

如理實見分

「如理」是無相之理，「實見」是實見到無相的法身如來。

「須菩提！於意云何？可以身相身體相貌見如來不？」「不也，世尊！不可以身相得見如來。何以故？如來所說身相，即非身相。」佛告須菩提：「凡所有相，皆是虛妄。若見諸相非相，即見如來。」

【白話翻譯】

佛陀問：「須菩提！你認為如何呢？可以透過如來的身體相貌來認識如來的真實本性嗎？」

須菩提回答：「不行，世尊！不可以用如來的身體相貌來認識如來的真實本性。為什麼呢？因為如來所說身體相貌，並非真實存在的身體相貌。」

佛陀接著告訴須菩提：「凡所有的一切諸相都是虛妄的，如果能體認一切諸相都不是真實的相狀，那麼即可認識如來的本性。」

關鍵內容

❶佛陀問須菩提：可否以身相認識如來的真實本性？
➲須菩提回答：不可以身相認識如來真實的本性。
➲須菩提又說：如來所說身相，即非身相。

❷佛陀再告訴須菩提：如何才是見到如來？
➲需知道所有的相狀都是虛妄的。
➲如果體悟一切相狀都是虛妄，則見如來。

【孔茲．梵版英譯】

The Lord continued: 'What do you think, Subhuti, can the Tathagata be seen by the possession of his marks（身相）?' Subhuti replied: 'No indeed, O Lord. And why? What has been taught（注意！現在完成式疑問句）by the Tathagata as the possession of marks, that is truly a no-possession of no-marks.' The Lord said: 'Wherever there is possession of marks, there is fraud, wherever there is no-possession of no-marks there is no fraud. Hence the Tathagata is to be seen from no marks as marks.'

分析 1 如何能見如來？

「須菩提！於意云何？可以身相見如來不？」「不也，世尊！不可以身相得見如來。何以故？如來所說身相，即非身相。」佛告須菩提：「凡所有相，皆是虛妄。若見諸相非相，即見如來。」

這個單元的核心概念是：不可以用如來的身體相貌，來認識如來的真實本性。

◉ 身相是暫時和合的現象

眾生的身相是四大（地大，指身體中堅硬的部分，如骨骼；水大，指流動的部分，如血液、體液；火大，指有熱能的部分，如體溫；風大，指有氣息的部分，如呼吸）假合的色身幻相。所謂「假合」，在英文裡有很直接的解釋是a provisional combination，是暫時的結合，或臨時的結合。所以中文裡的「假」，此處不是強調真假，而是「暫時」的意思，是指凡是因緣和合而產生的一切事物，有合的時候，就有散的時候，所以說它是假合，只是「**暫時和合的現象**」。
身相也是因緣條件暫時和合的，也是隨著因緣生滅，虛妄不實的，並非真實永存。**連「如來的身相」也是如此，所以經中說「不可以身相得見如來」**，如果執著如來的身相，就無法真正見到如來。

◉ 星雲大師和孔茲的分析

本單元「如理實見分」，星雲大師做了以下的解釋，他說：「若能了達凡是所有一切造作遷流變化的種種相，都是因緣生法，因緣會遇而生，因緣離散而滅，如幻如化，虛妄不實，求其實了不可得，那麼當體即契無相之理，就可見到無相的法身如來。」所以《金剛經》說：「凡所有相，皆是虛妄。若見諸相非相，即見如來」。星雲大師解釋的「理」與「見」，說明了昭明太子為何將此分定名為「如理實見分」。

同樣地，孔茲的分析也是非常接近的，他認為本單元是菩薩修行歷程（Bodhisattva's carreer）中的第三個歷程（可詳見〈附錄7：孔茲的金剛經結構分析〉），是對成佛狀態（如來的真實本性）與三十二相更接近真實的體會，這種理解即是「不可以身相得見如來」。

以身相見如來的結果

認識	經文	說明	結果
認識1	不可以身相見如來	肉眼看到的如來是虛幻的身相。	虛妄
認識2	如來所說身相即非身相	如來所說身體相貌並非真實存在的身體相貌。	虛妄
認識3	凡所有相皆是虛妄	所有的一切諸相也都是虛妄的。	虛妄
認識4	若見諸相非相即見如來	如果能體認所有一切諸相都不是真實的相狀，那麼即可認識如來的本性。	正確體悟

正信希有分

聽聞般若正法可生「正信」，不過能夠生淨信者實在是很「希有」的。

須菩提白稟白，稟告佛言：「世尊！頗有眾生，得聞如是言說章句，生實信不？」佛告須菩提：「莫作是說。如來滅後，後五百歲佛滅後第五個五百年，即「末法時期」，有持戒修福者，於此章句能生信心，以此為實，當知是人不於一佛二佛三四五佛而種善根，已於無量千萬佛所種諸善根，聞是章句，乃至一念生淨信者，須菩提！如來悉知悉見，是諸眾生得如是無量福德。何以故？是諸眾生無復我相自我的相狀、人相他人的相狀、眾生相眾生的相狀、壽者相一期壽命的相狀。無法相一切存在現象的相狀，亦無非法相否定一切存在現象的相狀。何以故？是諸眾生若心取相內心執取有相的念頭在，即為著我、人、眾生、壽者。若取法相，即著我、人、眾生、壽者。何以故？若取非法相，即著我、人、眾生、壽者，是故不應取法，不應取非法。以是此義故，如來常說：汝等比丘，知我說法，如筏喻佛法如同渡河的竹筏，到了涅槃彼岸之後，就應當放下。者，法一切存在現象尚應捨，何況非法否定一切存在現象。

關鍵詞彙

【取法相、取非法相、不應取法、不應取非法】、【說法】、【筏喻】

關鍵內容

❶須菩提問：眾生聽聞此章句，是否相信？

➡佛陀提醒須菩提千萬不要如此質疑。

❷佛陀讚言佛滅後，後五百歲持戒修福者的境界：

1.聞此章句能生信心。

2.這些人早在無量千萬佛處種下善根。

3.聞此章句，或是一念生淨信者，可得無量福德。

❸佛陀並且說明這類眾生的境界：不再有四相的分別概念。

➡佛陀說上述眾生的境界已經達到：無法相，亦無非法相。

❹佛陀開示：若心取相，則是執著於四相。

1.佛陀說「若取法相」：則是執著四相。

2.佛陀說「若取非法相」：還是執著四相。

3.正確的態度應該是：不應取法，不應取非法。

❺佛陀告訴比丘筏喻的故事。

【白話翻譯】

須菩提稟白佛陀：「世尊！如果後世有眾生聽到這些言語章句，能否因此而產生正確無疑的信心？」

佛陀告訴須菩提：「不要這樣說，在如來入滅以後的第五個五百年，凡能持戒修福的人，必能由此章句生信心，而且以此為真。應當知道，持戒修福的這些人，不僅於一、兩尊佛，乃至於三佛、四佛或五佛之處均種下善根，而且早在無量千萬諸佛那裡就種下諸多善根，因此聽了這些章句，僅在一念之中即可產生純淨的信念。須菩提！如來完全確知、也完全確見這些眾生將會得到無量福德。

為什麼這麼說呢？因為他們已經沒有自我的相狀、他人的相狀、眾生的相狀與一期壽命的相狀等分別概念。如此不執著於一切存在現象的相狀（無法相），也不執著於否定一切存在現象的相狀（亦無非法相）。為什麼呢？如果此眾生內心有『相』的念頭（若心取相），那就是執著於自我、他人、眾生與追求一期壽命者。

倘若執著於一切現象的相狀，那就等於執著於自我、他人、眾生與追求一期壽命者。為什麼呢？這是因為如果執取於否定一切現象的相狀，也等同於執著於自我、他人、眾生、追求一期壽命者，兩者並沒有差別。所以不該執著於一切現象，也不應該執著於否定一切現象。因為是這個道理，所以如來常說：『你們諸位比丘大眾啊，知道我所說的法，就如同渡河的竹筏，到了涅槃彼岸之後就應當放下，所以說，不僅一切存在現象（法）應捨棄，而否定一切現象（非法）更不應該執著。』」

【孔茲・梵版英譯】

Subhuti asked: Will there be any beings in the future period, in the last time, in the last epoch, in the last 500 years, at the time of the collapse of the good doctrine who, when these words of the Sutra are being taught, will understand their truth（得聞如是言說章句，生實信不）？—The Lord replied: Do not speak thus, Subhuti! Yes, even then there will be such beings. For even at that time, Subhuti, there will be Bodhisattvas who are gifted with good conduct, gifted with virtuous qualities, gifted with wisdom, and who, when these words of the Sutra are being taught, will understand their truth. And these Bodhisattvas, Subhuti, will not be such as have honoured only one single Buddha, nor such as have planted their roots of merit under one single Buddha only. On the contrary, Subhuti, those Bodhisattvas who, when these words of the Sutra are being taught, will find even one single thought of serene faith（一念生淨信）, they will be such as have honoured many hundreds of thousands of Buddhas, such as have planted their roots of merit under many hundreds of thousands of Buddhas. Known they are, Subhuti, to the Tathagata through his Buddha cognition, seen they are, Subhuti, by the Tathagata with his Buddha-eye, fully known they are, Subhuti, to the Tathagata.（如來悉知悉見） And they all, Subhuti, will beget and acquire an immeasurable and incalculable heap of merit.

And why? Because, Subhuti, in these Bodhisattvas (1) no perception of a self takes place, (2) no perception of a being, (3) no perception of a soul, (4) no perception of a person. Nor do these Bodhisattvas have (5) a perception of a dharma（法相）, or (6) a perception of a no-dharma（非法相）. (7) No perception or (8) non-perception takes place in them.（perception是指透過「看、聽」等感知器官方式認識，是有相的認識）And why? If, Subhuti, these Bodhisattvas should have a perception of either a dharma, or a no-dharma, they would thereby seize（取） on a self, a being, a soul, or a person. And why? Because a Bodhisattva should not seize on either a dharma or a no-dharma. Therefore this saying has been taught by the Tathagata with a hidden meaning: 'By those who know the discourse on dharma as like unto a raft, should forsake dharmas, still more so no-dharmas.'

關鍵詞彙

【取法相、取非法相、不應取法、不應取非法】

❶「取」的意思是「執著、執取」。

❷般若專家孔茲譯為seize也是很傳神的，該字有「緊緊抓住不放」、「強烈控制與影響」的意思，與中文的「執著」有異曲同工之妙。

❸取法相：執著於一切存在現象的相狀。

❹取非法相：執著於否定一切現象的相狀。

❺不應取法：不應執著於一切存在的現象。

❻不應取非法：不應執著於否定一切存在的現象。

【說法】

這裡的「法」是佛陀講經說法的法，是語言文字符號所呈現的法。

【筏喻】

❶說明佛法如同渡河的竹筏，到了涅槃彼岸之後，佛法當應捨棄。

❷此處的「佛法」與上述「說法」的法，同樣是指語言文字符號的法。

分析 1 「如來悉知悉見」這句話，鳩摩羅什省略了什麼？

須菩提！如來悉知悉見，是諸眾生得如是無量福德。

這段話是佛陀在談無量福德時，告訴須菩提，這些持戒修福者，如來完全確知、也完全確見他們會得到無量福德。而這一句「如來悉知悉見」，鳩摩羅什可能省略了部分翻譯，我們可以對照孔茲譯本和玄奘譯本來探討。

◉ 看孔茲和玄奘的譯本怎麼說？

在孔茲提供的梵版顯示透過「佛智」（梵Buddha-jnanena，英Buddha-cognition）悉知，再透過「佛眼」（Buddha-caksusa，Buddha-eye）悉見。孔茲是這麼翻譯的：

Subhuti, to the Tathagata through his Buddha cognition, seen they are, Subhuti, by the Tathagata with his Buddha-eye, fully known they are, Subhuti, to the Tathagata. And they all, Subhuti, will beget and acquire an immeasurable and incalculable heap of merit.

關於佛智和佛眼這個部分，在玄奘的譯版也有完整的呈現：

善現！如來以其佛智悉已知彼，如來以其佛眼悉已見彼。善現！如來悉已覺彼一切有情，當生無量無數福聚，當攝無量無數福聚。

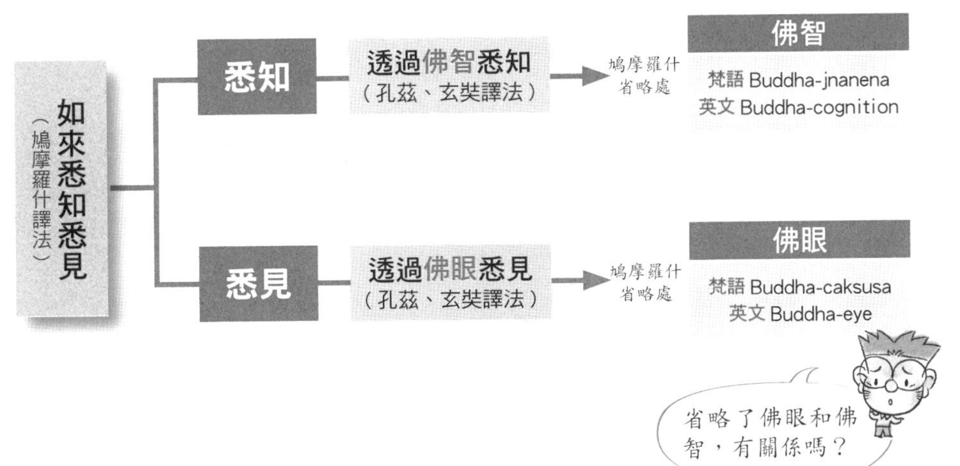

分析 2 眾生聽聞《金剛經》章句，真的就可以生起信心？

世尊！頗有眾生，得聞如是言說章句，生實信不？

面對前面一連串問答所說出的深奧大法，須菩提提出這樣的疑問：「真的有眾生聽聞了此章句，便可以生起信心嗎？」佛陀立即回應並且提醒他，千萬不要如此質疑這些眾生。佛陀接著讚言，佛滅後的末法時期能持戒修福者，所達到的境界有四：

❶聞此章句能生信心。
❷這些人早在無量千萬佛處種下善根。
❸聞此章句，或是一念生淨信者，可得無量福德。
❹佛陀並且說明這類眾生的境界，已達到不再有四相的分別概念。

經中依序述說上述眾生能達境界的已是「無法相，亦無非法相」，佛陀接著開示「若心取相」，則是執著於「四相」。這段經文很長，有時會看得很迷糊，不妨先弄清清楚第234頁「關鍵詞彙」，如此閱讀這段經才會通達理解。

持戒修福者早在無量千萬佛處種下善根。

聞經可生信心、可得無量福德

❶ 佛陀談信心

如來滅後，後五百歲，有持戒修福者，聞是章句或者一念之間即可生淨信。

↓

為何如來這麼說？

↓

這些在持戒修福者不僅在一佛處種善根

而且在二佛～五佛處種善根

甚至早在無量千萬佛處種善根

一佛
二佛
……
五佛
無量千萬佛

❷ 佛陀談無量福德

這些持戒修福者，如來完全確知、也完全確見他們會得到無量福德。

↓

為何如來這麼說？

↓

這些持戒修福者無我相

也無人相
也無眾生相

也無壽者相

無我相
無人相
無眾生相
無壽者相

分析3「如來滅後，後五百歲」指的是哪個時期？

如來滅後，後五百歲，有持戒修福者，於此章句，能生信心，以此爲實。

這裡所說的「如來滅後，後五百歲」指的到底是什麼時期？
這是個算術題喔！首先，「如來」即是釋迦牟尼，一般認為這位聖者生於西元前624年，卒於西元前544年。

至於「後五百歲」是什麼意思呢？在《大集經》（Maha-samnipata-sutra）中，將釋迦牟尼離開人世之後劃分成五個時期，每一時期各有五百歲。**這裡「後五百歲」，即指最後第五個「五百歲」**。

這五個五百歲各有其特質：一開始的五百歲，是最多人獲得解脫的時期；接著的五百歲，是認真學法禪定者最多；再來第三個五百歲，是聽聞者多，但真實修行者少；第四個五百歲，人們特別喜愛建塔蓋廟，卻懶得聽法；最後每下愈況，來到鬥諍堅固的末法時期，《金剛經》裡「如來滅後，後五百歲」指的就是這個時期。

佛法發展的五個時期

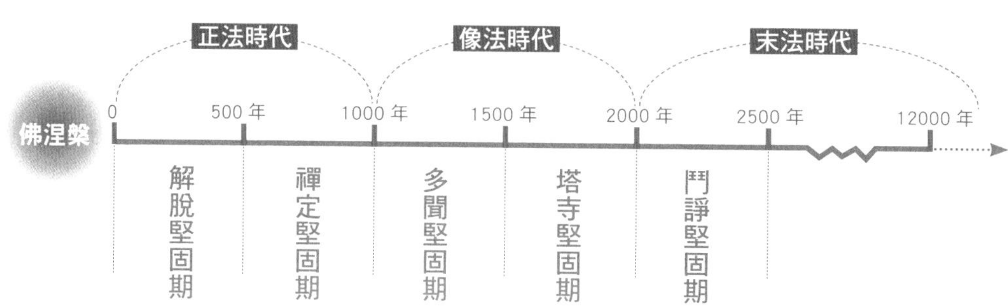

1 **解脫堅固**
佛滅後第一個五百年間 → 獲得解脫者最多

2 **禪定堅固**
佛滅後第二個五百年間 → 認真學法 禪定者最多 無得解脫者

（1、2：正法時期）

3 **多聞堅固**
佛滅後第三個五百年間 → 聽法的人多 真實修行的人漸少

4 **塔寺堅固**
佛滅後第四個五百年間 → 熱心興建塔廟的人多

（3、4：像法時期）

像法時期的「像」法，意思是「似」法。多聞堅固與塔寺堅固都是屬於這段時期。

5 **鬥諍堅固**
佛滅後第五個五百年間 → 是非紛諍非常多

（5：末法時期）

算算時間，我們現在不就是末法時期？

即《金剛經》所說：「如來滅後，後五百歲。」正是我們所處的現在！

分析4 本單元經文如何談「法」這個字？

不應取法，不應取非法。以是義故，如來常說：汝等比丘，知我說法，如筏喻者，法尚應捨，何況非法。

此句共有五個「法」字，分別表達兩種意思：

❶不應取「法」：一切存在的現象。

❷不應取「非法」：否定一切存在的現象。

❸知我說「法」：佛陀講經說法的法，是語言文字符號所呈現的法。

❹「法」尚應捨：一切存在的現象。

❹何況「非法」：否定一切存在的現象。

除了第三個「法」是指佛陀講經說法之外，其餘四個「法」，都是「一切存在的現象」。這段話點出「不可執著」是其中的關鍵，無論是「一切存在的現象」或是「否定一切存在的現象」兩者都是不可執著的。

倘若執著於一切存在現象的相狀，那就等於執著於自我、他人、眾生與追求一期壽命者。同樣地，如果執取於否定一切存在現象的相狀，也等同於執著自我、他人、眾生、追求一期壽命者，兩者並沒有差別。所以不該執著於一切存在的現象，也不應該執著於否定一切現象的存在。因為是這個道理，所以如來常說：「你們諸位比丘啊，知道我所說的法，如同渡河的竹筏，到了涅槃彼岸之後就當放下。因此，連一切存在的現象（法）都應當捨棄，何況是否定一切存在現象（非法），更不應該執著。」

正信希有分

為何昭明太子說此分是「正信希有」？聽聞般若正法可生「正信」，不過能夠生淨信者實在是很「希有」（「希」，此處是「稀」的古字，「稀有、罕見」的意思）的。星雲大師對此的延伸解釋是：「顯真空第一諦，說因修要無住，果證要無得，方為無依無得的實相般若。這種甚深妙法自然不易令人生起實信；謂實信者，是必須由智慧了達無所得法，修無所得行，證無所得果，然後才圓滿了徹第一諦，所以是希有難得的。」

對於「法」應有的態度

先說

若心取相
內心有相的念頭在

則 →

執著於我、人、眾生、壽者四相

再說

若取法相
執著於一切存在現象的相狀

則 →

執著於我、人、眾生、壽者四相

又說

若取非法相
執著於否定一切現象的相狀

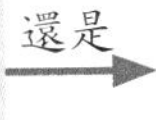

執著於我、人、眾生、壽者四相

最後說

不應取法，不應取非法
不該執著於一切存在的現象
也不該執著於否定一切現象的存在

如同【筏喻】
佛法如同渡河的竹筏
到了涅槃彼岸之後當應捨棄

無得無說分

「須菩提！於意云何？如來得阿耨多羅三藐三菩提耶？如來有所說法耶？」須菩提言：「如我解佛所說義，無有定法名阿耨多羅三藐三菩提，亦無有定法，如來可說。何以故？如來所說法，皆不可取沒有實體可以執取、不可說不是語言所能表達、非法、非非法。所以者何？一切賢聖，皆以無為法無生滅變化而寂然常住之法而有差別。」

【白話翻譯】

佛陀問須菩提：「你認為如何呢？如來已經證得了『阿耨多羅三藐三菩提（無上正等正覺）』嗎？如來說過什麼法嗎？」

須菩提回答：「依據我對佛陀所說的義理的了解，根本沒有一種確定具體的法稱為『阿耨多羅三藐三菩提（無上正等正覺）』，而且也沒有某個確定具體的法是如來所說的。這是什麼緣故呢？因為如來所說的法，都是不可以執取（不可取），都不是語言所能表達（不可說）。如來說的法既不是一切存在的現象（非法），也不是否定一切存在的現象（非非法）。這是什麼緣故？因為一切賢聖所修的都是無因緣造作的理法，也就是超越生滅變化而寂然常住之法（無為法）。因為這樣，隨體會深淺而證悟結果有所差別。」

關鍵內容

❶佛陀問須菩提兩個問題：
1.如來有得到無上正等正覺嗎？
2.如來有所說的法嗎？

❷須菩提回答佛陀上述問題，而且回答得很精采：
1.沒有一個固定的法叫做無上正等正覺。
2.沒有一個確定具體的法是如來可說的。
3.如來所說的法有以下特質：
(a)不可取(b)不可說(c)非法(d)非非法
4.一切賢聖：都是以「無為法」而有不同的證悟結果。

【孔茲．梵版英譯】

The Lord asked: What do you think, Subhuti, is there any dharma which the Tathagata has fully known（得）as 'the utmost, right and perfect enlightenment（阿耨多羅三藐三菩提）', or is there any dharma which the Tathagata has demonstrated（說）? Subhuti replied: No, not as I understand what the Lord has said. And why? This dharma which the Tathagata has fully known or demonstrated —it cannot be grasped（取）, it cannot be talked about（說）, it is neither a dharma（非法） nor a no-dharma（非非法）. And why? Because an Absolute（絕對真理） exalts（提升，提拔，給予更大的力量） the Holy Persons（賢聖）.

分析 1 為何如來所說法，皆不可取、不可說、非法、非非法？

須菩提言：「如我解佛所說義，無有定法名阿耨多羅三藐三菩提，亦無有定法，如來可說。何以故？如來所說法，皆不可取、不可說、非法、非非法。……」

佛陀的法是超越人類語言文字的描述，唯有親自體驗才能瞭解究竟為何。但是在這個單元試圖以「語言文字」相對「法」做了這樣的的描述：

【不可取】沒有具體相狀可以執取。
【不可說】不是語言文字所能表達的。
【非法】否定一切存在的現象。
【非非法】不是否定一切存在的現象。

簡單的說，真正的法，也就是佛陀親自體驗的法，它既不是一切存在的現象，也不是完全否定一切存在的現象。這種佛陀不可言說的法，是以超越的立場徹底破除這兩種相對立的世界。

◉ 孔茲的理解

如此的體驗，在孔茲的說明是the Dharmabody as the result of Gnosis。**Gnosis一般翻譯為「靈知」，意思是一種「對於心靈真理的直覺認知」**（intuitive knowledge of spiritual truths），這種智慧與一般的知識是不同的，一般的知識（knowledge）是來自於資料的累積，Gnosis則是一種經由「覺知」能力而獲得的知識（intuitive knowledge），是透過洞察人事物與宇宙萬象所得到的智慧，代表穿透洞察心靈的真理（piritual truths）。所以如來所說的法有以下特質：（a）不可取（b）不可說（c）非法（d）非非法。

如來所說法的特質

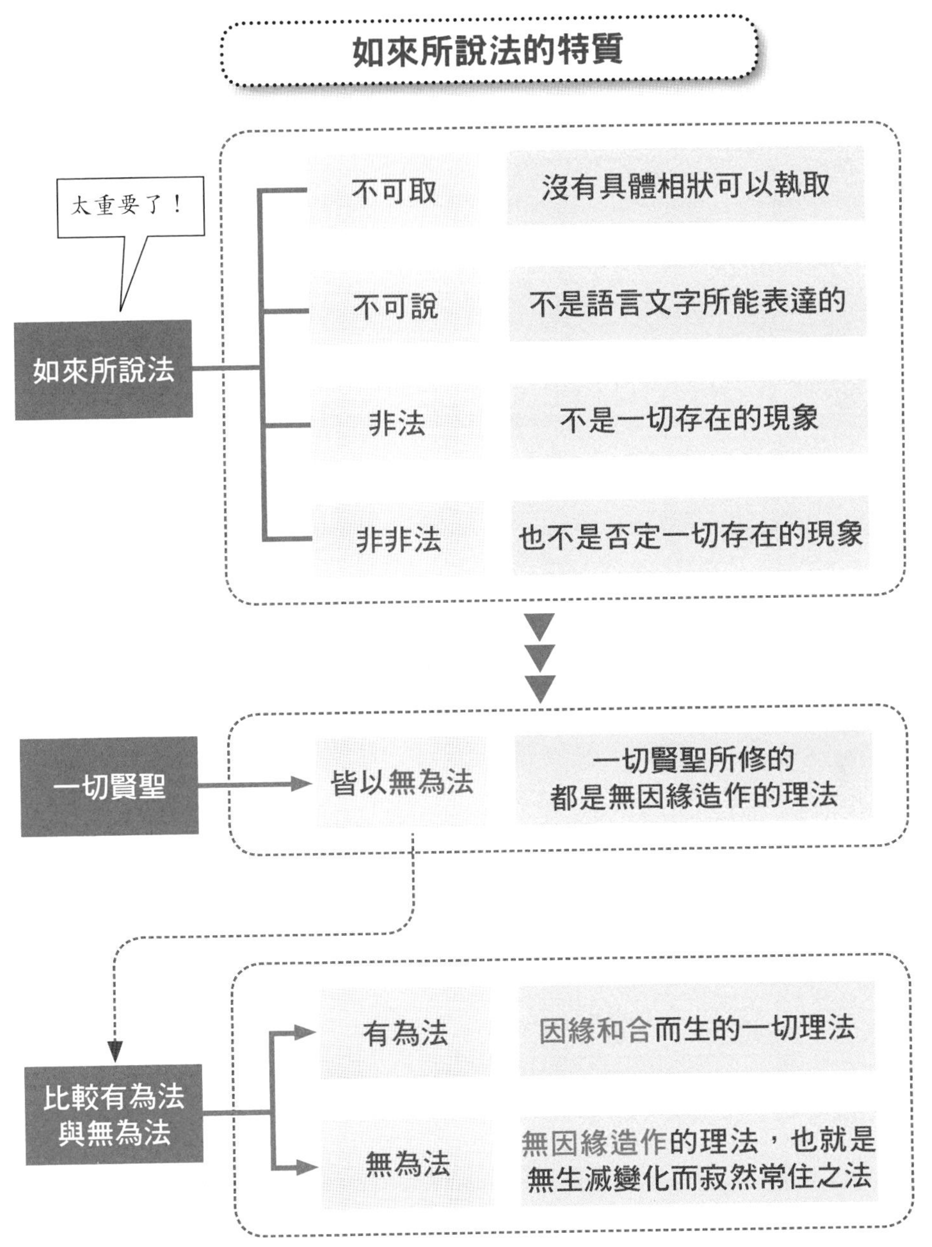
太重要了！
如來所說法
不可取
沒有具體相狀可以執取
不可說
不是語言文字所能表達的
非法
不是一切存在的現象
非非法
也不是否定一切存在的現象
一切賢聖
皆以無為法
一切賢聖所修的
都是無因緣造作的理法
比較有為法
與無為法
有為法
因緣和合而生的一切理法
無為法
無因緣造作的理法，也就是
無生滅變化而寂然常住之法

分析2 為什麼「一切賢聖，皆以無為法而有差別」？

「一切賢聖，皆以無為法而有差別。」有句話有點難懂，這裡「賢聖」（arya-pudgalah）必須做個解釋。arya意思是「聖」，pudgalah是五大假合的「人」，「我、人、眾生、壽者」的「人」就是用pudgalah這個字，所以聖人是人類中的聖者。

在漢譯佛典有更多的延伸，認為賢聖包括聖者與賢者，而且其定義在大乘與小乘有不同的觀點。請見下方表格說明。

一切賢聖都因為「無為法」（非因緣造作的法理）而有差別，這個差別是賢聖擁有更接近真理的體悟。孔茲的譯法更直接了當說明其中的差別，這句他翻譯為：「Because an Absolute exalts the Holy Persons」。「Absolute」是專有名詞「絕對真理」，也就是所謂的「無為法」。相對來說，**有因緣造作的真理便是「相對真理」了。而只有非因緣造作的「絕對」，才能提升（exalts）這些賢聖（the Holy Persons）的真理體驗。**

◉小乘與大乘的聖與賢

	賢	聖
大乘	三賢：十住菩薩、十行菩薩、十回向菩薩。只斷見思惑，尚有塵沙無明，稱為「三賢」。	十聖：十地菩薩。
小乘	七賢：五停心、別相念、總相念、煖（ㄒㄩㄢ）、頂、忍、世第一。	四聖：聲聞四果。

◉有為法與無為法

有為法	有因緣造作	相對真理	凡人的體驗
無為法	無因緣造作	絕對真理	賢聖的體驗

分析3 星雲大師如何解釋無得無說分？

昭明太子為此分命名為「無得無說分」，所謂「無得」是指「沒有定法可得」，而「無說」是指「沒有定法可說」，星雲大師對「無得無說」做了更深入的解釋，他說：「凡夫之見，以為物可得，法可說，這均是一種執著。又有人以為法不可說得，但可以心得，這亦是一種無形的執著。即所謂的『事障』、『理障』。事障障凡夫，理障障菩薩。今云『無得』，就是要破事、理二障；『無說』，是要破語言文字之障。若能得『無得』之得，才是真得；說『無說』之說，才是真說，以還現本來的清淨自性。」

無得無說

第7分所提出的討論是：是否有個無上正等正覺可以獲得？佛陀是否有演說一種無上法，能令一切眾生開悟呢？在前一分裡，佛陀要我們空掉我、人、眾生、壽者四相之後，佛陀進一步粉碎我們對法的妄執。

無得		無說
破二障（二種執著）		破一障（一種執著）
❶ 事障	❷ 理障	❸ 所知障
以為有物可得，有法可說。	以為不可得，但可以心得。	依賴一切語言文字
這是破除凡夫的通病！	這是破除菩薩的通病！	這是破除一切眾生的通病！

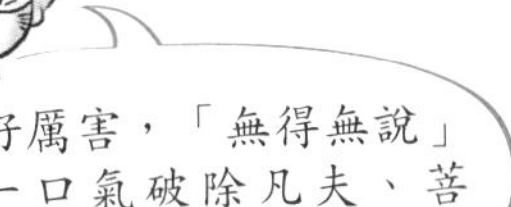

依法出生分

依金剛般若波羅蜜多法，「一切諸佛」與「諸佛阿耨多羅三藐三菩提法」皆由此經出生。

「須菩提！於意云何？若人滿三千大千世界小千世界、中千世界、大千世界合稱三千大千世界七寶以用布施，是人所得福德，寧為多不？」須菩提言：「甚多，世尊！何以故？是福德即非福德性，是故如來說福德多。」「若復有人，於此經中受持，乃至四句偈唸「ㄐㄧˋ」，佛教文學的詩歌，每偈由四句構成等，為他人說，其福勝彼。何以故？須菩提！一切諸佛，及諸佛阿耨多羅三藐三菩提法，皆從此經出。須菩提！所謂佛法者，即非佛法。」

關鍵詞彙

【三千大千世界】
【受持】、【四句偈】

關鍵內容

❶佛陀問須菩提：「滿三千大千世界七寶用來布施，這樣的福德多不多？」

➲須菩提的回答：

1.初步答應：很多。

2.但再進一步解釋時，須菩提說：但是這樣的福德並非福德的本性特質。

3.如來是為了順應世俗，所以說福德多。

❷佛陀針對須菩提的回答，進一步解說：

1.「受持此經，乃至四句偈，為他人說」比「滿三千大千世界七寶用來布施」的福德多。

2.「一切諸佛」與「諸佛的無上正等正覺法」都是出於此《金剛經》。

3.所謂佛法者，即非佛法。

【白話翻譯】

佛陀問：「須菩提！你認為如何？如果有人以遍滿三千大千世界的七寶來行布施，這個人所得的福德是否很多？」

須菩提回答：「世尊！當然是很多。為什麼會這麼說呢？這種福德是人世間有相的福德，只能勉強說它是福德，畢竟還不是福德的本性，但是為了順應世俗的理解，所以如來說福德多。」

佛陀說：「如果有人受持這部經，甚至少到只受持此經中的四句偈，而且為他人講說，那麼他所得到的福德，比前面所說『用三千大千世界的七寶布施』的人所獲得福德更多。為什麼呢？須菩提！因為一切諸佛，及成佛的無上正等正覺法，都是從此經所生。須菩提！所謂佛法並非佛法，意思是說本來就沒有佛法可言，不過藉此開悟眾生，替它取名為佛法而已。」

【孔茲・梵版英譯】

The Lord then asked: What do you think, Subhuti, if a son or daughter of good family had filled this world system of 1,000 million worlds with the seven precious things, and then gave it as a gift to the Tathagatas(如來), Arhats(應供), Fully Enlightened Ones(正遍知), would they on the strength of that beget a great heap of merit(福德)? Subbuti replied: Great, O Lord, great, O Well-Gone(善逝), would that heap of merit be! And why? Because the Tathagata spoke of the 'heap of merit' as a non-heap. That is how the Tathagata speaks of 'heap of merit'.

The Lord said: But if someone else were to take from this discourse on dharma but one stanza of four lines(四句偈), and would demonstrate and illuminate it in full detail to others, then he would on the strength of that beget a still greater heap of merit, immeasurable and incalculable. And why? Because from it has issued the utmost, right and perfect enlightenment of the Tathagatas, Arhats, Fully Enlightened Ones, and from it have issued the Buddhas, the Lords. And why? For the Tathagata has taught that the dharmas special to the Buddhas are just not a Buddha's special dharmas. That is why they are called 'the dharmas special to the Buddhas'.(所謂佛法者，即非佛法)

關鍵詞彙

【三千大千世界】梵語 trisahasramahasahasram lokadhatum

❶梵語分開來看： tri（三），sahasra（千），maha（大），sahasre（千），loka（世），dhatau（界）。

❷三千大千世界，英譯為1,000 million worlds。

❸佛教宇宙觀主張宇宙係由無數個世界所構成，一千個一世界稱為一小千世界，一千個小千世界稱為一中千世界，一千個中千世界為一大千世界，如此計算1000 X 1000 X 1000 = 10^9 = 1,000 million。合小千、中千、大千總稱為三千大千世界，這就是一個佛的教化域境。

【受持】

❶對於經中的義理能夠了解而謹記於心，叫做「受」。

❷理解領略之後，能念念不忘，並且實踐於日常生活中，就叫「持」。

❸將《金剛經》的義理謹記於心，念念不忘並實踐於日常生活，就可累積超越「用遍滿三千大千世界的七寶來布施」的福德。

「受」：領受不忘

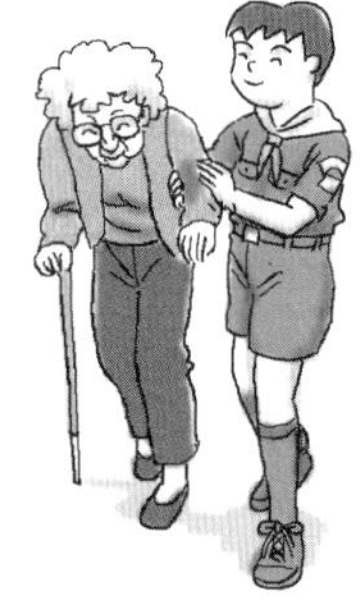
「持」：持守實踐

【四句偈】梵語 gatha

❶偈，梵語gatha，音譯伽陀，指詩歌形式的佛法開示。

❷所謂四句偈是四句所成的一首詩偈。

❸《心地觀經二》裡頭寫著：「勸諸眾生，開發此心，以真實法一四句偈施眾生，使向無上正等菩提，是為真實波羅蜜多。」

❹在《金剛經》中所提出的四句偈有多種說法，究竟是哪四句，自古以來議論與說法甚多。關於這部分的討論，請詳見第50頁。

分析 1 從「福德較量」到「佛法者，即非佛法」

「須菩提！於意云何？若人滿三千大千世界七寶以用布施，是人所得福德，寧爲多不？」須菩提言：「甚多，世尊！何以故？是福德即非福德性，是故如來說福德多。」「若復有人，於此經中受持，乃至四句偈等，爲他人說，其福勝彼。何以故？須菩提！一切諸佛，及諸佛阿耨多羅三藐三菩提法，皆從此經出。須菩提！所謂佛法者，即非佛法。」

這個單元佛陀問須菩提一個問題：「用遍滿三千大千世界的七寶來布施，這樣的福德多不多？」由此開啟佛陀與須菩提的一連串問答。佛陀在此單元共闡述了三種概念，分別是：

❶「受持此經，乃至四句偈，為他人說」比「滿三千大千世界七寶用來布施」的福德多。
❷「一切諸佛」與「諸佛的無上正等正覺法」都是出於這部《金剛經》。
❸ 所謂佛法者，即非佛法。

◉布施的較量

將三千大千世界佈滿七寶，那樣的寶物數量顯然是非常地龐大，如此布施的福德必然非常多。但如此福德卻不如受持此經，乃至四句偈，為他人說。關於「三千大千世界」請詳見第142頁的探討。關於「七寶」請詳見第152頁的探討。

◉諸佛和諸佛之法皆從此經而出

這裡提到「一切諸佛」與「諸佛阿耨多羅三藐三菩提法」皆由此《金剛般若波羅蜜經》出生。孔茲的譯本寫著：

Because from it has issued the utmost, right and perfect enlightenment of the Tathagatas, Arhats, Fully Enlightened Ones, and from it have issued the Buddhas, the Lords.

星雲大師則更深入予以解釋：「本分敘述般若智慧，是三世諸佛之

母，能出生諸佛，亦是一切佛法的根源，再明白地說：因諸佛由般若智，證真如之理，亦即先以般若為師，故說諸佛從此經生；又諸佛所證真如之理，起般若方便智，為眾生說法，此經又為諸法之師，所以說，諸法從此經出。」也正因為這個原因，所以昭明太子會把此單元取名為「依法出生分」。

◉為什麼說「所謂佛法者，即非佛法」？

「所謂佛法，即非佛法」，意思是說本來就沒有佛法可言，不過藉之以開悟眾生，替它取名為佛法而已，這種佛法可稱為「假名」的佛法。凡透過眼睛閱讀與耳朵聽聞的佛法，是語言文字符號所構成佛法，並不能算是真實的佛法，所以說「即非佛法」。不過假名的佛法仍有存在的意義，就是方便於開悟眾生。那麼什麼才是真正佛陀的佛法呢？**只有佛陀「親身證悟的真理」，才是真正的佛法。**
我們不妨看看孔茲的譯法，或許有另一番體悟。他寫著：

For the Tathagata has taught that the dharmas special to the Buddhas are just not a Buddha's special dharmas. That is why they are called 'the dharmas special to the Buddhas'.

能透過文字語言「教導」(taught)與「稱謂」(called)都是假名(暫時命名)的佛法。這也就是鳩摩羅什所譯：所「謂」佛法者，即非佛法。假名的佛法自有其存在的意義，它是為了順應世俗方便教化眾生。不過，若能透徹中觀的概念「非空非假，即空即假」，如此便知「空」、「有」是並存的。

布施的較量

受持《金剛經》為人們演說，勝過滿三千大千世界七寶的布施！

諸佛與諸法都從《金剛經》而出

所謂佛法者，即非佛法

「蘋果，一種水果，清脆，水分多，滋味甜。」這是一個概念名詞的描述。(所謂佛法者)(假名)

嗯，蘋果的真正滋味，好清脆，甜中帶點酸！(即非佛法)(親身體悟的真理)

一相無相分

「須菩提！於意云何？須陀洹聲聞乘四果位的初果名能作是念『我得須陀洹果』不？」須菩提言：「不也。世尊！何以故？須陀洹名為入流初入聲聞聖人之流，而無所入；不入色、聲、香、味、觸、法。是名須陀洹。」「須菩提！於意云何？斯陀含聲聞乘四果位的第二果名能作是念『我得斯陀含果』不？」須菩提言：「不也。世尊！何以故？斯陀含名一往來死後生到天上去做一世天人（往），再誕生到人間世界一次（來），而實無往來，是名斯陀含。」「須菩提，於意云何？阿那含聲聞乘四果位中的第三果名能作是念『我得阿那含果』不？」須菩提言：「不也。世尊！何以故？阿那含名為不來不再來欲界受生死，而實無不來，是故名阿那含。」「須菩提！於意云何？阿羅漢聲聞乘中的最高果位名能作是念『我得阿羅漢道』不？」須菩提言：「不也。世尊！何以故？實無有法名阿羅漢。世尊！若阿羅漢作是念『我

下接第258頁

關鍵詞彙

【須陀洹】、【斯陀含】
【阿那含】、【阿羅漢】

關鍵內容

❶佛陀問須菩提第一個問題：須陀洹心中會不會有「我得到須陀洹果」的念頭呢？

➲須菩提回答（三個連續性答案）：

1.不會。

2.須陀洹雖然名為「入流」，但實際是「無所入」。須陀洹不入：色、聲、香、味、觸、法。

3.只是假名須陀洹。

❷佛陀問須菩提第二個問題：斯陀含心中會不會有「我得到斯陀含果」的念頭呢？

➲須菩提回答（三個連續性答案）：

1.不會。

2.斯陀含雖然名為「一往來」，但實際是「無往來」了。

3.只是假名斯陀含。

❸佛陀問須菩提第三個問題：阿那含心中會不會有「我得到阿那含果」的念頭呢？

➲須菩提回答（三個連續性答案）：

1.不會。

2.阿那含雖然名為「不來」，但實際是「無不來」。

3.只是假名阿那含。

下接第259頁

得阿羅漢道』，即為著我、人、眾生、壽者。世尊！佛說我得無諍三昧正定，人中最為第一，是第一離欲阿羅漢。世尊！我不作是念：『我是離欲阿羅漢。』世尊！我若作是念：『我得阿羅漢道。』世尊則不說須菩提是樂阿蘭那無諍、寂靜行者，以須菩提實無所行，而名須菩提，是樂阿蘭那行。」

【白話翻譯】

佛陀說：「須菩提！你認為須陀洹在修行的時候會起『我已經證得須陀洹果』這樣的念頭嗎？」

須菩提回答：「世尊！不會的。為什麼呢？因為須陀洹的意思雖然是『入流』，但事實上已是無所入，因不執著於色、聲、香、味、觸、法，所以才能被稱為『須陀洹』。」

佛陀問須菩提：「須菩提！你認為斯陀含在修行的時候會起『我已經證得斯陀含果』這樣的念頭嗎？」

須菩提回答：「世尊！不會的。為什麼呢？須陀洹的意思雖然是『一

下接第260頁

關鍵內容

❹佛陀問須菩提第四個問題：阿羅漢心中會不會有「我得到阿羅漢道」的念頭呢？

➲須菩提回答（六個連續性對談）：

1.不會。

2.沒有一個法名叫做阿羅漢。

3.如果阿羅漢心中有「我得到阿羅漢道」的念頭，代表仍執著於四相。

4.佛陀稱讚須菩提得「無諍三昧」、「人中第一」與「第一離欲阿羅漢」。（三個稱讚）

5.如果須菩提心中有「我得到阿羅漢道」的念頭，那麼世尊就不會稱許須菩提是樂阿蘭那行。

6.須菩提實際上是無所行，只是假名樂阿蘭那行。

【孔茲・梵版英譯】

The Lord asked: What do you think, Subhuti, does it occur to the Streamwinner（入流，請注意是大寫）, 'by me has the fruit of a Streamwinner been attained'? Subhuti replied: No indeed, O Lord. And why? Because, O Lord, he has not won any dharma. Therefore is he called a Stream-winner. No sight-object has been won, no sounds, smells, tastes, touchables, or objects of mind. That is why he is called a 'Streamwinner'. If, O Lord, it would occur to a Streamwinner, 'by me has a Streamwinner's fruit been attained', then that would be in him a seizing on a self, seizing on a being, seizing on a soul, seizing on a person（著我、人、眾生、壽者）. The Lord asked: What do you think, Subhuti, does it then occur to the Once-Returner（一往來）, 'by me has the fruit of a Once-Returner been attained'?

下接第261頁

【白話翻譯】

往來』，但實際上已無往來，因為他的心中沒有取捨這個果位的念頭，所以才能稱為『斯陀含』。」

佛陀問須菩提：「須菩提！你認為阿那含在修行的時候會起『我已經證得阿那含果』這樣的念頭嗎？」

須菩提回答：「世尊！不會的。為什麼呢？因為阿那含的意思雖然是『不來』，其實在他心中已經沒有來不來的分別，因此才稱『阿那含』。」

佛陀問須菩提：「須菩提！你認為阿羅漢在修行的時候會起『我已經證得阿羅漢道』這樣的念頭嗎？」

須菩提回答：「世尊！不會的。為什麼呢？因為並非有個真有實存的法可以稱之為阿羅漢。如果阿羅漢自念得道，即著我、人、眾生、壽者等四相，如此就不能叫做『阿羅漢』了。

世尊！您曾經說過我已經證得無諍三昧，是人中第一，是第一個脫盡人我、斷絕此念、離欲的阿羅漢。雖然佛陀如此的稱讚，但我的心中沒有『我是離欲阿羅漢』的念頭。世尊！我若有『得了阿羅漢道』的念頭，這樣世尊就不會說須菩提是樂於寂靜的阿蘭那行者，因為須菩提事實是無所作為，所以佛陀才稱須菩提是樂於寂靜的行者。」

【孔茲・梵版英譯】

Subhuti replied: No indeed, O Lord. And why? Because there is not any dharma that has won Once-Returnership. That is why he is called a 'Once-Returner'. The Lord asked: What do you think, Subhuti, does it then occur to the Never-Returner（不來）'by me has the fruit of a Never-Returner been attained'? Subhuti replied: No indeed, O Lord. And why? Because there is not any dharma that has won Never Returnership. Therefore is he called a 'Never-Returner'. The Lord asked: What do you think, Subhuti, does it then occur to the Arhat, 'by me has Arhatship been attained'? Subhuti: No indeed, O Lord. And why? Because no dharma is called 'Arhat'. That is why he is called an Arhat. If, O Lord, it would occur to an Arhat. 'by me has Arhatship been attained', then that would be in him a seizing on a self, seizing on a being, seizing on a soul, seizing on a person. And why? I am, O Lord, the one whom the Tathagata, the Arhat, the Fully Enlightened One has pointed out as the foremost of those who dwell in Peace（無諍三昧，人中最為第一）. I am, O Lord, an Arhat free from greed（離欲阿羅漢）. And yet, O Lord, it does not occur to me, 'an Arhat am I and free from greed'. If, O Lord, it could occur to me that I have attained Arhatship, then the Tathagata would not have declared（正式宣佈，say solemnly）of me that 'Subhuti, this son of good family, who is the foremost of those who dwell in Peace, does not dwell anywhere; that is why he is called "a dweller in Peace, a dweller in Peace（樂阿蘭那行者）".'

關鍵詞彙

【須陀洹】梵語 Srota-apanna

❶須陀含,又稱為「入流」,是聲聞乘四果中的初果名。

❷鳩摩羅什譯為「入流」,玄奘與義淨的譯法是「預流」。「入流」是初入聖人之流(entered the stream of holy living),「預流」是預入聖者之流的意思。

❸孔茲英譯版則譯為Stream-winner,在英文中可以解釋為:因為努力,達到某種層面的成就。

入流 (Stream-winner)

【斯陀含】梵語 Sakradagamin

❶斯陀含,又稱「一往來」,是聲聞乘四果中的第二果名。

❷鳩摩羅什譯為「一往來」,意思是說修到此果位的人,死後生到天上去做一世天人(往),再誕生到人間世界一次(來),一往一來之後便不再來欲界受生死。

❸玄奘譯的更精簡,他譯為「一來」,再來人世出生一次。

一往來 (Once-Returner)

❹孔茲英譯版稱為Once-Returner,有人延伸為comes to be born once more,再到此世誕生一次。玄奘、孔茲兩位翻譯意義相近。

【阿那含】梵語 Anagamin

❶阿那含,又稱為「不來」,乃聲聞乘四果中的第三果名。

❷鳩摩羅什譯為不來(will not be reborn in this world),玄奘譯為「不還」,是通稱斷盡欲界煩惱的聖人。凡是修到此果位的聖人,未來將生在色界或無色界,不再來欲界受生死,所以叫做不來。

❸孔茲譯為Never-Returner,不再回到這個世界。

不來 (Never-Returner)

【阿羅漢】梵語 Arhat

❶此乃聲聞乘中的最高果位名,已入涅槃境界(enters nirvana)。

❷此語亦含有殺賊、無生、應供等義。殺賊是「殺盡煩惱之賊」。無生是「解脫生死、不生不滅」。應供是「應受天上人間的供養」。

以入涅槃 (enters nirvana)

聲聞乘的四種果位

四種果位		解釋分析	所在環境
須陀洹 梵 Srota-apanna entered the stream of holy living	舊譯為入流 新譯為預流	入流：初入聖人之流 預流：預入聖者之流	欲界
斯陀含 梵 Sakradagamin comes to be born once more	漢譯為一往來	死後前往天上去做一世天人 再誕生來到人間世界一次 便不再來欲界受生死	欲界
阿那含 梵 Anagamin will not be reborn in this world	漢譯為不來	未來將生在色界或無色界 不再來欲界受生死	色界 無色界
阿羅漢 梵 Arhat enters nirvana	已入涅槃	殺盡煩惱之賊（殺賊） 解脫生死不受後有（無生） 應受天上人間的供養（應供）	出三界 涅槃界

分析 1 佛陀如何稱讚須菩提?

在此分的最後，須菩提這麼說：

……世尊！佛説我得無諍三昧正定，人中最爲第一，是第一離欲阿羅漢。世尊！我不作是念：「我是離欲阿羅漢。」世尊！我若作是念：「我得阿羅漢道。」世尊則不説須菩提是樂阿蘭那行者，以須菩提實無所行，而名須菩提，是樂阿蘭那行。

意思是佛陀稱讚須菩提是已經證得無諍三昧，是人中最為第一，是第一個脫盡人我、斷絕此念、離欲的阿羅漢。即便是得到佛陀如此的稱讚，但是須菩提卻說：「我的心中沒有『我是離欲阿羅漢』這個想法」。因為須菩提體認到如果有這樣的念頭，那就違離「離欲阿羅漢」的真意了。

這就是本分的核心概念。**知道有須陀含這樣的成就果位，但是不執著於實有須陀含的果位，如此才是真正的「須陀含」**。同樣的，知道有「阿羅漢」這樣的成就果位，但是不執著於實有「阿羅漢」這樣的果位，如此才是真正的「阿羅漢」。這就好像一個真正謙虛的人，是不會自稱謙虛；如果自稱謙虛，那就一點也不謙虛了。**或者是一個真正喜愛唸書的人，是不會在乎是否得到獎狀**。

再進一步來說，為什麼昭明太子稱本單元為「一相無相分」呢？星雲大師的解釋是：「本文敘述所謂『般若實相』，非有相非無相，非一非異相，離一切相，即是實相。佛陀藉聲聞四果為喻，破除有惑可斷、有果可證的妄念。」非有非無相、非一非異相即是「一相無相」的意思。

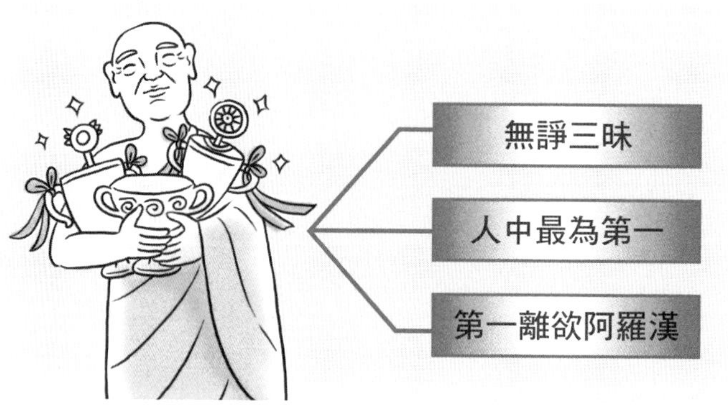

分析2 什麼是「無諍三昧」？

所謂「無諍三昧」（Aranya Samadhi）是體認「安住於空」的道理，同時也達到與一切「無諍」、沒有對立感的禪定狀態，因為沒有自我與他人的分別概念，於是不會對他人產生對立諍論。

◉「無諍」的梵語原意

無諍，梵文是aranya，也音譯為「阿蘭那」「阿蘭若」或「蘭若」，**意思是無諍處、寂靜處、林野，代表無諍聲、閑寂，遠離村落的人住處**。阿蘭那或蘭若，後來被引伸做為佛教寺院的稱呼，或是比丘的住處，例如水月蘭若，即指水月道場。唐代杜甫為真諦寺禪師寫了首詩：「蘭若山高處，煙霞嶂幾重。」這裡的蘭若便是指真諦寺這個佛寺。至於，《金剛經》裡所說「樂阿蘭那行者」，字面意思是樂於在山林中寂居靜修的人，但真正意涵是安住在無諍寂靜的禪定狀態的人。

◉「三昧」的梵語原意

三昧，是梵語samadhi的音譯，意思是「正定」，就是入了「禪定」之意。可說是**修行者將心集中在一點（fixed on one sigle point）的狀態**，基本上和把心保持在「無散亂」或「靜止」的境界是相似的。因此，無諍三昧完整的意思是無諍寂靜的禪定狀態。

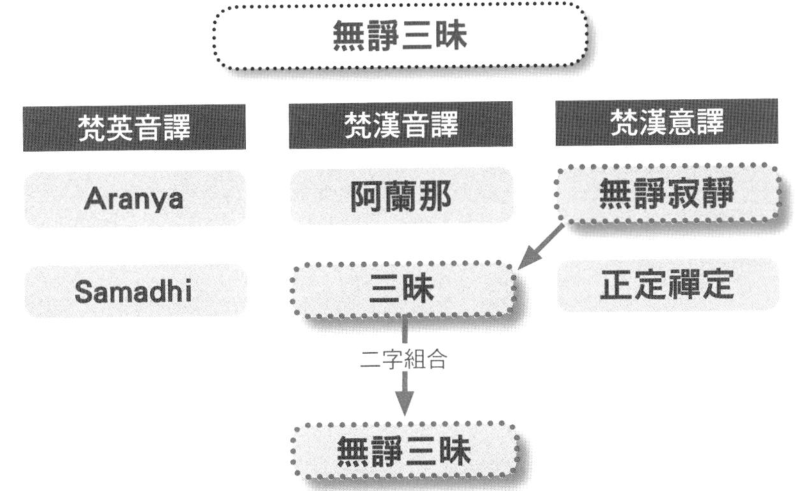

逐分解經 09 一相無相分

莊嚴淨土分

佛告須菩提：「於意云何？如來昔在燃燈佛過去七佛之一，曾授記釋迦牟尼為佛所，於法有所得不？」「不也，世尊！如來在燃燈佛所，於法實無所得。」「須菩提！於意云何？菩薩莊嚴佛土創造和諧的佛土不？」「不也。世尊！何以故？莊嚴佛土者，即非莊嚴，是名莊嚴。」「是故，須菩提！諸菩薩摩訶薩應如是生清淨心，不應住色生心，不應住聲、香、味、觸、法生心，應無所住，而生其心。須菩提！譬如有人，身如須彌山漢譯為妙高山，在古印度的宇宙觀中，它位居世界的中央王，於意云何？是身為大不？」須菩提言：「甚大。世尊！何以故？佛說非身，是名大身。」

關鍵詞彙

【燃燈佛】、【莊嚴佛土】、【心】【清淨心】、【須彌山王】

關鍵內容

❶佛陀問須菩提：佛陀過去在燃燈佛那裡，曾得到什麼法嗎？

➲須菩提回答：沒有得到什麼法。

❷佛陀問須菩提：菩薩有沒有莊嚴佛土呢？

➲須菩提回答：

1.沒有。

2.所謂莊嚴佛土，並非真正有佛土可莊嚴，只是方便度化眾生，假名莊嚴而已。

❸佛陀告訴須菩提，諸菩薩摩訶薩該如何生清淨心？

➲共有三個要點：

1.不應執著色而生心。

2.不應執著聲、香、味、觸、法而生心。

3.應無所住而生其心。

❹佛陀問須菩提：如果有人身體如同須彌山王那麼大，這樣算大不大呢？（有關身相的大小）

➲須菩提回答：

1.是很大。

2.但是此人身形雖大，卻不能稱為大身。

3.佛陀說非身，是說真正的身形是超越有無相狀的，也超越大小的概念，只不過假借一個名，稱之為「大身」而已。

【白話翻譯】

佛陀告訴須菩提：「須菩提！你認為從前如來在與燃燈佛會晤之處，有沒有得到什麼法呢？」

須菩提回答：「世尊！在燃燈佛之處，如來實際上沒有證得什麼佛法。」

佛陀問須菩提：「須菩提！你認為菩薩發心從事莊嚴佛土，是不是真的有佛土可莊嚴呢？」

須菩提回答：「不是。世尊！為什麼呢？因為佛陀所說的莊嚴佛土，不是實有形相的莊嚴，超越形相的莊嚴，才是真正的莊嚴。」

佛陀開示：「就因為這樣，須菩提！諸大菩薩應該如是生起清淨心，既不可執著於色而生意念，也不可以執著於聲、香、味、觸、法而生意念。應該無所執著而生起清淨心。」

佛陀問須菩提：「須菩提！譬如有人，他的身如須彌山王那麼大，你認為他的身形是否很大？」

須菩提回答：「非常大。世尊！為什麼這樣說呢？雖然佛陀說『大』，但不是指形相上的大。佛陀說『非身』，意思是指真正的身形是超越有無相狀，也就是超越物質世界大小的概念，所以這裡只不過假借一個名，稱之為『大身』而已。」

【孔茲．梵版英譯】

The Lord asked: What do you think, Subhuti, is there any dharma which the Tathagata has learned from Dipankara(燃燈佛), the Tathagata, the Arhat, the Fully Enlightened One(此處鳩摩羅什只譯出如來，未譯出應供、正遍知)? Subhuti replied: Not so, O Lord, there is not.

The Lord said: If any Bodhisattva would say, 'I will create harmonious Buddhafields(梵語ksetra-vyuhan，莊嚴佛土)', he would speak falsely. And why? 'The harmonies of Buddhafields, the harmonies of Buddhafields', Subhuti, as no-harmonies have they been taught by the Tathagata. Therefore he spoke of 'harmonious Buddhafields'.(莊嚴佛土者，即非莊嚴，是名莊嚴)

Therefore then, Subhuti, the Bodhisattva, the great being(菩薩摩訶薩), should produce an unsupported thought(清淨心), i.e. a thought which is nowhere supported(應無所住), a thought unsupported by sights, sounds, smells, tastes, touchables or mind-objects(不應住色、聲、香、味、觸、法生心).

Suppose, Subhuti, there were a man endowed with a body, a huge body, so that he had a personal existence like Sumeru, king of mountains. Would that, Subhuti, be a huge personal existence? Subhuti replied: Yes, huge, O Lord, huge, O Well-Gone(善逝), would his personal existence be. And why so? 'Personal existence, personal existence', as no-existence has that been taught by the Tathagata; for not, O Lord, is that existence or non-existence. Therefore is it called 'personal existence'.(佛說非身，是名大身)

關鍵詞彙

【燃燈佛】梵語 Dipamkara

❶燃燈佛，又名錠（ㄉㄧㄥˋ）光佛。

❷釋迦牟尼佛在前世第二阿僧祇劫（梵語asamkhya，多到沒有數目可以計算）屆滿的時候，燃燈佛為世尊授記（預言）未來成佛。

燃燈佛授記釋迦牟尼

這位燃燈佛出現在《金剛經》的第 10 分、以及 16、17 分，篇幅並不算少，顯然是一位重要人物。對於燃燈佛的描述，《大智度論》是這樣寫著：「如燃燈佛，生時一切身邊如燈，故名燃燈太子，作佛亦名燃燈。」在佛經的記載，釋迦牟尼佛在第二阿僧祇劫屆滿的時候，剛好燃燈佛出世。當時世尊買了五莖蓮花去供佛，又以頭髮舖地給佛走路，燃燈佛即為釋迦牟尼授未來成佛的記別。這種過程稱為「授記」，是諸佛對發大心的眾生預先記名，會事先告知過了多少年代，在某處某國之中，成什麼佛。釋迦牟尼就是在燃燈佛的授記之下，知道自己未來將成佛。

【須彌山王】梵語 Sumeru

❶須彌山，亦漢譯為「妙高山」。

❷在古印度的宇宙觀中，須彌山位居世界的中央。須彌山是由金、銀、琉璃、水晶四種寶石所構成的，所以讚美稱其為「妙」。而且所有諸山都無法與之相比，故稱須彌山「王」。可詳見第144頁的探討。

【莊嚴佛土】梵語 ksetra-vyuhan

❶莊嚴，動詞，是「裝飾使之美好」的意思。而佛土是指一佛所住的國土，或一佛所教化的領土。

❷「莊嚴佛土」一詞，在梵語中的意思即是「創造和諧的佛土」(create harmonious Buddhafields)。

【心】梵語 citta

❶「心」在梵語有兩個不同的字詞，一個是hrdaya，指實體的心(心臟)，可引申為「核心」的意思，像《心經》經名的「心」就是採用這個字。

❷另一個梵語citta，指抽象的心(思維)，例如《心經》經文裡的「心無罣礙」的「心」。

❸本單元「清淨心」的心或是「不應住色生心」的心，都是指這種抽象的心(citta)，孔茲翻譯成thought，意思包含：(1)思索(2)思維的能力(3)思考的過程。

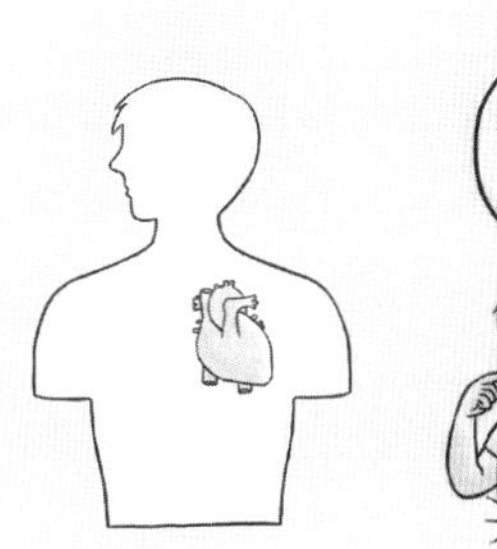

梵語 hrdaya 指心臟

梵語 citta 指思惟

【清淨心】

❶清淨心是每個人本來就有的心，這是自性清淨，離一切妄染的心，所以又稱自性清淨心。

❷清淨心是鳩摩羅什的翻譯，玄奘則譯為「無所住應生其心」，與梵語的本意相當接近。

❸孔茲英譯則為：should produce an unsupported thought(生無住心)，與玄奘的譯法相同。

分析 1 諸大菩薩如何生清淨心？

本單元這麼說：

是故，須菩提！諸菩薩摩訶薩應如是生清淨心，不應住色生心，不應住聲、香、味、觸、法生心，應無所住，而生其心。……

諸菩薩摩訶薩應該如何才能「生清淨心」？佛陀的開示是：❶不應住色生心❷不應住聲、香、味、觸、法生心❸應無所住，而生其心。所謂清淨心，是每個人本來就有的心，這是自性清淨，離一切妄染的心，所以又稱「自性清淨心」。

清淨心的本質是無疑的信心、無垢的淨心、不雜煩惱的心。「清淨心」一詞於梵版英譯《金剛經》寫的是「生無住心」（produce an unsupported thought），所以鳩摩羅什翻譯的「清淨心」等同於「心無所住」。**「心無所住」所達到的狀態，就是無疑的信心、無垢的淨心、不雜煩惱的心。**

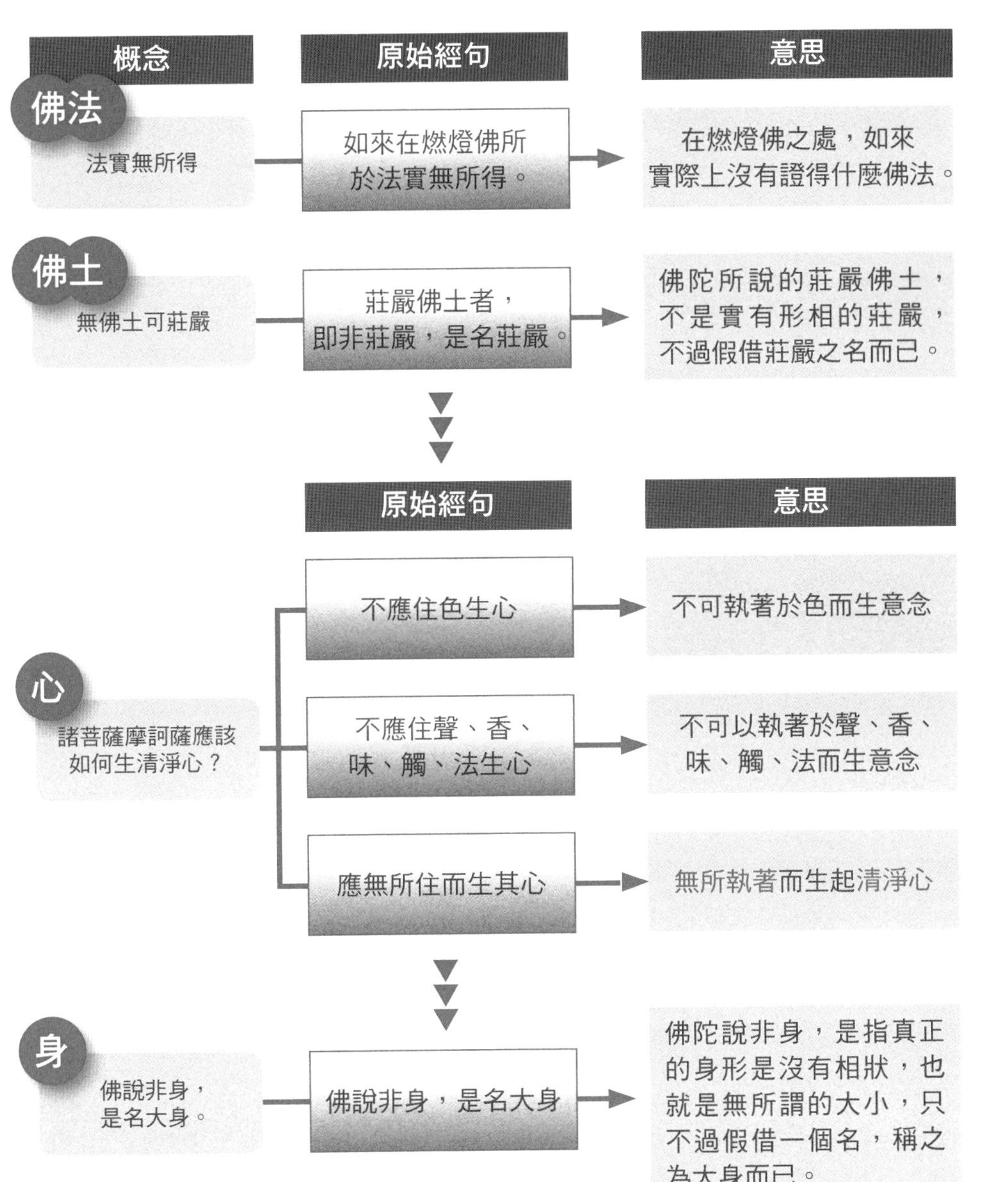

生起清淨心的正確態度
概念
原始經句
意思
佛法
法實無所得
如來在燃燈佛所
於法實無所得。
在燃燈佛之處，如來
實際上沒有證得什麼佛法。
佛土
無佛土可莊嚴
莊嚴佛土者，
即非莊嚴，是名莊嚴。
佛陀所說的莊嚴佛土，
不是實有形相的莊嚴，
不過假借莊嚴之名而已。
原始經句
意思
心
諸菩薩摩訶薩應該
如何生清淨心？
不應住色生心
不可執著於色而生意念
不應住聲、香、
味、觸、法生心
不可以執著於聲、香、
味、觸、法而生意念
應無所住而生其心
無所執著而生起清淨心
身
佛說非身，
是名大身。
佛說非身，是名大身
佛陀說非身，是指真正
的身形是沒有相狀，也
就是無所謂的大小，只
不過假借一個名，稱之
為大身而已。

分析2 莊嚴佛土與須彌山王

◉ 莊嚴佛土

「須菩提！於意云何？菩薩莊嚴佛土不？」「不也。世尊！何以故？莊嚴佛土者，即非莊嚴，是名莊嚴。」

莊嚴佛土的「莊嚴」是裝飾的意思，或是指景象莊美威嚴。真正的莊嚴，不是世人所想像的莊美景象，而是絕對的清淨。這樣的佛土並非真有實體，而是人類的語言文字所無法描述的。所以《金剛經》說「莊嚴佛土者，即非莊嚴，是名莊嚴」。

◉ 須彌山王

「須菩提！譬如有人，身如須彌山王，於意云何？是身爲大不？」須菩提言：「甚大。世尊！何以故？佛說非身，是名大身。」

本單元接著談到「須彌山王」，須彌山漢譯為妙高山，這座山是由金、銀、琉璃、水晶四寶所成，所以稱妙，諸山不能與之相比，故稱須彌山王。《金剛經》在這裡寫著「譬如有人，身如須彌山王，於意云何？是身為大不？」須菩提言：「甚大。世尊！何以故？佛說非身，是名大身。」這部分是假名的概念，所以佛陀說非身的意思是：真正的身形是超越相狀的，也就是無所謂的大小，這裡只不過假借一個名，稱之為「大身」而已。

◉ 星雲大師的解釋

對於此單元名稱「莊嚴淨土分」，星雲大師有仔細的說明，他說：第9分言四果無可得，此分則云聖果亦無可得；若是有得，皆是住相。凡夫總以為，四果既無所得，為何有四果之名？聖果若無所得，又何以有聖果的名稱？這都是犯了住相的毛病。要知道，聖賢的名稱，都是假名、有為法。所以，般若即要處處破這些有執，唯恐凡夫貪愛有為法，被假名所蒙蔽。所謂「莊嚴淨土」，並非就是凡夫眼中所見的色相莊嚴，而是指那無形無相的法性莊嚴。

分析3 「莊嚴佛土」也是個假名?

凡是透過意識所能夠建構的一切，依據中觀學派的理論就叫做「假名」，不完全否定它的存在，在《金剛經》裡被稱為「名」。《金剛經》最著名的「三段論式」（A，非A，是名A）就是透徹顯現「假名的意涵」。例如本單元「莊嚴佛土者，即非莊嚴，是名莊嚴。」是其中的典型範例。

《金剛經》認為，凡是被語言文字陳述的存在實態，就已經不是真正的實態了。但是為了隨機施教的對象，不得不採用符號文字，於是有了「假名」。**假名所使用的語言文字可以是梵文，也可以是中文或英文等等**。事實上在我們所處的世界，假名有其存在的必要，無須完全否定假名。大部分的人通常透過文字的描述，才能粗淺認識文字般若，接著，再經過**禪定般若，有了更深刻的體悟，最後才可能如同佛陀一般，親證實相、達到終極的實相般若**。所以，沒有假名，我們是不容易趨近甚至獲取文字般若的。（相關討論詳見本書第158頁）

❶**莊嚴佛土者**➡有（假有）
❷ **即非莊嚴**➡否定莊嚴佛土是真有實體的➡空
❸ **是名莊嚴**➡承認莊嚴佛土隨因緣而存在➡中觀
真正的莊嚴佛土是在「空」與「假有」之間取平衡，這就是「中觀」的哲學概念。

用莊嚴佛土來理解假名概念有點深，換個例子，以茶葉來說明吧！

茶葉就是那樣，無論您稱它為Tea（英）、茶葉（中文）、Ocha（日語），它還是那個樣子，都只是個假名。

無為福勝分

「無為」意為無因緣造作

「須菩提！如恆河中所有沙數，如是沙等恆河，於意云何？是諸恆河沙，寧為多不？」須菩提言：「甚多，世尊！但諸恆河，尚多無數，何況其沙！」「須菩提！我今實言告汝，若有善男子、善女人，以七寶滿爾所恆河沙數三千大千世界，以用布施，得福多不？」須菩提言：「甚多，世尊！」佛告須菩提：「若善男子、善女人，於此經中，乃至受持四句偈等，為他人說，而此福德勝前福德。」

關鍵內容

❶佛陀問須菩提一個有關恆河沙數的數量問題：恆河所有的沙數，每一粒沙代表一條恆河，這麼多的恆河中這麼多的沙，那樣的數目，多不多？

➡須菩提回答（連續性答案）：

1.很多。

2.恆河尚且無法計數，更何況是恆河的沙數？

❷佛陀問須菩提一個有關布施問題：如果善男子善女人，用「遍滿恆河沙數那樣多的三千大千世界」的七寶來布施，那麼所得到的福德多不多？

➡須菩提回答：很多。

❸佛陀告訴須菩提有關布施的正確認知：

➡「受持四句偈、為他人講說」的福德大於「布施遍滿恆河沙數的三千大千世界的七寶」的福德。

【白話翻譯】

佛陀問須菩提：「須菩提！如用恆河中所有的沙數來作比喻，以一粒沙比喻為一條恆河，那麼所有恆河內的所有沙，你認為多不多呢？」
須菩提回答：「非常多。世尊！以一粒沙代表一恆河，河的數量尚且無數多，更何況是所有河中的所有沙呢！」

佛陀問須菩提：「須菩提！我現在實實在在告訴你，如果有善男子或善女人，用遍滿如恆河沙數那麼多的三千大千世界的七寶來布施，如此所獲得的福德多不多？」
須菩提回答：「當然很多，世尊！」

佛陀告訴須菩提：「如果有善男子或善女人，雖然少到只受持此經的四句偈，但仍為他人解說此經，這樣的布施所得到的福德，勝過前面用七寶布施所得到的福德。」

【孔茲・梵版英譯】

The Lord asked: What do you think, Subhuti, if there were as many Ganges rivers as there are grains of sand in the large river Ganges, would the grains of sand in them be many? Subhuti replied: Those Ganges rivers would indeed be many, much more so the grains of sand in them. The Lord said: This is what I announce to you, Subhuti, this is what I make known to you, —if some woman or man had filled with the seven precious things as many world systems（三千大千世界七寶）as there are grains of sand in those Ganges rivers, and would give them as a gift to the Tathagatas, Arhats, fully Enlightened Ones（請注意！此處諸佛陀稱號採複數，共三種不同稱謂：如來、應供、正遍知。此英文翻譯保留了梵文版的說法。在玄奘的漢譯版本裡也忠實譯出。）what do you think, Subhuti, would that woman or man on the strength of that beget a great heap of merit？ Subhuti replied: Great, O Lord, great O Well-Gone,（此處佛陀稱號採單數，有兩種稱謂：世尊、善逝。此英文翻譯保留了梵文版的說法。在玄奘的漢譯版本裡也忠實譯出。） would that heap of merit be, immeasurable（不可測量的，指的是空間計量） and incalculable（無法計算的，指的是數字計量）. The Lord said: But if a son or daughter of good family had taken from this discourse on dharma but one stanza of four lines, and were to demonstrate and illuminate it to others, then they would on the strength of that beget a still greater heap of merit, immeasurable and incalculable.

分析 1 布施七寶和受持四句偈的福德哪個比較多？

若有善男子、善女人，以七寶滿爾所恆河沙數三千大千世界，以用布施，得福多不？

◉ 福德的較量

在第8單元提到的布施，是以七寶滿「三千大千世界」，而這個單元的布施更多，是以七寶滿「恆河沙數三千大千世界」，這次的布施增添了「恆河沙數」的數量形容詞，這個字詞是譬喻「極多的數目」。對印度而言，恆河向來是古代人們心目中最熟悉的聖河，兩千多年前佛陀就經常在恆河平原活動傳法。自然而然，當佛陀說法的時候，會以恆河之沙譬喻極多的數目。但這樣的布施所獲得的福德，還是不若「只受持此經的四句偈，但仍為他人解說此經」的人。

◉ 無為福德勝過有為福德

昭明太子將本單元命名為「無為福勝分」，「無為福勝」是說無因緣造作的布施其福德勝過一切。其中，「無為」的意思就是無因緣造作。

星雲大師曾解釋說：所謂的「福德」有兩種，一是有為的福德，一是無為的福德。**有為的福德，是有限量的**，多作善事即多增福德，少作善事即少增福德，所謂種如是因，即得如是果。**無為福德，並不一定要有何造作，乃是本性自具，不假修證**，是稱量法界，周遍虛空。用財寶布施，所獲得的，就是有為的福德；受持本經，體悟般若無住真理，就是無為的福德。本分要說明的，就是無為福德勝過有為福德的道理，故曰「無為福勝」。

福德的較量

《金剛經》寫著：如用恆河中所有的沙數來作比喻，以一粒沙比喻為一條恆河，那麼所有恆河內的所有沙你認為多不多呢？又說：以一粒沙代表一恆河，河的數量尚且無數多，更何況是所有河中的所有沙呢？

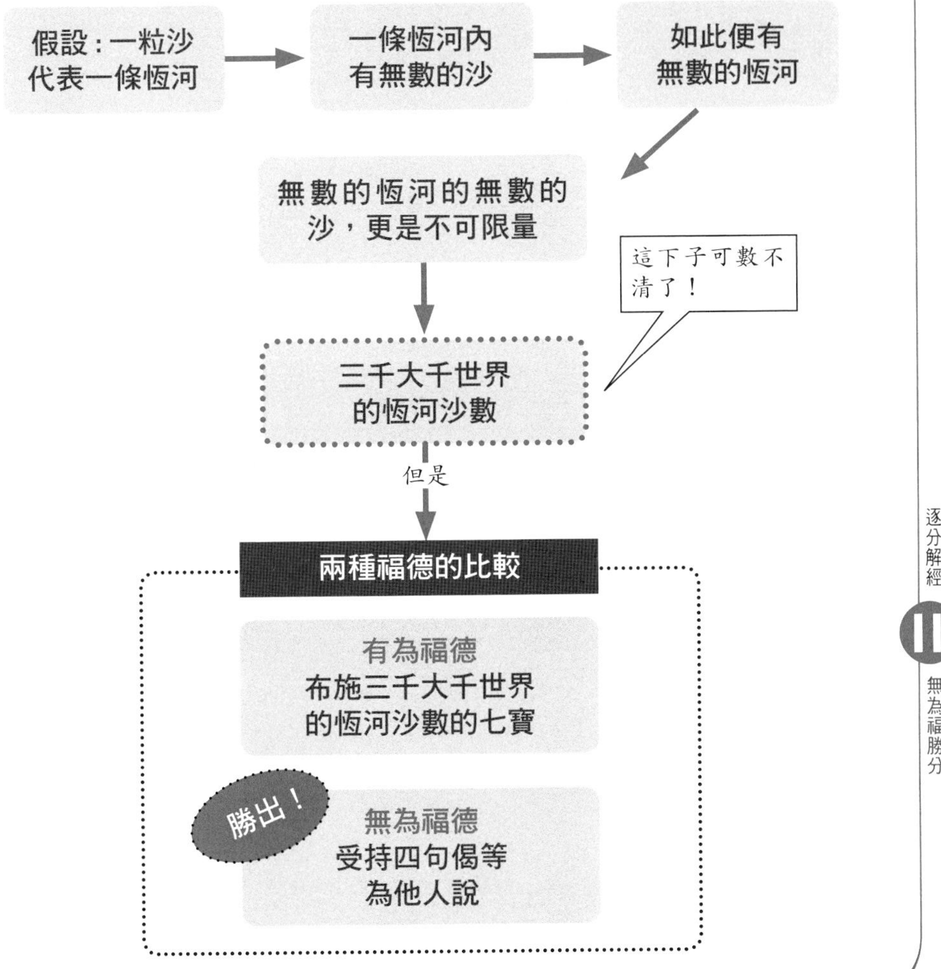

尊重正教分

「復次，須菩提！隨說是經，乃至四句偈等，當知此處，一切世間天天神、人、阿修羅，皆應供養，如佛塔廟。何況有人，盡能受持讀誦。須菩提！當知是人，成就最上第一希有之法指如同佛陀親證的法，是不可說的法；若是經典所在之處，即為有佛，若尊重弟子。」

【白話翻譯】

佛陀再進一步的說：「須菩提！如果有人隨時隨處講說此經，甚至只說四句偈等。應該知道這個講經之處是難得且珍貴的，一切世間的天、人、阿修羅等對於這個地方，皆應恭敬供養，如同供養佛寺塔廟一般。何況是能夠完全受持讀誦此經的人，更是值得尊敬。須菩提！你當知這樣的人未來將成就世上第一希有的法。如果有此經之處，就有佛陀在那裡，還有受人敬重的佛陀弟子隨侍左右。」

關鍵詞彙

【世間】、【欲界】、【色界】
【無色界】、【六道】

關鍵內容

❶佛陀延續上一單元繼續開導須菩提：
1.講經之處，就算只有四句偈：一切世間天、人、阿修羅，皆應供養。
2.講經之處：如佛塔廟一樣的重要。
3.盡能受持讀誦者，更是了不起：這樣的人成就第一希有之法。
4.經典所在之處，即是佛的住處：應當虔心供養。

❷本單元更進一步說明，寶物布施的福德不如持經的福德，並推崇對持經的尊重。般若甚深微妙法，是三世諸佛之母，所以，經典所在之處，即應恭敬尊重，有如佛在。

【孔茲・梵版英譯】

Moreover, Subhuti, that spot of earth where one has taken from this discourse on dharma but one stanza of four lines（四句偈）, taught or illumined it, that spot of earth will be a veritable shrine for the whole world with its gods, men and Asuras（當知此處，一切世間天、人、阿修羅，皆應供養，如佛塔廟）. What then should we say of those who will bear in mind this discourse on dharma in its entirety, who will recite, study, and illuminate it in full detail for others! Most wonderfully blest, Subhuti, they will be! And on that spot of earth, Subhuti, either the Teacher（天人師，佛陀的另一稱號，說明佛陀是一切天、人的導師） dwells, or a sage representing him（注意，這最後一句與鳩版譯法略有不同）.

關鍵詞彙

【世間】梵語 loka-dhatu

❶梵語loka-dhatu，loka是世，dhatu是界。前者有「遷流」的意思，而後者代表「方位」。當合併此二字，世間的意思是「有過去、現在、未來等三世遷流變動的方位空間」。

❷世間並非單指人類的世界，而是包括了欲界、色界、無色界等三界的六道（天、人、阿修羅、畜生、餓鬼、地獄）眾生居住之所。

◉世間：三界六道

三界	活動的眾生	欲望(有食、性二欲)	色身
欲界	天、人、阿修羅、畜生、餓鬼、地獄（六道眾生）	有	有
色界	色界十八天	無	有
無色界	無色界四天	無	無

【欲界】梵語 kama-dhatu

指仍有飲食、男女之欲的世界。

【色界】梵語 rupa-dhatu

色，具備形體。色界是已經沒有食、性二欲，正在努力修習禪定，但仍有色身形貌的世界。

【無色界】梵語 arupa-dhatu

三界中最上層的世界，禪定者的修習更深，只有心識，已無色身。

【六道】

❶六道是指天道、人道、阿修羅道、畜生道、餓鬼道、地獄道。

❷六道眾生都因無明的緣故被困在迷惑的境界，無法脫離生死，這一世生在這一道，下一世又生在那一道，總是在六道之間轉來轉去，像車輪一樣的轉，永遠轉不出去，叫做「六道輪迴」。

天道：天人享受著幸福且長壽的生活，這是憑藉過去世中行善的業力，一旦福報用盡，仍得往下五道沉淪。

人道：須承受各種苦樂及生老病死的折磨，卻獨有改善生命的機會。

阿修羅道：梵語asura，又叫「非天」，因其有天人的福報卻而無天人的德性，所以說似天而非天。天性好鬥，經常與帝釋天爭戰。

畜生道：這裡的眾生存在的目的只為了供應其他眾生使用。

餓鬼道：饑餓是餓鬼道眾生痛苦的原因。有大肚皮和胃口，喉嚨卻很細小，只要一吃食，喉嚨便灼燒到胃。

地獄道：這裡的眾生因造惡業而承受痛苦折磨，據說有十八層地獄苦刑。

分析 1 三界諸「天」有何不同？

◉「天」跨越三界

天是輪迴六道之一。六道是天、人、阿修羅、畜生、餓鬼、地獄。這六道的眾生都是屬於迷的境界，不能脫離生死，這一世生在這一道，下一世又生在那一道，在六道裡轉來轉去，像車輪一樣的轉個不停，所以叫做六道輪迴。其中「天」的類別最複雜，三界皆有，以下是就欲界（有欲念有形體）、色界（無欲念有形體）、無色界（無欲念無形體，但仍有心識）來分類。這裡的欲念指的是情欲與食欲。

◉ 欲界

所謂欲界，是仍有欲望的世界，這種欲望主要是指飲食、男女之欲，是對食物、性愛的渴求。在欲界活動的天，是六欲天。

◉ 色界

在色界可有了變化，來到這個世界的眾生，已經沒有男女、飲食之欲，是一群正在努力修習禪定的十八天天人，他們雖沒欲望但仍有色身形貌。

◉ 無色界

無色界共有四天，這個境界的禪定修習比前者更深，不僅沒有欲望，而且也無色身形貌，但仍有心識。

色界十八天	數量	稱謂
初禪天	三天	眾天、梵輔天、大梵天。
二禪天	三天	少光天、無量光天、光音天。
三禪天	三天	少淨天、無量淨天、遍淨天。
四禪天	九天	無雲天、福生天、廣果天、無想天、無煩天、無熱天、善見天、善現天、色究竟天。

三界二十八天

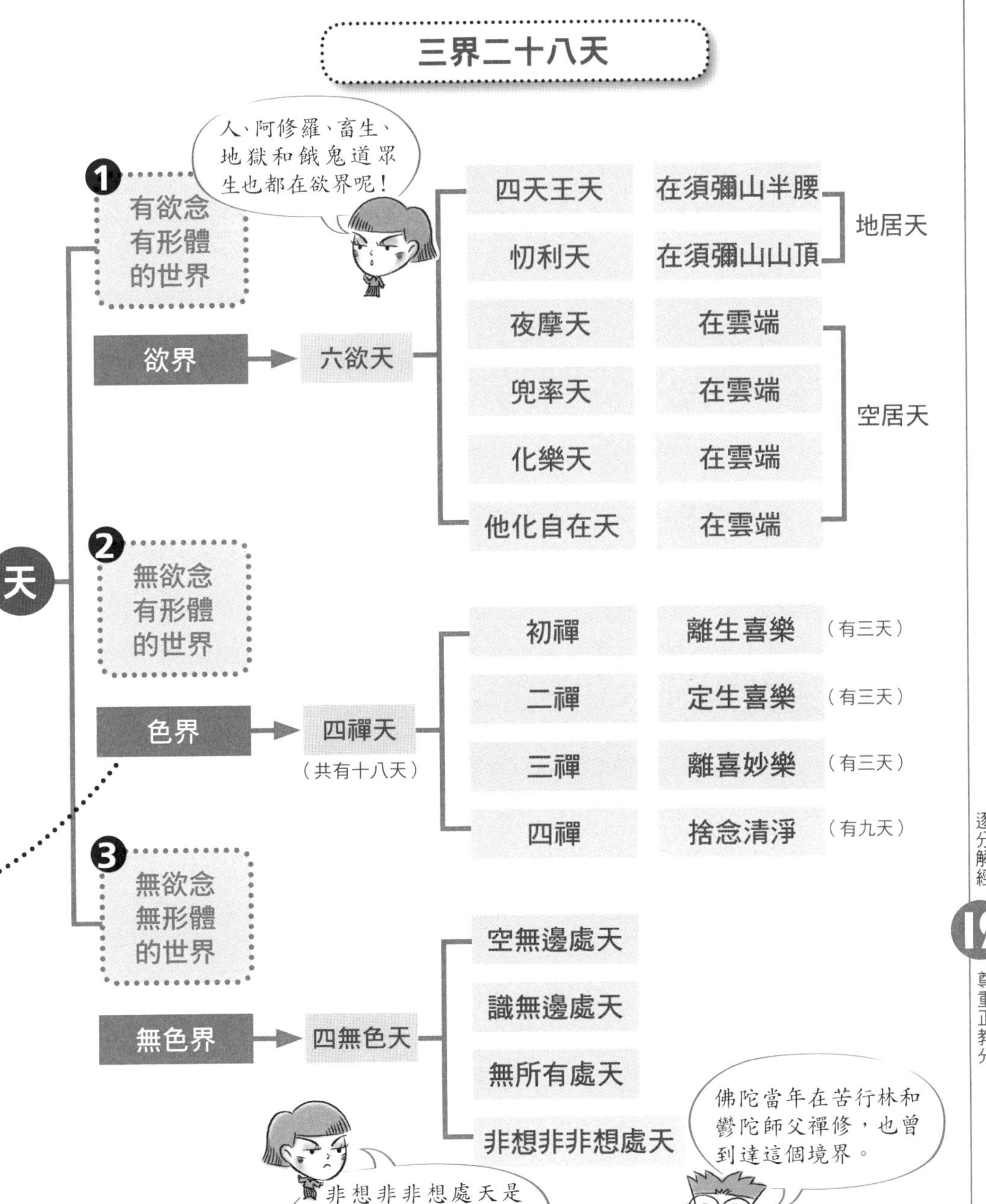

人、阿修羅、畜生、地獄和餓鬼道眾生也都在欲界呢！
天
1 有欲念 有形體 的世界
欲界
六欲天
四天王天
在須彌山半腰
忉利天
在須彌山山頂
地居天
夜摩天
在雲端
兜率天
在雲端
化樂天
在雲端
他化自在天
在雲端
空居天
2 無欲念 有形體 的世界
色界
四禪天
（共有十八天）
初禪
離生喜樂
（有三天）
二禪
定生喜樂
（有三天）
三禪
離喜妙樂
（有三天）
四禪
捨念清淨
（有九天）
3 無欲念 無形體 的世界
無色界
四無色天
空無邊處天
識無邊處天
無所有處天
非想非非想處天
佛陀當年在苦行林和鬱陀師父禪修，也曾到達這個境界。
非想非非想處天是輪迴世界所能到達的最高境界，但仍不夠究竟。

分析2 講經處、誦經者和藏經處

請再讀一次這個單元經文的重點：

❶須菩提！隨說是經，乃至四句偈等，當知此處，一切世間天、人、阿修羅，皆應供養，如佛塔廟。（講經處）
❷何況有人，盡能受持讀誦。須菩提！當知是人，成就最上第一希有之法。（誦經處）
❸若是經典所在之處，即爲有佛，若尊重弟子。（藏經處）

在此單元中，佛陀闡述講經處、誦經者和藏經處的可貴。他說，❶如果有人隨時隨處講說此經，甚至只說四句偈等，應該知道這個講經之處是難得珍貴的。一切世間的天、人、阿修羅等對於這個地方，皆應恭敬供養，如同供養佛寺塔廟一般。❷何況是能夠完全受持、讀誦此經的人，更是值得尊敬。當知這樣的人未來將成就世上第一希有的法。❸如果有此經之處，就有佛陀在那裡，還有受人敬重的佛陀弟子隨侍左右。

◉最上第一希有之法

何況有人，盡能受持讀誦。須菩提！當知是人，成就最上第一希有之法。

能夠完全受持讀誦此經的人，更是值得尊敬。當知這樣的人未來將成就世上第一希有的法。這裡的「法」是指什麼？《金剛經》裡的「法」一字，梵語dharma，共有三種不同的意義，包括：❶一切事物的現象。❷佛陀說的法（曾被用文字語言來描述的說法，例如以文字書寫的佛經）。❸佛陀親證的法（超越人類文字語言所能描述的）。本單元提及能夠完全受持讀誦此經的人，更是值得尊敬。佛陀告訴須菩提，當知這樣的人未來將「成就世上第一希有的法」。**這裡的「第一希有法」的「法」並非一切事物現象，也不是文字形式的佛教經典，而是指如同佛陀親證的法，是不可說的法。**

講經處、誦經者、藏經處的重要

講經處	隨說是經 乃至四句偈	當知此處，一切世間天、人、阿修羅，皆應供養，如佛塔廟	塔廟
誦經者	何況有人 盡能受持讀誦	當知是人 成就最上第一希有之法	法
藏經處	若是經典 所在之處	即為有佛，若尊重弟子	佛

如此說明
《金剛般若波羅蜜經》的重要

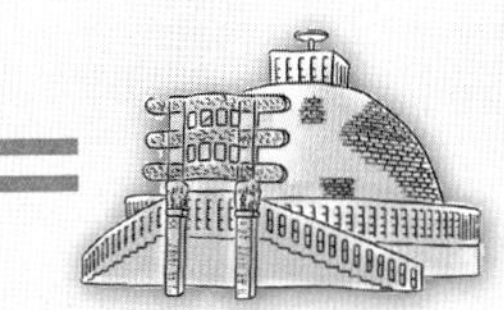

如法受持分

爾時，須菩提白佛言：「世尊！當何名此經？我等云何奉持？」佛告須菩提：「是經名為金剛最堅固，不可摧壞般若波羅蜜渡過生死輪迴的苦海，到達解脫的彼岸，以是名字，汝當奉持。所以者何？須菩提！佛說般若證悟空性的圓滿智慧波羅蜜，即非般若波羅蜜，是名般若波羅蜜。須菩提！於意云何？如來有所說法不？」須菩提白佛言：「世尊！如來無所說。」「須菩提！於意云何？三千大千世界所有微塵在物質界中，肉眼可見最細微的粒子，是為多不？」須菩提言：「甚多。世尊！」「須菩提！諸微塵，如來說非微塵，是名微塵。如來說世界非世界，是名世界。須菩提，於意云何？可以三十二相佛陀殊勝圓滿的應化身所具有的三十二種神聖徵相見如來不？」「不也。世尊！不可以三十二相得見如來。何以故？如來說三十二相，即是非相，是名三十二相。」「須菩提！若有善男子、善女人，以恆河沙等身命布施，若復有人，於此經中，乃至受持四句偈等，為他人說，其福甚多！」

關鍵詞彙

【般若】、【波羅蜜】、【微塵】、【三十二相】

關鍵內容

本單元主要討論了四個假名：❶假名波羅蜜多（經名）→❷假名微塵（空間極微小）→❸假名世界（空間之大）→❹假名三十二相（佛的身相）：

❶須菩提請教佛陀：如何稱呼此經？如何奉持？

➲佛陀回答：此經名為「金剛般若波羅蜜」，你應當奉持。

➲佛陀進而開導須菩提：佛陀說的般若波羅蜜，並非般若波羅蜜，是為了讓眾生便於瞭解，而暫且稱為般若波羅蜜。

佛陀接著問須菩提：如來有沒有說法？

➲須菩提回答：如來無所說。

❷佛陀問須菩提（有關微塵）：三千大千世界的微塵多不多？

➲須菩提回答：很多。

❸須菩提表達自己對「微塵」與「世界」的理解：

1.所有微塵，如來說不是微塵，只是暫借個名，稱為微塵而已。

2.如來說世界，它不是世界，只是暫借個名，稱為世界而已。

❹佛陀問須菩提（有關三十二相）：可以透過三十二相來認識如來嗎？

➲須菩提回答：

1. 不可以。

2.如來所說的三十二相，並非如來真實的相狀，只是為了方便度化眾生，暫且稱為三十二相而已。

❺最後，佛陀開導須菩提（有關布施）：

➲善男子善女人「以恆河沙數的身命布施」的福德，小於「受持四句偈、並為他人講說」的福德。

【白話翻譯】

這時候，須菩提向佛稟白：「世尊！應該如何稱呼這部經？我們應該如何受持奉行呢？」

佛陀告訴須菩提：「這部經就取名為『金剛般若波羅蜜』，你們應當依法奉持。為何要這麼樣呢？須菩提！佛陀說般若波羅蜜，就不是般若波羅蜜，是為了讓眾生便於瞭解，所以假名為般若波羅蜜。須菩提！你認為如何呢？如來說過什麼法嗎？」
須菩提稟白佛陀：「世尊！如來沒有說過什麼法。」

佛陀問須菩提：「須菩提！你認為如何呢？三千大千世界裡所有的微塵多不多？」
須菩提回答：「甚多。世尊！」
佛陀告訴須菩提：「須菩提！所有的微塵，如來說它們不是微塵，只不過暫借個名稱，稱之為微塵。同樣的道理，如來說世界，也不是世界，只不過暫借個名，稱之為世界。」

佛陀問須菩提：「須菩提！你認為如何呢？可以透過三十二相來認識如來嗎？」
須菩提回答：「不可以，世尊！不可以三十二相來認識如來。為什麼呢？如來所說的三十二相，並非是如來的真實相狀，只不過是暫借個名，稱之為三十二相。」

佛陀說：「須菩提！如果有善男子或善女人，以等同於恆河沙的生命來布施眾生（捨命布施的次數多如恆河沙數）。再說如果另一種人，遵循受持此經，甚至僅只四句偈，但仍為他人解說，這樣所得的福德，還是比前面說的『以恆河沙數的生命捨身布施』的福德，來得更多！」

【孔茲・梵版英譯】

Subhuti asked: What then, O Lord, is this discourse on dharma, and how should I bear it in mind? The Lord replied: This discourse on dharma, Subhuti, is called 'Wisdom which has gone beyond'（梵版寫著Prajnaparamita，僅「般若波羅蜜多」，並無「金剛」一詞）, and as such should you bear it in mind!

And why? Just that which the Tathagata has taught as the wisdom which has gone beyond, just that He has taught as not gone beyond. Therefore is it called 'Wisdom which has gone beyond'.（佛說般若波羅蜜，即非般若波羅蜜，是名般若波羅蜜）'. What do you think, Subhuti, is there any dharma which the Tathagata has taught? Subhuti replied: No indeed, O Lord, there is not.

The Lord said: When, Subhuti, you consider the number of particles of dust in this world system of 1,000 million worlds（三千大千世界所有微塵）— would they be many? Subhuti replied: Yes, O Lord. Because what was taught as particles of dust by the Tathagata, as no-particles that was taught by the Tathagata. Therefore are they called 'particles of dust'（諸微塵，如來說非微塵，是名微塵）. And this world-system the Tathagata has taught as no-system. Therefore is it called a 'world system'.（如來說世界非世界，是名世界）

The Lord asked: What do you think, Subhuti, can the Tathagata be seen by means of the thirty-two marks of the superman（三十二相）? Subhuti replied: No indeed, O Lord. And why? Because those thirty-two marks of the superman which were taught by the Tathagata, they are really no-marks. Therefore are they called 'the thirty-two marks of the superman'.

The Lord said: And again, Subhuti, suppose a woman or a man were to renounce all their belongings as many times as there are grains of sand in the river Ganges; and suppose that someone else, after taking from this discourse on Dharma but one stanza of four lines, would demonstrate it to others. Then this latter on the strength of that would beget a greater heap of merit, immeasurable and incalculable.

關鍵詞彙

【般若】梵語 prajna

❶「般若」是梵語prajna的音譯，傳統佛教典籍中的意譯是「智慧」、「智」、「慧」、「明」等。

❷「般若」是不同於一般理解或辨識能力的世間智，它所代表的智慧指的是「圓滿的知識」，是「證悟空性的智慧」。

❸般若雖然意指智慧，但與一般認知的智慧，在意義上還是有差異的，為了加以區別，經常加個「妙」，稱「妙智慧」。

【波羅蜜】梵語 paramita

❶「波羅蜜」是梵語paramita的音譯，或譯「波羅蜜多」，意思是「度脫到彼岸」。

❷更完整的說明是「渡過生死輪迴的苦海，到達解脫的彼岸」。

【微塵】梵語 prthivi rajas

❶微塵（英文particles of dust），乃「色法」物質界中肉眼可見最細微的粒子。

❷印度世親大師（Vasubandhu）的著作《俱舍論》（《阿毘達磨俱舍論》之略稱）上面寫著：微塵是由七粒「極微」聚積而成的，是眼識所取色中最微細者。請詳見本書第138頁的分析。

【三十二相】

梵語

dvatrimsan mahapurusa-lakasanais

❶三十二相，又名「三十二大人相」（thirty-two marks of the superman），是「轉輪聖王」與「佛的應化身」圓滿具備的三十二種殊勝容貌與微妙形相。

❷此處是指佛陀身形殊勝圓滿的應化身。關於佛陀三十二相的分析，請詳見第389頁。

分析 1 四個假名

本單元的主旨在討論四個假名：❶假名般若波羅蜜（經名）❷假名微塵（空間極微小）❸假名世界（空間之大）❹假名三十二相（佛的身相）。

般若波羅蜜，其特質是「妙覺本性，空如太虛」，它超越人類語言文字所能描述，取名「金剛般若波羅蜜」的名稱，是為了方便眾弟子奉持而已，只是個假名。**微塵、世界都是因緣聚合的假相，緣成則聚，緣盡則滅，虛空不實**。兩者不過假借個名，稱之為微塵與世界而已。三十二相，也是屬於因緣和合，隨順眾生的祈願所顯現的方便度化相，並非如來真實的法身體理。

討論完這四個假名，最後，佛陀再一次教導布施的福德，這次是談到身布施：遵循受持此經，甚至僅四句偈，但仍為他人解說，這樣所得的福德還是比恆河沙數捨身布施的福德來得更多！**在這之前有關福德的比喻是財布施（七寶），這裡提升為身布施（身命）。**

四個假名和布施福德

經文

	經文		
假名 般若波羅蜜	佛說般若波羅蜜，即非般若波羅蜜，是名般若波羅蜜。	經名	法
三個假名都只不過是因緣聚合的假相或是眾生的妄心	諸微塵，如來說非微塵，是名微塵。	微塵（肉眼可見的極細微粒子）	相
	如來說世界非世界，是名世界。	世界（微塵累積所構成）	
	如來說三十二相，即是非相，是名三十二相。	如來三十二相（美好身形）	

先為此經命名「金剛般若波羅蜜」

福德比較

勝出！

受持四句偈等為他人說 —— 慈悲心

以恆河沙等身命布施

好精彩的單元，先談「相與法」的認識（三個假名），後談「慈悲」（布施福德）！

這不就是第75頁所談的一心二輪嗎？太棒了，這個單元我可要好好多看幾次。

逐分解經 13 如法受持分

1 般若波羅蜜，即非般若波羅蜜，是名般若波羅蜜

佛說般若波羅蜜	➲屬語言文字，隨機講經說法	➲「有」的觀點
即非般若波羅蜜	➲超越語言文字，妙覺本性，空如太虛，空如太虛	➲「空」的觀點
是名般若波羅蜜	➲只是給個「假名」，不偏空的一端，也不偏有的一端	➲中觀的概念

說明：「般若波羅蜜」是說「般若」如同一艘智慧之舟能將眾生由「生死」的此岸，載渡到「不生不滅」的涅槃彼岸。佛所說的般若波羅蜜，其特質是「妙覺本性，空如太虛」，並非實體，而是一種碰觸不到的實相真理。由於般若波羅蜜本體是虛無，所以它「超越了人類語言文字所能描述」。但是佛陀擔心凡人誤解而心生斷見，不得已勉強取個「金剛般若波羅蜜」的名稱，以方便眾弟子奉持。所以《金剛經》寫著「佛說般若波羅蜜，即非般若波羅蜜，是名般若波羅蜜」。

2 諸微塵，如來說非微塵，是名微塵

諸微塵	➲微塵隨因緣聚合而存在	➲「有」的觀點
非微塵	➲微塵並非永遠存在實有	➲「空」的觀點
是名微塵	➲打破空與有的對立，只給個「假名」，不偏空，也不偏有。	➲中觀的概念

說明：「微塵」乃色法（物質）細微的粒子。依據《俱舍論》來說，微塵是由七粒「極微」聚積而成的，微塵是眼識所能獲取色法中最微細者。只有「極微」比「微塵」更小，兩者有何差別？微塵是「肉眼可見」的最小單位，而極微則凡常人的「肉眼無法看見」。

微塵就如同是細微的灰塵，微塵雖多但皆無自性，只是因緣聚合的假相。因此，這些微塵並非永遠存在實有的。所以《金剛經》說它們是「非」微塵，這是以「空」的觀點來看待微塵；接著又說「是名」微塵，意思是假借個名稱之為微塵，此時的觀點是承認因緣聚合的「假有」。

兩種對立觀點的呈現，即是中觀思想，既不偏於「空」」的一端，也不偏於「有」的一端。

3 如來說世界非世界，是名世界

說世界	➲緣成則聚，緣盡則滅	➲「有」的觀點
非世界	➲其實是虛空不實的	➲「空」的觀點
是名世界	➲只是給個「假名」，不偏於空的一端，也不偏於有的一端	➲中觀的概念

說明：《金剛經》裡如來對世界的看法是這樣：世界是緣成則聚，緣盡則滅，也是虛空不實的，所以說「世界非世界」。接著又說「是名世界」，意思是假借個名，稱之為世界。如同微塵，「非世界」是「空」的觀點，「是名世界」是「假有」的觀點。

4 三十二相，即是非相，是名三十二相

說三十二相	➲此超越常人的非凡身形，其實是因緣和合	➲「有」的觀點
非三十二相	➲這是隨眾生的祈願所顯現的方便度眾相	➲「空」的觀點
是名三十二相	➲只是給個「假名」，不偏於空，也不偏於有	➲中觀的概念

說明：兩千五百年前誕生於世間的佛陀，有著百福莊嚴的理想身相，經典裡形容有「三十二相，八十種好」，這是佛陀顯現於眾人的理想聖容，是超越常人的非凡身形。不過《金剛經》認為，如來所說的三十二相，也是屬於因緣假合，也就是隨著眾生的妄心所顯現的假相。所以這個理想的如來身相其實是來自人類心理的投射，予以神聖莊嚴化，並非真實永存。所以佛經所描述的三十二相根本不是如來真實的法身理體，只不過是假借個名稱之為三十二相。

分析2 破除眾生的三種執著

這個單元非常精采，完整呈現破除眾生的三種執著的概念：**破法執**（對法的執著）、**破依報執**（所依環境的執著）、**破正報執**（對眾生身體的執著）。佛陀先從無所說法處，破眾生的法執；再從三千大千世界碎為微塵處，破眾生的依報執；最後又從三十二相即非三十二相處，剝除眾生的正報執。此三破執著，無非是竭力勸告眾生要離卻「一切有為法」，而如法奉持「無為」（非因緣和合）的《金剛般若波羅蜜》。

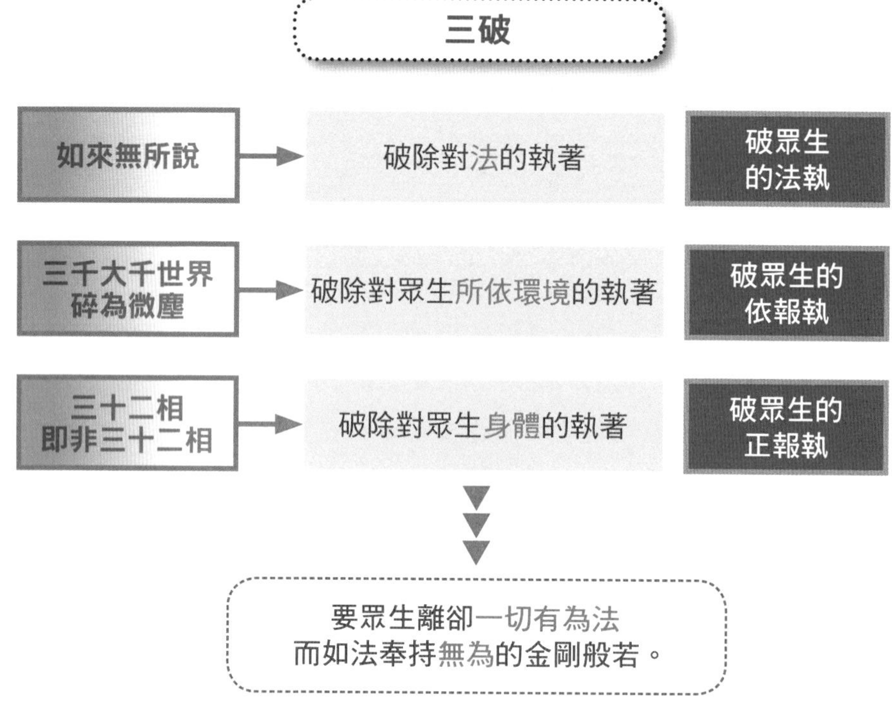

星雲大師解釋「如法受持分」

法者，般若之妙法也。就是依般若之法而信受奉持，先由多聞而求解，由解而行，由行而證。受持般若，則諸法皆具足。須菩提已深深領悟般若妙理，認為此經不僅現為弟子們受持而已，且具有流通將來世界的價值，所以，至此請示佛陀總結經名，以便於後人受持奉行。

分析3 總結第1-13單元的四個重點

《金剛經》一直到了第13分，才說出此經的經名「金剛般若波羅蜜」，總結第1分到第13分，可提示歸類成四個重點：

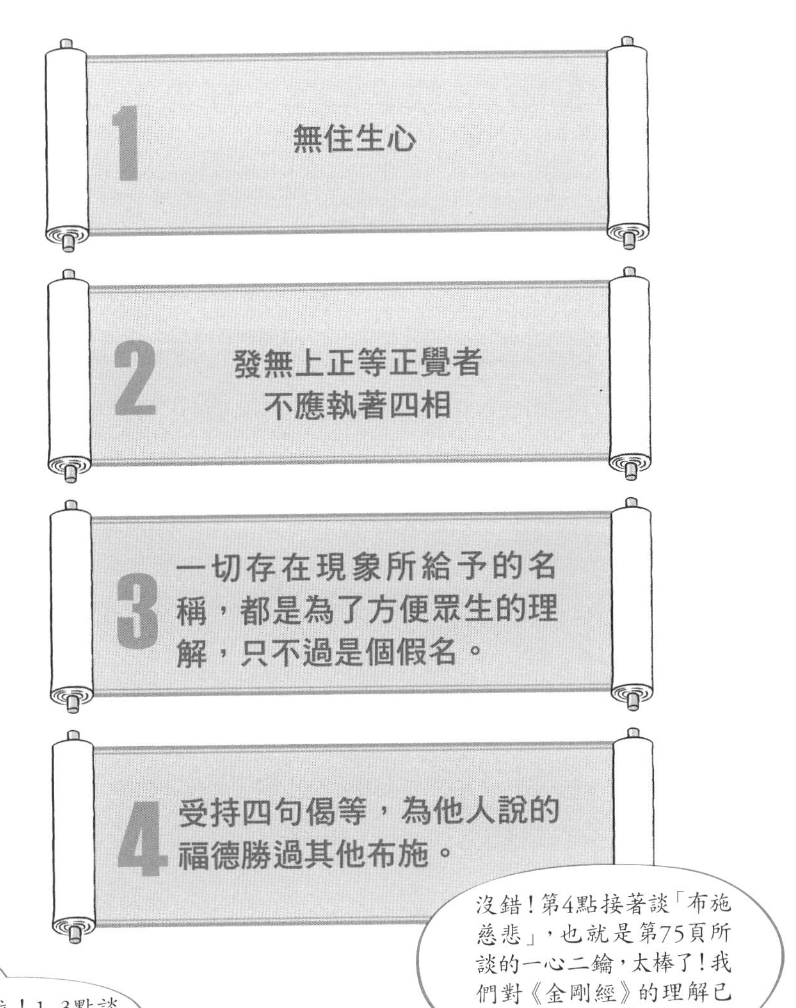

離相寂滅分 (1)

本分說明：離一切幻相，心無所住，所以寂靜。

爾時，須菩提聞說是此經，深解義趣義理旨趣，涕淚悲泣，而白佛言：「希有！世尊。佛說如是甚深經典，我從昔來所得慧眼聲聞、緣覺二乘者之眼，未曾得聞如是之經。世尊！若復有人得聞是經，信心清淨，即生實相對究竟真理的了悟，近似於佛性、法性、真如、法身、真諦的意義。當知是人成就第一希有功德。世尊！是實相者，即是非相，是故如來說名實相。世尊！我今得聞如是經典，信解受持不足為難，若當來世後五百歲，其有眾生，得聞是經，信解受持，是人即為第一希有。何以故？此人無我相、無人相、無眾生相、無壽者相，所以者何？我相，即是非相；人相、眾生相、壽者相，即是非相。何以故？離一切諸相，即名諸佛。」

關鍵詞彙

【離相】、【寂滅】、【慧眼】、【信解】、【實相】

關鍵內容

須菩提聽到佛陀開示，深刻理解義趣之後，深受感動，隨即有六個體認，非常有條理：

體認1：自己昔日的慧眼不曾聽過如此甚深的經典。

體認2：如果有人聽聞此經，信心清淨而生實相，應當知道此人成就「第一希有功德」。

體認3：是實相者，則是非相，是故如來說名實相。

體認4：我（須菩提）今日得以親聞佛陀解說此經，信解受持不足為難。

體認5：末法時代後五百年，得聞此經，能夠信解受持，則是第一希有。同時，這人必然達到「四相皆無」的境界。

體認6：四相即非相。離一切相，則名諸佛。

【白話翻譯】

這時候，須菩提聽佛陀說經至此，心中已經深悟其中的義理旨趣，深深地感動流下淚來。不禁向佛陀稟白讚歎：

「希有的世尊！佛陀所說如此甚深奧妙的經典，即使在從前，我雖具有慧眼，但還未曾聽過如此深奧的經。世尊！如果有人，得聞此經而信心清淨，那麼他已經達到體悟實相的境界了，應當知道這個人成就了第一希有功德。

世尊！所謂的實相，實際是沒有實體相狀可得的，如來之所以說它是實相，只是為了引導眾生，不得不假借一個名，稱之為實相而已。

世尊！我在今日得以聽到此經，信奉理解而且遵循修持，應該不是難事。如果未來在第五個五百年之後，聽到此經而能信解受持，肯定是第一希有難得的人。為什麼這樣說？因為這個人必無我相、人相、眾生相、壽者相，因為他已經領悟我相是非相，人相、眾生相、壽者相也是非相。這是為什麼呢？凡是能夠離開一切諸相，即可稱為佛。」

【孔茲・梵版英譯】

Thereupon the impact of Dharma moved the Venerable Subhuti to tears. Having wiped away his tears, he thus spoke to the Lord: It is wonderful, O Lord, it is exceedingly wonderful, O Well-Gone, how well the Tathagata has taught this discourse on Dharma. Through it cognition（梵語jnanam，慧眼）has been produced in me. Not have I ever before heard such a discourse on Dharma. Most wonderfully blest will be those who, when this Sutra is being taught, will produce a true perception.（若復有人得聞是經，信心清淨，即生實相）. And that which is true perception, that is indeed no perception. Therefore the Tathagata teaches, 'true perception, true perceptions'.（是實相者，則是非相，是故如來說名實相） It is not difficult for me to accept and believe this discourse on Dharma when it is being taught. But those beings who will be in a future period, in the last time, in the last epoch, in the last 500 years, at the time of the collapse of the good doctrine, and who, O Lord, will take up this discourse on Dharma, bear it in mind, recite it, study it, and illuminate it in full detail for others, these will be most wonderfully blest.（是人即為第一希有） In them, however, no perception of a self will take place, or of a being, a soul, or a person. And why? That, O Lord, which is perception of self, that is indeed no perception. That which is perception of a being, a soul or a person, that is indeed no perception. And why? Because the Buddhas, the Lords have left all perceptions behind.（離一切諸相，即名諸佛）

關鍵詞彙

【離相】

離相，離一切幻相（leave all perceptions behind），這些幻相是來自於五蘊形成的「感知能力」與「認識能力」。

【寂滅】

寂，心無所住所以寂靜。滅，滅除一切妄相。

【慧眼】梵語 jnanam，英譯 cognition

❶慧眼，以慧觀照，是聲聞、緣覺二乘者之眼，能照諸法皆空真理的空慧。這是一般漢譯經典的解釋。

❷梵版於此處用的jnanam這個字，般若專家孔茲譯為「認知」（cognition），該字使用得非常精準，意思是「透過理解、直覺或感官意識獲取知識」（acquiring knowledge by the use of reasoning, intuition, or perception）。

❸jnanam可以視為智慧的一種，在《心經》的「無智亦無得」的「智」即是jnanam。

❹玄奘《金剛經》譯版譯為「智」，他的譯文是「我昔生智以來，未曾得聞如是法門」，以「智」取代鳩摩羅什的「慧眼」，如此更貼近梵本原意。

jnanam

中譯：慧眼

英譯：cognition

意思：❶透過理解、直覺或感官意識獲取的知識。

❷亦可視為「智慧」的一種，如《心經》裡的「無智亦無得」。

[鳩摩羅什] 譯法

我從昔來所得慧眼，
未曾得聞如是之經。

[玄奘] 譯法

我昔生智以來，
未曾得聞如是法門。

[孔茲] 譯法

Through it cognition has
been produced in me. Not
have I ever before heard
such a discourse on Dharma.

【信解】梵語 adhimukti

❶信解，信後得解。鈍根者見《金剛經》能「信」，利根者讀《金剛經》能「解」，合稱信解。

❷或者是說「信者」能破邪見，「解者」能破無明。

❸亦可做為一種修行果位。

【實相】梵語 bhuta-samjna

❶實相，真實的本體，又名佛性、法性、真如、法身、真諦。

❷梵文bhuta-samjna，孔茲譯成true perception，玄奘漢譯版則為真實想。「想」在梵文samjna的意思即是perception，所以孔茲與玄奘譯法相同，意思是透過真實的感知能力（perception）去體悟實相，去體悟真實的本體。

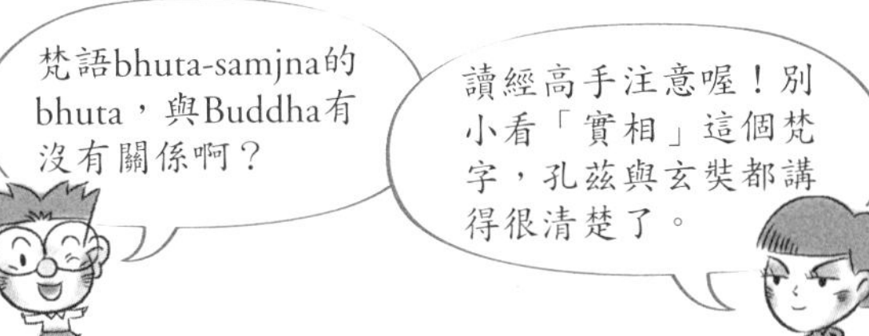

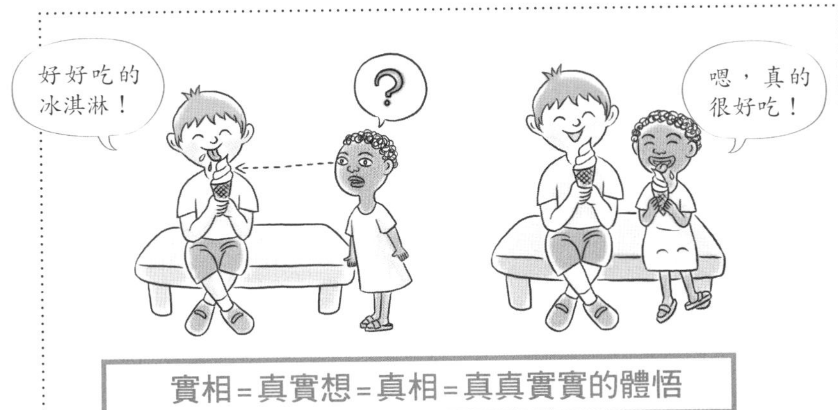

實相＝真實想＝真相＝真真實實的體悟

分析 1 須菩提為什麼要涕淚悲泣？

連續十三個單元，在經歷一連串佛陀開示與須菩提提問應答之下，須菩提竟然涕淚縱橫，感動從中而來。原來經過這漫長的對話討論，他內心深深體悟出其中的義理旨趣，明白佛陀揭示此經的苦心。於是須菩提滿面淚痕，說出了自己聽聞後的心得感想，這就是此單元的大致內容。

◉須菩提聞經後的心得

一開始須菩提表達出兩種讚美，一個是讚歎此經，另一個是讚歎受持此經的人。這次須菩提的體悟包括實相（true perception）、四相（perception of a self, a being, a soul or a person）、離一切諸相（have left all perceptions behind）等相狀的總回顧，並且說明了《金剛般若波羅蜜經》帶給須菩提的信心，以及末法時代後五百年聞經者將是第一希有。

◉慧眼與第一希有功德

此外，「慧眼」與「第一希有功德」字詞的出現，**首次出現於本經**。慧眼代表智慧之眼，是五眼之一。凡常人擁有的是肉眼，神通者或是禪定功夫甚深者擁有天眼，而聲聞、緣覺二乘者則為慧眼，須菩提擁有的是慧眼。**依此慧眼可以照見「諸法皆空的真理」，體悟「空諦的真義」，這是屬於小乘聖者的智慧。**

至於「第一希有功德」或「第一希有」，梵版《金剛經》所用的關鍵字是parama（最勝）、ascaryena（希有）、samanvagata（具足），而孔茲的英文翻譯很有意思：most wonderfully blest，意思是「最被祝福的」。

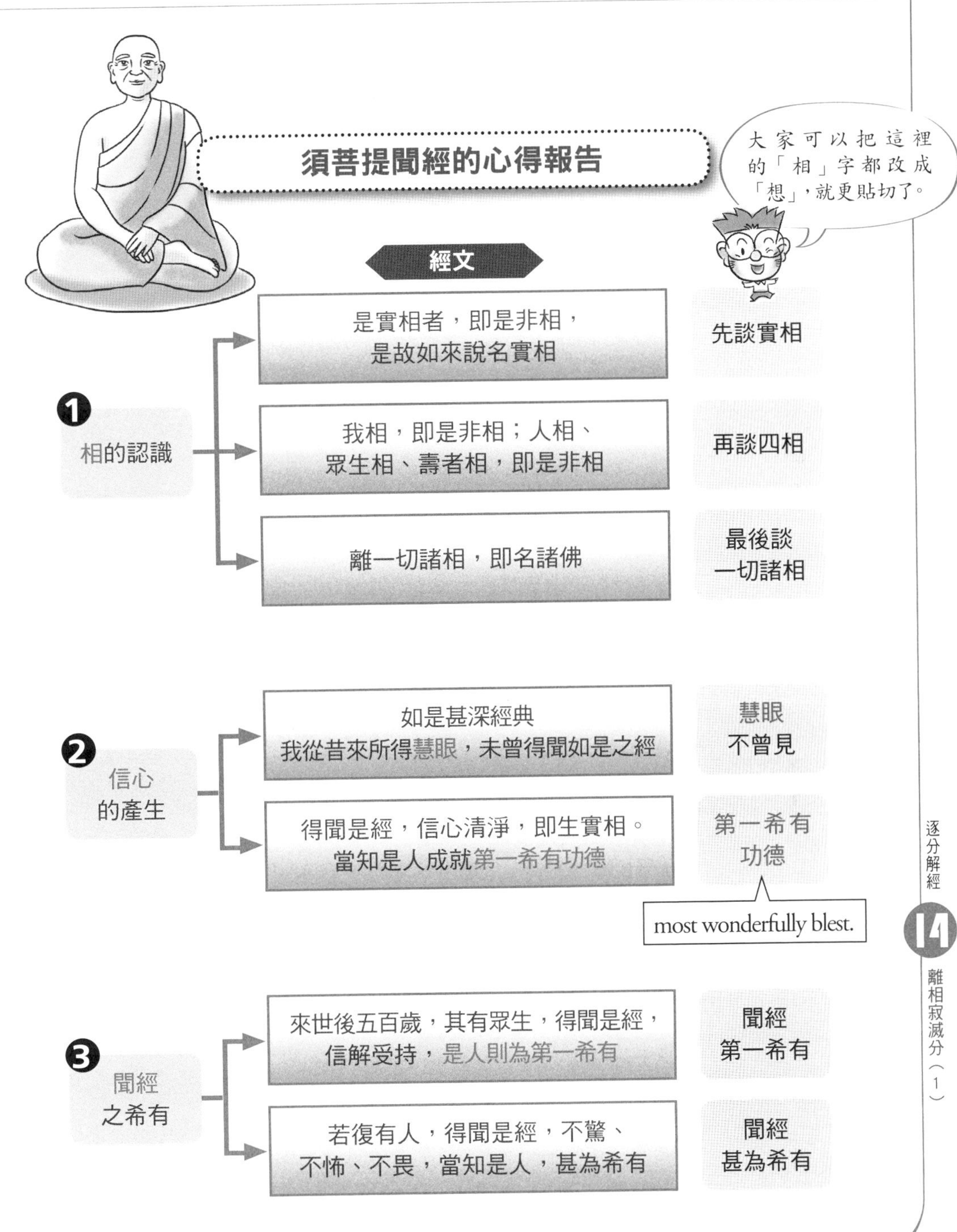
須菩提聞經的心得報告
大家可以把這裡的「相」字都改成「想」，就更貼切了。
經文
1 相的認識
是實相者，即是非相，是故如來說名實相
先談實相
我相，即是非相；人相、眾生相、壽者相，即是非相
再談四相
離一切諸相，即名諸佛
最後談一切諸相
2 信心的產生
如是甚深經典 我從昔來所得慧眼，未曾得聞如是之經
慧眼不曾見
得聞是經，信心清淨，即生實相。當知是人成就第一希有功德
第一希有功德
most wonderfully blest.
3 聞經之希有
來世後五百歲，其有眾生，得聞是經，信解受持，是人則為第一希有
聞經第一希有
若復有人，得聞是經，不驚、不怖、不畏，當知是人，甚為希有
聞經甚為希有

分析2 什麼是第一希有功德？

若復有人得聞是經，信心清淨，即生實相。當知是人成就第一希有功德。世尊！是實相者，即是非相，是故如來說名實相。

這裡談到，如果有人能夠聽聞此經而信心清淨，那麼他已經達到體悟實相的境界了，應當知道這個人成就了第一希有功德。

那麼，什麼是「實相」呢？「實相」代表現象的本質與真實性，意思是真實的本體，與佛性、法性、真如、法身、真諦的意思相近。**《金剛經》認為凡所有相，皆是虛妄，而究竟本質超越相與非相，真實不虛，故名實相。**

◉孔茲對實相的分析

「得聞是經，信心清淨，即生實相。」孔茲將此句譯為when this Sutra is being taught, will produce a true perception，中文的意思應該是「得聞是經，即生真想（或真相）」。「相」梵文samjna ，英文是perception。這即是《心經》中「色、受、想、行、識」中的「想」，代表感知能力與認識能力，在《金剛經》則翻譯為「相」或「想」。「想」字與「相」字只差一個心，可以看成由「想」產生「相」，我相、人相、眾生相、壽者相的相即是梵語samjna。所以說，**當聞此經，則可以獲得體認「真實」的感知能力與認識能力，自然可以生實相。**

分析3 什麼樣的人會是第一希有之人？

世尊！我今得聞如是經典，信解受持不足爲難，若當來世後五百歲，其有眾生，得聞是經，信解受持，是人即爲第一希有。

這裡提到如果末法時代後五百年，聽到此經而能信解受持，肯定是第一希有難得的人。「信解」的意義多面，梵語adhimukti，除了代表字面上的涵意「信後得解」，這個字詞還可代表修行的階位，是七聖之一。

◉星雲大師對信解的解釋

星雲大師亦曾針對《金剛經》的信解二字做過解釋，他說：「凡鈍根者見《金剛經》能信之，而利根者讀《金剛經》能解之，兩者合謂為信解。或者是說這部般若經典的重要典籍，**信者能破邪見，解者能破無明。**」所以說如果末法時代後五百年，聽到此經而能信解受持，肯定是第一希有難得的人。

佛陀時代的須菩提親聞此經

想想看：「佛陀時代的須菩提親聞此經」與「佛法末世最後五百歲的後生晚輩信解受持」，那個「難」？那個「第一希有」？

離相寂滅分（2）

佛告須菩提：「如是，如是！若復有人，得聞是經，不驚、不怖、不畏，當知是人，甚為希有。何以故？須菩提！如來說第一波羅蜜即般若波羅蜜即非第一波羅蜜，是名第一波羅蜜。須菩提！忍辱波羅蜜，如來說非忍辱波羅蜜，是名忍辱波羅蜜。何以故？須菩提！如我昔為歌利王殘暴的惡君割截身體，我於爾時，無我相、無人相、無眾生相，無壽者相。何以故？我於往昔節節支解被一節又一節支解身軀時，若有我相、人相、眾生相、壽者相，應生瞋恨。須菩提！又念過去於五百世，作忍辱仙人世尊過去幾世修行忍辱法時的聖者（仙人），於爾所世，無我相、無人相、無眾生相、無壽者相。」

關鍵詞彙

【第一波羅蜜】、【忍辱】、【歌利王】、【忍辱仙人】

關鍵內容

延續「四相即非相，離一切相，即名諸佛」。佛陀繼續對須菩提解釋說明此經的重要，他說：

❶如有人聽聞此經不驚、不怖、不畏，這樣的人一定非常希有。

❷第一波羅蜜，非第一波羅蜜，是名第一波羅蜜。

❸忍辱波羅蜜，如來說非忍辱波羅蜜。

❹佛陀從前被歌利王割節身體，當時必然已無四相。

❺被節節支解時如果心有四相，必然生瞋恨之心。

❻過去五百世佛陀作忍辱仙人，必無四相。

【白話翻譯】

佛陀告訴須菩提:「對的!對的!如果有人聽到這部經不驚駭、不恐怖、不畏懼,當知這種人實在是非常希有。為什麼這樣說呢?須菩提!如來說:所謂的第一波羅蜜,是說此人的智慧已到彼岸了,但修持的人內心不執著於有個『彼岸』可度,不執著有個『修智慧度到彼岸的人』,也不將『度脫到彼岸的智慧』執為實有,所以說第一波羅蜜即非第一波羅蜜。這不過為了要引導眾生修持,特別給予一個方便的假名,稱之為第一波羅蜜而已。」

佛陀說:「須菩提!再說到忍辱波羅蜜也是相同的,如果知道本來無相,哪裡有忍辱不忍辱,所以如來說非忍辱波羅蜜。為什麼呢?須菩提!就好比我的前世,被歌利王割截身體的時候,肯定是已經通達無我相、無人相、無眾生相、無壽者相。為什麼這樣說呢?如果當時我在被支解時,仍有我相、人相、眾生相、壽者相,必定心生忿恨。」

佛陀說:「須菩提!我又想起過去的前五百世,做忍辱仙人修行的時候,早已離我、人、眾生、壽者四相的執著。」

【孔茲・梵版英譯】

The Lord said: So it is, Subhuti. Most wonderfully blest will be those beings who, on hearing this Sutra, will not tremble, nor be frightened, or terrified. And why? The Tathagata has taught this as the highest perfection (梵語parama-paramita，最高波羅蜜). And what the Tathagata teaches as the highest perfection, that also the innumerable (梵語aparimana) Blessed Buddhas do teach. Therefore is it called the 'highest perfection'.

Moreover, Subhuti, the Tathagata's perfection of patience（忍辱波羅蜜） is really no perfection. And why? Because, Subhuti, when the king of Kalinga cut my flesh from every limb, at that time I had no perception of a self, of a being, of a soul, or a person. And why? If, Subhuti, at that time I had had a perception of self, I would also have had a perception of ill-will（瞋恨） at that time. And so, if I had had a perception of a being, of a soul, or of a person. With my superknowledge I recall that in the past I have for five hundred births led the life of a sage devoted to patience. Then also have I had no perception of a self, a being, a soul, or a person.

關鍵詞彙

【第一波羅蜜】梵語 parama-paramita

❶梵語parama-paramita，parama意思是最高、最勝，paramita意思是度到彼岸（波羅蜜多）。

❷「第一波羅蜜」乃舊譯（指鳩摩羅什與真諦的譯法），新譯改為「最勝波羅蜜」（指玄奘與義淨的譯法），而孔茲譯為the highest paramita（即「最上波羅蜜」）。佛經的「第一」等同於「最勝」與「最上」。

❸有人亦解釋這個波羅蜜是指六波羅蜜中的「般若波羅蜜」。

【忍辱】梵語 ksanti

❶梵語ksanti音譯為「羼（ㄔㄢˋ）提」，意譯為「忍辱」，忍受諸侮辱惱害而無恚恨。

❷忍辱是六波羅蜜之一。

【歌利王】梵語 Kalinga-raja

歌利是梵語Kalinga的音譯，中文意思是「極惡」，也有「惡生」、「無道」的譯法。所以歌利王就是殘暴無道的惡王。

【忍辱仙人】

世尊前幾世修行忍辱法時的聖者（或仙人）。

分析 1 六波羅蜜

第14單元的第二個重點是談到「第一波羅蜜」與「忍辱波羅蜜」。大乘菩薩欲成佛道所實踐之六種德目，稱「大波羅蜜」或「六度」。**六波羅蜜分別是：布施、持戒、忍辱、精進、禪定和般若波羅蜜。這六波羅蜜始於布施，而終於般若，由此可知大乘菩薩的偉大胸襟。**《金剛經》裡說的第一波羅蜜是指最殊勝的法門，即是般若波羅蜜多。

波羅蜜		內容	對治	
布施波羅蜜 (dana)		財施、法施、無畏施	對治慳貪 消除貧窮	
持戒波羅蜜多 (sila)		持守戒律，並常自省	對治惡業 清涼身心	
忍辱波羅蜜多 (ksanti)		忍耐迫害	對治瞋恚 使心安住	
精進波羅蜜多 (virya)	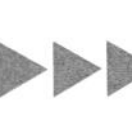	實踐其他五度 上進不懈，不屈不撓	對治懈怠 生長善法	
禪定波羅蜜多 (dhyana)	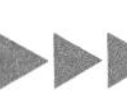	修習禪定	對治亂意 使心安定	
般若波羅蜜多 (prajna)		智慧波羅蜜	對治愚癡 開真實之智慧	

《金剛經》裡特別談到布施、忍辱、般若等三波羅蜜，
此三波羅蜜分別可以對治貪、瞋、癡三毒。

分析2 佛陀前世如何修持忍辱？

佛陀在未成佛之前修了五百世忍辱仙人，學習對治瞋恨，其中一個是在歌利王時代。

◉忍辱仙人的故事

從前有一位修行人，名叫「羼提波梨」，他和五百名弟子在山林裡修行「忍辱」。有一次，國王歌利王帶領大批大臣、宮女等入山遊樂。歌利王玩累了躺下睡著，宮女們便自行四處去採花，看見端坐在樹林內的羼提波梨，宮女們深深被他的寧靜莊嚴所吸引，便上前圍坐其身邊聽他說法。

歌利王一覺醒來，發現所有人都不見了，四處尋找，才發現宮女們竟全部圍繞著一位出家人，心中大為不悅，當下大怒：「你這個冒牌出家人，和那麼多女人躲在暗處，肯定幹了什麼不可告人的事情。你是誰？在這裡做什麼？」

羼提波梨答：「我在這裡修行忍辱。」歌利王一聽，隨即拔刀，說：「喝，你說你修忍辱，那我來試試看你能不能忍？」便揮刀將羼提波梨的雙手剁了下來，問：「你還忍不忍？」羼提波梨血流如注，卻依然平和地順回答：「忍。」歌利王再砍斷其雙腳，又問：「你還忍不忍？」答：「忍。」歌利王更氣了，再揮刀切掉他的耳朵、鼻子，登時血流滿面，卻依然不改顏色，仍說能忍。

歌利王簡直不敢相信，世界上竟然有信心如此堅定的修行人，問：「你說你守著忍辱，如何證明？」羼提波梨答：「如果我是真誠守著忍辱，所流的血將變成澆淋滋潤我身體的乳液，殘缺的身體將回復完整。」話才說完，血化成乳，身體回復原有的相好莊嚴。歌利王知道闖了大禍，又驚又怕，跪請羼提波梨饒恕。羼提波梨說：「大王，你拿刀截毀我的身體，我無瞋恨，如同大地承擔世上萬物。我今發願，願我成佛時，第一個先度大王，當以智慧寶刀切斷大王的貪瞋癡三毒。」這位修行人即是現今的釋迦牟尼，而歌利王便是釋迦牟尼成道後，最先度化的五比丘之一的憍陳如。

忍辱波羅蜜的開示

1 忍辱波羅蜜

原典	忍辱波羅蜜 如來說非忍辱波羅蜜 是名忍辱波羅蜜
翻譯	關於忍辱波羅蜜，如果知道本來無相，哪裡有忍辱不忍辱，所以如來說非忍辱波羅蜜

2 忍辱仙人必無四相

原典	我於往昔節節支解時， 若有我相、人相、眾生相、壽者相， 應生瞋恨
翻譯	我昔被歌利王割截身體時， 如果仍有我相、人相、眾生相、壽者相， 必定心生忿恨

忍辱仙人被歌利王削砍身體，一點也不反抗。

忍辱仙人因為無分別心，能真正對治了瞋恨，所以軀體能恢復完好。

離相寂滅分（3）

「是故，須菩提！菩薩應離一切相遠離一切妄見所產生的相，發阿耨多羅三藐三菩提心，不應住執著於色生心，不應住聲、香、味、觸、法生心，應生無所住心。若心有住，即為非住。是故佛說菩薩心，不應住色布施。須菩提！菩薩為利益一切眾生故，應如是布施。如來說一切諸相，即是非相；又說一切眾生一切有情識的生命體，即非眾生。須菩提！如來是真語者、實語者、如語者、不誑讀音「ㄎㄨㄤ」，欺騙語者、不異語者。須菩提！如來所得法，此法無實無虛。須菩提！若菩薩心住於法，而行布施，如人入闇陰暗，即無所見。若菩薩心不住執著法，而行布施，如人有目，日光明照，見種種色。須菩提！當來之世，若有善男子、善女人，能於此經受持讀誦，即為如來以佛智慧，悉知透過佛的智慧知道是人，悉見透過佛眼見到是人，皆得成就無量無邊功德。」

關鍵內容

❶佛陀繼續開示大菩薩（梵本的原文是Bodhisattvena mahasattvena）正確的布施態度：

1.菩薩心：不應執著於色布施。

2.菩薩為利益眾生應該如何布施？

正確認知A：一切諸相，即是非相。

正確認知B：一切眾生，即非眾生。

3.瞭解如來五語：

真語者、實語者、如語者、不誑語者、不異語者

❷佛陀繼續開示大菩薩(注意！對象不是善男子、善女人)：

1.如來得到的法：無實無虛。

2.菩薩心住於法而行布施：如人入闇無所見。

3.菩薩心不住法而行布施：如人有目，日光明照，見種種色。

❸佛陀開示善男子善女人：

如果受持誦讀《金剛經》，以佛陀的智慧可以知道，以佛陀的慧眼可以見到，此人成就無量無邊的功德。

【孔茲・梵版英譯】

Therefore then, Subhuti, the Bodhi-being, the great being（菩薩摩訶薩，但鳩版僅譯為菩薩）, after he has got rid of all perceptions（離一切相）, should raise his thought（心） to the utmost, right and perfect enlightenment（阿耨多羅三藐三菩提）. He should produce a thought which is unsupported by forms, sounds, smells, tastes, touchables, or mind-objects, unsupported by dharma, unsupported by no-dharma, unsupported by anything. And why? All supports have actually no support（無所住）. It is for this reason that the Tathagata teaches: By an unsupported Bodhisattva should a gift be given, not by one who is supported by forms, sounds, smells, tastes, touchables, or mind-objects.

下接第323頁

【白話翻譯】

佛陀說：「所以，須菩提！菩薩（梵版原文 Bodhisattvena mahasattvena，所以指的是菩薩摩訶薩，也就是大菩薩）應當離開一切相狀，發無上正等正覺的菩提心。既不應執著於色而生心念，也不該執著於聲、香、味、觸、法而生心念，應該安在沒有任何執著的心念。如果心中有所執著，即會產生迷妄，如此便無法達到『無住生心』的境界。」

所以佛陀說：「菩薩心不應執著於色布施。須菩提！菩薩為了利益一切眾生，應該如此布施。如來說一切諸相，原是空無實體，所以說『一切諸相，即是非相』。又說一切眾生也是因為因緣聚合而顯現，隨時會有生滅變化，所以說『一切眾生，即非眾生』。須菩提！如來所說的是真實語，是如理而說的，如來所說的，不是謊言誑語，不是怪異言論。」

佛陀說：「須菩提！如來所證得的法是非實非虛的。須菩提！如果菩薩內心執著一個可布施的法，就如同人走進暗處，一無所見。如果菩薩不執著於一個可布施的法，就如同人有雙眼，在明亮如日光照耀下，可以見得種種外相。」

佛陀說：「須菩提！在未來之世，如果有善男子或善女人，能夠遵循持守讀誦此經，如此如來透過佛的智慧，完全確知此人，透過佛的慧眼，完全見到此人，已經成就無量無邊的功德。」

【孔茲・梵版英譯】

And further, Subhuti, it is for the weal of all beings that a Bodhisattva should give gifts in this manner. And why? This perception of a being, Subhuti, that is just a non-perception.（如來說一切諸相，即是非相） Those all-beings of whom the Tathagata has spoken, they are indeed no-beings（又說一切眾生，即非眾生）. And why? Because the Tathagata speaks in accordance with reality, speaks the truth, speaks of what is, not otherwise. A Tathagata does not speak falsely.（如來是真語者、實語者、如語者、不誑語者、不異語者）

But nevertheless, Subhuti, with regard to that dharma which the Tathagata has fully known and demonstrated, on account of that there is neither truth nor fraud（此法無實無虛）.

In darkness a man could not see anything. Just so should be viewed a Bodhisattva who has fallen among things（菩薩心住於法）, and who, fallen among things, renounces a gift（行布施）. A man with eyes would, when the night becomes light and the sun has arisen, see manifold forms（見種種色）. Just so should be viewed a Bodhisattva who has not fallen among things, and who, without having fallen among things（心不住法）, renounces a gift.

Furthermore, Subhuti, those sons and daughters of good family who will take up this discourse on Dharma, will bear it in mind, recite, study, and illuminate it in full detail for others, they have been known, Subhuti, by the Tathagata with his Buddha-cognition （梵語buddha-jnanena，以佛智慧）, they have been seen, Subhuti, by the Tathagata with his Buddha-eye（梵語buddha-caksusa，佛眼）, they have been fully known by the Tathagata. All these beings, Subhuti, will beget and acquire an immeasurable and incalculable heap of merit.

分析 1 佛陀開示「大菩薩」該如何發心和布施？

在此單元的後半部，佛陀特別對大菩薩（即菩薩摩訶薩）開示，經文很長，整理可得以下五點：菩薩的發心、菩薩的布施、正確體認諸相與眾生、認識如來之語與如來所得之法、菩薩的心與布施。

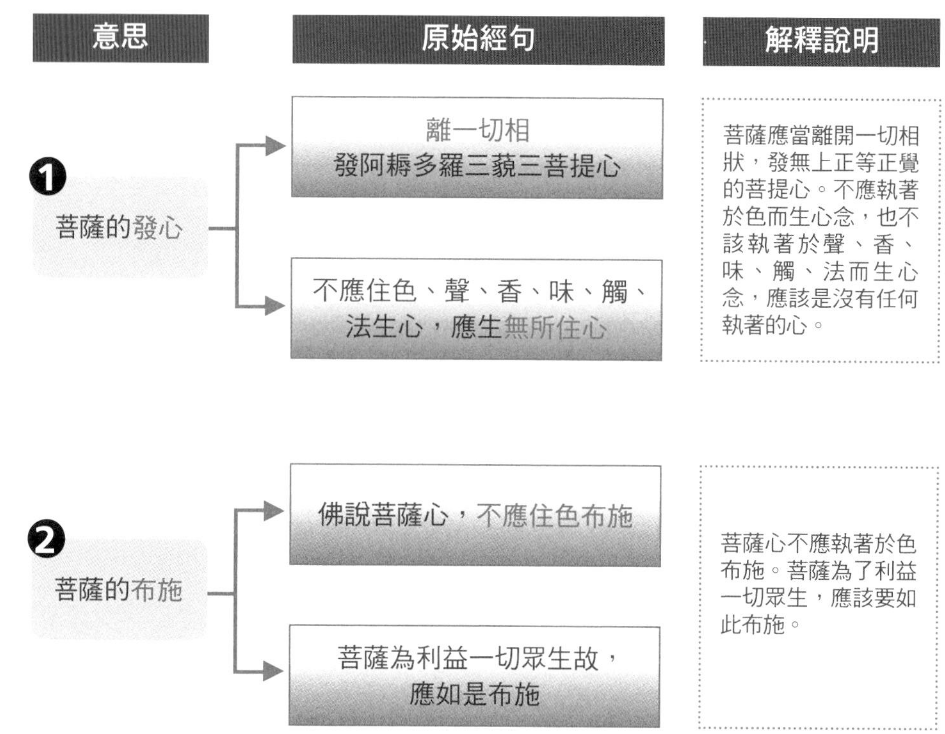

❸ 正確體認諸相與眾生

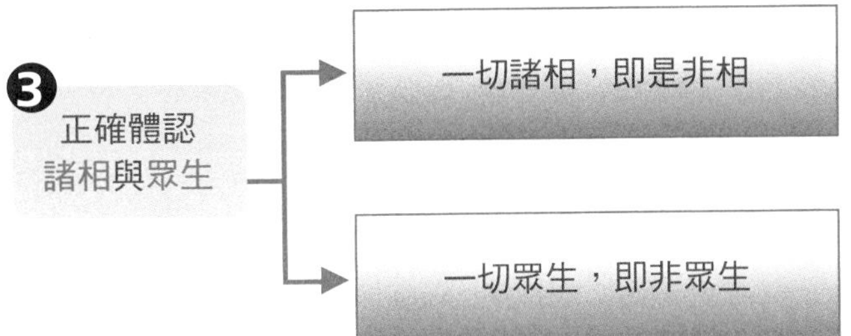

一切諸相，即是非相

一切眾生，即非眾生

一切諸相，原是空無實體，所以說：一切諸相，即是非相。一切眾生也是因為因緣聚合而顯現，隨時會有生滅變化，所以說：一切眾生，即非眾生。

❹ 認識如來之語如來所得之法

如來是真語者、實語者、如語者、不誑語者、不異語者

如來所得此法，此法無實無虛

如來是講真實語的，是如理而說的，如來所說的，不是謊言誑語，不是怪異言論。

❺ 菩薩的心與布施

若菩薩心住於法，而行布施如人入闇，即無所見 → 菩薩執著於布施的法，就如同人走進暗處，一無所見。

若菩薩心不住法，而行布施如人有目，日光明照，見種種色 → 菩薩不執著於布施的法，就如同人有雙眼，在明亮如日光照耀下，得見種種外相。

仔細看看佛陀叮嚀大菩薩該做的事不就是「一心二輪」嗎？❶❷談布施（慈悲心），❸談相的認識，❹❺談法的認識。

沒錯！提醒大家「一心二輪」是一顆慈悲心，還有兩把認識相與法的鑰匙！建議大家不妨回去第74頁再複習一次。

分析 2 難句分析——如來所得此法，此法無實無虛

「如來所得此法，此法無實無虛。」無實就是「妙有非有」，不執著法的存在，不認為諸相可得，知道一切皆是因緣所生法，都是非實的，所以《金剛經》說「身相非身相」、「世界非世界」、「微塵非微塵」、「莊嚴非莊嚴」，這一連串的相關描述，都是不執著於「有」。無虛是「真空不空」，不執著於全然否定法的存在，所以《金剛經》說「是名身相」、「是名世界」、「是名微塵」、「是名莊嚴」等，如此是不執著於「空」。所以星雲大師說：「無實是不住有，無虛是不住空，離空有二邊，便是真空妙有的中道義諦。」

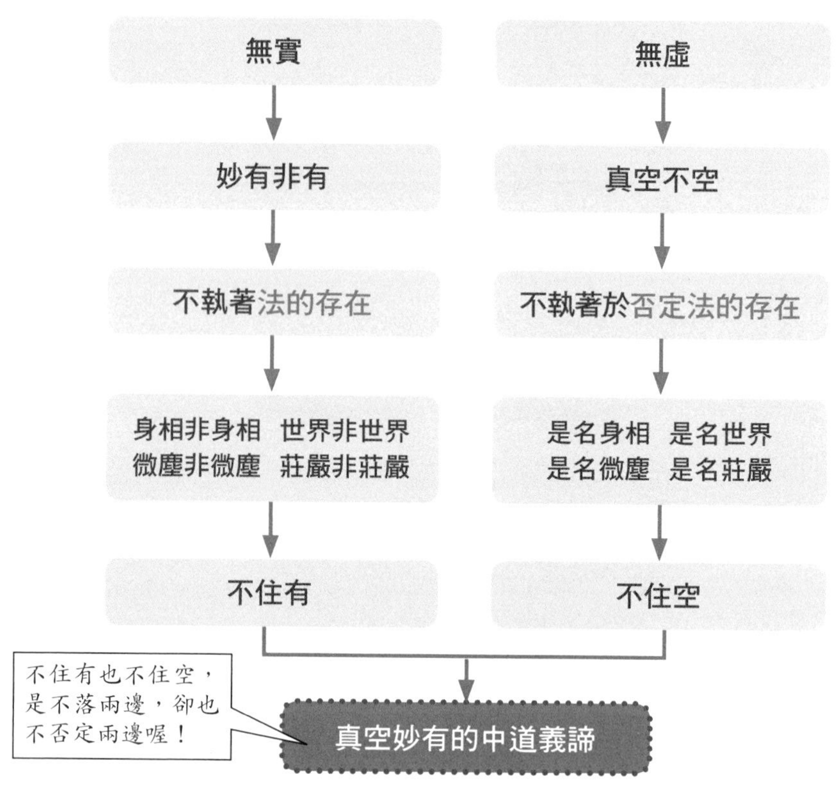

分析3 難句分析——以佛智慧，如來悉知悉見

若有善男子、善女人，能於此經受持讀誦，即爲如來以佛智慧，悉知是人，悉見是人，皆得成就無量無邊功德。

這裡的「佛智慧」在梵版分兩個層面，包含「佛智」（buddha-jnanena）與「佛眼」（buddha-caksusa）兩個部分，前者對應「悉知」，後者對應「悉見」。

請注意！此處「佛智慧」的「智」（jnanam）並非「般若智慧」（prajna），而是和《心經》的「無智亦無得」的「智」字源相同，意思是透過理解、直覺或感官所得的認知。此一字詞，孔茲譯為cognition，是非常精準，《牛津字典》意思是ability to acquire knowledge: the mental faculty or process of acquiring knowledge by the use of reasoning（理解）, intuition（直覺）, or perception（感官的知覺）。所以此「智」包含：❶分析的認知、❷直覺認知、❸感官的認知。

以佛智慧，悉知是人，悉見是人，皆得成就無量無邊功德。
(鳩摩羅什譯文)

這句話玄奘和孔茲怎麼翻譯？

孔茲	玄奘
they have been known, Subhuti, by the Tathagata with his Buddha-cognition,	則為如來以其佛智悉知是人，
they have been seen, Subhuti, by the Tathagata with his Buddha-eye,	則為如來以其佛眼悉見是人，
they have been fully known by the Tathagata.	則為如來悉覺是人，

這裡玄奘譯為佛眼，孔茲譯為Buddha-eye，都很符合梵語buddha-caksusa。

這裡玄奘譯為佛智，孔茲譯為Buddha-cognition，都很符合梵語buddha-jnanena。

在第6分也有悉知悉見的探討，請大家見第235頁。

持經功德分

「須菩提！若有善男子、善女人，初日分古代印度計時的分法，白天分成初日分、中日分、後日分等三個時段以恆河沙等身布施；中日分復以恆河沙等身布施；後日分亦以恆河沙等身布施，如是無量百千萬億劫，以身布施。若復有人，聞此經典，信心不逆，其福勝彼。何況書寫、受持、讀誦、為人解說。須菩提！以要言之，是經有不可思議，不可稱量，無邊功德，如來為發大乘者說，為發最上乘者發無上正等正覺心的人說。若有人能受持讀誦，廣為人說，如來悉知是人、悉見是人，皆得成就不可量、不可稱、無有邊、不可思議功德，如是人等，即為荷擔如來阿耨多羅三藐三菩提。何以故？須菩提！若樂讀音「ㄧㄠˋ」，喜愛、喜好小法小乘的教法者，著我見、人見、眾生見、壽者見，即於此經不能聽受讀誦，為人解說。須菩提！在在處處，若有此經，一切世間天、人、阿修羅所應供養，當知此處，即為是

下接第330頁

關鍵詞彙

【發大乘者】、【發最上乘者】、【樂小法者】

關鍵內容

❶佛陀分析三種布施的福德：

1.初日分、中日分、後日分以恆河沙等身布施。

2.聞此經典，信心不逆。已經很不錯囉，第二名！

3.何況書寫、受持、讀誦、為人解說。太棒了，第一名，勝出！

❷佛陀分析如來對「大乘者」與「小乘者」的態度：

➲佛陀先讚歎《金剛經》：不可思議、不可稱量、無邊功德。

➲ 發大乘者、發最上乘的人將是如何？

1.如來願為發大乘者說《金剛經》。

2.如來會為發最上乘者說《金剛經》。

3.如果能受持讀誦此經、且「廣」為人說：佛陀可以完全知道、可以完全看到此人成就不可思議、不可稱量、無邊功德。

➲ 樂小法的人又是如何？

1.樂小法的人有四相的執著。

2.不能聽受讀誦《金剛經》。

3.也不能為他人解說。

❸佛陀開示須菩提如何看待《金剛經》？

1.無論何處若有《金剛經》：一切世間天、人、阿修羅，所應供養。

2.《金剛經》所在之處：等同佛塔，皆應恭敬作禮圍繞，以諸華香而散其處。

塔，皆應恭敬，作禮圍遶晉見佛陀時，弟子們會先繞佛陀一匝或三匝，而後頂禮致敬**，以諸華香**香花**而散其處。」**

【白話翻譯】

佛陀說：「須菩提！如果有善男子或善女人，在早晨的時候以相當於恆河沙數的身命布施，中午又以相當於恆河沙數的身命布施，晚上也以相當於恆河沙數的身命布施，如此經過無量百千萬億劫都無間斷的作身布施。如果另一種人，聽聞此經，能篤信不違逆，那麼他所得的福德，將勝過前面那位以身命布施的人。更何況是書寫經書，受持讀誦，並且為人解說此經的福德呢？」

佛陀說：「須菩提！總而言之，此經具備不可思議的、無法稱量的、無邊無際的功德。如來特別為立志發大乘心願與立志發最上乘心願的眾生而說的。如果有人能夠受持讀誦此經，而且廣為他人解說，那麼如來肯定會完全確知此人的成就，並且確見到此人的成就，其成就是不可計量、不可稱量、無邊無際、不可思議的功德。像這樣的人等，一身就荷擔著如來的無上正等正覺。為什麼呢？須菩提！一般喜好小乘法的人，由於執著於我、人、眾生、壽者等私見，對此大乘妙法是無法理解的，也無法聽受讀誦，更不可能為他人解說此經。」

佛陀說：「須菩提！無論任何人，在什麼地方，只要有此經，那一切世間的天、人、阿修羅都應當恭敬供養。應當知道此經所在之處，即等同於佛塔所在之處，皆應當恭敬作禮圍繞，以香花散其四周虔誠供奉。」

And if, Subhuti, a woman or man should renounce in the morning all their belongings as many times as there are grains of sand in the river Ganges, and if they should do likewise at noon and in the evening, and if in this way they should renounce all their belongings for many hundreds of thousands of millions of milliards of aeons; and someone else, on hearing this discourse on Dharma, would not reject it; then the latter would on the strength of that beget a greater heap of merit, immeasurable and incalculable. What then should we say of him who, after writing it, would learn it, bear it in mind, recite, study and illuminate it in full detail for others?

Moreover, Subhuti, (1) unthinkable and (2) incomparable is this discourse on Dharma. (3) The Tathagata has taught it for the weal of beings who have set out in the best（發大乘者）, in the most excellent vehicle（發最上乘者）. Those who will take up this discourse on Dharma, bear it in mind, recite, study and illuminate it in full detail for others, the Tathagata has known them with his Buddha-cognition, the Tathagata has seen them with his Buddha-eye, the Tathagata has fully known them. All these beings, Subhuti, will be blest with an immeasurable heap of merit, they will be blest with a heap of merit unthinkable, incomparable, measureless and illimitable. All these beings, Subhuti, will carry along an equal share of enlightenment.

And why? (4) Because it is not possible, Subhuti, that this discourse on Dharma could be heard by beings of inferior（樂小法小乘者） resolve, nor by such as have a self in view, a being, a soul, or a person. Nor can beings who have not taken the pledge of Bodhi-beings either hear this discourse on Dharma, or take it up, bear it in mind, recite or study it. That cannot be. (1) Moreover, Subhuti, the spot of earth where this Sutra will be revealed, that spot of earth will be worthy of worship by the whole world with its Gods, men and Asuras, worthy of being saluted respectfully, worthy of being honoured by circumambulation, like a shrine will be that spot of earth.

關鍵詞彙

【發大乘者】梵語 gra-yana-samprasthitanam sattvanam

❶大乘即是菩薩的法門，以救世利他為宗旨。發大乘者是指發大乘心願的人，而菩提心、大悲心、方便心的總和叫做大乘心，其最高的果位是佛果。

❷梵語gra-yana-samprasthitanam sattvanam，孔茲英譯為who have set out in the best vehicle。the best vehicle即是大乘的教法，而set out意思是為某個目標而開始，或是由某地出發上路。

❸此處玄奘則譯為「最上乘諸有情」。

【發最上乘者】梵語 srestha-yana-samprasthitanam sattvanam

❶最上乘的意思是至高無上的教法，也就是佛乘，能發最上乘心願的人即是發佛乘的人。

❷梵語srestha-yana-samprasthitanam sattvanam，英譯who have set out in the most excellent vehicle。孔茲以the most excellent與the best來區分大乘與最上乘的差異。

❸此處玄奘譯為「最勝乘諸有情」，以「最勝乘」與「最上乘」來區別兩者。

【樂小法者】梵語 dharmaparyayo hina-adhimuktikaih sattvaih

❶喜愛小乘之法的人，傳統的解釋是修習「四諦法」的聲聞乘與只修習「十二因緣」的緣覺乘。

❷梵語dharmaparyayo hina-adhimuktikaih sattvaih，在英文的譯法是beings of inferior。「小乘」該詞的梵語hina，隱含著degrade、inferior貶抑的意思，其實，這是佛教史上思想演進過程的特殊產物。以現今的看法來說，小乘或是大乘不過是修行的不同法門，都是優質理想的修行法門，可以適合不同根器的修行者。

梵語	孔茲的譯法	鳩摩羅什的譯法	玄奘的譯法	意思
gra-yana-samprasthitanam sattvanam	Who have set out in the best vehicle	發大乘者	最上乘諸有情	發心實踐菩薩道，利己利眾生的人。
srestha-yana-samprasthitanam sattvanam	who have set out in the most excellent vehicle	發最上乘者	最勝乘諸有情	發心行至高無上的教法——佛乘的人。
dharmaparyayo hina-adhimuktikaih sattvaih	beings of inferior	樂小法者	下劣信解有情	指聲聞乘與緣覺乘。

分析 1 佛陀如何看待三種不同發心者？

本單元的重點之一是佛陀對發大乘者、發最上乘者、樂小法者的不同看法。佛陀先讚歎《金剛經》是不可思議、不可稱量、無邊功德，接著他提出兩組分析。

第一，對發大乘者、發最上乘的人，如來將如何？他說：❶ 如來願為發大乘者說《金剛經》。❷ 如來會為發最上乘者說《金剛經》。❸ 如果能受持讀誦此經、且「廣」為人說，佛陀可以完全知道、可以完全看到此人成就不可思議、不可稱量、無邊功德。

第二，樂小法的人又是如何？佛陀說：❶ 樂小法的人有四相（我、人、眾生、壽者）的執著。❷ 既不能聽受讀誦《金剛經》，也不能為他人解說。

發心者	乘	宗旨	如來
發大乘者	菩薩乘	以救世利他為宗旨	如來願為發大乘者講說《金剛經》
發最上乘者	佛乘	修習至高無上的教法	如來願為發最上乘者講說《金剛經》
樂小法者	緣覺乘	修習十二因緣	‧無法理解大乘妙法《金剛經》 ‧無法聽受讀誦《金剛經》 ‧更不可能為他人解說《金剛經》
	聲聞乘	修習四諦法	

好慘呀！

分析2 佛陀如何看「身布施」的福德？

佛陀在此再次提起「身布施」的福德。如果善男子或善女人，在早晨的時候以相當於恆河沙數的身命布施，中午又以相當於恆河沙數的身命布施，晚上也以相當於恆河沙數的身命布施，如此經過無量百千萬億劫都無間斷的身布施，已經是很大的布施了。但是，如果有另一種人，聽聞此經，便能篤信不違逆，那麼他所得的福德，將勝過前面那位以身命布施的人。更何況是書寫經書，受持讀誦，並且為人解說此經的福德，豈不更大呢？

初日分以恆河沙等身布施
中日分以恆河沙等身布施
後日分以恆河沙等身布施
⋮
無量百千萬億劫以身布施

身命布施的福德
已經很不錯！

聞此經典，信心不逆

相信此經的福德
更棒！

書寫、受持、讀誦、為人解說

解說此經的福德
第一名！

若有人能受持讀誦，廣為人說，如來悉知是人、悉見是人，皆得成就不可量、不可稱、無有邊、不可思議功德，如是人等，即為荷擔如來阿耨多羅三藐三菩提。

分析3 什麼是「劫」？

「劫」是佛經中常見的用語，梵語 kalpa。也有音譯為劫波、劫跛、劫簸、羯臘波等。「劫」原本是古代印度婆羅門教表達極大時限之時間單位，後來被佛教沿用，將其視為不可計算的極長時間。所以這裡《金剛經》寫著「無量百千萬億劫」，意思是最長久的時間。

劫有小、中、大劫，也有增、減劫。一般的計算方式約略如下：
人壽自十歲起，每百年增加一歲，增至八萬四千歲為一增劫；而自八萬四千歲起，每百年減一歲，減至十歲，為一減劫。合此一增一減，為一小劫。累聚二十小劫成為一中劫。這個世界共有成、住、壞、空等四期，各經一中劫，共四中劫，累聚成一大劫。

奇怪，為何要從10歲開始算起？

◉劫的運算原則

一增劫（＋）	人壽自10歲起，每百年增加一歲，增至84000歲。
一減劫（－）	人壽自84000歲起，每百年減一歲，減至10歲。
一小劫（S）	一增劫加上一減劫形成一小劫。
一中劫（M）	20個小劫合成一中劫。
一大劫（L）	4中劫合成一大劫（成、住、壞、空）。

10歲➡11歲（人類100年）**➡12歲**（人類200年）……**➡19歲**（人類900年）**➡**
20歲（人類1000年）**➡21歲**（人類1100年）……**➡84000歲**（人類839000年）

計算的方法：（84000-10）x 100 = 8399000

一增劫 = 84000歲，人類8399000年（840萬年）
一減劫 = 84000歲，人類8399000年（840萬年）
一小劫(一增劫加一減劫） =8399000年 + 8399000年
=16798000年（約1680萬）
一中劫（20小劫）= 20 x 16798000年= 335960000年（3億3596萬）
一大劫（4中劫）= 4 x 335960000年 =1343840000年（13億4384萬）

分析4 塔與經的重要

在在處處，若有此經，一切世間天、人、阿修羅所應供養，當知此處，即爲是塔，皆應恭敬，作禮圍遶，以諸華香而散其處。

佛陀說，無論任何人，在任何地方，只要有此經，那一切世間的天、人、阿修羅都應當恭敬供養。應當知道此經所在之處，即等同於佛塔所在之處，皆應當恭敬作禮圍繞，以香花散其四周虔誠供奉。

初期大乘鼓勵興建佛塔、寺院，見塔如見佛。最早，塔就是塚，是放置成就者遺骨的地方。見佛塔，等於見到釋尊舍利那樣尊貴。供養塔就是供養佛，即作禮圍遶，以香花供養。

塔，起源於印度，原為梵文stupa，意譯為墳塚。最初建塔，是為了供奉釋迦牟尼佛的舍利。最早的佛舍利塔，起源於佛陀圓寂後，八部族爭奪遺骨舍利，想建塔供養。印度最初的塔，形狀像墳墓，在方形平台上砌築一座半球形的塔身，上面做成各種形狀的塔尖。這樣的塔，古印度梵語譯音叫「浮屠」，意思是「埋葬佛的墳墓」。

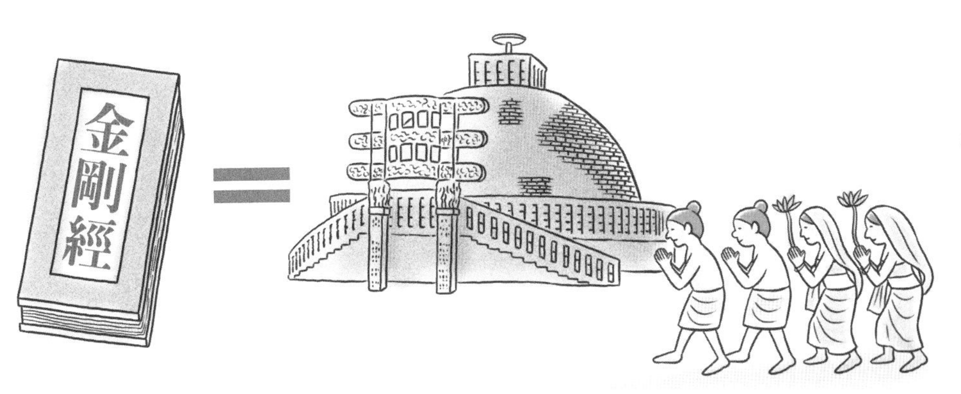

能淨業障分

復次：「須菩提！若善男子、善女人，受持讀誦此經，若為人輕賤，是人先世罪業，應墮惡道。以今世人輕賤故，先世罪業，即為消滅，當得阿耨多羅三藐三菩提。須菩提！我念過去無量阿僧祇多到沒有數字可以表現劫，於燃燈佛前，得值八百四千萬億那由他無量多諸佛，悉皆供養承事，無空過者。若復有人，於後末世，能受持讀誦此經，所得功德，於我所供養諸佛功德，百分不及一，百千萬億分，乃至算數譬喻所不能及。須菩提！若善男子、善女人，於後末世，有受持讀誦此經，所得功德，我若具說者，或有人聞，心即狂亂，狐疑不信。須菩提！當知是經義不可思議，果報亦不可思議。」

關鍵詞彙

【惡道】、【那由他】、【阿僧祇】、【劫】

關鍵內容

❶佛陀開示如果受持讀誦此經，卻被人輕賤，原因何在？又會如何發展？（對象是善男子善女人）

1.受持讀誦《金剛經》卻被人輕賤，這是因為前世罪業累積所造成的。

2.原本應墮入惡道，但是如果能修持《金剛經》，可先消滅先世罪業，依此可得無上正等正覺。

❷佛陀繼續開示須菩提，以佛陀自己供養諸佛所得的功德，與末世受持讀誦《金剛經》的功德比較：

1.佛陀的功德：遇燃燈佛前，曾供養八百四千萬億那由他諸佛。

2.有人的功德：於末世，能受持讀誦《金剛經》。

3.前者（佛陀自謙）的功德僅後者「1/100」、「1/千萬億」，甚至算數譬喻所不能及。

❸佛陀說明末世受持讀誦《金剛經》的功德（對象是善男子善女人）：

1.如果具體一一詳述，有人聽了會內心狂亂，狐疑不信。

2.這部經的經義不可思議，果報亦不可思議。

【白話翻譯】

佛陀說：「再者，須菩提！如果有善男子或善女人受持讀誦此經，不但不得眾人恭敬，反而被人輕賤。為什麼呢？那是因為他在前世種下深重的罪業的結果。本來應該墮入地獄、惡鬼、畜生三惡道中受苦，而現在受到世人輕賤。但如果能夠忍辱修持，則可消除先世的罪業，如此還可證得無上正等正覺。」

佛陀說：「須菩提！我回想起無數無量劫的前世，在燃燈佛之前曾遇八百四千萬億無數量的諸佛，我都全心全意的供養承事，一個也沒空過。如果有人在末法時期，能夠受持讀誦此經，那他所得到的功德，與我之前供佛的功德相較，我是百分不及一，千萬億分不及一，甚至算數與任何譬喻都無法比擬的。」

佛陀說：「須菩提！如果有善男子或善女人於末法時期，受持讀誦此經，所獲得的無量之功德，我如果具體一一詳述，恐怕有人聽了會內心狂亂，或是狐疑而不相信。須菩提！應當知道這部經的道理甚深，不可思議，而受持所獲得的果報也是不可思議。」

And yet Subhuti, those sons and daughters of good family, who will take up these very Sutras, and will bear them in mind, recite and study them, they will be humbled, well humbled they will be!

And why? The impure deeds which these beings have done in their former lives, and which are liable to lead them into the states of woe, in this very life they will, by means of that humiliation, (2) annul those impure deeds of their former lives, and (3) they will reach the enlightenment of a Buddha.

With my superknowledge, Subhuti, I recall that in the past period, long before Dipankara(燃燈佛), the Tathagata, Arhat, fully Enlightened One, during incalculable, quite incalculable aeons, I gave satisfaction by loyal service to 84,000 million milliards of Buddhas, without ever becoming again estranged from them. But the heap of merit, Subhuti, from the satisfaction I gave to those Buddhas and Lords without again becoming estranged from them compared with the heap of merit of those who in the last time, the last epoch, the last five hundred years, at the time of the collapse of the good doctrine, will take up these very Sutras, bear them in mind, recite and study them, and will illuminate them in full detail for others, it does not approach one hundredth part, not one thousandth part, nor a one hundred thousandth part, not a ten millionth part, nor a one hundred millionth part, nor a 100,000 millionth part. It does not bear number, nor fraction, nor counting, nor similarity, nor comparison, nor resemblance.

(4) If moreover, Subhuti, I were to teach, the heap of merit of those sons and daughters of good family, and how great a heap of merit they will at that time beget and acquire, beings would become frantic and confused. Since, however, Subhuti, the Tathagata has taught this discourse on Dharma as unthinkable, so just an unthinkable karma result should be expected from it.

關鍵詞彙

【惡道】梵語 apaya-samvartaniyani

❶指六道輪迴裡的地獄道、餓鬼道與畜生道。

❷三者又有上下之別：地獄屬上惡，餓鬼屬中惡，畜生屬下惡。可參見本書第285頁。

【那由他】梵語 nayuta 或 niyuta

❶古代梵語計數單位nayuta的音譯，又作那庾多、那由多、那術、那述。

❷等於現代的「億」數，或是引申為無量、無數多。

【阿僧祇】梵語 asamkhya

❶梵語asamkhya的音譯，多到沒有數字可以表現的意思。

❷現代數學可以透過「無窮盡符號」(∞)來表達。

【劫】梵語 kalpa

❶劫是計算「時代」的名詞，傳統有大劫、中劫與小劫的說法。

❷「阿僧祇劫」的意思是「多到沒有數目可以計算」的時間。(請詳見第336頁的討論)

分析 1 《金剛經》能消除前世罪業？

善男子、善女人，受持讀誦此經，若爲人輕賤，是人先世罪業，應墮惡道。以今世人輕賤故，先世罪業，即爲消滅，當得阿耨多羅三藐三菩提。

本單元一開始提出，如果有善男子或善女人，受持讀誦此經，不但不得眾人恭敬，反而被人輕賤，為什麼呢？那是因為他在前世種下深重罪業的結果。本來應該墮入地獄、惡鬼、畜生三惡道中受苦，但因為《金剛經》的關係得以改善，現在只受到世人輕賤。如果能夠忍辱修持，則可消除前世的罪業，如此還可證得無上正等正覺。

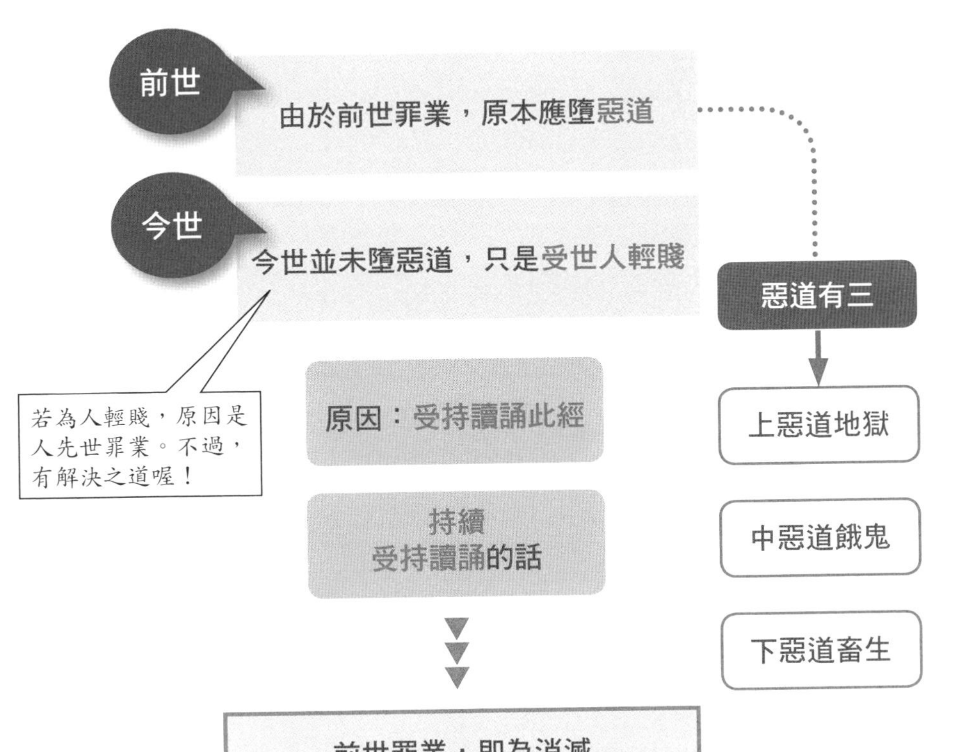

分析2 兩種功德的比較：前世供佛和末世持經

在這個單元理，佛陀還回想起：「無數無量劫的前世，在燃燈佛之前曾遇八百四千萬億無數量的諸佛，我都全心全意的供養承事，一個也沒空過。但如果有人在末法時期，能夠受持讀誦此經，那他所得到的功德，與我之前供佛的功德相較，我是百分不及一，千萬億分不及一，甚至算數與任何譬喻都無法比擬的。」顯然，誠心供養佛已經是功德無量了，沒想到相較於受持讀誦《金剛經》的功德，非但無法勝過它，甚至是任何算數與譬喻所不能及。

	前世供佛	來世持經
	如來	有人
時間	過去無量阿僧祇劫	末法時代
功德	在遇到燃燈佛之前全心供養八百四千萬億無數量的諸佛	受持讀誦此經

兩者的功德比較

供養萬億無數量的諸佛的功德
1/100～1/ 千萬億分，所有「算數譬喻」
都比不過受持誦讀《金剛經》的功德

誠心供養諸佛已經是功德無量了，沒想到相較於末法時期受持讀誦《金剛經》，竟是無法比擬。

分析3 「八百四千萬億那由他」到底有多少？

須菩提！我念過去無量阿僧祇劫，於燃燈佛前，得值八百四千萬億那由他諸佛，悉皆供養承事，無空過者。

讀到此句，會讓人困擾的是「無量阿僧祇劫」和「八百四千萬億那由他諸佛」這兩個詞語。

◉「無量阿僧祇劫」是計時單位

「無量阿僧祇劫」是時間單位，形容非常久之前。「阿僧祇」是梵語asamkhya的音譯，意思是「多到沒有數字可以表達」。不過，現代數學倒是可以透過「無窮盡符號」（∞）來表達。而「劫」（kalpa）是計算「時間」的名詞（可詳見第336頁的分析），所以阿僧祇劫意思是多到沒有數目可以計算的時間。

◉「八百四千萬億那由他」是計數單位

再看「八百四千萬億那由他」諸佛，八百四千萬億雖然可數，但數量已經是龐大驚人了，再之後又加了個「那由他」，那更是無盡量了。那由他，梵語nayuta，是古代印度的計數單位。**這個數目字等於現代的億數，或是引申為無數多**。所以，無量阿僧祇劫代表時間的久遠，而八百四千萬億那由他形容諸佛數量的多。關於「八百四千萬億」，古今四大譯家的譯法不盡相同，分別是：

鳩摩羅什	八百四千萬億	不同於現代數學表示法
真諦	八萬四千百千俱胝	不同於現代數學表示法
玄奘	八十四俱胝	可理解的數字表示法
義淨	八十四億	可理解的數字表示法
孔茲	84,000 million(=84億)	可理解的數字表示法

*俱胝＝億

無量　阿僧祇　劫→時間單位→非常長遠的時間

阿僧祇：梵語 asamkhya= ∞，意思是「多到沒有數字可以表達」。

八百四千萬億　那由他→計量單位→數量多到無法計算

那由他：梵語 nayuta= 億，或是引申為無數多。

究竟無我分 (1)

究竟：推求至極點。無我：無我相。完整的意思是：推求至極點要能達到「無我」的體認。

爾時，須菩提白佛言：「世尊，善男子、善女人，發阿耨多羅三藐三菩提心，云何應住？云何降伏其心？」佛告須菩提：「善男子、善女人，發阿耨多羅三藐三菩提心者，當生如是心：『我應滅度一切眾生；滅度一切眾生已，而無有一眾生實滅度者。』何以故？須菩提！若菩薩有我相、人相、眾生相、壽者相，即非菩薩。所以者何？須菩提！實無有法，發阿耨多羅三藐三菩提心者。」

關鍵內容

須菩提發問：「善男子、善女人，發阿耨多羅三藐三菩提心，云何應住？云何降伏其心？」。（這與第2分的問法差了一點點）

之前：應云何住？（這部分是追求智慧的般若道，「自覺」時要注意的事項。）

現在：云何應住？（這是大乘菩薩行的方便道，「覺他」時要注意的事項。）

➲佛陀回答須菩提：

1.當生如是心，我應滅度一切眾生。
2.依這樣的發心去滅度一切眾生，但是心中毫無任何一絲眾生被我滅度的念頭。
3.如果菩薩有四相的分別，那就不是菩薩了。
4.實際上，沒有法叫做發無上正等正覺的。

【白話翻譯】

那時，須菩提向佛稟白：「世尊！善男子或善女人已經發心，希望證得無上正等正覺(此處梵版原文是bodhisattva-yana-samprasthitena，意為：發菩薩乘心)，應該如何保持那顆菩提心？又如何能降伏妄念的心呢？」

佛陀告訴須菩提：「善男子或善女人已發心希望證得無上正等正覺者(同上，此處梵版原文是bodhisattva-yana-samprasthitena，意為：發菩薩乘心)，應該如此生其心：「我應該幫助一切眾生滅除煩惱而度脫到涅槃境界。以這樣的發心去滅度一切眾生，但是心中沒有任何眾生因我而滅度的念頭。」

佛陀繼續說：「為什麼？如果菩薩有我相、人相、眾生相、壽者相的分別概念，那就不是菩薩了。為什麼這麼說呢？實際上，沒有任何法名為發心證得無上正等正覺。」

【孔茲‧梵版英譯】

Subhuti asked: How, O Lord, should one set out in the Bodhisattva-vehicle (注意，此處意思是「發菩薩乘心」，而鳩摩羅什譯為「發阿耨多羅三藐三菩提心」。) stand, how progress, how control his thoughts?

The Lord replied: Here, Subhuti, someone who has set out in the Bodhisattva-vehicle should produce a thought in this manner: 'all beings I must lead to Nirvana, into that Realm of Nirvana which leaves nothing behind; and yet, after beings have thus been led to Nirvana, no being at all has been led to Nirvana'.

And why? If in a Bodhisattva the notion of a 'being' should take place, he could not be called a 'Bodhi-being'.（請注意，先談眾生相） And likewise if the notion of a soul, or a person（再談壽者相、人相，此處並未出現我相） should take place in him. And why? He who has set out in the Bodhisattva-vehicle he is not one of the dharmas.

分析 1 須菩提為何又問了一次老問題？

還記得《金剛經》一開始，佛陀和弟子們托缽乞食回了住處，吃了飯，洗了腳，大家敷好座位準備靜坐時，須菩提提了一個大哉問嗎？他問說：「善男子、善女人，發阿耨多羅三藐三菩提心，**應云何住**？云何降伏其心？」（第2分）這問題怎麼到了第17分這裡，須菩提又來問一次呢？「善男子、善女人，發阿耨多羅三藐三菩提心，**云何應住**？云何降伏其心？」（第17分）難道是佛陀說得不夠清楚，需要再解釋一次嗎？當然不是。這裡很容易被誤會為重覆前面的問答，其實這裡的提問，**不僅所問的主題對象不同，佛陀的回答也因對象而異，而有更進一步的開示**。

◉回憶第2分的關鍵處

善男子、善女人，發阿耨多羅三藐三菩提心，**應云何住**？云何降伏其心？（第2分）

此分對象是「追求般若智慧的善男子與善女人」。相較於本分，雖然佛陀回答內容相近，但第2分的重點僅止於智慧的追求。

◉此刻第17分的關鍵處

善男子、善女人，發阿耨多羅三藐三菩提心，**云何應住**？云何降伏其心？（第17分）

雖然鳩摩羅什將本分的對象譯為「善男子、善女人」，但是在梵本原文中並**沒有**善男子、善女人的字眼。此分的對象由文章內容與整個經文結構可以看出，他們是已經**達到菩薩（Bodhisattva）層級的修行者**，而非初始修習（初發心）的善男子、善女人（梵語 kulaputrena va kuladuhitra）。由於對象的差異，在第17分「究竟無我」除了再次陳述與第2分「善現啟請」相同的回答，再增添另一個新的概念：**菩薩的法空**。

佛陀回答須菩提身為菩薩者應有的「四個重要」的概念，他說：❶當生如是心，我應滅度一切眾生。❷依這樣的發心去滅度一切眾生，但是心中毫無任何一絲眾生被我滅度的念頭。❸如果菩薩有四相的分別，那就不是菩薩了。❹實際上，沒有法叫做發無上正等正覺的。

上列四點，前三點前後兩分的開示都提到了，此乃「我空」（或稱「人無我」）的層面。我空的深刻認識是：眾生雖然都有一個心身，但那是五蘊假合而成的，沒有實在常一的我體。**而本單元的開示增添第四點：「實無有法，發阿耨多羅三藐三菩提心者」，如此則是擴及到「法空」（或稱「法無我」）的層面**，在法空之中體悟諸法緣起性空的真理，所以說「沒有法叫做發無上正等正覺的」。

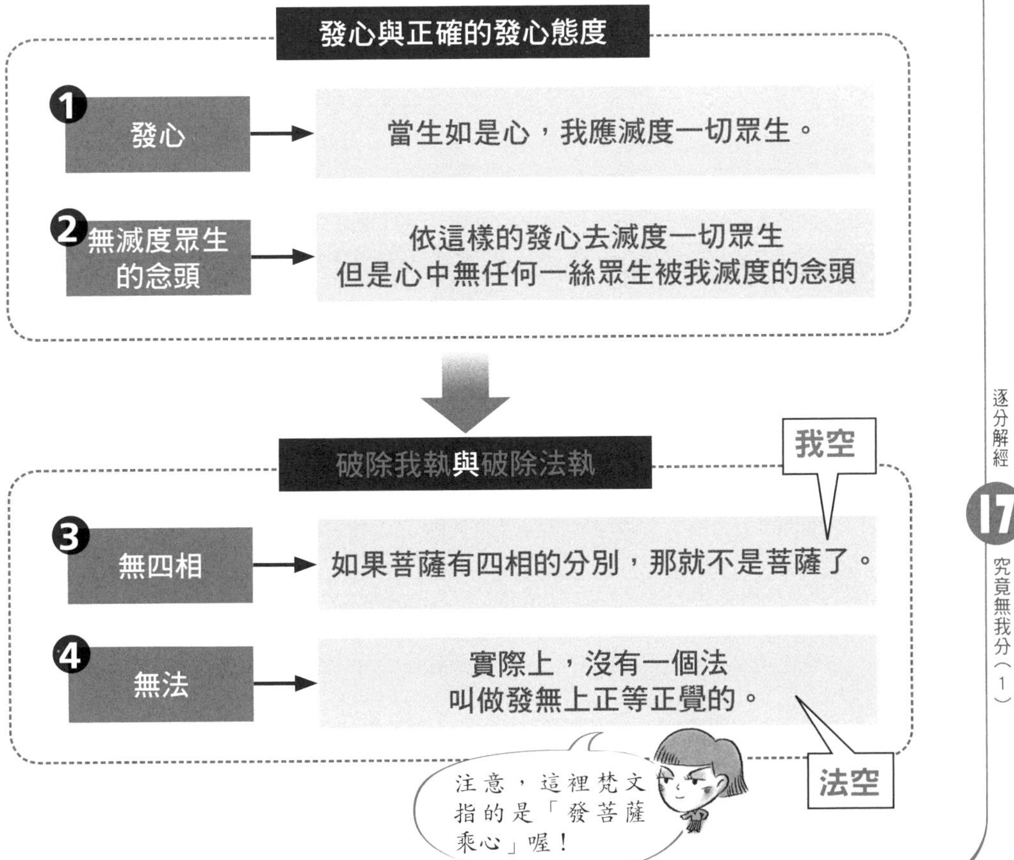

分析 2 星雲大師如何比較、分析第2分和第17分的說法對象？

星雲大師亦曾比較分析第2分和第17分此兩分所敘述的對象，其看法和玄奘、孔茲相同，他們分別是「初發心的善男子善女人」與「深解義趣的善男子善女人」。星雲大師並詳列下面四點不同：

◉對象根器不同

前者是個薄地凡夫，初發心的善男子善女人。後者已是深解義趣的善男子善女人。

◉發心深淺不同

前者為初學發心，發上求佛道、下化眾生的願心。後者是發「修行證果」的大心，雖然，「理」已悟解，但仍未證得佛果，因此發無上正等正覺的深心，求證悟學修行。

◉妄心粗細不同

尊者所問的「云何應住？云何降伏其心？」文字與第2分相同，但是義理深淺有別。前者的妄想是粗糙的，指薄地凡夫的妄想意念；後者是已悟解般若義趣，於事相上修行時微細的妄心。

◉降伏內外不同

第17分所問的問題和佛陀所答覆的文字，與第2分相同，表層的文字雖是一樣，但是義理是不同的。前者是先除去「心外的境界相」，後者則是要去除「心內的執著相」。從心外到心內的境界和所執取的諸相，都應一併降伏剔淨。

	第2分主角	第17分主角
	 初發心	 修行證果
對象根器	初發心的善男子善女人	深解義趣的善男子善女人
發心深淺	初學發心者，上求佛道下化眾生的願心	理已悟解，希證佛果以利眾生的發心
妄心粗細	凡夫粗糙的妄想意念	悟解般若義趣者，於修行時仍有微細妄心
降伏內外	去除「心外的境界相」	去除「心內的執著相」

星雲大師對第2分與第17分的比較，超棒！

究竟無我分 (2)

「須菩提！於意云何？如來於燃燈佛所，有法得阿耨多羅三藐三菩提不？」「不也。世尊！如我解佛所說義，佛於燃燈佛所，無有法得阿耨多羅三藐三菩提。」佛言：「如是！如是！須菩提！實無有法，如來得阿耨多羅三藐三菩提。須菩提！若有法如來得阿耨多羅三藐三菩提者，燃燈佛即不與我授記諸佛預知弟子某世證果與其國土、名號，而予以記別：『汝於來世當得作佛，號釋迦牟尼。』以實無有法得阿耨多羅三藐三菩提，是故燃燈佛與我授記，作是言：『汝於來世，當得作佛，號釋迦牟尼。』何以故？如來者，即諸法如義。」

關鍵內容

❶佛陀問須菩提一個問題：如來在燃燈佛處有沒有得到一種法稱為無上正等正覺？

➡須菩提回答：沒有。

❷佛陀進一步解釋「無上正等正覺」：

1.佛陀先肯定須菩提的回答

➡「沒有一種法叫做無上正等正覺」。

2.如果有法叫做無上正等正覺，則：

➡燃燈佛不會授記佛陀「汝於來世，當得作佛，號釋迦牟尼。」

3.因為沒有法叫做無上正等正覺，所以：

➡燃燈佛會授記佛陀「汝於來世，當得作佛，號釋迦牟尼。」

【白話翻譯】

佛陀問須菩提：「須菩提！你認為如何？如來在燃燈佛之處，有沒有從他那兒學得無上正等正覺法？」

須菩提回答：「沒有。世尊！依據我對佛陀講說義理的瞭解，佛陀在燃燈佛那裡，只是了悟諸法空相，並沒有得到一種法叫無上正等正覺。」

佛陀說：「是的！是的！須菩提！誠如你所說的，事實上如來並沒有得到一個叫無上正等正覺的法。須菩提！如果說如來有得到一種法叫做無上正等正覺，那麼燃燈佛就不會為佛陀授記說：『您在來世，當得成佛，名叫釋迦牟尼。』

因為實際上沒有一個法叫做無上正等正覺，佛陀了悟了這點，所以燃燈佛才會為佛陀授記說：『您在來世，當得成佛，名叫釋迦牟尼。』為什麼這麼說呢？因為如來的意思，就是諸法體性空寂，如其本來之義。」

【孔茲・梵版英譯】

What do you think Subhuti, is there any dharma by which the Tathagata, when he was with Dipankara the Tathagata, has fully known the utmost, right and perfect enlightenment?

Subhuti replied: There is not any dharma by which the Tathagata, when he was with the Tathagata Dipankara, has fully known the utmost, right and perfect enlightenment.

The Lord said: It is for this reason that the Tathagata Dipankara then predicted of me: 'You, young Brahmin, will be in a future period a Tathagata, Arhat, fully Enlightened, by the name of Shakyamuni!'

And why? 'Tathagata', Subhuti, is synonymous with true Suchness (即梵語 tathata).

分析1 真有「阿耨多羅三藐三菩提法」可得嗎？

上個單元（17-1）表達了一個菩薩真正發心該有的態度，而當菩薩能如同世尊一樣，也能見到燃燈佛，那時候又該秉持什麼樣的正確態度呢？

為了確認須菩提是否有正確認識，佛陀再問「須菩提！於意云何？如來於燃燈佛所，有法得阿耨多羅三藐三菩提不？」須菩提正確地回答：「沒有。」接著，佛陀開始解釋與阿耨多羅三藐三菩提的相關概念，其中**重要的核心概念是法空，不執著於法**。對此，佛陀的詳盡的回答是這樣的：

❶先肯定須菩提的答案「沒有一種法叫做阿耨多羅三藐三菩提」。
❷如果有法叫做「阿耨多羅三藐三菩提」，那麼燃燈佛不會授記佛陀「汝於來世，當得作佛，號釋迦牟尼。」
❸因為沒有法叫做「阿耨多羅三藐三菩提」，所以燃燈佛會授記佛陀「汝於來世，當得作佛，號釋迦牟尼。」
❹如來者，即諸法如義。

授記
所謂授記，即諸佛對發大心的眾生預先記名，會事先告知過了多少年代，在某處某國之中，成什麼佛。簡言之，諸佛預知弟子某世證果，及其「國土」、「名號」，而予以記別。

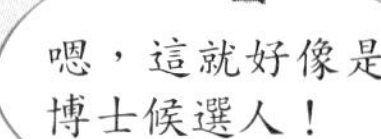

無有法得阿耨多羅三藐三菩提？

	說明	（原始經句）
正面的肯定	佛陀肯定須菩提的答案：「沒有一種法叫做無上正等正覺」。	實無有法如來得阿耨多羅三藐三菩提
如果有法	如果有法讓如來得無上正等正覺，那麼燃燈佛不會授記佛陀：「汝於來世，當得作佛，號釋迦牟尼。」	若有法如來得阿耨多羅三藐三菩提，燃燈佛即不與我授記：「汝於來世，當得作佛，號釋迦牟尼。」
實在無法	因為實在沒有法可得無上正等正覺，所以燃燈佛會授記佛陀：「汝於來世，當得作佛，號釋迦牟尼。」	以實無有法得阿耨多羅三藐三菩提，是故燃燈佛與我授記，作是言：「汝於來世，當得作佛，號釋迦牟尼。」

（再進一步）

「如來」的意義	如來的意思，就是諸法體性空寂，如其本來之義。（原始經句：如來者，即諸法如義。）
星雲大師解釋	所謂如來，就是一切諸法體性空寂，絕對的平等，超越所有差別的執著。佛陀已證入此理，因此才名為如來。

關於「如來」一詞，可以詳見第92頁的討論。

究竟無我分(3)

「若有人言：如來得阿耨多羅三藐三菩提，須菩提！實無有法，佛得阿耨多羅三藐三菩提。須菩提！如來所得阿耨多羅三藐三菩提，於是中無實無虛虛實不一，皆非實也非虛。是故如來說一切法一切諸法，包括有為法、無為法與不可說法，皆是佛法。須菩提！所言一切法者，即非一切法，是故名一切法。」

【白話翻譯】

「如果有人說：如來已得無上正等正覺，那就錯了。須菩提！因為實在沒有任何法可以讓佛陀得到這個無上正等正覺。

須菩提！如來所得的無上正等正覺，在這之中是無實無虛的。所以，如來說的一切法是體性空寂，故一切法都是佛法。須菩提！如來所說的一切法是一切事物的現象，一切法並沒有真實的具體相狀，之所以稱為一切法，只不過借個假名方便眾生瞭解罷了。」

關鍵內容

佛陀更進一步解釋「無上正等正覺」：

❶如來者，即諸法如義。（單元17-2所說）

❷如果有人說如來得無上正等正覺，這是錯誤的。實際上並沒有一個法，也沒有如來得到無上正等正覺這件事。（本單元17-3所說）

❸所謂如來所得到的無上正等正覺，於此之中無實無虛。

❹如來說一切法皆是佛法。但要知道一切法超越語言文字的描述，所以並沒有一個法叫做一切法，只不過為了方便眾生的理解而給假名罷了。

【孔茲・梵版英譯】

And whosoever, Subhuti, were to say, 'The Tathagata has fully known the utmost, right and perfect enlightenment', he would speak falsely. And why? There is not any dharma by which the Tathagata has fully known the utmost, right and perfect enlightenment. And that dharma which the Tathagata has fully known and demonstrated, on account of that there is neither truth nor fraud（無實無虛）.

Therefore the Tathagata teaches, all dharmas are the Buddha's own and special dharmas'. And why? 'All-dharmas', Subhuti, have as no-dharmas been taught by the Tathagata. Therefore all dharmas are called the Buddha's own and special dharmas.

分析 1 佛陀如何進一步解釋「無上正等正覺」？

若有人言：如來得阿耨多羅三藐三菩提，須菩提！實無有法，佛得阿耨多羅三藐三菩提。須菩提！如來所得阿耨多羅三藐三菩提，於是中無實無虛。是故如來說一切法，皆是佛法。須菩提！所言一切法者，即非一切法，是故名一切法。

在這段經文裡，佛陀進一步解釋了什麼是「無上正等正覺」，我們把這段論說切分成三段來看：

❶ 實無有法，佛得阿耨多羅三藐三菩提。

❷ 如來所得阿耨多羅三藐三菩提，於是中無實無虛。

❸ 是故如來說一切法，皆是佛法。所言一切法者，即非一切法，是故名一切法。

對應下來的解釋是這樣的：

❶ 如果有人說如來得無上正等正覺，這是錯誤的。實際上並沒有任何實存的法，也沒有如來得到無上正等正覺這件事。（空，否定法的存在）

❷ 所謂如來所得到的無上正等正覺，於此之中無實無虛。（中觀，非實非虛）

❸ 如來說一切法皆是佛法。但要知道一切法是超越語言文字的描述，所以並沒有一個法叫做一切法，只不過為了方便眾生的理解給假名罷了。（假名）

◉無實無虛

在這段經文裡，「無實無虛」是用來說明阿耨多羅三藐三菩提的，意思是說如來所得的無上正等正覺，皆非實也非虛。**對這個無上正等正覺既不能執著於「實有所得」，也不能執著於「空無虛幻」**。原因是「一切諸法萬象」，沒有一個不是由此「空寂性體」所顯現的，所以如來說一切諸法都是佛法。

虛幻 無實 空無 虛幻 實有所得 真實 無虛

無實無虛

無實：對「阿耨多羅三藐三菩提」既不能執著於「實有所得」

無虛：對「阿耨多羅三藐三菩提」也不能執著於「虛無空幻」

（原始經句）
如來所得阿耨多羅三藐三菩提，於是中無實無虛。

無實無虛，孔茲的英文是neither truth nor fraud，既非真實也非虛妄，表達「中觀」的概念。

原因：「一切諸法萬象」，沒有一個不是由此「空寂性體」所顯現的。

關鍵性的認知！

（原始經句）
是故如來說一切法，皆是佛法

結論：如來說一切諸法都是佛法。

什麼是「一切法」呢？

「一切法」包括了有為法、無為法和不可說法，在第130頁有很棒的解說，一定要看喔！

究竟無我分 (4)

「須菩提！譬如人身長大。」須菩提言：「世尊！如來說人身長大，即為非大身，是名大身。」「須菩提！菩薩亦如是。若作是言：『我當滅度無量眾生。』即不名菩薩。何以故？須菩提！實無有法，名為菩薩。是故佛說：『一切法，無我、無人、無眾生、無壽者。』須菩提！若菩薩作是言：『我當莊嚴佛土。』是不名菩薩。何以故？如來說莊嚴佛土者，即非莊嚴，是名莊嚴。須菩提！若菩薩通達無我法含「人無我」與「法無我」等二無我者，如來說名真是菩薩。」

關鍵內容

❶佛陀問須菩提有關「人身長大」的看法？

➲須菩提的回答：

人身長大，則為非大身，是名大身。

❷菩薩應有的修行也是如此，佛陀接著開示須菩提，並總結此一龐大單元的概念：

1.心中若有「我當滅度無量眾生」，那麼就不叫菩薩。

2.沒有一個法的名稱叫菩薩。

3.一切法是四相皆無。

4.心中如果有「我當莊嚴佛土」，那麼就不叫菩薩了。

5.莊嚴佛土者，即非莊嚴，是名莊嚴。

6.如果菩薩能通達「無我法」，那才是真正的菩薩。

【白話翻譯】

佛陀說：「須菩提！譬如有個人的身體高而且大，真的是大身嗎？」

須菩提回答：「世尊！如來說：大身如果是可以描述說出的，即表示仍是有限量的，如此怎能稱為大身呢？這不過假借一個名，稱之為大身而已。」

佛陀說：「須菩提！菩薩也是如此，如果菩薩心中起了『我應當滅度一切眾生』的念頭，如此便有了相狀的執著，就不能稱為菩薩。為什麼呢？實際上，沒有任何一個法名為菩薩的。所以佛陀說：『一切萬法之中沒有我相、人相、眾生相、壽者相的分別概念。』

須菩提！如果菩薩說：『我應當莊嚴佛國的淨土』，如此便不能稱為菩薩。為什麼呢？因為所謂莊嚴佛土，並不存在能夠莊嚴的人與能莊嚴的法，也沒有實體的佛土可莊嚴（這是「三輪體空」的見地，就是「能作」、「所作」、「所作之事」這三者本質都是空性的），只是假借一個名，稱之為莊嚴而已。

須菩提！如果菩薩能通達這種無我的真理，那麼如來就會說這是真正的菩薩。」

【孔茲・梵版英譯】

(Just as a man, Subhuti, might be endowed with a body, a huge body.) Subhuti said: That man of whom the Tathagata spoke as 'endowed with a body, a huge body', as a no-body he has been taught by the Tathagata. Therefore is he called, 'endowed with a body, a huge body'.

The Lord said: So it is, Subhuti. The Bodhisattva who would say, 'I will lead beings to Nirvana', he should not be called a 'Bodhi-being'（菩薩）.

And why? Is there, Subhuti, any dharma named 'Bodhi-being'? Subhuti replied: No indeed, O Lord. The Lord said: Because of that the Tathagata teaches, 'selfless are all dharmas, they have not the character of living beings, they are without a living soul, without personality'.
(If any Bodhisattva should say, 'I will create harmonious Buddhafields'), he likewise should not be called a Bodhi-being.

(And why? 'The harmonies of Buddhafields, the harmonies of Buddhafields', Subhuti, as no-harmonies have they been taught by the Tathagata. Therefore he spoke of 'harmonious Buddhafields'.) The Bodhisattva, however, Subhuti, who is intent on 'without self are the dharmas, without self are the dharmas', him the Tathagata, the Arhat, the fully Enlightened One has declared to be a Bodhi-being, a great being.

分析 1 佛陀如何由「大身」談到「真菩薩」？

◉大身

藉由須菩提言：「世尊！如來說人身長大，即為非大身，是名大身。」這是說肉眼所見身形的大小與法身大小是無法比對的。如來所認為大身，是有生有滅的，仍是有限量的，如此哪能稱之為大身？這不過假借一個名，稱之為大身而已。

印順長老的解釋也很不錯：「如來說的長大人身，為通達法性畢竟空而從緣幻成的，實沒有大身的真實性。悟法性空，以清淨的功德願力為緣，成此莊嚴的尊特身，假名如幻，所以說是名大身。」

◉真菩薩

解釋完大身之後，接著佛陀開示「真正菩薩」的概念，他說：

❶心中若有「我當滅度無量眾生」的想法，那麼就不叫菩薩。
❷ 沒有一個法的名稱叫菩薩。
❸ 一切法是四相皆無。
❹ 心中如果有「我當莊嚴佛土」的想法，那麼就不叫菩薩了。
❺ 莊嚴佛土者，即非莊嚴，是名莊嚴。
❻ 如果菩薩能通達「無我法」，那才是真正的菩薩。

此段經句核心思想的逐步推衍是：

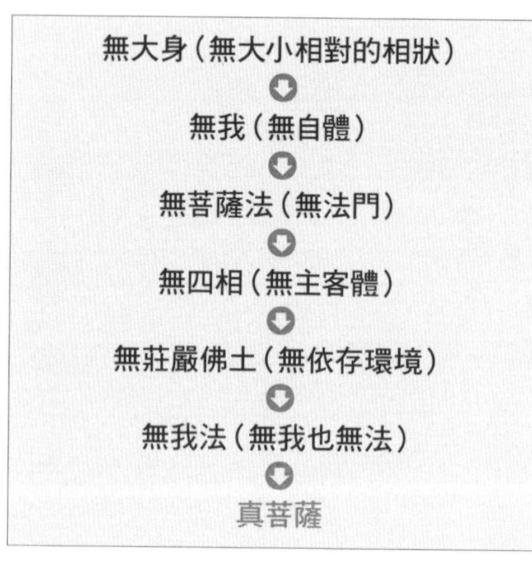

❶ 破除我執（沒有「能度」的菩薩、「能作莊嚴」的菩薩）

❷ 破除法執（沒有「所度」、「可以被我度」的眾生）

❸ 破除環境的執著（沒有「所莊嚴」、「可以被我莊嚴」的國土）

真菩薩

佛陀先肯定須菩提的答案

心中若有我當滅度無量眾生，那麼就不叫菩薩

❶ 破除法執

無有法名為菩薩 — 沒有一個法的名稱叫菩薩

❷ 破除我執

一切法是四相皆無 — 一切萬法並沒有我相、人相、眾生相、壽者相的分別概念

❸ 破除環境的執著

不可有「我當莊嚴佛土」的念頭 — 心中如果有我當莊嚴佛土，那麼就不叫菩薩了

假名莊嚴 — 莊嚴佛土者，即非莊嚴，是名莊嚴

人無我、法無我

通達無我法者如來說名真是菩薩

如果菩薩能通達無我法，那才是真正的菩薩

分析2 認識無我法

第17單元名為「究竟無我分」，「無我」是其中關鍵性的詞句。這單元《金剛經》寫著：「若菩薩通達無我法者，如來說名真是菩薩。」「無我法」即是二無我，包括「人無我」和「法無我」。「人無我」是體悟人為五蘊假合，因業流轉，並沒有恆常獨一的我體可得。「法無我」是了解諸法隨因緣而生的道理，知道諸法皆無實體。也就是既要能體悟「五蘊假合」的道理，也要認識「諸法隨因緣而生」的道理，如此才是真菩薩。

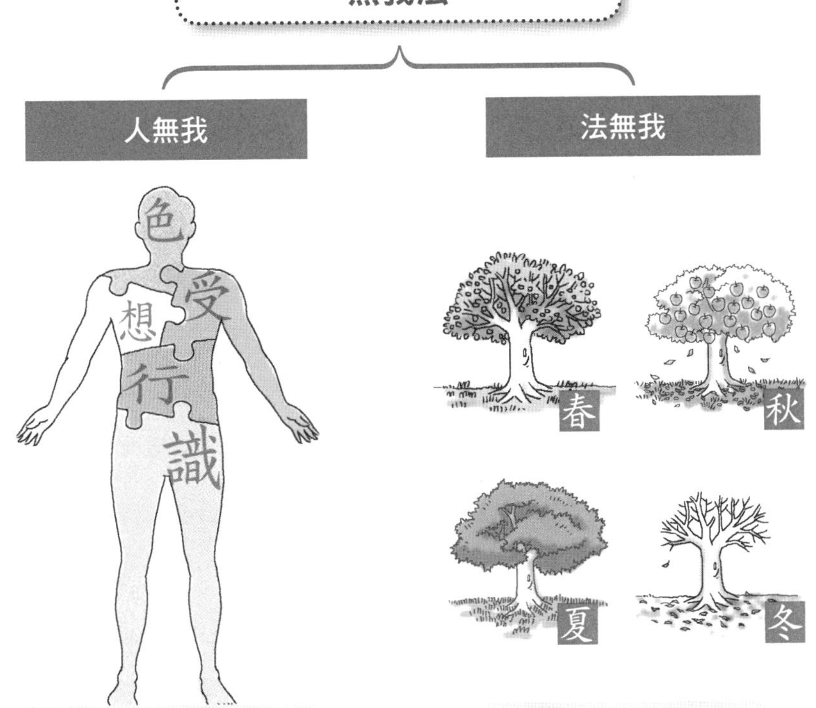

人為五蘊假合，因業流轉，並沒有恆常獨立的我體可得。

了解諸法隨因緣而生的道理，皆無實體。

18 一體同觀分

此分說明：萬法歸一，更無異觀。

「須菩提！於意云何？如來有肉眼不？」「如是，世尊！如來有肉眼。」「須菩提！於意云何？如來有天眼不？」「如是，世尊！如來有天眼。」「須菩提！於意云何？如來有**慧眼**聲聞聖者與緣覺聖者之眼，可以照見諸法皆空真理之空慧不？」「如是，世尊！如來有慧眼。」「須菩提！於意云何？如來有**法眼**菩薩之眼，能夠清楚的見到一切法妙有的道理不？」「如是，世尊！如來有法眼。」「須菩提！於意云何？如來有**佛眼**佛陀之眼，能夠見到一切法非空非有不可思議的道理不？」「如是，世尊！如來有佛眼。」「須菩提！於意云何？如恆河中所有沙，佛說是沙不？」「如是，世尊！如來說是沙。」「須菩提！於意云何？如一恆河中所有沙，有如是沙等恆河，是諸恆河所有沙數，佛世界如是，寧為多不？」「甚多。世尊！」佛告須菩提：「爾所國土中，所有眾生若干種**心**心思、思考、思維，如來悉知。何以故？如來說諸心，皆為非心，是名為心。所以者何？須菩提！過去心不可得，現在心不可得，未來心不可得。」

關鍵詞彙

【肉眼】、【天眼】、【慧眼】、【法眼】、【佛眼】

關鍵內容

❶佛陀問須菩提：是否認為如來具有五眼？

➲須菩提回答：是。

❷佛陀問須菩提：恆河中所有沙，佛陀說是不是沙？

➲須菩提回答：是。

❸佛陀又問須菩提（由恆河沙的無盡數，延伸至諸佛的世界，也是不可數）：

1.一恆河裡的沙（很多沙）

2.每顆沙代表一條恆河（於是產生很多恆河）

3.那麼所有的恆河的沙有多少（很多恆河的很多沙）

4.每個沙又代表一個佛世界（這些每顆沙都代表一個世界）

那麼佛的世界是如此多，這樣多不多？

➲須菩提回答：很多。

❹佛陀開示須菩提「心」的概念：

1.佛陀知曉佛世界的一切眾生的各種心。

2.佛陀說：諸心皆為非心，是名為心。

3.佛陀又說：過去心不可得，現在心不可得，未來心不可得。

【白話翻譯】

佛陀問須菩提：「須菩提！你認為我具有肉眼嗎？」
須若提答：「是的，世尊！您具有肉眼。」
佛陀問須菩提：「須菩提！你認為我具有天眼嗎？」
須菩提回答：「是的，世尊！您具有天眼。」
佛陀問須菩提：「須菩提！你認為我具有慧眼嗎？」
須菩提回答：「是的，世尊！您具有慧眼。」
佛陀問須菩提：「須菩提！你認為我具有法眼嗎？」
須菩提回答：「是的，世尊！您具有法眼。」
佛陀問須菩提：「須菩提！你認為我具有佛眼嗎？」
須菩提回答：「是的，世尊！您具有佛眼。」

佛陀問須菩提：「須菩提！你認為在恆河中所有的沙，佛陀說它們是否是沙呢？」
須菩提回答：「是的，世尊！佛陀說它們是沙。」

佛陀問須菩提：「須菩提！譬如一恆河中所有的沙，其中每一粒沙比喻一恆河。再以所有恆河中的所有沙來比喻，視一粒沙為一個佛國世界，你認為這樣的佛國世界不是很多嗎？」
須菩提回答：「非常多。世尊！」

佛陀告訴須菩提：「在這些佛土之中所有眾生的心思，如來完全都知道。為什麼呢？如來說這些心思都不是真正的心，而是眾生的妄心，它們並非是本性常住的真心，只是假借一個名，稱之為心。這是為什麼呢？須菩提！過去的心思是無法把握的，現在的心思也是無法把握，未來的心思也無法把握的。」

【孔茲．梵版英譯】

What do you think, Subhuti, does the fleshly eye of the Tathagata exist? Subhuti replied: So it is, O Lord, the fleshly eye of the Tathagata does exist. The Lord asked: What do you think, Subhuti, does the Tathagata's heavenly eye exist, his wisdom eye, his Dharma-eye, his Buddha-eye? Subhuti replied: So it is, O Lord, the heavenly eye of the Tathagata does exist, and so does his wisdom eye, his Dharma-eye and his Buddha-eye.

The Lord said: What do you think, Subhuti, has the Tathagata used the phrase, 'as many grains of sand as there are in the great river Ganges'? Subhuti replied: So it is, O Lord, so it is, O Well-Gone! The Tathagata has done so. The Lord asked: What do you think, Subhuti, if there were as many Ganges rivers as there are grains of sand in the great river Ganges, and if there were as many world systems as there are grains of sand in them, would those world systems be many? Subhuti replied: So it is, O Lord, so it is, O Well-Gone, these world systems would be many.

The Lord said: As many beings as there are in these world systems, of them I know, in my wisdom, the manifold trends of thought. And why? 'Trends of thought, trends of thought'（梵語citta-dhara，心、思惟）, Subhuti, as no trends have they been taught by the Tathagata. Therefore are they called 'trends of thought'. And why? Past thought is not got at; future thought is not got at; present thought is not got at.

關鍵詞彙

【肉眼】 梵語 mamsa-caksuh，英譯 fleshly eye

❶人間肉身之眼。

❷眾生能見到各種形色的眼睛。

【天眼】 梵語 divyam-caksuh，英譯 heavenly eye

❶代表色界天人的眼。

❷擁有天眼除了能夠看得很遠，還可超越遠近、內外、晝夜的種種限制。

❸獲得天眼的能力有兩種方式：一種是從福德得來，如天人；一種則是從修禪定而得來的。佛陀十大弟子之一的阿那律（Aniruddha）即擁有這種超越時空限制的天眼。

【慧眼】 梵語 prajna-caksuh，英譯 wisdom eye

❶聲聞聖者與緣覺聖者之眼。

❷慧能觀照，故名慧眼，可以照見諸法皆空真理之空慧，也就是體悟空諦之眼。

【法眼】 梵語 Dharma-caksuh，英譯 Dharma-eye

❶法眼是菩薩之眼。

❷能分明的洞觀一切因緣生起的諸現象，因為能夠清楚的見到一切法妙有的道理，所以是假諦的體悟。

【佛眼】 梵語 Buddha-caksuh，英譯 Buddha-eye

❶佛陀之眼。

❷能夠見到一切法非空非有不可思議的道理，達到中諦體悟的境界。

分析 1 佛陀具備了「五眼」？

這個單元，一開始透過須菩提與佛陀的對答，說明佛陀具有五眼的觀察力。佛陀因為擁有佛眼，得以貫通五眼，如此遍知其數宛如無數恆河無數沙的眾生心性。佛陀除了擁有凡常人的肉眼與神通者的天眼，**他的慧眼、法眼與佛眼分別可觀空諦、假諦與中諦**。空諦、假諦、中諦合稱三諦。空諦是本質上說「空本無自體」；假諦是顯相上說「隨因緣生假相」；中諦是說「諸法非空非假，亦空亦假」的中道實理。此三諦是唐朝時的天台宗所立。

1 肉眼	human eye 人間肉身之眼	眾生所見形色具足的眼睛
2 天眼	heavenly eye 色界天人的眼	能夠看得很遠，超越遠近、內外、晝夜的限制
3 慧眼	wisdom eye 聲聞、緣覺二乘者之眼	可以照見諸法皆空的真理（空諦）
4 法眼	Dharma-eye 菩薩之眼	能見到一切法真空妙有的道理（假諦）
5 佛眼	Buddha-eye 佛陀之眼	能見到一切法非空非有不可思議的道理（中諦）

菩薩能見顯相上因緣和合的「妙有」，當然是已能見其本質是「空性」，所以說「真空妙有」。

分析2 佛陀如何看待眾生之心？

「須菩提！於意云何？如恆河中所有沙，佛説是沙不？」「如是，世尊！如來説是沙。」「須菩提！於意云何？如一恆河中所有沙，有如是沙等恆河，是諸恆河所有沙數，佛世界如是，寧爲多不？」「甚多。世尊！」佛告須菩提：「爾所國土中，所有眾生若干種心，如來悉知。何以故？如來説諸心，皆爲非心，是名爲心。所以者何？須菩提！過去心不可得，現在心不可得，未來心不可得。」

◉眾生心與佛心同源

《金剛經》透過恆河沙數來比喻眾生之心是不可計量的。在諸佛世界中的一切眾生，擁有種種不同的心，心的思維會流轉變動，但佛陀也是完全知曉的。為什麼呢？因為眾生的心源與佛如一，如同水流的分歧支脈，其源頭是同一的，所以心性同源。因此「眾生心即是佛心」，所以如來能悉知眾生的心性。

◉眾生之心是妄心，是流轉變動的

佛說所有這些心，都是眾生的妄心，並非本性常住的真心。只是假借一個名，稱之為心罷了。所以《金剛經》寫著「如來說諸心，皆為非心，是名為心」。隨後，佛陀開示常住的真心是寂然不動的，過去的心思不可滯留，現在的心思不可執著，未來的心思又不可預期。

◉佛陀開示「心」的概念有三：

❶ 佛陀知曉佛國界的一切眾生的各種心。（因佛陀具備五眼）
❷ 佛陀說：諸心，皆為非心，是名為心。（三段式邏輯辨證）
❸ 佛陀又說：過去心不可得，現在心不可得，未來心不可得。（心的思維會流轉變動）

一體同觀分

星雲大師曾解釋此分「一體同觀分」時曾說，所謂「一體同觀」者，即是「萬法歸一，更無異觀」之意也。故能以一眼攝五眼，一沙攝恆河沙，一世界攝多世界，一心攝眾生心。眾生與佛，本來無異。眾生本有佛性，與佛原來無二無別，只是眾生隨業遷流，忘失了本體。而佛不為業轉，了悟真心。佛知眾生為同體，因同體而起滅度無量眾生之大悲也。

眾生的心

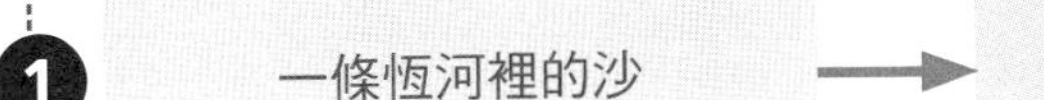

1. 一條恆河裡的沙 → 很多沙
2. 每顆沙代表一條恆河 → 於是產生很多恆河
3. 那麼所有的恆河的沙有多少？ → 很多恆河的很多沙

4. 每顆沙又代表一個佛世界 → 佛的世界多不可計量
5. 佛世界的眾生多不多？ → 眾生的心隨時在變化

過去心不可得

現在心不可得

未來心不可得

分析3 諸大譯經家如何說「心」?

如來說諸心，皆爲非心，是名爲心。

◉玄奘的譯法

這裡的「心」是梵文citta-dhara，玄奘譯為「心流注」，這個譯法更接近梵文的意思，意思是說：**思維如同流水轉動（流），也會隨眾生的因緣暫時灌注停留於一處。**

◉孔茲的譯法

另外，孔茲則把citta-dhara譯為trends of thought，也表達出「思維」具有傾向、動向的特質（a general direction in which something tends to move），東西方兩位般若專家，經由不同語言，都表達了類似的概念。

◉義淨的譯法

再看義淨，更是將梵語dhara的意思完整呈現，他寫著「心陀羅尼者，如來說為無持，由無持故，心遂流轉」。dhara的音譯為「陀羅尼」，意義為「持」（holding）。於是**❶陀羅尼、❷持、❸流轉等三個關鍵字眼，都被偉大的譯經家義淨大師譯出來了。**

citta-dhara = citta + dhara

citta-dhara=citta + dhara
citta=思維（thought）
dhara（有兩種意義：持、流轉）
持（義淨）=續住（真諦）=陀羅尼（義淨）=holding（傳統英譯）
流轉（義淨）=trend（孔茲）
流注（玄奘）：上述兩種意義合併表達

加油！請靜下心來認真看這段「心」的解釋，弄懂了肯定會有很大的收穫！

五大譯家對「心」的不同譯法

[鳩摩羅什]

何以故？如來說：諸心皆爲非心，是名爲心。

[真諦]

何以故？須菩提！心相續住，如來說非續住，故說續住。

[玄奘]

何以故？善現！心流注者，
如來說非流注，是故如來說名。

[義淨]

何以故？妙生！心陀羅尼者，
如來說爲無持，由無持故，心遂流轉。

[孔茲梵版]

Tat kasya hetoh? Citta-dhara citta-dhareti Subhute a-dharaisa Tathagatena bhasitas.

[孔茲英譯]

And why? 'Trends of thought, trends of thought', Subhuti, as no trends have they been taught by the Tathagata. Therefore are they called 'trends of thought'.

法界通化分

般若智慧充遍法界，無所不通，無處不化。

「須菩提！於意云何？若有人滿三千大千世界七寶，以用布施，是人以是因緣，得福多不？」「如是，世尊！此人以是因緣，得福甚多。」「須菩提！若福德有實，如來不說得福德多；以福德無故，如來說得福德多。」

【白話翻譯】

佛陀問須菩提：「須菩提！你認為如何？如果有人用遍滿三千大千世界的七寶來行布施，此人依這樣因緣而得來的福德多不多？」
須菩提回答：「是的，世尊！此人依這樣因緣所獲得的福德非常多。」

佛陀說：「須菩提！如果認為福德是實有的，這代表他的心執著於福德，這種福德是相對的、是有限的，像這樣如來便不說所得的福德多。反之，若能體悟福德並非實有，是沒有具體相狀的，像這樣如來才說得到的福德很多。」

關鍵內容

❶佛陀問須菩提：如果有人以遍滿三千大千世界七寶以用布施，此人以這樣的因緣，得到的福德多嗎？
須菩提回答：福德很多。

❷佛陀開示執為實有的「因緣福德」與了悟非實有的「真實福德」：

1.若福德有實，如來不說得福德多。
2.以福德無故，如來說得福德多。

【孔茲．梵版英譯】

What do you think, Subhuti, if a son or daughter of good family had filled this world system of 1,000 million worlds with the seven precious things, and then gave it as a gift to the Tathagatas, the Arhats, the fully Enlightened Ones, would they on the strength of that beget a great heap of merit? Subhuti replied: they would, O Lord, they would, O Well-Gone!

The Lord said: So it is, Subhuti, so it is. On the strength of that this son or daughter of good family would beget a great heap of merit, immeasurable and incalculable. But if, on the other hand, there were such a thing as a heap of merit, the Tathagata would not have spoken of a 'heap of merit'.

分析1 因緣與福德

何謂因緣？因緣是佛教根本理論之一，是構成一切現象的原因。佛教以此說明顯相上事物賴以存在的各種起因和助緣。凡事物的構成必有因緣，**本身的因素叫做因，旁助的因緣叫做緣**。例如稻穀，種子為因，泥土、雨露、空氣、陽光、肥料、農作為緣，由此種種因緣的和合而生長穀子。佛陀於這個單元深談「因緣」與「福德」的關係。人們以實有的因緣來行布施，若心中執著於有福德或行福德這件事，這樣的福德也會因為因緣有限而有竭盡之時，所以如來說所得的福德不多。《金剛經》又說：如果認為有實存的福德，如來就不會說得到的福德很多；因為福德並非實有，是沒有具體為真的福德，所以如來才說得到的福德很多。

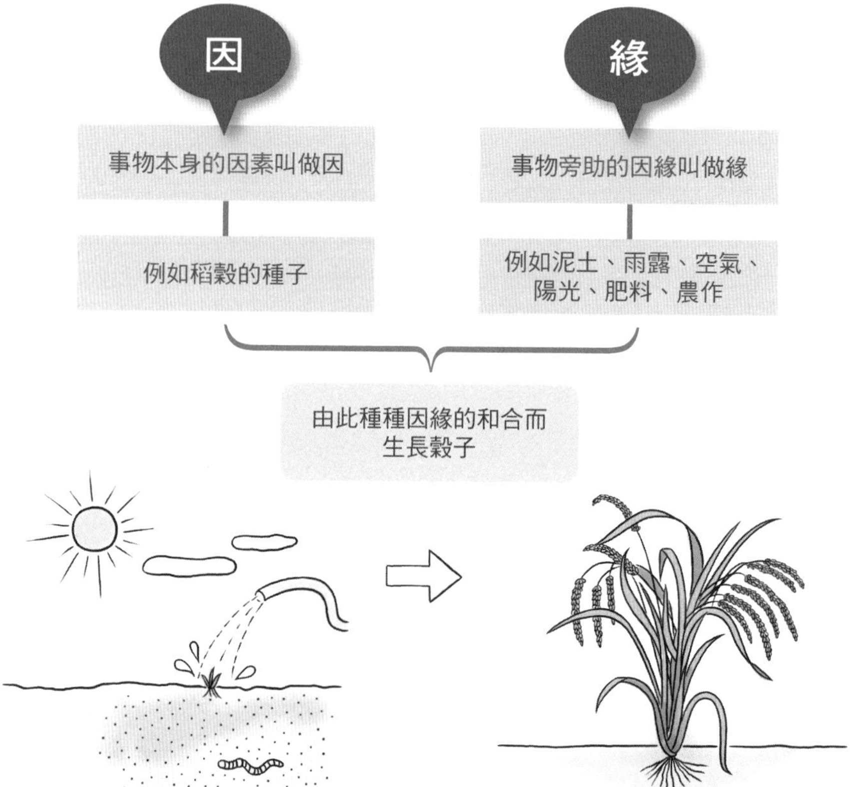

因

事物本身的因素叫做因

例如稻穀的種子

緣

事物旁助的因緣叫做緣

例如泥土、雨露、空氣、陽光、肥料、農作

由此種種因緣的和合而生長穀子

種種「因」、「緣」結合

才能成熟結果（成熟的稻穀）

分析2 昭明太子為何稱此分為「法界通化」？

閱讀《金剛經》來到第19分，昭明太子題名為「法界通化分」。起初沒多想，僅先仔細唸完經文，瞭解整段經文談的是福德。經文先說「若福德有實，如來不說得福德多」，意思是說以實有的因緣布施，因其心執著於福德，其福德亦因其所施的因緣有限而有時盡的，所以如來說所得的福德不多。接著又說：「以福德無故，如來說得福德多」，白話的意思是：如果真正有福德，如來就不會說得到的福德很多。因為福德並非實有，並沒有具體為真的福德，所以如來才說得到的福德很多。**這樣的說明並不難理解，但是昭明太子為何稱此分是「法界通化」？疑問仍然存在心中。**

筆者翻閱許多解釋《金剛經》的書，都未有合理的解說，直到參考了星雲大師的《金剛經講話》，才有了答案。書上寫著：「法界者，十法界也；通化者，是指般若智慧充遍法界，無所不通，無處不化也。」筆者立刻好奇「十法界」又是哪十個法界？丁福保的《佛學大辭典》解釋之一是「法界者，諸佛眾生之本體也。然四聖六凡，感報界分不同，故有十法界焉。（四聖者，佛、菩薩、緣覺、聲聞也。六凡者，天、人、阿脩羅、餓鬼、畜生、地獄也。）」至此，我們漸漸有了清晰的輪廓，原來「法界通化」的題名是延續第18分的經文，在第18分裡告訴我們**佛陀具有佛眼，才得以貫通五眼，如此遍知恆河沙界眾生的心性。所以恆河沙界眾生的心性就包含在於四聖六凡的心，佛陀皆知。**

繼續閱讀星雲大師的延展解釋：「住心布施，所得的福德是有限的。住相為有漏之因，不能得無漏之果。若能破此執見，即能了悟**無福之福，無得之得，此般若妙智，則能通化法界，無量無邊。」**這次昭明太子的分段題名，初看之下似乎讓人難以理解，但如此推敲下來，便也就能理解與接受了。

第18分和第19分應該連續閱讀，才能貫通瞭解，主要是說佛以五眼遍觀十法界的眾生心性。

離色離相分

此分說明：如來的圓滿報身，有相皆是虛妄，離諸相才能見性，也才能見得如來。

「須菩提！於意云何？佛可以具足色身見不？」「不也，世尊！如來不應以具足色身美好圓滿的具體身形見。何以故？如來說具足色身，即非具足色身，是名具足色身。」「須菩提！於意云何？如來可以具足諸相圓滿的一切相狀，一般是指三十二好見不？」「不也，世尊！如來不應以具足諸相見。何以故？如來說諸相具足，即非具足，是名諸相具足。」

【白話翻譯】

佛陀問須菩提：「須菩提！你認為所謂的佛，可以用完美圓滿的色身來認識他嗎？」

須菩提回答：「不可以。世尊！如來不應以完美圓滿的色身來認識。為什麼呢？因為如來說過，所謂的具足色身，雖然完美圓滿但不是真實不變的實體，只是假借一個名，稱之為具足色身。」

佛又問：「須菩提！你認為如來可不可以用圓滿具足諸相來認識？」須菩提回答：「不可以。世尊！如來不應以完美圓滿諸相來觀察。為什麼呢？因為如來說過，所謂的諸相具足，只不過是完美圓滿而顯示的相狀，為了方便度化眾生而假借一個名，稱之為諸相具足而已。」

關鍵詞彙

【具足色身】、【諸相具足】

關鍵內容

❶佛陀問須菩提：可否以具足色身來認識佛陀呢？
須菩提回答：
1.不可以。
2.具足色身（假諦），即非具足色身（空諦），是名具足色身（中諦）。

❷佛陀又問：可否以具足諸相來認識如來呢？
須菩提的回答：
1.不可以。
2.諸相具足（假諦），即非具足（空諦），是名諸相具足（中諦）。

【孔茲．梵版英譯】

What do you think, Subhuti, is the Tathagata to be seen by means of the accomplishment of his form-body（具足色身）? Subhuti replied: No indeed, O Lord, the Tathagata is not to be seen by means of the accomplishment of his form-body. And why? 'Accomplishment of his form-body, accomplishment of his form-body', this, O Lord, has been taught by the Tathagata as no-accomplishment. Therefore is it called 'accomplishment of his form-body'.

The Lord asked: What do you think, Subhuti, is the Tathagata to be seen through his possession of marks（諸相具足）? Subhuti replied: No indeed, O Lord. And why? This possession of marks, O Lord, which has been taught by the Tathagata, as a no-possession of no-marks this has been taught by the Tathagata. Therefore is it called 'possession of marks'

關鍵詞彙

【具足色身】梵語 rupa-kaya-parinispattya

❶色身，梵語rupa-kaya，英譯form-body，強調「具有形體」的身相。

❷具足，梵語parinispattya，英譯accomplishment，意思近似於圓滿成就，完滿而無所欠缺。

❸具足色身，美好圓滿的具體身形，玄奘譯為「色身圓實」。孔茲英譯為accomplishment of his form-body。

【諸相具足】梵語 laksana-sampada

❶梵語laksana，相，特指三十二好中的相狀，孔茲英譯為possession of marks。

❷梵語sampada，具足，complete，lacking nothing。

❸諸相具足指圓滿的一切相狀，該梵文字詞通常用來說明如來的「三十二好」。

❹注意！梵本中「具足色身」與「諸相具足」的具足是採用不同的字詞，前者採parinispattya，後者是sampada，都有完美、圓滿、無欠缺的意思。

兩個「具足」有何不同？

「具足色身」與「諸相具足」的「具足」一詞，在梵版中是分別採用兩個不同的字詞，前者採 parinispatti，後者是 sampad。

「具足色身」的具足，梵版用的是 parinispatti（此字加上語尾變化變成了parinispattya，表示原因或憑藉的工具）。根據梵英字典，這個字的意義是perfection，也就是中文說的「完美、圓滿、無欠缺」之意。

「諸相具足」的具足，原來梵文用的是 sampad（此字加上語尾變化變成了sampada，表示原因或憑藉的工具）。根據梵英字典，這個字有很多意義，包括 fulfilment、erfection、completion；attainment、possession、benefit；excellence、glory、beauty；excess、high degree；being、existence 等等。此外，這個字如果是複合詞的最後一個詞素，則有 possessed of（即「具有、擁有」）的意思。

綜合上述來看，這兩個字詞在意義上都有perfection「完美、圓滿、無欠缺」的意思。但第二個字詞「諸相具足」(aksana-sampada)則多了「具有某種特質」(possessed of)的意思，意指「具有佛與轉輪聖王才擁有的三十二種相」。

三十二相：指佛陀完美無缺的身形容貌

明永樂 釋迦牟尼鎏金銅佛 圖片提供：Sotheby's 蘇富比國際拍賣公司

分析 1 具足色身、諸相具足，二者有何差異？

◉具足色身

這段經文一開始便闡明如來不應以「具足色身」來認識，為什麼呢？因為如來認為所謂的具足色身，是說肉眼可見的身形相狀雖然圓滿無欠缺，卻不是真實永存的，不是實有的。

「色身」（rupa-kaya）是指凡人可見的肉身，或是說具有形體的身相，而「具足」（parinispattya）一詞是佛經中經常可見的用語，具足意思**近似於圓滿、完滿而無所欠缺**，或是可解釋成**具備滿足**。

「具足色身」該詞在梵版中寫的是rupa-kaya-parinispattya，英文翻譯為accomplishment of his form-body，是指具有形體身相「最完滿無缺」的狀態。

具足色身＝ rupa-kaya-parinispattya＝accomplishment of his form-body（強調具體身形的**最完美狀態**）

◉諸相具足

接著《金剛經》又說，如來不應以「諸相具足」來觀察。

「諸相」特指如來的一切相狀，所以「諸相具足」的意思是具備、擁有了「如來的一切圓滿相狀」。既然是具足了一切圓滿相狀，為什麼不能以此一切相狀來觀如來？原來如來所說的**圓滿諸相，也只不過是圓滿具足而顯示的相狀，並非是永恆實存的真實相狀，不是真如理體、無相的法身佛。**

「諸相具足」該詞在梵版中寫的是laksana-sampada，前者laksana意思是相，經常特指三十二好的相狀，所以英譯為possession of marks，因為是三十二個特徵，所以marks採用複數。

諸相具足＝laksana-sampada＝ possession of marks（強調**具備了**如來三十二好的**完美相狀**）

◉比較三位譯師的翻譯

梵版原文	鳩摩羅什	玄奘	孔茲
rupa-kaya-parinispattya	具足色身	色身圓實	accomplishment of his form-body
laksana-sampada	諸相具足	諸相具足	possession of marks

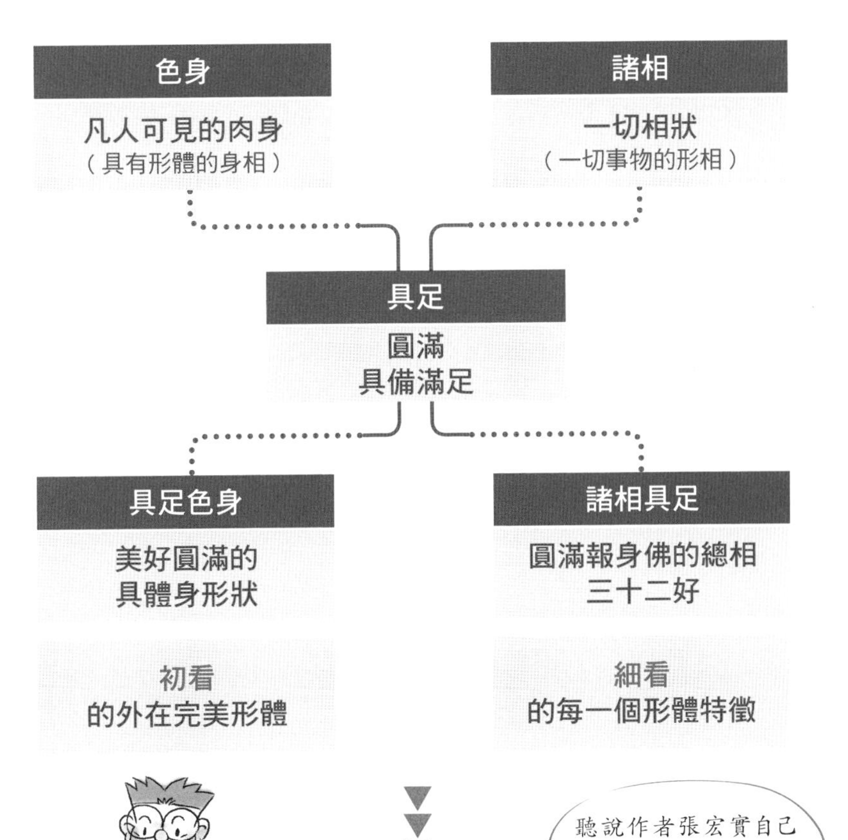

是不是覺得好難？看不懂！沒關係，作個記號，下次再回來看，因為這裡真的很難。

以此認識如來 NO!!

聽說作者張宏實自己都經過好幾年才稍稍弄懂，阿彌陀佛！

非說所說分

本分說明：法無可說，所說非法。

「須菩提！汝勿謂如來作是念：『我當有所說法。』莫作是念！何以故？若人言如來有所說法，即為謗佛，不能解我所說故。須菩提！說法者，無法可說，是名說法。」爾時，慧命須菩提白佛言：「世尊！頗有眾生，於未來世，聞說是法，生信心不？」佛言：「須菩提！彼非眾生，非不眾生。何以故？須菩提！眾生，眾生者，如來說非眾生，是名眾生。」

關鍵內容

❶佛陀開示須菩提有關「說法」的正確概念：

1.不要認為如來有「我當有所說法」的念頭。

2.如果有人說「如來有所說法」，這是謗佛，這是不瞭解如來。

3.說法者，無法可說，是名說法。

❷這時慧命須菩提問佛陀：如果有眾生於未來世聽聞《金剛經》，是否會生信心？

佛陀的開示：

1.彼非眾生，非不眾生。

2.眾生，眾生者，如來說非眾生（空），是名眾生（假名）。

【白話翻譯】

佛陀說：「須菩提！你不要認為如來心中會有這樣的想法：『我當為眾生說種種法』。千萬不可有這樣的念頭，為什麼呢？如果有人說如來有所說法，這即是毀謗佛，是因為不能瞭解我所說的道理才會這麼說。

須菩提！所謂的說法，事實上是無法可說，只不過為度化眾生協助他們了悟真性，因此假借個名稱，稱之為說法而已。」

這時，慧命須菩提向佛陀稟白說：「世尊！未來的眾生，聽到這個無法可說的法，不知能否生信心？」

佛陀說：「須菩提！那些眾生並不是眾生，也不是非眾生。為什麼呢？須菩提！因為眾生之所以為眾生，只是尚未了悟，如果能了悟，亦可成佛，所以如來說他們不是眾生，只是假名為眾生。」

【孔茲・梵版英譯】

The Lord asked: What do you think, Subhuti, does it occur to the Tathagata, 'by me has Dharma been demonstrated'? Whosoever, Subhuti, would say, 'the Tathagata has demonstrated Dharma'(說法), he would speak falsely, he would misrepresent me by seizing on what is not there. And why? 'Demonstration of dharma, demonstration of dharma', Subhuti, there is not any dharma which could be got at as a demonstration of dharma.

Subhuti asked: Are there, O Lord, any beings in the future, in the last time, in the last epoch, in the last 500 years, at the time of the collapse of the good doctrine who, on hearing such dharmas, will truly believe? The Lord replied: They, Subhuti, are neither beings nor no-beings. And why? 'Beings, beings', Subhuti, the Tathagata has taught that they are all no-beings. Therefore has he spoken of 'all beings'.

分析 1 「未來世」指的是何時？

爾時，慧命須菩提白佛言：「世尊！頗有眾生，於未來世，聞說是法，生信心不？」

未來，梵語anagate。這裡的「未來世」其實是包含了：❶來世、❷後時、❸後分、❹後五百歲、❺正法將滅時分轉時。鳩摩羅什翻譯為「未來世」，似乎簡化了《金剛經》原文，我們可以閱讀玄奘與孔茲對於這段經文的完整翻譯：

（玄奘）
爾時，具壽善現白佛言：「世尊！於當❶來世、❷後時、❸後分、❹後五百歲、❺正法將滅時分轉時，頗有有情聞說如是色類法已能深信不？」

（孔茲）
Subhuti asked: Are there, O Lord, any beings ❶in the future, ❷in the last time, ❸in the last epoch, ❹in the last 500 years, ❺at the time of the collapse of the good doctrine who, on hearing such dharmas, will truly believe?

分析2 須菩提為何被稱為「慧命」？

此分經文出現了「慧命須菩提」的稱呼，為何稱須菩提為「慧命」呢？慧命是比丘的尊稱，說明比丘「以慧為命」的意思。慧命又稱慧壽，意思是說**比丘不但具有世間的壽命，而且具有法身的慧命，**所以他們有兩種命。一般而言，比丘中的長老可敬稱慧命，例如《金剛經》的提問者須菩提、與《心經》裡的舍利子都被尊為慧命長老。

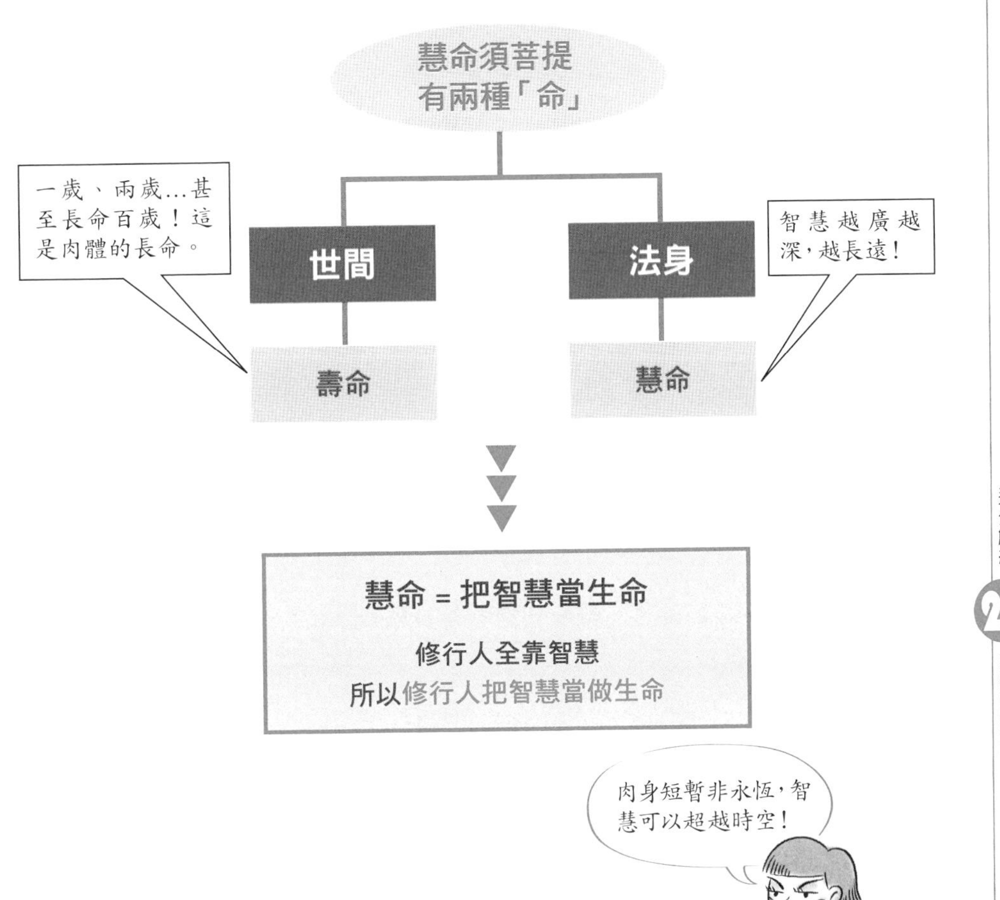

分析3 如來說法，所說的法、說法的對象都是假名？

須菩提！汝勿謂如來作是念：「我當有所說法。」莫作是念！何以故？若人言如來有所說法，即爲謗佛，不能解我所說故。

◉謗佛與佛陀說法

在這個單元提到了「謗佛」一詞，「謗」一字意思是以不實的言詞中傷別人，破壞其名譽。什麼行為這麼嚴重，要被說成「謗佛」？經裡是這樣寫著：如果有人說如來有所說法，若是這麼說，即是毀謗佛。其根本的意思是說，如果只拘泥於文字、語言的「法」，這就是不能真正了解如來所說的道理，**因有了誤解，才會認為「如來可以說法」**。星雲大師的解釋是：佛陀說法，無非是應機而談，隨機而說，眾生聽到了聲音、看到了文字，就以為佛陀在說法。其實，從法身理體之處來看，哪裡有可說的法、能說的人？

◉眾生也只是假名罷了

佛陀又說「眾生，眾生者，如來說非眾生，是名眾生」。眾生，梵語薩埵sattva，亦可稱為有情，因集眾緣所生，所以稱眾生。然而這裡卻說：因為眾生之所以為眾生，只是尚未了悟，如果能了悟，便可成佛，所以如來說他們不是眾生，只是假名為眾生。

《金剛經》在此也鼓勵了每個人：眾生皆有佛性，眾生就是佛。未來世間的眾生若能聞此法而生信心，便有機會了悟般若，便有機會成佛。**因為人皆有「自性」，只要找回自己的「佛性」與「本來面目」，眾生便是佛了。**

整理這個單元可以清楚看到佛陀說法的重點有三：

❶不要認為如來有「我當有所說法」的念頭➲沒有如來說法這件事
❷ 說法者，無法可說，是名說法➲沒有說法的法
❸ 眾生眾生者，如來說非眾生，是名眾生➲沒有說法的對象

這就是「三輪體空」沒有能作、所作、所作之事這三者的道理呀！

說法者與眾生

說法者	眾生
說法者 無法可說 是名說法	眾生者 如來說非眾生 是名眾生
說法者 沒有可說法的「法」	說法者 沒有可說法的「對象」

說法　法　聽法者

❶ 如來「說法」這件事
❷ 說法的「法」
❸ 聽法的「眾生」
都是語言文字，都是個假名

先破除佛身，再破除佛語！

星雲大師認為，此經始終要破除人們所執的見相，前分關於「佛身」的見相已破除，此分更欲深入破除「佛語」的見相。所以，佛陀一再為眾生解黏去縛，破其執見及所知諸障，希望眾生能隨說隨泯，悟入般若妙境。「法無所說，所說非法」的用意，即在於此。

> 如來不應以「具足諸相」見（第20分）➲破除「佛身」的著相之見➲超越形體外貌
> 不應認為如來「有所說法」（第21分）➲破除「佛語」的著相之見➲ 超越語言文字

無法可得分

須菩提白佛言：「世尊！佛得阿耨多羅三藐三菩提，為無所得耶？」佛言：「如是！如是！須菩提！我於阿耨多羅三藐三菩提，乃至無有少法可得，是名阿耨多羅三藐三菩提。」

【白話翻譯】

須菩提稟白佛陀：「世尊！佛陀所得的無上正等正覺，真的是無所得嗎？」

佛陀說：「是的！是的！須菩提！我於無上正等正覺，乃至於沒有絲毫一點法可得。法並非實體存在可得，只是假借一個名，稱之為無上正等正覺而已。」

關鍵內容

須菩提請示佛陀：
證得無上正等正覺是不是無所得呢？
佛陀的回答：
1.非常肯定須菩提的回答。
2.佛陀所證得的無上正等正覺，甚至一點法也無所得。
3.只是假名無上正等正覺。

【孔茲・梵版英譯】

What do you think, Subhuti, is there any dharma by which the Tathagata has fully known the utmost, right and perfect enlightenment?

Subhuti replied: No indeed, O Lord, there is not any dharma by which the Tathagata has fully known the utmost, right and perfect enlightenment.

The Lord said: So it is, Subhuti, so it is. Not even the least (梵語anu，最少的) dharma is there found or got at. Therefore is it called 'utmost (梵語anuttara), right and perfect enlightenment'.

分析 1 連「無上正等正覺」也是無法可得？

雖然佛陀是透過般若妙法證得了無上正等正覺，但這**無上正等正覺本是自己所有，而非心外而得**。因為本來就無失，所以沒有「得」或「不得」這件事，所以說「無法可得」。

唐六祖慧能對此經句做了另一種解說，他在《金剛般若波羅蜜經口訣》寫著：「須菩提言：所得心盡，即是菩提。佛言如是如是，我於菩提實無希求心，亦無所得心，以如是故，得名阿耨多羅三藐三菩提。」

這樣的解釋與《心經》的觀點是相同的，《心經》寫著：「無智亦無得。以無所得故，菩提薩埵，依般若波羅蜜多故，心無罣礙，無罣礙故，無有恐怖，遠離顛倒夢想，究竟涅槃。三世諸佛，依般若波羅蜜多故，得阿耨多羅三藐三菩提。」

要瞭解這「無法可得」，請再仔細閱讀此段經文的敘述重點：「我於阿耨多羅三藐三菩提，乃至無有少法可得，是名阿耨多羅三藐三菩提」，可以拆解成三部分來瞭解：

❶ **我於阿耨多羅三藐三菩提**：「阿耨多羅三藐三菩提」是有諦（或稱「假諦」，講世間的假有現象），即是世間語言文字的稱謂，呈現非永恆實存的世俗現象。

❷ **乃至無有少法可得**：是空諦，指本質上否定假有的存在，所以一點法也無所得。

❸ **是名阿耨多羅三藐三菩提**：中諦，雖然已經能體悟法並非實體存在可得，但是隨應於世間的教化，暫且假借一個名，稱之為無上正等正覺而已。所以非空非有，既不偏空，也不完全否定有，是不執取兩邊的中道。

無法可得的「法」

我於阿耨多羅三藐三菩提
乃至無有少法可得，是名阿耨多羅三藐三菩提

乃至無有少法可得

這個「法」指的是佛陀親自體驗的法，無法用語言文字描述，超越語言文字所及。

是名阿耨多羅三藐三菩提

這是假名的法，是假名佛陀的教法，順應世界隨機教化的法，是透過語文或文字傳遞的法。

法有三種（本單元所談的法是❷❸）

❶ 代表一切事物現象的法。

❷ 假名的法，以語言文字記錄佛陀的教法。

❸ 佛陀親自體驗的法：是無法用語言文字描述。

嗯，此法本是自己所有，也非心外而得，也因此沒有「得」或「不得」這件事。

淨心行善分

「復次，須菩提！是法平等，無有高下，是名阿耨多羅三藐三菩提。以無我、無人、無眾生、無壽者，修一切善法，即得阿耨多羅三藐三菩提。須菩提！所言善法者，如來說即非善法，是名善法。」

【白話翻譯】

佛陀說：「其次，須菩提！此法是平等的，沒有高下之分，所以才稱為無上正等正覺。以無我、無人、無眾生、無壽者等四相皆無，修行一切善法，即可證得無上正等正覺。

須菩提！所謂的善法，事實上並不存在，所以如來說非善法，意思是說為了開悟眾生，假借一個名，稱之為善法而已。」

關鍵詞彙

【是法平等，無有高下】、【善法】

關鍵內容

佛陀闡釋「法」的概念：（三點分析）

❶是法平等，無有高下，是名阿耨多羅三藐三菩提。

❷以無我、無人、無眾生、無壽者，修一切善法，則得阿耨多羅三藐三菩提。

❸所言善法者，如來說非善法，是名善法。

【孔茲・梵版英譯】

Furthermore, Subhuti, self-identical (sama) is that dharma, and nothing is therein at variance (vishama). Therefore is it called 'utmost, right (samyak) and perfect (sam-) enlightenment'. Self-identical through the absence of a self, a being, a soul, or a person, the utmost, right and perfect enlightenment is fully known as the totality of all the wholesome dharmas（善法）. 'Wholesome dharmas, wholesome dharmas', Subhuti yet as no-dharmas have they been taught by the Tathagata. Therefore are they called 'wholesome dharmas'.

關鍵詞彙

【是法平等，無有高下】

❶此法是平等的，沒有高下之分。

❷「平等」的梵語是samas，英譯為self-identical。

❸「高下」的梵語是visamam，也就是平等samas的反義詞。

❹此句孔茲譯為self-identical is that dharma, and nothing is therein at variance，玄奘則譯為「是法平等，於其中間無不平等」，兩位大譯師譯法完全一致。

【善法】梵語 kusala dharma，英 wholesome dharma

❶善法，即順理益己之法，可分「世間」與「出世間」。五戒十善為世間的善法。

❷三學（戒學、定學、慧學）、六度（六波羅蜜）為出世間的善法。

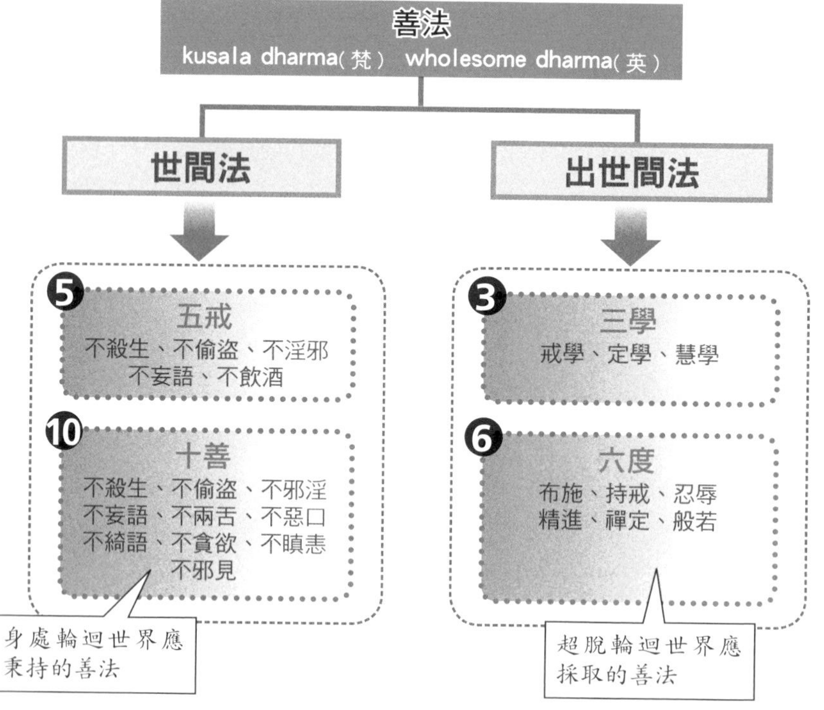

分析 1 善法的認識與應對方式

第22單元說，佛陀所證得的無上正等正覺，其實是無法透過任何能說得出名堂的法而得到的，只不過假托「無上正等正覺」這個名稱，讓眾生容易理解罷了。到了本單元，則延續「法」的分析，進入更深層的體悟。在此，佛陀闡釋法的概念如下：

是法平等，無有高下，是名阿耨多羅三藐三菩提。以無我、無人、無眾生、無壽者，修一切善法，則得阿耨多羅三藐三菩提。須菩提！所言善法者，如來說即非善法，是名善法。

此段經句共有四點分析：

❶ 是法平等，無有高下➲善法的正確**認識**。

❷ 是名阿耨多羅三藐三菩提➲給個**名稱**，有了文字語言，方便眾生的理解。

❸ 以無我、無人、無眾生、無壽者，修一切善法（方式），則得阿耨多羅三藐三菩提（結果）。➲修持善法的**方式與結果**。

❹ 所言善法者，如來說即非善法，是名善法。➲說明善法是**有諦**，也是**空締**，更理想的認識是**非空非有**。

星雲大師如何解釋本分「淨心行善分」

星雲大師認為此分說明一切法性本來是平等，無有高下，故一一法皆不可分別執著。以此平等清淨心，不著人、我、眾生、壽者四相，而修一切善法，便契（投合、切合）真如法性，照見本來面目，而得無上正等正覺。

福智無比分

本分說明：受持經典的福德與智慧，遠遠勝過任何有相的布施。

「須菩提！若三千大千世界中，所有諸須彌山王，如是等七寶聚，有人持用布施。若人以此般若波羅蜜經，乃至四句偈等，受持讀誦，為他人說，於前福德，百分不及一，百千萬億分，乃至算數譬喻所不能及。」

咦，第13分稱本經為「金剛般若波羅蜜」，這裡稱本經為「般若波羅蜜經」？

其實在梵版兩處的原文都是prajnaparamita，也就是「般若波羅蜜」，而不是「金剛般若波羅蜜」或「般若波羅蜜經」，不過指的都是這同一本經。

【白話翻譯】

佛陀說：「須菩提！如果有人以相當於三千大千世界所有的須彌山堆積起來的七寶來行布施；此外若是另有他人以這部《般若波羅蜜經》，甚至只是以其中的四句偈來受持誦讀，並且為他人解說。那麼，前者以七寶布施所得的福德是比不上後者所得福德的百分之一、千萬億分之一，甚至是無法以任何算數所能及的譬喻所能計數的。」

關鍵內容

佛陀說明兩種福德的比較：

❶三千大千世界中所有諸須彌山王，如是等七寶聚，有人持用布施。

❷以此《般若波羅蜜經》，乃至四句偈等，受持讀誦，為他人說。（此者勝出！）

【孔茲・梵版英譯】

And again, Subhuti, if a woman or man had piled up the seven precious things until their bulk equaled that of all the Sumerus, kings of mountains, in the world system of 1,000 million worlds, and would give them as a gift; and if, on the other hand, a son or daughter of good family would take up from this Prajnaparamita, this discourse on Dharma, but one stanza of four lines, and demonstrate it to others, compared with his heap of merit the former heap of merit does not approach one hundredth part, etc., until we come to, it will not bear any comparison.

分析 1 有相布施和持經的福智比較

這段經文，星雲大師的解釋極為貼切：所謂「福智」，即福德與智慧的並稱。有相的布施縱使如山高、如海深，山崩海枯之時，福智亦是有盡。然受持經典的無相般若妙慧，所得的福智，方是無量無邊，不可計數的。

福德比較

有相布施

聚積須彌山般
七寶
廣行布施

無相布施

四句偈
❶ 受持
❷ 誦讀
❸ 為他人解說

有相的七寶布施
只有
無相的受持誦讀
的
百千萬億分之一

化無所化分

本分說明菩薩度眾生，心中並無度化眾生的念頭。

「須菩提！於意云何？汝等勿謂如來作是念：『我當度眾生。』須菩提！莫作是念！何以故？實無有眾生如來度者。若有眾生如來度者，如來即有我、人、眾生、壽者。須菩提！如來說有我者，即非有我，而凡夫之人，以為有我。須菩提！凡夫者，如來說即非凡夫，是名凡夫。」

【白話翻譯】

佛陀說：「須菩提！你認為如何？你不要以為如來會有這樣的念頭：『我當救度眾生。』

須菩提！千萬不可有這樣的念頭。為什麼呢？因為實際上並沒有眾生可以被如來度化的。若有眾生可以被如來度化的念頭，那麼如來就有我相、人相、眾生相、壽者相等分別概念的執著。

須菩提！如來雖然口稱有我，但實際上是無我的，只不過凡夫卻以為真有我。

須菩提！所謂凡夫即不是凡夫，是說凡夫並非真實存在，只要能了悟就不是凡夫，在他們尚未領悟時，暫且假名為凡夫而已。」

關鍵詞彙

【度】、【凡夫】

關鍵內容

佛陀開示正確「度眾生」的態度：

❶不可有「我當度眾生」的念頭。

❷如果有這樣的念頭，則有四相的執著。

❸如來口稱說「有我」的概念：「有我者，即非有我，而凡夫之人以為有我。」

❹如來說凡夫的概念：「凡夫者，如來說即非凡夫，是名凡夫。」

【孔茲・梵版英譯】

What do you think, Subhuti, does it occur to a Tathagata, 'by me have beings been set free'? Not thus should you see it, Subhuti!

And why? There is not any being whom the Tathagata has set free. Again, if there had been any being whom the Tathagata had set free, then surely there would have been on the part of the Tathagata a seizing of a self, of a being, of a soul, of a person. 'Seizing of a self', as a no-seizing, Subhuti, has that been taught by the Tathagata. And yet the foolish common people have seized upon it. 'Foolish common people', Subhuti, as really no people have they been taught by the Tathagata. Therefore are they called 'foolish common people'.

關鍵詞彙

【度】梵語 parimocita

❶度即度化，梵語作parimocita，英譯set someone free，協助他人解脫。

❷此分名為「化無所化」，此處的化也是度化，意思是菩薩以平常心度化眾生，但心中無任何眾生被自己度化的念頭。

【凡夫】梵語 bhasitah

❶沒有智慧的凡常人。通常意指迷惑事理，因而流轉於生死輪迴之中的人。

❷玄奘譯為「愚夫異生」，義淨譯「愚夫眾生」，孔茲英譯為foolish common people。

分析1 度眾生的正確態度

須菩提！於意云何？汝等勿謂如來作是念：「我當度眾生。」須菩提！莫作是念！何以故？實無有眾生如來度者。若有眾生如來度者，如來即有我、人、眾生、壽者。

度化，即教化，教人將惡轉化為善，或是協助他人解脫，梵語作parimocita。《法華經・方便品》曰：「從佛受化。」又說：「化一切眾生，皆令入佛道。」而本單元的化無所化分的「化」，是以法度眾生；無所化，則是說沒有可度化的眾生。沒有可度化的眾生，才不流於執著**能度人之我、所度之眾生、度化這件事**這三者為實有，如此「三輪體空」的度化，才是真正的度化，才是真正平等心，如此無分別心才能有正確度眾生的方法。所以佛陀開示以下三點：

❶不可有「我當度眾生」的念頭，如果有這樣的念頭，則有四相的執著。
❷如來口稱說「有我」的概念：有我者，則非有我，而凡夫之人以為有我。
❸如來說「凡夫」的概念：凡夫者，如來說即非凡夫，是名凡夫。

◉說法的層層體驗

宣說佛法稱為「說法」，就世俗的顯相層次來講，有說法的對象，有得法的機會，有被度化的對象。但《金剛經》對此有更深的解釋，一層再上一層展現不同層次的體認。第21分是無法可說，第22分則為無法可得，本單元第25分則是無眾生可度，所以昭明太子給主題的名稱是「化無所化分」。

❶ 第 21 分 →無法可說

❷ 第 22 分 →無法可得

❸ 第 25 分 →無眾生可度

關於「說法」這件事，來點小複習！

分析2 「我」與「凡夫」的討論

須菩提！如來說有我者，即非有我，而凡夫之人，以爲有我。須菩提！凡夫者，如來說即非凡夫，是名凡夫。

◉三種我：假我、真我、神我

這裡《金剛經》寫著：「如來說有我者，即非有我，而凡夫之人，以為有我。」其中的「我」在印度哲學體系之下是可以再分類的，「我」可分俗我、真我與神我。俗我是隨五蘊之假、順世俗之法產生我的概念，或稱「假我」，與「真我」相對。「真我」是究竟實相的我。「真我」的本質是空性的，但真我與假我是相對的概念，假我是因五蘊假合而有的，所以超越了五蘊假相的如幻限制，就可以體悟到「真我」。假我和真我的關係是「顯而空」、「空而顯」的，雖然本質是空性的卻有所顯現，雖然有所顯現本質卻是空性的。至於「神我」，是指外道（如印度教）所執取的實我或梵我，認為有一種我體是永恆實存而且靈妙不可思議，如印度教的濕婆神或大梵天。不論何種我，**在《金剛經》裡最終是要達到「無」的境界，超越「我」有無的羈絆。**

◉「凡夫」是假我

凡夫因未能見到四諦真理，所以成為了凡夫。凡夫如同識淺凡庸的人，由於無法體認五蘊假合的道理，所以只能見到俗我，不能發現真我。無法體悟真我的凡夫終究只能迷惑事理，並流轉於生死輪迴之中。

如何能超越俗我，而見到真我呢？其實，真我是無須外求的，本來就存在於自心本性之中，只是被無明遮蔽無法顯現而已。《金剛經》裡說「凡夫者，如來說即非凡夫，是名凡夫」，意思是說凡夫只要能了悟，也就不再是凡夫。只不過在尚未領悟時，暫且假名為凡夫而已。

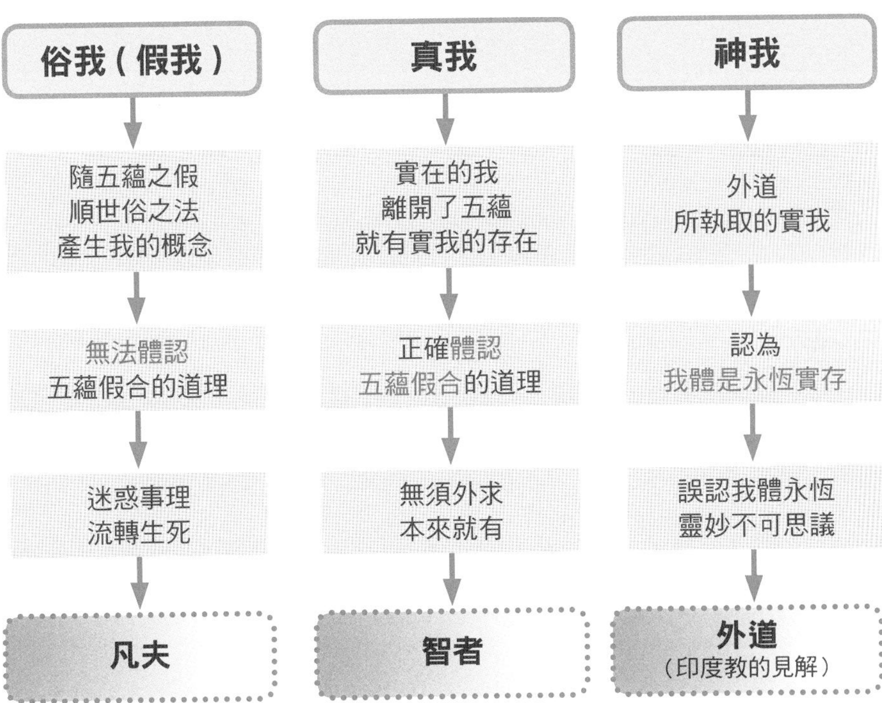

凡夫是未能見到四諦真理，識淺凡庸的人，只要能了悟也就不再是凡夫。只不過在尚未領悟時，暫且假名為凡夫而已。所以「凡夫者，如來說即非凡夫，是名凡夫」。

❶ 俗我與真我有何不同？

關鍵在於是否能夠體認五蘊構成的我體是個假我。

❷ 真我與神我有何不同？

神我執著我體是「永恆實存」，而真我認為超越了五蘊假相的限制，就可以體悟到「真我」。

《金剛經》理想的狀態是要能跳脫所有形式的「我」。

法身非相分

本分說明：即使是三十二相也是虛妄之相，無法透過它來體悟真如法身。

「須菩提！於意云何？可以三十二相觀如來不？」須菩提言：「如是！如是！以三十二相觀如來。」佛言：「須菩提！若以三十二相觀如來者，轉輪聖王擁有極大的福德力量，得以統治天下化育眾生，被世人所尊敬即是如來。」須菩提白佛言：「世尊！如我解佛所說義，不應以三十二相觀如來。」爾時，世尊而說偈言：「若以色見我，以音聲求我，是人行邪道，不能見如來。」

關鍵內容

❶佛陀問須菩提：可否透過三十二相來觀如來？（第13分曾提及可否透過三十二相來見如來？二者不同。）
須菩提回答：是的。

❷顯然這樣不是佛陀要的答案，於是佛陀進一步開示：轉輪聖王也具備三十二相的身形。

❸須菩提這次明白了，於是回答：不可以三十二相來觀如來。

❹佛陀說出偈語：
1.若以色見我
2.以音聲求我
3.是人行邪道
4.不能見如來

【白話翻譯】

佛陀問須菩提：「須菩提！你認為如來可以用三十二相來觀察嗎？」
須菩提回答：「是的！是的！如來是可以三十二相來觀察。」
（這時，佛陀發現須菩提尚未明白其中的深義。）

佛陀說：「須菩提！轉輪聖王亦具有三十二相色身，那麼轉輪聖王豈不就可以成為如來了嗎？」
須菩提稟白佛陀：「啊！世尊！我已瞭解佛陀所說的義理，是不應該用三十二相來觀察如來的。」

這時，世尊以偈語解說：「如果想以形色外表見我，或是以聲音求我，此人便是行於邪道，是無法見如來真正的面目。」

【孔茲・梵版英譯】

What do you think, Subhuti, is the Tathagata to be seen（觀）by means of his possession of marks(此處梵版採用了laksana-sampada這個字，意思是「諸相具足」，也就是圓滿具備了三十二種妙好容貌身形)?

Subhuti replied: No indeed, O Lord.（注意！此處孔茲的翻譯是「不能以三十二相觀如來」，和鳩摩羅什不同。而玄奘、義淨和真諦的翻譯則同於孔茲。） The Lord said: If, Subhuti, the Tathagata could be recognized by his possession of marks, then also the universal monarch would be a Tathagata. Therefore the Tathagata is not to be seen by means of his possession of marks.

Subhuti then said: As I, O Lord, understand the Lord's teaching, the Tathagata is not to be seen through his possession of marks. Further the Lord taught on that occasion the following stanzas:
Those who by my form did see me,
And those who followed me by voice.
Wrong the efforts they engaged in,
Me those people will not see.

From the Dharma should one see the Buddhas,
From the Dharmabodies comes their guidance.
Yet Dharma's true nature cannot be discerned,
And no one can be conscious of it as an object.

（注意！最後這四句經文鳩摩羅什並未翻譯，但真諦、玄奘、義淨版本皆有翻譯，詳細討論請見第426頁分析3。）

分析 1 轉輪聖王也是如來？

「須菩提！於意云何？可以三十二相觀如來不？」須菩提言：「如是！如是！以三十二相觀如來。」佛言：「須菩提！若以三十二相觀如來者，轉輪聖王即是如來。」

佛陀與須菩提的對答越來越精采了，這些對答就是一個一個練習題，練習破除各種修行妄想，層層深入菩薩修行的細微處。

在這分裡，佛陀問須菩提：須菩提！你認為可以用三十二相來觀察如來嗎？須菩提回答：是的！是的！可以三十二相來觀察如來。當須菩提回答可以三十二相來觀如來，佛陀發現須菩提尚未明白其中的深義。於是佛陀再提醒須菩提，轉輪聖王色身也具備了三十二相呢，照這麼說，轉輪聖王不就是如來了嗎？

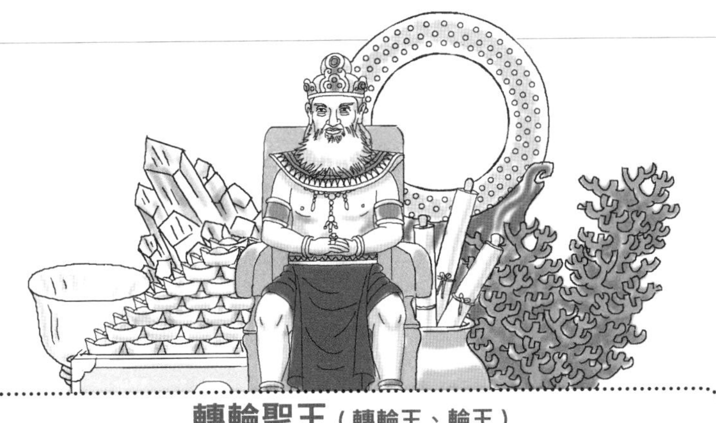

轉輪聖王（轉輪王、輪王）

梵語 raja cakra varti, 英譯 the universal monarch

世間第一有福之人（共四福德）		
	福德一 大富	珍寶、財物、田宅等眾多，為天下第一
	福德二 形貌端正	形貌莊嚴端正，具三十二相
	福德三 健康快樂	身體健康無病，安穩快樂
	福德四 壽命長遠	壽命長遠，為天下第一

▼▼▼

轉輪王出現時，天下太平，人民安樂，沒有天災人禍

轉輪聖王

轉輪聖王簡稱轉輪王或輪王，為世間第一有福之人，於八萬四千歲時出現，統轄四天下。轉輪聖王擁有四種福德：一、大富，珍寶、財物、田宅等眾多，為天下第一；二、形貌莊嚴端正，具三十二相；三、身體健康無病，安穩快樂；四、壽命長遠，為天下第一。

轉輪王出現時，天下太平，人民安樂，沒有天災人禍。此乃轉輪聖王由過去生命之中，經常修持世間福業，但可惜不修出世慧業，所以僅能成為統治世界有福德的大王，卻無法修行悟道證得佛果。所以說轉輪聖王尚未斷惑，未出三界（欲界、色界、無色界）。

分析2 「見」如來與「觀」如來都是著相？

須菩提白佛言：「世尊！如我解佛所說義，不應以三十二相觀如來。」爾時，世尊而說偈言：「若以色見我，以音聲求我，是人行邪道，不能見如來。」

接續上面佛的回答，須菩提才意會佛陀的意思說，他已了解佛陀所說的義理，是不應該用三十二相來觀察如來的。這時，世尊以偈語解說：如果想以形色外表見我，或是以聲音求我，此人便是行於邪道，是無法見如來真正的面目。

◉見與觀的差別

第13分「可以三十二相見如來不？」，來到第26分「可以三十二相觀如來不？」關於這個「見」和「觀」，漢譯佛典有延伸的討論。**見是以「眼」見**，就如同我們張開眼睛看到的外在環境的事物，這是粗相；**「觀」是以心察看、審視**，是在心中觀想，屬於細相；見的是事，觀的是理，這是二者不同處。但是無論是見或是觀，都是著於相狀，這是不正確的。

◉身相都是虛妄不真實的

在本單元之前，《金剛經》三次提醒了所有佛陀的身相都是虛妄不真實的，足見遠離佛陀相狀的執取是多麼重要。

❶ 不可以身相「見」如來。（第5分）

❷ 不可以三十二相「見」如來。（第13分）

❸ 如來不應以具足色身「見」。如來不應以具足諸相「見」。（第20分）

❹ 不應以三十二相「觀」如來。（第26分）

本單元由先前的「見」來到「觀」，**「眼見」的佛身與「內心觀想」的法相，雖然「目」、「心」有別，但仍然都是執著於相狀，**如此並非體認真如法身，因此說不能以幻化不真的三十二相來觀如來。鳩摩羅什使用「觀」這個動詞，始於本單元，另一處是見於結尾單元：一切有為法，如夢、幻、泡、影；如露亦如電，應作如是「觀」。

見與觀的比較

肉眼看見景象或物件➡見➡粗相

內心觀想景象或物件➡觀➡細相

四句偈

「若以色見我，以音聲求我，是人行邪道，不能見如來」。「拜佛、供養」和「祈求護佑」仍是值得鼓勵的善業，問題出在如果「只作」著相的善業，執著色相及語言文字相，而不修離相的真實義，便是如來所說未依止正道而行。

若以色見我

執著於佛的「色相」，只作拜佛、恭敬供養，而不修持離相的真實法。

以音聲求我

執著於佛的「語言文字相」，只向佛祈求護佑，而不修持離相的真實法。

分析3 鳩摩羅什漏譯了四句偈語？

在此分的最後，佛陀說了一首有名的偈語，鳩摩羅什是這樣譯的：「若以色見我，以音聲求我，是人行邪道，不能見如來。」意思是：如果有人（執著於）以形色外表見如來，或是（執著於）以聲音求如來，此人便是行於邪道，這樣是無法見如來真正的面目。其實，佛陀的話還沒說完，這四句偈語後面，還有四句呢！

在玄奘、真諦和義淨的三個漢譯本中，皆有後四句偈語的翻譯，西方孔茲的英文譯本中也有譯出，獨獨鳩摩羅什的譯本沒有這四句（詳見右頁的比較表），這是怎麼回事呢？是鳩摩羅什漏譯了？還是鳩摩羅什所根據的梵文《金剛經》版本不同？

◉遺漏的後四句偈

鳩摩羅什為何漏譯後四句我們並不清楚，但我們可以知道完整版本的前四句是說透過「形色外表」、「聲音」是見不到佛陀的，**後四句則是告訴我們，如何才能見到佛陀**。讓我們來看玄奘與孔茲如何翻譯後面這四句。

(玄奘)　應觀佛法性，
即導師法身，
法性非所識，
故彼不能了。

(孔茲)　From the Dharma should one see the Buddhas,
From the Dharmabodies comes their guidance.
Yet Dharma's true nature cannot be discerned,
And no one can be conscious of it as an object.

首先，頭一句玄奘譯為「應觀佛法性」，孔茲的翻譯是From the Dharma should one see the Buddhas，意思是說透過法即能見到諸佛。接著玄奘譯為「即導師法身」，孔茲的翻譯是From the Dharmabodies comes their guidance，意思是說隨著法身將會顯現諸佛的「引導、指

◉八句偈語的翻譯版本比較表

版本	前四句（相的認知）	後四句（法的體悟）
鳩摩羅什	若以色見我， 以音聲求我， 是人行邪道， 不能見如來。	缺！
玄奘	諸以色觀我， 以音聲尋我， 彼生履邪斷， 不能當見我。	應觀佛法性， 即導師法身， 法性非所識， 故彼不能了。
真諦	若以色見我， 以音聲求我， 是人行邪道， 不應得見我。	由法應見佛， 調御法為身， 此法非識境， 法如深難見。
義淨	若以色見我， 以音聲求我， 是人起邪觀， 不能當見我。	應觀佛法性， 即導師法身， 法性非所識， 故彼不能了。
孔茲 (梵版英譯)	Those who by my form did see me, And those who followed me by voice Wrong the efforts they engaged in, Me those people will not see.	From the Dharma should one see the Buddhas, From the Dharmabodies comes their guidance. Yet Dharma's true nature cannot be discerned, And no one can be conscious of it as an object.
孔茲所採用的梵版	Ye mam rupena ca-adraksur Ye mam ghosena ca-anvayuh Mithya-prahana-prasrta Na mam draksyanti te janah	Dharmato Buddha drastavya Dharmakaya hi nayakah Dharmata ca na vijneya Na sa sakya vijanitum.

導」（their guidance）。請注意，這裡的英文Dharmabodies等同於**法性身**，也可以稱之為**自性身**，即是諸佛所證的真如法性之身，所以孔茲用了複數格。

為何這麼說「應觀佛法性、即導師法身」？這是因為法的真實本質，是無法透過意識去領悟（discerned）的，它不是能以人類思維邏輯去認知一個實體對象（as an object）。所以接下來的兩句，是玄奘所譯的「法性非所識，故彼不能了」，這兩句孔茲譯為Yet Dharma's true nature cannot be discerned, And no one can be conscious of it as an object。

◉完整八句偈：「法性」的體悟，重於「外相」的追求

八句偈的關鍵之處是：體悟法性是超越人類意識的認知，也超越了二元邏輯的概念分析，它是無法透過人類的語言文字清楚描述的。玄奘譯文中「法性非所識」的「識」即是受想行識的「識」，梵語原字是vijnanam，英語作consciousness，也就是所謂的「意識」。vijnanam既包含了感官意識（六識中的「眼耳鼻舌身」），也包括心理意識（六識中的「意」）。就是說**透過「眼、耳、鼻、舌、身、意」是無法認識法性（Dharma's true nature）**。所以，後四句偈等同於談「法」的認識，如此呼應前四句偈的重點是談「相」的錯誤認知。八句偈完整的概念，即是對佛陀「法性的體悟」，重於對佛陀「外相的追求」。

鳩摩羅什漏譯的四句偈語

鳩摩羅什譯

相

前四句偈

透過「行色外表」、「聲音」見不到佛陀

經文

若以色見我
以音聲求我
是人行邪道
不能見如來

鳩摩未譯 玄奘補譯

法

後四句偈

提示如何才能見到佛陀

經文

應觀佛法性
即導師法身
法性非所識
故彼不能了

透過「法」才可以見到「佛」！

這是超越人類語言文字的體悟！

逐分解經

無斷無滅分

無法可斷，無法可滅，真正的般若妙法，超越常斷、存滅的相對概念。

「須菩提！汝若作是念：『如來不以具足相故，得阿耨多羅三藐三菩提。』須菩提！莫作是念：『如來不以具足相故，得阿耨多羅三藐三菩提。』須菩提！汝若作是念：『發阿耨多羅三藐三菩提心者，說諸法斷滅。』莫作是念！何以故？發阿耨多羅三藐三菩提心者，於法不說斷滅相。」

【白話翻譯】

佛陀說：「須菩提！你如果有這樣的念頭，認為如來無需圓滿相狀去證得無上正等正覺，這是不正確的。須菩提！千萬不可有這種的念頭，以為如來是因為不具圓滿的相狀才證得無上正等正覺。」

佛陀說：「須菩提！如果你這樣想，那麼發無上正等正覺心的人，等於完全捨棄斷滅一切存在的現象。不要有這樣的念頭，為什麼呢？發心要證得無上正等正覺的人（此處梵文是指發菩薩乘心的人）對於一切現象是不會全然否定的。」

關鍵內容

❶佛陀提出更高階的問題：

1.你如果有這樣的念頭：如來沒有具足相，所以證得無上正等正覺。(此念頭是錯的)

2.千萬不可有這樣的念頭：如來沒有具足相，所以證得無上正等正覺。

太棒！
太棒！精采極了的段落。

❷佛陀再提「發」無上正等正覺者：

1.你如果有這樣的念頭：發心求無上正等正覺者說「諸法斷滅」。(此念頭是錯的)

2.發心求無上正等正覺者，於法不說「斷滅相」。

【孔茲・梵版英譯】

What do you think, Subhuti, has the Tathagata fully known the utmost, right and perfect enlightenment through his possession of marks? Not so should you see it, Subhuti. And why? Because the Tathagata could surely not have fully known the utmost, right and perfect enlightenment through his possession of marks.

Nor should anyone, Subhuti, say to you, 'those who have set out in the Bodhisattva-vehicle(注意！此處是發大乘菩薩乘心) have conceived the destruction of a dharma, or its annihilation'.(說諸法斷滅) Not so should you see it, Subhuti! For those who have set out in the Bodhisattva-vehicle have not conceived the destruction of a dharma, or its annihilation.

拜託拜託！請大家認真細看這部分，實在是太重要的單元！

分析 1 滅相、離相？滅法、離法？

精采！精采！《金剛經》演繹到此，真是高潮迭起。上一單元佛陀鄭重告訴須菩提，發菩薩乘心的人不可以三十二相「觀」如來，因為「以三十二相觀如來」也是虛妄不真實的，是執著於相，如此並非體認真如法身，這是提醒「常見」、「偏有」的危險。到了這一單元，佛陀則進一步從另一個角度提醒「斷見」、「偏空」也是另一種偏執和危險。請再仔細讀讀這段經文：

須菩提！汝若作是念：「如來不以具足相故，得阿耨多羅三藐三菩提。」須菩提！莫作是念：「如來不以具足相故，得阿耨多羅三藐三菩提。」須菩提！汝若作是念：「發阿耨多羅三藐三菩提心者，說諸法斷滅。」莫作是念！何以故？發阿耨多羅三藐三菩提心者，於法不說斷滅相。

這裡的關鍵字眼是「斷滅」，斷滅就是「斷見」，與之相對的是「常見」；斷見是無，常見是有，一切邪見都歸納於斷見、常見等二見。常見是偏於「有」的邪見，執著於一切現象的存在；斷見是偏於「無」的邪見，全然否定一切現象的存在。所以，「完全否定現象的存在」與「執著於一切現象的存在」這兩者都是偏執的看法。

正確而真正的「空」是超越有、空兩邊，所以發心證得無上正等正覺的人，對於一切現象是不會全然否定，**如果對存在現象全部放棄，這是斷滅一切的空無，如此可能會將自己困滯在執著空無的境界，再也走不出來了**。所以，《金剛經》反覆地一再地說無四相，是教人離相，而不是執著斷滅相。這個觀點就如同初發無上菩提心，仍然必須由修一切善法的基礎做起；但又說不要只依語言文字相的佛法而修行，這是提醒不要執著於法，只是「離法」而「行」，而不是「滅法」而「不行」。

兩種邪見：斷見與常見

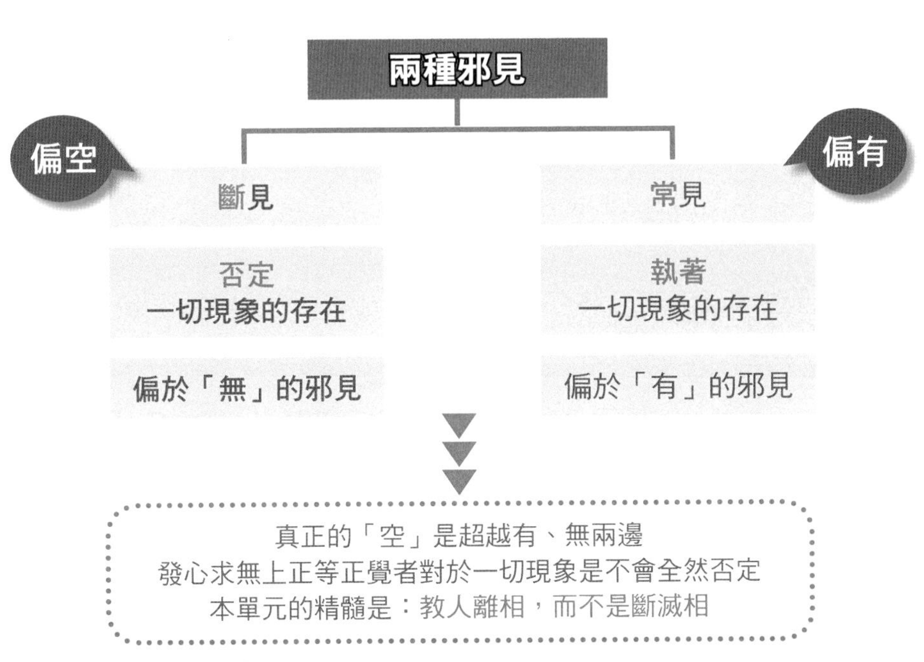

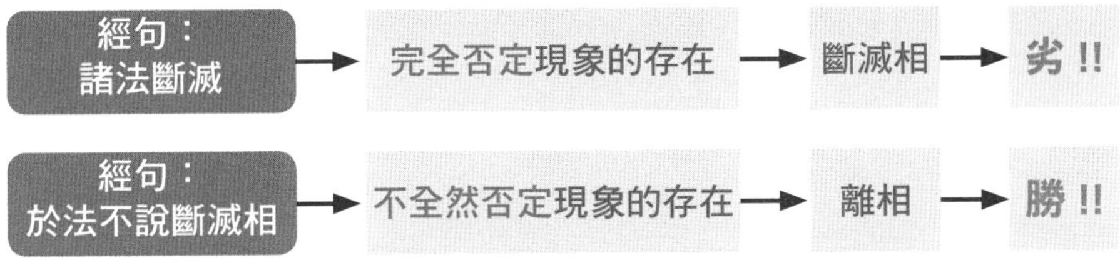

◉「離相」與「離法」的觀點相近

	對「相」的處理態度	對「法」的處理態度
偏於存有	執著於相狀	執著諸法實有
中道	離相，不執著於相，不全然否定相	離法而行，不執著諸法實有，也不執著諸法空無
偏於空無	斷滅相	諸法斷滅（執空而不行）

不受不貪分

說明菩薩對「福德」應秉持的態度：不應貪著福德，不該領受福德。

「須菩提！若菩薩以滿恆河沙等世界七寶，持用布施。若復有人，知一切法無我，得成於忍。此菩薩勝前菩薩所得功德。何以故？須菩提！以諸菩薩不受福德故。」須菩提白佛言：「世尊！云何菩薩，不受福德？」「須菩提！菩薩所作福德，不應貪著，是故說不受福德。」

【白話翻譯】

佛陀說：「須菩提！若有菩薩以遍滿恆河沙等世界的七寶，拿來布施，所得的功德，當然很多。如果另有菩薩，體悟一切現象都是無我的，因此證得『無生法忍』。如此後面這位菩薩，所得到的功德要勝過前面那位菩薩。為什麼呢？須菩提！諸菩薩是不執著福德的有無。」

須菩提不解地問佛陀：「世尊！為何要說菩薩不受福德呢？」

佛陀說：「須菩提！菩薩救度眾生是不應貪求福德的，也就是不執著於福德的有無，所以才說菩薩不受福德。」

關鍵內容

❶佛陀提問並比較兩類菩薩的功德：
1.菩薩一：滿恆河沙等世界七寶布施。
2.菩薩二：知一切法無我，得成於忍。

❷佛陀再開示另一個指導：以諸菩薩不受福德故。

❸須菩提問：為何菩薩不受福德？
佛陀回答：菩薩所作福德，不應貪著，是故說不受福德。

【孔茲．梵版英譯】

And again, Subhuti, if a son or daughter of good family had filled with the seven precious things as many world systems as there are grains of sand in the river Ganges, and gave them as a gift to the Tathagatas, Arhats, fully Enlightened Ones, and if on the other hand a Bodhisattva would gain the patient acquiescence in dharmas which are nothing of themselves and which fail to be produced(知一切法無我，得成於忍), then this latter would on the strength of that beget a greater heap of merit, immeasurable and incalculable.

Moreover, Subhuti, the Bodhisattva should not acquire a heap of merit (不受福德). Subhuti said: Surely, O Lord, the Bodhisattva should acquire a heap of merit? The Lord said: 'Should acquire', Subhuti, not 'should seize upon.' Therefore is it said, 'should acquire'.

分析1 何謂「得成於忍」？

所謂「得成於忍」的忍是指「無我」與「無生法忍」，梵語分別是niratmakesv（無我）與anutpatti-kesu（無生）dharmesu（法）ksantim（忍）。意思是說在此境界，能達觀諸法無生無滅，處於安住不動心的狀態。

讓我們從這個梵文，再仔細想想「忍」這件事，這裡透露了三個層次，第一是**生忍**，第二是**法忍**，第三是**無生法忍**。

❶生忍：這是忍的基本認識。諸眾生雖以種種惡害加，對此逆境仍能忍耐而不起瞋恚，也稱為「眾生忍」。此概念已呈現在前面第14單元忍辱仙人的故事裡。

❷法忍：這是**「即將」跨越到彼岸者**所體悟的忍。對佛所說的法信受不疑，同樣出現在第14分「若復有人得聞是經，信心清淨，則生實相，當知是人，成就第一希有功德」，這句說的就是法忍。

❸無生法忍：這是對**「即將」成佛者**的提示。把心安住在無我、不生不滅的道理上。這就是本單元第28分所說的「得成於忍」，也就是無我、無生法忍。證得無生法忍之時，此功德遠勝過財布施的功德。

niratmakesv anutpatti-kesu dharmesu ksantim

	niratmakesv	anutpatti-kesu	dharmesu	ksantim
（單字原意）	（無我）	（無生）	（法）	（忍）

（中文翻譯）得成於忍（指「無我」與「無生法忍」）能達觀諸法無生無滅，處於安住不動心的狀態。

得成於忍

梵文 niratmakesv anutpatti-kesu dharmesu ksantim

（無我）（無生）（法）（忍）

	概念分析		經文
❶ 基本認識	生忍（眾生忍）	諸眾生以種種惡害加之，對此逆境能忍耐，不起瞋恚。	第 14 分 如我昔為歌利王割截身體，我於爾時，無我相、無人相、無眾生相、無壽者相。何以故？我於往昔節節支解時，若有我相、人相、眾生相、壽者相，應生瞋恨。
❷「即將」跨越到彼岸者的體悟！	法忍	對佛所說的法信受不疑	第 14 分 若復有人得聞是經，信心清淨，即生實相，當知是人，成就第一希有功德。
❸ 對「即將」成佛者的提示！	無生法忍	把心安住在不生不滅的道理	第 28 分 若復有人，知一切法無我，得成於忍。

比較玄奘、孔茲和鳩摩羅什的譯法，會更明白這句話的意思！

鳩摩羅什	知一切法無我，得成於忍。
玄奘	若有菩薩於諸無我、無生法中獲得堪忍。
孔茲	a Bodhisattva would gain the patient acquiescence（玄奘譯為「獲得堪忍」）in dharmas which are nothing of themselves（玄奘譯為「諸無我」）and which fail to be produced（玄奘譯為「無生法」）（孔茲的譯法和玄奘的譯法相似）

分析2 功德與福德

雖然之前佛陀已經開示過福德的觀點，本單元佛陀再度為須菩提說明福德。文中，須菩提問，為何菩薩不受福德？佛陀的回答明確清楚，他說：菩薩救度眾生是不應貪求福德的，也就是不執著於福德的有無，所以才說菩薩不受福德。

此外，此段經文中先談功德後說福德，也是再次提醒讀者二者的差別。**福德強調「善」（慈悲），功德強調「智」（智慧），前者「外修」，後者「內證」**。外修事功的有漏善是福德，內證佛性的無漏智是功德，福德功德俱修俱足，才是出離生死苦海乃至成佛之道。佛陀由「知一切法無我，得成於忍」說明菩薩的功德，再由「諸菩薩不受福德」說明菩薩的福德。聖賢菩薩，因為心不住法，所以得成於忍，如此說明「得忍菩薩」的無漏功德，勝過「寶施菩薩」的有漏福德。

◉星雲大師的見解

星雲大師於此，說明了他獨到的見解。他說：本分敘述菩薩修行階次的深淺不同。凡夫菩薩雖知外塵之相不實，但未證得無生法忍，心中還存有微細之妄念，著相布施，未能通達無我之法。**聖賢菩薩，心不住法，得成於忍，因此「得忍菩薩」的無漏功德，勝過「寶施菩薩」的有漏福德**。菩薩悟得無我之後，不馳求福德，不戀著涅槃，所以說「不貪」。不受福德，並不是說無業因功果，而是菩薩心不貪著福德，無較量福德的妄想分別。

菩薩的功德與福德

概念分析	《金剛經》對應的經句
1 菩薩功德的比較	若菩薩以滿恆河沙等世界七寶持用布施
	若復有人，知一切法無我得成於忍
解釋得成於忍	得成於忍（＝無生法忍＝無生忍＝把心安住在不生不滅的道理上）
2 菩薩福德的認識	諸菩薩不受福德
	菩薩所作福德，不應貪著
解釋不受福德	諸菩薩不執著福德的有無 菩薩救度眾生是不應貪求福德的 所以才說菩薩不受福德

分析3 譯文比較──「菩薩」、「善男子善女人」

在此分裡，鳩摩羅什呈現兩種菩薩的比較，但是在梵版中，前者是「善男子善女人」，後者才是「菩薩」。玄奘與孔茲的譯法則符合梵版。比較三位譯經者的譯法於下：

[鳩摩羅什]

若菩薩以滿恆河沙等世界七寶布施；若復有人知一切法無我，得成於忍，此菩薩勝前菩薩所得功德。

[玄奘]

若善男子或善女人，以殑伽河沙等世界盛滿七寶，奉施如來、應、正等覺，若有菩薩於諸無我，無生法中獲得堪忍，由是因緣所生福聚甚多於彼。

[孔茲]

if a son or daughter of good family had filled with the seven precious things as many world systems as there are grains of sand in the river Ganges, and gave them as a gift to the Tathagatas, Arhats, fully Enlightened Ones, and if on the other hand a Bodhisattva would gain the patient acquiescence in dharmas which are nothing of themselves and which fail to be produced, then this latter would on the strength of that beget a greater heap of merit, immeasurable and incalculable.

分析4 譯文比較──「貪」、「受」

此單元昭明太子取名為「不貪不受」，這「貪」和「受」都是本單元的關鍵動詞。「貪」意味著對各種事物不知滿足的追求，這裡的「不貪」是指不應貪著福德（should not seize upon）。「受」的意思是收得、接獲，「不受」意指不貪受福德（should not acquire a heap of merit）。不貪不受，說明菩薩對「福德」應秉持的態度。

以下比較五位譯經者對於「菩薩所作福德，不應貪著，是故說不受福德」的譯文。在關鍵動詞「貪、受」上，古今中外五位譯經者都有某種程度的相似。

[鳩摩羅什]

須菩提！菩薩所作福德，不應貪著，是故說不受福德。

[真諦]

佛言：「須菩提！此福德聚，可得攝持，不可執取。是故說此福德之聚，應可攝持。」

[玄奘]

佛言：「善現！所應攝受，不應攝受，是故說名所應攝受。」

[義淨]

佛告妙生：「是應正取，不應越取，是故說取。」

[孔茲]

he Lord said: 'Should acquire', Subhuti, not 'should seize upon.' Therefore is it said, 'should acquire'.

威儀寂靜分

威儀是指四威儀：行、住、坐、臥。
寂靜即涅槃的道理。

「須菩提！若有人言：『如來若來、若去、若坐、若臥。』是人不解我所說義。何以故？如來者，無所從來，亦無所去，故名如來。」

【白話翻譯】

佛陀說：「須菩提！如果有人說如來有來有去，有坐有臥，那麼這個人是不了解我所說的義理。為什麼呢？所謂的如來，就是無所謂『來』，也無所謂『去』，所以才叫做如來。」

關鍵內容

佛陀開示如來的意義：

❶ 如果有人說「如來若來若去、若坐若臥」，此人是不理解佛陀所說的道裡。

❷如來的定義是「如來者，無所從來，亦無所去」。

【孔茲・梵版英譯】

Whosoever says that the Tathagata goes or comes, stands, sits or lies down, he does not understand the meaning of my teaching. And why? 'Tathagata' is called one who has not gone anywhere, nor come from anywhere. Therefore is he called 'the Tathagata, the Arhat, the fully Enlightened One'.

分析1 佛說連「如來」都要破除？

須菩提！若有人言：「如來若來、若去；若坐、若臥。」是人不解我所說義。何以故？如來者，無所從來，亦無所去，故名如來。

「如來」一詞，梵語Tathagata，是佛陀十號之一，意思是「如過去諸佛那樣的來，那樣的去」。

但在這個單元裡，佛說連「如來」這個名相也要破除！經文中認為對於「來」、「去」都無所執著與無所分別，才是真正的「如來」。如果仍然執著於「來」、「去」，那仍然是世俗動靜的一種相。因此，所謂「如來」應該是經文中所說的「即諸法如義」的正覺，至於「來、去、坐、臥」等如來四種狀態都不過是性空如幻，既無來者也無去者。

此單元的關鍵語句是「如來者，無所從來，亦無所去，故名如來」。這句話是說如來的本性是「真性自如，窮極諸法之邊際，隨感而發，來固非來，去亦非去」，就因為無去無來，所以稱之為如來。所以星雲大師也曾解釋說：「如來真性，如如不動，充滿法界，隨感而發，來固非來，有時隱藏，去亦非去，惟無去來，故名如來。」

❶ 如來者	➲有諦
❷ 無所從來，亦無所去	➲空諦
❸ 故名如來	➲中諦（假名）

「威儀寂靜分」的說明

這裡的「威儀」是「四威儀」。一行，二住，三坐，四臥。四者各有儀而不損威德，謂之四威儀。至於「寂靜」一詞，脫離一切之煩惱叫做「寂」，杜絕一切之苦患叫做「靜」，寂靜即涅槃的道理。

星雲大師對於本分「威儀寂靜分」乃敘述如來即威儀即寂靜，即體即用，隨緣不變，不變隨緣，故無往而不在。所謂威儀者，即三十二相、八十種好，萬德具足、莊嚴圓滿之相也；而所言寂靜，即無去無來，非動非靜，寂然之體也。所以，不可以行住坐臥處見如來，因為如來雖現威儀之相，而實是寂靜之體；雖是寂靜之體，而隨現威儀之相。

如來

有三種概念

1 真身如來 → 乘真如之道 從因來果而成正覺，所以稱為如來 —— 緣覺乘（因緣）

2 應身如來 → 乘真如之道 來到三界度化眾生，所以稱為如來 —— 菩薩乘（慈悲）

3 如諸佛而來 → 如諸佛而來，故名如來 —— 佛乘

《金剛經》對如來的態度

孔茲的譯法：Whosoever says that the Tathagata goes or comes, stands, sits or lies down, he does not understand the meaning of my teaching. And why?

1 不可四威儀認識如來 → 如來若來、若去、若坐、若臥 是人不解我所說義

玄奘的譯法：復次，善現！若有說言如來若去、若來、若住、若坐、若臥，是人不解我所說義。何以故？

2 如來的定義 → 如來者，無所從來，亦無所去 故名如來

3 解釋分析 → 「來」「去」都無執著與分別 才是真正的「如來」

30 一合理相分

此分由「執取於聚集合一的相狀」談到「事物的法則」。

「須菩提！若善男子、善女人，以三千大千世界碎為微塵將物質世界碎成細微的塵土，於意云何？是微塵眾將微塵積聚成眾，寧為多不？」須菩提言：「甚多。世尊！何以故？若是微塵眾實有者，佛即不說是微塵眾。所以者何？佛說微塵眾，即非微塵眾，是名微塵眾。世尊！如來所說三千大千世界，即非世界，是名世界。何以故？若世界實有者，即是一合相合而為一的相狀。如來說一合相，即非一合相，是名一合相。」「須菩提！一合相者，即是不可說，但凡夫之人，貪著其事。」

關鍵詞彙

【碎為微塵】、【微塵眾】、【一合相】【一合理相】

關鍵內容

❶佛陀問須菩提：三千大千世界擣碎成微塵，那麼微塵多不多？
須菩提一連串的回答：（微塵、世界、一合相）

1.很多。
2.若是微塵眾實有者，佛則不說是微塵眾。
3.佛說：微塵眾，則非微塵眾，是名微塵眾。
4.如來所說三千大千世界，則非世界，是名世界。
5.若世界實有，則是一合相。
6.如來說：一合相，則非一合相，是名一合相。

❷佛陀說：
凡常人執著於一合相的解釋，一合相本是不可說。

❸這段出現了佛的三種稱謂：世尊、佛、如來。

【白話翻譯】

佛陀問須菩提：「須菩提！如果有善男子或善女人，將三千大千世界都碎成微塵，你認為這些微塵多不多？」

須菩提回答：「非常多。世尊！為什麼呢？如果這些微塵是有實體的，那佛陀就不會稱它們是微塵眾了。為何這麼說呢？因為佛陀所說的微塵眾，並非恆常不變的真實體相，只是假借一個名，稱之為微塵眾而已。

世尊！如來所稱的三千大千世界，同樣也不是一個真有實體的世界，並非真實永存，而只是假借一個名，稱之為世界而已。為什麼呢？如果真有一個實體的世界，即是執著於一合相，是執著於微塵聚合而成的一個相狀。但是如來所說的一合相亦非實有，所以說非一合相，只是假名稱之為一合相而已。」

佛陀說：「須菩提！一合相是一種眾緣聚合的相狀，根本沒有實體可得，是無法用凡常人的語言文字來解釋說明的，但是凡夫們執著於取相，依然貪戀一個真有實體的一合相。」

【孔茲・梵版英譯】

And again, Subhuti, if a son or daughter of good family were to grind as many world systems as there are particles of dust in this great world system of 1,000 million worlds（三千大千世界微塵）, as finely as they can be ground with incalculable vigour, and in fact reduce them to something like a collection of atomic quantities（眾微塵）, what do you think, Subhuti, would that be an enormous collection of atomic quantities?

Subhuti replied: So it is, O Lord, so it is, O Well-Gone, enormous would that collection of atomic quantities be! And why? If, O Lord, there had been an enormous collection of atomic quantities, the Lord would not have called it an 'enormous collection of atomic quantities'. And why? What was taught by the Tathagata as a 'collection of atomic quantities', as a no-collection that was taught by the Tathagata. Therefore is it called a 'collection of atomic quantities'.

And what the Tathagata taught as 'the world system of 1,000 million worlds', that he has taught as a no-system. Therefore is it called 'the world system of 1,000 million worlds'. And why? If, O Lord, there had been a world system, that would have been a case of seizing on a material object, and what was taught as 'seizing on a material object'（執著於一合相） by the Tathagata, just as a no-seizing was that taught by the Tathagata.Therefore is it called 'seizing on a material object'.

The Lord added: And also, Subhuti, that 'seizing on a material object' is a matter of linguistic convention, a verbal expression without factual content. It is not a dharma nor a no-dharma（一合相者，即是不可說）. And yet the foolish common people have seized upon it（但凡夫之人，貪著其事）.

關鍵詞彙

【碎為微塵】

❶將我們所處的物質世界碎成細微的塵土。

❷孔茲的翻譯：be ground like particles of dust。

❸玄奘的翻譯：大地極微塵量。

❹義淨的翻譯：土地碎為墨塵。

【微塵眾】梵語 paramanu-samcayo

❶梵語paramanu-samcayo，其中paramanu是「微，最小」，samcayo是「聚」，這句詞語的意思是「將微塵積聚成眾」。

❷孔茲的翻譯：collection of atomic quantities。atomic除了物理學「原子」的意思之外，「極微」是另一個解釋。

❸玄奘與義淨的翻譯都是：極微聚。

❹微塵眾（鳩摩羅什）＝collection of atomic quantities（孔茲）＝極微聚（玄奘、義淨），如果鳩摩羅什再呈現「聚集」（samcayo）的意思，那會更容易理解。

【一合相】梵語 pinda-graho

❶合而為一的相狀，這是代表一種對「聚合相」的執著、執取。

❷孔茲的翻譯：seizing on a material object，說明執著於一個對象，是實存的物質。

❸玄奘的翻譯：一合執。義淨的翻譯：聚執。二者也都呈現執著或執取於相狀的意涵。

❹一合相（鳩摩羅什）＝seizing on a material object（孔茲）＝ 一合執（玄奘）＝聚執（義淨），似乎鳩摩羅什少翻了「執著」（graho）的意思。

【一合理相】

❶本單元談「一合相」，昭明太子稱「一合理相」。

❷「理」在中文字義是「事物的法則」，所以昭明太子想要表達的意思是由「執取於聚集合一的相狀」談到「事物的法則」。

分析1 什麼是「一合相」？

「……世尊！如來所說三千大千世界，即非世界，是名世界。何以故？若世界實有者，即是一合相。如來說一合相，即非一合相，是名一合相。」「須菩提！一合相者，即是不可說，但凡夫之人，貪著其事。」

什麼是「一合相」？一合相乃是由眾多物質、分子組合的型態。

首先，我們可以參考《華嚴經大疏演義鈔》的解釋：「一合相者，眾緣和合故。攬眾微以成於色，合五陰等，以成於人，名一合相。」這段文字的「眾微」是眾微塵，而「五陰」即是五蘊的舊譯，是指色蘊、受蘊、想蘊、行蘊、識蘊。人體是由四大、五蘊合成，所以人身是一合相。而世界是由無數的微塵集合而成，所以世界也可稱為一合相。簡單地說，一合相是由眾多極微分子合成的有形物質，隨因緣和合，積聚成一個物質對象（a material object）。

既然人體與世界都是「一合相」，但真有一個實體永存的世界嗎？對於這個問題，《金剛經》展開了討論。先說如果真有一個實體世界的話，那麼世界就是一合相，也就是由眾多微塵聚合而成的一個相狀。不過，如來又說一合相亦非永存實有，仍然是隨因緣假合而生。所以《金剛經》解釋「並非真有」個一合相，只是「假名」稱之為一合相而已。所以，**微塵、三千大千世界、一合相都是隨因緣假合而生，都是虛而不實的**，當因緣離散的時候，即是壞空無實的一天。

關於微塵、一合相等概念，可詳見第138-141頁。

《金剛經》怎麼分析「一合相」?

概念分析	《金剛經》對應的經句
分析1 三千大千世界並非實有	如來所說三千大千世界，即非世界，是名世界

如來所稱的三千大千世界，同樣也不是一個真有實體的世界，並非真實永存，也只是假借一個名，稱之為世界而已，只是假名為世界。

概念分析	《金剛經》對應的經句
分析2 如果假設世界實有	若世界實有者，即是一合相

如果真有一個實體的世界，即是執著於一合相(微塵聚合而成的一個相狀)。

概念分析	《金剛經》對應的經句
分析3 一合相並非實有	如來說一合相，則非一合相是名一合相

接著如來說，一合相亦非實有，所以說非一合相，只是假名稱之為一合相而已。

概念分析	《金剛經》對應的經句
分析4 一合相不可說	一合相者，則是不可說但凡夫之人，貪著其事

一合相是一種眾緣聚合的相狀，根本沒有實體可得，無法用凡常人的語言文字來解釋說明，但是凡夫們執著於取相，貪戀一個真有實體的一合相。

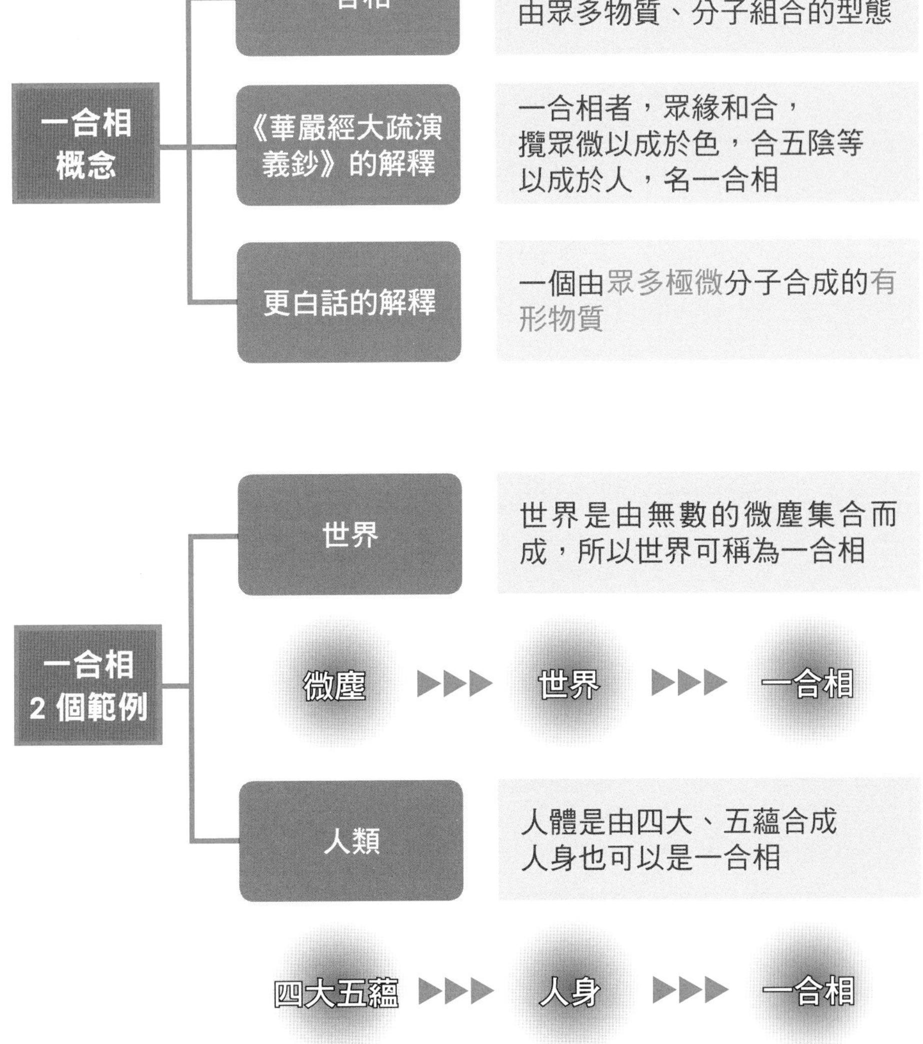
再談一合相
一合相概念
一合相
一種
由眾多物質、分子組合的型態
《華嚴經大疏演義鈔》的解釋
一合相者，眾緣和合，
攬眾微以成於色，合五陰等
以成於人，名一合相
更白話的解釋
一個由眾多極微分子合成的有形物質
一合相 2 個範例
世界
世界是由無數的微塵集合而成，所以世界可稱為一合相
微塵 ▶▶▶ 世界 ▶▶▶ 一合相
人類
人體是由四大、五蘊合成
人身也可以是一合相
四大五蘊 ▶▶▶ 人身 ▶▶▶ 一合相

知見不生分

菩薩乘者對於一切法應如是知，應如是見，應如是信解，如是不住法想。

「須菩提！若人言：『佛說我見、人見、眾生見、壽者見。』須菩提！於意云何？是人解我所說義不？」「不也，世尊！是人不解如來所說義。何以故？世尊說我見、人見、眾生見、壽者見，即非我見、人見、眾生見、壽者見，是名我見、人見、眾生見、壽者見。」「須菩提！發阿耨多羅三藐三菩提心者，於一切法，應如是知，如是見，如是信解，不生法相。須菩提！所言法相者，如來說即非法相，是名法相。」

關鍵內容

❶佛陀問須菩提一個問題：如果有人說佛說四相見，此人是否瞭解佛陀的教義？

須菩提回答：(《金剛經》特有的公式又出現了)

1.此人不瞭解佛陀說的教義。

2.所謂XX，即非XX，是名XX。

❷佛陀開示發無上正等正覺者該如何？(其實應是發大乘菩薩心者)

1.於一切法，應如是知，如是見，如是信解，不生法相。

2.所言法相者，如來說即非法相，是名法相。

【白話翻譯】

佛陀問:「須菩提!若有人說:『佛說過我見、人見、眾生見、壽者見。』須菩提!你認為如何呢?這個人是否了解我所說的義理?」

須菩提回答:「佛陀!這個人並不了解您所說的義理。為什麼呢?佛陀說的我見、人見、眾生見、壽者見,是為了凡夫便於理解而說,而只不過是假借一個名,稱之為我見、人見、眾生見、壽者見而已。」

佛陀開示說:「須菩提!凡是發心追求無上正等正覺的人(此處梵版《金剛經》做發大乘菩薩心者),對一切事物或道理應該像這樣理解,像這樣認識,像這樣信仰,而不生法相。須菩提!所謂的法相,並非有一個真實不變的法相,而是隨緣顯現的幻相,如來暫且應機說法,所以才稱之為法相。」

【孔茲・梵版英譯】

And why? Because whosoever would say that the view of a self(我見)has been taught by the Tathagata, the view of a being(眾生見), the view of a living soul(壽者見), the view of a person(人見), would he, Subhuti, be speaking right? Subhuti replied: No indeed, O Lord, no indeed, O Well-Gone, he would not be speaking right. And why? That which has been taught by the Tathagata as 'view of self', as a no-view has that been taught by the Tathagata. Therefore is it called 'view of self'.

The Lord said: It is thus, Subhuti, that someone who has set out in the Bodhisattva-vehicle should know all dharmas, view them, be intent on them(於一切法，應如是知). And he should know, view and be intent on them in such a way that he does not set up the perception of a dharma(不生法相). And why? 'Perception of dharma, perception of dharma, Subhuti, as no-perception has this been taught by the Tathagata. Therefore is it called 'perception of dharma'.

分析1 從無「四相」到無「四見」，二者差異何在？

還記得《金剛經》裡須菩提的第一個問題嗎？「善男子、善女子，發阿耨多羅三藐三菩提，云何應住？云何降伏其心？」當下佛陀回答，發心的菩薩是不能執著於我相、人相、眾生相和壽者等四相，執著於四相者便不是菩薩。到了《金剛經》的最後，佛陀再次處理「降伏妄心」的問題。

「須菩提！若人言：『佛說我見、人見、眾生見、壽者見。』須菩提！於意云何？是人解我所說義不？」「不也，世尊！是人不解如來所說義。何以故？世尊說我見、人見、眾生見、壽者見，即非我見、人見、眾生見、壽者見，是名我見、人見、眾生見、壽者見。」

在五蘊法中，執著有一個「實在的我」於是有了我相。又因為執著有實在的我，站在自己的立場，形成他人的分別，即人相。當與我對待的眾生不止一個，即形成眾生相的差別相。最後是在一期的生命中，執著壽命的長短，有了壽者相。

在此，對於「降伏妄心」這件事，佛陀提醒修行者必須移除所有的執持，將心外的「我等四相」去除，將心內的「我等四見」空去，**達到平等不生聖凡高下的心念**。如此，**粗細妄心都不生，跟著一切妄心就無從顯現與作用，如此便可降伏其心。**

四相和四見

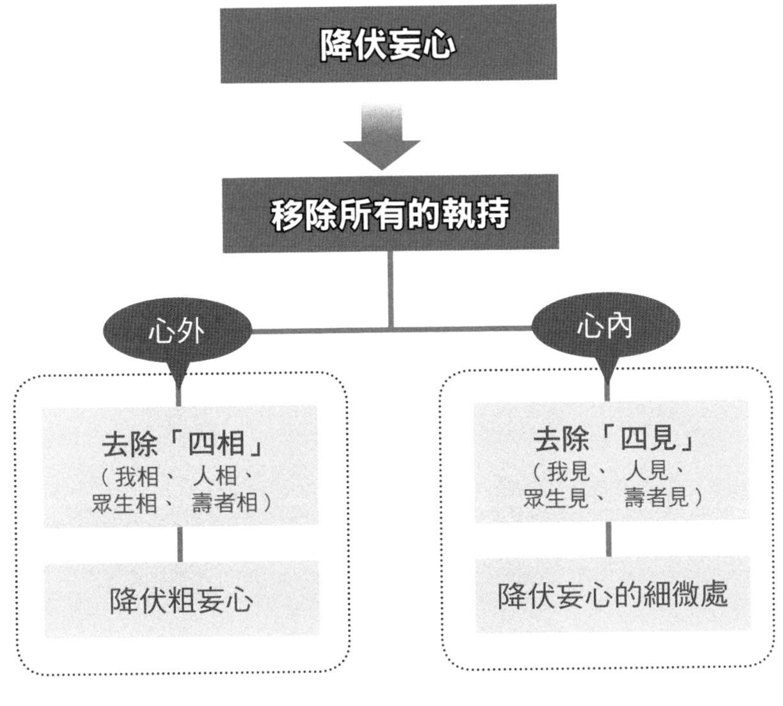

降伏妄心
移除所有的執持
心外
心內
去除「四相」
（我相、 人相、
眾生相、 壽者相）
降伏粗妄心
去除「四見」
（我見、 人見、
眾生見、 壽者見）
降伏妄心的細微處

四相，四想，perception，
屬於前六識的看法。

四見，應該超越perception
的範疇，那麼則應該推至
莫那識以上囉？

分析 2 發心菩薩對「一切法」該有的態度

一切法是一切道理或一切事物的意思。《大智度論》說：「一切法略說有三種：一者有爲法，二者無爲法，三者不可說法。此三已攝一切法。」對有為法、無為法、不可說之法該如何呢？佛陀的解答是：

❶ 於一切法，應如是知，如是見，如是信解，不生法相。

❷ 所言法相者，如來說即非法相，是名法相。

◉如是知，如是見，如是信解！

星雲大師對此「如是知，如是見，如是信解」，有其整理分析，可為參考，他說：

如是知：乃是要知不住相布施，不住於色、聲、香、味、觸、法，方能妙行無住。

如是見：是要度盡眾生而不見一眾生得滅度者。這是究竟無我，知見不生。

如是信解：無有定法如來可說，如來所說法皆不可取、不可說。

◉不生法相

不生法相，孔茲譯為does not set up the perception of a dharma，直譯即是「不產生（創造）法的相狀」或是「不起法相」。玄奘則譯為「不住法想」。「法相」與**「法想」的梵語都是Dharma-samjna，相與想只差一個「心」字，意義是相同的，畢竟「相」是由心「想出來的」**。所以這段經文玄奘譯為：「於一切法應如是知，應如是見，應如是信解，如是不住法想。」

◉星雲大師談知見不生

「知見不生分」是說對於一切法要能知見不生。星雲大師分析此單元「知見不生分」的主旨時曾說：真知者，無所知而又無所不知；真見者，無所見卻又無所不見。凡夫不悟般若妙理，不能降伏妄念之心，所得知見，外不能離六塵、內不能斷緣影，紛紛墮於能知、所知之障中。本分旨意，即是要我們斷除心外取法的毛病，務使知見不生才是。

四見、一切法、法相的總整理

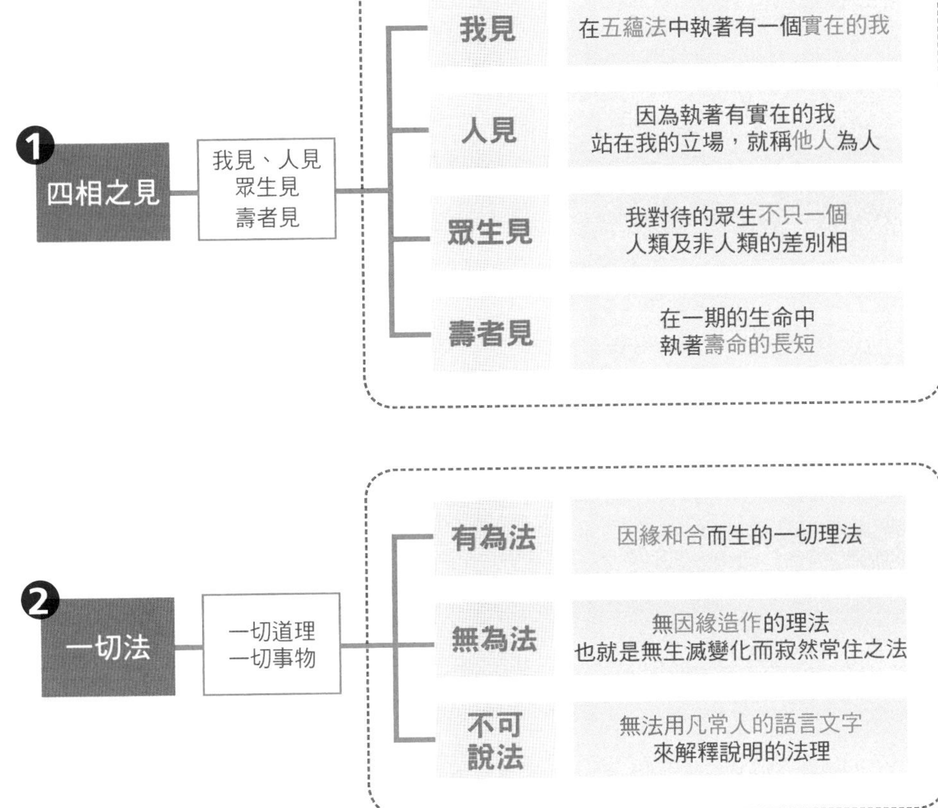

應化非真分

佛陀所言所說，都是為了應機度化眾生，並非真實。佛陀到了最後仍不忘破眾生之執。

「須菩提！若有人以滿無量阿僧祇世界七寶，持用布施。若有善男子、善女人，發菩提心者，持於此經，乃至四句偈等，受持讀誦，為人演說，其福勝彼。云何為人演說？不取於相，如如不動。何以故？一切有為法因緣和合而生的一切理法，如夢、幻、泡、影，如露亦如電，應作如是觀。」佛說是經已，長老須菩提，及諸比丘、比丘尼、優婆塞、優婆夷，一切世間天、人、阿修羅，聞佛所說，皆大歡喜，信受奉行。

這是最後的一個單元，也是貫穿全經要義「一心二鑰」最重要的經文，請大家記得回去複習第74-77頁的討論喔！

關鍵內容

❶比較兩種福德：

1.滿無量阿僧祇世界七寶持用布施。

2.發菩薩乘心者，持於此經，乃至四句偈等，受持讀誦，為人演說。

❷佛陀又問該如何為人演說講解《金剛經》：
為人演說，不取於相，如如不動。

❸佛陀又深入解釋：
一切有為法，如夢幻泡影，如露亦如電，應作如是觀。

❹與會人士，對佛所說法拍手叫好，並發願信受其言，奉行其教。

【白話翻譯】

佛陀說：「須菩提！若有人以遍滿無量阿僧祇世界的七寶來行布施，他的福德確實很多。但是，如果另有善男子或善女人，發菩薩乘心受持此經，甚至只有其中的四句偈，受持讀誦，並且為他人演說。那麼這個人所得的福德會遠勝過前面那位以七寶布施的人。

至於要如何為他人演說呢？必須要不執著於名相，知道真理的本質是不變的。為什麼呢？因為世間的一切法，都是虛幻無常，如夢、如幻、如泡、如影、如露珠亦如閃電，凡屬因緣和合所產生的一切現象、法理，終究是虛幻的，應該作如此的觀照。」

佛陀解說完此經，長老須菩提，與同時在法會聽經的諸比丘、比丘尼、優婆塞、優婆夷，一切世間天、人、阿修羅，聽完佛所說法，無不生起大歡喜心，信受其言，奉行其教。

【孔茲・梵版英譯】

And finally, Subhuti, if a Bodhisattva, a great being had filled world-systems immeasurable and incalculable with the seven precious things, and gave them as a gift to the Tathagatas, the Arhats, the fully Enlightened Ones, and if, on the other hand, a son or daughter of good family had taken from this Prajnaparamita, this discourse on Dharma, but one stanza of four lines, and were to bear it in mind, demonstrate, recite and study it, and illuminate it in full detail for others, on the strength of that this latter would beget a greater heap of merit, immeasurable and incalculable. And how would he illuminate it? So as not to reveal. Therefore is it said, 'he would illuminate'.（云何為人演說？不取於相，如如不動。何以故？）

As stars, a fault of vision, as a lamp,
A mock show, dew drops, or a bubble,
A dream, a lightning flash, or cloud,
So should one view what is conditioned.

Thus spoke the Lord. Enraptured, the Elder Subhuti, the monks and nuns, the pious laymen and laywomen, and the Bodhisattvas, and the whole world with its Gods, men, Asuras and Gandharvas rejoiced in the Lord's teaching.

This completes the Diamond-Cutter of Perfect Wisdom.

結語1 佛陀最後的叮嚀

這個單元是《金剛經》的總結，佛陀再次叮嚀「福德」的意涵，以及如何為人演講《金剛經》。佛陀比較了兩種福德，一個是菩薩以「滿無量阿僧祇世界七寶持用布施」，一個是「發心的善男子善女人，持於此經，乃至四句偈等，受持讀誦，為人演說」，兩種福德孰優？當然，後者福德勝於前者的福德。

◉初探「如如不動」

至於如何為人演說此經呢？佛陀告訴我們要「不取於相，如如不動」。

如如，如於真如，是不動、寂默、平等不二、不起顛倒分別的自性境界，是如理證得的真如。如果對於這樣中文的解釋感到似懂非懂，不妨看看**不取於相，如如不動**這句話從梵語譯成英文是如何表達呢？它是被譯成By detachment from appearances，abiding in Real Truth。將此英文譯為中文，也就是**離相（不取於相），與常住於真理實相**。所以，在中、英的兩種解釋之下，如如不動意思接近於**常住於真理實相**。也有人說「如」表**如常不變**，「不動」意思是**法住，住於法**，這與英譯的說法也相近。所以說「不取法相，也不取非法相」，就叫做「如如不動」。

不取於相，如如不動

II

By detachment from appearances, abiding in Real Truth

II

離相（不取於相）與常住於真理實相

II

不取法相，也不取非法相

以下比較鳩摩羅什、玄奘、義淨、真諦和孔茲五位譯家對於「如如不動」的翻譯：

[鳩摩羅什]

云何為人演說？不取於相，如如不動。何以故？

[真諦]

云何顯說此經，如無所顯說，故言顯說。

[玄奘]

云何為他宣說、開示？如不為他宣說、開示，故名為他宣說、開示。

[義淨]

云何正說？無法可說，是名正說。

[孔茲]

And how would he illuminate it? So as not to reveal. Therefore is it said, 'he would illuminate'.

結語2　一切有為法，如夢幻泡影，如露亦如電，應作如是觀！

一切有爲法，如夢幻泡影，如露亦如電，應作如是觀。

這是《金剛經》的經典名句，就如同《心經》裡的「色即是空，空即是色」，人人皆可琅琅上口。一切有為法的「有為法」，是指因緣和合而生的一切現象、理法，與之相對的是「無為法」，無為法是無因緣造作的理法，也就是無生滅變化而寂然常住之法。

◉六喻般若

一切有為法，如夢幻泡影，如露亦如電。「夢」是睡眠中的妄想，「幻」是以種種魔術、祕術製造幻相使人眩惑，兩者呈現出的都是種種不實的景象，所以夢與幻兩者都是比喻虛假不實之事。

「泡」是泡沫，因緣和合的現象如泡泡一般，風一吹就散滅得無影無蹤。「影」是光線被遮擋而造成的陰影，也是虛幻而不真實的影像，或說是像水中倒影一樣不真實。於是泡、影可比喻現象變化不定，毫無實體，這如同世間法的虛假不實、空幻虛無。

「露」是靠近地面的水蒸氣，是夜間遇冷而凝結成的小水珠，在清晨時明顯可見，遇太陽照射即消失。「電」顯現的特質是忽生忽滅，所以可比喻世相的無常迅速。所以夢、幻、泡、影、露、電被稱為「六喻般若」，比喻**一切因緣和合的有為法都是虛幻而不真實的**。

應化非真

星雲大師解釋本單元「應化非真分」：應化者，應機度化之意也。舉凡一切佛陀所言所說，一文一字、一形一相，無非是為了度化眾生而設，並非真實，故佛陀至此，不忘隨說隨泯，破眾生之執，以顯般若之理也。

夢
影
幻
露
泡
電

六喻般若：夢幻泡影露電

有為法與無為法
有為法
因緣和合而生的
一切理法
無為法
無因緣造作的理法
無生滅變化
寂然常住之法
一切有為法
如夢、幻、泡、影，如露，亦如電
應作如是觀
六喻般若
夢
夢境非真
醒來就沒有
幻
幻化無實
不知是真是虛
泡
一碰即破
風吹就散滅得
無影無蹤
影
相隨
卻摸不到
露
清晨才有
遇日而失
電
忽有忽無
瞬間即滅
世間的一切法，都是虛幻無常，
如夢幻如泡影、如露珠亦如閃電，
凡屬有所為的，終究是虛幻的，
應該作如此的觀照。

結語3 比較古今三位翻譯天才如何翻譯這段偈語？

「一切有爲法，如夢幻泡影，如露亦如電，應作如是觀。」鳩摩羅什翻譯此段偈文時，曾做了適當的修減，而呈現出如此優美的文句；其實，如果還原梵文完整版本，也有相同的意境，只是比喻上比鳩摩羅什多了三種，共有「九喻」。

以下是七世紀的玄奘與二十世紀的孔茲，對這段經文的翻譯，他們兩位語文天才，**雖然相差了一千三百年之隔，所做的譯文幾乎完全相同，而且是簡潔優美的文句，值得參考。**

[鳩摩羅什]

一切有爲法，如夢幻泡影，
如露亦如電，應作如是觀。

（白話翻譯：世間的一切法，都是虛幻無常，如夢、如幻、如泡沫、如倒影、如露珠，亦如閃電，應該如此的觀照呀。）

[玄奘]

「諸和合所爲，如星翳燈幻，
露泡夢電雲，應作如是觀。」

（白話翻譯：一切因緣和合所造作的，如星辰、如眼翳、如燈、如幻影、如露珠、如泡沫、如夢、如閃電、如雲，應該如是觀照呀。）

[孔茲]

As stars, a fault of vision, as a lamp,
A mock show, dew drops, or a bubble,
A dream, a lightning flash, or cloud,
So should one view what is conditioned.

（中文翻譯：一如星辰、眼翳、燈、幻影、露珠、泡沫、夢、閃電或雲，一切因緣和合的事物即是如此。）

附錄

（註：漢、英、梵本共六個版本在原始經文並沒有昭明太子的32分。為了方便比對分析，才增加32分的分段標題。）

1

金剛般若波羅蜜經

姚秦　三藏法師 鳩摩羅什　譯

•（法會因由分第一）

如是我聞。一時，佛在舍衛國祇樹給孤獨園，與大比丘眾千二百五十人俱。爾時，世尊食時，著衣持缽，入舍衛大城乞食。於其城中，次第乞已，還至本處。飯食訖，收衣缽，洗足已，敷座而坐。

•（善現啟請分第二）

時，長老須菩提在大眾中即從座起，偏袒右肩，右膝著地，合掌恭敬而白佛言：「希有！世尊！如來善護念諸菩薩，善付囑諸菩薩。世尊！善男子、善女人，發阿耨多羅三藐三菩提心，應云何住？云何降伏其心？」

佛言：「善哉，善哉！須菩提！如汝所說：如來善護念諸菩薩，善付囑諸菩薩。汝今諦聽，當為汝說：善男子、善女人，發阿耨多羅三藐三菩提心，應如是住，如是降伏其心。」

「唯然。世尊！願樂欲聞。」

•（大乘正宗分第三）

佛告須菩提：「諸菩薩摩訶薩應如是降伏其心！所有一切眾生之類，若卵生、若胎生、若濕生、若化生；若有色、若無色；若有想、若無想、若非有想非無想，我皆令入無餘涅槃而滅度之。如是滅度無量無數無邊眾生，實無眾生得滅度者。何以故？須菩提！若菩薩有我相、人相、眾生相、壽者相，即非菩薩。」

•（妙行無住分第四）

「復次，須菩提！菩薩於法，應無所住，行於布施，所謂不住色布施，不住聲、香、味、觸、法布施。須菩提！菩薩應如是布施，不住於相。何以故？若菩薩不住相布施，其福德不可思量。」

「須菩提！於意云何？東方虛空可思量不？」

「不也，世尊！」

「須菩提！南西北方、四維、上下虛空可思量不？」

「不也，世尊！」

「須菩提！菩薩無住相布施，福德亦復如是不可思量。須菩提！菩薩但應如所教住。」

•（如理實見分第五）

「須菩提！於意云何？可以身相見如來不？」

「不也，世尊！不可以身相得見如來。何以故？如來所說身相，即非身相。」

佛告須菩提：「凡所有相，皆是虛妄。若見諸相非相，則見如來。」

•（正信希有分第六）

須菩提白佛言：「世尊！頗有眾生，得聞如是言說章句，生實信不？」

佛告須菩提：「莫作是說。如來滅後，後五百歲，有持戒修福者，於此章句能生信心，以此為實，當知是人不於一佛二佛三四五佛而種善根，已於無量千萬佛所種諸善根，聞是章句，乃至一念生淨信者，須菩提！如來悉知悉見，是諸眾生得如是無量福德。

何以故？是諸眾生無復我相、人相、眾生相、壽者相。無法相，亦無非法相。何以故？是諸眾生若心取相，則為著我、人、眾生、壽者。

若取法相，即著我、人、眾生、壽者。何以故？若取非法相，即著我、人、眾生、壽者，是故不應取法，不應取非法。以是義故，如來常說：汝等比丘，知我說法，如筏喻者，法尚應捨，何況非法。

•（無得無說分第七）

「須菩提！於意云何？如來得阿耨多羅三藐三菩提耶？如來有所說法耶？」

須菩提言：「如我解佛所說義，無有定法名阿耨多羅三藐三菩提，亦無有定法，如來可說。何以故？如來所說法，皆不可取、不可說、非法、非非法。所以者何？一切賢聖，皆以無為法而有差別。」

•（依法出生分第八）

「須菩提！於意云何？若人滿三千大千世界七寶以用布施，是人所得福德，寧為多不？」

須菩提言：「甚多，世尊！何以故？是福德即非福德性，是故如來說福德多。」

「若復有人，於此經中受持，乃至四句偈等，為他人說，其福勝彼。何以故？須菩提！一切諸佛，及諸佛阿耨多羅三藐三菩提法，皆從此經出。須菩提！所謂佛法者，即非佛法。」

•（一相無相分第九）

「須菩提！於意云何？須陀洹能作是念『我得須陀洹果』不？」

須菩提言：「不也，世尊！何以故？須陀洹名為入流，而無所入；不入色、聲、香、味、觸、法，是名須陀洹。」

「須菩提！於意云何？斯陀含能作是念『我得斯陀含果』不？」

須菩提言：「不也，世尊！何以故？斯陀含名一往來，而實無往來，是名斯陀含。」

「須菩提！於意云何？阿那含能作是念『我得阿那含果』不？」

須菩提言：「不也，世尊！何以故？阿那含名為不來，而實無不來，是故名阿那含。」

「須菩提！於意云何？阿羅漢能作是念『我得阿羅漢道』不？」
須菩提言：「不也，世尊！何以故？實無有法名阿羅漢。世尊！若阿羅漢作是念：『我得阿羅漢道。』即為著我、人、眾生、壽者。世尊！佛說我得無諍三昧，人中最為第一，是第一離欲阿羅漢。世尊！我不作是念：『我是離欲阿羅漢。』世尊！我若作是念：『我得阿羅漢道。』世尊則不說須菩提是樂阿蘭那行者，以須菩提實無所行，而名須菩提，是樂阿蘭那行。」

•（莊嚴淨土分第十）

佛告須菩提：「於意云何？如來昔在燃燈佛所，於法有所得不？」
「不也，世尊！如來在燃燈佛所，於法實無所得。」
「須菩提！於意云何？菩薩莊嚴佛土不？」
「不也，世尊！何以故？莊嚴佛土者，即非莊嚴，是名莊嚴。」
「是故，須菩提！諸菩薩摩訶薩，應如是生清淨心，不應住色生心，不應住聲、香、味、觸、法生心，應無所住，而生其心。
須菩提！譬如有人，身如須彌山王，於意云何？是身為大不？」
須菩提言：「甚大，世尊！何以故？佛說非身，是名大身。」

•（無為福勝分第十一）

「須菩提！如恆河中所有沙數，如是沙等恆河，於意云何？是諸恆河沙，寧為多不？」
須菩提言：「甚多，世尊！但諸恆河，尚多無數，何況其沙！」
「須菩提！我今實言告汝：若有善男子、善女人，以七寶滿爾所恆河沙數三千大千世界，以用布施，得福多不？」
須菩提言：「甚多，世尊！」
佛告須菩提：「若善男子、善女人，於此經中，乃至受持四句偈等，為他人說，而此福德勝前福德。」

•（尊重正教分第十二）

「復次，須菩提！隨說是經，乃至四句偈等，當知此處，一切世間天、人、阿修羅，皆應供養，如佛塔廟。何況有人，盡能受持讀誦。須菩提！當知是人，成就最上第一希有之法，若是經典所在之處，則為有佛，若尊重弟子。」

•（如法受持分第十三）

爾時，須菩提白佛言：「世尊！當何名此經？我等云何奉持？」

佛告須菩提：「是經名為金剛般若波羅蜜，以是名字，汝當奉持。所以者何？須菩提！佛說般若波羅蜜，即非般若波羅蜜，是名般若波羅蜜。

須菩提！於意云何？如來有所說法不？」

須菩提白佛言：「世尊！如來無所說。」

「須菩提！於意云何？三千大千世界所有微塵，是為多不？」

須菩提言：「甚多，世尊！」

「須菩提！諸微塵，如來說非微塵，是名微塵。如來說世界非世界，是名世界。」

「須菩提！於意云何？可以三十二相見如來不？」

「不也，世尊！不可以三十二相得見如來。何以故？如來說：三十二相，即是非相，是名三十二相。」

「須菩提！若有善男子、善女人，以恆河沙等身命布施，若復有人，於此經中，乃至受持四句偈等，為他人說，其福甚多！」

•（離相寂滅分第十四）

爾時，須菩提聞說是經，深解義趣，涕淚悲泣，而白佛言：「希有，世尊！佛說如是甚深經典，我從昔來所得慧眼，未曾得聞如是之經。世尊！若復有人得聞是經，信心清淨，即生實相，當知是人成就第一希有功德。世尊！是實相者，即是非相，是故如來說名實相。

世尊！我今得聞如是經典，信解受持不足為難，若當來世後五百歲，其有眾生，得聞是經，信解受持，是人即為第一希有。何以故？此人無我相、無人相、無眾生相、無壽者相。所以者何？我相，即是非相，人相、眾生相、壽者相，即是非相。何以故？離一切諸相，即名諸佛。」

佛告須菩提：「如是，如是！若復有人，得聞是經，不驚、不怖、不畏，當知是人，甚為希有。何以故？須菩提！如來說：第一波羅蜜即非第一波羅蜜，是名第一波羅蜜。

須菩提！忍辱波羅蜜，如來說非忍辱波羅蜜，是名忍辱波羅蜜。何以故？須菩提！如我昔為歌利王割截身體，我於爾時，無我相、無人相、無眾生相、無壽者相。何以故？我於往昔節節支解時，若有我相、人相、眾生相、壽者相，應生瞋恨。須菩提！又念過去於五百世，作忍辱仙人，於爾所世，無我相、無人相、無眾生相、無壽者相。

是故，須菩提！菩薩應離一切相，發阿耨多羅三藐三菩提心，不應住色生心，不應住聲、香、味、觸、法生心，應生無所住心。若心有住，則為非住。

是故佛說菩薩心，不應住色布施。須菩提！菩薩為利益一切眾生故，應如是布施。如來說一切諸相，即是非相；又說一切眾生，即非眾生。須菩提！如來是真語者、實語者、如語者、不誑語者、不異語者。

須菩提！如來所得法，此法無實無虛。須菩提！若菩薩心住於法，而行布施，如人入闇，即無所見；若菩薩心不住法，而行布施，如人有目，日光明照，見種種色。

須菩提！當來之世，若有善男子、善女人，能於此經受持讀誦，即為如來以佛智慧，悉知是人，悉見是人，皆得成就無量無邊功德。」

•（持經功德分第十五）

「須菩提！若有善男子、善女人，初日分以恆河沙等身布施；中日分復以恆河沙等身布施；後日分亦以恆河沙等身布施，如是無量百千萬億劫，以身布施。若復有人，聞此經典，信心不逆，其福勝彼，何況書寫、受持、讀誦、為人解說。

須菩提！以要言之，是經有不可思議，不可稱量，無邊功德，如來為發大乘者說，為發最上乘者說。若有人能受持讀誦，廣為人說，如來悉知是人，悉見是人，皆得成就不可量、不可稱、無有邊、不可思議功德，如是人等，則為荷擔如來阿耨多羅三藐三菩提。

何以故？須菩提！若樂小法者，著我見、人見、眾生見、壽者見，則於此經不能聽受讀誦，為人解說。

須菩提！在在處處，若有此經，一切世間天、人、阿修羅所應供養，當知此處，則為是塔，皆應恭敬，作禮圍繞，以諸華香而散其處。」

•（能淨業障分第十六）

「復次，須菩提！若善男子、善女人，受持讀誦此經，若為人輕賤，是人先世罪業，應墮惡道。以今世人輕賤故，先世罪業，即為消滅，當得阿耨多羅三藐三菩提。

須菩提！我念過去無量阿僧祇劫，於燃燈佛前，得值八百四千萬億那由他諸佛，悉皆供養承事，無空過者。若復有人，於後末世，能受持讀誦此經，所得功德，於我所供養諸佛功德，百分不及一，百千萬億分，乃至算數譬喻所不能及。

須菩提！若善男子、善女人，於後末世，有受持讀誦此經，所得功德，我若具說者，或有人聞，心則狂亂，狐疑不信。須菩提！當知是經義不可思議，果報亦不可思議。」

•（究竟無我分第十七）

爾時，須菩提白佛言：「世尊！善男子、善女人，發阿耨多羅三藐三菩提心，云何應住？云何降伏其心？」

佛告須菩提：「善男子、善女人，發阿耨多羅三藐三菩提心者，當生如是心：『我應滅度一切眾生；滅度一切眾生已，而無有一眾生實滅度者。』

何以故？須菩提！若菩薩有我相、人相、眾生相、壽者相，即非菩薩。所以者何？須菩提！實無有法，發阿耨多羅三藐三菩提心者。」

「須菩提！於意云何？如來於燃燈佛所，有法得阿耨多羅三藐三菩提不？」

「不也，世尊！如我解佛所說義，佛於燃燈佛所，無有法得阿耨多羅三藐三菩提。」

佛言：「如是！如是！須菩提！實無有法，如來得阿耨多羅三藐三菩提。須菩提！若有法如來得阿耨多羅三藐三菩提者，燃燈佛即不與我授記：『汝於來世當得作佛，號釋迦牟尼。』以實無有法得阿耨多羅三藐三菩提，是故燃燈佛與我授記，作是言：『汝於來世，當得作佛，號釋迦牟尼。』何以故？如來者，即諸法如義。」

「若有人言：如來得阿耨多羅三藐三菩提，須菩提！實無有法，佛得阿耨多羅三藐三菩提。須菩提！如來所得阿耨多羅三藐三菩提，於是中無實無虛。是故如來說一切法，皆是佛法。須菩提！所言一切法者，即非一切法，是故名一切法。」

「須菩提！譬如人身長大。」

須菩提言：「世尊！如來說人身長大，即為非大身，是名大身。」

「須菩提！菩薩亦如是。若作是言：『我當滅度無量眾生。』即不名菩薩。何以故？須菩提！實無有法，名為菩薩。是故佛說：『一切法無我、無人、無眾生、無壽者。』須菩提！若菩薩作是言：『我當莊嚴佛土。』是不名菩薩。何以故？如來說莊嚴佛土者，即非莊嚴，是名莊嚴。須菩提！若菩薩通達無我法者，如來說名真是菩薩。

•（一體同觀分第十八）

「須菩提！於意云何？如來有肉眼不？」

「如是，世尊！如來有肉眼。」

「須菩提！於意云何？如來有天眼不？」

「如是，世尊！如來有天眼。」

「須菩提！於意云何？如來有慧眼不？」

「如是，世尊！如來有慧眼。」

「須菩提！於意云何？如來有法眼不？」
「如是，世尊！如來有法眼。」
「須菩提！於意云何？如來有佛眼不？」
「如是，世尊！如來有佛眼。」
「須菩提！於意云何？如恆河中所有沙，佛說是沙不？」
「如是，世尊！如來說是沙。」
「須菩提！於意云何？如一恆河中所有沙，有如是沙等恆河，是諸恆河所有沙數，佛世界如是，寧為多不？」
「甚多，世尊！」
佛告須菩提：「爾所國土中，所有眾生若干種心，如來悉知。何以故？如來說諸心，皆為非心，是名為心。所以者何？須菩提！過去心不可得，現在心不可得，未來心不可得。」

•（法界通化分第十九）

「須菩提！於意云何？若有人滿三千大千世界七寶，以用布施，是人以是因緣，得福多不？」
「如是，世尊！此人以是因緣，得福甚多。」
「須菩提！若福德有實，如來不說得福德多；以福德無故，如來說得福德多。」

•（離色離相分第二十）

「須菩提！於意云何？佛可以具足色身見不？」
「不也，世尊！如來不應以具足色身見。何以故？如來說具足色身，即非具足色身，是名具足色身。」
「須菩提！於意云何？如來可以具足諸相見不？」
「不也，世尊！如來不應以具足諸相見。何以故？如來說諸相具足，即非具足，是名諸相具足。」

•（非說所說分第二十一）

「須菩提！汝勿謂如來作是念：『我當有所說法。』莫作是念！

何以故？若人言如來有所說法，即為謗佛，不能解我所說故。須菩提！說法者，無法可說，是名說法。」

爾時，慧命須菩提白佛言：「世尊！頗有眾生，於未來世，聞說是法，生信心不？」

佛言：「須菩提！彼非眾生，非不眾生。何以故？須菩提！眾生，眾生者，如來說非眾生，是名眾生。」

•（無法可得分第二十二）

須菩提白佛言:「世尊！佛得阿耨多羅三藐三菩提，為無所得耶？」

佛言：「如是！如是！須菩提！我於阿耨多羅三藐三菩提，乃至無有少法可得，是名阿耨多羅三藐三菩提。」

•（淨心行善分第二十三）

「復次，須菩提！是法平等，無有高下，是名阿耨多羅三藐三菩提。以無我、無人、無眾生、無壽者，修一切善法，即得阿耨多羅三藐三菩提。須菩提！所言善法者，如來說即非善法，是名善法。」

•（福智無比分第二十四）

「須菩提！若三千大千世界中，所有諸須彌山王，如是等七寶聚，有人持用布施。若人以此般若波羅蜜經，乃至四句偈等，受持讀誦，為他人說，於前福德，百分不及一，百千萬億分，乃至算數譬喻所不能及。」

•（化無所化分第二十五）

「須菩提！於意云何？汝等勿謂如來作是念：『我當度眾生。』須菩提！莫作是念。

何以故？實無有眾生如來度者。若有眾生如來度者，如來則有我、人、眾生、壽者。須菩提！如來說有我者，則非有我，而凡夫之人，以為有我。須菩提！凡夫者，如來說即非凡夫，是名凡夫。」

•（法身非相分第二十六）

「須菩提！於意云何？可以三十二相觀如來不？」
須菩提言：「如是！如是！以三十二相觀如來。」
佛言：「須菩提！若以三十二相觀如來者，轉輪聖王即是如來。」
須菩提白佛言：「世尊！如我解佛所說義，不應以三十二相觀如來。」
爾時，世尊而說偈言：
「若以色見我，
以音聲求我，
是人行邪道，
不能見如來。」

•（無斷無滅分第二十七）

「須菩提！汝若作是念：『如來不以具足相故，得阿耨多羅三藐三菩提。』須菩提！莫作是念：『如來不以具足相故，得阿耨多羅三藐三菩提。』
須菩提！汝若作是念：『發阿耨多羅三藐三菩提心者，說諸法斷滅。』莫作是念！何以故？發阿耨多羅三藐三菩提心者，於法不說斷滅相。」

•（不受不貪分第二十八）

「須菩提！若菩薩以滿恆河沙等世界七寶，持用布施。若復有人，知一切法無我，得成於忍。此菩薩勝前菩薩所得功德。須菩提！以諸菩薩不受福德故。」
須菩提白佛言：「世尊！云何菩薩不受福德？」
「須菩提！菩薩所作福德，不應貪著，是故說不受福德。」

•（威儀寂靜分第二十九）

「須菩提！若有人言：『如來若來、若去、若坐、若臥。』是人不解我所說義。何以故？如來者，無所從來，亦無所去，故名如來。」

•（一合理相分第三十）

「須菩提！若善男子、善女人，以三千大千世界碎為微塵，於意云何？是微塵眾寧為多不？」

須菩提言：「甚多，世尊！何以故？若是微塵眾實有者，佛即不說是微塵眾，所以者何？佛說微塵眾，即非微塵眾，是名微塵眾。世尊！如來所說三千大千世界，即非世界，是名世界。何以故？若世界實有，即是一合相。如來說：一合相，即非一合相，是名一合相。」

「須菩提！一合相者，即是不可說，但凡夫之人，貪著其事。」

•（知見不生分第三十一）

「須菩提！若人言：『佛說我見、人見、眾生見、壽者見。』須菩提！於意云何？是人解我所說義不？」

「不也，世尊！是人不解如來所說義。何以故？世尊說我見、人見、眾生見、壽者見，即非我見、人見、眾生見、壽者見，是名我見、人見、眾生見、壽者見。」

「須菩提！發阿耨多羅三藐三菩提心者，於一切法，應如是知，如是見，如是信解，不生法相。須菩提！所言法相者，如來說即非法相，是名法相。」

•（應化非真分第三十二）

「須菩提！若有人以滿無量阿僧祇世界七寶，持用布施。若有善男子、善女人，發菩提心者，持於此經，乃至四句偈等，受持讀誦，為人演說，其福勝彼。云何為人演說？不取於相，如如不動。何以故？

一切有為法，如夢、幻、泡、影，如露亦如電，應作如是觀。」

佛說是經已，長老須菩提，及諸比丘、比丘尼、優婆塞、優婆夷，一切世間天、人、阿修羅，聞佛所說，皆大歡喜，信受奉行。

2

金剛般若波羅蜜經

陳　天竺三藏法師　真諦　譯

•（法會因由分第一）

如是我聞。一時佛婆伽婆，住舍衛國，祇陀樹林給孤獨園。與大比丘眾千二百五十人俱。爾時世尊，於日前分，著衣持鉢，入舍衛大國而行乞食。於其國中次第行已，還至本處。飯食事訖，於中後時，收衣鉢，洗足已。如常敷座，加趺安坐，端身而住，正念現前。

•（善現啟請分第二）

時諸比丘俱往佛所，至佛所已，頂禮佛足，右繞三匝，卻坐一面。爾時淨命須菩提，於大眾中共坐聚集。時淨命須菩提，即從座起，偏袒右肩，頂禮佛足，右膝著地，向佛合掌而白佛言：「希有世尊！如來應供正偏覺知，善護念諸菩薩摩訶薩，由無上利益故；善付囑諸菩薩摩訶薩，由無上教故。世尊！若善男子善女人，發阿耨多羅三藐三菩提心，行菩薩乘，云何應住？云何修行？云何發起菩薩心？」

淨命須菩提作是問已。爾時世尊告須菩提：「須菩提！善哉善哉！如是。善男子，如來善護念諸菩薩摩訶薩，無上利益故；善付囑諸菩薩摩訶薩，無上教故。須菩提！是故汝今一心諦聽，恭敬，善思念之。我今當為汝說。如菩薩發菩提心，行菩薩乘，如是應住，如是修行，如是發心。」

須菩提言：「唯然，世尊！」

•（大乘正宗分第三）

佛告須菩提：「須菩提！若善男子善女人，發菩提心，行菩薩乘，應如是發心：所有一切眾生類攝，若卵生、若胎生、若濕生、若化生，若有色、若無色，若有想、若無想，若非有想、若非無想，乃至眾生界，及假名說。如是眾生，我皆安置於無餘涅槃。如是般涅槃無量眾生已，無一眾生被涅槃者。

何以故？須菩提！若菩薩有眾生想，即不應說名為菩薩。何以故？須菩提！一切菩薩，無我想、眾生想、壽者想、受者想。

•（妙行無住分第四）

復次，須菩提，菩薩不著己類而行布施，不著所餘行於布施，不著色聲香味觸法應行布施。須菩提！菩薩應如是行施，不著相想。何以故？須菩提！若菩薩無執著心行於布施，是福德聚不可數量。須菩提！汝意云何？東方虛空可數量不？」

須菩提言：「不可，世尊！」

佛言：「如是。須菩提！南西北方，四維上下，十方虛空，可數量不？」須菩提言：「不可，世尊！」

佛言：「如是。須菩提！若菩薩無執著心行於布施，是福德聚亦復如是不可數量。

•（如理實見分第五）

「須菩提！汝意云何？可以身相勝德見如來不？」

「不也。世尊！何以故？如來所說身相勝德，非相勝德。」

「何以故？須菩提！凡所有相，皆是虛妄。無所有相，即是真實。由相無相，應見如來。」

•（正信希有分第六）

如是說已，淨命須菩提白佛言：「世尊！於今現時及未來世，頗有菩薩聽聞正說如是等相此經章句，生實想不？」

佛告須菩提：「莫作是說：『於今現時及未來世，頗有菩薩聽聞正說如是等相此經章句，生實想不？』何以故？須菩提！於未來世，實有眾生，得聞此經，能生實想。復次，須菩提！於未來世，後五百歲，正法滅時，有諸菩薩摩訶薩，持戒修福，及有智慧。

須菩提！是諸菩薩摩訶薩，非事一佛，非於一佛種諸善根，已事無量百千諸佛，已於無量百千佛所而種善根。若有善男子善女人，聽聞正說如是等相此經章句，乃至一念生實信者。須菩提！如來悉知是人，悉見是人。須菩提！是善男子善女人，生長無量福德之聚！

何以故？須菩提！是諸菩薩無復我想、眾生想、壽者想、受者想。「是諸菩薩無法想，無非法想，無想，無非想。

何以故？須菩提！是諸菩薩若有法想，即是我執，及眾生壽者受者執。須菩提！是故菩薩不應取法，不應取非法。為如是義故，如來說：若觀行人，解筏喻經，法尚應捨，何況非法。」

•（無得無說分第七）

佛復告淨命須菩提：「須菩提！汝意云何？如來得阿耨多羅三藐三菩提耶？如來有所說法耶？」

須菩提言：「如我解佛所說義，無所有法如來所得，名阿耨多羅三藐三菩提；亦無有法，如來所說。何以故？是法如來所說，不可取，不可言；非法，非非法。何以故？一切聖人，皆以無為真如所顯現故。」

•（依法出生分第八）

「須菩提！汝意云何？以三千大千世界徧滿七寶，若人持用布施，是善男子善女人，因此布施，生福多不？」

須菩提言：「甚多，世尊！甚多，修伽陀！是善男子善女人，因此布施，得福甚多。何以故？世尊！此福德聚，即非福德聚，是故如來說福德聚。」

佛言：「須菩提！若善男子善女人，以三千大千世界徧滿七寶，持用布施。若復有人，從此經中受四句偈，為他正說，顯示其義，此人以是因緣，所生福德，最多於彼無量無數。

何以故？須菩提！如來無上菩提，從此福成。諸佛世尊，從此福生。何以故？須菩提！所言佛、法者，即非佛、法，是名佛、法。

•（一相無相分第九）

「須菩提！汝意云何？須陀洹能作是念：『我得須陀洹果』不？」

須菩提言：「不也，世尊！何以故？世尊！實無所有能至於流，故說須陀洹。乃至色聲香味觸法亦復如是，故名須陀洹。

「斯陀含名一往來，實無所有能至往來，是名斯陀含。

「阿那含名為不來，實無所有能至不來，是名阿那含。」

佛言：「須菩提！汝意云何？阿羅漢能作是念：『我得阿羅漢果』不？」

須菩提言：「不也，世尊！何以故！實無所有名阿羅漢。世尊！若阿羅漢作是念：『我得阿羅漢果。』此念即是我執、眾生執、壽者執、受者執。世尊！如來阿羅訶三藐三佛陀，讚我住無諍三昧，人中最為第一。世尊！我今已成阿羅漢，離三有欲。世尊！我亦不作是念：『我是阿羅漢。』世尊！我若有是念：『我已得阿羅漢果。』如來則應不授我記：『住無諍三昧，人中須菩提善男子最為第一。』實無所住，住於無諍，住於無諍。」

•（莊嚴淨土分第十）

佛告須菩提：「汝意云何？昔從然燈如來阿羅訶三藐三佛陀所，頗有一法，如來所取不？」

須菩提言：「不也，世尊！實無有法，昔從然燈如來阿羅訶三藐三佛陀所，如來所取。」

佛告須菩提：「若有菩薩作如是言：『我當莊嚴清淨佛土。』而此菩薩說虛妄言。何以故？須菩提！莊嚴佛土者，如來說非莊嚴，是故莊嚴清淨佛土。

須菩提！是故菩薩應生如是無住著心，不住色聲香味觸法生心，應無所住而生其心。

「須菩提！譬如有人體相勝大，如須彌山王。須菩提！汝意云何？如是體相為勝大不？」 須菩提言：「甚大，世尊！何以故？如來說非有，名為有身，此非是有，故說有身。」

•（無為福勝分第十一）

佛告須菩提:「汝意云何？於恆伽江所有諸沙，如其沙數所有恆伽，諸恆伽沙寧為多不？」

須菩提言：「甚多！世尊！但諸恆伽，尚多無數，何況其沙。」

佛言：「須菩提！我今覺汝，我今示汝：諸恆伽中所有沙數，如是沙等世界，若有善男子善女人，以七寶徧滿，持施如來應供正覺知。須菩提！汝意云何？此人以是因緣，得福多不？」

須菩提言：「甚多，世尊！甚多，修伽陀！此人以是因緣，生福甚多！」

「須菩提！若善男子善女人，以七寶 滿爾所恆伽沙世界，持用布施。若善男子善女人，從此經典乃至四句偈等，恭敬受持，為他正說。是人所生福德，最勝於彼無量無數！

•（尊重正教分第十二）

「復次，須菩提！隨所在處，若有人能從是經典，乃至四句偈等，讀誦講說。當知此處，於世間中即成支提，一切人天阿脩羅等，皆應恭敬。何況有人，盡能受持讀誦如此經典。當知是人，則與無上希有之法而共相應。是土地處，大師在中，或隨有一可尊重人。」

•（如法受持分第十三）

佛說是已。淨命須菩提白佛言：「世尊！如是經典，名號云何？我等云何奉持？」

佛告須菩提：「此經名為金剛般若波羅蜜。以是名字，汝當奉持。何以故？須菩提！是般若波羅蜜，如來說非般若波羅蜜。須菩提！汝意云何？頗有一法一佛說不？」

須菩提言：「世尊！無有一法一如來說。」

佛告須菩提：「三千大千世界所有微塵，是為多不？」

須菩提言：「此世界微塵，甚多，世尊！甚多，修伽陀！

何以故？世尊！此諸微塵，如來說非微塵，故名微塵。此諸世界，如來說非世界，故說世界。」。
佛告須菩提：「汝意云何？可以三十二大人相見如來不？」須菩提言：「不也，世尊！」
何以故？此三十二大人相，如來說非相，故說三十二大人相。」
佛告須菩提：「若有善男子善女人，如諸恆河所有沙數，如是沙等身命捨以布施。若有善男子善女人，從此經典，乃至四句偈等，恭敬受持，為他正說。此人以是因緣，生福多彼無量無數。」

•（離相寂滅分第十四）

爾時淨命須菩提，由法利疾，即便悲泣。抆淚而言：「希有！世尊！希有！修伽陀！如此經典如來所說，我從昔來至得聖慧，未曾聞說如是經典。何以故？世尊說般若波羅蜜，即非般若波羅蜜，故說般若波羅蜜。世尊！當知是人，則與無上希有之法而共相應，聞說經時，能生實想。
世尊！是實想者，實非有想，是故如來說名實想，說名實想。世尊！此事於我非為希有。正說經時，我生信解。世尊！於未來世，若有眾生恭敬受持，為他正說，當知是人，則與無上希有之法而共相應。世尊！此人無復我想眾生想壽者想受者想。何以故？我想眾生想壽者想受者想，即是非想。
何以故？諸佛世尊，解脫諸想盡無餘故。」
說是言已。佛告須菩提：「如是，須菩提！如是。當知是人，則與無上希有之法而共相應。是人聞說此經，不驚不怖不畏。
何以故？須菩提！此法如來所說，是第一波羅蜜。此波羅蜜，如來所說，無量諸佛亦如是說，是故說名第一波羅蜜。
復次，須菩提！如來忍辱波羅蜜，即非波羅蜜。
何以故？須菩提！昔時我為迦陵伽王斬斫身體，骨肉離碎。我於爾時，無有我想眾生想壽者想受者想，無想，非無想。
何以故？須菩提！我於爾時，若有我想眾生想壽者想受者想，是時則應生瞋恨想。
「須菩提！我憶過去五百生中，作大仙人，名曰說忍。於爾生中，心無我想眾生想壽者想受者想。是故須菩提！菩薩摩訶薩捨離一切想，於無上菩提應發起心，不應生住色心，不應生住聲香味觸心，不應生住法心，不應生住非法心，不應生有所住心。
何以故？若心有住，則為非住。故如來說：菩薩無所住心應行布施。
復次，須菩提！菩薩應如是行施，為利益一切眾生。此眾生想，即是非想。如是一切眾生，如來說即非眾生。
何以故？諸佛世尊遠離一切想故。須菩提！如來說實、說諦、說如、說非虛妄。
復次，須菩提！是法如來所覺，是法如來所說，是法非實非虛。
「須菩提！譬如有人，在於盲暗，如是當知菩薩墮相，行墮相施。須菩提！如人有目，夜已曉時，晝日光照，見種種色，如是當知菩薩不墮於相，行無相施。
復次，須菩提！於未來世，若有善男子善女人，受持讀誦，教他修行，為他正說如是經典，如來悉知是人，悉見是人，生長無量福德之聚。

•（持經功德分第十五）

「復次，須菩提！若有善男子善女人，於日前分布施身命，如上所說諸恆沙數；於日中分布施身命，於日後分布施身命，皆如上說諸恆沙數。如是無量百千萬億劫，以身命布施。若復有人，聞此經典，不起誹謗，以是因緣，生福多彼無量無數。何況有人書寫受持讀誦，教他修行，為人廣說。
復次，須菩提！如是經典不可思量，無能與等。如來但為憐愍利益能行無上乘人，及行無等乘人說。若復有人，於未來世，受持讀誦，教他修行，正說是經，如來悉知是人，悉見是人，與無數無量不可思議無等福聚而共相應。如是等人，由我身分，則能荷負無上菩提。
何以故？須菩提！如是經典，若下願樂人，及我見眾生見壽者見受者見如此等人，能聽能修讀誦教他正說，無有是處。
復次，須菩提！隨所在處，顯說此經，一切世間天人阿脩羅等，皆應供養，作禮右繞。當知此處，於世間中即成支提。

•（能淨業障分第十六）

「須菩提！若有善男子善女人，受持讀誦教他修行，正說如是等經。此人現身受輕賤等苦。

過去世中所造惡業，應感生後惡道果報。以於現身受輕苦故，先世罪業及苦果報，則為消滅。當得阿耨多羅三藐三菩提。

「須菩提！我憶往昔，從然燈如來阿羅訶三藐三佛陀後，無數無量不可算計，過去大劫，得值八萬四千百千俱胝諸佛如來已成佛竟，我皆承事供養恭敬，無空過者。若復有人，於後末世五百歲時，受持讀誦，教他修行，正說此經。須菩提！此人所生福德之聚，以我往昔承事供養諸佛如來所得功德，比此功德，百分不及一，千萬億分不及一，窮於算數不及其一，乃至威力品類相應譬喻所不能及。

「須菩提！若善男子善女人，於後末世，受持讀誦如此等經，所得功德，我若具說，若有善男子善女人，諦聽憶持爾所福聚，或心迷亂及以顛狂。復次，須菩提！如是經典不可思議，若人修行及得果報，亦不可思議。」

爾時須菩提白佛言：「世尊！善男子善女人，發阿耨多羅三藐三菩提心，行菩薩乘，云何應住？云何修行？云何發起菩薩心？」

•（究竟無我分第十七）

佛告須菩提：「善男子善女人，發阿耨多羅三藐三菩提心者，當生如是心：我應安置一切眾生，令入無餘涅槃。如是般涅槃無量眾生已，無一眾生被涅槃者。

何以故？須菩提！若菩薩有眾生相想，則不應說名為菩薩。何以故？須菩提！實無有法，名為能行菩薩上乘。

「須菩提！汝意云何？於然燈佛所，頗有一法如來所得，名阿耨多羅三藐三菩提不？」

須菩提言：「不也，世尊！於然燈佛所，無有一法如來所得，名阿耨多羅三藐三菩提。」

佛言：「如是，須菩提！如是。於然燈佛所，無有一法如來所得，名阿耨多羅三藐三菩提。須菩提！於然燈佛所，若有一法如來所得，名阿耨多羅三藐三菩提，然燈佛則不授我記：『婆羅門！汝於來世，當得作佛，號釋迦牟尼，多陀阿伽度，阿羅訶，三藐三佛陀。』須菩提！由實無有法如來所得，名阿耨多羅三藐三菩提，是故然燈佛與我授記，作如是言：『婆羅門！汝於來世，當得作佛，號釋迦牟尼，多陀阿伽度，阿羅訶，三藐三佛陀。』何以故？須菩提！如來者，真如別名。

「須菩提！若有人說如來得阿耨多羅三藐三菩提，是人不實語。何以故？須菩提！實無有法如來所得，名阿耨多羅三藐三菩提。須菩提！此法如來所得，無實無虛。是故如來說一切法皆是佛法。須菩提！一切法者，非一切法故，如來說名一切法。

須菩提！譬如有人遍身大身。

須菩提言：「世尊！如來所說遍身大身，則為非身，是故說名遍身大身。」

佛言：「如是，須菩提！如是，須菩提！若有菩薩說如是言：我當般涅槃一切眾生。則不應說名為菩薩。須菩提！汝意云何？頗有一法名菩薩不？」

須菩提言：「不也，世尊！」佛言：「須菩提！是故如來說，一切法無我無眾生無壽者無受者。

須菩提！若有菩薩說如是言：我當莊嚴清淨佛土。如此菩薩說虛妄言。

何以故？須菩提！莊嚴佛土者，如來說則非莊嚴，是故莊嚴清淨佛土。須菩提！若菩薩信見諸法無我，諸法無我，如來應供正 覺說：是名菩薩，是名菩薩。」

•（一體同觀分第十八）

佛言：「須菩提！汝意云何？如來有肉眼不？」須菩提言：「如是，世尊！如來有肉眼。」

佛言：「須菩提！汝意云何？如來有天眼不？」須菩提言：「如是，世尊！如來有天眼。」

佛言：「須菩提！汝意云何？如來有慧眼不？」須菩提言：「如是，世尊！如來有慧眼。」

佛言：「須菩提！汝意云何？如來有法眼不？」須菩提言：「如是，世尊！如來有法眼。」

佛言：「須菩提！汝意云何？如來有佛眼不？」須菩提言：「如是，世尊！如來有佛眼。

「須菩提！汝意云何？於恆伽江所有諸沙，如其沙數所有恆伽，如諸恆伽所有沙數，世界如是，寧為多不？」

須菩提言：「如是，世尊！此等世界，其數甚多。」

佛言：「須菩提！爾所世界中，所有眾生，我悉見知心相續住，有種種類。

何以故？須菩提！心相續住，如來說非續住，故說續住。何以故？須菩提！過去心不可得，未來心不可得，現在心不可得。

•（法界通化分第十九）

「須菩提！汝意云何？若有人以滿三千大千世界七寶，而用布施，是善男子善女人，以是因緣，得福多不？」

須菩提言：「甚多！世尊！甚多！修伽陀！」

佛言：「如是，須菩提！如是。彼善男子善女人，以是因緣，得福聚多。」

佛言：「須菩提！若福德聚，但名為聚，如來則不應說是福德聚，是福德聚。

•（離色離相分第二十）

須菩提！汝意云何？可以具足色身觀如來不？」

須菩提言：「不也，世尊！不可以具足色身觀於如來。何以故？此具足色身，如來說非具足色身，是故如來說名具足色身。」

佛言：「須菩提！汝意云何？可以具足諸相觀如來不？」

須菩提言：「不也，世尊！不可以具足諸相觀於如來。何以故？此具足相，如來說非具足相，是故如來說具足相。」

•（非說所說分第二十一）

佛言：「須菩提！汝意云何？如來有如是意，我今實說法耶？須菩提！若有人言，如來實能說法，汝應當知，是人由非實有，及以邪執，起誹謗我。何以故？須菩提！說法說法，實無有法名為說法。」

爾時須菩提白佛言：「世尊！頗有眾生，於未來世，聽聞正說如是等相，此經章句，生實信不？」

佛告須菩提：「彼非眾生，非非眾生。何以故？須菩提！彼眾生者，如來說非眾生，非非眾生，故說眾生。

•（無法可得分第二十二）

須菩提！汝意云何？頗有一法如來所得，名阿耨多羅三藐三菩提不？」

須菩提言：「不也，世尊！無有一法如來所得，名阿耨多羅三藐三菩提。」

佛言：「如是，須菩提！如是。乃至無有如微塵法，如來所捨，如來所得，是故說名阿耨多羅三藐三菩提平等平等。

•（淨心行善分第二十三）

復次，須菩提！諸佛覺知，無有差別，是故說名阿耨多羅三藐三菩提。復次，須菩提！此法平等，無有高下，是名阿耨多羅三藐三菩提。復次，須菩提！由無我無眾生無壽者無受者等，此法平等，故名阿耨多羅三藐三菩提。復次，須菩提！由實善法具足圓滿，得阿耨多羅三藐三菩提。須菩提！所言善法善法者，如來說非善法，故名善法。

•（福智無比分第二十四）

「須菩提！三千大千世界中，所有諸須彌山王，如是等七寶聚，滿此世界，有人持用布施。若人從此般若波羅蜜經，乃至四句偈等，受持讀誦為他正說，所得功德，比此功德，百分不及一，千萬億分不及一，窮於算數不及其一，乃至威力品類相應譬喻所不能及。

•（化無所化分第二十五）

「須菩提！汝意云何？如來作是念：我度眾生耶？須菩提！汝今不應作如是念。

何以故？實無眾生如來所度。須菩提！若有眾生如來所度，即是我執眾生執壽者執受者執。須菩提！此我等執，如來說非執，嬰兒凡夫眾生之所執故。須菩提！嬰兒凡夫眾生者，如來說非眾生，故說嬰兒凡夫眾生。

•（法身非相分第二十六）

須菩提！汝意云何？可以具足相觀如來不？」

須菩提言：「如我解佛所說義，不以具足相應觀如來。」

佛言：「如是，須菩提！如是。不以具足相應觀如來。何以故？若以具足相觀如來者，轉輪聖王應是如來，是故不以具足相應觀如來。」

是時世尊而說偈言：

「若以色見我　以音聲求我
是人行邪道　不應得見我
由法應見佛　調御法為身
此法非識境　法如深難見

•（無斷無滅分第二十七）

「須菩提！汝意云何？如來可以具足相得阿耨多羅三藐三菩提不？須菩提！汝今不應作如是見：如來以具足相得阿耨多羅三藐

三菩提。何以故？須菩提！如來不以具足相得阿耨多羅三藐三菩提。

須菩提！若汝作是念：如來有是說：『行菩薩乘人，有法可滅。』須菩提！汝莫作此見。何以故？如來不說行菩薩乘人有法可滅，及以永斷。

•（不受不貪分第二十八）

「須菩提！若有善男子善女人，以滿恆伽沙等世界七寶，持用布施。若有菩薩，於一切法無我、無生，得無生忍，以是因緣，所得福德最多於彼。須菩提！行大乘人，不應執取福德之聚。」

須菩提言：「此福德聚，可攝持不？」

佛言：「須菩提！此福德聚，可得攝持，不可執取。是故說此福德之聚，應可攝持。

•（威儀寂靜分第二十九）

「須菩提！若有人言：如來行住坐臥，是人不解我所說義。何以故？須菩提！如來者，無所行去，亦無所從來，是故說名如來應供正遍覺知。

•（一合理相分第三十）

「須菩提！若善男子善女人，以三千大千世界地大微塵，燒成灰末，合為墨丸，如微塵聚。須菩提！汝意云何？是鄰虛聚，寧為多不？」

須菩提言：「彼鄰虛聚，甚多，世尊！」

何以故？世尊！若鄰虛聚是實有者，世尊則不應說名鄰虛聚。

何以故？世尊！所說此鄰虛聚，如來說非鄰虛聚，是故說名為鄰虛聚。如來所說三千大千世界，則非世界，故說三千大千世界，何以故？世尊！若執世界為實有者，是聚一執。此聚一執，如來說非執，故說聚一執。」

佛世尊言：「須菩提！此聚一執，但世言說。須菩提！是法非可言法，嬰兒凡夫偏言所取。

•（知見不生分第三十一）

「須菩提！若有人言：如來說我見眾生見壽者見受者見。須菩提！汝意云何？是人言說，為正語不？」

須菩提言：「不也，世尊！不也，修伽陀！何以故？如來所說我見眾生見壽者見受者見，即是非見，是故說我見眾生見壽者見受者見。」

「須菩提！若人行菩薩乘，如是應知應見應信，一切諸法；如是應修，為令法想不得生起。何以故？須菩提！是法想法想者，如來說即非想，故說法想。

•（應化非真分第三十二）

「須菩提！若有菩薩摩訶薩，以滿無數無量世界七寶持用布施，若有善男子善女人，從此般若波羅蜜經，乃至四句偈等，受持讀誦，教他修行，為他廣說，是善男子善女人，以是因緣，所生福德，最多於彼無量無數。云何顯說此經，如無所顯說，故言顯說。

如如不動，恆有正說。應觀有為法，如暗翳燈幻，露泡夢電雲。」

爾時世尊說是經已，大德須菩提，心進歡喜，及諸比丘比丘尼、優婆塞優婆夷眾，人天阿脩羅等，一切世間，踴躍歡喜，信受奉行。

3

能斷金剛般若波羅蜜多經

唐　三藏法師　玄奘　奉詔　譯

•（法會因由分第一）

如是我聞。一時，薄伽梵在室羅筏，住誓多林給孤獨園，與大苾芻眾千二百五十人俱。爾時，世尊於日初分，整理裳服，執持衣鉢，入室羅筏大城乞食。時，薄伽梵於其城中行乞食已，出還本處。飯食訖，收衣鉢，洗足已，於食後時，敷如常座，結跏趺坐，端身正願，住對面念。

•（善現啟請分第二）

時，諸苾芻來詣佛所，到已頂禮世尊雙足，右遶三匝，退坐一面。具壽善現亦於如是眾會中坐。爾時，眾中具壽善現從座而起，偏袒一肩，右膝著地，合掌恭敬而白佛言：「希有！世尊！乃至如來、應、正等覺，能以最勝攝受，攝受諸菩薩摩訶薩；乃至如來、應、正等覺，能以最勝付囑，付囑諸菩薩摩訶薩。世尊！諸有發趣菩薩乘者，應云何住？云何修行？云何攝伏其心？」

作是語已。爾時，世尊告具壽善現曰：「善哉！善哉！善現！如是，如是。如汝所說。乃至如來、應、正等覺，能以最勝攝受，攝受諸菩薩摩訶薩；乃至如來、應、正等覺，能以最勝付囑，付囑諸菩薩摩訶薩。是故，善現！汝應諦聽，極善作意，吾當為汝分別解說。諸有發趣菩薩乘者，應如是住，如是修行，如是攝伏其心。」

具壽善現白佛言：「如是，世尊！願樂欲聞。」

•（大乘正宗分第三）

佛言：「善現！諸有發趣菩薩乘者，應當發起如是之心：『所有諸有情，有情攝所攝：若卵生、若胎生、若濕生、若化生，若有色、若無色，若有想、若無想，若非有想非無想，乃至有情界施設所施設，如是一切，我當皆令於無餘依妙涅槃界而般涅槃。雖度如是無量有情令滅度已，而無有情得滅度者。』

何以故？善現！若諸菩薩摩訶薩有情想轉，不應說名菩薩摩訶薩。所以者何？善現！若諸菩薩摩訶薩不應說言有情想轉，如是命者想、士夫想、補特伽羅想、意生想、摩納婆想、作者想、受者想轉，當知亦爾。何以故？善現！無有少法名為發趣菩薩乘者。

•（妙行無住分第四）

「復次，善現！菩薩摩訶薩不住於事應行布施，都無所住應行布施；不住於色應行布施，不住聲、香、味、觸、法應行布施。善現！如是菩薩摩訶薩如不住相想應行布施。何以故？善現！若菩薩摩訶薩都無所住而行布施，其福德聚不可取量。」

佛告善現：「於汝意云何？東方虛空可取量不？」善現答言：「不也，世尊！」

「善現！如是南西北方四維上下，周遍十方一切世界虛空可取量不？」善現答言：「不也，世尊！」

佛言：「善現！如是，如是。若菩薩摩訶薩都無所住而行布施，其福德聚不可取量，亦復如是。善現！菩薩如是如不住相想應行布施。」

•（如理實見分第五）

佛告善現：「於汝意云何？可以諸相具足觀如來不？」

善現答言：「不也，世尊！不應以諸相具足觀於如來。何以故？如來說諸相具足，即非諸相具足。」

說是語已。佛復告具壽善現言：「善現！乃至諸相具足皆是虛妄，乃至非相具足，皆非虛妄，如是以相非相應觀如來。」

•（正信希有分第六）

說是語已。具壽善現復白佛言：「世尊！頗有有情於當來世，後時、後分、後五百歲，正法將滅時分轉時，聞說如是色經典句，生實想不？」

佛告善現：「勿作是說：『頗有有情於當來世，後時、後分、後五百歲，正法將滅時分轉時，聞說如是色經典句生實想不？』然復，善現！有菩薩摩訶薩於當來世，後時、後分、後五百歲，正法將滅時分轉時，具足尸羅，具德、具慧。復次，善現！彼菩薩摩訶薩非於一佛所承事供養，非於一佛所種諸善根。然復，善現！彼菩薩摩訶薩於其非一、百、千佛所承事供養，於其非一、百、千佛所種諸善根，乃能聞說如是色經典句，當得一淨信心。善現！如來以其佛智悉已知彼，如來以其佛眼悉已見彼。善現！如來悉已覺彼一切有情，當生無量無數福聚，當攝無量無數福聚。
何以故？善現！彼菩薩摩訶薩無我想轉，無有情想、無命者想、無士夫想、無補特伽羅想、無意生想、無摩納婆想、無作者想、無受者想轉。善現！彼菩薩摩訶薩無法想轉、無非法想轉，無想轉亦無非想轉。
所以者何？善現！若菩薩摩訶薩有法想轉，彼即應有我執、有情執、命者執、補特伽羅等執。若有非法想轉，彼亦應有我執、有情執、命者執、補特伽羅等執。
何以故？善現！不應取法，不應取非法。是故如來密意而說筏喻法門。諸有智者，法尚應斷，何況非法！」

•（無得無說分第七）

佛復告具壽善現言：「善現！於汝意云何？頗有少法，如來、應、正等覺證得阿耨多羅三藐三菩提耶？頗有少法，如來、應、正等覺是所說耶？」
善現答言：「世尊！如我解佛所說義者，無有少法，如來、應、正等覺證得阿耨多羅三藐三菩提；亦無有少法，是如來、應、正等覺所說。何以故？世尊！如來、應、正等覺所證、所說、所思惟法皆不可取，不可宣說，非法，非非法。何以故？以諸賢聖補特伽羅皆是無為之所顯故。」

•（依法出生分第八）

佛告善現：「於汝意云何？若善男子或善女人，以此三千大千世界盛滿七寶持用布施，是善男子或善女人，由此因緣所生福聚寧為多不？」
善現答言：「甚多，世尊！甚多，善逝！是善男子或善女人，由此因緣所生福聚其量甚多。何以故？世尊！福德聚福德聚者，如來說為非福德聚，是故如來說名福德聚福德聚。」

佛復告善現言：「善現！若善男子或善女人，以此三千大千世界盛滿七寶持用布施。若善男子或善女人，於此法門乃至四句伽陀，受持、讀誦、究竟通利，及廣為他宣說、開示、如理作意，由是因緣所生福聚，甚多於前無量無數。

何以故？一切如來、應、正等覺阿耨多羅三藐三菩提皆從此經出，諸佛世尊皆從此經生。所以者何？善現！諸佛、法諸佛、法者，如來說為非諸佛、法，是故如來說名諸佛、法諸佛、法。」

•（一相無相分第九）

佛告善現：「於汝意云何？諸預流者頗作是念：『我能證得預流果』不？」

善現答言：「不也，世尊！諸預流者不作是念：『我能證得預流之果。』何以故？世尊！諸預流者無少所預，故名預流；不預色、聲、香、味、觸、法，故名預流。世尊！若預流者作如是念：『我能證得預流之果。』即為執我、有情、命者、士夫、補特伽羅等。」

佛告善現：「於汝意云何？諸一來者頗作是念：『我能證得一來果』不？」

善現答言：「不也，世尊！諸一來者不作是念：『我能證得一來之果。』何以故？世尊！以無少法證一來性，故名一來。」

佛告善現：「於汝意云何？諸不還者頗作是念：『我能證得不還果』不？」

善現答言：「不也，世尊！諸不還者不作是念：『我能證得不還之果。』何以故？世尊！以無少法證不還性，故名不還。」

佛告善現：「於汝意云何？諸阿羅漢頗作是念：『我能證得阿羅漢不』？」

善現答言：「不也，世尊！諸阿羅漢不作是念：『我能證得阿羅漢性。』何以故？世尊！以無少法名阿羅漢，由是因緣名阿羅漢。世尊！若阿羅漢作如是念：『我能證得阿羅漢性。』即為執我、有情、命者、士夫、補特伽羅等。所以者何？世尊！如來、應、正等覺說我得無諍住最為第一，世尊！我雖是阿羅漢，永離貪欲，而我未曾作如是念：『我得阿羅漢永離貪欲。』世尊！我若作如是念：『我得阿羅漢永離貪欲』者，如來不應記說我言：『善現善男子得無諍住最為第一。』以都無所住，是故如來說名無諍住無諍住。」

•（莊嚴淨土分第十）

佛告善現：「於汝意云何？如來昔在然燈如來、應、正等覺所，頗於少法有所取不？」
善現答言：「不也，世尊！如來昔在然燈如來、應、正等覺所，都無少法而有所取。」
佛告善現：「若有菩薩作如是言：『我當成辦佛土功德莊嚴。』如是菩薩非真實語。何以故？善現！佛土功德莊嚴佛土功德莊嚴者，如來說非莊嚴，是故如來說名佛土功德莊嚴佛土功德莊嚴。是故，善現！菩薩如是都無所住應生其心，不住於色應生其心，不住非色應生其心；不住聲、香、味、觸、法應生其心，不住非聲、香、味、觸、法應生其心，都無所住應生其心。」
佛告善現：「如有士夫具身大身，其色自體假使譬如妙高山王。善現！於汝意云何？彼之自體為廣大不？」善現答言：「彼之自體廣大！世尊！廣大！善逝！何以故？世尊！彼之自體，如來說非彼體故名自體，非以彼體故名自體。」

•（無為福勝分第十一）

佛告善現：「於汝意云何？乃至殑伽河中所有沙數，假使有如是沙等殑伽河，是諸殑伽河沙寧為多不？」
善現答言：「甚多，世尊！甚多，善逝！諸殑伽河尚多無數，何況其沙！」
佛言：「善現！吾今告汝，開覺於汝：假使若善男子或善女人，以妙七寶盛滿爾所殑伽河沙等世界，奉施如來、應、正等覺。善現！於汝意云何？是善男子或善女人，由此因緣所生福聚寧為多不？」

善現答言：「甚多，世尊！甚多，善逝！是善男子或善女人，由此因緣所生福聚其量甚多。」

佛復告善現：「若以七寶盛滿爾所沙等世界，奉施如來、應、正等覺。若善男子或善女人，於此法門乃至四句伽陀，受持、讀誦、究竟通利，及廣為他宣說、開示、如理作意，由此因緣所生福聚，甚多於前無量無數。

•（尊重正教分第十二）

「復次，善現！若地方所，於此法門乃至為他宣說，開示四句伽陀，此地方所尚為世間諸天及人、阿素洛等之所供養如佛靈廟，何況有能於此法門具足究竟、書寫、受持、讀誦、究竟通利，及廣為他宣說、開示、如理作意！如是有情成就最勝希有功德。此地方所，大師所住，或隨一一尊重處所，若諸有智同梵行者。」

•（如法受持分第十三）

說是語已。具壽善現復白佛言：「世尊！當何名此法門？我當云何奉持？」

作是語已。佛告善現言：「具壽！今此法門名為能斷金剛般若波羅蜜多，如是名字汝當奉持。何以故？善現！如是般若波羅蜜多，如來說為非般若波羅蜜多，是故如來說名般若波羅蜜多。」

佛告善現：「於汝意云何？頗有少法如來可說不？」

善現答言：「不也，世尊！無有少法如來可說。」

佛告善現：「乃至三千大千世界大地微塵寧為多不？」

善現答言：「此地微塵甚多，世尊！甚多，善逝！」

佛言：「善現！大地微塵，如來說非微塵，是故如來說名大地微塵；諸世界，如來說非世界，是故如來說名世界。」

佛告善現：「於汝意云何？應以三十二大士夫相觀於如來、應、正等覺不？」善現答言：「不也，世尊！不應以三十二大士夫相觀於如來、應、正等覺。

何以故？世尊！三十二大士夫相，如來說為非相，是故如來說名三十二大士夫相。」

佛復告善現言：「假使若有善男子或善女人，於日日分捨施殑伽河沙等自體，如是經殑伽河沙等劫數捨施自體。復有善男子或善女人，於此法門乃至四句伽陀，受持、讀誦、究竟通利，及廣為他宣說、開示、如理作意，由是因緣所生福聚，甚多於前無量無數。」

•（離相寂滅分第十四）

爾時，具壽善現聞法威力悲泣墮淚，俛仰捫淚而白佛言：「甚奇希有！世尊！最極希有！善逝！如來今者所說法門，普為發趣最上乘者作諸義利，普為發趣最勝乘者作諸義利。世尊！我昔生智以來，未曾得聞如是法門。世尊！若諸有情聞說如是甚深經典生真實想，當知成就最勝希有。

何以故？世尊！諸真實想真實想者，如來說為非想，是故如來說名真實想真實想。世尊！我今聞說如是法門，領悟、信解未為希有。若諸有情於當來世，後時、後分、後五百歲，正法將滅時分轉時，當於如是甚深法門，領悟、信解、受持、讀誦、究竟通利，及廣為他宣說、開示、如理作意，當知成就最勝希有。何以故？世尊！彼諸有情無我想轉，無有情想、無命者想、無士夫想、無補特伽羅想、無意生想、無摩納婆想、無作者想、無受者想轉。

所以者何？世尊！諸我想即是非想，諸有情想、命者想、士夫想、補特伽羅想、意生想、摩納婆想、作者想、受者想即是非想。何以故？諸佛世尊離一切想。」

作是語已。爾時，世尊告具壽善現言：「如是，如是。善現！若諸有情聞說如是甚深經典，不驚、不懼、無有怖畏，當知成就最勝希有。

何以故？善現！如來說最勝波羅蜜多，謂般若波羅蜜多。善現！如來所說最勝波羅蜜多，無量諸佛世尊所共宣說，故名最勝波羅蜜多。如來說最勝波羅蜜多即非波羅蜜多，是故如來說名最勝波羅蜜多。

「復次，善現！如來說忍辱波羅蜜多即非波羅蜜多，是故如來說名忍辱波羅蜜多。

何以故？善現！我昔過去世曾為羯利王斷肢節肉，我於爾時都無我想、或有情想、或命者想、或士夫想、或補特伽羅想、或意生想、或摩納婆想、或作者想、或受者想，我於爾時都無有想亦非無想。

何以故？善現！我於爾時若有我想，即於爾時應有恚想；我於爾時若有有情想、命者想、士夫想、補特伽羅想、意生想、摩納婆想、作者想、受者想，即於爾時應有恚想。

何以故？善現！我憶過去五百生中，曾為自號忍辱仙人，我於爾時都無我想、無有情想、無命者想、無士夫想、無補特伽羅想、無意生想、無摩納婆想、無作者想、無受者想，我於爾時都無有想亦非無想。是故，善現！菩薩摩訶薩遠離一切想，應發阿耨多羅三藐三菩提心，不住於色應生其心，不住非色應生其心；不住聲、香、味、觸、法應生其心，不住非聲、香、味、觸、法應生其心，都無所住應生其心。

何以故？善現！諸有所住則為非住。是故如來說諸菩薩應無所住而行布施，不應住色、聲、香、味、觸、法而行布施。

「復次，善現！菩薩摩訶薩為諸有情作義利故，應當如是棄捨布施。

何以故？善現！諸有情想即是非想；一切有情，如來即說為非有情。善現！如來是實語者、諦語者、如語者、不異語者。

「復次，善現！如來現前等所證法、或所說法、或所思法，即於其中非諦非妄。

善現！譬如士夫入於暗室，都無所見，當知菩薩若墮於事，謂墮於事而行布施，亦復如是。

善現！譬如明眼士夫，過夜曉已，日光出時，見種種色，當知菩薩不墮於事，謂不墮事而行布施，亦復如是。

「復次，善現！若善男子或善女人於此法門受持、讀誦、究竟通利，及廣為他宣說、開示、如理作意，則為如來以其佛智悉知是人，則為如來以其佛眼悉見是人，則為如來悉覺是人，如是有情一切當生無量福聚。

•（持經功德分第十五）

「復次，善現！假使善男子或善女人，日初時分以殑伽河沙等自體布施，日中時分復以殑伽河沙等自體布施，日後時分亦以殑伽河沙等自體布施，由此法門，經於俱胝那庾多百千劫以自體布施。若有聞說如是法門，不生誹謗，由此因緣所生福聚，尚多於前無量無數，何況能於如是法門具足畢竟、書寫、受持、讀誦、究竟通利，及廣為他宣說、開示、如理作意！

「復次，善現！如是法門不可思議、不可稱量，應當希冀不可思議所感異熟。善現！如來宣說如是法門，為欲饒益趣最上乘諸有情故，為欲饒益趣最勝乘諸有情故。善現！若有於此法門受持、讀誦、究竟通利，及廣為他宣說、開示、如理作意，即為如來以其佛智悉知是人，即為如來以其佛眼悉見是人，則為如來悉覺是人。如是有情一切成就無量福聚，皆當成就不可思議、不可稱量無邊福聚。善現！如是一切有情，其肩荷擔如來無上正等菩提。

何以故？善現！如是法門非諸下劣信解有情所能聽聞，非諸我見、非諸有情見、非諸命者見、非諸士夫見、非諸補特伽羅見、非諸意生見、非諸摩納婆見、非諸作者見、非諸受者見所能聽聞。此等若能受持、讀誦、究竟通利，及廣為他宣說、開示、如理作意，無有是處。

「復次，善現！若地方所聞此經典，此地方所當為世間諸天及人、阿素洛等之所供養、禮敬、右遶如佛靈廟。

•（能淨業障分第十六）

「復次，善現！若善男子或善女人於此經典受持、讀誦、究竟通利，及廣為他宣說、開示、如理作意，若遭輕毀、極遭輕毀。

所以者何？善現！是諸有情宿生所造諸不淨業應感惡趣，以現法中遭輕毀故，宿生所造諸不淨業皆悉消盡，當得無上正等菩提。

何以故？善現！我憶過去於無數劫復過無數，於然燈如來、應、正等覺先，復過先，曾值八十四俱胝那庾多百千諸佛，我皆承事。既承事已，皆無違犯。善現！我於如是諸佛世尊皆得承事，既承事已，皆無違犯；若諸有情，後時、後分、後五百歲，正法將滅時分轉時，於此經典受持、讀誦、究竟通利，及廣為他宣說、開示、如理作意。善現！我先福聚於此福聚，百分計之所不能及，如是千分、若百千分、若俱胝百千分、若俱胝那庾多百千分、若數分、若計分、若算分、若喻分、若鄔波尼殺曇分亦不能及。

「善現！我若具說當於爾時是善男子或善女人所生福聚，乃至是善男子或善女人所攝福聚，有諸有情則便迷悶，心或狂亂。是故，善現！如來宣說如是法門不可思議、不可稱量，應當希冀不可思議所感異熟。」

•（究竟無我分第十七）

爾時，具壽善現復白佛言：「世尊！諸有發趣菩薩乘者，應云何住？云何修行？云何攝伏其心？」

佛告善現：「諸有發趣菩薩乘者，應當發起如是之心：『我當皆令一切有情，於無餘依妙涅槃界而般涅槃，雖度如是一切有情，令滅度已，而無有情得滅度者。』

何以故？善現！若諸菩薩摩訶薩有情想轉，不應說名菩薩摩訶薩。所以者何？若諸菩薩摩訶薩不應說言有情想轉，如是命者想、士夫想、補特伽羅想、意生想、摩納婆想、作者想、受者想轉，當知亦爾。何以故？善現！無有少法名為發趣菩薩乘者。」

佛告善現：「於汝意云何？如來昔於然燈如來、應、正等覺所，頗有少法能證阿耨多羅三藐三菩提不？」

作是語已。具壽善現白佛言：「世尊！如我解佛所說義者，如來昔於然燈如來、應、正等覺所，無有少法能證阿耨多羅三藐三菩提。」

說是語已。佛告具壽善現言：「如是，如是。善現！如來昔於然燈如來、應、正等覺所，無有少法能證阿耨多羅三藐三菩提。何以故？善現！如來昔於然燈如來、應、正等覺所，若有少法能證阿耨多羅三藐三菩提者，然燈如來、應、正等覺不應授我記言：『汝摩納婆於當來世，名釋迦牟尼如來、應、正等覺。』善現！以如來無有少法能證阿耨多羅三藐三菩提，是故然燈如來、應、正等覺授我記言：『汝摩納婆於當來世，名釋迦牟尼如來、應、正等覺。』所以者何？善現！言如來者，即是真實、真如增語；言如來者，即是無生、法性增語；言如來者，即是永斷道路增語；言如來者，即是畢竟不生增語。何以故？善現！若實無生，即最勝義。

「善現！若如是說如來、應、正等覺能證阿耨多羅三藐三菩提者，當知此言為不真實。所以者何？善現！由彼謗我起不實執。何以故？善現！無有少法，如來、應、正等覺能證阿耨多羅三藐三菩提。善現！如來現前等所證法，或所說法，或所思法，即於其中非諦非妄，是故如來說一切法皆是佛法。

善現！一切法一切法者，如來說非一切法，是故如來說名一切法一切法。」

佛告善現：「譬如士夫具身大身。」

具壽善現即白佛言：「世尊！如來所說士夫具身大身，如來說為非身，是故說名具身大身。」

佛言：「善現！如是，如是。若諸菩薩作如是言：『我當滅度無量有情。』是則不應說名菩薩。何以故？善現！頗有少法名菩薩不？」

善現答言：「不也，世尊！無有少法名為菩薩。」佛告善現：「有情有情者，如來說非有情，故名有情，是故如來說一切法無有有情、無有命者、無有士夫、無有補特伽羅等。

善現！若諸菩薩作如是言：『我當成辦佛土功德莊嚴。』亦如是說。何以故？善現！佛土功德莊嚴佛土功德莊嚴者，如來說非莊嚴，是故如來說名佛土功德莊嚴佛土功德莊嚴。善現！若諸菩薩於無我、法無我、法深信解者，如來、應、正等覺說為菩薩菩薩。」

•（一體同觀分第十八）

佛告善現：「於汝意云何？如來等現有肉眼不？」
善現答言：「如是，世尊！如來等現有肉眼。」
佛言：「善現！於汝意云何？如來等現有天眼不？」
善現答言：「如是，世尊！如來等現有天眼。」
佛言：「善現！於汝意云何？如來等現有慧眼不？」
善現答言：「如是，世尊！如來等現有慧眼。」
佛言：「善現！於汝意云何？如來等現有法眼不？」
善現答言：「如是，世尊！如來等現有法眼。」
佛言：「善現！於汝意云何？如來等現有佛眼不？」
善現答言：「如是，世尊！如來等現有佛眼。」
佛告善現：「於汝意云何？乃至殑伽河中所有諸沙，如來說是沙不？」
善現答言：「如是，世尊！如是，善逝！如來說是沙。」
佛言：「善現！於汝意云何？乃至殑伽河中所有沙數，假使有如是等殑伽河，乃至是諸殑伽河中所有沙數，假使有如是等世界。是諸世界寧為多不？」
善現答言：「如是！世尊！如是！善逝！是諸世界其數甚多。」
佛言：「善現！乃至爾所諸世界中所有有情，彼諸有情各有種種，其心流注我悉能知。
何以故？善現！心流注心流注者，如來說非流注，是故如來說名心流注心流注。所以者何？善現！過去心不可得，未來心不可得，現在心不可得。」

•（法界通化分第十九）

佛告善現：「於汝意云何？若善男子或善女人，以此三千大千世界盛滿七寶奉施如來、應、正等覺，是善男子或善女人，由是因緣所生福聚寧為多不？」
善現答言：「甚多，世尊！甚多，善逝！」
佛言：「善現！如是，如是。彼善男子或善女人，由此因緣所生福聚其量甚多。何以故？善現！若有福聚，如來不說福聚福聚。」

•（離色離相分第二十）

佛告善現：「於汝意云何？可以色身圓實觀如來不？」
善現答言：「不也，世尊！不可以色身圓實觀於如來。何以故？世尊！色身圓實色身圓實者，如來說非圓實，是故如來說名色身圓實色身圓實。」
佛告善現：「於汝意云何？可以諸相具足觀如來不？」
善現答言：「不也，世尊！不可以諸相具足觀於如來。何以故？世尊！諸相具足諸相具足者，如來說為非相具足，是故如來說名諸相具足諸相具足。」

•（非說所說分第二十一）

佛告善現:「於汝意云何？如來頗作是念:我當有所說法耶？善現！汝今勿當作如是觀。何以故？善現！若言如來有所說法，即為謗我，為非善取。何以故？善現！說法說法者，無法可說，故名說法。」
爾時，具壽善現白佛言:「世尊！於當來世後時、後分、後五百歲，正法將滅時分轉時，頗有有情聞說如是色類法已能深信不？」
佛言:「善現！彼非有情、非不有情。何以故？善現！一切有情者，如來說非有情，故名一切有情。」

•（無法可得分第二十二）

佛告善現：「於汝意云何？頗有少法，如來、應、正等覺現證無上正等菩提耶？」
具壽善現白佛言：「世尊！如我解佛所說義者，無有少法，如來、應、正等覺現證無上正等菩提。」
佛言：「善現！如是！如是！於中少法無有無得，故名無上正等菩提。

•（淨心行善分第二十三）

「復次，善現！是法平等，於其中間無不平等，故名無上正等菩提。以無我性、無有情性、無命者性、無士夫性、無補特伽羅等性平等，故名無上正等菩提。一切善法無不現證，一切善法無不妙覺。善現！善法善法者，如來一切說為非法，是故如來說名善法善法。

•（福智無比分第二十四）

「復次，善現！若善男子或善女人集七寶聚，量等三千大千世界其中所有妙高山王，持用布施。若善男子或善女人，於此般若波羅蜜多經中乃至四句伽陀，受持、讀誦、究竟通利，及廣為他宣說、開示、如理作意。善現！前說福聚於此福聚，百分計之所不能及，如是千分、若百千分、若俱胝百千分、若俱胝那庾多百千分、若數分、若計分、若算分、若喻分、若鄔波尼殺曇分亦不能及。」

•（化無所化分第二十五）

佛告善現：「於汝意云何？如來頗作是念：我當度脫諸有情耶？善現！汝今勿當作如是觀。

何以故？善現！無少有情如來度者。善現！若有有情如來度者，如來即應有其我執、有有情執、有命者執、有士夫執、有補特伽羅等執。善現！我等執者，如來說為非執，故名我等執，而諸愚夫異生強有此執。善現！愚夫異生者，如來說為非生，故名愚夫異生。」

•（法身非相分第二十六）

佛告善現：「於汝意云何？可以諸相具足觀如來不？」

善現答言：「如我解佛所說義者，不應以諸相具足觀於如來。」

佛言：「善現！善哉！善哉！如是，如是。如汝所說。不應以諸相具足觀於如來。善現！若以諸相具足觀如來者，轉輪聖王應是如來，是故不應以諸相具足觀於如來，如是應以諸相非相觀於如來。」

爾時，世尊而說頌曰：

「諸以色觀我，以音聲尋我，
　彼生履邪斷，不能當見我。
　應觀佛法性，即導師法身；
　法性非所識，故彼不能了。」

•（無斷無滅分第二十七）

佛告善現：「於汝意云何？如來、應、正等覺以諸相具足現證無上正等覺耶？善現！汝今勿當作如是觀。何以故？善現！如來、應、正等覺不以諸相具足現證無上正等菩提。

「復次，善現！如是發趣菩薩乘者，頗施設少法若壞若斷耶？善現！汝今勿當作如是觀。諸有發趣菩薩乘者，終不施設少法若壞若斷。

•（不受不貪分第二十八）

「復次，善現！若善男子或善女人，以殑伽河沙等世界盛滿七寶，奉施如來、應、正等覺，若有菩薩於諸無我，無生法中獲得堪忍，由是因緣所生福聚甚多於彼。「復次，善現！菩薩不應攝受福聚。」

具壽善現即白佛言：「世尊！云何菩薩不應攝受福聚？」

佛言：「善現！所應攝受，不應攝受，是故說名所應攝受。

•（威儀寂靜分第二十九）

「復次，善現！若有說言如來若去、若來、若住、若坐、若臥，是人不解我所說義。何以故？善現！言如來者即是真實、真如增語，都無所去、無所從來，故名如來、應、正等覺。

•（一合理相分第三十）

「復次，善現！若善男子或善女人，乃至三千大千世界大地極微塵量等世界，即以如是無數世界色像為量如極微聚。善現！於汝意云何？是極微聚寧為多不？」
善現答言：「是極微聚甚多，世尊！甚多，善逝！
何以故？世尊！若極微聚是實有者，佛不應說為極微聚。所以者何？如來說極微聚即為非聚，故名極微聚。如來說三千大千世界即非世界，故名三千大千世界。
何以故？世尊！若世界是實有者，即為一合執，如來說一合執即為非執，故名一合執。」
佛言：「善現！此一合執不可言說，不可戲論，然彼一切愚夫異生強執是法。何以故？

•（知見不生分第三十一）

善現！若作是言：『如來宣說我見、有情見、命者見、士夫見、補特伽羅見、意生見、摩納婆見、作者見、受者見。』於汝意云何？如是所說為正語不？」
善現答言：「不也，世尊！不也，善逝！如是所說非為正語。所以者何？如來所說我見、有情見、命者見、士夫見、補特伽羅見、意生見、摩納婆見、作者見、受者見，即為非見，故名我見乃至受者見。」
佛告善現：「諸有發趣菩薩乘者，於一切法應如是知，應如是見，應如是信解，如是不住法想。何以故？善現！法想法想者，如來說為非想，是故如來說名法想法想。

•（應化非真分第三十二）

「復次，善現！若菩薩摩訶薩以無量無數世界盛滿七寶，奉施如來、應、正等覺。若善男子或善女人，於此般若波羅蜜多經中乃至四句伽陀，受持、讀誦、究竟通利、如理作意，及廣為他宣說、開示，由此因緣所生福聚，甚多於前無量無數。云何為他宣說、開示？如不為他宣說、開示，故名為他宣說、開示。」
爾時，世尊而說頌曰：

「諸和合所為，如星翳燈幻，
　露泡夢電雲，應作如是觀。」

時，薄伽梵說是經已，尊者善現及諸苾芻、苾芻尼、鄔波索迦、鄔波斯迦，並諸世間天、人、阿素洛、健達縛等，聞薄伽梵所說經已，皆大歡喜，信受奉行。

4

佛說能斷金剛般若波羅蜜多經

唐　三藏法師　義淨　奉制　譯

•（法會因由分第一）

如是我聞。一時薄伽梵，在名稱大城，戰勝林施孤獨園，與大苾芻眾千二百五十人俱，及大菩薩眾。爾時，世尊於日初分時，著衣持鉢，入城乞食。次第乞已，還至本處。飯食訖，收衣鉢，洗足已，於先設座，跏趺端坐，正念而住。

•（善現啟請分第二）

時諸苾芻來詣佛所，頂禮雙足，右繞三匝，退坐一面。爾時，具壽妙生，在大眾中，承佛神力，即從座起，偏袒右肩，右膝著地，合掌恭敬白佛言：「希有！世尊！希有！善逝。如來應正等覺，能以最勝利益，益諸菩薩；能以最勝付囑，囑諸菩薩。世尊！若有發趣菩薩乘者，云何應住？云何修行？云何攝伏其心？」

佛告妙生：「善哉善哉！如是如是！如汝所說：如來以勝利益，益諸菩薩；以勝付囑，囑諸菩薩。妙生！汝應諦聽，極善作意，吾當為汝分別解說。若有發趣菩薩乘者，應如是住，如是修行，如是攝伏其心。」

妙生言：「唯然，世尊！願樂欲聞。」

•（大乘正宗分第三）

佛告妙生：「若有發趣菩薩乘者，當生如是心：所有一切眾生之類，若卵生、胎生、濕生、化生，若有色、無色，有想、無想，非有想、非無想，盡諸世界所有眾生，如是一切，我皆令入無餘涅槃而滅度之。雖令如是無量眾生證圓寂已，而無有一眾生入圓寂者。

何以故？妙生！若菩薩有眾生想者，則不名菩薩。所以者何？由有我想、眾生想、壽者想、更求趣想故。

•（妙行無住分第四）

「復次，妙生！菩薩不住於事，應行布施。不住隨處，應行布施。不住色聲香味觸法，應行布施。妙生！菩薩如是布施，乃至相想，亦不應住。何以故？由不住施，福聚難量。

妙生！於汝意云何？東方虛空可知量不？」

妙生言：「不爾，世尊！」「南西北方，四維上下，十方虛空，可知量不？」

妙生言：「不爾，世尊！」

「妙生！菩薩行不住施，所得福聚不可知量，亦復如是。

•（如理實見分第五）

「妙生！於汝意云何？可以具足勝相觀如來不？」

妙生言：「不爾，世尊！不應以勝相觀於如來。何以故？如來說勝相，即非勝相。」

「妙生！所有勝相，皆是虛妄。若無勝相，即非虛妄。是故應以勝相無相觀於如來。」

•（正信希有分第六）

妙生言：「世尊！頗有眾生，於當來世，後五百歲，正法滅時，聞說是經，生實信不？」

佛告妙生：「莫作是說：『頗有眾生，於當來世，後五百歲，正法滅時，聞說是經，生實信不？』妙生！當來之世，有諸菩薩，具戒具德具慧，而彼菩薩，非於一佛承事供養，植諸善根；已於無量百千佛所，而行奉事，植諸善根。是人乃能於此經典生一信心。妙生！如來悉知是人，悉見是人，彼諸菩薩當生當攝，無量福聚。

何以故？由彼菩薩，無我想眾生想壽者想更求趣想。「彼諸菩薩，非法想，非非法想，非想，非無想。

何以故？若彼菩薩有法想，即有我執、有情執、壽者執、更求趣執。若有非法想，彼亦有我執有情執壽者執更求趣執。妙生！是故菩薩，不應取法，不應取非法。以是義故，如來密意宣說筏喻法門，諸有智者，法尚應捨，何況非法。

•（無得無說分第七）

「妙生！於汝意云何？如來於無上菩提有所證不？復有少法是所說不？」

妙生言：「如我解佛所說義，如來於無上菩提實無所證，亦無所說。何以故？佛所說法，不可取，不可說，彼非法，非非法。何以故？以諸聖者，皆是無為所顯現故。」

•（依法出生分第八）

「妙生！於汝意云何？若善男子善女人，以滿三千大千世界七寶持用布施，得福多不？」

妙生言：「甚多，世尊！何以故？此福聚者，則非是聚，是故如來說為福聚福聚。」

「妙生！若有善男子善女人，以滿三千大千世界七寶，持用布施；若復有人，能於此經乃至一四句頌，若自受持，為他演說，以是因緣所生福聚，極多於彼無量無數。

何以故？妙生！由諸如來無上等覺，從此經出；諸佛世尊，從此經生。是故妙生！佛、法者，如來說非佛、法，是名佛、法。

•（一相無相分第九）

「妙生！於汝意云何？諸預流者頗作是念：『我得預流果』不？」

妙生言：「不爾，世尊！何以故？諸預流者，無法可預，故名預流。不預色聲香味觸法，故名預流。世尊！若預流者作是念：『我得預流果』者，則有我執，有情壽者更求趣執。」

「妙生！於汝意云何？諸一來者頗作是念：『我得一來果』不？」

妙生言：「不爾，世尊！何以故？由彼無有少法證一來性，故名一來。」

「妙生！於汝意云何？諸不還者頗作是念：『我得不還果』不？」

妙生言：「不爾，世尊！何以故？由彼無有少法證不還性，故名不還。」

「妙生！於汝意云何？諸阿羅漢頗作是念:『我得阿羅漢果』不？」

妙生言：「不爾，世尊！由彼無有少法名阿羅漢。世尊！若阿羅漢作是念：『我得阿羅漢果』者，則有我執，有情壽者更求趣執。世尊！如來說我得無諍住中最為第一。世尊！我是阿羅漢離於欲染，而實未曾作如是念：『我是阿羅漢。』世尊！若作是念，我得阿羅漢者，如來即不說我妙生得無諍住，最為第一。以都無所住，是故說我得無諍。」

•（莊嚴淨土分第十）

「妙生！於汝意云何？如來昔在然燈佛所，頗有少法是可取不？」

妙生言：「不爾，世尊！如來於然燈佛所，實無可取。」

「妙生！若有菩薩作如是語:『我當成就莊嚴國土者。』此為妄語。何以故？莊嚴佛土者，如來說非莊嚴，由此說為國土莊嚴。

是故，妙生！菩薩不住於事，不住隨處，不住色聲香味觸法，應生其心；應生不住事心，應生不住隨處心，應生不住色聲香味觸法心。

「妙生！譬如有人，身如妙高山王，於意云何？是身為大不？」

妙生言：「甚大，世尊！何以故？彼之大身，如來說為非身。以彼非有，說名為身。」

•（無為福勝分第十一）

「妙生！於汝意云何？如殑伽河中所有沙數，復有如是沙等殑伽河，此諸河沙，寧為多不？」

妙生言：「甚多，世尊！河尚無數，況復其沙。」

「妙生！我今實言告汝，若復有人，以寶滿此河沙數量世界，奉施如來，得福多不？」

妙生言：「甚多，世尊！」

「妙生！若復有人，於此經中受持一頌，並為他說，而此福聚，勝前福聚無量無邊。

•（尊重正教分第十二）

「妙生！若國土中有此法門，為他解說，乃至四句伽陀，當知此地，即是制底，一切天人阿蘇羅等，皆應右繞而為敬禮；何況盡能受持讀誦，當知是人，則為最上第一希有。又此方所，即為有佛，及尊重弟子。

•（如法受持分第十三）

爾時，妙生聞說是經，深解義趣，涕淚悲泣而白佛言：「希有！世尊！我從生智已來，未曾得聞如是深經。世尊！當何名此經？我等云何奉持？」

佛告妙生：「此經名為般若波羅蜜多，如是應持。何以故？佛說般若波羅蜜多，則非般若波羅蜜多。」

「妙生！於汝意云何？頗有少法是如來所說不？」

妙生言：「不爾，世尊！無有少法是如來所說。」

「妙生！三千大千世界所有地塵，是為多不？」

妙生言：「甚多，世尊！何以故？諸地塵，佛說非塵，故名地塵。此諸世界，佛說非世界，故名世界。」

「妙生！於汝意云何？可以三十二大丈夫相觀如來不？」妙生言：「不爾，世尊！不應以三十二相觀於如來。

何以故？三十二相，佛說非相，是故說為大丈夫相。」

「妙生！若有男子女人，以殑伽河沙等身命布施；若復有人，於此經中受持一頌，並為他說，其福勝彼無量無數。」

•（離相寂滅分第十四）

「世尊！若復有人，聞說是經生實想者，當知是人最上希有。世尊！此實想者，即非實想，是故如來說名實想實想。世尊！我聞是經，心生信解，未為希有。若當來世，有聞是經，能受持者，是人則為第一希有。

何以故？彼人無我想眾生想壽者想更求趣想。所以者何？世尊！我想眾生想壽者想更求趣想，即是非想。

所以者何？諸佛世尊離諸想故。」

「妙生！如是如是！若復有人，得聞是經，不驚不怖不畏，當知是人第一希有。

何以故？妙生！此最勝波羅蜜多，是如來所說諸波羅蜜多。如來說者，即是無邊佛所宣說，是故名為最勝波羅蜜多。

「妙生！如來說忍辱波羅蜜多，即非忍辱波羅蜜多。

何以故？如我昔為羯陵伽王割截支體時，無我想眾生想壽者想更求趣想。我無是想，亦非無想。

所以者何？我有是想者，應生瞋恨。

妙生！又念過去於五百世，作忍辱僊人，我於爾時，無如是等想。是故應離諸想，發趣無上菩提之心，不應住色聲香味觸法，都無所住而生其心；不應住法，不應住非法，應生其心。

何以故？若有所住，即為非住。是故佛說菩薩應無所住而行布施。

妙生！菩薩為利益一切眾生，應如是布施。

「此眾生想，即為非想；彼諸眾生，即非眾生。

何以故？諸佛如來離諸想故。妙生！如來是實語者，如語者，不誑語者，不異語者。

妙生！如來所證法及所說法，此即非實非妄。

妙生！若菩薩心，住於事而行布施，如人入闇，則無所見。若不住事而行布施，如人有目，日光明照，見種種色，是故菩薩不住於事應行其施。

妙生！若有善男子善女人。能於此經受持讀誦，為他演說，如是之人，佛以智眼悉知悉見，當生當攝無量福聚。

•（持經功德分第十五）

「妙生！若有善男子善女人，初日分以殑伽河沙等身布施，中日分復以殑伽河沙等身布施，後日分亦以殑伽河沙等身布施，如是無量百千萬億劫，以身布施。若復有人，聞此經典，不生毀謗，其福勝彼，何況書寫受持讀誦，為人解說。

「妙生！是經有不可思議不可稱量無邊功德，如來為發大乘者說，為發最上乘者說。若有人能受持讀誦，廣為他說，如來悉知悉見是人，皆得成就不可量不可稱不可思議福業之聚。當知是人，則為以肩荷負如來無上菩提。

何以故？妙生！若樂小法者，則著我見眾生見壽者見更求趣見，是人若能讀誦受持此經，無有是處。

「妙生！所在之處，若有此經，當知此處，則是制底，一切世間天人阿蘇羅，所應恭敬，作禮圍繞，以諸香華供養其處。

•（能淨業障分第十六）

「妙生！若有善男子善女人，於此經典受持讀誦演說之時，或為人輕辱。

何以故？妙生！當知是人，於前世中造諸惡業，應墮惡道，由於現在得遭輕辱，此為善事，能盡惡業，速至菩提故。

「妙生！我憶過去過無數劫，在然燈佛先，得值八十四億那庾多佛，悉皆供養承事，無違背者。若復有人，於後五百歲正法滅時，能於此經受持讀誦，解其義趣，廣為他說，所得功德，以前功德比此功德，百分不及一，千萬億分算分勢分比數分因分，乃至譬喻亦不能及。

妙生！我若具說受持讀誦此經功德，或有人聞，心則狂亂，疑惑不信。妙生！當知是經不可思議，其受持者，應當希望不可思議所生福聚。」

•（究竟無我分第十七）

復次，妙生白佛言：「世尊！若有發趣菩薩乘者。應云何住？云何修行？云何攝伏其心？」

佛告妙生：「若有發趣菩薩乘者，當生如是心：我當度脫一切眾生，悉皆令入無餘涅槃。雖有如是無量眾生證於圓寂，而無有一眾生證圓寂者。

何以故？妙生！若菩薩有眾生想者，則不名菩薩。所以者何？妙生！實無有法，可名發趣菩薩乘者。

「妙生！於汝意云何？如來於然燈佛所，頗有少法是所證不？」

妙生言：「如來於然燈佛所，無法可證，而得菩提。」

佛言：「如是，如是。妙生！實無有法，如來於然燈佛所，有所證悟，得大菩提。若證法者，然燈佛則不與我授記：『摩納婆！汝於來世，當得作佛，號釋迦牟尼。』以無所得故，然燈佛與我授記，當得作佛，號釋迦牟尼。何以故？妙生！言如來者，即是實性真如之異名也。

「妙生！若言如來證得無上正等覺者，是為妄語。何以故？實無有法如來證得無上正覺。妙生！如來所得正覺之法，此即非實非虛。是故佛說，一切法者，即是佛法。

妙生！一切法、一切法者，如來說為非法，是故如來說一切法者，即是佛法。

妙生！譬如丈夫，其身長大。

妙生言：「世尊！如來說為大身者，即說為非身，是名大身。」

佛告妙生：「如是，如是。若菩薩作是語：『我當度眾生令寂滅者。』則不名菩薩。妙生！頗有少法名菩薩不？」

答言：「不爾，世尊！」「妙生！是故如來說一切法，無我無眾生無壽者無更求趣。

「妙生！若有菩薩言：『我當成就佛土嚴勝、佛土嚴勝者，如來說為非是嚴勝，是故如來說為嚴勝。妙生！若有信解一切法無性、一切法無性者，如來說名真是菩薩菩薩。

•（一體同觀分第十八）

「妙生！於汝意云何？如來有肉眼不？」
妙生言：「如是，世尊！如來有肉眼。」
「如來有天眼不？」
「如是，世尊！如來有天眼。」
「如來有慧眼不？」
「如是，世尊！如來有慧眼。」
「如來有法眼不？」
「如是，世尊！如來有法眼。」
「如來有佛眼不？」
「如是，世尊！如來有佛眼。」
「妙生！於汝意云何？如殑伽河中所有沙數，復有如是沙等殑伽河，隨諸河沙，有爾所世界，是為多不？」
妙生言：「甚多，世尊！」
「妙生！此世界中所有眾生，種種性行，其心流轉，我悉了知。何以故？妙生！心陀羅尼者，如來說為無持，由無持故，心遂流轉。何以故？妙生！過去心不可得，未來心不可得，現在心不可得。

•（法界通化分第十九）

「妙生。於汝意云何？若人以滿三千大千世界七寶布施，是人得福多不？」
妙生言：「甚多，世尊！」
「妙生！若此福聚是福聚者，如來則不說為福聚福聚。

•（離色離相分第二十）

「妙生！於汝意云何？可以色身圓滿觀如來不？」
「不爾，世尊！不應以色身圓滿觀於如來。何以故？色身圓滿色身圓滿者，如來說非圓滿，是故名為色身圓滿。」
「妙生！可以具相觀如來不？」
「不爾，世尊！不應以具相觀於如來。何以故？諸具相者，如來說非具相，是故如來說名具相。」

•（非說所說分第二十一）

「妙生！於汝意云何？如來作是念：我說法耶？汝勿作是見。若言如來有所說法者，則為謗我。何以故？言說法說法者，無法可說，是名說法。」
妙生白佛言：「世尊！於當來世，頗有眾生，聞說是經，生信心不？」
佛告妙生：「有生信者。彼非眾生，非非眾生。何以故？眾生眾生者，如來說非眾生，是名眾生。

•（無法可得分第二十二）

「妙生！於汝意云何？佛得無上正等覺時，頗有少法所證不？」
妙生言：「實無有法是佛所證。」
佛告妙生：「如是，如是！此中無有少法可得，故名無上正等菩提。

•（淨心行善分第二十三）

妙生！是法平等，無有高下，故名無上正等菩提。以無我無眾生無壽者無更求趣性，其性平等，故名無上正等菩提。一切善法皆正覺了，故名無上正等正覺。妙生！善法者，如來說為非法，故名善法。

•（福智無比分第二十四）

「妙生！若三千大千世界中，所有諸妙高山王，如是等七寶聚，有人持用布施。若復有人，於此經中，乃至一四句頌，若自受持，及為他說。以前福聚比此福聚，假令分此以為百分，彼亦不能及一分，或千分億分算分勢分數分因分，乃至譬喻亦不能及一。

•（化無所化分第二十五）

「妙生！於汝意云何？如來度眾生不？汝莫作是見：『如來度眾生。』

何以故？曾無有一眾生是如來度者。若有眾生是如來度者，如來則有我見眾生見壽者見更求趣見。妙生！我等執者，如來說為非執，而諸愚夫妄為此執。妙生！愚夫眾生，如來說為非生，故名愚夫眾生。

•（法身非相分第二十六）

「妙生！於汝意云何？應以具相觀如來不？」

「不爾，世尊！不應以具相觀於如來。」

「妙生！若以具相觀如來者，轉輪聖王應是如來，是故不應以具相觀於如來，應以諸相非相觀於如來。」

爾時，世尊而說頌曰：

「若以色見我　以音聲求我
　是人起邪觀　不能當見我
　應觀佛法性　即導師法身
　法性非所識　故彼不能了」

•（無斷無滅分第二十七）

「妙生！諸有發趣菩薩乘者，其所有法是斷滅不？汝莫作是見。何以故？趣菩薩乘者，其法不失。

•（不受不貪分第二十八）

「妙生！若有男子女人，以滿殑伽河沙世界七寶布施。若復有人，於無我理、不生法中，得忍解者，所生福聚，極多於彼無量無數。妙生！菩薩不應取其福聚。」

妙生言：「菩薩豈不取福聚耶？」

佛告妙生：「是應正取，不應越取，是故說取。

•（威儀寂靜分第二十九）

「妙生！如有說言，如來若來若去若坐若臥者，是人不解我所說義。何以故？妙生！都無去來，故名如來。

•（一合理相分第三十）

「妙生！若有男子女人，以三千大千世界土地碎為墨塵。妙生！於汝意云何？是極微聚，寧為多不？」

妙生言：「甚多，世尊！何以故？若聚性是實者，如來不說為極微聚極微聚。

何以故？極微聚者，世尊說為非極微聚，故名極微聚。世尊！如來所說三千大千世界，說為非世界，故名三千大千世界。

何以故？若世界實有，如來則有聚執。佛說聚執者，說為非聚執，是故說為聚執。」

「妙生！此聚執者，是世言論，然其體性，實無可說，但是愚夫異生之所妄執。

•（知見不生分第三十一）

「妙生！如有說云：佛說我見眾生見壽者見求趣見者，是為正說為不正耶？」

妙生言：「不爾，世尊！何以故？若有我見如來說者，即是非見，故名我見。」

「妙生！諸有發趣菩薩乘者，於一切法，應如是知，如是見，如是解。如是解者，乃至法想亦無所住。何以故？妙生！法想法想者，如來說為非想，故名法想法想。

•（應化非真分第三十二）

「妙生！若有人以滿無量無數世界七寶，持用布施。若復有人，能於此經，乃至受持讀誦四句伽陀，令其通利，廣為他人正說其義，以是因緣所生福聚，極多於彼無量無數。云何正說？無法可說，是名正說。」爾時，世尊說伽陀曰：

「一切有為法 如星翳燈幻
露泡夢電雲 應作如是觀」
爾時，薄伽梵說是經已，具壽妙生，及諸菩薩摩訶薩、苾芻、苾芻尼、鄔波索迦、鄔波斯迦、一切世間天人阿蘇羅等，皆大歡喜，信受奉行。

5

The Diamond Cutter

孔茲(Edward Conze)英譯版金剛經

• (1)

Thus have I heard at one time. The Lord dwelt at Sravasti, in the Jeta Grove, in the garden of Anathapindika, together with a large gathering of monks, consisting of 1,250 monks, and with many Bodhisattvas, great beings. Early in the morning the Lord dressed, put on his cloak, took his bowl, and entered the great city of Sravasti to collect alms. When he had eaten and returned from his round, the Lord put away his bowl and cloak, washed his feet, and sat down on the seat arranged for him, crossing his legs, holding his body upright, and mindfully fixing his attention in front of him. Then many monks approached to where the Lord was, saluted his feet with their heads, thrice walked round him to the right, and sat down on one side.

• (2)

At that time the Venerable Subhuti came to that assembly, and sat down. Then he rose from his seat, put his upper robe over one shoulder, placed his right knee on the ground, bent forth his folded hands towards the Lord, and said to the Lord: 'It is wonderful O Lord, it is exceedingly wonderful, O Well-Gone, how much the Bodhisattvas, the great beings, have been helped with the greatest help by the Tathagata, the Arhat, the Fully Enlightened One. It is wonderful, O Lord, how much the Bodhisattvas, the great beings, have been favoured with the highest favour by the Tathagata, the Arhat, the Fully Enlightened One. How then, O Lord, should a son or daughter of good family, who have set out in the Bodhisattva-vehicle, stand, how progress, how control their thoughts?'

After these words the Lord said to the Venerable Subhuti: 'Well said, well said, Subhuti! So it is, Subhuti, so it is, as you say! The Tathagata, Subhuti, has helped the Bodhisattvas, the great beings with the greatest help, and he has favoured them with the highest favour. Therefore, 'Subhuti, listen well, and attentively! I will teach you how those who have set out in the Bodhisattva vehicle should stand, how progress, how control their thoughts.' 'So be it, O Lord', replied the Venerable Subhuti and listened.

• (3)

The Lord said: Here, Subhuti, someone who has set out in the vehicle of a Bodhisattva should produce a thought in this manner: 'As many beings as there are in the universe of beings, comprehended under the term "beings" egg-born, born from a womb, moisture-born, or miraculously born; with or without form; with perception, without perception, and with neither perception nor non-perception, as far as any conceivable form of beings is conceived: all these I must lead to Nirvana, into that Realm of Nirvana which leaves nothing behind. And yet, although innumerable beings have thus been led to Nirvana, no being at all has been led to Nirvana.'

And why?If in a Bodhisattva the notion of a 'being' should take place, he could not be called a 'Bodhi-being'. 'And why? He is not to be called a Bodhi-being, in whom the notion of a self or of a being should take place, or the notion of a living soul or of a person.'

• (4)

Moreover, Subhuti, a Bodhisattva who gives a gift should not be supported by a thing, nor should he be supported anywhere. When he gives gifts he should not be supported by sight-objects, nor by sounds, smells, tastes, touchables, or mind-objects. For, Subhuti, the Bodhisattva, the great being should give gifts in such a way that he is not supported by the notion of a sign.

And why? Because the heap of merit of that Bodhi-being, who unsupported gives a gift, is not easy to measure. What do you think, Subhuti, is the extent of space in the East easy to measure?

Subhuti replied: No indeed, O Lord. The Lord asked: In like manner, is it easy to measure the extent of space in the South, West or North, downwards, upwards, in the intermediate directions, in all the ten directions all round? Subhuti replied: No indeed, O Lord.

The Lord said: Even so the heap of merit of that Bodhibeing who unsupported gives a gift is not easy to measure. That is why, Subhuti, those who have set out in the Bodhisattva-vehicle, should give gifts without being supported by the notion of a sign.

• (5)

The Lord continued: 'What do you think, Subhuti, can the Tathagata be seen by the possession of his marks?'

Subhuti replied: 'No indeed, O Lord. And why? What has been taught by the Tathagata as the possession of marks, that is truly a no-possession of no-marks.'

The Lord said: 'Wherever there is possession of marks, there is fraud, wherever there is no-possession of no-marks there is no fraud. Hence the Tathagata is to be seen from no marks as marks.'

• (6)

Subhuti asked: Will there be any beings in the future period, in the last time, in the last epoch, in the last 500 years, at the time of the collapse of the good doctrine who, when these words of the Sutra are being taught, will understand their truth?

The Lord replied: Do not speak thus, Subhuti! Yes, even then there will be such beings. For even at that time, Subhuti, there will be Bodhisattvas who are gifted with good conduct, gifted, with virtuous qualities, gifted with wisdom, and who, when these words of the Sutra are being taught, will understand their truth. And these Bodhisattvas, Subhuti, will not be such as have honoured only one single Buddha, nor such as have planted their roots of merit under one single Buddha only. On the contrary, Subhuti, those Bodhisattvas who, when these words of the Sutra are being taught, will find even one single thought of serene faith, they will be such as have honoured many hundreds of thousands of Buddhas, such as have planted their roots of merit under many hundreds of thousands of Buddhas. Known they are, Subhuti, to the Tathagata through his Buddha cognition, seen they are, Subhuti, by the Tathagata with his Buddha-eye, fully known they are, Subhuti, to the Tathagata. And they all, Subhuti, will beget and acquire an immeasurable and incalculable heap of merit.

And why? Because, Subhuti, in these Bodhisattvas (1) no perception of a self takes place, (2) no perception of a being, (3) no perception of a soul, (4) no perception of a person. Nor do these Bodhisattvas have (5) a perception of a dharma, or (6) a perception of a no-dharma. (7) No perception or (8) non-perception takes place in them.

And why? If, Subhuti, these Bodhisattvas should have a perception of either a dharma, or a no-dharma, they would thereby seize on a self, a being, a soul, or a person.

And why? Because a Bodhisattva should not seize on either a dharma or a no-dharma. Therefore this saying has been taught by the Tathagata with a hidden meaning: 'Those who know the discourse on dharma as like unto a raft, should forsake dharmas, still more so no-dharmas.'

• (7)

The Lord asked: What do you think, Subhuti, is there any dharma which the Tathagata has fully known as 'the utmost, right and perfect enlightenment, or is there any dharma which the Tathagata has demonstrated?

Subhuti replied: No, not as I understand what the Lord has said.And why? This dharma which the Tathagata has fully known or demonstrated it cannot be grasped, it cannot be talked about, it is neither a dharma nor a no-dharma. And why? Because an Absolute exalts the Holy Persons.

• (8)

The Lord then asked: What do you think, Subhuti, if a son or daughter of good family had filled this world system of 1,000 million worlds with the seven precious things, and then gave it as a gift to the Tathagatas, Arhats, Fully Enlightened Ones, would they on the strength of that beget a great heap of merit?

Subbuti replied: Great, O Lord, great, O Well-Gone, would that heap of merit be! And why? Because the Tathagata spoke of the 'heap of merit' as a non-heap. That is how the Tathagata speaks of 'heap of merit'. The Lord said:

But if someone else were to take from this discourse on dharma but one stanza of four lines, and would demonstrate and illuminate it in full detail to others, then he would on the strength of that beget a still greater heap of merit, immeasurable and incalculable.

And why? Because from it has issued the utmost, right and perfect enlightenment of the Tathagatas, Arhats, Fully Enlightened Ones, and from it have issued the Buddhas, the Lords. And why? For the Tathagata has taught that the dharmas special to the Buddhas are just not a Buddha's special dharmas. That is why they are called 'the dharmas special to the Buddhas'.

• (9)

The Lord asked: What do you think, Subhuti, does it occur to the Streamwinner, 'by me has the fruit of a Streamwinner been attained'?
Subhuti replied: No indeed, O Lord. And why? Because, O Lord, he has not won any dharma. Therefore is he called a Stream-winner. No sight-object has been won, no sounds, smells, tastes, touchables, or objects of mind. That is why he is called a 'Streamwinner'. If, O Lord, it would occur to a Streamwinner, 'by me has a Streamwinner's fruit been attained', then that would be in him a seizing on a self, seizing on a being, seizing on a soul, seizing on a person.
The Lord asked: What do you think, Subhuti, does it then occur to the Once-Returner, 'by me has the fruit of a Once-Returner been attained'?
Subhuti replied: No indeed, O Lord. And why? Because there is not any dharma that has won Once-Returnership. That is why he is called a 'Once-Returner'.
The Lord asked: What do you think, Subhuti, does it then occur to the Never-Returner 'by me has the fruit of a Never-Returner been attained'?
Subhuti replied: No indeed, O Lord. And why? Because there is not any dharma that has won Never Returnership. Therefore is he called a 'Never-Returner'.
The Lord asked: What do you think, Subhuti, does it then occur to the Arhat, 'by me has Arhatship been attained'? Subhuti: No indeed, O Lord. And why? Because no dharma is called 'Arhat'. That is why he is called an Arhat. If, O Lord, it would occur to an Arhat. 'by me has Arhatship been attained', then that would be in him a seizing on a self, seizing on a being, seizing on a soul, seizing on a person.

And why? I am, O Lord, the one whom the Tathagata, the Arhat, the Fully Enlightened One has pointed out as the foremost of those who dwell in Peace. I am, O Lord, an Arhat free from greed. And yet, O Lord, it does not occur to me, 'an Arhat am I and free from greed'. If, O Lord, it could occur to me that I have attained Arhatship, then the Tathagata would not have declared of me that 'Subhuti, this son of good family, who is the foremost of those who dwell in Peace, does not dwell anywhere; that is why he is called "a dweller in Peace, a dweller in Peace"'.

• (10)

The Lord asked: What do you think, Subhuti, is there any dharma which the Tathagata has learned from Dipankara, the Tathagata, the Arhat, the Fully Enlightened One?

Subhuti replied: Not so, O Lord, there is not.

The Lord said: If any Bodhisattva would say, 'I will create harmonious Buddhafields', he would speak falsely. And why? 'The harmonies of Buddhafields, the harmonies of Buddhafields', Subhuti, as no-harmonies have they been taught by the Tathagata. Therefore he spoke of 'harmonious Buddhafields'.

Therefore then, Subhuti, the Bodhisattva, the great being, should produce an unsupported thought, i.e. a thought which is nowhere supported, a thought unsupported by sights, sounds, smells, tastes, touchables or mind-objects.

Suppose, Subhuti, there were a man endowed with a body, a huge body, so that he had a personal existence like Sumeru, king of mountains. Would that, Subhuti, be a huge personal existence? Subhuti replied: Yes, huge, O Lord, huge, O Well-Gone, would his personal existence be. And why so? 'Personal existence, personal existence', as no-existence has that been taught by the Tathagata; for not, O Lord, is that existence or non-existence. Therefore is it called 'personal existence'.

• (11)

The Lord asked: What do you think, Subhuti, if there were as many Ganges rivers as there are grains of sand in the large river Ganges, would the grains of sand in them be many?
Subhuti replied: Those Ganges rivers would indeed be many, much more so the grains of sand in them.
The Lord said: This is what I announce to you, Subhuti, this is what I make known to you, if some woman or man had filled with the seven precious things as many world systems as there are grains of sand in those Ganges rivers, and would give them as a gift to the Tathagatas, Arhats, fully Enlightened Ones what do you think, Subhuti, would that woman or man on the strength of that beget a great heap of merit?
Subhuti replied: Great, O Lord, great O Well-Gone, would that heap of merit be, immeasurable and incalculable.
The Lord said: But if a son or daughter of good family had taken from this discourse on dharma but one stanza of four lines, and were to demonstrate and illuminate it to others, then they would on the strength of that beget a still greater heap of merit, immeasurable and incalculable.

• (12)

Moreover, Subhuti, that spot of earth where one has taken from this discourse on dharma but one stanza of four lines, taught or illumined it, that spot of earth will be a veritable shrine for the whole world with its gods, men and Asuras. What then should we say of those who will bear in mind this discourse on dharma in its entirety, who will recite, study, and illuminate it in full detail for others! Most wonderfully blest, Subhuti, they will be! And on that spot of earth, Subhuti, either the Teacher dwells, or a sage representing him.

• (13)

Subhuti asked: What then, O Lord, is this discourse on dharma, and how should I bear it in mind? The Lord replied:

This discourse on dharma, Subhuti, is called 'Wisdom which has gone beyond', and as such should you bear it in mind! And why? Just that which the Tathagata has taught as the wisdom which has gone beyond, just that He has taught as not gone beyond. Therefore is it called 'Wisdom which has gone beyond'. What do you think, Subhuti, is there any dharma which the Tathagata has taught?

Subhuti replied: No indeed, O Lord, there is not.

The Lord said: When, Subhuti, you consider the number of particles of dust in this world system of 1,000 million worlds-would they be many?

Subhuti replied: Yes, O Lord.

Because what was taught as particles of dust by the Tathagata, as no-particles that was taught by the Tathagata. Therefore are they called 'particles of dust'. And this world-system the Tathagata has taught as no-system. Therefore is it called a 'world system'.

The Lord asked: What do you think, Subhuti, can the Tathagata be seen by means of the thirty-two marks of the superman? Subhuti replied: No indeed, O Lord.

And why? Because those thirty-two marks of the superman which were taught by the Tathagata, they are really no-marks. Therefore are they called 'the thirty-two marks of the superman'.

The Lord said: And again, Subhuti, suppose a woman or a man were to renounce all their belongings as many times as there are grains of sand in the river Ganges; and suppose that someone else, after taking from this discourse on Dharma but one stanza of four lines, would demonstrate it to others. Then this latter on the strength of that would beget a greater heap of merit, immeasurable and incalculable.

• (14)

Thereupon the impact of Dharma moved the Venerable Subhuti to tears. Having wiped away his tears, he thus spoke to the Lord: It is wonderful, O Lord, it is exceedingly wonderful, O Well-Gone, how well the Tathagata has taught this discourse on Dharma. Through it cognition has been produced in me. Not have I ever before heard such a discourse on Dharma. Most wonderfully blest will be those who, when this Sutra is being taught, will produce a true perception. And that which is true perception, that is indeed no perception.

Therefore the Tathagata teaches, 'true perception, true perceptions'. It is not difficult for me to accept and believe this discourse on Dharma when it is being taught. But those beings who will be in a future period, in the last time, in the last epoch, in the last 500 years, at the time of the collapse of the good doctrine, and who, O Lord, will take up this discourse on Dharma, bear it in mind, recite it, study it, and illuminate it in full detail for others, these will be most wonderfully blest. In them, however, no perception of a self will take place, or of a being, a soul, or a person.

And why? That, O Lord, which is perception of self, that is indeed no perception. That which is perception of a being, a soul or a person, that is indeed no perception. And why? Because the Buddhas, the Lords have left all perceptions behind.

The Lord said: So it is, Subhuti. Most wonderfully blest will be those beings who, on hearing this Sutra, will not tremble, nor be frightened, or terrified.

And why? The Tathagata has taught this as the highest (parama-) perfection (paramita). And what the Tathagata teaches as the highest perfection, that also the innumerable (aparimana) Blessed Buddhas do teach. Therefore is it called the 'highest perfection'.

Moreover, Subhuti, the Tathagata's perfection of patience is really no perfection.

And why? Because, Subhuti, when the king of Kalinga cut my flesh from every limb, at that time I had no perception of a self, of a being, of a soul, or a person.

And why? If, Subhuti, at that time I had had a perception of self, I would also have had a perception of ill-will at that time. And so, if I had had a perception of a being, of a soul, or of a person. With my superknowledge I recall that in the past I have for five hundred births led the life of a sage devoted to patience. Then also have I had no perception of a self, a being, a soul, or a person.

Therefore then, Subhuti, the Bodhi-being, the great being, after he has got rid of all perceptions, should raise his thought to the utmost, right and perfect enlightenment. He should produce a thought which is unsupported by forms, sounds, smells, tastes, touchables, or mind-objects, unsupported by dharma, unsupported by no-dharma, unsupported by anything. And why?

All supports have actually no support. It is for this reason that the Tathagata teaches: By an unsupported Bodhisattva should a gift be given, not by one who is supported by forms, sounds, smells, tastes, touchables, or mind-objects.

And further, Subhuti, it is for the weal of all beings that a Bodhisattva should give gifts in this manner. And why? This perception of a being, Subhuti, that is just a non-perception. Those all-beings of whom the Tathagata has spoken, they are indeed no-beings.

And why? Because the Tathagata speaks in accordance with reality, speaks the truth, speaks of what is, not otherwise. A Tathagata does not speak falsely.

But nevertheless, Subhuti, with regard to that dharma which the Tathagata has fully known and demonstrated, on account of that there is neither truth nor fraud.

In darkness a man could not see anything. Just so should be viewed a

Bodhisattva who has fallen among things, and who, fallen among things, renounces a gift.

A man with eyes would, when the night becomes light and the sun has arisen, see manifold forms. Just so should be viewed a Bodhisattva who has not fallen among things, and who, without having fallen among things, renounces a gift.

Furthermore, Subhuti, those sons and daughters of good family who will take up this discourse on Dharma, will bear it in mind, recite, study, and illuminate it in full detail for others, they have been known, Subhuti, by the Tathagata with his Buddha-cognition, they have been seen, Subhuti, by the Tathagata with his Buddha-eye, they have been fully known by the Tathagata. All these beings, Subhuti, will beget and acquire an immeasurable and incalculable heap of merit.

• (15)

And if, Subhuti, a woman or man should renounce in the morning all their belongings as many times as there are grains of sand in the river Ganges, and if they should do likewise at noon and in the evening, and if in this way they should renounce all their belongings for many hundreds of thousands of millions of milliards of aeons; and someone else, on hearing this discourse on Dharma, would not reject it; then the latter would on the strength of that beget a greater heap of merit, immeasurable and incalculable. What then should we say of him who, after writing it, would learn it, bear it in mind, recite, study and illuminate it in full detail for others?

Moreover, Subhuti, (1) unthinkable and (2) incomparable is this discourse on Dharma. (3) The Tathagata has taught it for the weal of beings who have set out in the best, in the most excellent vehicle. Those who will take up this discourse on Dharma, bear it in mind, recite, study and illuminate it in full detail for others, the Tathagata has known them with his Buddha-cognition, the Tathagata has seen them with his Buddha-eye, the Tathagata has fully known them. All these beings, Subhuti, will be blest with an immeasurable heap of merit, they will be blest with a heap of merit unthinkable, incomparable, measureless and illimitable. All these beings, Subhuti, will carry along an equal share of enlightenment.

And why? (4) Because it is not possible, Subhuti, that this discourse on Dharma could be heard by beings of inferior resolve, nor by such as have a self in view, a being, a soul, or a person. Nor can beings who have not taken the pledge of Bodhi-beings either hear this discourse on Dharma, or take it up, bear it in mind, recite or study it. That cannot be.

(1) Moreover, Subhuti, the spot of earth where this Sutra will be revealed, that spot of earth will be worthy of worship by the whole world with its Gods, men and Asuras, worthy of being saluted respectfully, worthy of being honoured by circumambulation, like a shrine will be that spot of earth.

• (16)

And yet Subhuti, those sons and daughters of good family, who will take up these very Sutras, and will bear them in mind, recite and study them, they will be humbled, well humbled they will be!

And why? The impure deeds which these beings have done in their former lives, and which are liable to lead them into the states of woe, in this very life they will, by means of that humiliation, (2) annul those impure deeds of their former lives, and (3) they will reach the enlightenment of a Buddha.

With my superknowledge, Subhuti, I recall that in the past period, long before Dipankara, the Tathagata, Arhat, fully Enlightened One, during incalculable, quite incalculable aeons, I gave satisfaction by loyal service to 84,000 million milliards of Buddhas, without ever becoming again estranged from them. But the heap of merit, Subhuti, from the satisfaction

I gave to those Buddhas and Lords without again becoming estranged from them compared with the heap of merit of those who in the last time, the last epoch, the last five hundred years, at the time of the collapse of the good doctrine, will take up these very Sutras, bear them in mind, recite and study them, and will illuminate them in full detail for others, it does not approach one hundredth part, not one thousandth part, nor a one hundred thousandth part, not a ten millionth part, nor a one hundred millionth part, nor a 100,000 millionth part. It does not bear number, nor fraction, nor counting, nor similarity, nor comparison, nor resemblance.
(4) If moreover, Subhuti, I were to teach, the heap of merit of those sons and daughters of good family, and how great a heap of merit they will at that time beget and acquire, beings would become frantic and confused. Since, however, Subhuti, the Tathagata has taught this discourse on Dharma as unthinkable, so just an unthinkable karma result should be expected from it.

• (17)

Subhuti asked: How, O Lord, should one set out in the Bodhisattva-vehicle stand, how progress, how control his thoughts?
The Lord replied: Here, Subhuti, someone who has set out in the Bodhisattva-vehicle should produce a thought in this manner: 'all beings I must lead to Nirvana, into that Realm of Nirvana which leaves nothing behind; and yet, after beings have thus been led to Nirvana, no being at all has been led to Nirvana'.
And why? If in a Bodhisattva the notion of a 'being' should take place, he could not be called a 'Bodhi-being'. And likewise if the notion of a soul, or a person should take place in him. And why? He who has set out in the Bodhisattva-vehicle he is not one of the dharmas.
What do you think Subhuti, is there any dharma by which the Tathagata, when he was with Dipankara the Tathagata, has fully known the utmost,

right and perfect enlightenment?

Subhuti replied: There is not any dharma by which the Tathagata, when he was with the Tathagata Dipankara, has fully known the utmost, right and perfect enlightenment.

The Lord said: It is for this reason that the Tathagata Dipankara then predicted of me: 'You, young Brahmin, will be in a future period a Tathagata, Arhat, fully Enlightened, by the name of Shakyamuni!'

And why? 'Tathagata', Subhuti, is synonymous with true Suchness (tathata). And whosoever, Subhuti, were to say, 'The Tathagata has fully known the utmost, right and perfect enlightenment', he would speak falsely. And why? There is not any dharma by which the Tathagata has fully known the utmost, right and perfect enlightenment. And that dharma which the Tathagata has fully known and demonstrated, on account of that there is neither truth nor fraud.

Therefore the Tathagata teaches, all dharmas are the Buddha's own and special dharmas'. And why? 'All-dharmas', Subhuti, have as no-dharmas been taught by the Tathagata. Therefore all dharmas are called the Buddha's own and special dharmas.

Just as a man, Subhuti, might be endowed with a body, a huge body.

Subhuti said: That man of whom the Tathagata spoke as 'endowed with a body, a huge body', as a no-body he has been taught by the Tathagata. Therefore is he called, 'endowed with a body, a huge body'.

The Lord said: So it is, Subhuti. The Bodhisattva who would say, I will lead beings to Nirvana', he should not be called a 'Bodhi-being'.

And why? Is there, Subhuti, any dharma named 'Bodhi-being'? Subhuti replied: No indeed, O Lord. The Lord said: Because of that the Tathagata teaches, 'selfless are all dharmas, they have not the character of living beings, they are without a living soul, without personality'.

If any Bodhisattva should say, 'I will create harmonious Buddhafields', he likewise should not be called a Bodhi-being.

And why? 'The harmonies of Buddhafields, the harmonies of Buddhafields', Subhuti, as no-harmonies have they been taught by the Tathagata. Therefore he spoke of 'harmonious Buddhafields'. The Bodhisattva, however, Subhuti, who is intent on 'without self are the dharmas, without self are the dharmas', him the Tathagata, the Arhat, the fully Enlightened One has declared to be a Bodhi-being, a great being.

• (18)

What do you think, Subhuti, does the fleshly eye of the Tathagata exist? Subhuti replied: So it is, O Lord, the fleshly eye of the Tathagata does exist. The Lord asked: What do you think, Subhuti, does the Tathagata's heavenly eye exist, his wisdom eye, his Dharma-eye, his Buddha-eye? Subhuti replied: So it is, O Lord, the heavenly eye of the Tathagata does exist, and so does his wisdom eye, his Dharma-eye and his Buddha-eye.
The Lord said: What do you think, Subhuti, has the Tathagata used the phrase, 'as many grains of sand as there are in the great river Ganges'? Subhuti replied: So it is, O Lord, so it is, O Well-Gone! The Tathagata has done so.
The Lord asked: What do you think, Subhuti, if there were as many Ganges rivers as there are grains of sand in the great river Ganges, and if there were as many world systems as there are grains of sand in them, would those world systems be many? Subhuti replied: So it is, O Lord, so it is, O Well-Gone, these world systems would be many.
The Lord said: As many beings as there are in these world systems, of them I know, in my wisdom, the manifold trends of thought. And why? 'Trends of thought, trends of thought', Subhuti, as no trends have they been taught by the Tathagata. Therefore are they called 'trends of thought'. And why? Past thought is not got at; future thought is not got at; present thought is not got at.

• (19)

What do you think, Subhuti, if a son or daughter of good family had filled this world system of 1,000 million worlds with the seven precious things, and then gave it as a gift to the Tathagatas, the Arhats, the fully Enlightened Ones, would they on the strength of that beget a great heap of merit?

Subhuti replied: they would, O Lord, they would, O Well-Gone!

The Lord said: So it is, Subhuti, so it is. On the strength of that this son or daughter of good family would beget a great heap of merit, immeasurable and incalculable. But if, on the other hand, there were such a thing as a heap of merit, the Tathagata would not have spoken of a 'heap of merit'.

• (20)

What do you think, Subhuti, is the Tathagata to be seen by means of the accomplishment of his form-body?

Subhuti replied: No indeed, O Lord, the Tathagata is not to be seen by means of the accomplishment of his form-body. And why? 'Accomplishment of his form-body, accomplishment of his form-body', this, O Lord, has been taught by the Tathagata as no-accomplishment. Therefore is it called 'accomplishment of his form-body'.

The Lord asked: What do you think, Subhuti, is the Tathagata to be seen through his possession of marks?

Subhuti replied: No indeed, O Lord. And why? This possession of marks, O Lord, which has been taught by the Tathagata, as a no-possession of no-marks this has been taught by the Tathagata. Therefore is it called 'possession of marks'.

• (21)

The Lord asked: What do you think, Subhuti, does it occur to the Tathagata, 'by me has Dharma been demonstrated'? Whosoever, Subhuti, would say, 'the Tathagata has demonstrated Dharma', he would speak falsely, he would misrepresent me by seizing on what is not there. And why? 'Demonstration of dharma, demonstration of dharma', Subhuti, there is not any dharma which could be got at as a demonstration of dharma.

Subhuti asked: Are there, O Lord, any beings in the future, in the last time, in the last epoch, in the last 500 years, at the time of the collapse of the good doctrine who, on hearing such dharmas, will truly believe?

The Lord replied: They, Subhuti, are neither beings nor no-beings. And why? 'Beings, beings', Subhuti, the Tathagata has taught that they are all no-beings. Therefore has he spoken of 'all beings'.

• (22)

What do you think, Subhuti, is there any dharma by which the Tathagata has fully known the utmost, right and perfect enlightenment?

Subhuti replied: No indeed, O Lord, there is not any dharma by which the Tathagata has fully known the utmost, right and perfect enlightenment.

The Lord said: So it is, Subhuti, so it is. Not even the least (anu) dharma is there found or got at. Therefore is it called 'utmost (anuttara), right and perfect enlightenment'.

• (23)

Furthermore, Subhuti, self-identical (sama) is that dharma, and nothing is therein at variance (vishama). Therefore is it called 'utmost, right (samyak) and perfect (sam-) enlightenment'. Self-identical through the absence of a self, a being, a soul, or a person, the utmost, right and perfect enlightenment is fully known as the totality of all the wholesome dharmas. 'Wholesome dharmas, wholesome dharmas', Subhuti yet as no-dharmas have they been taught by the Tathagata. Therefore are they called 'wholesome dharmas'.

• (24)

And again, Subhuti, if a woman or man had piled up the seven precious things until their bulk equaled that of all the Sumerus, kings of mountains, in the world system of 1,000 million worlds, and would give them as a gift; and if, on the other hand, a son or daughter of good family would take up from this Prajnaparamita, this discourse on Dharma, but one stanza of four lines, and demonstrate it to others, compared with his heap of merit the former heap of merit does not approach one hundredth part, etc., until we come to, it will not bear any comparison.

• (25)

What do you think, Subhuti, does it occur to a Tathagata, 'by me have beings been set free'? Not thus should you see it, Subhuti!
And why? There is not any being whom the Tathagata has set free. Again, if there had been any being whom the Tathagata had set free, then surely there would have been on the part of the Tathagata a seizing of a self, of a being, of a soul, of a person. 'Seizing of a self', as a no-seizing, Subhuti, has that been taught by the Tathagata. And yet the foolish common people have seized upon it. 'Foolish common people', Subhuti, as really no people have they been taught by the Tathagata. Therefore are they called 'foolish common people'.

• (26)

What do you think, Subhuti, is the Tathagata to be seen by means of his possession of marks?
Subhuti replied: No indeed, O Lord. The Lord said: If, Subhuti, the Tathagata could be recognized by his possession of marks, then also the universal monarch would be a Tathagata. Therefore the Tathagata is not to be seen by means of his possession of marks.
Subhuti then said: As I, O Lord, understand the Lord's teaching, the

Tathagata is not to be seen through his possession of marks.
Further the Lord taught on that occasion the following stanzas:

Those who by my form did see me,
And those who followed me by voice
Wrong the efforts they engaged in,
Me those people will not see.
From the Dharma should one see the Buddhas,
From the Dharmabodies comes their guidance.
Yet Dharma's true nature cannot be discerned,
And no one can be conscious of it as an object.

• (27)

What do you think, Subhuti, has the Tathagata fully known the utmost, right and perfect enlightenment through his possession of marks? Not so should you see it, Subhuti. And why? Because the Tathagata could surely not have fully known the utmost, right and perfect enlightenment through his possession of marks.

Nor should anyone, Subhuti, say to you, 'those who have set out in the Bodhisattva-vehicle have conceived the destruction of a dharma, or its annihilation'. Not so should you see it, Subhuti! For those who have set out in the Bodhisattva-vehicle have not conceived the destruction of a dharma, or its annihilation.

• (28)

And again, Subhuti, if a son or daughter of good family had filled with the seven precious things as many world systems as there are grains of sand in the river Ganges, and gave them as a gift to the Tathagatas, Arhats, fully Enlightened Ones, and if on the other hand a Bodhisattva would gain the patient acquiescence in dharmas which are nothing of themselves and which fail to be produced, then this latter would on the strength of that

beget a greater heap of merit, immeasurable and incalculable. Moreover, Subhuti, the Bodhisattva should not acquire a heap of merit.
Subhuti said: Surely, O Lord, the Bodhisattva should acquire a heap of merit?
The Lord said: 'Should acquire', Subhuti, not 'should seize upon.' Therefore is it said, 'should acquire'.

• (29)

Whosoever says that the Tathagata goes or comes, stands, sits or lies down, he does not understand the meaning of my teaching. And why? 'Tathagata' is called one who has not gone anywhere, nor come from anywhere. Therefore is he called 'the Tathagata, the Arhat, the fully Enlightened One'.

• (30)

And again, Subhuti, if a son or daughter of good family were to grind as many world systems as there are particles of dust in this great world system of 1,000 million worlds, as finely as they can be ground with incalculable vigour, and in fact reduce them to something like a collection of atomic quantities, what do you think, Subhuti, would that be an enormous collection of atomic quantities?
Subhuti replied: So it is, O Lord, so it is, O Well-Gone, enormous would that collection of atomic quantities be!
And why? If, O Lord, there had been an enormous collection of atomic quantities, the Lord would not have called it an 'enormous collection of atomic quantities'. And why? What was taught by the Tathagata as a 'collection of atomic quantities', as a no-collection that was taught by the Tathagata. Therefore is it called a 'collection of atomic quantities'.
And what the Tathagata taught as 'the world system of 1,000 million worlds', that he has taught as a no-system. Therefore is it called 'the world

system of 1,000 million worlds'.
And why? If, O Lord, there had been a world system, that would have been a case of seizing on a material object, and what was taught as 'seizing on a material object' by the Tathagata, just as a no-seizing was that taught by the Tathagata.
Therefore is it called 'seizing on a material object'. The Lord added: And also, Subhuti, that 'seizing on a material object' is a matter of linguistic convention, a verbal expression without factual content. It is not a dharma nor a no-dharma. And yet the foolish common people have seized upon it.

• (31)

And why? Because whosoever would say that the view of a self has been taught by the Tathagata, the view of a being, the view of a living soul, the view of a person, would he, Subhuti, be speaking right?
Subhuti replied: No indeed, O Lord, no indeed, O Well-Gone, he would not be speaking right. And why? That which has been taught by the Tathagata as 'view of self', as a no-view has that been taught by the Tathagata. Therefore is it called 'view of self'.
The Lord said: It is thus, Subhuti, that someone who has set out in the Bodhisattva-vehicle should know all dharmas, view them, be intent on them. And he should know, view and be intent on them in such a way that he does not set up the perception of a dharma. And why? 'Perception of dharma, perception of dharma, 'Subhuti, as no-perception has this been taught by the Tathagata. Therefore is it called 'perception of dharma'.

• (32)

And finally, Subhuti, if a Bodhisattva, a great being had filled world-systems immeasurable and incalculable with the seven precious things, and gave them as a gift to the Tathagatas, the Arhats, the fully Enlightened Ones, and if, on the other hand, a son or daughter of good family had taken from this Prajnaparamita, this discourse on Dharma, but one stanza of four lines, and were to bear it in mind, demonstrate, recite and study it, and illuminate it in full detail for others, on the strength of that this latter would beget a greater heap of merit, immeasurable and incalculable. And how would he illuminate it? So as not to reveal. Therefore is it said, 'he would illuminate'.

As stars, a fault of vision, as a lamp,
A mock show, dew drops, or a bubble,
A dream, a lightning flash, or cloud,
So should one view what is conditioned.

Thus spoke the Lord. Enraptured, the Elder Subhuti, the monks and nuns, the pious laymen and laywomen, and the Bodhisattvas, and the whole world with its Gods, men, Asuras and Gandharvas rejoiced in the Lord's teaching. - This completes the Diamond-Cutter of Perfect Wisdom.

6

Vajrachedika Prajnaparamita-sutra
孔茲英譯所使用的梵版金剛經

• (1)

Evam maya srutam ekasmin samaye. Bhagavan Sravastyam viharati sma Jetavane'nathapindadasya-arame mahata bhiksu-samghena sarddham ardhatrayodasabhir bhiksu-sataih sambahulais ca bodhisattvair mahasattvaih. Atha khalu Bhagavan purvahna-kala-samaye nivasya patracivaram adaya Sravastim maha-nagarim pindaya praviksat. Atha khalu Bhagavan Sravastim maha-nagarim pindaya caritva krta-bhakta-krtyah pascadbhakta-pindapata-pratikrantah patra-civaram pratisamya padau praksalya nyasidat prajnapta eva-asane paryankam abhujya rjum kayam pranidhaya, pratimukhim smrtim upasthapya. Atha khalu sambahula bhiksavo yena Bhagavams tenopasamkraman upasamkramya Bhagavatah padau sirobhir abhivandya Bhagavantam trispradaksinikrtyaikante nyasidan.

• (2)

Tena khalu punah samayena-ayusman Subhutis tasyam eva parsadi samnipatito'bhut samnisannah. Atha khalv ayusman Subhutir utthaya-asanad, ekamsam uttarasangham krtva, daksinam janu-mandalam prthivyam pratisthapya, yena Bhagavams tena-anjalim pranamya Bhagavantam etad avocat: Ascaryam Bhagavan parama-ascaryam Sugata, yavad eva Tathagatena-arhata samyaksambuddhena bodhisattva mahasattva anuparigrhitah paramena-anugrahena. Ascaryam Bhagavan yavad eva Tathagatena-arhata samyaksambuddhena bodhisattva mahasattvah parinditah paramaya parindanaya. Tat katham Bhagavan bodhisattva-yana-samprasthitena kulaputrena va kuladuhitra va sthatavyam katham pratipattavyam katham cittam pragrahitavyam?
Evam ukte Bhagavan ayusmantam Subhutim etad avocat: Sadhu sadhu Subhute, evam etad yatha vadasi. Anuparigrhitas Tathagatena bodhisattva mahasattvah paramena-anugrahena, parinditas Tathagatena bodhisattva mahasattvah paramaya parindanaya. Tena hi Subhute srnu sadhu ca susthu ca manasikuru, bhasisye 'ham te yatha bodhisattva-yana-samprasthitena sthatavyam yatha pratipattavyam yatha cittam pragrahitavyam. Evam Bhagavann ity ayusman Subhutir Bhagavatah pratyasrausit.

• (3)

Bhagavan etad avocat: Iha Subhute bodhisattva-yana-samprasthitena evam cittam utpadayitavyam: Yavantah Subhute sattvah sattvadhatau sattva-samgrahena samgrhita anda-ja va jarayu-ja va samsveda-ja vaupapaduka va, rupino va-arupino va, samjnino va-asamjnino va naiva samjnino na-asamjnino va, yavan kascit sattvadhatu-prajnapyamanah prajnapyate, te ca maya sarve nupadhisese nirvana-dhatau parinirvapayitavyah. Evam aparimanam api sattvan parinirvapya na kascit sattvah parinirvapito bhavati.

Tat kasya hetoh? Sacet Subhute bodhisattvasya sattva-samjna pravarteta, na sa bodhisattva iti vaktavyah.Tat kasya hetoh? Na sa Subhute bodhisattvo vaktavyo yasya-atma-samjna pravarteta, sattva-samjna va jiva-samjna va pudgala-samjna va pravarteta.

• (4)

Api tu khalu punah Subhute na bodhisattvena vastu-pratisthitena danam datavyam, na kvacit pratisthitena danam datavyam, na-rupa-pratisthitena danam datavyam, na sabda-gandha-rasa-sprastavya-dharmesu pratisthitena danam datavyam. Evam hi Subhute bodhisattvena mahasattvena danam datavyam yatha na nimitta-samjnayam api pratitisthet.

Tat kasya hetoh? Yah Subhute'pratisthito danam dadati, tasya Subhute punya-skandhasya na sukaram pramanam udgrahitum. Tat kim manyase Subhute sukaram purvasyam disy akasasya pramanam udgrahitum?

Subhutir aha: No hidam Bhagavan. Bhagavan aha: Evam daksina-pascima-uttara-asvadha-urdhvam digvidiksu samantad dasasu diksu sukaram akasasya pramanam udgrahitum? Subhutir aha: No hidam Bhagavan.

Bhagavan aha: Evam eva Subhute yo bodhisattvo' pratisthito danam dadati, tasya Subhute punya-skandhasya na sukaram pramanam udgrahitum. Evam hi Subhute bodhisattva-yana-samprasthitena danam datavyam yatha na nimitta-samjnayam api pratitisthet.

• (5)

Tat kim manyase Subhute laksana-sampada Tathagato drastavyah?

Subhutir aha: No hidam Bhagavan, na laksana-sampada Tathagato drastavyah. Tat kasya hetoh? Ya sa Bhagavan laksana-sampat Tathagatena bhasita saiva-alaksana-sampat.

Evam ukte Bhagavan ayusmantam Subhutim etad avocat: Yavat Subhute laksana-sampat tavan mrsa, yavad alaksana-sampat tavan na mrseti hi laksana-alaksanatas Tathagato drastavyah.

• (6)

Evam ukte ayusman Subhutir Bhagavantam etad avocat: Asti Bhagavan kecit sattva bhavisyanty anagate' dhvani pascime kale pascime samaye pascimayam panca-satyam sad-dharma-vipraloka-kale vartamane, ya imesv evamrupesu sutranta-padesu bhasyamanesu bhuta-samjnam utpadayisyanti?

Bhagavan aha: Ma Subhute tvam evam vocah. Asti kecit sattva bhavisyanty anagate' dhvani pascime kale pascime samaye pascimayam pancasatyam sad-dharma-vipralope vartamane, ya imesv evamrupesu sutrantapadesu bhasyamanesu bhuta-samjnam utpadayisyanti. Api tu khalu punah Subhute bhavisyanty anagate' dhvani bodhisattva mahasattvah pascime kale pascime samaye pascimayam panca-satyam sad-dharma-vipralope vartamane gunavantah silavantah prajnavantas ca bhavisyanti, ya imesv evamrupesu sutranta-padesu bhasyamanesu bhutasamjnam utpadayisyanti. Na khalu punas te Subhute bodhisattva mahasattva eka-buddha-paryupasita bhavisyanti, na-eka-buddha-avaropita-kusala-mula bhavisyanti, api tu khalu punah Subhute aneka-buddha-satasahasra-paryupasita aneka-buddha-satasahasra-avaropita-kusala-mulas te bodhisattva mahasattva bhavisyanti, ya imesv evamrupesu sutranta-padesu bhasyamanesv eka-citta-prasadam api pratilapsyante. Jnatas te Subhute Tathagatena buddha-jnanena, drstas te Subhute Tathagatena buddha-caksusa, buddhas te Subhute Tathagatena. Sarve te Subhute' prameyam asamkhyeyam punyaskandham prasavisyanti pratigrahisyanti.

Tat kasya hetoh? Na hi Subhute tesam bodhisattvanam mahasattvanam atma-samjna pravartate na sattva-samjna na jiva-samjna na pudgala-

samjna pravartate. Na-api tesam Subhute bodhisattvanam mahasattvanam dharma-samjna pravartate, evam na-adharma-samjna. Na-api tesam Subhute samjna na-asamjna pravartate.
Tat kasya hetoh? Sacet Subhute tesam bodhisattvanam mahasattvanam dharma-samjna pravarteta, sa eva tesam atma-graho bhavet, sattva-graho jiva-grahah pudgala-graho bhavet. Saced a-dharma-samjna pravarteta, sa eva tesam atma-graho bhavet, sattva-graho jiva-grahah pudgala-graha iti.
Tat kasya hetoh? Na khalu punah Subhute bodhisattvena mahasattvena dharma udgrahitavyo na-adharmah. Tasmad iyam Tathagatena sandhya vag bhasita: Kolopamam dharma-paryayam ajanadbhir dharma eva prahatavyah prag eva-adharma iti.

• (7)

Punar aparam Bhagavan ayusmantam Subhutim etad avocat: Tat kim manyase Subhute, asti sa kascid dharmo yas Tathagatena-anuttara samyaksambodhir ity abhisambuddhah, kascid va dharmas Tathagatena desitah?
Evam ukta ayusman Subhutir Bhagavantam etad avocat: Yatha-aham Bhagavan Bhagavato bhasitasya-artham ajanami, na-asti sa kascid dharmo yas Tathagatena-anuttara samyaksambodhir ity abhisambuddhah, na-asti dharmo yas Tathagatena desitah. Tat kasya hetoh? Yo'sau Tathagatena dharmo'bhisambuddho desito va, agrahyah so'nabhilapyah, na sa dharmo na-adharmah. Tat kasya hetoh? Asamskrtaprabhavita hy arya-pudgalah.

• (8)

Bhagavan aha: Tat kim manyase Subhute yah kascit kulaputro va kuladuhita vemam trisahasramahasahasram lokadhatum sapta-ratnaparipurnam krtva Tathagatebhyo' rhadbhyah samyaksambuddhebhyo danam dadyat, api nu sa kulaputro va kuladuhita va tato nidanam bahutaram punya-skandham prasunuyat?

Subhutir aha: Bahu Bhagavan bahu Sugata sa kulaputro va kuladuhita va tato nidanam punya-skandham prasunuyat. Tat kasya hetoh? Yo'sau Bhagavan punya-skandhas Tathagatena bhasitah, a-skandhah sa Tathagatena bhasitah. Tasmat Tathagato bhasate: Punya-skandhah punya-skandha iti.

Bhagavan aha: Yas ca khalu punah Subhute kulaputro va kuladuhita vemam trisahasramahasahasram lokadhatum sapta-ratna-paripurnam krtva Tathagatebhyo' rhadbhyah samyaksambuddhebhyo danam dadyat, yas ceto dharma-paryayad antasas catuspadikam api gatham udgrhya parebhyo vistarena desayet samprakasayed, ayam eva tato nidanam bahutaram punya-skandham prasunuyad aprameyam asamkhyeyam.

Tat kasya hetoh? Ato nirjata hi Subhute Tathagatanam arhatam samyaksambuddhanam anuttara samyaksambodhir, ato nirjatas ca Buddha Bhagavantah. Tat kasya hetoh? Buddhadharma buddhadharma iti Subhute 'buddhadharmas caiva te Tathagatena bhasitah. Tenocyante buddhadharma iti.

• (9)

Tat kim manyase Subhute, api nu srotaapannasyaivam bhavati: Maya srotaapatti-phalam praptam iti?

Subhutir aha: No hidam Bhagavan, na srotaapannasyaivam bhavati: Maya srotaapatti-phalam praptam iti. Tat kasya hetoh? Na hi sa Bhagavan kamcid dharmam apannah. Tenocyate srotaapanna iti. Na rupam apanno na sabdan na gandhan na rasan na sprastavyan na dharman apannah. Tenocyate srotaapanna iti. Saced Bhagavan srotaapannasyaivam bhaven: Maya srotaapatti-phalam praptam iti, sa eva tasya-atma-graho bhavet sattva-graho jiva-grahah pudgala-graho bhaved iti.

Bhagavan aha: Tat kim manyase Subhute, api nu sakrdagamina evam bhavati: Maya sakrdagami-phalam praptam iti?

Subhutir aha: No hidam Bhagavan, na sakrdagamina evam bhavati: Maya sakrdagami-phalam praptam iti. Tat kasya hetoh? Na hi sa kascid dharmo yah sakrdagamitvam apannah. Tenocyate sakrdagami-iti.

Bhagavan aha: Tat kim manyase Subhute, api nv anagamina evam bhavati: Maya-anagami-phalam praptam iti?

Subhutir aha: No hidam Bhagavan, na-anagamina evam bhavati: Maya-anagami-phalam-praptam iti. Tat kasya hetoh? Na hi sa Bhagavan kascid dharmo yo'nagamitvam apannah. Tenocyate'nagami-iti.

Bhagavan aha: Tat kim manyase Subhute, api nv arhata evam bhavati: Maya-arhattvam praptam iti? Subhutir aha: No hidam Bhagavan, na-arhata evam bhavati: Maya-arhattvam praptam iti.

Tat kasya hetoh? Na hi sa Bhagavan kascid dharmo yo'rhan nama. Tenocyate' rhann iti. Saced Bhagavan arhata evam bhaven: Maya-arhattvam praptam iti, sa eva tasya-atma-graho bhavet sattva-graho jiva-grahah pudgala-graho bhavet.

Tat kasya hetoh? Aham asmi Bhagavams Tathagatena-arhata samyaksambuddhena-arana-viharinam agryo nirdistah. Aham asmi Bhagavann arhan vitaragah. Na ca me Bhagavann evam bhavati: Arhann asmy aham vitaraga iti. Sacen mama Bhagavann evam bhaven: Maya-arhattvam praptam iti, na mam Tathagato vyakarisyad: Arana-viharinam agryah Subhutih kulaputro na kvacid viharati, tenocyate'rana-vihary arana-vihari-iti.

• (10)

Bhagavan aha: Tat kim manyase Subhute, asti sa kascid dharmo yas Tathagatena Dipankarasya Tathagatasya-arhatah samyaksambuddhasya-antikad udgrhitah?

Subhutir aha: No hidam Bhagavan, na-asti sa kascid dharmo yas Tathagatena Dipankarasya Tathagatasya-arhatah samyaksambuddhasya-antikad udgrhitah.

Bhagavan aha: Yah kascit Subhute bodhisattva evam vaded: Aham ksetra-vyuhan nispadayisyami-iti, sa vitatham vadet. Tat kasya hetoh? Ksetra-vyuhah ksetra-vyuha iti Subhute, 'vyuhas te Tathagatena bhasitah. Tenocyante ksetra-vyuha iti.

Tasmat tarhi Subhute bodhisattvena mahasattvenaivam apratisthitam cittam utpadayitavyam yan na kvacit-pratisthitam cittam utpadayitavyam, na rupa-pratisthitam cittam utpadayitavyam na sabda-gandha-rasa-sprastavya-dharma-pratisthitam cittam utpadayitavyam.

Tad yathapi nama Subhute puruso bhaved upeta-kayo maha-kayo vat tasyaivamrupa atma-bhavah syat tad yathapi nama Sumeruh parvata-raja, tat kim manyase Subhute api nu mahan sa atmabhavo bhavet? Subhutir aha: Mahan sa Bhagavan mahan Sugata sa atma-bhavo bhavet. Tat kasya hetoh? Atma-bhava atma-bhava iti Bhagavann a-bhavah sa Tathagatena bhasitah. Tenocyata atma-bhava iti. Na hi Bhagavan sa bhavo na-abhavah. Tenocyata atma-bhava iti.

• (11)

Bhagavan aha: Tat kim manyase Subhute yavatyo Gangayam mahanadyam valukas tavatya eva Ganga-nadyo bhaveyuh, tasu ya valuka api nu ta bahavyo bhaveyuh?

Subhutir aha: Ta eva tavad Bhagavan bahavyo Ganga-nadyo bhaveyuh, prag eva yas tasu Ganga-nadisu valukah.

Bhagavan aha: Arocayami te Subhute prativedayami te yavatyas tasu Ganga-nadisu valuka bhaveyus, tavato loka-dhatun kascid eva stri va puruso va sapta-ratna-paripurnam krtva Tathagatebhyo'rhadbhyah samyaksambuddhebhyo danam dadyat, tat kim manyase Subhute, api nu sa stri va puruso va tato nidanam bahu punyaskandham prasunuyat?

Subhutir aha: Bahu Bhagavan bahu Sugata stri va puruso va tato nidanam punya-skandham prasunuyad aprameyam asamkhyeyam.

Bhagavan aha: Yas ca khalu punah Subhute stri va puruso va tavato loka-dhatun sapta-ratna-paripurnam krtva Tathagatebhyo'rhadbhyah samyaksambuddhebhyo danam dadyat, yas ca kulaputro va kuladuhita veto dharma-paryayad antasas catuspadikam api gatham udgrhya parebhyo desayet samprakasayed, ayam eva tato nidanam bahutaram punya-skandham prasunuyad aprameyam asamkhyeyam.

• (12)

Api tu khalu punah Subhute yasmin prthivi-pradesa ito dharma-paryayad antasas catuspadikam api gatham udgrhya bhasyeta va samprakasyeta va, sa prthivi-pradesas caityabhuto bhavet sa-deva-manusa-asurasya lokasya; kah punar vado ya imam dharma-pryayam sakala-samaptam dharayisyanti vacayisyanti paryavapsyanti parebhyas ca vistarena samprakasayisyanti, paramena te Subhute ascaryena samanvagata bhavisyanti. Tasmims ca Subhute prthivi-pradese sasta viharaty anyatara-anyataro va vijnaguru-sthaniyah.

• (13)

Evam ukta ayusman Subhutir Bhagavantam etad avocat: Ko nama-ayam Bhagavan dharma-paryayah, katham cainam dharayami?

Evam ukte Bhagavan ayusmantam Subhutim etad avocat: Prajnaparamita nama-ayam Subhute dharma-paryayah, evam cainam dharaya. Tat kasya hetoh? Subhute prajnapa ramita Tathagatena bhasita saiva-a-paramita Tathagatena bhasita. Tenocyate prajnaparamiteti. Tat kim manyase Subhute api nv asti sa kascid dharmo yas Tathagatena bhasitah?

Subhutir aha: No hidam Bhagavan, na-asti sa kascid dharmo yas Tathagatena bhasitah.

Bhagavan aha: Tat kim manyase Subhute, yavat trisahasramahasahasre loka-dhatuu prthivi-rajah kacit tad bahu bhavet?

Subhutir aha: Bahu Bhagavan bahu Sugata prthivi-rajo bhavet. Tat kasya hetoh? Yat tad Bhagavan prthivi-rajas Tathagatena bhasitam a-rajas tad Bhagavams Tathagatena bhasitam. Tenocyate prthivi-raja iti. Yo'py asau loka-dhatus Tathagatena bhasito 'dhatuh sa Tathagatena bhasitah. Tenocyate lokadhatur iti.

Bhagavan aha: Tat kim manyase Subhute dvatrimsan mahapurusa-laksanais Tathagato 'rhan samyaksambuddho drastavyah? Subhutir aha: No hidam Bhagavan, na dvatrimsan-mahapurusa-laksanais Tathagato'rhan samyaksambuddho drastavyah.

Tat kasya hetoh? Yani hi tani Bhagavan dvatrimsan-mahapurusa-laksanani Tathagatena bhasitany, a-laksanani tani Bhagavams Tathagatena bhasitani. Tenocyante dvatrimsan-mahapurusa-laksanani-iti.

Bhagavan aha: Yas ca khalu punah Subhute stri va puruso va dine dine Ganga-nadi-valuka-saman atma-bhavan parityajet, evam parityajan Ganga-nadi-valuka-saman kalpams tan atmabhavan parityajet, yas ceto dharma-paryayad antasas catuspadikam api gatham udgrhya parebhyo desayet samprakasayed, ayam eva tato nidanam bahutaram punya-skandham prasunuyad aprameyam asamkhyeyam.

• (14)

Atha khalv ayusman Subhutir dharma-vegena-asru-ni pramuncat, so' sruni pramrjya Bhagavantam etad avocat: Ascaryam Bhagavan parama-ascaryam Sugata, yavad ayam dharma-paryayas Tathagatena bhasito, 'gra-yana-samprasthitanam sattvanam arthaya srestha-yana-samprasthitanam arthaya, yato me Bhagavan jnanam utpannam. Na maya Bhagavan jatv evamrupo dharmaparyayah sruta-purvah. Paramena te Bhagavann ascaryena samanvagata bodhisattva bhavisyanti ya iha sutre bhasyamane srutva bhuta-samjnam utpadayisyanti. (****)

Tat kasya hetoh? Ya caisa Bhagavan bhuta-samjna saiva-abhuta-samjna. Tasmat Tathagato bhasate bhuta-samjna bhuta-samjneti. Na mama Bhagavan duskaram yad aham imam dharma-paryayam bhasyamanam avakalpayamy adhimucye. Ye 'pi te Bhagavan sattva bhavisyanty anagate 'dhvani pascime kale pascime samaye pascimayam panca-satyam saddharma-vipralope vartamane, ya imam Bhagavan dharma-paryayam udgrahisyanti dharayisyanti vacayisyanti paryavapsyanti parebhyas ca vistarena samprakasayisyanti, te parama-ascaryena samanvagata bhavisyanti. Api tu khalu punar Bhagavan na tesam atma-samjna pravartisyate, na sattva-samjna na jiva-samjna na pudgala-samjna pravartisyate, na-api tesam kacit samjna na-a-samjna pravartate.

Tat kasya hetoh? Ya sa Bhagavann atma-samjna saiva-a-samjna, ya sattva-samjna jiva-samjna pudgala-samjna saiva-a-samjna. Tat kasya hetoh? Sarva-samjna-apagata hi Buddha Bhagavantah.

Evam ukte Bhagavan ayusmantam Subhutim etad avocat: Evam etat Subhute evam etat. Parama-ascarya-samanvagatas te sattva bhavisyanti ya iha Subhute sutre bhasyamane nottrasisyanti na samtrasisyanti na samtrasam apatsyante.

Tat kasya hetoh? Paramaparamiteyam Subhute Tathagatena bhasita yaduta-a-paramita. Yam ca Subhute Tathagatah parama-paramitam bhasate, tam aparimana-api Buddha Bhagavanto bhasante, tenocyate parama-paramiteti. Api tu khalu punah Subhute ya Tathagatasya ksanti-paramita saiva-a-paramita.

Tat kasya hetoh? Yada me Subhute Kalinga raja-anga-pratyanga-mamsany acchaitsit, tasmin samaya atma-samjna va sattva-samjna va jiva-samjna va pudgala-samjna va na-api me kacit samjna va-a-samjna va babhuva.

Tat kasya hetoh? Sacen me Subhute tasmin samaya atma-samjna-abhavisyad vyapada-samjna-api me tasmin samaye'bhavisyat. Sacet sattva-samjna jiva-samjna pudgala-samjna-abhavisyad, vyapada-samjna-api me tasmin samaye'bhavisyat. Tat kasya hetoh? Abhijanamy aham Subhute'tite'dhvani panca-jati-satani yad aham Ksantivadi rsir abhuvam. Tatra-api me na-atma-samjna babhuva, na-sattva-samjna na jiva-samjna na pudgala-samjna babhuva.

Tasmat tarhi Subhute bodhisattvena mahasattvena sarva-samjna-vivarjayitva-anuttarayam samyaksambodhau cittam utpadayitavyam.

Na rupa-pratisthitam cittam utpadayitavyam, na sabda-gandha-rasa-sprastavya-dharma-pratisthitam cittam utpadayitavyam, na dharma-pratisthitam cittam utpadayitavyam, na adharma-pratisthitam cittam utpadayitavyam, na kvacit-pratisthitam cittam utpadayitavyam.

Tat kasya hetoh? Yat pratisthitam tad eva-apratisthitam. Tasmad eva Tathagato bhasate: Apratisthitena bodhisattvena danam datavyam. Na rupa-sabda-gandha-rasa-sprastavya-dharma-pratisthitena danam datavyam. Api tu khalu punah Subhute bodhisattvenaivamrupo dana-parityagah kartavyah sarva-sattvanam arthaya. Tat kasya hetoh? Ya caisa Subhute sattva-samjna saiva-a-samjna. Ya evam te sarva-sattvas Tathagatena bhasitas ta eva-a-sattvah.

Tat kasya hetoh? Bhuta-vadi Subhute Tathagatah satyavadi tathavady ananyathavadi Tathagatah. Na vitatha-vadi Tathagatah.

Api tu khalu punah Subhute yas Tathagatena dharmo 'bhisambuddho desito nidhyato, na tatra satyam na mrsa.

Tadyatha-api nama Subhute puruso 'ndhakara-pravisto na kimcid api pasyet, evam vastu-patito bodhisattvo drastavyo yo vastu-patito danam parityajati.

Tadyatha-api nama Subhute caksusman purusah prabhatayam ratrau surye'bhyudgate nanavidhani rupani pasyet, evam a-vastu-patito bodhisattvo drastavyo yo'vastu-patito danam parityajati.

Api tu khalu punah Subhute ye kulaputra va kuladuhitaro vemam dharmaparyayam udgrahisyanti dharayisyanti vacayisyanti paryavapsyanti parebhyas ca vistarena samprakasayisyanti, jnatas te Subhute Tathagatena buddha-jnanena, drstas te Subhute Tathagatena buddha-caksusa, buddhas te Tathagatena. Sarve te Subhute sattva aprameyam asamkhyeyam punya-skandham prasavisyanti pratigrahisyanti.

• (15)

Yas ca khalu punah**** Subhute stri va puruso va purva-ahna-kala-samaye

Ganga-nadi-valuka-saman atmabhavan parityajet, evam madhya-ahna-kala-samaye Ganga-nadi-valuka-saman atmabhavan parityajet, saya-ahna-kala-samaye Ganga-nadi-valuka-saman atmabhavan parityajet, anena paryayena bahuni kalpa-koti-niyuta-satasahasrany atmabhavan parityajet; yas cemam dharmaparyayam srutva na pratiksipet, ayam eva tato nidanam bahutaram punyaskandham prasunuyad aprameyam asamkhyeyam. Kah punar vado yo likhitvodgrhniyad dharayed vacayet paryavapnuyat parebhyas ca vistarena samprakasayet.

Api tu khalu punah Subhute 'cintyo' tulyo 'yam dharmaparyayah. Ayam ca Subhute dharmaparyayas Tathagatena bhasito'gra-yana-samprasthitanam sattvanam arthaya srestha-yana-samprasthitanam sattvanam arthaya, ya imam dharma-paryayam udgrahisyanti dharayisyanti vacayisyanti paryavapsyanti parebhyas ca vistarena samprakasayisyanti, jnatas te Subhute Tathagatena buddha-jnanena, drstas te Subhute Tathagatena buddha-caksusa, buddhas te Tathagatena. Sarve te Subhute sattva aprameyena punya-skandhena samanvagata bhavisyanti, acintyena-atulyena-amapyena-aparimanena punya-skandhena samanvagata bhavisyanti. Sarve te Subhute sattvah samamsena bodhim dharayisyanti.

Tat kasya hetoh? Na hi sakyam Subhute 'yam dharmaparyayo hina-adhimuktikaih sattvaih srotum na-atma-drstikair na sattvadrstikair na jiva-drstikair na pudgala-drstikaih. Na-abodhisattva-pratijnaih sattvaih sakyam ayam dharma-paryayah srotum vodgrahitum va dharayitum va vacayitum va paryavaptum va. Nedam sthanam vidyate.

Api tu khalu punah Subhute yatra prthivipradesa idam sutram prakasayisyate, pujaniyah sa prthivipradeso bhavisyati sadeva-manusa-asurasya lokasya, vandaniyah pradaksiniyas ca sa prthivipradeso bhavisyati, caitya-bhutah sa prthivipradeso bhavisyati. Api tu ye te Subhute kulaputra va kuladuhitaro veman evamrupan sutrantan udgrahisyanti dharayisyanti vacayisyanti paryavapsyanti yonisas ca manasikarisyanti parebhyas ca vistarena samprakasayisyanti te paribhuta bhavisyanti, suparibhutas ca bhavisyanti.

• (16)

Tat kasya hetoh? Yani ca tesam Subhute sattvanam paurva-janmikany asubhani karmani krtany apaya-samvartaniyani, drsta eva dharme taya paribhutatataya tani paurvajanmikany asubhani karmani ksapayisyanti, buddha-bodhim ca-anuprapsyanti.

Tat kasya hetoh? Abhijanamy aham Subhute 'tite-dhvany asamkhyeyaih kalpair asamkhyeyatarair Dipankarasya Tathagatasya-arhatah samyaksambuddhasya parena para-tarena catur-asiti-buddha-koti-niyuta-satasahasrany abhuvan ye maya aragita aragya na viragitah.

Yac ca maya Subhute te Buddha Bhagavanta aragita aragya na viragita, yac ca pascime kale pascime samaye pascimayam pancasatyam saddharma-vipralopa-kale vartamana iman evamrupan sutrantan udgrahisyanti dharayisyanti vacayisyanti paryavapsyanti parebhyas ca vistarena samprakasayisyanti, asya khalu punah Subhute punyaskandhasya-antikad asau paurvakah punya-skandhah satatamim api kalam nopaiti, sahasratamim api satasahasratamim api, kotitamim api koti-satatamim api koti-satasahasratamim api koti-niyuta-satasahasratamim api, samkhyam api kalam api gananam apy upamam apy upanisadam api yavad aupamyam api na ksamate.

Sacet punah Subhute tesam kulaputranam kuladuhitrinam va-aham punyaskandham bhaseyam, yavat te kulaputra va kuladuhitaro va tasmin samaye punyaskandham prasavisyanti pratigrahisyanti, unmadam sattva anuprapnuyus citta-viksepam va gacheyuh. Api tu khalu punah Subhute 'cintyo 'yam dharmaparyayas Tathagatena bhasitah, asya-acintya eva vipakah pratikanksitavyah.

• (17)

Atha khalv ayusman Subhutir Bhagavantam etad avocat: Katham Bhagavan bodhisattva-yana-samprasthitena sthatavyam, katham pratipattavyam, katham cittam pragrahitavyam?

Bhagavan aha: Iha Subhute bodhisattva-yana-samprasthitenaivam cittam utpadayitavyam: Sarve sattva maya-anupadhisese nirvanadhatau parinirvapayitavyah. Evam ca sattvan parinirvapya, na kascit sattvah parinirvapito bhavati.

Tat kasya hetoh? Sacet Subhute bodhisattvasya sattva-samjna pravarteta, na sa bodhisattva iti vaktavyah. Jiva-samjna va, yavat pudgalasamjna va pravarteta, na sa bodhisattva iti vaktavyah. Tat kasya hetoh? Na-asti Subhute sa kascid dharmo yo bodhisattva-yana-samprasthito nama.

Tat kim manyase Subhute asti sa kascid dharmo yas Tathagatena Dipankarasya Tathagatasya-antikad anuttaram samyaksambodhim abhisambuddhah?

Evam ukta ayusman Subhutir Bhagavantam etad avocat: Yatha-aham Bhagavan Bhagavato bhasitasya-artham ajanami, na-asti sa Bhagavan kascid dharmo yas Tathagatena Dipankarasya Tathagatasya-arhatah samyaksambuddhasya-antikad anuttaram samyaksambodhim abhisambuddhah.

Evam ukte Bhagavan ayusmantam Subhutim etad avocat: Evam etat Subhute evam etat, na-asti Subhute sa kascid dharmo yas Tathagatena Dipankarasya Tathagatasya-arhatah samyaksambuddhasya-antikad anuttaram samyaksambodhim abhisambuddhah. Sacet punah Subhute kascid dharmas Tathagatena-abhisambuddho'bhavisyat, na mam Dipankaras Tathagato vyakarisyad: Bhavisyasi tvam manava-anagate 'dhvani Sakyamunir nama Tathagato 'rhan samyaksambuddha iti. Yasmat tarhi Subhute Tathagatena-arhata samyaksambuddhena na-asti sa kascid dharmo yo 'nuttaram samyaksambodhim abhisambuddhas, tasmad aham Dipankarena Tathagatena vyakrto: Bhavisyasi tvam manava-anagate 'dhvani Sakyamunir nama Tathagato 'rhan samyaksambuddhah.

Tat kasya hetos? Tathagata iti Subhute bhuta-tathataya etad adhivacanam.

Yah kascit Subhuta evam vadet: Tathagatena-arhatah samyaksambuddhena-anuttara samyaksambodhir abhisambuddheti, sa vitatham vadet, abhyacaksita mam sa Subhute asatodgrhitena. Tat kasya hetoh? Na-asti Subhute sa kascid dharmo yas Tathagatena-anuttaram samyaksambodhim abhisambuddhah.

Yas ca Subhute Tathagatena dharmo 'bhisambuddho desito va, tatra na satyam na mrsa. Tasmat Tathagato bhasate sarva-dharma Buddha-dharma iti. Tat kasya hetoh? Sarva-dharma iti a-dharmas Tathagatena bhasita. Tasmat ucyante sarva-dharma Buddha-dharma iti.

Tad yatha-api nama Subhute puruso bhaved upetakayo mahakayah. Ayusman Subhutir aha: Yo 'sau Bhagavams Tathagatena puruso bhasita upetakayo mahakaya iti, a-kayah sa Bhagavams Tathagatena bhasitah. Tenocyata upetakayo mahakaya iti.

Bhagavan aha: Evam etat Subhute. Yo bodhisattvo evam vaded: Aham sattvan parinirvapayisyanti-iti, na sa bodhisattva iti vaktavyah.

Tat kasya hetoh, asti Subhute sa kascid dharmo yo bodhisattvo nama? Subhutir aha: No hidam Bhagavan, na-asti sa kascid dharmo yo bodhisattvo nama. Bhagavan aha: Sattvah sattva iti Subhute a-sattvas te Tathagatena bhasitas, tenocyante sattva iti. Tasmat Tathagato bhasate: Niratmanah sarva-dharma nihsattvah nirjiva nispudgalah sarva-dharma iti. Yah Subhute bodhisattva evam vaded: Aham ksetra-vyuhan nispadayisyanti iti, so 'pi tathaiva vaktavyah.

Tat kasya hetoh? Ksetra-vyuha ksetra-vyuha iti Subhute 'vyuhas te Tathagatena bhasitah, tenocyante ksetra-vyuha iti. Yah Subhute bodhisattvo niratmano dharma niratmano dharma ity adhimucyate, sa Tathagatena-arhata samyaksambuddhena bodhisattvo mahasattva ity akhyatah.

• (18)

Bhagavan aha: Tat kim manyase Subhute, samvidyate Tathagatasya mamsacaksuh?

Subhutir aha: Evam etad Bhagavan, samvidyate Tathagatasya mamsacaksuh.

Bhagavan aha: Tat kim manyase Subhute, samvidyate Tathagatasya divyam caksuh?

Subhutir aha: Evam etad Bhagavan, samvidyate Tathagatasya divyam caksuh.

Bhagavan aha: Tat kim manyase Subhute, samvidyate Tathagatasya prajna-caksuh?

Subhutir aha: Evam etad Bhagavan, samvidyate Tathagatasya prajna-caksuh.

Bhagavan aha: Tat kim manyase Subhute, samvidyate Tathagatasya Dharma-caksuh?

Subhutir aha: Evam etad Bhagavan, samvidyate Tathagatasya dharma-caksuh.

Bhagavan aha: Tat kim manyase Subhute, samvidyate Tathagatasya Buddha-caksuh?

Subhutir aha: Evam etad Bhagavan, samvidyate Tathagatasya buddha-caksuh.

Bhagavan aha: Tat kim manyase Subhute, yavantyo Gangayam maha-nadyam valuka, api nu ta valukas Tathagatena bhasitah?

Subhutir aha: Evam etad Bhagavann, evam etat Sugata, bhasitas Tathagatena valukah.

Bhagavan aha: Tat kim manyase Subhute yavantyo Gangayam maha-nadyam valukas tavantya eva Ganga-nadyo bhaveyuh, tasu ya valukas tavantas ca lokadhatavo bhaveyuh, kascid bahavas te lokadhatavo bhaveyuh? Subhutir aha: Evam etad Bhagavann, evam etat Sugata, bahavas te loka-dhatavo bhaveyuh.

Bhagavan aha: Yavantah Subhute tesu loka-dhatusu sattvas tesam aham nanabhavam citta-dharam prajanami.

Tat kasya hetoh? Citta-dhara citta-dhareti Subhute a-dharaisa Tathagatena bhasitas. Tenocyate citta-dhareti. Tat kasya hetoh? Atitam Subhute cittam nopalabhyate, anagatam cittam nopalabhyate, pratyutpannam cittam nopalabhyate.

• (19)

Tat kim manyase Subhute yah kascit kulaputro va kuladuhita vemam trisahasramahasahasram lokadhatum sapta-ratna-paripurnam krtva Tathagatebhyo'rhadbhyah samyaksambuddhebhyo danam dadyat, api nu sa kulaputro va kuladuhita va tato nidanam bahu punya-skandham prasunuyat?

Subhutir aha: Bahu Bhagavan, bahu Sugata.

Bhagavan aha: Evam etat Subhute evam etat, bahu sa kulaputro va kuladuhita va tato nidanam punyaskandham prasunuyad. Tat kasya hetoh? Punya-skandhah punya-skandha iti Subhute a-skandhah sa Tathagatena bhasitah. Tenocyate punya-skandha iti. Sacet Subhute punya-skandho'bhavisyan, na Tathagato'bhasisyat punya-skandhah punya-skandha iti.

• (20)

Tat kim manyase Subhute rupa-kaya-parinispattya Tathagato drastavyah?

Subhutir aha: No hidam Bhagavan, na rupa-kaya-parinispattya Tathagato drastavyah. Tat kasya hetoh? Rupa-kaya-parinispatti rupakaya-parinispattir iti Bhagavan a-parinispattir esa Tathagatena bhasita. Tenocyate rupakaya-parinispattir iti.

Bhagavan aha: Tat kim manyase Subhute, laksana-sampada Tathagato drastavyah?

Subhutir aha: No hidam Bhagavan, na laksana-sampada Tathagato drastavyah. Tat kasya hetoh? Yaisa Bhagavaml laksana-sampat Tathagatena bhasita, a-laksana-sampad esa Tathagatena bhasita. Tenocyate laksana-sampad iti.

• (21)

Bhagavan aha: Tat kim manyase Subhute, api nu Tathagatasyaivam bhavati: Maya dharmo desita iti? Subhutir aha: No hidam Bhagavan, na Tathagatasyaivam bhavati: Maya dharmo desita iti. Bhagavan aha: Yah Subhute evam vadet: Tathagatena dharmo desita iti, sa vitatham vadet, abhyacaksita mam sa Subhute 'satodgrhitena. Tat kasya hetoh? Dharma-desana dharma-desaneti Subhute, na-asti sa kascid dharmo yo dharma-desana namopalabhyate.

Evam ukta ayusman Subhutir Bhagavantam etad avocat: Asti Bhagavan kecit sattva bhavisyanty anagate 'dhvani pascime kale pascime samaye pascimayam panca-satyam saddharma-vipralope vartamane ya iman evamrupan dharman srutva-abhisraddadhasyanti?

Bhagavan aha: Na te Subhute sattva na-a-sattvah. Tat kasya hetoh? Sattvah sattva iti Subhute sarve te Subhute a-sattvas Tathagatena bhasitah tenocyante sattva iti.

• (22)

Tat kim manyase Subhute, api nv asti sa kascid dharmo yas Tathagatena-anuttaram samyaksambodhim abhisambuddhah?

Ayusman Subhutir aha: No hidam Bhagavan na-asti sa Bhagavan kascid dharmo yas Tathagatena-anuttaram samyaksambodhim abhisambuddhah.

Bhagavan aha: Evam etat Subhute evam etat, anur api tatra dharmo na samvidyate nopalabhyate.

• (23)

Tenocyate 'nuttara samyaksambodhir iti. Api tu khalu punah Subhute samah sa dharmo na tatra kimcid visamam. Tenocyate 'nuttara samyaksambodhir iti. Niratmatvena nihsattvatvena nirjivatvena

nispudgalatvena sama sanuttara samyaksambodhih sarvaih kusalair dharmair abhisambudhyate.
Tat kasya hetoh? Kusala dharmah kusala dharma iti Subhute a-dharmas caiva te Tathagatena bhasitah. Tenocyante kusala dharma iti.

• (24)

Yas ca khalu punah Subhute stri va puruso va yavantas trisahasramahasahasre lokadhatau Sumeravah parvata-rajanas tavato rasin saptanam ratnanam abhisamhrtya Tathagatebhyo'rhadbhyah samyaksambuddhebhyo danam dadyat, yas ca kulaputro va kuladuhita vetah prajnaparamitaya dharma-paryayad antasas catuspadikam api gatham udgrhya parebhyo desayed, asya Subhute punyaskandhasya-asau paurvakah punyaskandhah satatamim api kalam nopaiti yavad upanisadam api na ksamate.

• (25)

Tat kim manyase Subhute api nu Tathagatasyaivam bhavati: Maya sattvah parimocita iti? Na khalu punah Subhute evam drastavyam.
Tata kasya hetoh? Na-asti Subhute kascit sattvo yas Tathagatena parimocitah. Yadi punah Subhute kascit sattvo' bhavisyat yas Tathagatena parimocitah syat, sa eva Tathagatasya-atma-graho'bhavisyat, sattva-graho jiva-grahah pudgala-graho 'bhavisyat. Atma-graha iti Subhute agraha esa Tathagatena bhasitah. Sa ca balaprthag-janair udgrhitah. Balaprthag-jana iti Subhute a-jana eva te Tathagatena bhasitah. Tenocyante balaprthagjana iti.

• (26)

Tat kim manyase Subhute, laksana-sampada Tathagato drastavyah?
Subhutir aha: No hidam Bhagavan, yatha-aham Bhagavato bhasitasya-artham ajanami na laksana-sampada Tathagato drastavyah. Bhagavan aha: Sadhu sadhu Subhute, evam etat Subhute evam etad, yatha vadasi:

Na laksana-sampada Tathagato drastavyah. Tat kasya hetoh? Sacet punah Subhute laksana-sampada Tathagato drastavyo 'bhavisyad, raja-api cakravarti Tathagato'bhavisyat. Tasman na laksana-sampada Tathagato drastavyah.

Ayusman Subhutir Bhagavantam etad avocat: Yatha-aham Bhagavato bhasitasya-artham ajanami, na laksana-sampada Tathagato drastavyah.

Atha khalu Bhagavams tasyam velayam ime gathe abhasata:

Ye mam rupena ca-adraksur

Ye mam ghosena ca-anvayuh

Mithya-prahana-prasrta

Na mam draksyanti te janah

Dharmato Buddha drastavya

Dharmakaya hi nayakah

Dharmata ca na vijneya

Na sa sakya vijanitum.

• (27)

Tat kim manyase Subhute laksana-sampada Tathagatena-anuttara samyaksambodhir abhisambuddha? Na khalu punas te Subhute evam drastavyam. Tat kasya hetoh? Na hi Subhute laksana-sampada Tathagatena-anuttara samyaksambodhir abhisambuddha syat.

Na khalu punas te Subhute kascid evam vaded: Bodhisattva-yana-samprasthitaih kasyacid dharmasya vinasah prajnapta ucchedo veti. Na khalu punas te Subhute evam drastavyam. Tat kasya hetoh? Na bodhisattva-yana-samprasthitaih kasyacid dharmasya vinasah prajnapto nocchedah.

• (28)

Yas ca khalu punah Subhute kulaputro va kuladuhita va ganganadi-valuka-samaml lokadhatun saptaratna-paripurnan krtva Tathagatebhyo'rhadbhyah samyaksambuddhebhyo danam dadyat, yas ca bodhisattvo niratmakesv anutpatti-kesu dharmesu ksantim pratilabhate, ayam eva tato nidanam bahutaram punya-skandham prasaved aprameyam asamkhyeyam.Na khalu punah Subhute bodhisattvena mahasattvena punya-skandhah parigrahitavyah.

Ayusman Subhutir aha: Nanu Bhagavan bodhisattvena punyaskandhah parigrahitavyah?

Bhagavan aha: Parigrahitavyah Subhute nodgrahitavyah. Tenocyate parigrahitavya iti.

• (29)

Api tu khalu punah Subhute yah kascid evam vadet: Tathagato gacchati vagacchati va, tisthati va nisidati va sayyam va kalpayati, na me Subhute sa bhasitasya-artham ajanati. Tat kasya hetoh? Tathagata iti Subhute ucyate na kvacid-gato na kutascid agatah. Tenocyate Tathagato 'rhan samyaksambuddha iti.

• (30)

Yas ca khalu punah Subhute kulaputro va kuladuhita va yavantas trisahasra-mahasahasre lokadhatau prthivi-rajamsi tavatam lokadhatunam evamrupam masim kuryat yavad evam asamkhyeyena viryena tad yathapi nama paramanu-samcayah, tat kim manyase Subhute api nu bahuh sa paramanu-samcayo bhavet?

Subhutir aha: Evam etat Bhagavann, evam etat Sugata, bahuh sa paramanu-samcayo bhavet.

Tat kasya hetoh? Saced Bhagavan bahuh paramanu-samcayo 'bhavisyat, na Bhagavan avaksyat paramanu-samcaya iti.

Tat kasya hetoh? Yo 'sau Bhagavan paramanu-samcayas Tathagatena bhasitah, a-samcayah sa Tathagatena bhasitah. Tenocyate paramanu-samcaya iti.

Yas ca Tathagatena bhasitas trisahasramahasahasro lokadhatur iti, a-dhatuh sa Tathagatena bhasitah. Tenocyate trisahasramahasahasro lokadhatur iti. Tat kasya hetoh? Saced Bhagavan loka-dhatur abhavisyat, sa eva pinda-graho 'bhavisyat, yas caiva pinda-grahas Tathagatena bhasitah, a-grahah sa Tathagatena bhasitah.
Tenocyate pinda-graha iti. Bhagavan aha: Pinda-grahas caiva Subhute 'vyavaharo 'nabhilapyah. Na sa dharmo na-adharmah, sa ca balaprthagjanair udgrhitah.

• (31)

Tat kasya hetoh? Yo hi kascit Subhuta evam vaded: Atma-drstis Tathagatena bhasita sattva-drstir jiva-drstih pudgala-drstis Tathagatena bhasita, api nu sa Subhute samyagvadamano vadet?
Subhuti aha: No hidam Bhagavan no hidam Sugata, na samyag-vadamano vadet. Tat kasya hetoh? Ya sa Bhagavann atma-drstis Tathagatena bhasita, a-drstih sa Tathagatena bhasita. Tenocyata atma-drstir iti.
Bhagavan aha: Evam hi Subhute bodhisattva-yana-samprasthitena sarva-dharma jnatavya drastavya adhimoktavyah. Tatha ca jnatavya drastavya adhimoktavyah yatha na dharma-samjna pratyupasthahe. Tat kasya hetoh? Dharma-samjna dharma-samjneti Subhute a-samjnaisa Tathagatena bhasita. Tenocyate dharma-samjneti.

• (32)

Yas ca khalu punah Subhute bodhisattva mahasattvo 'prameyan asamkhyeyaml lokadhatun saptaratna-paripurnam krtva Tathagatebhyo 'rhadbhyah samyaksambuddhebhyo danam dadyat, yas ca kulaputro va kuladuhita vetah prajnapara-mitaya dharmaparyayad antasas catuspadikam api gatham udgrhya dharayed desayed vacayet paryavapnuyat parebhyas ca vistarena samprakasayed, ayam eva tato nidanam bahutaram punyaskandham prasunuyad aprameyam asamkhyeyam. Katham ca samprakasayet? Yatha na prakasayet. Tenocyate samprakasayed iti.

Taraka timiram dipo
Maya-avasyaya budbudam
Supinam vidyud abhram ca
Evam drastavyam samskrtam.

Idam avocad Bhagavan. Attamanah sthavira Subhutis, te ca bhiksu-bhiksuny-upasakopasikas te ca bodhisattvah sa-deva-manusa-asura-gandharvas ca loko Bhagavato bhasitam abhyanandann iti. Arya-Vajracchedika Bhagavati Prajnaparamita samapta.

7

孔茲的金剛經結構分析

品	主題	內容	
01 Introductiuon 序(第1-2分)	The Convocation of the Assembly 參與這場法會的人士(1)	金剛經說法的時空背景與佛陀的一天。 這一天的生活展現六波羅蜜多。	
	Subhuti makes request 須菩提提問(2)	長老須菩提提出《金剛經》第一個也是最重要的問題： 「善男子、善女人，發阿耨多羅三藐三菩提心，應云何住？云何降伏其心？」。	
02 The Bodhisattva's Career 菩薩的修行歷程 (第3-8分)	The Vow of a Bodhisattva 菩薩的誓約(3)	1. 佛陀回答降伏其心的方法同時也是菩薩的誓願：滅度眾生，但是沒有眾生可滅的念頭。 2. 如有四相的分別概念：即不是真正的菩薩	
	The Practice of Perfections 六度的實踐(4)	1. 菩薩於法應該：無所住（無所執著），行於布施。 2. 菩薩於布施應該：不住色布施。 3. 菩薩於布施應該：不住身香味觸法布施。 4. 菩薩於布施應該：不住於相。 5. 菩薩布施不住於相：則福德不思量。	
	Buddhahood and thirty-two Marks 成佛的狀態與三十二相(5)	1. 不可以身相認識如來真實的本性。 2. 如來所說身相，即非身相。 3. 佛陀告訴須菩提如何才是見到如來？ a. 需知到所有的相狀都是虛妄的。 b. 如果體悟一切相狀都是虛妄，則見如來。	
	The Dharmabody as the body of teachings 法身乃「教法」之身(6)	1. 佛陀說「若取法相」：則是執著四相。 2. 佛陀說「若取非法相」：還是執著四相。 3. 正確的態度應該是：不應取法，不應取非法。 4. 佛陀開示筏喻的故事。	
	The Dharmabody as the result of Gnosis 法身乃「靈知」之果(7)	佛陀問須菩提兩個問題？	1. 如來有得無上正等正覺嗎？ 2. 如來有所說的法嗎？
		須菩提回答佛陀：	1. 沒有一個固定的法叫做無上正等正覺。 2. 沒有一個確定具體的法如來可說。 3. 如來所說的法有以下特質：(a)不可取(b)不可說(c)非法(d)非非法 4. 一切聖賢：都是以「無為法」而有不同的正悟結果。
	The Dharmabody as the result of Merit 法身乃「福德」之果(8)	佛陀開示福德的概念	1.「受持此經，乃至四句偈，為他人說」比「滿三千大千世界七寶用來布施」的福德多。 2.「一切諸佛」與「諸佛的無上正等正覺法」都是出於此《金剛經》。 3. 所謂佛法者，即非佛法。

03 The Range of the Spiritual Life 心靈生命的變化 (第9-12分)	The four Great Saints 四聖者(9)	1. 須陀含(入流)。 2. 斯陀含(一往來)。 3. 阿那含(不來)。 4. 阿羅漢(入涅槃)。
	The Bodhisattva's thoght of Enlightment 菩薩覺醒的心(10)	如來昔在燃燈佛所，有得到什麼法嗎？ 須菩提回答：沒有得到什麼法。
	The Bodhisattva and his Pure Land 菩薩與祂的淨土(10)	菩薩有沒有莊嚴佛土呢？ 沒有。所謂莊嚴佛土，並非真正有佛土可莊嚴，只是方便度化衆生，假名莊嚴而已。
	The Bodhisattva's Final Nirvana 菩薩的究竟涅槃(10)	諸菩薩摩訶薩該如何生清淨心？ 共有三個要點： 1. 不應執著色而生心。 2. 不應執著聲、香、味、觸、法而生心。 3. 應無所住而生其心。
		若有人身如須彌山王那麼大，也不能稱為大身。 佛陀說非身。真正的身形是沒有相狀的，無所謂的大小，只不過假借一個名，稱之為大身而已。
	The Merit derived from Perfect Wisdom 源自圓滿智慧(般若波羅蜜)的福德(11、12)	「受持四句偈、為他人講說」比「七寶滿爾所恆河沙數三千大千世界的布施」的福德多。(11)
		1. 寶物布施的福德不如持經的佛德。 2. 講經處就算只有四句偈，如佛塔廟，一切天人阿修羅皆應供養。 3. 經典所在之處，如佛住處，皆應恭敬尊重。(12)
04 The First Ending 第一次的結語 (第13分)	This discourse on dharma is called "'Wisdom which has gone beyond 點出經名為《般若波羅多密經》(13)	須菩提請教佛陀：如何稱呼此經？如何奉持？ 佛說：此經名為「金剛般若波羅密」，你當奉持。
05 Trancedentality 超越到彼岸 (第13-16分)	The dialectical natural of reality 邏輯證論的真實本質(13)	對於般若波羅蜜經的認識(有、空、中觀)。 微塵的認識(有、空、中觀)。 世界的認識(有、空、中觀)。 三十二相的認識(有、空、中觀)。
	The supreme excellence of this teaching 此教義的超凡卓越(13,14)	「以恆河沙數的身命布施」的福德 不如「受持四句偈、並為他人講說」福德。(13)

05 Trancedentality 超越到彼岸 (第13-16分)		須菩提深刻理解義趣之後的感動體認(14)	昔日的慧眼不曾聽過如此甚深的經典。
			若復有人得聞是經，信心清淨，則生實相，當知是人，成就第一希有功德。
			是實相者，則是非相，是故如來說名實相。
			我（須菩提）今日得以親聞佛陀解說此經，信解受持不足為難。
			末法時代後五百年，得聞此經，能夠信解受持，則是第一稀有。同時，這人必然達到四相皆無的境界。
			四相即非相。離一切相，則名諸佛。
	Selfless Patience and perfect inner freedom 無我的忍辱與 圓滿內在自由(14)	歌利王割截身體 忍辱仙人	
	The existence and nonexistence of beings 衆生的存在與不存在(14)	一切諸相，即是非相。 一切衆生，則非衆生。	
	Truth and Falsehood 真實與虛妄 (14)	1. 如來得到的法：無實無虛。 2. 菩薩心住於法行布施：如人入暗無所見。 3. 菩薩心不住法而行布施：如人有目，日光明照，見種種色。	
	The Merit acquired, its presuppositions and results 功德的養成、因與果(14,15,16)	受持誦讀《金剛經》，以佛陀的智慧可以知道、見到此人成就無量無邊的功德。(14)	
		何況書寫、受持、讀誦、為人解說。(15)	
		1. 如來願為發大乘者說《金剛經》。 2. 如來會為發最上乘者說《金剛經》。 3. 如果能受持讀誦此經、且「廣」為人說。 佛陀可以完全知道、可以完全看到。 此人成就不可思議、不可稱量、無邊功德。(15)	
		1. 樂小法的人有四相的執著。 2. 不能聽受讀誦《金剛經》也不能為他人解說。(15)	
		佛陀開示須菩提如何看待《金剛經》 1. 無論何處若有《金剛經》：一切世間、天、人、阿修羅，所應供養。 2.《金剛經》所在之處：等同佛塔，應皆應恭敬作禮圍繞，以諸華香而散。(15)	

05 Trancedentality 超越到彼岸 (第13-16分)		1. 受持讀誦《金剛經》卻被人輕賤，是因為前世罪業。 2. 原本應墮入惡道，但卻能修持消滅先世罪業，依此應當可得無上正等正覺。(16)
		佛陀以自己供養諸佛的功德，與末世受持讀誦《金剛經》的比較： 1. 佛陀自己：遇燃燈佛前，曾供養八百四千萬億那由他諸佛。 2. 有人：於末世，能受持讀誦《金剛經》。 前者(佛陀自謙)的功德僅後者 1/100、1/千萬億，甚至算數譬喻所不能及。(16)
		佛陀說明末世受持讀誦《金剛經》的功德 (對象是善男子善女子)： 1. 如果具體——詳述，有人聽了會內心狂亂，狐疑不信。 2. 這是此經義不可思議，果報亦不可思議。(16)
06 The Bodhisattvas 菩薩(第17分)	The Bodhisattva's Vow 菩薩的誓願	1. 當生如是心，我應滅度一切衆生。 2. 依這樣的發心去滅度一切衆生，但是心中毫無任何一絲衆生被我滅度的念頭。 3. 如果菩薩有四相的分別，那就不是菩薩了。 4. 實際上，沒有法叫做發無上正等正覺的。
	The Bodhisattva's state of mind when he met Dipankara 遇到燃燈佛時，菩薩的心境	1. 肯定須菩提的答案，「沒有一種法叫做無上正等正覺」。 2. 如果有法叫做無上正等正覺，則：燃燈佛不會授記佛陀「汝於來世，當得作佛，號釋迦牟。」 3. 因為沒有法叫做無上正等正覺，所以：燃燈佛會授記佛陀「汝於來世，當得作佛，號釋迦牟尼。」
	The Bodhisattva at the end of his career 菩薩最終的歷程	佛陀更進一步解釋「無上正等正覺」： 1. 如來者，及諸法如義。 2. 如果有人說如來得無上正等正覺，這是錯誤的。實際上並沒有一個法，也沒有如來得到無上正等正覺這件事。 3. 所謂如來所得到的無上正等正覺，於此之中無實無虛。 4. 如來說一切法皆是佛法。但要知道一切法超越語言文字的描述，所以並沒有一個法叫做一切法，只不過為了衆生的理解給假名罷了。 5. 人身長大，則為非大身，是名大身。
	The Bodhisattva's attitude to his tasks 菩薩對任務秉持的態度	1. 心中若有我當滅度無量衆生，那麼就不叫菩薩。 2. 沒有一個法的名稱叫菩薩。 3. 一切法是四相皆無。 4. 心中如果有我當莊嚴佛土，那麼就不叫菩薩了。 5. 莊嚴佛土者，即非莊嚴，是名莊嚴。 6. 如果菩薩能通達無我法，那才是真正的菩薩。

07 The Buddhas 諸佛 (第18-29分)	The Buddha's five eyes 佛陀的五眼 18	肉眼 天眼 慧眼 法眼 佛眼
	The Buddha's superknowledge of other's thoughts 佛陀的超智慧能知衆生的「心」(18)	1. 佛陀知曉佛國界的一切衆生的各種心。 2. 佛陀說：諸心皆為非心，是名為心。 3. 佛陀又說：過去心不可得，現在心不可得，未來心不可得。
	The Buddha's Merit is no Merit 佛陀的佛德是無福德(19)	1. 若福德有實，如來不說得福德多。 2. 以福德無故，如來說得福德多。
	The Buddha's Physical Body 佛陀的具體身形(20)	1. 具足色身，即非具足色身，是名具足色身。 2. 諸相具足，即非具足，是名諸相具足。
	The Buddha's teaching 佛陀的教導(21)	1. 不要認為如來有「我當有所說法」的念頭。 2. 如果有人說如來有所說法，這是謗佛，這是不瞭解如來。 3. 說法者，無法可說，是名說法。 4. 衆生衆生者，如來說非衆生，是名衆生。
	The Buddha's Dharma 佛陀的法(22,23)	1. 佛陀所證得的無上正等正覺，甚至一點法也無所得。 2. 只是假名無上正等正覺。
		佛陀闡釋「法」的概念：(三點分析) 1. 是法平等，無有高下，是名阿耨多羅三藐三菩提。 2. 以無我、無人、無衆生、無壽者，修一切善法，則得阿耨多羅三藐三菩提。 3. 所言善法者，如來說非善法，是名善法。
	Once more about the Buddha's Merit 再談佛陀的福德(24)	佛陀說明兩種福德的比較(後者勝出!!)： 1. 三千大千世界中所有諸須彌山王，如是等七寶聚，有人持用布施。 2. 以此《般若波羅蜜經》，乃至四句偈等，受持讀誦、為他人說。
	The Buddha as a Savior, and the nature of emancipation 佛陀如同救世主，與救度的本質(25)	佛陀開示正確「度衆生」的態度 1. 不可有「我當度衆生」的念頭。 2. 如果有這樣的念頭，則有四相的執著。 3. 如來口稱說「有我」的概念：「有我者，則非有我，而凡夫之人以為有我。」 4. 如來說凡夫的概念：「凡夫者，如來說即非凡夫，是名凡夫。」
	The true nature of a buddha 佛陀的真實本質為何用小寫？(26)	不可以三十二相來觀如來。
		1. 若以色見我。 2. 以音聲求我。 3. 是人行邪道。 4. 不能見如來。

07 The Buddhas 諸佛 (第18-29分)	The effectiveness of meritorious deeds 功德的果報 (27,28,29)	佛陀提出更高階的問題： 1. 您如果有這樣的念頭，如來沒有具足相，所以證得無上正等正覺。(其實是錯的) 2. 千萬不可有這樣的念頭：如來沒有具足相，所以證得無上正等正覺。(27)
		發心求無上正等正覺者是於法不說斷滅相的。(27)
		佛陀提問兩個菩薩功德的比較： 1. 菩薩一：滿恆河沙等世界七寶布施。 2. 菩薩二：知一切法無我，得成於忍。 佛 陀再下個指導：以諸菩薩不受福德故。(28)
		菩薩所作福德，不應貪著，是故說不受福德。(28)
		佛陀開示如來的意義： 1. 如果有人說如來「如來若來若去、若坐若臥」，此人是不理解佛陀所說的道裡。 2. 如來的定亦是「如來者，無所從來，亦無所去」。(29)
08 Advice to the Imperfect 給未達圓滿境界者的忠告 (第30-32分)	The material world 物質世界(30)	1. 若是微塵衆實有者，佛則不說是微塵衆。 2. 佛說：微塵衆，則非微塵衆，是名微塵衆。 3. 如來所說三千大千世界，則非世界，是名世界。 4. 若世界實有，則是一合相。 5. 如來說：一合相，則非一合相，是名一合。
	Views and Attitudes 見解與態度(31)	佛陀開示(發無上正等正覺者該如何？) 1. 於一切法，應如是知，如是見，如是信解，不生法相。 2. 所言法相者，如來說即非法相，是名法相。
	The key to supreme knowledge 開啓超越智慧的鑰匙 (32)	佛陀問該如何為人演講《金剛經》: 為人演說，不取於相，如如不動。
		一切有為法如夢幻泡影。 如露亦如電，應作如是觀。
	The Second Conclusion 第二次結論(32)	與會人士，拍手叫好： 1. 長老須菩提 2. 比丘 3. 比丘尼 4. 優婆塞 5. 優婆夷 6. 天 7. 人 8.. 阿修羅

全經文孔茲譯版完整分析表

分	昭明太子 32分	孔茲分析 8單元	孔茲分析 40節	孔茲譯文
1	法會因由	01 Introductiuon 序	The Convocation of the Assembly 與會人士	Thus have I heard at one time. The Lord dwelt at Sravasti, in the Jeta Grove, in the garden of Anathapindika, together with a large gathering of monks, consisting of 1,250 monks, and with many Bodhisattvas, great beings（此處在場者還有許多菩薩，是鳩摩羅什版所沒有的）. Early in the morning the Lord dressed, put on his cloak, took his bowl, and entered the great city of Sravasti to collect alms. When he had eaten and returned from his round, the Lord put away his bowl and cloak, washed his feet, and sat down on the seat arranged for him, crossing his legs, holding his body upright, and mindfully fixing his attention in front of him（即敷座而坐）. Then many monks approached to where the Lord was, saluted his feet with their heads, thrice walked round him to the right, and sat down on one side.
2	善現啓請	01 Introductiuon 序	Subhuti makes request 須菩提提問	At that time the Venerable Subhuti came to that assembly, and sat down. Then he rose from his seat, put his upper robe over one shoulder, placed his right knee on the ground, bent forth his folded hands towards the Lord（佛陀十號之一「世尊」）, and said to the Lord: 'It is wonderful O Lord, it is exceedingly wonderful, O Well-Gone（佛陀十號之一「善逝」）, how much the Bodhisattvas, the great beings, have been helped with the greatest help by the Tathagata（如來善護念諸菩薩，善付囑諸菩薩）, the Arhat, the Fully Enlightened One. It is wonderful, O Lord, how much the Bodhisattvas, the great beings, have been favoured with the highest favour by the Tathagata（佛陀十號之一「如來」）, the Arhat（佛陀十號之一「應供」）, the Fully Enlightened One（佛陀十號之一「正遍知」）. How then, O Lord, should a son or daughter of good family, who have set out in the Bodhisattva-vehicle, stand, how progress, how control their thoughts（發阿耨多羅三藐三菩提心，應云何住？云何降伏其心？）?'
2	善現啓請	01 Introductiuon 序	Subhuti makes request 須菩提提問	After these words the Lord said to the Venerable Subhuti: 'Well said, well said, Subhuti! So it is, Subhuti, so it is, as you say! The Tathagata, Subhuti, has helped the Bodhisattvas, the great beings with the greatest help, and he has favoured them with the highest favour. Therefore, 'Subhuti, listen well, and attentively! I will teach you how those who have set out in the Bodhisattva vehicle（梵文是bodhisattva-yana-samprasthitena，發菩薩乘心）should stand, how progress, how control their thoughts.'
2	善現啓請	01 Introductiuon 序	Subhuti makes request 須菩提提問	So be it, O Lord', replied the Venerable Subhuti and listened.

鳩摩羅什譯文	關鍵內容	白話翻譯
如是我聞。一時，佛在舍衛國祇樹給孤獨園，與大比丘眾千二百五十人俱。爾時，世尊食時，著衣持缽，入舍衛大城乞食。於其城中，次第乞已，還至本處。飯食訖，收衣缽，洗足已，敷座而坐。	說明《金剛經》說法的時空背景。佛陀的一天。從佛陀的日常生活展現六波羅蜜多的要義。	這卷經，是我（阿難Ananda）親自聽到佛陀這樣說的。那時，佛陀是住在舍衛國（Shravasti）的祇樹給孤獨園（Anathapindika's Park）裡，在一起的，還有大比丘僧一千二百五十人。每天，到了乞食的時間，佛陀便披上袈裟，拿著缽具，和大家一起到舍衛城去乞食化緣。依平等心乞食的規矩，不分貧富貴賤，化緣所得之後，返回居所。吃過飯，把衣缽收拾起來，洗淨腳，敷好座位，準備靜坐。
時，長老須菩提在大眾中即從座起，偏袒右肩，右膝著地，合掌恭敬而白佛言：「希有！世尊！如來善護念諸菩薩，善付囑諸菩薩。世尊！善男子、善女人，發阿耨多羅三藐三菩提心，應云何住？云何降伏其心？」	長老須菩提發問了一個《金剛經》最關鍵的問題：「善男子、善女人，發阿耨多羅三藐三菩提心，應云何住？云何降伏其心？」。	那時候，大比丘眾中，有一位長老叫做須菩提，從自己的座位上站了起來。他披著袈裟，偏袒右肩，走到佛陀的面前，右膝跪地，合起手掌，恭恭敬敬地向佛陀稟白，請求開示：「希有的世尊！如來您向來善於護持顧念諸菩薩眾，而且善於教導叮嚀諸菩薩眾。世尊！世間的善男子、善女人，如果想要發心追求無上正等正覺，如何才能使發起的菩提心安住？要怎樣做才能降伏妄想的妄心？」
佛言：「善哉，善哉！須菩提！如汝所說：如來善護念諸菩薩，善付囑諸菩薩。汝今諦聽，當為汝說：善男子、善女人，發阿耨多羅三藐三菩提心，應如是住，如是降伏其心。」	佛陀答應解答這個問題。	佛陀說： 「問得好！問得好！須菩提！就像你所說的，如來向來善於護持諸菩薩們，而且善於付囑諸菩薩們。你現在就用心注意聽，我要為你們解說：善男子、善女人發起無上正等正覺，應該這樣安住不退失，應該這樣降伏自己的妄心。」
「唯然。世尊！願樂欲聞。」	須菩提恭敬表樂意聽聞。	須菩提說：「是的！世尊！我非常樂意好好仔細聽。」

分	昭明太子 32分	孔茲分析 8單元	孔茲分析 40節	孔茲譯文
3	大乘正宗	02 The Bodhisattva's Career 菩薩的修行歷程	The Vow of a Bodhisattva 菩薩的誓約	The Lord said: Here, Subhuti, someone who has set out in the vehicle of a Bodhisattva should produce a thought in this manner: 'As many beings as there are in the universe of beings（衆生）, comprehended under the term "beings" egg-born, born from a womb, moisture-born, or miraculously born（化生）; with or without form; with perception（有想）, without perception（無想）, and with neither perception（非有想）nor non-perception（非無想）, as far as any conceivable form of beings is conceived: all these I must lead to Nirvana, into that Realm of Nirvana which leaves nothing behind. And yet, although innumerable beings have thus been led to Nirvana, no being at all has been led to Nirvana.' And why? If in a Bodhisattva the notion（notion通常是指不正確的想法）of a 'being' should take place, he could not be called a 'Bodhi-being'. 'And why? He is not to be called a Bodhi-being, in whom the notion of a self or of a being should take place, or the notion of a living soul or of a person.'（若菩薩有我相、人相、衆生相、壽者相，即非菩薩）
4	妙行無住	02 The Bodhisattva's Career 菩薩的修行歷程	The Practice of Perfections 六度的實踐	Moreover, Subhuti, a Bodhisattva who gives a gift should not be supported by a thing, nor should he be supported anywhere（菩薩有我相、人相、衆生相、壽者相，即非菩薩）. When he gives gifts he should not be supported by sight-objects, nor by sounds, smells, tastes, touchables, or mind-objects. For, Subhuti, the Bodhisattva, the great being should give gifts in such a way that he is not supported by the notion of a sign. And why? Because the heap of merit of that Bodhi-being, who unsupported gives a gift, is not easy to measure.
4	妙行無住	02 The Bodhisattva's Career 菩薩的修行歷程	The Practice of Perfections 六度的實踐	What do you think, Subhuti, is the extent of space in the East easy to measure?
4	妙行無住	02 The Bodhisattva's Career 菩薩的修行歷程	The Practice of Perfections 六度的實踐	Subhuti replied: No indeed, O Lord. The Lord asked:
4	妙行無住	02 The Bodhisattva's Career 菩薩的修行歷程	The Practice of Perfections 六度的實踐	In like manner, is it easy to measure the extent of space in the South, West or North, downwards, upwards, in the intermediate directions, in all the ten directions all round?
4	妙行無住	02 The Bodhisattva's Career 菩薩的修行歷程	The Practice of Perfections 六度的實踐	Subhuti replied: No indeed, O Lord.
4	妙行無住	02 The Bodhisattva's Career 菩薩的修行歷程	The Practice of Perfections 六度的實踐	The Lord said: Even so the heap of merit of that Bodhibeing who unsupported gives a gift is not easy to measure. That is why, Subhuti, those who have set out in the Bodhisattva-vehicle, should give gifts without being supported by the notion of a sign（無住相布施）.

鳩摩羅什譯文	關鍵內容	白話翻譯
佛告須菩提：「諸菩薩摩訶薩應如是降伏其心！所有一切眾生之類，若卵生、若胎生、若濕生、若化生；若有色、若無色；若有想、若無想、若非有想非無想，我皆令入無餘涅槃而滅度之。如是滅度無量無數無邊眾生，實無眾生得滅度者。何以故？須菩提！若菩薩有我相、人相、眾生相、壽者相，即非菩薩。」	佛陀說明了眾生的不同形式，並且解釋如何「降伏其心」。眾生的形式包括： 1. 四生（卵、胎、濕、化） 2. 有無形色（有色、無色） 3. 有無意識（有想、無想、非有想非無想）。 佛陀回答「降伏其心的方法」是：滅度眾生，但是沒有眾生可滅度的念頭。 如有四相的分別概念，就不是真正的菩薩。	佛陀告訴須菩提： 「諸位菩薩、大菩薩們，應該如此降伏自己的妄心。宇宙間所有一切眾生的類別很多，像卵生的、胎生的、濕生的、化生的；有色的、無色的；有想的、無想的，非有想、非無想，我都將他們救度到無餘涅槃的彼岸去。像這樣地去滅度無數、無量、無邊的眾生，但實際上並沒有任何眾生得到滅度。 為什麼要說實無任何眾生獲得滅度呢？須菩提！如果菩薩還有『我度化眾生』的念頭，即證明他的四相未除，包括認為有自我的相狀、他人的相狀、眾生的相狀，執著於一期壽命的相狀，這四相未除，如此就不能稱為菩薩。」
「復次，須菩提！菩薩於法，應無所住，行於布施，所謂不住色布施，不住聲、香、味、觸、法布施。須菩提！菩薩應如是布施，不住於相。何以故？若菩薩不住相布施，其福德不可思量。」	菩薩指導「布施」，提出以下五點： 1. 菩薩於法應該：無所住，也就是無所執著。 2. 菩薩於布施應該：不住色布施。 3. 菩薩於布施應該：不住身香味觸法布施。 4. 菩薩於布施應該：不住於相。 5. 菩薩於布施不住於相：則福德不可思量。	佛陀說： 「其次，須菩提！菩薩不僅不能執著於一切現象，就是布施時也不能有所執著。所謂『應無所住而行布施』，即是不執著於色相而行布施，亦不執著於聲相、香相、味相、觸相、法相（mind-objects）而行布施。須菩提！菩薩應該像這樣行布施，不執著於任何事物的外相。為什麼呢？須菩提！假若菩薩不執著於外相而布施，所得的福德是無法想像的多。」
「須菩提！於意云何？東方虛空可思量不？」	佛陀問須菩提一連串關於十方虛空是否可以思量的問題，來提醒須菩提：菩薩應該無相布施，如此菩薩的福德也將如十方虛空沒有邊際般的不可思量。佛陀的提問依序是： 1. 東方虛空的空間是否可以思量其大小？	佛陀問須菩提： 「須菩提！你認為如何？東方的虛空，可以想像到有多大嗎？」
「不也，世尊！」	不可！	須菩須答： 「不能，世尊！」
「須菩提！南西北方、四維、上下虛空可思量不？」	1. 東方的虛空是否可以思量大小？ 2. 南北西方的虛空是否可以思量大小？ 3. 四維的虛空是否可以思量大小？ 4. 上下虛空是否可以思量大小？	佛陀問須菩提： 「南、西、北方，以及四維和上方下方的虛空，可以想像有多大嗎？」
「不也，世尊！」	不可！	須菩提回答： 「不能，世尊！」
「須菩提！菩薩無住相布施，福德亦復如是不可思量。須菩提！菩薩但應如所教住。」	佛陀開導須菩提該如何？ 1. 菩薩應該：無相布施。 2. 則菩薩福德：不可思量。 3. 告訴須菩提：菩薩應該如佛陀所教導安住於心。	於是佛陀開示說： 「須菩提！菩薩布施時不執著於任何事物的外相，那他所得的福德的廣大，也是像十方虛空那樣的不可思量。須菩提！菩薩應當像我所說的那樣來安住自己的心念。」

分	昭明太子 32分	孔茲分析 8單元	孔茲分析 40節	孔茲譯文
5	如理實見	02 The Bodhisattva's Career 菩薩的修行歷程	Buddhahood and thirty-two Marks 成佛的狀態與三十二相	The Lord continued: 'What do you think, Subhuti, can the Tathagata be seen by the possession of his marks（身相）?'
5	如理實見	02 The Bodhisattva's Career 菩薩的修行歷程	Buddhahood and thirty-two Marks 成佛的狀態與三十二相	Subhuti replied: 'No indeed, O Lord. And why? What has been taught（現在完成式疑問句）by the Tathagata as the possession of marks, that is truly a no-possession of no-marks.'
5	如理實見	02 The Bodhisattva's Career 菩薩的修行歷程	Buddhahood and thirty-two Marks 佛陀的狀態與三十二相	The Lord said: 'Wherever there is possession of marks, there is fraud, wherever there is no-possession of no-marks there is no fraud. Hence the Tathagata is to be seen from no marks as marks.'
6	正信希有	02 The Bodhisattva's Career 菩薩的修行歷程	The Dharmabody as the body of teachings 法身乃「教法」之身	Subhuti asked: Will there be any beings in the future period, in the last time, in the last epoch, in the last 500 years, at the time of the collapse of the good doctrine who, when these words of the Sutra are being taught, will understand their truth（得聞如是言說章句，生實信不）?
6	正信希有	02 The Bodhisattva's Career 菩薩的修行歷程	The Dharmabody as the body of teachings 法身乃「教法」之身	The Lord replied: Do not speak thus, Subhuti! Yes, even then there will be such beings. For even at that time, Subhuti, there will be Bodhisattvas who are gifted with good conduct, gifted, with virtuous qualities, gifted with wisdom, and who, when these words of the Sutra are being taught, will understand their truth. And these Bodhisattvas, Subhuti, will not be such as have honoured only one single Buddha, nor such as have planted their roots of merit under one single Buddha only. On the contrary, Subhuti, those Bodhisattvas who, when these words of the Sutra are being taught, will find even one single thought of serene faith, they will be such as have honoured many hundreds of thousands of Buddhas, such as have planted their roots of merit under many hundreds of thousands of Buddhas. Known they are, Subhuti, to the Tathagata through his Buddha cognition, seen they are, Subhuti, by the Tathagata with his Buddha-eye, fully known they are, Subhuti, to the Tathagata（如來悉知悉見）. And they all, Subhuti, will beget and acquire an immeasurable and incalculable heap of merit.
6	正信希有	02 The Bodhisattva's Career 菩薩的修行歷程	The Dharmabody as the body of teachings 法身乃「教法」之身	And why? Because, Subhuti, in these Bodhisattvas (1) no perception of a self takes place, (2) no perception of a being, (3) no perception of a soul, (4) no perception of a person. Nor do these Bodhisattvas have (5) a perception of a dharma, or (6) a perception of a no-dharma. (7) No perception or (8) non-perception takes place in them.（perception是指透過「看、聽」等感知器官方式認識，是有相的認識）

鳩摩羅什譯文	關鍵內容	白話翻譯
「須菩提！於意云何？可以身相見如來不？」	佛陀問須菩提：可否以身相認識如來的真實本性？	佛陀問： 「須菩提！你認為如何呢？可以透過如來的身體相貌來認識如來的真實本性嗎？」
「不也，世尊！不可以身相得見如來。何以故？如來所說身相，即非身相。」	須菩提回答：不可以身相認識如來真實的本性。 須菩提又說：如來所說身相，即非身相。	須菩提回答： 「不行，世尊！不可以用如來的身體相貌來認識如來的真實本性。為什麼呢？因為如來所說身體相貌，並非真實存在的身體相貌。」
佛告須菩提：「凡所有相，皆是虛妄。若見諸相非相，即見如來。」	佛陀再告訴須菩提：如何才是見到如來？ 1. 需知道所有的相狀都是虛妄的。 2. 如果體悟一切相狀都是虛妄，則見如來。	佛陀接著告訴須菩提： 「凡所有的一切諸相都是虛妄的，如果能體認所有一切諸相都不是真實的相狀，那麼即可認識如來的本性。」
須菩提白佛言：「世尊！頗有眾生，得聞如是言說章句，生實信不？」	須菩提問：眾生聽聞此章句，是否相信？	須菩提稟白佛陀： 「世尊！如果後世會有眾生，聽到這些言語章句，能否因此而生確實無疑的信心？」
佛告須菩提：「莫作是說。如來滅後，後五百歲，有持戒修福者，於此章句能生信心，以此為實，當知是人不於一佛二佛三四五佛而種善根，已於無量千萬佛所種諸善根，聞是章句，乃至一念生淨信者，須菩提！如來悉知悉見，是諸眾生得如是無量福德。	佛陀提醒須菩提：千萬不要如此質疑。 佛陀讚言佛滅後，後五百歲持戒修福者的境界： 1. 聞此章句能生信心。 2. 這些人早在無量千萬佛處種下善根。 3. 聞此章句，或是一念生淨者，可得無量福德。	佛陀告訴須菩提： 「不要這樣說，在如來入滅以後的第五個五百年，凡能持戒修福的人，必能由此章句生信心，而且以此為真。應當知道，持戒修福的這些人，不僅止於一、兩尊佛，乃至於三佛、四佛或五佛之處均種下善根，而且早在無量千萬諸佛那裡就種下諸多善根，因此聽了這些章句，僅在一念之中即可產生純淨的信念。須菩提！如來完全確知、也完全確見這些眾生將會得到無量福德。
何以故？是諸眾生無復我相、人相、眾生相、壽者相。無法相，亦無非法相。何以故？是諸眾生若心取相，即為著我、人、眾生、壽者。	佛陀並且說明這類眾生的境界：不再有四相的分別概念。 佛陀說上述眾生的境界已經達到：無法相，亦無非法相。 佛陀開示：若心取相，則是執著於四相。	為什麼這麼說呢？因為他們已經沒有自我的相狀、他人的相狀、眾生的相狀與一期壽命的相狀等分別概念。如此不執著於一切存在現象的相狀（無法相），也不執著於否定一切存在現象的相狀（亦無非法相）。為什麼呢？如果此眾生內心有『相』的念頭在（若心取相），那就是執著於自我、他人、眾生與追求一期壽命者。

分	昭明太子 32分	孔茲分析 8單元	孔茲分析 40節	孔茲譯文
6	正信希有	02 The Bodhisattva's Career 菩薩的修行歷程	The Dharmabody as the body of teachings 法身乃「教法」之身	And why? If, Subhuti, these Bodhisattvas should have a perception of either a dharma, or a no-dharma, they would thereby seize on a self, a being, a soul, or a person. And why? Because a Bodhisattva should not seize on either a dharma or a no-dharma. Therefore this saying has been taught by the Tathagata with a hidden meaning: 'Those who know the discourse on dharma as like unto a raft, should forsake dharmas, still more so no-dharmas.'
7	無得無說	02 The Bodhisattva's Career 菩薩的修行歷程	The Dharmabody as the result of Gnosis 法身乃「靈知」之果	The Lord asked: What do you think, Subhuti, is there any dharma which the Tathagata has fully known（得）as 'the utmost, right and perfect enlightenment（阿耨多羅三藐三菩提）, or is there any dharma which the Tathagata has demonstrated（說）?
7	無得無說	02 The Bodhisattva's Career 菩薩的修行歷程	The Dharmabody as the result of Gnosis 法身乃「靈知」之果	Subhuti replied: No, not as I understand what the Lord has said. And why? This dharma which the Tathagata has fully known or demonstrated it cannot be grasped（取）, it cannot be talked about（說）, it is neither a dharma（非法）nor a no-dharma（非非法）. And why? Because an Absolute（絕對真理）exalts（提升，提拔，給予更大的力量）the Holy Persons（賢聖）.
8	依法出生	02 The Bodhisattva's Career 菩薩的修行歷程	The Dharmabody as the result of Merit 法身乃「福德」之果	The Lord then asked: What do you think, Subhuti, if a son or daughter of good family had filled this world system of 1,000 million worlds with the seven precious things, and then gave it as a gift to the Tathagatas（如來）, Arhats（應供）, Fully Enlightened Ones（正遍知）, would they on the strength of that beget a great heap of merit（福德）?
8	依法出生	02 The Bodhisattva's Career 菩薩的修行歷程	The Dharmabody as the result of Merit 法身乃「福德」之果	Subbuti replied: Great, O Lord, great, O Well-Gone（善逝）, would that heap of merit be! And why? Because the Tathagata spoke of the 'heap of merit' as a non-heap. That is how the Tathagata speaks of 'heap of merit'.

鳩摩羅什譯文	關鍵內容	白話翻譯
若取法相，即著我、人、眾生、壽者。何以故？若取非法相，即著我、人、眾生、壽者，是故不應取法，不應取非法。以是義故，如來常說：汝等比丘，知我說法，如筏喻者，法尚應捨，何況非法。	佛陀說「若取法相」：則是執著四相。 佛陀說「若取非法相」：還是執著四相。 正確的態度應該是：不應取法，不應取非法。 佛陀告訴比丘筏喻的故事。 （精彩精彩）	倘若執著於一切現象的相狀，那就等於執著於自我、他人、眾生與追求一期壽命者。為什麼呢？這是因為如果執取於否定一切現象的相狀，也等同於執著於自我、他人、眾生、追求一期壽命者。所以不該執著於一切現象，也不應該執著於否定一切現象。因為是這個道理，所以如來常說：「你們諸位比丘大眾啊，知道我所說的法，就如同渡河的竹筏，到了涅槃彼岸之後就應當放下。所以說，不僅一切存在現象（法）應捨棄，更不應該執著於否定一切存在現象（非法）。」
「須菩提！於意云何？如來得阿耨多羅三藐三菩提耶？如來有所說法耶？」	佛陀問須菩提兩個問題： 1. 如來有得到無上正等正覺嗎？ 2. 如來有所說的法嗎？	佛陀問須菩提： 「你認為如何呢？如來已經證得了『阿耨多羅三藐三菩提（無上正等正覺）』嗎？如來說過什麼法嗎？」
須菩提言：「如我解佛所說義，無有定法名阿耨多羅三藐三菩提，亦無有定法，如來可說。何以故？如來所說法，皆不可取、不可說、非法、非非法。所以者何？一切賢聖，皆以無為法而有差別。」	須菩提回答佛陀上述問題，而且回答得很精采： 1. 沒有一個固定的法叫做無上正等正覺。 2. 沒有一個確定具體的法如來可說。 3. 如來所說的法有以下特質：(a) 不可取 (b) 不可說 (c) 非法 (d) 非非法 4. 一切賢聖：都是以「無為法」而有不同的證悟結果。	須菩提回答： 「依據我對佛陀所說的義理的瞭解，根本沒有一種確定具體的法稱為『阿耨多羅三藐三菩提（無上正等正覺）』，而且也沒有某個確定具體的法是如來所說的。這是什麼緣故呢？因為如來所說的法，都是不可以執取（不可取），都不是語言所能表達（不可說）。如來說的法既不是一切的現象（非法），也不是否定一切的現象（非非法）。這是什麼緣故？因為一切賢聖所修的都是無因緣造作的理法，也就是超越生滅變化而寂然常住之法（無為法）。因為這樣，隨體會深淺而證悟結果有所差別。」
「須菩提！於意云何？若人滿三千大千世界七寶以用布施，是人所得福德，寧為多不？」	佛陀問須菩提： 「滿三千大千世界七寶用來布施，這樣的福德多不多？」	佛陀問： 「須菩提！你認為如何？如果有人以盛滿三千大千世界的七寶來行布施，這個人所得的福德是否很多？」
須菩提言：「甚多，世尊！何以故？是福德即非福德性，是故如來說福德多。」	須菩提的回答： 1. 初步答應：很多。 2. 再進一步解釋時，須菩提說：但是這樣的福德並非福德的本性特質。 3. 如來是為了順應世俗，所以說福德多。	須菩提回答： 「世尊！當然是很多。為什麼會這麼說呢？這種福德是人世間有相的福德，只能勉強說它是福德，畢竟還不是福德的本性，但是為了順應世俗的理解，所以如來說福德多。」

分	昭明太子 32分	孔茲分析 8單元	孔茲分析 40節	孔茲譯文
8	依法出生	02 The Bodhisattva's Career 菩薩的修行歷程	The Dharmabody as the result of Merit 法身乃「福德」之果	The Lord said: But if someone else were to take from this discourse on dharma but one stanza of four lines (四句偈), and would demonstrate and illuminate it in full detail to others, then he would on the strength of that beget a still greater heap of merit, immeasurable and incalculable. And why? Because from it has issued the utmost, right and perfect enlightenment of the Tathagatas, Arhats, Fully Enlightened Ones, and from it have issued the Buddhas, the Lords. And why? For the Tathagata has taught that the dharmas special to the Buddhas are just not a Buddha's special dharmas (所謂佛法者，即非佛法). That is why they are called 'the dharmas special to the Buddhas'.
9	一相無相	03 The Range of the Spiritual Life 心靈生命的變化	The four Great Saints 四聖者	The Lord asked: What do you think, Subhuti, does it occur to the Streamwinner (入流，請注意是大寫), 'by me has the fruit of a Streamwinner been attained'?
9	一相無相	03 The Range of the Spiritual Life 心靈生命的變化	The four Great Saints 四聖者	Subhuti replied: No indeed, O Lord. And why? Because, O Lord, he has not won any dharma. Therefore is he called a Stream-winner. No sight-object has been won, no sounds, smells, tastes, touchables, or objects of mind. That is why he is called a 'Streamwinner'. If, O Lord, it would occur to a Streamwinner, 'by me has a Streamwinner's fruit been attained', then that would be in him a seizing on a self, seizing on a being, seizing on a soul, seizing on a person (著我、人、眾生、壽者).
9	一相無相	03 The Range of the Spiritual Life 心靈生命的變化	The four Great Saints 四聖者	The Lord asked: What do you think, Subhuti, does it then occur to the Once-Returner (一往來), 'by me has the fruit of a Once-Returner been attained'?
9	一相無相	03 The Range of the Spiritual Life 心靈生命的變化	The four Great Saints 四聖者	Subhuti replied: No indeed, O Lord. And why? Because there is not any dharma that has won Once-Returnership. That is why he is called a 'Once-Returner'.
9	一相無相	03 The Range of the Spiritual Life 心靈生命的變化	The four Great Saints 四聖者	The Lord asked: What do you think, Subhuti, does it then occur to the Never-Returner (不來) 'by me has the fruit of a Never-Returner been attained'?
9	一相無相	03 The Range of the Spiritual Life 心靈生命的變化	The four Great Saints 四聖者	Subhuti replied: No indeed, O Lord. And why? Because there is not any dharma that has won Never Returnership. Therefore is he called a 'Never-Returner'.
9	一相無相	03 The Range of the Spiritual Life 心靈生命的變化	The four Great Saints 四聖者	The Lord asked: What do you think, Subhuti, does it then occur to the Arhat, 'by me has Arhatship been attained'?

鳩摩羅什譯文	關鍵內容	白話翻譯
「若復有人，於此經中受持，乃至四句偈等，為他人說，其福勝彼。何以故？須菩提！一切諸佛，及諸佛阿耨多羅三藐三菩提法，皆從此經出。須菩提！所謂佛法者，即非佛法。」	佛陀針對須菩提的回答進一步解說： 1.「受持此經，乃至四句偈，為他人說」比「滿三千大千世界七寶用來布施」的福德多。 2.「一切諸佛」與「諸佛的無上正等正覺法」都是出於此《金剛經》。 3. 所謂佛法者，即非佛法。	佛陀說： 「如果有人受持這部經，甚至少到只受持此經中的四句偈，而且為他人講說，那麼他所得到的福德，比前面所說『用三千大千世界的七寶布施』的人所獲得福德更多。為什麼呢？須菩提！因為一切諸佛，及成佛的無上正等正覺法，都是從此經所生。須菩提！所謂佛法並非佛法，意思是說本來就沒有佛法可言，不過藉此開悟眾生，替它取名為佛法而已。」
「須菩提！於意云何？須陀洹能作是念『我得須陀洹果』不？」	佛陀問須菩提第一個問題： 須陀洹心中會不會有「我得到須陀洹果」的念頭呢？	佛陀說： 「須菩提！你認為須陀洹在修行的時候會起『我已經證得須陀洹果』這樣的念頭嗎？」
須菩提言：「不也，世尊！何以故？須陀洹名為入流，而無所入；不入色、聲、香、味、觸、法，是名須陀洹。」	須菩提回答（三個連續性答案）： 1. 不會。 2. 須陀洹雖然名為「入流」，但實際是「無所入」。 3. 須陀洹不入：色、聲、香、味、觸、法。 4. 只是假名須陀洹。	須菩提回答： 「世尊！不會的。為什麼呢？因為須陀洹的意思雖然是『入流』，但事實上已是無所入，因不執著於色、聲、香、味、觸、法，所以才稱為『須陀洹』。」
「須菩提！於意云何？斯陀含能作是念『我得斯陀含果』不？」	佛陀問須菩提第二個問題： 斯陀含心中會不會有「我得到斯陀含果」的念頭呢？	佛陀問須菩提： 「須菩提！你認為斯陀含在修行的時候會起『我已經證得斯陀含果』這樣的念頭嗎？」
須菩提言：「不也，世尊！何以故？斯陀含名一往來，而實無往來，是名斯陀含。」	須菩提回答（三個連續性答案）： 1. 不會。 2. 斯陀含雖然名為「一往來」，但實際是「無往來」了。 3. 只是假名斯陀含。	須菩提回答： 「世尊！不會的。為什麼呢？須陀洹的意思雖然是『一往來』，但實際上已無往來，因為他的心中沒有取捨這個果位的念頭，所以才稱為『斯陀含』。」
「須菩提！於意云何？阿那含能作是念『我得阿那含果』不？」	佛陀問須菩提第三個問題： 阿那含心中會不會有「我得到阿那含果」的念頭呢？	佛陀問須菩提： 「須菩提！你認為阿那含在修行的時候會起『我已經證得阿那含果』這樣的念頭嗎？」
須菩提言：「不也，世尊！何以故？阿那含名為不來，而實無不來，是故名阿那含。」	須菩提回答（三個連續性答案）： 1. 不會。 2. 阿那含雖然名為「不來」，但實際是「無不來」。 3. 只是假名阿那含。	須菩提回答： 「世尊！不會的。為什麼呢？因為阿那含的意思雖然是『不來』，其實在他心中已經沒有來不來的分別，所以才稱『阿那含』。」
「須菩提！於意云何？阿羅漢能作是念『我得阿羅漢道』不？」	佛陀問須菩提第四個問題： 阿羅漢心中會不會有「我得到阿羅漢道」的念頭呢？	佛陀問須菩提： 「須菩提！你認為阿羅漢在修行的時候會起『我已經證得阿羅漢道』這樣的念頭嗎？」

分	昭明太子 32分	孔茲分析 8單元	孔茲分析 40節	孔茲譯文
9	一相無相	03 The Range of the Spiritual Life 心靈生命的變化	The four Great Saints 四聖者	Subhuti: No indeed, O Lord. And why? Because no dharma is called 'Arhat'. That is why he is called an Arhat. If, O Lord, it would occur to an Arhat. 'by me has Arhatship been attained', then that would be in him a seizing on a self, seizing on a being, seizing on a soul, seizing on a person. And why? I am, O Lord, the one whom the Tathagata, the Arhat, the Fully Enlightened One has pointed out as the foremost of those who dwell in Peace（無諍三昧，人中最為第一）. I am, O Lord, an Arhat free from greed（離欲阿羅漢）. And yet, O Lord, it does not occur to me, 'an Arhat am I and free from greed'. If, O Lord, it could occur to me that I have attained Arhatship, then the Tathagata would not have declared（正式宣佈，say solemnly）of me that 'Subhuti, this son of good family, who is the foremost of those who dwell in Peace, does not dwell anywhere; that is why he is called "a dweller in Peace, a dweller in Peace（樂阿蘭那行者）".
10	莊嚴淨土	03 The Range of the Spiritual Life 心靈生命的變化	The Bodhisattva's thoght of Enlightment 菩薩覺醒的心	The Lord asked: What do you think, Subhuti, is there any dharma which the Tathagata has learned from Dipankara（燃燈佛）, the Tathagata, the Arhat, the Fully Enlightened One?
10	莊嚴淨土	03 The Range of the Spiritual Life 心靈生命的變化	The Bodhisattva's thoght of Enlightment 菩薩覺醒的心	Subhuti replied: Not so, O Lord, there is not.
10	莊嚴淨土	03 The Range of the Spiritual Life 心靈生命的變化	The Bodhisattva and his Pure Land 菩薩與他的淨土	The Lord said: If any Bodhisattva would say, 'I will create harmonious Buddhafields'（梵語ksetra-vyuhan，莊嚴佛土）, he would speak falsely（與鳩版略有差異）.
10	莊嚴淨土	03 The Range of the Spiritual Life 心靈生命的變化	The Bodhisattva and his Pure Land 菩薩與他的淨土	And why? 'The harmonies of Buddhafields, the harmonies of Buddhafields', Subhuti, as no-harmonies have they been taught by the Tathagata. Therefore he spoke of 'harmonious Buddhafields'.（莊嚴佛土者，即非莊嚴，是名莊嚴）
10	莊嚴淨土	03 The Range of the Spiritual Life 心靈生命的變化	The Bodhisattva's Final Nirvana 菩薩的究竟涅槃	Therefore then, Subhuti, the Bodhisattva, the great being（菩薩摩訶薩）, should produce an unsupported thought（清淨心）, i.e. a thought which is nowhere supported（應無所住）, a thought unsupported by sights, sounds, smells, tastes, touchables or mind-objects（不應住聲、香、味、觸、法生心）.
10	莊嚴淨土	03 The Range of the Spiritual Life 心靈生命的變化	The Bodhisattva's Final Nirvana 菩薩的究竟涅槃	Suppose, Subhuti, there were a man endowed with a body, a huge body, so that he had a personal existence like Sumeru, king of mountains. Would that, Subhuti, be a huge personal existence?

鳩摩羅什譯文	關鍵內容	白話翻譯
須菩提言：「不也，世尊！何以故？實無有法名阿羅漢。世尊！若阿羅漢作是念：『我得阿羅漢道。』即為著我、人、衆生、壽者。世尊！佛說我得無諍三昧，人中最為第一，是第一離欲阿羅漢。世尊！我不作是念：『我是離欲阿羅漢。』世尊！我若作是念：『我得阿羅漢道。』世尊則不說須菩提是樂阿蘭那行者，以須菩提實無所行，而名須菩提，是樂阿蘭那行。」	須菩提回答（六個連續性對談）： 1. 不會。 2. 沒有一個法名叫做阿羅漢。 3. 如果阿羅漢心中有「我得到阿羅漢道」的念頭，代表仍執著於四相。 4. 佛陀稱讚須菩提得「無諍三昧」、「人中第一」與「第一離欲阿羅漢」。（三個稱讚） 5. 如果須菩提心中有「我得到阿羅漢道」的念頭，那麼世尊就不會稱許須菩提是樂阿蘭那行。 6. 須菩提實際上是無所行，只是假名樂阿蘭那行。	須菩提回答： 「世尊！不會的。為什麼呢？因為並非有個真有實存的法可以稱之為阿羅漢。如果阿羅漢自念得道，即著我、人、衆生、壽者等四相，如此就不能叫做『阿羅漢』了。 世尊！你曾經說過我已經證得無諍三昧，是人中第一，是第一個脫盡人我、斷絕此念、離欲的阿羅漢。雖然佛陀如此的稱讚，但我的心中沒有『我是離欲阿羅漢』的念頭。世尊！我若有『得了阿羅漢道』的念頭，這樣世尊就不會說須菩提是樂於寂靜的阿蘭那行者，因為須菩提事實是無所作為，所以佛陀才稱須菩提是樂於寂靜的行者。」
佛告須菩提：「於意云何？如來昔在燃燈佛所，於法有所得不？」	佛陀問須菩提：佛陀過去在燃燈佛那裡，曾得到什麼法嗎？	佛陀告訴須菩提： 「須菩提！你認為從前如來在與燃燈佛會晤之處，有沒有得到什麼法呢？」
「不也，世尊！如來在燃燈佛所，於法實無所得。」	須菩提回答：沒有得到什麼法。	須菩提回答： 「世尊！在燃燈佛之處，如來實際上沒有證得什麼佛法。」
「須菩提！於意云何？菩薩莊嚴佛土不？」	佛陀問須菩提：菩薩有沒有莊嚴佛土呢？	佛陀問須菩提： 「須菩提！你認為菩薩發心從事莊嚴佛土，是不是真的有佛土可莊嚴呢？」
「不也，世尊！何以故？莊嚴佛土者，即非莊嚴，是名莊嚴。」	須菩提回答： 1. 沒有。 2. 所謂莊嚴佛土，並非真正有佛土可莊嚴，只是方便度化衆生，假名莊嚴而已。	須菩提回答： 「不是。世尊！為什麼呢？因為佛陀所說的莊嚴佛土，不是實有形相的莊嚴，超越形相的莊嚴，才是真正的莊嚴。」
「是故，須菩提！諸菩薩摩訶薩，應如是生清淨心，不應住色生心，不應住聲、香、味、觸、法生心，應無所住，而生其心。	佛陀告訴須菩提，諸菩薩摩訶薩該如何生清淨心？共有三個要點： 1. 不應執著色而生心。 2. 不應執著聲、香、味、觸、法而生心。 3. 應無所住而生其心。	佛陀開示： 「就因為這樣，須菩提！諸大菩薩應該如是生起清淨心，既不可執著於色而生意念，也不可以執著於聲、香、味、觸、法而生意念。應該無所執著而生起清淨心。」
須菩提！譬如有人，身如須彌山王，於意云何？是身為大不？」	佛陀問須菩提： 如果有人身體如同須彌山王那麼大，這樣算大不大呢？（有關身相的大小）	佛陀問須菩提： 「須菩提！譬如有人，他的身如須彌山王那麼大，你認為他的身形是否很大？」

分	昭明太子 32分	孔茲分析 8單元	孔茲分析 40節	孔茲譯文
10	莊嚴淨土	03 The Range of the Spiritual Life 心靈生命的變化	The Bodhisattva's Final Nirvana 菩薩的究竟涅槃	Subhuti replied: Yes, huge, O Lord, huge, O Well-Gone（善逝）, would his personal existence be. And why so? 'Personal existence, personal existence', as no-existence has that been taught by the Tathagata; for not, O Lord, is that existence or non-existence. Therefore is it called 'personal existence'.（佛說非身，是名大身）
11	無為福勝	03 The Range of the Spiritual Life 心靈生命的變化	The Merit derived from Perfect Wisdom 源自圓滿智慧（般若波羅蜜）的福德	The Lord asked: What do you think, Subhuti, if there were as many Ganges rivers as there are grains of sand in the large river Ganges, would the grains of sand in them be many?
11	無為福勝	03 The Range of the Spiritual Life 心靈生命的變化	The Merit derived from Perfect Wisdom 源自圓滿智慧（般若波羅蜜）的福德	Subhuti replied: Those Ganges rivers would indeed be many, much more so the grains of sand in them.
11	無為福勝	03 The Range of the Spiritual Life 心靈生命的變化	The Merit derived from Perfect Wisdom 源自圓滿智慧（般若波羅蜜）的福德	The Lord said: This is what I announce to you, Subhuti, this is what I make known to you, if some woman or man had filled with the seven precious things（七寶）as many world systems（三千大千世界）as there are grains of sand in those Ganges rivers, and would give them as a gift to the Tathagatas, Arhats, fully Enlightened Ones（複數，三種稱謂，以用布施）what do you think, Subhuti, would that woman or man on the strength of that beget a great heap of merit（福德）?
11	無為福勝	03 The Range of the Spiritual Life 心靈生命的變化	The Merit derived from Perfect Wisdom 源自圓滿智慧（般若波羅蜜）的福德	Subhuti replied: Great, O Lord, great O Well-Gone（單數，兩種稱謂）, would that heap of merit be, immeasurable（不可測量的，指得是空間計量），find the size, length, volume by comparing it with a standard unit) and incalculable（無法計算的，指得是數字計量）.
11	無為福勝	03 The Range of the Spiritual Life 心靈生命的變化	The Merit derived from Perfect Wisdom 源自圓滿智慧（般若波羅蜜）的福德	The Lord said: But if a son or daughter of good family had taken from this discourse on dharma but one stanza of four lines, and were to demonstrate and illuminate it to others, then they would on the strength of that beget a still greater heap of merit, immeasurable and incalculable.
12	尊重正教	03 The Range of the Spiritual Life 心靈生命的變化	The Merit derived from Perfect Wisdom 源自圓滿智慧（般若波羅蜜）的福德	Moreover, Subhuti, that spot of earth where one has taken from this discourse on dharma but one stanza of four lines（四句偈）, taught or illumined it, that spot of earth will be a veritable shrine for the whole world with its gods, men and Asuras（當知此處，一切世間天、人、阿修羅，皆應供養，如佛塔廟）. What then should we say of those who will bear in mind this discourse on dharma in its entirety, who will recite, study, and illuminate it in full detail for others! Most wonderfully blest, Subhuti, they will be! And on that spot of earth, Subhuti, either the Teacher（天人師，佛陀的另一稱號，說明佛陀是一切天、人的導師）dwells, or a sage representing him.

鳩摩羅什譯文	關鍵內容	白話翻譯
須菩提言：「甚大，世尊！何以故？佛說非身，是名大身。」	須菩提回答： 1. 是很大。 2. 但是此人身形雖大，卻不能稱為大身。 3. 佛陀說非身，是說真正的身形是超越有無相狀的，也超越大小的概念，只不過假借一個名，稱之為「大身」而已。	須菩提回答： 「非常大。世尊！為什麼這樣說呢？雖然佛陀說『大』，但不是指形相上的大。佛陀說『非身』，意思是指真正的身形是超越有無相狀，也就是超越物質世界大小的概念，所以這裡這只不過假借一個名，稱之為『大身』而已。」
「須菩提！如恆河中所有沙數，如是沙等恆河，於意云何？是諸恆河沙，寧為多不？」	佛陀問須菩提一個有關恆河沙數的數量問題： 恆河所有的沙數，每一粒沙代表一條恆河，這麼多的恆河中那麼多的沙，那樣的數目，多不多？	佛陀問須菩提： 「須菩提！如用恆河中所有的沙數來作比喻，以一粒沙比喻為一條恆河，那麼所有恆河內的所有沙，你認為多不多呢？」
須菩提言：「甚多，世尊！但諸恆河，尚多無數，何況其沙！」	須菩提回答（連續性答案）： 1. 很多。 2. 恆河尚且無法計數，更何況是恆河的沙數？	須菩提回答： 「非常多。世尊！以一粒沙代表一恆河，河的數量尚且無數多，更何況是所有河中的所有沙呢！」
「須菩提！我今實言告汝：若有善男子、善女人，以七寶滿爾所恆河沙數三千大千世界，以用布施，得福多不？」	佛陀問須菩提一個有關布施問題： 如果善男子善女子，用「遍滿恆河沙數那樣多的三千大千世界」的七寶來布施，那麼所得到的福德多不多？	佛陀問須菩提： 「須菩提！我現在實實在在告訴你，如果有善男子或善女人，用遍滿如恆河沙數那麼多的三千大千世界的七寶來布施，如此所獲得的福德多不多？」
須菩提言：「甚多，世尊！」	須菩提回答： 很多。	須菩提回答： 「當然很多，世尊！」
佛告須菩提：「若善男子、善女人，於此經中，乃至受持四句偈等，為他人說，而此福德勝前福德。」	佛陀告訴須菩提有關布施的正確認知： 「受持四句偈、為他人講說」的福德大於「布施遍滿恆河沙數的三千大千世界的七寶」的福德。	佛陀告訴須菩提： 「如果有善男子或善女子，雖然少到只受持此經的四句偈，但仍為他人解說此經，這樣的布施所得到的福德，勝過前面用七寶布施所得到的福德。」
「復次，須菩提！隨說是經，乃至四句偈等，當知此處，一切世間天、人、阿修羅，皆應供養，如佛塔廟。何況有人，盡能受持讀誦。須菩提！當知是人，成就最上第一希有之法，若是經典所在之處，即為有佛，若尊重弟子。」	佛陀延續上一單元繼續開導須菩提： 1. 講經之處，就算只有四句偈：一切世間、天、人、阿修羅，皆應供養。 2. 講經之處：如佛塔廟一樣的重要。 3. 盡能受持讀誦者，更是了不起：這樣的人成就第一希有之法。 4. 經典所在之處，即是佛的住處：當應虔心供養。	佛陀再進一步的說： 「須菩提！如果有人隨時隨處講說此經，甚至只說四句偈等。應該知道這個講經之處是難得且珍貴的，一切世間的天、人、阿修羅等對於這個地方，皆應恭敬供養，如同供養佛寺塔廟一般。何況是能夠完全受持讀誦此經的人，更是值得尊敬。須菩提！你當知這樣的人未來將成就世上第一希有的法。如果有此經之處，就有佛陀在那裡，還有受人敬重的佛陀弟子隨侍左右。」

分	昭明太子 32分	孔茲分析 8單元	孔茲分析 40節	孔茲譯文
13	如法受持	04 The First Ending 第一次的結語	The First Ending 第一次的結語	Subhuti asked: What then, O Lord, is this discourse on dharma, and how should I bear it in mind?
13	如法受持	04 The First Ending 第一次的結語	The First Ending 第一次的結語	The Lord replied: This discourse on dharma, Subhuti, is called 'Wisdom which has gone beyond', and as such should you bear it in mind!
13	如法受持	05 Trancedentality 超越到彼岸	The dialectical natural of reality 邏輯證論的真實本質	And why? Just that which the Tathagata has taught as the wisdom which has gone beyond, just that He has taught as not gone beyond. Therefore is it called 'Wisdom which has gone beyond'.（佛說般若波羅蜜，即非般若波羅蜜，是名般若波羅蜜）What do you think, Subhuti, is there any dharma which the Tathagata has taught? Subhuti replied: No indeed, O Lord, there is not.
13	如法受持	05 Trancedentality 超越到彼岸	The dialectical natural of reality 邏輯證論的真實本質	The Lord said: When, Subhuti, you consider the number of particles of dust in this world system of 1,000 million worlds（三千大千世界所有微塵）-would they be many?
13	如法受持	05 Trancedentality 超越到彼岸	The dialectical natural of reality 邏輯證論的真實本質	Subhuti replied: Yes, O Lord.
13	如法受持	05 Trancedentality 超越到彼岸	The dialectical natural of reality 邏輯證論的真實本質	Because what was taught as particles of dust by the Tathagata, as no-particles that was taught by the Tathagata. Therefore are they called 'particles of dust'（諸微塵，如來說非微塵，是名微塵）. And this world-system the Tathagata has taught as no-system. Therefore is it called a 'world system'.（如來說世界非世界，是名世界）
13	如法受持	05 Trancedentality 超越到彼岸	The dialectical natural of reality 邏輯證論的真實本質	The Lord asked: What do you think, Subhuti, can the Tathagata be seen by means of the thirty-two marks of the superman（三十二相）?
13	如法受持	05 Trancedentality 超越到彼岸	The dialectical natural of reality 邏輯證論的真實本質	Subhuti replied: No indeed, O Lord. And why? Because those thirty-two marks of the superman which were taught by the Tathagata, they are really no-marks. Therefore are they called the thirty-two marks of the superman.
13	如法受持	05 Trancedentality 超越到彼岸	The supreme excellence of this teaching 此教義的超凡卓越	The Lord said: And again, Subhuti, suppose a woman or a man were to renounce all their belongings as many times as there are grains of sand in the river Ganges; and suppose that someone else, after taking from this discourse on Dharma but one stanza of four lines, would demonstrate it to others. Then this latter on the strength of that would beget a greater heap of merit, immeasurable and incalculable.

鳩摩羅什譯文	關鍵內容	白話翻譯
爾時，須菩提白佛言：「世尊！當何名此經？我等云何奉持？」	本單元主要討論了四個假名：假名波羅蜜多（經名）→假名微塵（空間極微小）→假名世界（空間之大）→假名三十二相（佛的身相）： 須菩提請教佛陀： 如何稱呼此經？如何奉持？	這時候，須菩提向佛稟白： 「世尊！應該如何稱呼這部經？我們應該如何受持奉行呢？」
佛告須菩提：「是經名為金剛般若波羅蜜，以是名字，汝當奉持。	佛陀回答： 此經名為「金剛般若波羅蜜」，你應當奉持。	佛陀告訴須菩提： 「這部經就取名為『金剛般若波羅蜜』，你們應當依法奉持。
所以者何？須菩提！佛說般若波羅蜜，即非般若波羅蜜，是名般若波羅蜜。 須菩提！於意云何？如來有所說法不？」 須菩提白佛言：「世尊！如來無所說。」	1. 佛陀進而開導須菩提： 佛陀說的般若波羅蜜，就不是般若波羅蜜，是為了讓眾生便於瞭解，而暫且稱為般若波羅蜜。 2. 佛陀接著問須菩提： 如來有沒有說法嗎？ 須菩提回答： 如來無所說。	為何要這麼樣呢？須菩提！佛陀說般若波羅蜜，就不是般若波羅蜜，是為了讓眾生便於瞭解，所以假名為般若波羅蜜。須菩提！你認為如何呢？如來說過什麼法嗎？」 須菩提稟白佛陀： 「世尊！如來沒有說過什麼法。」
「須菩提！於意云何？三千大千世界所有微塵，是為多不？」	佛陀問須菩提（有關微塵）： 三千大千世界的微塵多不多？	佛陀問須菩提： 「須菩提！你認為如何呢？三千大千世界裡所有的微塵多不多？」
須菩提言：「甚多，世尊！」	須菩提回答：很多。	須菩提回答： 「甚多。世尊！」
「須菩提！諸微塵，如來說非微塵，是名微塵。如來說世界非世界，是名世界。」	須菩提表達自己對「微塵」與「世界」的理解： 1. 所有微塵，如來說不是微塵，只是暫借個名，稱為微塵而已。 2. 如來說世界，它不是世界，只是暫借個名，稱為世界而已。	佛陀告訴須菩提： 「須菩提！所有的微塵，如來說它們不是微塵，只不過暫借個名，稱之為微塵。同樣的道理，如來說世界，也不是世界，只不過暫借個名，稱之為世界。」
「須菩提！於意云何？可以三十二相見如來不？」	佛陀問須菩提（有關三十二相）： 可以透過三十二相來認識如來嗎？	佛陀問須菩提： 「須菩提！你認為如何呢？可以透過三十二相來認識如來嗎？」
「不也，世尊！不可以三十二相得見如來。何以故？如來說：三十二相，即是非相，是名三十二相。」	須菩提回答： 1. 不可以。 2. 如來所說的三十二相，並非如來真實的相狀，只是為了方便度化眾生，暫且稱為三十二相而已。	須菩提回答： 「不可以，世尊！不可以三十二相來認識如來。為什麼呢？如來所說的三十二相，並非是如來的真實相狀，只不過是暫借個名，稱之為三十二相。」
「須菩提！若有善男子、善女人，以恆河沙等身命布施，若復有人，於此經中，乃至受持四句偈等，為他人說，其福甚多！」	最後，佛陀開導須菩提（有關布施）： 善男子善女子「以恆河沙數的身命布施」的福德，小於「受持四句偈、並為他人講說」的福德。	佛陀說： 「須菩提！如果有善男子或善女人，以等同於恆河沙的生命來布施眾生。再說如果另一種人，遵循受持此經，甚至僅只四句偈，但仍為他人解說，這樣所得的福德，還是比前面說的『以恆河沙數的生命捨身布施』的福德，來得更多！」

分	昭明太子 32分	孔茲分析 8單元	孔茲分析 40節	孔茲譯文
14	離相寂滅	05 Trancedentality 超越到彼岸	The supreme excellence of this teaching 此教義的超凡卓越	Thereupon the impact of Dharma moved the Venerable Subhuti to tears. Having wiped away his tears, he thus spoke to the Lord: It is wonderful, O Lord, it is exceedingly wonderful, O Well-Gone, how well the Tathagata has taught this discourse on Dharma. Through it cognition（梵語 jnanam，所得慧眼）has been produced in me. Not have I ever before heard such a discourse on Dharma. Most wonderfully blest will be those who, when this Sutra is being taught, will produce a true perception（復有人得聞是經，信心清淨，即生實相）. And that which is true perception, that is indeed no perception.（是實相者，即是非相，是故如來說名實相）.Therefore the Tathagata teaches, 'true perception, true perceptions'.
14	離相寂滅	05 Trancedentality 超越到彼岸	The supreme excellence of this teaching 此教義的超凡卓越	It is not difficult for me to accept and believe this discourse on Dharma when it is being taught. But those beings who will be in a future period, in the last time, in the last epoch, in the last 500 years, at the time of the collapse of the good doctrine, and who, O Lord, will take up this discourse on Dharma, bear it in mind, recite it, study it, and illuminate it in full detail for others, these will be most wonderfully blest（是人即為第一希有）. In them, however, no perception of a self will take place, or of a being, a soul, or a person. And why? That, O Lord, which is perception of self, that is indeed no perception. That which is perception of a being, a soul or a person, that is indeed no perception. And why? Because the Buddhas, the Lords have left all perceptions behind.（離一切諸相，即名諸佛）
14	離相寂滅	05 Trancedentality 超越到彼岸	The supreme excellence of this teaching 此教義的超凡卓越	The Lord said: So it is, Subhuti. Most wonderfully blest will be those beings who, on hearing this Sutra, will not tremble, nor be frightened, or terrified. And why? The Tathagata has taught this as the highest perfection（梵語 parama-paramita，最高波羅蜜）. And what the Tathagata teaches as the highest perfection, that also the innumerable (梵語 aparimana) Blessed Buddhas do teach. Therefore is it called the 'highest perfection'.

鳩摩羅什譯文	關鍵內容	白話翻譯
爾時，須菩提聞說是經，深解義趣，涕淚悲泣，而白佛言：「希有，世尊！佛說如是甚深經典，我從昔來所得慧眼，未曾得聞如是之經。世尊！若復有人得聞是經，信心清淨，即生實相，當知是人成就第一希有功德。世尊！是實相者，即是非相，是故如來說名實相。	須菩提聽到佛陀開示，深刻理解義趣之後，深受感動，隨即有六個體認，非常有條理： 體認1：自己昔日的慧眼不曾聽過如此甚深的經典。 體認2：如果有人聽聞此經，信心清淨而生實相，應當知道此人成就「第一稀有功德」。 體認3：是實相者，即是非相，是故如來說名實相。	這時候，須菩提聽佛陀說經至此，心中已經深悟其中的義理旨趣，深深地感動流下淚來。不禁向佛陀稟白讚歎： 「希有的世尊！佛陀所說如此甚深奧妙的經典，即使在從前，我雖具有慧眼，但還未曾聽過如此深奧的經。世尊！如果有人，得聞此經而信心清淨，那麼他已經達到體悟實相的境界了，應當知道這個人成就了第一希有功德。 世尊！所謂的實相，實際是沒有實體相狀可得的，如來之所以說它是實相，只是為了引導眾生，不得不假借一個名，稱之為實相而已。
世尊！我今得聞如是經典，信解受持不足為難，若當來世後五百歲，其有眾生，得聞是經，信解受持，是人即為第一希有。何以故？此人無我相、無人相、無眾生相、無壽者相。所以者何？我相，即是非相，人相、眾生相、壽者相，即是非相。何以故？離一切諸相，即名諸佛。」	體認4：我（須菩提）今日得以親聞佛陀解說此經，信解受持不足為難。 體認5：末法時代後五百年，得聞此經，能夠信解受持，即是第一稀有。同時，這人必然達到「四相皆無」的境界。 體認6：四相即非相。離一切相，則名諸佛。	世尊！我在今日得以聽到此經，信奉理解而且遵循修持，應該不是難事。如果未來在（第五個）五百年之後，聽到此經而能信解受持，肯定是第一希有難得的人。為什麼這樣說？因為這個人必無我相、人相、眾生相、壽者相，因為他已經領悟我相即不是相，人相、眾生相、壽者相也是非相。這是為什麼呢？凡是能夠離開一切諸相，即可稱為佛。
佛告須菩提：「如是，如是！若復有人，得聞是經，不驚、不怖、不畏，當知是人，甚為希有。何以故？須菩提！如來說：第一波羅蜜即非第一波羅蜜，是名第一波羅蜜。	佛陀繼續對須菩提解釋說明此經的重要，他說： 1. 如有人聽聞此經不驚、不怖、不畏，這樣的人一定非常希有。 2. 第一波羅蜜，非第一波羅蜜，是名第一波羅蜜。	佛陀告訴須菩提： 「對的！對的！如果有人聽到這部經不驚駭、不恐怖、不畏懼，當知這種人實在是非常希有。為什麼這樣說呢？須菩提！如來說：所謂的第一波羅蜜，是說此人的智慧已到彼岸了，但修持的人內心不執著於有個『彼岸』可度，不執著有個『修智慧度到彼岸的人』，也不將『度脫到彼岸的智慧』執為實有，所以說第一波羅蜜即非第一波羅蜜。這不過為了要引導眾生修持，特別給予一個方便的假名，稱之為第一波羅蜜而已。

分	昭明太子32分	孔茲分析8單元	孔茲分析40節	孔茲譯文
14	離相寂滅	05 Trancedentality 超越到彼岸	Selfless Patience and perfect inner freedom 無我的忍辱與圓滿內在自由	Moreover, Subhuti, the Tathagata's perfection of patience（忍辱波羅蜜）is really no perfection. And why? Because, Subhuti, when the king of Kalinga cut my flesh from every limb, at that time I had no perception of a self, of a being, of a soul, or a person. And why? If, Subhuti, at that time I had had a perception of self, I would also have had a perception of ill-will（瞋恨）at that time. And so, if I had had a perception of a being, of a soul, or of a person. With my superknowledge I recall that in the past I have for five hundred births led the life of a sage devoted to patience. Then also have I had no perception of a self, a being, a soul, or a person. Therefore then, Subhuti, the Bodhi-being, the great being, after he has got rid of all perceptions（離一切相）, should raise his thought（心）to the utmost, right and perfect enlightenment. He should produce a thought which is unsupported by forms, sounds, smells, tastes, touchables, or mind-objects, unsupported by dharma, unsupported by no-dharma, unsupported by anything. And why? All supports have actually no support. It is for this reason that the Tathagata teaches: By an unsupported Bodhisattva should a gift be given, not by one who is supported by forms, sounds, smells, tastes, touchables, or mind-objects.
14	離相寂滅	05 Trancedentality 超越到彼岸	The existence and nonexistence of beings 衆生的存在與不存在	And further, Subhuti, it is for the weal of all beings that a Bodhisattva should give gifts in this manner. And why? This perception of a being, Subhuti, that is just a non-perception.（如來說一切諸相，即是非相）Those all-beings of whom the Tathagata has spoken, they are indeed no-beings（又說一切衆生，即非衆生）. And why? Because the Tathagata speaks in accordance with reality, speaks the truth, speaks of what is, not otherwise. A Tathagata does not speak falsely（如來是真語者、實語者、如語者、不誑語者、不異語者）.
14	離相寂滅	05 Trancedentality 超越到彼岸	Truth and Falsehood 真實與虛妄	But nevertheless, Subhuti, with regard to that dharma which the Tathagata has fully known and demonstrated, on account of（因為，為此，for this/that reason）that there is neither truth nor fraud.（此法無實無虛） In darkness a man could not see anything. Just so should be viewed a Bodhisattva who has fallen among things（菩薩心住於法）, and who, fallen among things, renounces a gift（行布施）. A man with eyes would, when the night becomes light and the sun has arisen, see manifold forms（見種種色）. Just so should be viewed a Bodhisattva who has not fallen among things, and who, without having fallen among things（心不住法）, renounces a gift.

鳩摩羅什譯文	關鍵內容	白話翻譯
須菩提！忍辱波羅蜜，如來說非忍辱波羅蜜，是名忍辱波羅蜜。何以故？須菩提！如我昔為歌利王割截身體，我於爾時，無我相、無人相、無眾生相、無壽者相。何以故？我於往昔節節支解時，若有我相、人相、眾生相、壽者相，應生瞋恨。須菩提！又念過去於五百世，作忍辱仙人，於爾所世，無我相、無人相、無眾生相、無壽者相。 是故，須菩提！菩薩應離一切相，發阿耨多羅三藐三菩提心，不應住色生心，不應住聲、香、味、觸、法生心，應生無所住心。若心有住，即為非住。	3. 忍辱波羅蜜，如來說非忍辱波羅蜜。 4. 佛陀從前被歌利王割節身體，當時必然已無四相。 5. 被節節支解時如果心有四相，必然生瞋恨之心。 6. 過去五百世佛陀作忍辱仙人，必無四相。 菩薩應該如何？ 1. 應離一切相，發阿耨多羅三藐三菩提心。 2. 不應住色生心，不應住聲、香、味、觸、法生心。 3. 應生無所住心。若心有住，則為非住。	須菩提！再說到忍辱波羅蜜也是相同的，如果知道本來無相，哪裡有忍辱不忍辱，所以如來說非忍辱波羅蜜。為什麼呢？須菩提！就好比我的前世，被歌利王割節身體的時候，肯定是已經通達無我相、無人相、無眾生相、無壽者相。為什麼這樣說呢？如果當時我在被支解時，仍有我相、人相、眾生相、壽者相，必定心生忿恨。」 佛陀說： 「須菩提！我又想起過去的前五百世，做忍辱仙人修行的時候，早已離我、人、眾、生壽者四相的執著。 所以，須菩提！菩薩應當離開一切相狀，發無上正等正覺的菩提心。既不應執著於色而生心念，也不該執著於聲、香、味、觸、法而生心念，應該安住沒有任何執著的心念。如果心中有所執著，即會產生迷妄，就無法達到『無住生心』的境界。」
是故佛說菩薩心，不應住色布施。須菩提！菩薩為利益一切眾生故，應如是布施。如來說一切諸相，即是非相；又說一切眾生，即非眾生。須菩提！如來是真語者、實語者、如語者、不誑語者、不異語者。	佛陀繼續開示大菩薩正確的布施態度： 1. 菩薩心：不應執著於色布施。 2. 菩薩為利益眾生應該如何布施？ 正確認知A：一切諸相，即是非相。 正確認知B：一切眾生，即非眾生。 3. 瞭解如來五語： 真語者、實語者、如語者、不誑語者、不異語者	所以佛陀說： 「菩薩心不應執著於色布施。須菩提！菩薩為了利益一切眾生，應該如此布施。如來說一切諸相，原是空無實體，所以說『一切諸相，即是非相』。又說一切眾生也是因為因緣聚合而顯現，隨時會有生滅變化，所以說『一切眾生，即非眾生』。須菩提！如來所說的是真實語，是如理而說的，如來所說的，不是謊言誑語，不是怪異言論。」
須菩提！如來所得法，此法無實無虛。須菩提！若菩薩心住於法，而行布施，如人入闇，即無所見；若菩薩心不住法，而行布施，如人有目，日光明照，見種種色。	佛陀繼續開示大菩薩： 1. 如來得到的法：無實無虛。 2. 菩薩心住於法行布施：如人入闇無所見。 3. 菩薩心不住法而行布施：如人有目，日光明照，見種種色。	佛陀說： 「須菩提！如來所證得的法是非實非虛的。須菩提！如果菩薩內心執著一個可布施的法，就如同人走進暗處，一無所見。如果菩薩不執著於一個可布施的法，就如同人有雙眼，在明亮如日光照耀下，可以見得種種外相。」

分	昭明太子32分	孔茲分析8單元	孔茲分析40節	孔茲譯文
14	離相寂滅	05 Trancedentality 超越到彼岸	The Merit acquired, its presuppositions and results 功德的養成 功德的因與果	Furthermore, Subhuti, those sons and daughters of good family who will take up this discourse on Dharma, will bear it in mind, recite, study, and illuminate it in full detail for others, they have been known, Subhuti, by the Tathagata with his Buddha-cognition（梵語 buddha-jnanena，以佛智慧）, they have been seen, Subhuti, by the Tathagata with his Buddha-eye（梵語 buddha-caksusa，佛眼）, they have been fully known by the Tathagata. All these beings, Subhuti, will beget and acquire an immeasurable and incalculable heap of merit（＊＊＊功德與福德在英譯版本似乎無差別）.
15	持經功德	05 Trancedentality 超越到彼岸	The Merit acquired, its presuppositions and results 功德的養成 功德的因與果	And if, Subhuti, a woman or man should renounce in the morning all their belongings as many times as there are grains of sand in the river Ganges, and if they should do likewise at noon and in the evening, and if in this way they should renounce all their belongings for many hundreds of thousands of millions of milliards of aeons; and someone else, on hearing this discourse on Dharma, would not reject it; then the latter would on the strength of that beget a greater heap of merit, immeasurable and incalculable. What then should we say of him who, after writing it, would learn it, bear it in mind, recite, study and illuminate it in full detail for others?
15	持經功德	05 Trancedentality 超越到彼岸	The Merit acquired, its presuppositions and results 功德的養成 功德的因與果	Moreover, Subhuti, (1) unthinkable and (2) incomparable is this discourse on Dharma. (3) The Tathagata has taught it for the weal of beings who have set out in the best, in the most excellent vehicle. Those who will take up this discourse on Dharma, bear it in mind, recite, study and illuminate it in full detail for others, the Tathagata has known them with his Buddha-cognition, the Tathagata has seen them with his Buddha-eye, the Tathagata has fully known them. All these beings, Subhuti, will be blest with an immeasurable heap of merit, they will be blest with a heap of merit unthinkable, incomparable, measureless and illimitable. All these beings, Subhuti, will carry along an equal share of enlightenment. And why? (4) Because it is not possible, Subhuti, that this discourse on Dharma could be heard by beings of inferior resolve, nor by such as have a self in view, a being, a soul, or a person. Nor can beings who have not taken the pledge of Bodhi-beings either hear this discourse on Dharma, or take it up, bear it in mind, recite or study it. That cannot be.
15	持經功德	05 Trancedentality 超越到彼岸	The Merit acquired, its presuppositions and results 功德的養成 功德的因與果	(1) Moreover, Subhuti, the spot of earth where this Sutra will be revealed, that spot of earth will be worthy of worship by the whole world with its Gods, men and Asuras, worthy of being saluted respectfully, worthy of being honoured by circumambulation, like a shrine will be that spot of earth.

鳩摩羅什譯文	關鍵內容	白話翻譯
須菩提！當來之世，若有善男子、善女人，能於此經受持讀誦，即為如來以佛智慧，悉知是人，悉見是人，皆得成就無量無邊功德。」	佛陀開示善男子善女子： 如果受持誦讀《金剛經》，以佛陀的智慧可以知道，以佛陀的慧眼可以見到，此人成就無量無邊的功德。	佛陀說： 「須菩提！在未來之世，如果有善男子或善女人，能夠遵循持守讀誦此經，如此如來透過佛的智慧，完全確知此人，透過佛的慧眼，完全見到此人，已經成就無量無邊的功德。」
「須菩提！若有善男子、善女人，初日分以恆河沙等身布施；中日分復以恆河沙等身布施；後日分亦以恆河沙等身布施，如是無量百千萬億劫，以身布施。若復有人，聞此經典，信心不逆，其福勝彼，何況書寫、受持、讀誦、為人解說。	佛陀分析三種布施的福德： 1. 初日分、中日分、後日分以恆河沙等身布施。 2. 聞此經典，信心不逆。已經很不錯囉，第二名！！ 3. 何況書寫、受持、讀誦、為人解說。太棒了，第一名，勝出！	佛陀說： 「須菩提！如果有善男子或善女人，在早晨的時候以相當於恆河沙數的身命布施，中午又以相當於恆河沙數的身命布施，晚上也以相當於恆河沙數的身命布施，如此經過無量百千萬億劫都無間斷的作身布施。如果另一種人，聽聞此經，能篤信不違逆，那麼他所得的福德，將勝過前面那位以身命布施的人。更何況是書寫經書，受持讀誦，並且為人解說此經的福德呢？」
須菩提！以要言之，是經有不可思議，不可稱量，無邊功德，如來為發大乘者說，為發最上乘者說。若有人能受持讀誦，廣為人說，如來悉知是人，悉見是人，皆得成就不可量、不可稱、無有邊、不可思議功德，如是人等，即為荷擔如來阿耨多羅三藐三菩提。 何以故？須菩提！若樂小法者，著我見、人見、眾生見、壽者見，即於此經不能聽受讀誦，為人解說。	佛陀分析如來對「大乘者」與「小乘者」的態度： 佛陀先讚歎《金剛經》：不可思議、不可稱量、無邊功德。 發大乘者、發最上乘的人將是如何？ 1. 如來願為發大乘者說《金剛經》。 2. 如來會為發最上乘者說《金剛經》。 3. 如果能受持讀誦此經、且「廣」為人說：佛陀可以完全知道、可以完全看到此人成就不可思議、不可稱量、無邊功德。 樂小法的人又是如何？ 1. 樂小法的人有四相的執著。 2. 不能聽受讀誦《金剛經》`。 3. 也不能為他人解說。	佛陀說： 「須菩提！總而言之，此經具備不可思議的、無法稱量的、無邊無際的功德。如來特別為立志發大乘心願與立志發最上乘心願的眾生而說的。如果有人能夠受持讀誦此經，而且廣為他人解說，那麼如來肯定會完全確知此人的成就，並且確見到此人的成就，其成就是不可記量、不可稱量、無邊無際、不可思議的功德。像這樣的人等，一身就荷擔著如來的無上正等正覺。為什麼呢？須菩提！一般喜好小乘法的人，由於執著於我、人、眾生、壽者等私見，對此大乘妙法是無法理解的，也無法聽受讀誦，更不可能為他人解說此經。」
須菩提！在在處處，若有此經，一切世間天、人、阿修羅所應供養，當知此處，即為是塔，皆應恭敬，作禮圍繞，以諸華香而散其處。」	佛陀開示須菩提如何看待《金剛經》？ 1. 無論何處若有《金剛經》：一切世間天、人、阿修羅，所應供養。 2.《金剛經》所在之處：等同佛塔，皆應恭敬作禮圍繞，以諸華香而散其處。	佛陀說： 「須菩提！無論任何人，在什麼地方，只要有此經，那一切世間的天、人、阿修羅都應當恭敬供養。應當知道此經所在之處，即等同於佛塔所在之處，皆應當恭敬作禮圍繞，以香花散其四周虔誠供奉。」

分	昭明太子 32分	孔茲分析 8單元	孔茲分析 40節	孔茲譯文
16	能淨業障	05 Trancedentality 超越到彼岸	The Merit acquired, its presuppositions and results 功德的養成 功德的因與果	And yet Subhuti, those sons and daughters of good family, who will take up these very Sutras, and will bear them in mind, recite and study them, they will be humbled, well humbled they will be! And why? The impure deeds which these beings have done in their former lives, and which are liable to lead them into the states of woe, in this very life they will, by means of that humiliation, (2) annul those impure deeds of their former lives, and (3) they will reach the enlightenment of a Buddha.
16	能淨業障	05 Trancedentality 超越到彼岸	The Merit acquired, its presuppositions and results 功德的養成 功德的因與果	With my superknowledge, Subhuti, I recall that in the past period, long before Dipankara（燃燈佛）, the Tathagata, Arhat, fully Enlightened One, during incalculable, quite incalculable aeons, I gave satisfaction by loyal service to 84,000 million milliards of Buddhas, without ever becoming again estranged from them. But the heap of merit, Subhuti, from the satisfaction I gave to those Buddhas and Lords without again becoming estranged from them compared with the heap of merit of those who in the last time, the last epoch, the last five hundred years, at the time of the collapse of the good doctrine, will take up these very Sutras, bear them in mind, recite and study them, and will illuminate them in full detail for others, it does not approach one hundredth part, not one thousandth part, nor a one hundred thousandth part, not a ten millionth part, nor a one hundred millionth part, nor a 100,000 millionth part. It does not bear number, nor fraction, nor counting, nor similarity, nor comparison, nor resemblance.
16	能淨業障	05 Trancedentality 超越到彼岸	The Merit acquired, its presuppositions and results 功德的養成 功德的因與果	(4) If moreover, Subhuti, I were to teach, the heap of merit of those sons and daughters of good family, and how great a heap of merit they will at that time beget and acquire, beings would become frantic and confused. Since, however, Subhuti, the Tathagata has taught this discourse on Dharma as unthinkable, so just an unthinkable karma result should be expected from it.
17	究竟無我	06 The Bodhisattvas 菩薩	The Bodhisattva's Vow 菩薩的誓願	Subhuti asked: How, O Lord, should one set out in the Bodhisattva-vehicle stand, how progress, how control his thoughts?

鳩摩羅什譯文	關鍵內容	白話翻譯
「復次，須菩提！若善男子、善女人，受持讀誦此經，若為人輕賤，是人先世罪業，應墮惡道。以今世人輕賤故，先世罪業，即為消滅，當得阿耨多羅三藐三菩提。	佛陀開示如果受持讀誦此經，卻被人人輕賤，原因何在？又會如何發展？（對象是善男子善女人） 1. 受持讀誦《金剛經》卻被人輕賤，是因為前世罪業累積所造成的。 2. 原本應墮入惡道，但是如果能修持《金剛經》，可先消滅先世罪業，依此可得無上正等正覺。	佛陀說： 「再者，須菩提！如果有善男子或善女人受持讀誦此經，不但不得眾人恭敬，反而被人輕賤。為什麼呢？那是因為他在前世種下深重的罪業的結果。本來應該墮入地獄、惡鬼、畜生三惡道中受苦，而現在受到世人輕賤。但如果能夠忍辱修持，則可消除先世的罪業，如此還可證得無上正等正覺。」
須菩提！我念過去無量阿僧祇劫，於燃燈佛前，得值八百四千萬億那由他諸佛，悉皆供養承事，無空過者。若復有人，於後末世，能受持讀誦此經，所得功德，於我所供養諸佛功德，百分不及一，百千萬億分，乃至算數譬喻所不能及。	佛陀繼續開示須菩提，以佛陀自己供養諸佛所得的功德，與末世受持讀誦《金剛經》的功德比較： 1. 佛陀的功德：遇燃燈佛前，曾供養八百四千萬億那由他諸佛。 2. 有人的功德：於末世，能受持讀誦《金剛經》。 3. 前者（佛陀自謙）的功德僅後者「1/100」、「1/千萬億」，甚至算數譬喻所不能及。	佛陀說： 「須菩提！我回想起無數無量劫的前世，在燃燈佛之前曾遇八百四千萬億無數量的諸佛，我都全心全意的供養承事，一個也沒空過。如果有人在末法時期，能夠受持讀誦此經，那他所得到的功德，與我之前供佛的功德相較，我是百分不及一，千萬億分不及一，甚至算數與任何譬喻都無法比擬的。」
須菩提！若善男子、善女人，於後末世，有受持讀誦此經，所得功德，我若具說者，或有人聞，心即狂亂，狐疑不信。須菩提！當知是經義不可思議，果報亦不可思議。」	佛陀說明末世受持讀誦《金剛經》的功德（對象是善男子善女人）： 1. 如果具體一一詳述，有人聽了會內心狂亂，狐疑不信。 2. 這部經的經義不可思議，果報亦不可思議。	佛陀說： 「須菩提！如果有善男子或善女人於末法時期，受持讀誦此經，所獲得的無量之功德，我如果具體詳盡一一細述，恐怕有人聽了會內心狂亂，或是狐疑而不相信。須菩提！應當知道這部經的道理甚深，不可思議，而受持所獲得的果報也是不可思議。」
爾時，須菩提白佛言：「世尊！善男子、善女人，發阿耨多羅三藐三菩提心，云何應住？云何降伏其心？」	須菩提發問：「善男子、善女人，發阿耨多羅三藐三菩提心，云何應住？云何降伏其心？」 （這與第二分的問法差了一點點） 之前：應云何住？（這部分是追求智慧的般若道，「自覺」時要注意的事項。） 現在：云何應住？（這是大乘菩薩行的方便道，「覺他」時要注意的事項。）	那時，須菩提向佛稟白：「世尊！善男子或善女人已經發心，希望證得無上正等正覺，應該如何保持那顆菩提心？又如何能降伏妄念的心呢？」

分	昭明太子 32分	孔茲分析 8單元	孔茲分析 40節	孔茲譯文
17	究竟無我	06 The Bodhisattvas 菩薩	The Bodhisattva's Vow 菩薩的誓願	The Lord replied: Here, Subhuti, someone who has set out in the Bodhisattva-vehicle should produce a thought in this manner: 'all beings I must lead to Nirvana, into that Realm of Nirvana which leaves nothing behind; and yet, after beings have thus been led to Nirvana, no being at all has been led to Nirvana'. And why? If in a Bodhisattva the notion of a 'being' should take place, he could not be called a 'Bodhi-being'.（請注意，先談衆生相）And likewise if the notion of a soul, or a person（再談壽者相、人相，此處並未出現我相）should take place in him. And why? He who has set out in the Bodhisattva-vehicle he is not one of the dharmas.
17	究竟無我	06 The Bodhisattvas 菩薩	The Bodhisattva's state of mind when he met Dipankara 遇到燃燈佛時，菩薩的心境	What do you think Subhuti, is there any dharma by which the Tathagata, when he was with Dipankara the Tathagata, has fully known the utmost, right and perfect enlightenment?
17	究竟無我	06 The Bodhisattvas 菩薩	The Bodhisattva's state of mind when he met Dipankara 遇到燃燈佛時，菩薩的心境	Subhuti replied: There is not any dharma by which the Tathagata, when he was with the Tathagata Dipankara, has fully known the utmost, right and perfect enlightenment.
17	究竟無我	06 The Bodhisattvas 菩薩	The Bodhisattva's state of mind when he met Dipankara 遇到燃燈佛時，菩薩的心境	The Lord said: It is for this reason that the Tathagata Dipankara then predicted of me: 'You, young Brahmin, will be in a future period a Tathagata, Arhat, fully Enlightened, by the name of Shakyamuni!' And why? 'Tathagata', Subhuti, is synonymous with true Suchness（即梵語tathata）.
17	究竟無我	06 The Bodhisattvas 菩薩	The Bodhisattva at the end of his career 菩薩最終的歷程	And whosoever, Subhuti, were to say, 'The Tathagata has fully known the utmost, right and perfect enlightenment', he would speak falsely. And why? There is not any dharma by which the Tathagata has fully known the utmost, right and perfect enlightenment. And that dharma which the Tathagata has fully known and demonstrated, on account of that there is neither truth nor fraud.（無實無虛）Therefore the Tathagata teaches, all dharmas are the Buddha's own and special dharmas'. And why? 'All-dharmas', Subhuti, have as no-dharmas been taught by the Tathagata. Therefore all dharmas are called the Buddha's own and special dharmas.

鳩摩羅什譯文	關鍵內容	白話翻譯
佛告須菩提：「善男子、善女人，發阿耨多羅三藐三菩提心者，當生如是心：『我應滅度一切眾生；滅度一切眾生已，而無有一眾生實滅度者。』 何以故？須菩提！若菩薩有我相、人相、眾生相、壽者相，即非菩薩。所以者何？須菩提！實無有法，發阿耨多羅三藐三菩提心者。」	佛陀回答須菩提： 1. 當生如是心，我應滅度一切眾生。 2. 依這樣的發心去滅度一切眾生，但是心中毫無任何一絲眾生被我滅度的念頭。 3. 如果菩薩有四相的分別，那就不是菩薩了。 4. 實際上，沒有法叫做發無上正等正覺的。	佛陀告訴須菩提： 「善男子或善女人已發心希望證得無上正等正覺者，應該如此生其心：『我應該幫助一切眾生滅除煩惱而度脫到涅槃境界。』以這樣的發心去滅度一切眾生，但是心中沒有任何眾生因我而滅度的念頭。」 佛陀繼續說： 「為什麼？如果菩薩有我相、人相、眾生相、壽者相的分別概念，那就不是菩薩了。為什麼這麼說呢？實際上，沒有任何法名為發心證得無上正等正覺。」
「須菩提！於意云何？如來於燃燈佛所，有法得阿耨多羅三藐三菩提不？」	佛陀問須菩提一個問題： 如來在燃燈佛處有沒有得到一種法稱為無上正等正覺？	佛陀問須菩提： 「須菩提！你認為如何？如來在燃燈佛之處，有沒有從他那兒學得無上正等正覺法？」
「不也，世尊！如我解佛所說義，佛於燃燈佛所，無有法得阿耨多羅三藐三菩提。」	須菩提回答： 沒有。	須菩提回答： 「沒有。世尊！依據我對佛陀講說義理的瞭解，佛陀在燃燈佛那裡，只是了悟諸法空相，並沒有得到一種法叫無上正等正覺。」
佛言：「如是！如是！須菩提！實無有法，如來得阿耨多羅三藐三菩提。須菩提！若有法如來得阿耨多羅三藐三菩提者，燃燈佛即不與我授記：『汝於來世當得作佛，號釋迦牟尼。』以實無有法得阿耨多羅三藐三菩提，是故燃燈佛與我授記，作是言：『汝於來世，當得作佛，號釋迦牟尼。』何以故？如來者，即諸法如義。」	佛陀進一步解釋「無上正等正覺」： 1. 佛陀先肯定須菩提的回答：「沒有一種法叫做無上正等正覺」。 2. 如果有法叫做無上正等正覺，則：燃燈佛不會授記佛陀「汝於來世，當得作佛，號釋迦牟」。 3. 因為沒有法叫做無上正等正覺，所以：燃燈佛會授記佛陀「汝於來世，當得作佛，號釋迦牟尼」。	佛陀說： 「是的！是的！須菩提！誠如你所說的，事實上如來並沒有得到一個叫無上正等正覺的法。須菩提！如果說如來有得到一種法叫做無上正等正覺，那麼燃燈佛就不會為佛陀授記說：『你在來世，當得成佛，名叫釋迦牟尼』。 因為實際上沒有一個法叫做無上正等正覺，佛陀了悟了這點，所以燃燈佛才會為佛陀授記說：『你在來世，當得成佛，名叫釋迦牟尼』。為什麼這麼說呢？因為如來的意思，就是諸法體性空寂，如其本來之義。」
「若有人言：如來得阿耨多羅三藐三菩提，須菩提！實無有法，佛得阿耨多羅三藐三菩提。須菩提！如來所得阿耨多羅三藐三菩提，於是中無實無虛。是故如來說一切法，皆是佛法。須菩提！所言一切法者，即非一切法，是故名一切法。」	佛陀更進一步解釋「無上正等正覺」： 1. 如來者，及諸法如義。 2. 如果有人說如來得無上正等正覺，這是錯誤的。實際上並沒有一個法，也沒有如來得到無上正等正覺這件事。 3. 所謂如來所得到的無上正等正覺，於此之中無實無虛。 4. 如來說一切法皆是佛法。但要知道一切法超越語言文字的描述，所以並沒有一個法叫做一切法，只不過為了方便眾生的理解而給假名罷了。	「如果有人說：如來已得無上正等正覺，那就錯了。須菩提！因為實在沒有任何法可以讓佛陀得到這個無上正等正覺。 須菩提！如來所得的無上正等正覺，在這之中是無實無虛的。所以，如來說的一切法是體性空寂，故一切法都是佛法。須菩提！如來所說的一切法是一切事物的現象，一切法並沒有真實的具體相狀，之所以稱為一切法，只不過借個假名方便眾生瞭解罷了。

分	昭明太子32分	孔茲分析8單元	孔茲分析40節	孔茲譯文
17	究竟無我	06 The Bodhisattvas 菩薩	The Bodhisattva at the end of his career 菩薩最終的歷程	[(Just as a man, Subhuti, might be endowed with a body, a huge body.)]
17	究竟無我	06 The Bodhisattvas 菩薩	The Bodhisattva at the end of his career 菩薩最終的歷程	Subhuti said: That man of whom the Tathagata spoke as 'endowed with a body, a huge body', as a no-body he has been taught by the Tathagata. Therefore is he called, 'endowed with a body, a huge body'.
17	究竟無我	06 The Bodhisattvas 菩薩	The Bodhisattva's attitude to his tasks 菩薩對任務秉持的態度	[(If any Bodhisattva should say, 'I will create harmonious Buddhafields')], he likewise should not be called a Bodhi-being. [(And why? 'The harmonies of Buddhafields, the harmonies of Buddhafields', Subhuti, as no-harmonies have they been taught by the Tathagata. Therefore he spoke of 'harmonious Buddhafields'.)] The Bodhisattva, however, Subhuti, who is intent on 'without self are the dharmas, without self are the dharmas', him the Tathagata, the Arhat, the fully Enlightened One has declared to be a Bodhi-being, a great being.
18	一體同觀	07 The Buddhas 諸佛	佛陀的五眼	What do you think, Subhuti, does the fleshly eye of the Tathagata exist? Subhuti replied: So it is, O Lord, the fleshly eye of the Tathagata does exist. The Lord asked: What do you think, Subhuti, does the Tathagata's heavenly eye exist, his wisdom eye, his Dharma-eye, his Buddha-eye? Subhuti replied: So it is, O Lord, the heavenly eye of the Tathagata does exist, and so does his wisdom eye, his Dharma-eye and his Buddha-eye.
18	一體同觀	07 The Buddhas 諸佛	The Buddha's superknowledge of other's thoughts 佛陀的超智慧能知衆生的「心」	The Lord said: What do you think, Subhuti, has the Tathagata used the phrase, 'as many grains of sand as there are in the great river Ganges'?
18	一體同觀	07 The Buddhas 諸佛	The Buddha's superknowledge of other's thoughts 佛陀的超智慧能知衆生的「心」	Subhuti replied: So it is, O Lord, so it is, O Well-Gone! The Tathagata has done so.

鳩摩羅什譯文	關鍵內容	白話翻譯
「須菩提！譬如人身長大。」	佛陀問須菩提有關「人身長大」的看法？	佛陀說： 「須菩提！譬如有個人的身體高而且大，真的是大身嗎？」
須菩提言：「世尊！如來說人身長大，即為非大身，是名大身。」	須菩提的回答： 人身長大，則為非大身，是名大身。	須菩提回答： 「世尊！如來說：大身如果是可以描述說出的，即表示仍是有限量的，如此怎能稱為大身呢？這不過假借一個名，稱之為大身而已。」
「須菩提！菩薩亦如是。若作是言：『我當滅度無量眾生。』即不名菩薩。何以故？須菩提！實無有法，名為菩薩。是故佛說：『一切法無我、無人、無眾生、無壽者。』須菩提！若菩薩作是言：『我當莊嚴佛土。』是不名菩薩。何以故？如來說莊嚴佛土者，即非莊嚴，是名莊嚴。須菩提！若菩薩通達無我法者，如來說名真是菩薩。	菩薩應有的修行也是如此，佛陀接著開示須菩提，並總結此一龐大單元的概念： 1.心中若有「我當滅度無量眾生」，那麼就不叫菩薩。 2.沒有一個法的名稱叫菩薩。 3.一切法是四相皆無。 4.心中如果有「我當莊嚴佛土」，那麼就不叫菩薩了。 5.莊嚴佛土者，即非莊嚴，是名莊嚴。 6.如果菩薩能通達「無我法」，那才是真正的菩薩。	佛陀說： 「須菩提！菩薩也是如此，如果菩薩心中起了『我應當滅度一切眾生』的念頭，如此便有了相狀的執著，就不能稱為菩薩。為什麼呢？實際上，沒有任何一個法名為菩薩的。所以佛陀說：『一切的現象之中沒有我相、人相、眾生相、壽者相的分別概念。』 須菩提！如果菩薩說：『我應當莊嚴整飾佛的淨土』，如此便不能稱為菩薩。為什麼呢？因為所謂莊嚴佛土，並不存在能夠莊嚴的人與能莊嚴的法，也沒有實體的佛土可莊嚴，只是假借一個名，稱之為莊嚴而已。 須菩提！如果菩薩能通達這種無我的真理，那麼如來就會說這是真正的菩薩。」
「須菩提！於意云何？如來有肉眼不？」 「如是，世尊！如來有肉眼。」 「須菩提！於意云何？如來有天眼不？」 「如是，世尊！如來有天眼。」 「須菩提！於意云何？如來有慧眼不？」 「如是，世尊！如來有慧眼。」 「須菩提！於意云何？如來有法眼不？」 「如是，世尊！如來有法眼。」 「須菩提！於意云何？如來有佛眼不？」 「如是，世尊！如來有佛眼。」	佛陀問須菩提： 是否認為如來具有五眼？ 須菩提回答：是。	佛陀問須菩提： 「須菩提！你認為我具有肉眼嗎？」 須若提答： 「是的，世尊！你具有肉眼。」 佛陀問須菩提： 「須菩提！你認為我具有天眼嗎？」 須菩提回答： 「是的，世尊！你具有天眼。」 佛陀問須菩提： 「須菩提！你認為我具有慧眼嗎？」 須菩提回答： 「是的，世尊！你具有慧眼。」 佛陀問須菩提： 「須菩提！你認為我具有法眼嗎？」 須菩提回答： 「是的，世尊！你具有法眼。」 佛陀問須菩提： 「須菩提！你認為我具有佛眼嗎？」 須菩提回答： 「是的，世尊！你具有佛眼。」
「須菩提！於意云何？如恆河中所有沙，佛說是沙不？」	佛陀問須菩提： 恆河中所有沙，佛陀說是不是沙？	佛陀問須菩提： 「須菩提！你認為在恆河中所有的沙，佛陀說它們是否是沙呢？」
「如是，世尊！如來說是沙。」	須菩提回答：是	須菩提回答： 「是的，世尊！佛陀說它們是沙。」

分	昭明太子 32分	孔茲分析 8單元	孔茲分析 40節	孔茲譯文
18	一體同觀	07 The Buddhas 諸佛	The Buddha's superknowledge of other's thoughts 佛陀的超智慧能知衆生的「心」	The Lord asked: What do you think, Subhuti, if there were as many Ganges rivers as there are grains of sand in the great river Ganges, and if there were as many world systems as there are grains of sand in them, would those world systems be many?
18	一體同觀	07 The Buddhas 諸佛	The Buddha's superknowledge of other's thoughts 佛陀的超智慧能知衆生的「心」	Subhuti replied: So it is, O Lord, so it is, O Well-Gone, these world systems would be many.
18	一體同觀	07 The Buddhas 諸佛	The Buddha's superknowledge of other's thoughts 佛陀的超智慧能知衆生的「心」	The Lord said: As many beings as there are in these world systems, of them I know, in my wisdom, the manifold trends of thought. And why? 'Trends of thought, trends of thought', Subhuti, as no trends have they been taught by the Tathagata. Therefore are they called 'trends of thought'. And why? Past thought is not got at; future thought is not got at; present thought is not got at.
19	法界通化	07 The Buddhas 諸佛	The Buddha's Merit is no Merit 佛陀的佛德是無福德	What do you think, Subhuti, if a son or daughter of good family had filled this world system of 1,000 million worlds with the seven precious things, and then gave it as a gift to the Tathagatas, the Arhats, the fully Enlightened Ones, would they on the strength of that beget a great heap of merit?
19	法界通化	07 The Buddhas 諸佛	The Buddha's Merit is no Merit 佛陀的佛德是無福德	Subhuti replied: they would, O Lord, they would, O Well-Gone!
19	法界通化	07 The Buddhas 諸佛	The Buddha's Merit is no Merit 佛陀的佛德是無福德	The Lord said: So it is, Subhuti, so it is. On the strength of that this son or daughter of good family would beget a great heap of merit, immeasurable and incalculable. But if, on the other hand, there were such a thing as a heap of merit, the Tathagata would not have spoken of a 'heap of merit'.
20	離色離相	07 The Buddhas 諸佛	The Buddha's Physical Body 佛陀的具體身形	What do you think, Subhuti, is the Tathagata to be seen by means of the accomplishment of his form-body（具足色身）?
20	離色離相	07 The Buddhas 諸佛	The Buddha's Physical Body 佛陀的具體身形	Subhuti replied: No indeed, O Lord, the Tathagata is not to be seen by means of the accomplishment of his form-body. And why? 'Accomplishment of his form-body, accomplishment of his form-body', this, O Lord, has been taught by the Tathagata as no-accomplishment. Therefore is it called 'accomplishment of his form-body'.

鳩摩羅什譯文	關鍵內容	白話翻譯
「須菩提！於意云何？如一恆河中所有沙，有如是沙等恆河，是諸恆河所有沙數，佛世界如是，寧為多不？」	佛陀又問須菩提： 1. 一恆河裡的沙（很多沙） 2. 每顆沙代表一條恆河（於是產生很多恆河） 3. 那麼所有的恆河的沙有多少（很多恆河的很多沙） 4. 每個沙又代表一個佛世界（這些每顆沙都代表一個世界）那麼佛的世界是如此多，這樣多不多？	佛陀問須菩提： 「須菩提！譬如一恆河中所有的沙，其中每一粒沙比喻一恆河。再以所有恆河中的所有沙來比喻，視一粒沙為一個佛國世界，你認為這樣的佛國世界不是很多嗎？」
「甚多，世尊！」	須菩提回答：很多。	須菩提回答： 「非常多。世尊！」
佛告須菩提：「爾所國土中，所有眾生若干種心，如來悉知。 何以故？如來說諸心，皆為非心，是名為心。所以者何？須菩提！過去心不可得，現在心不可得，未來心不可得。」	佛陀開示須菩提「心」的概念： 1. 佛陀知曉佛世界的一切眾生的各種心。 2. 佛陀說：諸心皆為非心，是名為心。 3. 佛陀又說：過去心不可得，現在心不可得，未來心不可得。	佛陀告訴須菩提： 「在這些佛土之中所有眾生的心思，如來完全都知道。為什麼呢？如來說這些心思都不是真正的心，而是眾生的妄心，它們並非是本性常住的真心，只是假借一個名，稱之為心。 這是為什麼呢？ 須菩提！過去的心思是無法把握的，現在的心思也是無法把握，未來的心思也無法把握的。」
「須菩提！於意云何？若有人滿三千大千世界七寶，以用布施，是人以是因緣，得福多不？」	佛陀問須菩提：如果有人以遍滿三千大千世界七寶以用布施，此人以這樣的因緣，得到的福德多嗎？	佛陀問須菩提： 「須菩提！你認為如何？如果有人用遍滿三千大千世界的七寶來行布施，此人依這樣因緣而得來的福德多不多？」
「如是，世尊！此人以是因緣，得福甚多。」	須菩提回答：福德很多。	須菩提回答： 「是的，世尊！此人依這樣因緣所獲得的福德非常多。」
「須菩提！若福德有實，如來不說得福德多；以福德無故，如來說得福德多。」	佛陀開示執為實有的「因緣福德」與了悟非實有的「真實福德」： 1. 若福德有實，如來不說得福德多。 2. 以福德無故，如來說得福德多。	佛陀說： 「須菩提！如果認為福德是實有的，這代表他的心執著於福德，這種福德是相對的、是有限的，像這樣如來便不說所得的福德多。反之，若能體悟福德並非實有，是沒有具體相狀的，像這樣如來才說得到的福德很多。」
「須菩提！於意云何？佛可以具足色身見不？」	佛陀問須菩提： 可否以具足色身來認識佛陀呢？	佛陀問須菩提： 「須菩提！你認為所謂的佛，可以用完美圓滿的色身來認識他嗎？」
「不也，世尊！如來不應以具足色身見。何以故？如來說具足色身，即非具足色身，是名具足色身。」	須菩提的回答： 1. 不可以。 2. 具足色身（假諦），即非具足色身（空諦），是名具足色身（中諦）。	須菩提回答： 「不可以。世尊！如來不應以完美圓滿的色身來認識。為什麼呢？因為如來說過，所謂的具足色身，雖然完美圓滿但不是真實不變的實體，只是假借一個名，稱之為具足色身。」

分	昭明太子32分	孔茲分析8單元	孔茲分析40節	孔茲譯文
20	離色離相	07 The Buddhas 諸佛	The Buddha's Physical Body 佛陀的具體身形	The Lord asked: What do you think, Subhuti, is the Tathagata to be seen through his possession of marks（具足諸相）?
20	離色離相	07 The Buddhas 諸佛	The Buddha's Physical Body 佛陀的具體身形	Subhuti replied: No indeed, O Lord. And why? This possession of marks, O Lord, which has been taught by the Tathagata, as a no-possession of no-marks this has been taught by the Tathagata. Therefore is it called 'possession of marks'.
21	非說所說	07 The Buddhas 諸佛	The Buddha's teaching 佛陀的教導	The Lord asked: What do you think, Subhuti, does it occur to the Tathagata, 'by me has Dharma been demonstrated'? Whosoever, Subhuti, would say, 'the Tathagata has demonstrated Dharma'（說法）, he would speak falsely, he would misrepresent me by seizing on what is not there. And why? 'Demonstration of dharma, demonstration of dharma', Subhuti, there is not any dharma which could be got at as a demonstration of dharma.
21	非說所說	07 The Buddhas 諸佛	The Buddha's teaching 佛陀的教導	Subhuti asked: Are there, O Lord, any beings in the future, in the last time, in the last epoch, in the last 500 years, at the time of the collapse of the good doctrine who, on hearing such dharmas, will truly believe?
21	非說所說	07 The Buddhas 諸佛	The Buddha's teaching 佛陀的教導	The Lord replied: They, Subhuti, are neither beings nor no-beings. And why? 'Beings, beings', Subhuti, the Tathagata has taught that they are all no-beings. Therefore has he spoken of 'all beings'.
22	無法可得	07 The Buddhas 諸佛	The Buddha's Dharma 佛陀的法	What do you think, Subhuti, is there any dharma by which the Tathagata has fully known the utmost, right and perfect enlightenment?
22	無法可得	07 The Buddhas 諸佛	The Buddha's Dharma 佛陀的法	Subhuti replied: No indeed, O Lord, there is not any dharma by which the Tathagata has fully known the utmost, right and perfect enlightenment. The Lord said: So it is, Subhuti, so it is. Not even the least（梵語anu，最少的）dharma is there found or got at. Therefore is it called 'utmost（梵語anuttara）, right and perfect enlightenment'.
23	淨心行善	07 The Buddhas 諸佛	The Buddha's Dharma 佛陀的法	Furthermore, Subhuti, self-identical (sama) is that dharma, and nothing is therein at variance (vishama). Therefore is it called 'utmost, right (samyak) and perfect (sam-) enlightenment'. Self-identical through the absence of a self, a being, a soul, or a person, the utmost, right and perfect enlightenment is fully known as the totality of all the wholesome dharmas（善法）. 'Wholesome dharmas, wholesome dharmas', Subhuti yet as no-dharmas have they been taught by the Tathagata. Therefore are they called 'wholesome dharmas'.

鳩摩羅什譯文	關鍵內容	白話翻譯
「須菩提！於意云何？如來可以具足諸相見不？」	佛陀又問： 可否以具足諸相來認識如來呢？ （想想看：前者稱佛，後者稱如來，有無特別意義呢？）	佛又問： 「須菩提！你認為如來可不可以用圓滿具足諸相來認識？」
「不也，世尊！如來不應以具足諸相見。何以故？如來說諸相具足，即非具足，是名諸相具足。」	須菩提的回答： 1. 不可以。 2. 諸相具足（假諦），即非具足（空諦），是名諸相具足（中諦）。 （想想看：為何不是即非具足諸相？）	須菩提回答： 「不可以。世尊！如來不應以完美圓滿諸相來觀察。為什麼呢？因為如來說過，所謂的諸相具足，只不過是完美圓滿而顯示的相狀，為了方便度化眾生而假借一個名，稱之為具足諸相而已。」
「須菩提！汝勿謂如來作是念：『我當有所說法。』莫作是念！何以故？若人言如來有所說法，即為謗佛，不能解我所說故。須菩提！說法者，無法可說，是名說法。」	佛陀開示須菩提有關「說法」的正確概念： 1. 不要認為如來有「我當有所說法」的念頭。 2. 如果有人說「如來有所說法」，這是謗佛，這是不瞭解如來。 3. 說法者，無法可說，是名說法。	佛陀說： 「須菩提！你不要認為如來心中會有這樣的想法：『我當為眾生說種種法』。千萬不可有這樣的念頭，為什麼呢？如果有人說如來有所說法，這即是毀謗佛，是因為不能瞭解我所說的道理才會這麼說。 須菩提！所謂的說法，事實上是無法可說，只不過為度化眾生協助他們了悟真性，因此假借個名稱，稱之為說法而已。」
爾時，慧命須菩提白佛言：「世尊！頗有眾生，於未來世，聞說是法，生信心不？」	這時慧命須菩提問佛陀： 如果有眾生於未來世聽聞《金剛經》，是否會生信心？	這時，慧命須菩提向佛陀稟白說： 「世尊！未來的眾生，聽到這個無法可說的法，不知能否生信心？」
佛言：「須菩提！彼非眾生，非不眾生。何以故？須菩提！眾生，眾生者，如來說非眾生，是名眾生。」	佛陀的開示： 1. 彼非眾生，非不眾生 2. 眾生，眾生者，如來說非眾生（空），是名眾生（假名）。	佛陀說： 「須菩提！那些眾生並不是眾生，也不是非眾生。為什麼呢？須菩提！因為眾生之所以為眾生，只是尚未了悟，如果能了悟，亦可成佛，所以如來說他們不是眾生，只是假名為眾生。」
須菩提白佛言：「世尊！佛得阿耨多羅三藐三菩提，為無所得耶？」	須菩提請示佛陀： 證得無上正等正覺是不是無所得呢？	須菩提稟白佛陀： 「世尊！佛陀所得的無上正等正覺，真是無所得嗎？」
佛言：「如是！如是！須菩提！我於阿耨多羅三藐三菩提，乃至無有少法可得，是名阿耨多羅三藐三菩提。」	佛陀的回答： 1. 非常肯定須菩提的回答。 2. 佛陀所證得的無上正等正覺，甚至一點法也無所得。 3. 只是假名無上正等正覺。	佛陀說： 「是的！是的！須菩提！我於無上正等正覺，乃至於沒有絲毫一點法可得。法並非實體存在可得，只是假借一個名，稱之為無上正等正覺而已。」
「復次，須菩提！是法平等，無有高下，是名阿耨多羅三藐三菩提。以無我、無人、無眾生、無壽者，修一切善法，即得阿耨多羅三藐三菩提。須菩提！所言善法者，如來說即非善法，是名善法。」	佛陀闡釋「法」的概念：（三點分析） 1. 是法平等，無有高下，是名阿耨多羅三藐三菩提。 2. 以無我、無人、無眾生、無壽者，修一切善法，則得阿耨多羅三藐三菩提。 3. 所言善法者，如來說非善法，是名善法。	佛陀說： 「其次，須菩提！此法是平等的，沒有高下之分，所以才稱為無上正等正覺。以無我、無人、無眾生、無壽者等四相皆無，修行一切善法，即可證得無上正等正覺。 須菩提！所謂的善法，事實上是並不存在，所以如來說非善法，意思是說為了開悟眾生，假借一個名，稱之為善法而已。」

分	昭明太子32分	孔茲分析8單元	孔茲分析40節	孔茲譯文
24	福智無比	07 The Buddhas 諸佛	Once more about the Buddha's Merit 再談佛陀的福德	And again, Subhuti, if a woman or man had piled up the seven precious things until their bulk equaled that of all the Sumerus, kings of mountains, in the world system of 1,000 million worlds, and would give them as a gift; and if, on the other hand, a son or daughter of good family would take up from this Prajnaparamita, this discourse on Dharma, but one stanza of four lines, and demonstrate it to others, compared with his heap of merit the former heap of merit does not approach one hundredth part, etc., until we come to, it will not bear any comparison.
25	化無所化	07 The Buddhas 諸佛	The Buddha as a Savior, and the nature of emancipation 佛陀如同救世主與解救的本質	What do you think, Subhuti, does it occur to a Tathagata, 'by me have beings been set free'? Not thus should you see it, Subhuti! And why? There is not any being whom the Tathagata has set free. Again, if there had been any being whom the Tathagata had set free, then surely there would have been on the part of the Tathagata a seizing of a self, of a being, of a soul, of a person. 'Seizing of a self', as a no-seizing, Subhuti, has that been taught by the Tathagata. And yet the foolish common people have seized upon it. 'Foolish common people', Subhuti, as really no people have they been taught by the Tathagata. Therefore are they called 'foolish common people'.
26	法身非相	07 The Buddhas 諸佛	The true nature of a buddha 佛陀的真實本質（為何用小寫？？）	What do you think, Subhuti, is the Tathagata to be seen（觀）by means of his possession of marks? Subhuti replied: No indeed, O Lord. The Lord said: If, Subhuti, the Tathagata could be recognized by his possession of marks, then also the universal monarch would be a Tathagata. Therefore the Tathagata is not to be seen by means of his possession of marks. Subhuti then said: As I, O Lord, understand the Lord's teaching, the Tathagata is not to be seen through his possession of marks.
26	法身非相	07 The Buddhas 諸佛	The true nature of a buddha 佛陀的真實本質	Subhuti replied: No indeed, O Lord.
26	法身非相	07 The Buddhas 諸佛	The true nature of a buddha 佛陀的真實本質	The Lord said: If, Subhuti, the Tathagata could be recognized by his possession of marks, then also the universal monarch would be a Tathagata. Therefore the Tathagata is not to be seen by means of his possession of marks.

鳩摩羅什譯文	關鍵內容	白話翻譯
「須菩提！若三千大千世界中，所有諸須彌山王，如是等七寶聚，有人持用布施。若人以此般若波羅蜜經，乃至四句偈等，受持讀誦，為他人說，於前福德，百分不及一，百千萬億分，乃至算數譬喻所不能及。」	佛陀說明兩種福德的比較： 1. 三千大千世界中所有諸須彌山王，如是等七寶聚，有人持用布施。 2. 以此《般若波羅蜜經》，乃至四句偈等，受持讀誦，為他人說。(此者勝出！)	佛陀說： 「須菩提！如果有人以相當於三千大千世界所有的須彌山堆積起來的七寶來行布施；此外若是另有他人以這部《般若波羅蜜經》，甚至只是以其中的四句偈來受持誦讀，並且為他人解說。那麼，前者以七寶布施所得的福德是比不上後者所得福德的百分之一、千萬億分之一，甚至是無法以任何算數所能及的譬喻所能計數的。」
「須菩提！於意云何？汝等勿謂如來作是念：『我當度眾生。』須菩提！莫作是念。 何以故？實無有眾生如來度者。若有眾生如來度者，如來即有我、人、眾生、壽者。須菩提！如來說有我者，即非有我，而凡夫之人，以為有我。須菩提！凡夫者，如來說即非凡夫，是名凡夫。」	佛陀開示正確「度眾生」的態度： 1. 不可有「我當度眾生」的念頭。 2. 如果有這樣的念頭，則有四相的執著。 3. 如來稱說「有我」的概念：「有我者，即非有我，而凡夫之人以為有我。」 4. 如來說凡夫的概念：「凡夫者，如來說即非凡夫，是名凡夫。」	佛陀說： 「須菩提！你認為如何？你不要以為如來會有這樣的念頭：『我當救度眾生』。 須菩提！千萬不可有這樣的念頭。為什麼呢？因為實際上並沒有眾生可以被如來度化的。若有眾生可以被如來度化的念頭，那麼如來就有我相、人相、眾生相、壽者相等分別概念的執著(註：這顯示自己尚未度化，如何度化別人？) 須菩提！如來雖然稱有我，但實際上是無我的，只不過凡夫卻以為真有我。 須菩提！所謂凡夫即不是凡夫，是說凡夫並非真實存在，只要能了悟就不是凡夫，在他們尚未領悟時，暫且假名為凡夫而已。」
「須菩提！於意云何？可以三十二相觀如來不？」	佛陀問須菩提： 可否透過三十二相來觀如來？ (第13分曾提及可否透過三十二相來見如來？二者不同)	佛陀問須菩提： 「須菩提！你認為如來可以用三十二相來觀察嗎？」
須菩提言：「如是！如是！以三十二相觀如來。」	須菩提回答：是的。	須菩提回答： 「是的！是的！如來是可以三十二相來觀察。」
佛言：「須菩提！若以三十二相觀如來者，轉輪聖王即是如來。」	顯然這樣不是佛陀要的答案，於是佛陀進一步開示： 轉輪聖王也具備三十二相的身形。	(這時，佛陀發現須菩提尚未明白其中的深義) 佛陀說： 「須菩提！轉輪聖王亦具有三十二相色身，那麼轉輪聖王豈不就可以成為如來了嗎？」

分	昭明太子 32分	孔茲分析 8單元	孔茲分析 40節	孔茲譯文
26	法身非相	07 The Buddhas 諸佛	The true nature of a buddha 佛陀的真實本質	Subhuti then said: As I, O Lord, understand the Lord's teaching, the Tathagata is not to be seen through his possession of marks.
26	法身非相	07 The Buddhas 諸佛	The true nature of a buddha 佛陀的真實本質	Further the Lord taught on that occasion the following stanzas:
26	法身非相	07 The Buddhas 諸佛	The true nature of a buddha 佛陀的真實本質	Those who by my form did see me, And those who followed me by voice. Wrong the efforts they engaged in, Me those people will not see. From the Dharma should one see the Buddhas, From the Dharmabodies comes their guidance. Yet Dharma's true nature cannot be discerned, And no one can be conscious of it as an object.
27	無斷無滅	07 The Buddhas 諸佛	The effectiveness of meritorious deeds 功德的果報	What do you think, Subhuti, has the Tathagata fully known the utmost, right and perfect enlightenment through his possession of marks? Not so should you see it, Subhuti. And why? Because the Tathagata could surely not have fully known the utmost, right and perfect enlightenment through his possession of marks.
27	無斷無滅	07 The Buddhas 諸佛	The effectiveness of meritorious deeds 功德的果報	Nor should anyone, Subhuti, say to you, 'those who have set out in the Bodhisattva-vehicle have conceived the destruction of a dharma, or its annihilation（說諸法斷滅）'. Not so should you see it, Subhuti! For those who have set out in the Bodhisattva-vehicle have not conceived the destruction of a dharma, or its annihilation.
28	不受不貪	07 The Buddhas 諸佛	The effectiveness of meritorious deeds 功德的果報	And again, Subhuti, if a son or daughter of good family had filled with the seven precious things as many world systems as there are grains of sand in the river Ganges, and gave them as a gift to the Tathagatas, Arhats, fully Enlightened Ones, and if on the other hand a Bodhisattva would gain the patient acquiescence in dharmas which are nothing of themselves and which fail to be produced（知一切法無我，得成於忍）, then this latter would on the strength of that beget a greater heap of merit, immeasurable and incalculable.
28	不受不貪	07 The Buddhas 諸佛	The effectiveness of meritorious deeds 功德的果報	Moreover, Subhuti, the Bodhisattva should not acquire a heap of merit（不受福德）. Subhuti said: Surely, O Lord, the Bodhisattva should acquire a heap of merit?
28	不受不貪	07 The Buddhas 諸佛	The effectiveness of meritorious deeds 功德的果報	The Lord said: 'Should acquire', Subhuti, not 'should seize upon.' Therefore is it said, 'should acquire'.

鳩摩羅什譯文	關鍵內容	白話翻譯
須菩提白佛言：「世尊！如我解佛所說義，不應以三十二相觀如來。」	須菩提這次明白了，於是回答：不可以三十二相來觀如來。	須菩提稟白佛陀：「啊，世尊！我已瞭解佛陀所說的義理，是不應該用三十二相來觀察如來的。」
爾時，世尊而說偈言：	佛陀說出偈語：	這時，世尊以偈語解說：
「若以色見我， 以音聲求我， 是人行邪道， 不能見如來。」	1. 若以色見我 2. 以音聲求我 3. 是人行邪道 4. 不能見如來	「如果想以形色外表見我，或是以聲音求我，此人便是行於邪道，是無法見如來真正的面目。」
「須菩提！汝若作是念：『如來不以具足相故，得阿耨多羅三藐三菩提。』須菩提！莫作是念：『如來不以具足相故，得阿耨多羅三藐三菩提。』	佛陀提出更高階的問題： 1. 你如果有這樣的念頭：如來沒有具足相，所以證得無上正等正覺。（此念頭是錯的） 2. 千萬不可有這樣的念頭：如來沒有具足相，所以證得無上正等正覺。	佛陀說： 「須菩提！你如果有這樣的念頭，認為如來無須圓滿相狀去證得無上正等正覺，這是不正確的。須菩提！千萬不可有這種的念頭：以為如來是因為不具圓滿的相狀才證得無上正等正覺。」
須菩提！汝若作是念：『發阿耨多羅三藐三菩提心者，說諸法斷滅。』莫作是念！何以故？發阿耨多羅三藐三菩提者，於法不說斷滅相。」	佛陀再提「發」無上正等正覺者： 1. 你如果有這樣的念頭：發心求無上正等正覺者說「諸法斷滅」。（此念頭是錯的） 2. 發心求無上正等正覺者，於法不說「斷滅相」。	佛陀說： 「須菩提！如果你這樣想，那麼發無上正等正覺心的人，等於完全捨棄斷滅一切存在的現象。不要有這樣的念頭，為什麼呢？發心要證得無上正等正覺的人，對於一切現象是不會全然否定的。」
「須菩提！若菩薩以滿恆河沙等世界七寶，持用布施。若復有人，知一切法無我，得成於忍。此菩薩勝前菩薩所得功德。須菩提！以諸菩薩不受福德故。」	佛陀提問並比較兩類菩薩的功德： 1. 菩薩一：滿恆河沙等世界七寶布施。 2. 菩薩二：知一切法無我，得成於忍。 佛陀再開示另一個指導：以諸菩薩不受福德故。	佛陀說： 「須菩提！若有菩薩以遍滿恆河沙等世界的七寶，拿來布施，所得的功德，當然無可計量。如果另有菩薩，知道一切現象都是無我的，因此證得『無生法忍』。如此後面這位菩薩，所得到的功德要勝過前面那位菩薩。為什麼呢？須菩提！諸菩薩是不執著福德的有無。」
須菩提白佛言：「世尊！云何菩薩不受福德？」	須菩提問： 為何菩薩不受福德？	須菩提不解地問佛陀： 「世尊！為何要說菩薩不受福德呢？」
「須菩提！菩薩所作福德，不應貪著，是故說不受福德。」	佛陀回答： 菩薩所作福德，不應貪著，是故說不受福德。	佛陀說： 「須菩提！菩薩救度眾生是不應貪求福德的，也就是不執著於福德的有無，所以才說菩薩不受福德。」

分	昭明太子 32分	孔茲分析 8單元	孔茲分析 40節	孔茲譯文
29	威儀寂靜	07 The Buddhas 諸佛	The effectiveness of meritorious deeds 功德的果報	Whosoever says that the Tathagata goes or comes, stands, sits or lies down, he does not understand the meaning of my teaching. And why? 'Tathagata' is called one who has not gone anywhere, nor come from anywhere. Therefore is he called 'the Tathagata, the Arhat, the fully Enlightened One'.
30	一合理相	08 Advice to the Imperfect 給未達圓滿境界者的忠告	The material world 物質世界	And again, Subhuti, if a son or daughter of good family were to grind as many world systems as there are particles of dust in this great world system of 1,000 million worlds, as finely as they can be ground with incalculable vigour, and in fact reduce them to something like a collection of atomic quantities, what do you think, Subhuti, would that be an enormous collection of atomic quantities?
30	一合理相	08 Advice to the Imperfect 給未達圓滿境界者的忠告	The material world 物質世界	Subhuti replied: So it is, O Lord, so it is, O Well-Gone, enormous would that collection of atomic quantities be! And why? If, O Lord, there had been an enormous collection of atomic quantities, the Lord would not have called it an 'enormous collection of atomic quantities'. And why? What was taught by the Tathagata as a 'collection of atomic quantities', as a no-collection that was taught by the Tathagata. Therefore is it called a 'collection of atomic quantities'. And what the Tathagata taught as 'the world system of 1,000 million worlds', that he has taught as a no-system. Therefore is it called 'the world system of 1,000 million worlds'. And why? If, O Lord, there had been a world system, that would have been a case of seizing on a material object, and what was taught as 'seizing on a material object'（一合相）by the Tathagata, just as a no-seizing was that taught by the Tathagata. Therefore is it called 'seizing on a material object'.
30	一合理相	08 Advice to the Imperfect 給未達圓滿境界者的忠告	The material world 物質世界	The Lord added: And also, Subhuti, that 'seizing on a material object' is a matter of linguistic convention, a verbal expression without factual content. It is not a dharma nor a no-dharma（一合相者，則是不可說）. And yet the foolish common people have seized upon it（但凡夫之人貪著其事）.
31	知見不生	08 Advice to the Imperfect 給未達圓滿境界者的忠告	Views and Attitudes 見解與態度	And why? Because whosoever would say that the view of a self（我見）has been taught by the Tathagata, the view of a being（衆生見）, the view of a living soul（壽者見）, the view of a person（人見）, would he, Subhuti, be speaking right?

鳩摩羅什譯文	關鍵內容	白話翻譯
「須菩提！若有人言：『如來若來、若去、若坐、若臥。』是人不解我所說義。何以故？如來者，無所從來，亦無所去，故名如來。」	佛陀開示如來的意義： 1. 如果有人說如來「如來若來若去、若坐若臥」，此人是不理解佛陀所說的道理。 2. 如來的定義是「如來者，無所從來，亦無所去」。	佛陀說： 「須菩提！如果有人說如來有來有去，有坐有臥，那麼這個人是不瞭解我所說的義理。為什麼呢？所謂的如來，就是無所謂『來』，也無所謂『去』，所以才叫做如來。」
「須菩提！若善男子、善女人，以三千大千世界碎為微塵，於意云何？是微塵眾寧為多不？」	佛陀問須菩提： 三千大千世界擣碎成微塵，那麼微塵多不多？	佛陀問須菩提： 「須菩提！如果有善男子或善女人，將三千大千世界都碎成微塵，你認為這些微塵多不多？」
須菩提言：「甚多，世尊！何以故？若是微塵眾實有者，佛即不說是微塵眾，所以者何？佛說微塵眾，即非微塵眾，是名微塵眾。 世尊！如來所說三千大千世界，即非世界，是名世界。何以故？若世界實有，即是一合相。如來說：一合相，即非一合相，是名一合相。」	須菩提一連串的回答：(微塵、世界、一合相) 1. 很多。 2. 若是微塵眾實有者，佛則不說是微塵眾。 3. 佛說：微塵眾，則非微塵眾，是名微塵眾。 4. 如來所說三千大千世界，則非世界，是名世界。 5. 若世界實有，則是一合相。 6. 如來說：一合相，即非一合相，是名一合相。	須菩提回答： 「非常多。世尊！為什麼這麼說呢？如果這些微塵是有實體的，那佛陀就不會稱它們是微塵眾了。為何這麼說呢？因為佛陀所說的微塵眾，並非恆常不變的真實體相，只是假借一個名，稱之為微塵眾而已。 世尊！如來所稱的三千大千世界，同樣也不是一個真有實體的世界，也只是假借一個名，稱之為世界而已，只是假名為世界。為什麼呢？如果真有一個實體的世界，即是一合相（微塵聚合而成的一個相狀）。但是如來所說的一合相亦非實有，所以說非一合相，只是假名稱之為一合相而已。
「須菩提！一合相者，即是不可說，但凡夫之人，貪著其事。」	佛陀說： 凡常人執著於一合相的解釋，一合相本是不可說。 （這段出現了的三種稱謂：世尊、佛、如來。）	佛陀說： 「須菩提！一合相是一種聚合的相狀，實在是無法用凡常人的語言文字來解釋說明的，但是凡夫們執著於取相，貪戀一個有真有實體的一合相。」
「須菩提！若人言：『佛說我見、人見、眾生見、壽者見。』須菩提！於意云何？是人解我所說義不？」	佛陀問須菩提一個問題： 如果有人說佛說四相見，此人是否瞭解佛陀的教義？	佛陀問： 「須菩提！若有人說：『佛陀說過我見、人見、眾生見、壽者見。』須菩提！你認為如何呢？這個人是否瞭解我所說的義理？」

分	昭明太子 32分	孔茲分析 8單元	孔茲分析 40節	孔茲譯文
31	知見不生	08 Advice to the Imperfect 給未達圓滿境界者的忠告	Views and Attitudes 見解與態度	Subhuti replied: No indeed, O Lord, no indeed, O Well-Gone, he would not be speaking right. And why? That which has been taught by the Tathagata as 'view of self', as a no-view has that been taught by the Tathagata. Therefore is it called 'view of self'.
31	知見不生	08 Advice to the Imperfect 給未達圓滿境界者的忠告	Views and Attitudes 見解與態度	The Lord said: It is thus, Subhuti, that someone who has set out in the Bodhisattva-vehicle should know all dharmas, view them, be intent on them. And he should know, view and be intent on them in such a way that he does not set up the perception of a dharma（不生相法）. And why? 'Perception of dharma, perception of dharma, 'Subhuti, as no-perception has this been taught by the Tathagata. Therefore is it called 'perception of dharma'.
32	應化非真	08 Advice to the Imperfect 給未達圓滿境界者的忠告	The key to supreme knowledge 開啓超越智慧的鑰匙	And finally, Subhuti, if a Bodhisattva, a great being had filled world-systems immeasurable and incalculable with the seven precious things, and gave them as a gift to the Tathagatas, the Arhats, the fully Enlightened Ones, and if, on the other hand, a son or daughter of good family had taken from this Prajnaparamita, this discourse on Dharma, but one stanza of four lines, and were to bear it in mind, demonstrate, recite and study it, and illuminate it in full detail for others, on the strength of that this latter would beget a greater heap of merit, immeasurable and incalculable. And how would he illuminate it? So as not to reveal. Therefore is it said, 'he would illuminate'.
32	應化非真	08 Advice to the Imperfect 給未達圓滿境界者的忠告	The key to supreme knowledge 開啓超越智慧的鑰匙	As stars, a fault of vision, as a lamp, A mock show, dew drops, or a bubble, A dream, a lightning flash, or cloud, So should one view what is conditioned.
end		08 Advice to the Imperfect 給未達圓滿境界者的忠告	The Second Conclusion 第二次結論	Thus spoke the Lord. Enraptured, the Elder Subhuti, the monks and nuns, the pious laymen and laywomen, and the Bodhisattvas, and the whole world with its Gods, men, Asuras and Gandharvas rejoiced in the Lord's teaching. - This completes the Diamond-Cutter of Perfect Wisdom.

鳩摩羅什譯文	關鍵內容	白話翻譯
「不也，世尊！是人不解如來所說義。何以故？世尊說我見、人見、衆生見、壽者見，即非我見、人見、衆生見、壽者見，是名我見、人見、衆生見、壽者見。」	須菩提回答：（《金剛經》特有的公式又出現了） 1. 此人不瞭解佛陀說的教義。 2. 所謂XX，即非XX，是名XX。	須菩提回答： 「佛陀！這個人並不瞭解您所說的義理。為什麼呢？佛陀說的我見、人見、衆生見、壽者見，只是為了凡夫便於理解而說，而只不過是假借一個名，稱之為我見、人見、衆生見、壽者見而已。」
「須菩提！發阿耨多羅三藐三菩提心者，於一切法，應如是知，如是見，如是信解，不生法相。須菩提！所言法相者，如來說即非法相，是名法相。」	佛陀開示發無上正等正覺者該如何？（其實應是發大乘菩薩心者） 1. 於一切法，應如是知，如是見，如是信解，不生法相。 2. 所言法相者，如來說即非法相，是名法相。	佛陀開示說： 「須菩提！凡是發心證得無上正等正覺的人，對一切事物或道理應該像這樣理解，像這樣認識，像這樣信仰，而不生法相。須菩提！所謂的法相，並非有一個真實不變的法相，而是隨緣顯現的幻相，如來暫且應機說法，所以才稱之為法相。」
「須菩提！若有人以滿無量阿僧祇世界七寶，持用布施。若有善男子、善女人，發菩提心者，持於此經，乃至四句偈等，受持讀誦，為人演說，其福勝彼。云何為人演說？不取於相，如如不動。何以故？	比較兩種福德： 1. 滿無量阿僧祇世界七寶持用布施。 2. 發菩薩乘心者，持於此經，乃至四句偈等，受持讀誦，為人演說。 佛陀又問該如何為人演說講解《金剛經》： 為人演說，不取於相，如如不動。	佛陀說： 「須菩提！若有人以遍滿無量阿僧祇世界的七寶來行布施，他的福德確實很多。但是，如果另有善男子或善女人，發菩薩乘心受持此經，甚至只有其中的四句偈，受持讀誦，並且為他人演說。那麼這個人所得的福德會遠勝過前面那位以七寶布施的人。 至於要如何為他人演說呢？必須要不執著於名相，知道真理的本質是不變的。為什麼呢？
一切有為法，如夢、幻、泡、影，如露亦如電，應作如是觀。」	佛陀又深入解釋： 一切有為法，如夢、幻、泡、影，如露亦如電，應作如是觀。	因為世間的一切法，都是虛幻無常，如夢、如幻、如泡影、如露珠亦如閃電，凡屬因緣和合所產生的一切現象、法理，終究是虛幻的，應該作如此的觀照。」
佛說是經已，長老須菩提，及諸比丘、比丘尼、優婆塞、優婆夷，一切世間天、人、阿修羅，聞佛所說，皆大歡喜，信受奉行。	與會人士，對佛所說法拍手叫好，並發願信受其言，奉行其教。	佛陀說解完此經，長老須菩提，與同時在法會聽經的諸比丘、比丘尼、優婆塞、優婆夷，一切世間天、人、阿修羅，聽完佛所說法，無不生起大歡喜心，信受其言，奉行其教。

六個版本比較表

如果讀者想要深入探究《金剛經》，進而擴展本書沒有提到的問題，那一定要閱讀古今中外五位大譯師的不同譯版。特別是玄奘的漢譯版本與孔茲(Conze)的英譯版本。玄奘大師是眾人知曉，而孔茲是近代歐美知名的般若思想專家和佛學翻譯家，他在當代佛學上的成就足以和西域的鳩摩羅什與中國的玄奘相提並論。這三位大師的翻譯版本與真諦、義淨大師的翻譯版本均詳列於下表。

昭明	1 金剛般若波羅蜜經 姚秦 三藏法師 鳩摩羅什 譯	2 Diamond Cutter 孔茲英譯	3 Vajrachedika Prajñaparamita-sutra 孔茲梵版
1	如是我聞。一時，佛在舍衛國祇樹給孤獨園，與大比丘眾千二百五十人俱。爾時，世尊食時，著衣持缽，入舍衛大城乞食。於其城中，次第乞已，還至本處。飯食訖，收衣缽，洗足已，敷座而坐。	Thus have I heard at one time. The Lord dwelt at Sravasti, in the Jeta Grove, in the garden of Anathapindika, together with a large gathering of monks, consisting of 1,250 monks, and with many Bodhisattvas, great beings. Early in the morning the Lord dressed, put on his cloak, took his bowl, and entered the great city of Sravasti to collect alms. When he had eaten and returned from his round, the Lord put away his bowl and cloak, washed his feet, and sat down on the seat arranged for him, crossing his legs, holding his body upright, and mindfully fixing his attention in front of him. Then many monks approached to where the Lord was, saluted his feet with their heads, thrice walked round him to the right, and sat down on one side.	Evam maya srutam ekasmin samaye. Bhagavan Sravastyam viharati sma Jetavane'nathapindadasya-arame mahata bhiksu-samghena sarddham ardhatrayodasabhir bhiksu-sataih sambahulais ca bodhisattvair mahasattvaih. Atha khalu Bhagavan purvahna-kala-samaye nivasya patracivaram adaya Sravastim maha-nagarim pindaya praviksat. Atha khalu Bhagavan Sravastim maha-nagarim pindaya caritva krta-bhakta-krtyah pascadbhakta-pindapata-pratikrantah patra-civaram pratisamya padau praksalya nyasidat prajnapta eva-asane paryankam abhujya rjum kayam pranidhaya, pratimukhim smrtim upasthapya. Atha khalu sambahula bhiksavo yena Bhagavams tenopasamkraman upasamkramya Bhagavatah padau sirobhir abhivandya Bhagavantam trispradaksinikrtyaikante nyasidan.
2	時，長老須菩提在大眾中即從座起，偏袒右肩，右膝著地，合掌恭敬而白佛言：「希有！世尊！如來善護念諸菩薩，善付囑諸菩薩。世尊！善男子、善女人，發阿耨多羅三藐三菩提心，應云何住？云何降伏其心？」	At that time the Venerable Subhuti came to that assembly, and sat down. Then he rose from his seat, put his upper robe over one shoulder, placed his right knee on the ground, bent forth his folded hands towards the Lord, and said to the Lord: 'It is wonderful O Lord, it is exceedingly wonderful, O Well-Gone, how much the Bodhisattvas, the great beings, have been helped with the greatest help by the Tathagata, the Arhat, the Fully Enlightened One. It is wonderful, O Lord, how much the Bodhisattvas, the great beings, have been favoured with the highest favour by the Tathagata, the Arhat, the Fully Enlightened One. How then, O Lord, should a son or daughter of good family, who have set out in the Bodhisattva-vehicle, stand, how progress, how control their thoughts?'	Tena khalu punah samayena-ayusman Subhutis tasyam eva parsadi samnipatito'bhut samnisannah. Atha khalv ayusman Subhutir utthaya-asanad, ekamsam uttarasangham krtva, daksinam janu-mandalam prthivyam pratisthapya, yena Bhagavams tena-anjalim pranamya Bhagavantam etad avocat: Ascaryam Bhagavan parama-ascaryam Sugata, yavad eva Tathagatena-arhata samyaksambuddhena bodhisattva mahasattva anuparigrhitah paramena-anugrahena. Ascaryam Bhagavan yavad eva Tathagatena-arhata samyaksambuddhena bodhisattva mahasattvah parinditah paramaya parindanaya. Tat katham Bhagavan bodhisattva-yana-samprasthitena kulaputrena va kuladuhitra va sthatavyam katham pratipattavyam katham cittam pragrahitavyam?

特別提醒讀者的是，任何佛經只要經過翻譯過程，無可避免地，一定會遺失部分梵文意思，而也可能會增添原始梵文所沒有的意思，這是因為很難有兩種語言可以完全對等翻譯而毫無誤差。因此，除了比較閱讀諸漢文版本之外，特別推薦閱讀孔茲的英文版本，可以開展另一個角度的思考。

4 金剛般若波羅蜜經 陳 天竺三藏法師　真諦 譯	5 能斷金剛般若波羅蜜多經 唐 三藏法師 玄奘 奉詔 譯	6 佛說能斷金剛般若波羅蜜多經 唐 三藏法師 義淨 奉制 譯
如是我聞。一時佛婆伽婆，住舍衛國，祇陀樹林給孤獨園。與大比丘衆千二百五十人俱。爾時世尊，於日前分，著衣持鉢，入舍衛大國而行乞食。於其國中次第行已，還至本處。飯食事訖，於中後時，收衣鉢，洗足已。如常敷座，加趺安坐，端身而住，正念現前。	如是我聞。一時，薄伽梵在室羅筏，住誓多林給孤獨園，與大苾芻衆千二百五十人俱。爾時，世尊於日初分，整理裳服，執持衣鉢，入室羅筏大城乞食。時，薄伽梵於其城中行乞食已，出還本處。飯食訖，收衣鉢，洗足已，於食後時，敷如常座，結跏趺坐，端身正願，住對面念。	如是我聞。一時薄伽梵，在名稱大城，戰勝林施孤獨園，與大苾芻衆千二百五十人俱，及大菩薩衆。爾時，世尊於日初分時，著衣持鉢，入城乞食。次第乞已，還至本處。飯食訖，收衣鉢，洗足已，於先設座，跏趺端坐，正念而住。
時諸比丘俱往佛所，至佛所已，頂禮佛足，右繞三匝，卻坐一面。爾時淨命須菩提，於大衆中共坐聚集。時淨命須菩提，即從座起，偏袒右肩，頂禮佛足，右膝著地，向佛合掌而白佛言：「希有世尊！如來應供正　覺知，善護念諸菩薩摩訶薩，由無上利益故；善付囑諸菩薩摩訶薩，由無上教故。世尊！若善男子善女人，發阿耨多羅三藐三菩提心，行菩薩乘，云何應住？云何修行？云何發起菩薩心？」	時，諸苾芻來詣佛所，到已頂禮世尊雙足，右遶三匝，退坐一面。具壽善現亦於如是衆會中坐。爾時，衆中具壽善現從座而起，偏袒一肩，右膝著地，合掌恭敬而白佛言：「希有！世尊！乃至如來、應、正等覺，能以最勝攝受，攝受諸菩薩摩訶薩；乃至如來、應、正等覺，能以最勝付囑，付囑諸菩薩摩訶薩。世尊！諸有發趣菩薩乘者，應云何住？云何修行？云何攝伏其心？」	時諸苾芻來詣佛所，頂禮雙足，右繞三匝，退坐一面。爾時，具壽妙生，在大衆中，承佛神力，即從座起，偏袒右肩，右膝著地，合掌恭敬白佛言：「希有！世尊！希有！善逝。如來應正等覺，能以最勝利益，益諸菩薩；能以最勝付囑，囑諸菩薩。世尊！若有發趣菩薩乘者，云何應住？云何修行？云何攝伏其心？」

昭明	1 金剛般若波羅蜜經 姚秦 三藏法師 鳩摩羅什 譯	2 Diamond Cutter 孔茲英譯	3 Vajrachedika Prajñaparamita-sutra 孔茲梵版
2	佛言：「善哉，善哉。須菩提！如汝所說：如來善護念諸菩薩，善付囑諸菩薩，汝今諦聽！當為汝說：善男子、善女人，發阿耨多羅三藐三菩提心，應如是住，如是降伏其心。」 「唯然。世尊！願樂欲聞。」	After these words the Lord said to the Venerable Subhuti: 'Well said, well said, Subhuti! So it is, Subhuti, so it is, as you say! The Tathagata, Subhuti, has helped the Bodhisattvas, the great beings with the greatest help, and he has favoured them with the highest favour. Therefore, 'Subhuti, listen well, and attentively! I will teach you how those who have set out in the Bodhisattva vehicle should stand, how progress, how control their thoughts.' 'So be it, O Lord', replied the Venerable Subhuti and listened.	Evam ukte Bhagavan ayusmantam Subhutim etad avocat: Sadhu sadhu Subhute, evam etad yatha vadasi. Anuparigrhitas Tathagatena bodhisattva mahasattvah paramena-anugrahena, parinditas Tathagatena bodhisattva mahasattvah paramaya parindanaya. Tena hi Subhute srnu sadhu ca susthu ca manasikuru, bhasisye 'ham te yatha bodhisattva-yana-samprasthitena sthatavyam yatha pratipattavyam yatha cittam pragrahitavyam. Evam Bhagavann ity ayusman Subhutir Bhagavatah pratyasrausit.
3	佛告須菩提：「諸菩薩摩訶薩應如是降伏其心！所有一切衆生之類：若卵生、若胎生、若濕生、若化生；若有色、若無色；若有想、若無想、若非有想非無想，我皆令入無餘涅槃而滅度之。如是滅度無量無數無邊衆生，實無衆生得滅度者。 （五個版本的意思都是都是「生其心」，只有鳩版不同於他人是「降伏其心」。）	The Lord said: Here, Subhuti, someone who has set out in the vehicle of a Bodhisattva should produce a thought in this manner: 'As many beings as there are in the universe of beings, comprehended under the term "beings" egg-born, born from a womb, moisture-born, or miraculously born; with or without form; with perception, without perception, and with neither perception nor non-perception, as far as any conceivable form of beings is conceived: all these I must lead to Nirvana, into that Realm of Nirvana which leaves nothing behind. And yet, although innumerable beings have thus been led to Nirvana, no being at all has been led to Nirvana.'	Bhagavan etad avocat: Iha Subhute bodhisattva-yana-samprasthitena evam cittam utpadayitavyam: Yavantah Subhute sattvah sattvadhatau sattva-samgrahena samgrhita anda-ja va jarayu-ja va samsveda-ja vaupapaduka va, rupino va-arupino va, samjnino va-asamjnino va naiva samjnino na-asamjnino va, yavan kascit sattvadhatu-prajnapyamanah prajnapyate, te ca maya sarve nupadhisese nirvana-dhatau parinirvapayitavyah. Evam aparimanam api sattvan parinirvapya na kascit sattvah parinirvapito bhavati.
3	何以故？須菩提！若菩薩有我相、人相、衆生相、壽者相，即非菩薩。 （五個版本的一開始的意思都是「衆生相」，只有鳩版不同於他人是「四相俱全」。）	And why?If in a Bodhisattva the notion of a 'being' should take place, he could not be called a 'Bodhi-being'. 'And why? He is not to be called a Bodhi-being, in whom the notion of a self or of a being should take place, or the notion of a living soul or of a person.'	Tat kasya hetoh? Sacet Subhute bodhisattvasya sattva-samjna pravarteta, na sa bodhisattva iti vaktavyah.Tat kasya hetoh? Na sa Subhute bodhisattvo vaktavyo yasya-atma-samjna pravarteta, sattva-samjna va jiva-samjna va pudgala-samjna va pravarteta.

4 金剛般若波羅蜜經 陳 天竺三藏法師　真諦 譯	5 能斷金剛般若波羅蜜多經 唐 三藏法師 玄奘 奉詔 譯	6 佛說能斷金剛般若波羅蜜多經 唐 三藏法師 義淨 奉制 譯
淨命須菩提作是問已。爾時世尊告須菩提：「須菩提！善哉善哉！如是。善男子，如來善護念諸菩薩摩訶薩，無上利益故；善付囑諸菩薩摩訶薩，無上教故。須菩提！是故汝今一心諦聽，恭敬，善思念之。我今當為汝說。如菩薩發菩提心，行菩薩乘，如是應住，如是修行，如是發心。」 須菩提言：「唯然，世尊！」	作是語已。爾時，世尊告具壽善現曰：「善哉！善哉！善現！如是，如是。如汝所說。乃至如來、應、正等覺，能以最勝攝受，攝受諸菩薩摩訶薩；乃至如來、應、正等覺，能以最勝付囑，付囑諸菩薩摩訶薩。是故，善現！汝應諦聽，極善作意，吾當為汝分別解說。諸有發趣菩薩乘者，應如是住，如是修行，如是攝伏其心。」 具壽善現白佛言：「如是，世尊！願樂欲聞。」	佛告妙生：「善哉善哉！如是如是！如汝所說：如來以勝利益，益諸菩薩；以勝付囑，囑諸菩薩。妙生！汝應諦聽，極善作意，吾當為汝分別解說。若有發趣菩薩乘者，應如是住，如是修行，如是攝伏其心。」 妙生言：「唯然，世尊！願樂欲聞。」
佛告須菩提：「須菩提！若善男子善女人，發菩提心，行菩薩乘，應如是發心：所有一切衆生類攝，若卵生、若胎生、若濕生、若化生，若有色、若無色，若有想、若無想，若非有想、若非無想，乃至衆生界，及假名說。如是衆生，我皆安置於無餘涅槃。如是般涅槃無量衆生已，無一衆生被涅槃者。	佛言：「善現！諸有發趣菩薩乘者，應當發起如是之心：『所有諸有情，有情攝所攝：若卵生、若胎生、若濕生、若化生，若有色、若無色，若有想、若無想，若非有想非無想，乃至有情界施設所施設，如是一切，我當皆令於無餘依妙涅槃界而般涅槃。雖度如是無量有情令滅度已，而無有情得滅度者。』	佛告妙生：「若有發趣菩薩乘者，當生如是心：所有一切衆生之類，若卵生、胎生、濕生、化生，若有色、無色，有想、無想，非有想、非無想，盡諸世界所有衆生，如是一切，我皆令入無餘涅槃而滅度之。雖令如是無量衆生證圓寂已，而無有一衆生入圓寂者。
何以故？須菩提！若菩薩有衆生想，即不應說名為菩薩。何以故？須菩提！一切菩薩，無我想、衆生想、壽者想、受者想。	何以故？善現！若諸菩薩摩訶薩有情想轉，不應說名菩薩摩訶薩。所以者何？善現！若諸菩薩摩訶薩不應說言有情想轉，如是命者想、士夫想、補特伽羅想、意生想、摩納婆想、作者想、受者想轉，當知亦爾。何以故？善現！無有少法名為發趣菩薩乘者。	何以故？妙生！若菩薩有衆生想者，則不名菩薩。所以者何？由有我想、衆生想、壽者想、更求趣想故。

昭明	1 金剛般若波羅蜜經 姚秦 三藏法師 鳩摩羅什 譯	2 Diamond Cutter 孔茲英譯	3 Vajrachedika Prajñaparamita-sutra 孔茲梵版
	「復次，須菩提！菩薩於法，應無所住，行於布施，所謂不住色布施，不住聲香味觸法布施。須菩提！菩薩應如是布施，不住於相。何以故？若菩薩不住相布施，其福德不可思量。	Moreover, Subhuti, a Bodhisattva who gives a gift should not be supported by a thing, nor should he be supported anywhere. When he gives gifts he should not be supported by sight-objects, nor by sounds, smells, tastes, touchables, or mind-objects. For, Subhuti, the Bodhisattva, the great being should give gifts in such a way that he is not supported by the notion of a sign.	Api tu khalu punah Subhute na bodhisattvena vastu-pratisthitena danam datavyam, na kvacit pratisthitena danam datavyam, na-rupa-pratisthitena danam datavyam, na sabda-gandha-rasa-sprastavya-dharmesu pratisthitena danam datavyam. Evam hi Subhute bodhisattvena mahasattvena danam datavyam yatha na nimitta-samjnayam api pratitisthet.
4	「須菩提！於意云何？東方虛空可思量不？」「不也，世尊！」	And why? Because the heap of merit of that Bodhi-being, who unsupported gives a gift, is not easy to measure. What do you think, Subhuti, is the extent of space in the East easy to measure?	Tat kasya hetoh? Yah Subhute'pratisthito danam dadati, tasya Subhute punya-skandhasya na sukaram pramanam udgrahitum. Tat kim manyase Subhute sukaram purvasyam disy akasasya pramanam udgrahitum?
	「須菩提！南西北方四維上下虛空可思量不？」「不也，世尊！」	Subhuti replied: No indeed, O Lord. The Lord asked: In like manner, is it easy to measure the extent of space in the South, West or North, downwards, upwards, in the intermediate directions, in all the ten directions all round? Subhuti replied: No indeed, O Lord.	Subhutir aha: No hidam Bhagavan. Bhagavan aha: Evam daksina-pascima-uttara-asvadha-urdhvam digvidiksu samantad dasasu diksu sukaram akasasya pramanam udgrahitum? Subhutir aha: No hidam Bhagavan.
	「須菩提！菩薩無住相布施，福德亦復如是不可思量。須菩提！菩薩但應如所教住。」	The Lord said: Even so the heap of merit of that Bodhibeing who unsupported gives a gift is not easy to measure. That is why, Subhuti, those who have set out in the Bodhisattva-vehicle, should give gifts without being supported by the notion of a sign.	Bhagavan aha: Evam eva Subhute yo bodhisattvo' pratisthito danam dadati, tasya Subhute punya-skandhasya na sukaram pramanam udgrahitum. Evam hi Subhute bodhisattva-yana-samprasthitena danam datavyam yatha na nimitta-samjnayam api pratitisthet.
	「須菩提！於意云何？可以身相見如來不？」	The Lord continued: 'What do you think, Subhuti, can the Tathagata be seen by the possession of his marks?'	Tat kim manyase Subhute laksana-sampada Tathagato drastavyah?
5	「不也，世尊！不可以身相得見如來。何以故？如來所說身相，即非身相。」	Subhuti replied: 'No indeed, O Lord. And why? What has been taught by the Tathagata as the possession of marks, that is truly a no-possession of no-marks.'	Subhutir aha: No hidam Bhagavan, na laksana-sampada Tathagato drastavyah. Tat kasya hetoh? Ya sa Bhagavan laksana-sampat Tathagatena bhasita saiva-alaksana-sampat.
	佛告須菩提：「凡所有相，皆是虛妄。若見諸相非相，即見如來。」	The Lord said: 'Wherever there is possession of marks, there is fraud, wherever there is no-possession of no-marks there is no fraud. Hence the Tathagata is to be seen from no marks as marks.'	Evam ukte Bhagavan ayusmantam Subhutim etad avocat: Yavat Subhute laksana-sampat tavan mrsa, yavad alaksana-sampat tavan na mrseti hi laksana-alaksanatas Tathagato drastavyah.
6	須菩提白佛言：「世尊！頗有衆生，得聞如是言說章句，生實信不？」	Subhuti asked: Will there be any beings in the future period, in the last time, in the last epoch, in the last 500 years, at the time of the collapse of the good doctrine who, when these words of the Sutra are being taught, will understand their truth?	Evam ukte ayusman Subhutir Bhagavantam etad avocat: Asti Bhagavan kecit sattva bhavisyanty anagate' dhvani pascime kale pascime samaye pascimayam panca-satyam sad-dharma-vipraloka-kale vartamane, ya imesv evamrupesu sutranta-padesu bhasyamanesu bhuta-samjnam utpadayisyanti?

4 金剛般若波羅蜜經 陳 天竺三藏法師　真諦 譯	5 能斷金剛般若波羅蜜多經 唐 三藏法師 玄奘 奉詔 譯	6 佛說能斷金剛般若波羅蜜多經 唐 三藏法師 義淨 奉制 譯
復次，須菩提，菩薩不著己類而行布施，不著所餘行於布施，不著色聲香味觸法應行布施。須菩提！菩薩應如是行施，不著相想。何以故？須菩提！若菩薩無執著心行於布施，是福德聚不可數量。	「復次，善現！菩薩摩訶薩不住於事應行布施，都無所住應行布施；不住於色應行布施，不住聲、香、味、觸、法應行布施。善現！如是菩薩摩訶薩如不住相想應行布施。何以故？善現！若菩薩摩訶薩都無所住而行布施，其福德聚不可取量。」	「復次，妙生！菩薩不住於事，應行布施。不住隨處，應行布施。不住色聲香味觸法，應行布施。妙生！菩薩如是布施，乃至相想，亦不應住。何以故？由不住施，福聚難量。
須菩提！汝意云何？東方虛空可數量不？」 須菩提言：「不可，世尊！」	佛告善現：「於汝意云何？東方虛空可取量不？」善現答言：「不也，世尊！」	妙生！於汝意云何？東方虛空可知量不？」
佛言：「如是。須菩提！南西北方，四維上下，十方虛空，可數量不？」 須菩提言：「不可，世尊！」	「善現！如是南西北方四維上下，周遍十方一切世界虛空可取量不？」善現答言：「不也，世尊！」	妙生言：「不爾，世尊！」「南西北方，四維上下，十方虛空，可知量不？」 妙生言：「不爾，世尊！」
佛言：「如是。須菩提！若菩薩無執著心行於布施，是福德聚亦復如是不可數量。	佛言：「善現！如是，如是。若菩薩摩訶薩都無所住而行布施，其福德聚不可取量，亦復如是。善現！菩薩如是如不住相想應行布施。」	「妙生！菩薩行不住施，所得福聚不可知量，亦復如是。
「須菩提！汝意云何？可以身相勝德見如來不？」	佛告善現：「於汝意云何？可以諸相具足觀如來不？」	「妙生！於汝意云何？可以具足勝相觀如來不？」
「不也。世尊！何以故？如來所說身相勝德，非相勝德。」	善現答言：「不也，世尊！不應以諸相具足觀於如來。何以故？如來說諸相具足，即非諸相具足。」	妙生言：「不爾，世尊！不應以勝相觀於如來。何以故？如來說勝相，即非勝相。」
「何以故？須菩提！凡所有相，皆是虛妄。無所有相，即是真實。由相無相，應見如來。」	說是語已。佛復告具壽善現言：「善現！乃至諸相具足皆是虛妄，乃至非相具足，皆非虛妄，如是以相非相應觀如來。」	「妙生！所有勝相，皆是虛妄。若無勝相，即非虛妄。是故應以勝相無相觀於如來。」
如是說已，淨命須菩提白佛言：「世尊！於今現時及未來世，頗有菩薩聽聞正說如是等相此經章句，生實想不？」	說是語已。具壽善現復白佛言：「世尊！頗有有情於當來世，後時、後分、後五百歲，正法將滅時分轉時，聞說如是色經典句，生實想不？」	妙生言：「世尊！頗有衆生，於當來世，後五百歲，正法滅時，聞說是經，生實信不？」

昭明	1 金剛般若波羅蜜經 姚秦 三藏法師 鳩摩羅什 譯	2 Diamond Cutter 孔茲英譯	3 Vajrachedika Prajñaparamita-sutra 孔茲梵版
6	佛告須菩提：「莫作是說。如來滅後，後五百歲，有持戒修福者，於此章句能生信心，以此為實，當知是人不於一佛二佛三四五佛而種善根，已於無量千萬佛所種諸善根，聞是章句，乃至一念生淨信者，須菩提！如來悉知悉見，是諸衆生得如是無量福德。	The Lord replied: Do not speak thus, Subhuti! Yes, even then there will be such beings. For even at that time, Subhuti, there will be Bodhisattvas who are gifted with good conduct, gifted, with virtuous qualities, gifted with wisdom, and who, when these words of the Sutra are being taught, will understand their truth. And these Bodhisattvas, Subhuti, will not be such as have honoured only one single Buddha, nor such as have planted their roots of merit under one single Buddha only. On the contrary, Subhuti, those Bodhisattvas who, when these words of the Sutra are being taught, will find even one single thought of serene faith, they will be such as have honoured many hundreds of thousands of Buddhas, such as have planted their roots of merit under many hundreds of thousands of Buddhas. Known they are, Subhuti, to the Tathagata through his Buddha cognition, seen they are, Subhuti, by the Tathagata with his Buddha-eye, fully known they are, Subhuti, to the Tathagata. And they all, Subhuti, will beget and acquire an immeasurable and incalculable heap of merit.	Bhagavan aha: Ma Subhute tvam evam vocah. Asti kecit sattva bhavisyanty anagate' dhvani pascime kale pascime samaye pascimayam pancasatyam sad-dharma-vipralope vartamane, ya imesv evamrupesu sutrantapadesu bhasyamanesu bhuta-samjnam utpadayisyanti. Api tu khalu punah Subhute bhavisyanty anagate' dhvani bodhisattva mahasattvah pascime kale pascime samaye pascimayam panca-satyam sad-dharma-vipralope vartamane gunavantah silavantah prajnavantas ca bhavisyanti, ya imesv evamrupesu sutranta-padesu bhasyamanesu bhutasamjnam utpadayisyanti. Na khalu punas te Subhute bodhisattva mahasattva eka-buddha-paryupasita bhavisyanti, na-eka-buddha-avaropita-kusala-mula bhavisyanti, api tu khalu punah Subhute aneka-buddha-satasahasra-paryupasita aneka-buddha-satasahasra-avaropita-kusala-mulas te bodhisattva mahasattva bhavisyanti, ya imesv evamrupesu sutranta-padesu bhasyamanesv eka-citta-prasadam api pratilapsyante. Jnatas te Subhute Tathagatena buddha-jnanena, drstas te Subhute Tathagatena buddha-caksusa, buddhas te Subhute Tathagatena. Sarve te Subhute' prameyam asamkhyeyam punyaskandham prasavisyanti pratigrahisyanti.
6	何以故？是諸衆生無復我相、人相、衆生相、壽者相。無法相，亦無非法相。 何以故？是諸衆生若心取相，即為著我人衆生壽者。「若取法相，即著我人衆生壽者。 何以故？若取非法相，即著我人衆生壽者，是故不應取法，不應取非法。以是義故，如來常說：汝等比丘，知我說法，如筏喻者，法尚應捨，何況非法。	And why? Because, Subhuti, in these Bodhisattvas (1) no perception of a self takes place, (2) no perception of a being, (3) no perception of a soul, (4) no perception of a person. Nor do these Bodhisattvas have (5) a perception of a dharma, or (6) a perception of a no-dharma. (7) No perception or (8) non-perception takes place in them. And why? If, Subhuti, these Bodhisattvas should have a perception of either a dharma, or a no-dharma, they would thereby seize on a self, a being, a soul, or a person. And why? Because a Bodhisattva should not seize on either a dharma or a no-dharma. Therefore this saying has been taught by the Tathagata with a hidden meaning: 'Those who know the discourse on dharma as like unto a raft, should forsake dharmas, still more so no-dharmas.'	Tat kasya hetoh? Na hi Subhute tesam bodhisattvanam mahasattvanam atma-samjna pravartate na sattva-samjna na jiva-samjna na pudgala-samjna pravartate. Na-api tesam Subhute bodhisattvanam mahasattvanam dharma-samjna pravartate, evam na-adharma-samjna. Na-api tesam Subhute samjna na-asamjna pravartate. Tat kasya hetoh? Sacet Subhute tesam bodhisattvanam mahasattvanam dharma-samjna pravarteta, sa eva tesam atma-graho bhavet, sattva-graho jiva-grahah pudgala-graho bhavet. Saced a-dharma-samjna pravarteta, sa eva tesam atma-graho bhavet, sattva-graho jiva-grahah pudgala-graha iti. Tat kasya hetoh? Na khalu punah Subhute bodhisattvena mahasattvena dharma udgrahitavyo na-adharmah. Tasmad iyam Tathagatena sandhya vag bhasita: Kolopamam dharma-paryayam ajanadbhir dharma eva prahatavyah prag eva-adharma iti.

4 金剛般若波羅蜜經 陳 天竺三藏法師　真諦 譯	5 能斷金剛般若波羅蜜多經 唐 三藏法師 玄奘 奉詔 譯	6 佛說能斷金剛般若波羅蜜多經 唐 三藏法師 義淨 奉制 譯
佛告須菩提：「莫作是說：『於今現時及未來世，頗有菩薩聽聞正說如是等相此經章句，生實想不？』何以故？須菩提！於未來世，實有衆生，得聞此經，能生實想。復次，須菩提！於未來世，後五百歲，正法滅時，有諸菩薩摩訶薩，持戒修福，及有智慧。須菩提！是諸菩薩摩訶薩，非事一佛，非於一佛種諸善根，已事無量百千諸佛，已於無量百千佛所而種善根。若有善男子善女人，聽聞正說如是等相此經章句，乃至一念生實信者。須菩提！如來悉知是人，悉見是人。須菩提！是善男子善女人，生長無量福德之聚！	佛告善現：「勿作是說：『頗有有情於當來世，後時、後分、後五百歲，正法將滅時分轉時，聞說如是色經典句生實想不？』然復，善現！有菩薩摩訶薩於當來世，後時、後分、後五百歲，正法將滅時分轉時，具足尸羅，具德、具慧。復次，善現！彼菩薩摩訶薩非於一佛所承事供養，非於一佛所種諸善根。然復，善現！彼菩薩摩訶薩於其非一、百、千佛所承事供養，於其非一、百、千佛所種諸善根，乃能聞說如是色經典句，當得一淨信心。善現！如來以其佛智悉已知彼，如來以其佛眼悉已見彼。善現！如來悉已覺彼一切有情，當生無量無數福聚，當攝無量無數福聚。	佛告妙生：「莫作是說：『頗有衆生，於當來世，後五百歲，正法滅時，聞說是經，生實信不？』妙生！當來之世，有諸菩薩，具戒具德具慧，而彼菩薩，非於一佛承事供養，植諸善根；已於無量百千佛所，而行奉事，植諸善根。是人乃能於此經典生一信心。妙生！如來悉知是人，悉見是人，彼諸菩薩當生當攝，無量福聚。
何以故？須菩提！是諸菩薩無復我想、衆生想、壽者想、受者想。「是諸菩薩無法想，無非法想，無想，無非想。	何以故？善現！彼菩薩摩訶薩無我想轉，無有情想、無命者想、無士夫想、無補特伽羅想、無意生想、無摩納婆想、無作者想、無受者想轉。善現！彼菩薩摩訶薩無法想轉、無非法想轉，無想轉亦無非想轉。	何以故？由彼菩薩，無我想衆生想壽者想更求趣想。「彼諸菩薩，非法想，非非法想，非想，非無想。
何以故？須菩提！是諸菩薩若有法想，即是我執，及衆生壽者受者執。須菩提！是故菩薩不應取法，不應取非法。為如是義故，如來說：若觀行人，解筏喻經，法尚應捨，何況非法。」	所以者何？善現！若菩薩摩訶薩有法想轉，彼即應有我執、有情執、命者執、補特伽羅等執。若有非法想轉，彼亦應有我執、有情執、命者執、補特伽羅等執。 何以故？善現！不應取法，不應取非法。是故如來密意而說筏喻法門。諸有智者，法尚應斷，何況非法！」	何以故？若彼菩薩有法想，即有我執、有情執、壽者執、更求趣執。若有非法想，彼亦有我執有情執壽者執更求趣執。妙生！是故菩薩，不應取法，不應取非法。以是義故，如來密意宣說筏喻法門，諸有智者，法尚應捨，何況非法。

昭明	1 金剛般若波羅蜜經 姚秦 三藏法師 鳩摩羅什 譯	2 Diamond Cutter 孔茲英譯	3 Vajrachedika Prajñaparamita-sutra 孔茲梵版
7	「須菩提！於意云何？如來得阿耨多羅三藐三菩提耶？如來有所說法耶？」	The Lord asked: What do you think, Subhuti, is there any dharma which the Tathagata has fully known as 'the utmost, right and perfect enlightenment, or is there any dharma which the Tathagata has demonstrated?	Punar aparam Bhagavan ayusmantam Subhutim etad avocat: Tat kim manyase Subhute, asti sa kascid dharmo yas Tathagatena-anuttara samyaksambodhir ity abhisambuddhah, kascid va dharmas Tathagatena desitah?
	須菩提言：「如我解佛所說義，無有定法名阿耨多羅三藐三菩提，亦無有定法，如來可說。何以故？如來所說法，皆不可取、不可說、非法、非非法。所以者何？一切賢聖，皆以無為法而有差別。」	Subhuti replied: No, not as I understand what the Lord has said. And why? This dharma which the Tathagata has fully known or demonstrated it cannot be grasped, it cannot be talked about, it is neither a dharma nor a no-dharma. And why? Because an Absolute exalts the Holy Persons.	Evam ukta ayusman Subhutir Bhagavantam etad avocat: Yatha-aham Bhagavan Bhagavato bhasitasya-artham ajanami, na-asti sa kascid dharmo yas Tathagatena-anuttara samyaksambodhir ity abhisambuddhah, na-asti dharmo yas Tathagatena desitah. Tat kasya hetoh? Yo'sau Tathagatena dharmo'bhisambuddho desito va, agrahyah so'nabhilapyah, na sa dharmo na-adharmah. Tat kasya hetoh? Asamskrtaprabhavita hy arya-pudgalah.
8	「須菩提！於意云何？若人滿三千大千世界七寶以用布施，是人所得福德，寧為多不？」	The Lord then asked: What do you think, Subhuti, if a son or daughter of good family had filled this world system of 1,000 million worlds with the seven precious things, and then gave it as a gift to the Tathagatas, Arhats, Fully Enlightened Ones, would they on the strength of that beget a great heap of merit?	Bhagavan aha: Tat kim manyase Subhute yah kascit kulaputro va kuladuhita vemam trisahasramahasahasram lokadhatum sapta-ratnaparipurnam krtva Tathagatebhyo' rhadbhyah samyaksambuddhebhyo danam dadyat, api nu sa kulaputro va kuladuhita va tato nidanam bahutaram punya-skandham prasunuyat?
	須菩提言：「甚多，世尊！何以故？是福德即非福德性，是故如來說福德多。」	Subbuti replied: Great, O Lord, great, O Well-Gone, would that heap of merit be! And why? Because the Tathagata spoke of the 'heap of merit' as a non-heap. That is how the Tathagata speaks of 'heap of merit'. The Lord said:	Subhutir aha: Bahu Bhagavan bahu Sugata sa kulaputro va kuladuhita va tato nidanam punya-skandham prasunuyat. Tat kasya hetoh? Yo'sau Bhagavan punya-skandhas Tathagatena bhasitah, a-skandhah sa Tathagatena bhasitah. Tasmat Tathagato bhasate: Punya-skandhah punya-skandha iti.
8	「若復有人，於此經中受持，乃至四句偈等，為他人說，其福勝彼。」 （玄奘版譯的很接近孔茲版，beget有產生，與因緣的意思）	But if someone else were to take from this discourse on dharma but one stanza of four lines, and would demonstrate and illuminate it in full detail to others, then he would on the strength of that beget a still greater heap of merit, immeasurable and incalculable.	Bhagavan aha: Yas ca khalu punah Subhute kulaputro va kuladuhita vemam trisahasramahasahasram lokadhatum sapta-ratna-paripurnam krtva Tathagatebhyo' rhadbhyah samyaksambuddhebhyo danam dadyat, yas ceto dharma-paryayad antasas catuspadikam api gatham udgrhya parebhyo vistarena desayet samprakasayed, ayam eva tato nidanam bahutaram punya-skandham prasunuyad aprameyam asamkhyeyam.
	何以故？須菩提！一切諸佛，及諸佛阿耨多羅三藐三菩提法，皆從此經出。須菩提！所謂佛、法者，即非佛、法。	And why? Because from it has issued the utmost, right and perfect enlightenment of the Tathagatas, Arhats, Fully Enlightened Ones, and from it have issued the Buddhas, the Lords. And why? For the Tathagata has taught that the dharmas special to the Buddhas are just not a Buddha's special dharmas. That is why they are called 'the dharmas special to the Buddhas'.	Tat kasya hetoh? Ato nirjata hi Subhute Tathagatanam arhatam samyaksambuddhanam anuttara samyaksambodhir, ato nirjatas ca Buddha Bhagavantah. Tat kasya hetoh? Buddhadharma buddhadharma iti Subhute 'buddhadharmas caiva te Tathagatena bhasitah. Tenocyante buddhadharma iti.

4 金剛般若波羅蜜經 陳 天竺三藏法師　真諦 譯	5 能斷金剛般若波羅蜜多經 唐 三藏法師 玄奘 奉詔 譯	6 佛說能斷金剛般若波羅蜜多經 唐 三藏法師 義淨 奉制 譯
佛復告淨命須菩提：「須菩提！汝意云何？如來得阿耨多羅三藐三菩提耶？如來有所說法耶？」	佛復告具壽善現言：「善現！於汝意云何？頗有少法，如來、應、正等覺證得阿耨多羅三藐三菩提耶？頗有少法，如來、應、正等覺是所說耶？」	「妙生！於汝意云何？如來於無上菩提有所證不？復有少法是所說不？」
須菩提言：「如我解佛所說義，無所有法如來所得，名阿耨多羅三藐三菩提；亦無有法，如來所說。何以故？是法如來所說，不可取，不可言；非法，非非法。何以故？一切聖人，皆以無為真如所顯現故。」	善現答言：「世尊！如我解佛所說義者，無有少法，如來、應、正等覺證得阿耨多羅三藐三菩提；亦無有少法，是如來、應、正等覺所說。何以故？世尊！如來、應、正等覺所證、所說、所思惟法皆不可取，不可宣說，非法，非非法。何以故？以諸賢聖補特伽羅皆是無為之所顯故。」	妙生言：「如我解佛所說義，如來於無上菩提實無所證，亦無所說。何以故？佛所說法，不可取，不可說，彼非法，非非法。何以故？以諸聖者，皆是無為所顯現故。」
「須菩提！汝意云何？以三千大千世界　滿七寶，若人持用布施，是善男子善女人，因此布施，生福多不？」	佛告善現：「於汝意云何？若善男子或善女人，以此三千大千世界盛滿七寶持用布施，是善男子或善女人，由此因緣所生福聚寧為多不？」	「妙生！於汝意云何？若善男子善女人，以滿三千大千世界七寶持用布施，得福多不？」
須菩提言：「甚多，世尊！甚多，修伽陀！是善男子善女人，因此布施，得福甚多。何以故？世尊！此福德聚，即非福德聚，是故如來說福德聚。」	善現答言：「甚多，世尊！甚多，善逝！是善男子或善女人，由此因緣所生福聚其量甚多。何以故？世尊！福德聚福德聚者，如來說為非福德聚，是故如來說名福德聚福德聚。」	妙生言：「甚多，世尊！何以故？此福聚者，則非是聚，是故如來說為福聚福聚。」
佛言：「須菩提！若善男子善女人，以三千大千世界　滿七寶，持用布施。若復有人，從此經中受四句偈，為他正說，顯示其義，此人以是因緣，所生福德，最多於彼無量無數。	佛復告善現言：「善現！若善男子或善女人，以此三千大千世界盛滿七寶持用布施。若善男子或善女人，於此法門乃至四句伽陀，受持、讀誦、究竟通利，及廣為他宣說、開示、如理作意，由是因緣所生福聚，甚多於前無量無數。	「妙生！若有善男子善女人，以滿三千大千世界七寶，持用布施；若復有人，能於此經乃至一四句頌，若自受持，為他演說，以是因緣所生福聚，極多於彼無量無數。
何以故？須菩提！如來無上菩提，從此福成。諸佛世尊，從此福生。何以故？須菩提！所言佛、法者，即非佛、法，是名佛、法。	何以故？一切如來、應、正等覺阿耨多羅三藐三菩提皆從此經出，諸佛世尊皆從此經生。所以者何？善現！諸佛、法諸佛、法者，如來說為非諸佛、法，是故如來說名諸佛、法諸佛、法。」	何以故？妙生！由諸如來無上等覺，從此經出；諸佛世尊，從此經生。是故妙生！佛、法者，如來說非佛、法，是名佛、法。

昭明	1 金剛般若波羅蜜經 姚秦 三藏法師 鳩摩羅什 譯	2 Diamond Cutter 孔茲英譯	3 Vajrachedika Prajñaparamita-sutra 孔茲梵版
9	「須菩提！於意云何？須陀洹能作是念：『我得須陀洹果』不？」	The Lord asked: What do you think, Subhuti, does it occur to the Streamwinner, 'by me has the fruit of a Streamwinner been attained'?	Tat kim manyase Subhute, api nu srotaapannasyaivam bhavati: Maya srotaapatti-phalam praptam iti?
	須菩提言：「不也，世尊！何以故？須陀洹名為入流，而無所入，不入色聲香味觸法，是名須陀洹。」（這裡，孔茲與玄奘版本非常近似，不妨做個比較）	Subhuti replied: No indeed, O Lord. And why? Because, O Lord, he has not won any dharma. Therefore is he called a Stream-winner. No sight-object has been won, no sounds, smells, tastes, touchables, or objects of mind. That is why he is called a 'Streamwinner'. If, O Lord, it would occur to a Streamwinner, 'by me has a Streamwinner's fruit been attained', then that would be in him a seizing on a self, seizing on a being, seizing on a soul, seizing on a person.	Subhutir aha: No hidam Bhagavan, na srotaapannasyaivam bhavati: Maya srotaapatti-phalam praptam iti. Tat kasya hetoh? Na hi sa Bhagavan kamcid dharmam apannah. Tenocyate srotaapanna iti. Na rupam apanno na sabdan na gandhan na rasan na sprastavyan na dharman apannah. Tenocyate srotaapanna iti. Saced Bhagavan srotaapannasyaivam bhaven: Maya srotaapatti-phalam praptam iti, sa eva tasya-atma-graho bhavet sattva-graho jiva-grahah pudgala-graho bhaved iti.
	「須菩提！於意云何？斯陀含能作是念：『我得斯陀含果』不？」	The Lord asked: What do you think, Subhuti, does it then occur to the Once-Returner, 'by me has the fruit of a Once-Returner been attained'?	Bhagavan aha: Tat kim manyase Subhute, api nu sakrdagamina evam bhavati: Maya sakrdagami-phalam praptam iti?
	須菩提言：「不也，世尊！何以故？斯陀含名一往來，而實無往來，是名斯陀含。」	Subhuti replied: No indeed, O Lord. And why? Because there is not any dharma that has won Once-Returnership. That is why he is called a 'Once-Returner'.	Subhutir aha: No hidam Bhagavan, na sakrdagamina evam bhavati: Maya sakrdagami-phalam praptam iti. Tat kasya hetoh? Na hi sa kascid dharmo yah sakrdagamitvam apannah. Tenocyate sakrdagami-iti.
9	「須菩提！於意云何？阿那含能作是念：『我得阿那含果』不？」	The Lord asked: What do you think, Subhuti, does it then occur to the Never-Returner 'by me has the fruit of a Never-Returner been attained'?	Bhagavan aha: Tat kim manyase Subhute, api nv anagamina evam bhavati: Maya-anagami-phalam praptam iti?
	須菩提言：「不也，世尊！何以故？阿那含名為不來，而實無不來，是故名阿那含。」	Subhuti replied: No indeed, O Lord. And why? Because there is not any dharma that has won Never Returnership. Therefore is he called a 'Never-Returner'.	Subhutir aha: No hidam Bhagavan, na-anagamina evam bhavati: Maya-anagami-phalam-praptam iti. Tat kasya hetoh? Na hi sa Bhagavan kascid dharmo yo'nagamitvam apannah. Tenocyate'nagami-iti.

4 金剛般若波羅蜜經 陳 天竺三藏法師　真諦 譯	5 能斷金剛般若波羅蜜多經 唐 三藏法師 玄奘 奉詔 譯	6 佛說能斷金剛般若波羅蜜多經 唐 三藏法師 義淨 奉制 譯
「須菩提！汝意云何？須陀洹能作是念：『我得須陀洹果』不？」 須菩提言：「不也，世尊！何以故？世尊！實無所有能至於流，故說須陀洹。乃至色聲香味觸法亦復如是，故名須陀洹。	佛告善現：「於汝意云何？諸預流者頗作是念：『我能證得預流果』不？」 善現答言：「不也，世尊！諸預流者不作是念：『我能證得預流之果。』何以故？世尊！諸預流者無少所預，故名預流；不預色、聲、香、味、觸、法，故名預流。世尊！若預流者作如是念：『我能證得預流之果。』即為執我、有情、命者、士夫、補特伽羅等。」	「妙生！於汝意云何？諸預流者頗作是念：『我得預流果』不？」 妙生言：「不爾，世尊！何以故？諸預流者，無法可預，故名預流。不預色聲香味觸法，故名預流。世尊！若預流者作是念：『我得預流果』者，則有我執，有情壽者更求趣執。」
「斯陀含名一往來，實無所有能至往來，是名斯陀含。	佛告善現：「於汝意云何？諸一來者頗作是念：『我能證得一來果』不？」 善現答言：「不也，世尊！諸一來者不作是念：『我能證得一來之果。』何以故？世尊！以無少法證一來性，故名一來。」	「妙生！於汝意云何？諸一來者頗作是念：『我得一來果』不？」 妙生言：「不爾，世尊！何以故？由彼無有少法證一來性，故名一來。」
「阿那含名為不來，實無所有能至不來，是名阿那含。」	佛告善現：「於汝意云何？諸不還者頗作是念：『我能證得不還果』不？」 善現答言：「不也，世尊！諸不還者不作是念：『我能證得不還之果。』何以故？世尊！以無少法證不還性，故名不還。」	「妙生！於汝意云何？諸不還者頗作是念：『我得不還果』不？」 妙生言：「不爾，世尊！何以故？由彼無有少法證不還性，故名不還。」

昭明	1 金剛般若波羅蜜經 姚秦 三藏法師 鳩摩羅什 譯	2 Diamond Cutter 孔茲英譯	3 Vajrachedika Prajñaparamita-sutra 孔茲梵版
9	「須菩提！於意云何？阿羅漢能作是念：『我得阿羅漢道』不？」 須菩提言：「不也，世尊！何以故？實無有法名阿羅漢。世尊！若阿羅漢作是念：『我得阿羅漢道』，即為著我人衆生壽者。世尊！佛說我得無諍三昧，人中最為第一，是第一離欲阿羅漢。我不作是念：『我是離欲阿羅漢』。世尊！我若作是念：『我得阿羅漢道』，世尊則不說須菩提是樂阿蘭那行者！以須菩提實無所行，而名須菩提是樂阿蘭那行。」	The Lord asked: What do you think, Subhuti, does it then occur to the Arhat, 'by me has Arhatship been attained'? Subhuti: No indeed, O Lord. And why? Because no dharma is called 'Arhat'. That is why he is called an Arhat. If, O Lord, it would occur to an Arhat. 'by me has Arhatship been attained', then that would be in him a seizing on a self, seizing on a being, seizing on a soul, seizing on a person. And why? I am, O Lord, the one whom the Tathagata, the Arhat, the Fully Enlightened One has pointed out as the foremost of those who dwell in Peace. I am, O Lord, an Arhat free from greed. And yet, O Lord, it does not occur to me, 'an Arhat am I and free from greed'. If, O Lord, it could occur to me that I have attained Arhatship, then the Tathagata would not have declared of me that 'Subhuti, this son of good family, who is the foremost of those who dwell in Peace, does not dwell anywhere; that is why he is called "a dweller in Peace, a dweller in Peace"'.	Bhagavan aha: Tat kim manyase Subhute, api nv arhata evam bhavati: Maya-arhattvam praptam iti? Subhutir aha: No hidam Bhagavan, na-arhata evam bhavati: Maya-arhattvam praptam iti. Tat kasya hetoh? Na hi sa Bhagavan kascid dharmo yo'rhan nama. Tenocyate' rhann iti. Saced Bhagavan arhata evam bhaven: Maya-arhattvam praptam iti, sa eva tasya-atma-graho bhavet sattva-graho jiva-grahah pudgala-graho bhavet. Tat kasya hetoh? Aham asmi Bhagavams Tathagatena-arhata samyaksambuddhena-arana-viharinam agryo nirdistah. Aham asmi Bhagavann arhan vitaragah. Na ca me Bhagavann evam bhavati: Arhann asmy aham vitaraga iti. Sacen mama Bhagavann evam bhaven: Maya-arhattvam praptam iti, na mam Tathagato vyakarisyad: Arana-viharinam agryah Subhutih kulaputro na kvacid viharati, tenocyate'rana-vihary arana-vihari-iti.
10	佛告須菩提：「於意云何？如來昔在然燈佛所，於法有所得不？」 「不也，世尊！如來在然燈佛所，於法實無所得。」	The Lord asked: What do you think, Subhuti, is there any dharma which the Tathagata has learned from Dipankara, the Tathagata, the Arhat, the Fully Enlightened One? Subhuti replied: Not so, O Lord, there is not.	Bhagavan aha: Tat kim manyase Subhute, asti sa kascid dharmo yas Tathagatena Dipankarasya Tathagatasya-arhatah samyaksambuddhasya-antikad udgrhitah? Subhutir aha: No hidam Bhagavan, na-asti sa kascid dharmo yas Tathagatena Dipankarasya Tathagatasya-arhatah samyaksambuddhasya-antikad udgrhitah.

4 金剛般若波羅蜜經 陳 天竺三藏法師　真諦 譯	5 能斷金剛般若波羅蜜多經 唐 三藏法師 玄奘 奉詔 譯	6 佛說能斷金剛般若波羅蜜多經 唐 三藏法師 義淨 奉制 譯
佛言：「須菩提！汝意云何？阿羅漢能作是念：『我得阿羅漢果』不？」 須菩提言：「不也，世尊！何以故！實無所有名阿羅漢。世尊！若阿羅漢作是念：『我得阿羅漢果。』此念即是我執、衆生執、壽者執、受者執。世尊！如來阿羅訶三藐三佛陀，讚我住無諍三昧，人中最為第一。世尊！我今已成阿羅漢，離三有欲。世尊！我亦不作是念：『我是阿羅漢。』世尊！我若有是念：『我已得阿羅漢果。』如來則應不授我記：『住無諍三昧，人中須菩提善男子最為第一。』實無所住，住於無諍，住於無諍。」	佛告善現：「於汝意云何？諸阿羅漢頗作是念：『我能證得阿羅漢不』？」 善現答言：「不也，世尊！諸阿羅漢不作是念：『我能證得阿羅漢性。』何以故？世尊！以無少法名阿羅漢，由是因緣名阿羅漢。世尊！若阿羅漢作如是念：『我能證得阿羅漢性。』即為執我、有情、命者、士夫、補特伽羅等。所以者何？世尊！如來、應、正等覺說我得無諍住最為第一，世尊！我雖是阿羅漢，永離貪欲，而我未曾作如是念：『我得阿羅漢永離貪欲。』世尊！我若作如是念：『我得阿羅漢永離貪欲』者，如來不應記說我言：『善現善男子得無諍住最為第一。』以都無所住，是故如來說名無諍住無諍住。」	「妙生！於汝意云何？諸阿羅漢頗作是念：『我得阿羅漢果』不？」 妙生言：「不爾，世尊！由彼無有少法名阿羅漢。世尊！若阿羅漢作是念：『我得阿羅漢果』者，則有我執，有情壽者更求趣執。世尊！如來說我得無諍住中最為第一。世尊！我是阿羅漢離於欲染，而實未曾作如是念：『我是阿羅漢。』世尊！若作是念，我得阿羅漢者，如來即不說我妙生得無諍住，最為第一。以都無所住，是故說我得無諍。」
佛告須菩提：「汝意云何？昔從然燈如來阿羅訶三藐三佛陀所，頗有一法，如來所取不？」 須菩提言：「不也，世尊！實無有法，昔從然燈如來阿羅訶三藐三佛陀所，如來所取。」	佛告善現：「於汝意云何？如來昔在然燈如來、應、正等覺所，頗於少法有所取不？」 善現答言：「不也，世尊！如來昔在然燈如來、應、正等覺所，都無少法而有所取。」	「妙生！於汝意云何？如來昔在然燈佛所，頗有少法是可取不？」 妙生言：「不爾，世尊！如來於然燈佛所，實無可取。」

昭明	1 金剛般若波羅蜜經 姚秦 三藏法師 鳩摩羅什 譯	2 Diamond Cutter 孔茲英譯	3 Vajrachedika Prajñaparamita-sutra 孔茲梵版
10	「須菩提！於意云何？菩薩莊嚴佛土不？」「不也，世尊！何以故？莊嚴佛土者，則非莊嚴，是名莊嚴。」	The Lord said: If any Bodhisattva would say, 'I will create harmonious Buddhafields', he would speak falsely. And why? 'The harmonies of Buddhafields, the harmonies of Buddhafields', Subhuti, as no-harmonies have they been taught by the Tathagata. Therefore he spoke of 'harmonious Buddhafields'.	Bhagavan aha: Yah kascit Subhute bodhisattva evam vaded: Aham ksetra-vyuhan nispadayisyami-iti, sa vitatham vadet. Tat kasya hetoh? Ksetra-vyuhah ksetra-vyuha iti Subhute, 'vyuhas te Tathagatena bhasitah. Tenocyante ksetra-vyuha iti.
	「是故須菩提，諸菩薩摩訶薩應如是生清淨心，不應住色生心，不應住聲香味觸法生心，應無所住而生其心。	Therefore then, Subhuti, the Bodhisattva, the great being, should produce an unsupported thought, i.e. a thought which is nowhere supported, a thought unsupported by sights, sounds, smells, tastes, touchables or mind-objects.	Tasmat tarhi Subhute bodhisattvena mahasattvenaivam apratisthitam cittam utpadayitavyam yan na kvacit-pratisthitam cittam utpadayitavyam, na rupa-pratisthitam cittam utpadayitavyam na sabda-gandha-rasa-sprastavya-dharma-pratisthitam cittam utpadayitavyam.
	「須菩提！譬如有人，身如須彌山王，於意云何？是身為大不？」須菩提言：「甚大，世尊！何以故？佛說非身，是名大身。」	Suppose, Subhuti, there were a man endowed with a body, a huge body, so that he had a personal existence like Sumeru, king of mountains. Would that, Subhuti, be a huge personal existence? Subhuti replied: Yes, huge, O Lord, huge, O Well-Gone, would his personal existence be. And why so? 'Personal existence, personal existence', as no-existence has that been taught by the Tathagata; for not, O Lord, is that existence or non-existence. Therefore is it called 'personal existence'.	Tad yathapi nama Subhute puruso bhaved upeta-kayo maha-kayo vat tasyaivamrupa atma-bhavah syat tad yathapi nama Sumeruh parvata-raja, tat kim manyase Subhute api nu mahan sa atmabhavo bhavet? Subhutir aha: Mahan sa Bhagavan mahan Sugata sa atma-bhavo bhavet. Tat kasya hetoh? Atma-bhava atma-bhava iti Bhagavann a-bhavah sa Tathagatena bhasitah. Tenocyata atma-bhava iti. Na hi Bhagavan sa bhavo na-abhavah. Tenocyata atma-bhava iti.
11	「須菩提！如恆河中所有沙數，如是沙等恆河，於意云何？是諸恆河沙寧為多不？」	The Lord asked: What do you think, Subhuti, if there were as many Ganges rivers as there are grains of sand in the large river Ganges, would the grains of sand in them be many?	Bhagavan aha: Tat kim manyase Subhute yavatyo Gangayam mahanadyam valukas tavatya eva Ganga-nadyo bhaveyuh, tasu ya valuka api nu ta bahavyo bhaveyuh?
	須菩提言：「甚多，世尊！但諸恆河尚多無數，何況其沙！」	Subhuti replied: Those Ganges rivers would indeed be many, much more so the grains of sand in them.	Subhutir aha: Ta eva tavad Bhagavan bahavyo Ganga-nadyo bhaveyuh, prag eva yas tasu Ganga-nadisu valukah.
	「須菩提！我今實言告汝：若有善男子、善女人，以七寶滿爾所恆河沙數三千大千世界，以用布施，得福多不？」	The Lord said: This is what I announce to you, Subhuti, this is what I make known to you, if some woman or man had filled with the seven precious things as many world systems as there are grains of sand in those Ganges rivers, and would give them as a gift to the Tathagatas, Arhats, fully Enlightened Ones what do you think, Subhuti, would that woman or man on the strength of that beget a great heap of merit?	Bhagavan aha: Arocayami te Subhute prativedayami te yavatyas tasu Ganga-nadisu valuka bhaveyus, tavato loka-dhatun kascid eva stri va puruso va sapta-ratna-paripurnam krtva Tathagatebhyo'rhadbhyah samyaksambuddhebhyo danam dadyat, tat kim manyase Subhute, api nu sa stri va puruso va tato nidanam bahu punyaskandham prasunuyat?

4 金剛般若波羅蜜經 陳 天竺三藏法師　真諦 譯	5 能斷金剛般若波羅蜜多經 唐 三藏法師 玄奘 奉詔 譯	6 佛說能斷金剛般若波羅蜜多經 唐 三藏法師 義淨 奉制 譯
佛告須菩提：「若有菩薩作如是言：『我當莊嚴清淨佛土。』而此菩薩說虛妄言。何以故？須菩提！莊嚴佛土者，如來說非莊嚴，是故莊嚴清淨佛土。	佛告善現：「若有菩薩作如是言：『我當成辦佛土功德莊嚴。』如是菩薩非真實語。何以故？善現！佛土功德莊嚴佛土功德莊嚴者，如來說非莊嚴，是故如來說名佛土功德莊嚴佛土功德莊嚴。	「妙生！若有菩薩作如是語：『我當成就莊嚴國土者。』此為妄語。何以故？莊嚴佛土者，如來說非莊嚴，由此說為國土莊嚴。
須菩提！是故菩薩應生如是無住著心，不住色聲香味觸法生心，應無所住而生其心。	是故，善現！菩薩如是都無所住應生其心，不住於色應生其心，不住非色應生其心；不住聲、香、味、觸、法應生其心，不住非聲、香、味、觸、法應生其心，都無所住應生其心。」	是故，妙生！菩薩不住於事，不住隨處，不住色聲香味觸法，應生其心；應生不住事心，應生不住隨處心，應生不住色聲香味觸法心。
「須菩提！譬如有人體相勝大，如須彌山王。須菩提！汝意云何？如是體相為勝大不？」須菩提言：「甚大，世尊！何以故？如來說非有，名為有身，此非是有，故說有身。」	佛告善現：「如有士夫具身大身，其色自體假使譬如妙高山王。善現！於汝意云何？彼之自體為廣大不？」善現答言：「彼之自體廣大！世尊！廣大！善逝！何以故？世尊！彼之自體，如來說非彼體故名自體，非以彼體故名自體。」	「妙生！譬如有人，身如妙高山王，於意云何？是身為大不？」妙生言：「甚大，世尊！何以故？彼之大身，如來說為非身。以彼非有，說名為身。」
佛告須菩提：「汝意云何？於恒伽江所有諸沙，如其沙數所有恒伽，諸恒伽沙寧為多不？」	佛告善現：「於汝意云何？乃至殑伽河中所有沙數，假使有如是沙等殑伽河，是諸殑伽河沙寧為多不？」	「妙生！於汝意云何？如殑伽河中所有沙數，復有如是沙等殑伽河，此諸河沙，寧為多不？」
須菩提言：「甚多！世尊！但諸恒伽，尚多無數，何況其沙。」	善現答言：「甚多，世尊！甚多，善逝！諸殑伽河尚多無數，何況其沙！」	妙生言：「甚多，世尊！河尚無數，況復其沙。」
佛言：「須菩提！我今覺汝，我今示汝：諸恒伽中所有沙數，如是沙等世界，若有善男子善女人，以七寶　滿，持施如來應供正　覺知。須菩提！汝意云何？此人以是因緣，得福多不？」	佛言：「善現！吾今告汝，開覺於汝：假使若善男子或善女人，以妙七寶盛滿爾所殑伽河沙等世界，奉施如來、應、正等覺。善現！於汝意云何？是善男子或善女人，由此因緣所生福聚寧為多不？」	「妙生！我今實言告汝，若復有人，以寶滿此河沙數量世界，奉施如來，得福多不？」

昭明	1 金剛般若波羅蜜經 姚秦 三藏法師 鳩摩羅什 譯	2 Diamond Cutter 孔茲英譯	3 Vajrachedika Prajñaparamita-sutra 孔茲梵版
	須菩提言：「甚多，世尊！」	Subhuti replied: Great, O Lord, great O Well-Gone, would that heap of merit be, immeasurable and incalculable.	Subhutir aha: Bahu Bhagavan bahu Sugata stri va puruso va tato nidanam punya-skandham prasunuyad aprameyam asamkhyeyam.
11	佛告須菩提：「若善男子、善女人，於此經中，乃至受持四句偈等，為他人說，而此福德勝前福德。	The Lord said: But if a son or daughter of good family had taken from this discourse on dharma but one stanza of four lines, and were to demonstrate and illuminate it to others, then they would on the strength of that beget a still greater heap of merit, immeasurable and incalculable.	Bhagavan aha: Yas ca khalu punah Subhute stri va puruso va tavato loka-dhatun sapta-ratna-paripurnam krtva Tathagatebhyo'rhadbhyah samyaksambuddhebhyo danam dadyat, yas ca kulaputro va kuladuhita veto dharma-paryayad antasas catuspadikam api gatham udgrhya parebhyo desayet samprakasayed, ayam eva tato nidanam bahutaram punya-skandham prasunuyad aprameyam asamkhyeyam.
12	復次，須菩提！隨說是經，乃至四句偈等，當知此處，一切世間、天、人、阿修羅，皆應供養，如佛塔廟，何況有人盡能受持讀誦。須菩提！當知是人成就最上第一希有之法，若是經典所在之處，即為有佛，若尊重弟子。」	Moreover, Subhuti, that spot of earth where one has taken from this discourse on dharma but one stanza of four lines, taught or illumined it, that spot of earth will be a veritable shrine for the whole world with its gods, men and Asuras. What then should we say of those who will bear in mind this discourse on dharma in its entirety, who will recite, study, and illuminate it in full detail for others! Most wonderfully blest, Subhuti, they will be! And on that spot of earth, Subhuti, either the Teacher dwells, or a sage representing him.	Api tu khalu punah Subhute yasmin prthivi-pradesa ito dharma-paryayad antasas catuspadikam api gatham udgrhya bhasyeta va samprakasyeta va, sa prthivi-pradesas caityabhuto bhavet sa-deva-manusa-asurasya lokasya; kah punar vado ya imam dharma-pryayam sakala-samaptam dharayisyanti vacayisyanti paryavapsyanti parebhyas ca vistarena samprakasayisyanti, paramena te Subhute ascaryena samanvagata bhavisyanti. Tasmims ca Subhute prthivi-pradese sasta viharaty anyatara-anyataro va vijnaguru-sthaniyah.

4 金剛般若波羅蜜經 陳 天竺三藏法師　真諦 譯	5 能斷金剛般若波羅蜜多經 唐 三藏法師 玄奘 奉詔 譯	6 佛說能斷金剛般若波羅蜜多經 唐 三藏法師 義淨 奉制 譯
須菩提言：「甚多，世尊！甚多，修伽陀！此人以是因緣，生福甚多！」	善現答言：「甚多，世尊！甚多，善逝！是善男子或善女人，由此因緣所生福聚其量甚多。」	妙生言：「甚多，世尊！」
「須菩提！若善男子善女人，以七寶滿爾所恆伽沙世界，持用布施。若善男子善女人，從此經典乃至四句偈等，恭敬受持，為他正說。是人所生福德，最勝於彼無量無數！	佛復告善現：「若以七寶盛滿爾所沙等世界，奉施如來、應、正等覺。若善男子或善女人，於此法門乃至四句伽陀，受持、讀誦、究竟通利，及廣為他宣說、開示、如理作意，由此因緣所生福聚，甚多於前無量無數。	「妙生！若復有人，於此經中受持一頌，並為他說，而此福聚，勝前福聚無量無邊。
「復次，須菩提！隨所在處，若有人能從是經典，乃至四句偈等，讀誦講說。當知此處，於世間中即成支提，一切人天阿脩羅等，皆應恭敬。何況有人，盡能受持讀誦如此經典。當知是人，則與無上希有之法而共相應。是土地處，大師在中，或隨有一可尊重人。」	「復次，善現！若地方所，於此法門乃至為他宣說，開示四句伽陀，此地方所尚為世間諸天及人、阿素洛等之所供養如佛靈廟，何況有能於此法門具足究竟、書寫、受持、讀誦、究竟通利，及廣為他宣說、開示、如理作意！如是有情成就最勝希有功德。此地方所，大師所住，或隨一一尊重處所，若諸有智同梵行者。」	「妙生！若國土中有此法門，為他解說，乃至四句伽陀，當知此地，即是制底，一切天人阿蘇羅等，皆應右繞而為敬禮；何況盡能受持讀誦，當知是人，則為最上第一希有。又此方所，即為有佛，及尊重弟子。」

昭明	1 金剛般若波羅蜜經 姚秦 三藏法師 鳩摩羅什 譯	2 Diamond Cutter 孔茲英譯	3 Vajrachedika Prajñaparamita-sutra 孔茲梵版
	爾時，須菩提白佛言：「世尊！當何名此經？我等云何奉持？」	Subhuti asked: What then, O Lord, is this discourse on dharma, and how should I bear it in mind? The Lord replied:	Evam ukta ayusman Subhutir Bhagavantam etad avocat: Ko nama-ayam Bhagavan dharma-paryayah, katham cainam dharayami?
	佛告須菩提：「是經名為《金剛般若波羅蜜》，以是名字，汝當奉持。所以者何？須菩提！佛說般若波羅蜜，即非般若波羅蜜，是名般若波羅蜜。須菩提！於意云何？如來有所說法不？」	This discourse on dharma, Subhuti, is called 'Wisdom which has gone beyond', and as such should you bear it in mind! And why? Just that which the Tathagata has taught as the wisdom which has gone beyond, just that He has taught as not gone beyond. Therefore is it called 'Wisdom which has gone beyond'. What do you think, Subhuti, is there any dharma which the Tathagata has taught?	Evam ukte Bhagavan ayusmantam Subhutim etad avocat: Prajnaparamita nama-ayam Subhute dharma-paryayah, evam cainam dharaya. Tat kasya hetoh? Subhute prajnapa ramita Tathagatena bhasita saiva-a-paramita Tathagatena bhasita. Tenocyate prajnaparamiteti. Tat kim manyase Subhute api nv asti sa kascid dharmo yas Tathagatena bhasitah?
13	須菩提白佛言：「世尊！如來無所說。」	Subhuti replied: No indeed, O Lord, there is not.	Subhutir aha: No hidam Bhagavan, na-asti sa kascid dharmo yas Tathagatena bhasitah.
	須菩提！於意云何？三千大千世界所有微塵是為多不？」	The Lord said: When, Subhuti, you consider the number of particles of dust in this world system of 1,000 million worlds-would they be many?	Bhagavan aha: Tat kim manyase Subhute, yavat trisahasramahasahasre loka-dhatuu prthivi-rajah kacit tad bahu bhavet?
	菩提言：「甚多，世尊！」	Subhuti replied: Yes, O Lord.	
	「須菩提！諸微塵，如來說非微塵，是名微塵。如來說：世界，非世界，是名世界。	Because what was taught as particles of dust by the Tathagata, as no-particles that was taught by the Tathagata. Therefore are they called 'particles of dust'. And this world-system the Tathagata has taught as no-system. Therefore is it called a 'world system'.	Subhutir aha: Bahu Bhagavan bahu Sugata prthivi-rajo bhavet. Tat kasya hetoh? Yat tad Bhagavan prthivi-rajas Tathagatena bhasitam a-rajas tad Bhagavams Tathagatena bhasitam. Tenocyate prthivi-raja iti. Yo'py asau loka-dhatus Tathagatena bhasito 'dhatuh sa Tathagatena bhasitah. Tenocyate lokadhatur iti.

4 金剛般若波羅蜜經 陳 天竺三藏法師 真諦 譯	5 能斷金剛般若波羅蜜多經 唐 三藏法師 玄奘 奉詔 譯	6 佛說能斷金剛般若波羅蜜多經 唐 三藏法師 義淨 奉制 譯
佛說是已。淨命須菩提白佛言：「世尊！如是經典，名號云何？我等云何奉持？」	說是語已。具壽善現復白佛言：「世尊！當何名此法門？我當云何奉持？」	爾時，妙生聞說是經，深解義趣，涕淚悲泣而白佛言：「希有！世尊！我從生智已來，未曾得聞如是深經。世尊！當何名此經？我等云何奉持？」
佛告須菩提：「此經名為金剛般若波羅蜜。以是名字，汝當奉持。何以故？須菩提！是般若波羅蜜，如來說非般若波羅蜜。須菩提！汝意云何？頗有一法一佛說不？」	作是語已。佛告善現言：「具壽！今此法門名為能斷金剛般若波羅蜜多，如是名字汝當奉持。何以故？善現！如是般若波羅蜜多，如來說為非般若波羅蜜多，是故如來說名般若波羅蜜多。」	佛告妙生：「此經名為般若波羅蜜多，如是應持。何以故？佛說般若波羅蜜多，則非般若波羅蜜多。」
須菩提言：「世尊！無有一法一如來說。」	佛告善現：「於汝意云何？頗有少法如來可說不？」 善現答言：「不也，世尊！無有少法如來可說。」	「妙生！於汝意云何？頗有少法是如來所說不？」 妙生言：「不爾，世尊！無有少法是如來所說。」
佛告須菩提：「三千大千世界所有微塵，是為多不？」	佛告善現：「乃至三千大千世界大地微塵寧為多不？」 善現答言：「此地微塵甚多，世尊！甚多，善逝！」	「妙生！三千大千世界所有地塵，是為多不？」 妙生言：「甚多，世尊！何以故？諸地塵，佛說非塵，故名地塵。此諸世界，佛說非世界，故名世界。」
須菩提言：「此世界微塵，甚多，世尊！甚多，修伽陀！		
何以故？世尊！此諸微塵，如來說非微塵，故名微塵。此諸世界，如來說非世界，故說世界。」。	佛言：「善現！大地微塵，如來說非微塵，是故如來說名大地微塵；諸世界，如來說非世界，是故如來說名世界。」	（本單元次有極大變動）

昭明	1 金剛般若波羅蜜經 姚秦 三藏法師 鳩摩羅什 譯	2 Diamond Cutter 孔茲英譯	3 Vajrachedika Prajñaparamita-sutra 孔茲梵版
13	「須菩提！於意云何？可以三十二相見如來不？」「不也，世尊！不可以三十二相得見如來。	The Lord asked: What do you think, Subhuti, can the Tathagata be seen by means of the thirty-two marks of the superman? Subhuti replied: No indeed, O Lord.	Bhagavan aha: Tat kim manyase Subhute dvatrimsan mahapurusa-laksanais Tathagato 'rhan samyaksambuddho drastavyah? Subhutir aha: No hidam Bhagavan, na dvatrimsan-mahapurusa-laksanais Tathagato'rhan samyaksambuddho drastavyah.
	何以故？如來說：三十二相，即是非相，是名三十二相。」	And why? Because those thirty-two marks of the superman which were taught by the Tathagata, they are really no-marks. Therefore are they called 'the thirty-two marks of the superman'.	Tat kasya hetoh? Yani hi tani Bhagavan dvatrimsan-mahapurusa-laksanani Tathagatena bhasitany, a-laksanani tani Bhagavams Tathagatena bhasitani. Tenocyante dvatrimsan-mahapurusa-laksanani-iti.
	「須菩提！若有善男子、善女人，以恆河沙等身命布施；若復有人，於此經中，乃至受持四句偈等，為他人說，其福甚多！」	The Lord said: And again, Subhuti, suppose a woman or a man were to renounce all their belongings as many times as there are grains of sand in the river Ganges; and suppose that someone else, after taking from this discourse on Dharma but one stanza of four lines, would demonstrate it to others. Then this latter on the strength of that would beget a greater heap of merit, immeasurable and incalculable.	Bhagavan aha: Yas ca khalu punah Subhute stri va puruso va dine dine Ganga-nadi-valuka-saman atma-bhavan parityajet, evam parityajan Ganga-nadi-valuka-saman kalpams tan atmabhavan parityajet, yas ceto dharma-paryayad antasas catuspadikam api gatham udgrhya parebhyo desayet samprakasayed, ayam eva tato nidanam bahutaram punya-skandham prasunuyad aprameyam asamkhyeyam.
14	爾時，須菩提聞說是經，深解義趣，涕淚悲泣，而白佛言：「希有，世尊！佛說如是甚深經典，我從昔來所得慧眼，未曾得聞如是之經。世尊！若復有人得聞是經，信心清淨，即生實相，當知是人，成就第一希有功德。	Thereupon the impact of Dharma moved the Venerable Subhuti to tears. Having wiped away his tears, he thus spoke to the Lord: It is wonderful, O Lord, it is exceedingly wonderful, O Well-Gone, how well the Tathagata has taught this discourse on Dharma. Through it cognition has been produced in me. Not have I ever before heard such a discourse on Dharma. Most wonderfully blest will be those who, when this Sutra is being taught, will produce a true perception. And that which is true perception, that is indeed no perception.	Atha khalv ayusman Subhutir dharma-vegena-asru-ni pramuncat, so' sruni pramrjya Bhagavantam etad avocat: Ascaryam Bhagavan parama-ascaryam Sugata, yavad ayam dharma-paryayas Tathagatena bhasito, 'gra-yana-samprasthitanam sattvanam arthaya srestha-yana-samprasthitanam arthaya, yato me Bhagavan jnanam utpannam. Na maya Bhagavan jatv evamrupo dharmaparyayah sruta-purvah. Paramena te Bhagavann ascaryena samanvagata bodhisattva bhavisyanti ya iha sutre bhasyamane srutva bhuta-samjnam utpadayisyanti. (****)

4 金剛般若波羅蜜經 陳 天竺三藏法師　真諦 譯	5 能斷金剛般若波羅蜜多經 唐 三藏法師 玄奘 奉詔 譯	6 佛說能斷金剛般若波羅蜜多經 唐 三藏法師 義淨 奉制 譯
佛告須菩提：「汝意云何？可以三十二大人相見如來不？」須菩提言：「不也，世尊！」	佛告善現：「於汝意云何？應以三十二大士夫相觀於如來、應、正等覺不？」善現答言：「不也，世尊！不應以三十二大士夫相觀於如來、應、正等覺。	「妙生！於汝意云何？可以三十二大丈夫相觀如來不？」妙生言：「不爾，世尊！不應以三十二相觀於如來。
何以故？此三十二大人相，如來說非相，故說三十二大人相。」	何以故？世尊！三十二大士夫相，如來說為非相，是故如來說名三十二大士夫相。」	何以故？三十二相，佛說非相，是故說為大丈夫相。」
佛告須菩提：「若有善男子善女人，如諸恆河所有沙數，如是沙等身命捨以布施。若有善男子善女人，從此經典，乃至四句偈等，恭敬受持，為他正說。此人以是因緣，生福多彼無量無數。」	佛復告善現言：「假使若有善男子或善女人，於日日分捨施殑伽河沙等自體，如是經殑伽河沙等劫數捨施自體。復有善男子或善女人，於此法門乃至四句伽陀，受持、讀誦、究竟通利，及廣為他宣說、開示、如理作意，由是因緣所生福聚，甚多於前無量無數。」	「妙生！若有男子女人，以殑伽河沙等身命布施；若復有人，於此經中受持一頌，並為他說，其福勝彼無量無數。」
爾時淨命須菩提，由法利疾，即便悲泣。抆淚而言：「希有！世尊！希有！修伽陀！如此經典如來所說，我從昔來至得聖慧，未曾聞說如是經典。何以故？世尊說般若波羅蜜，即非般若波羅蜜，故說般若波羅蜜。世尊！當知是人，則與無上希有之法而共相應，聞說經時，能生實想。	爾時，具壽善現聞法威力悲泣墮淚，俛仰捫淚而白佛言：「甚奇希有！世尊！最極希有！善逝！如來今者所說法門，普為發趣最上乘者作諸義利，普為發趣最勝乘者作諸義利。世尊！我昔生智以來，未曾得聞如是法門。世尊！若諸有情聞說如是甚深經典生真實想，當知成就最勝希有。	「世尊！若復有人，聞說是經生實想者，當知是人最上希有。世尊！此實想者，即非實想，是故如來說名實想實想。世尊！我聞是經，心生信解，未為希有。若當來世，有聞是經，能受持者，是人則為第一希有。

昭明	1 金剛般若波羅蜜經 姚秦 三藏法師 鳩摩羅什 譯	2 Diamond Cutter 孔茲英譯	3 Vajrachedika Prajñaparamita-sutra 孔茲梵版
14	世尊！是實相者，即是非相，是故如來說名實相。世尊！我今得聞如是經典，信解受持不足為難，若當來世，後五百歲，其有衆生，得聞是經，信解受持，是人即為第一希有。何以故？此人無我相、無人相、無衆生相、無壽者相。 （本單元「玄奘版」「孔茲梵版」與「孔茲英譯」三個近似，只有「鳩版」較為不同。）	Therefore the Tathagata teaches, 'true perception, true perceptions'. It is not difficult for me to accept and believe this discourse on Dharma when it is being taught. But those beings who will be in a future period, in the last time, in the last epoch, in the last 500 years, at the time of the collapse of the good doctrine, and who, O Lord, will take up this discourse on Dharma, bear it in mind, recite it, study it, and illuminate it in full detail for others, these will be most wonderfully blest. In them, however, no perception of a self will take place, or of a being, a soul, or a person.	Tat kasya hetoh? Ya caisa Bhagavan bhuta-samjna saiva-abhuta-samjna. Tasmat Tathagato bhasate bhuta-samjna bhuta-samjneti. Na mama Bhagavan duskaram yad aham imam dharma-paryayam bhasyamanam avakalpayamy adhimucye. Ye 'pi te Bhagavan sattva bhavisyanty anagate 'dhvani pascime kale pascime samaye pascimayam panca-satyam saddharma-vipralope vartamane, ya imam Bhagavan dharma-paryayam udgrahisyanti dharayisyanti vacayisyanti paryavapsyanti parebhyas ca vistarena samprakasayisyanti, te parama-ascaryena samanvagata bhavisyanti. Api tu khalu punar Bhagavan na tesam atma-samjna pravartisyate, na sattva-samjna na jiva-samjna na pudgala-samjna pravartisyate, na-api tesam kacit samjna na-a-samjna pravartate.
	所以者何？我相即是非相，人相、衆生相、壽者相即是非相。何以故？離一切諸相，即名諸佛。」	And why? That, O Lord, which is perception of self, that is indeed no perception. That which is perception of a being, a soul or a person, that is indeed no perception. And why? Because the Buddhas, the Lords have left all perceptions behind.	Tat kasya hetoh? Ya sa Bhagavann atma-samjna saiva-a-samjna, ya sattva-samjna jiva-samjna pudgala-samjna saiva-a-samjna. Tat kasya hetoh? Sarva-samjna-apagata hi Buddha Bhagavantah.
14	佛告須菩提：「如是！如是！若復有人，得聞是經，不驚、不怖、不畏，當知是人甚為希有。	The Lord said: So it is, Subhuti. Most wonderfully blest will be those beings who, on hearing this Sutra, will not tremble, nor be frightened, or terrified.	Evam ukte Bhagavan ayusmantam Subhutim etad avocat: Evam etat Subhute evam etat. Parama-ascarya-samanvagatas te sattva bhavisyanti ya iha Subhute sutre bhasyamane nottrasisyanti na samtrasisyanti na samtrasam apatsyante.
	何以故？須菩提！如來說：第一波羅蜜，即非第一波羅蜜，是名第一波羅蜜。	And why? The Tathagata has taught this as the highest (parama-) perfection (paramita). And what the Tathagata teaches as the highest perfection, that also the innumerable (aparimana) Blessed Buddhas do teach. Therefore is it called the 'highest perfection'.	Tat kasya hetoh? Paramaparamiteyam Subhute Tathagatena bhasita yaduta-a-paramita. Yam ca Subhute Tathagatah parama-paramitam bhasate, tam aparimana-api Buddha Bhagavanto bhasante, tenocyate parama-paramiteti.

4 金剛般若波羅蜜經 陳 天竺三藏法師 真諦 譯	5 能斷金剛般若波羅蜜多經 唐 三藏法師 玄奘 奉詔 譯	6 佛說能斷金剛般若波羅蜜多經 唐 三藏法師 義淨 奉制 譯
世尊！是實想者，實非有想，是故如來說名實想，說名實想。世尊！此事於我非為希有。正說經時，我生信解。世尊！於未來世，若有眾生恭敬受持，為他正說，當知是人，則與無上希有之法而共相應。世尊！此人無復我想眾生想壽者想受者想。何以故？我想眾生想壽者想受者想，即是非想。	何以故？世尊！諸真實想真實想者，如來說為非想，是故如來說名真實想真實想。世尊！我今聞說如是法門，領悟、信解未為希有。若諸有情於當來世，後時、後分、後五百歲，正法將滅時分轉時，當於如是甚深法門，領悟、信解、受持、讀誦、究竟通利，及廣為他宣說、開示、如理作意，當知成就最勝希有。何以故？世尊！彼諸有情無我想轉，無有情想、無命者想、無士夫想、無補特伽羅想、無意生想、無摩納婆想、無作者想、無受者想轉。	何以故？彼人無我想眾生想壽者想更求趣想。所以者何？世尊！我想眾生想壽者想更求趣想，即是非想。
何以故？諸佛世尊，解脫諸想盡無餘故。」	所以者何？世尊！諸我想即是非想，諸有情想、命者想、士夫想、補特伽羅想、意生想、摩納婆想、作者想、受者想即是非想。何以故？諸佛世尊離一切想。」	所以者何？諸佛世尊離諸想故。」
說是言已。佛告須菩提：「如是，須菩提！如是。當知是人，則與無上希有之法而共相應。是人聞說此經，不驚不怖不畏。 何以故？須菩提！此法如來所說，是第一波羅蜜。此波羅蜜，如來所說，無量諸佛亦如是說，是故說名第一波羅蜜。	作是語已。爾時，世尊告具壽善現言：「如是，如是。善現！若諸有情聞說如是甚深經典，不驚、不懼、無有怖畏，當知成就最勝希有。 何以故？善現！如來說最勝波羅蜜多，謂般若波羅蜜多。善現！如來所說最勝波羅蜜多，無量諸佛世尊所共宣說，故名最勝波羅蜜多。如來說最勝波羅蜜多即非波羅蜜多，是故如來說名最勝波羅蜜多。	「妙生！如是如是！若復有人，得聞是經，不驚不怖不畏，當知是人第一希有。 何以故？妙生！此最勝波羅蜜多，是如來所說諸波羅蜜多。如來說者，即是無邊佛所宣說，是故名為最勝波羅蜜多。

昭明	1 金剛般若波羅蜜經 姚秦 三藏法師 鳩摩羅什 譯	2 Diamond Cutter 孔茲英譯	3 Vajrachedika Prajñaparamita-sutra 孔茲梵版
14	須菩提！忍辱波羅蜜，如來說非忍辱波羅蜜，是名忍辱波羅蜜。 何以故？須菩提！如我昔為歌利王割截身體，我於爾時，無我相、無人相、無衆生相、無壽者相。 何以故？我於往昔節節支解時，若有我相、人相、衆生相、壽者相，應生瞋恨。	Moreover, Subhuti, the Tathagata's perfection of patience is really no perfection. And why? Because, Subhuti, when the king of Kalinga cut my flesh from every limb, at that time I had no perception of a self, of a being, of a soul, or a person. And why? If, Subhuti, at that time I had had a perception of self, I would also have had a perception of ill-will at that time. And so, if I had had a perception of a being, of a soul, or of a person. With my superknowledge I recall that in the past I have for five hundred births led the life of a sage devoted to patience. Then also have I had no perception of a self, a being, a soul, or a person.	Api tu khalu punah Subhute ya Tathagatasya ksanti-paramita saiva-a-paramita. Tat kasya hetoh? Yada me Subhute Kalinga raja-anga-pratyanga-mamsany acchaitsit, tasmin samaya atma-samjna va sattva-samjna va jiva-samjna va pudgala-samjna va na-api me kacit samjna va-a-samjna va babhuva. Tat kasya hetoh? Sacen me Subhute tasmin samaya atma-samjna-abhavisyad vyapada-samjna-api me tasmin samaye'bhavisyat. Sacet sattva-samjna jiva-samjna pudgala-samjna-abhavisyad, vyapada-samjna-api me tasmin samaye'bhavisyat. Tat kasya hetoh? Abhijanamy aham Subhute'tite'dhvani panca-jati-satani yad aham Ksantivadi rsir abhuvam. Tatra-api me na-atma-samjna babhuva, na-sattva-samjna na jiva-samjna na pudgala-samjna babhuva.
14	須菩提！又念過去於五百世，作忍辱仙人，於爾所世，無我相、無人相、無衆生相、無壽者相。是故須菩提！菩薩應離一切相，發阿耨多羅三藐三菩提心，不應住色生心，不應住聲香味觸法生心，應生無所住心。若心有住，即為非住。	Therefore then, Subhuti, the Bodhi-being, the great being, after he has got rid of all perceptions, should raise his thought to the utmost, right and perfect enlightenment. He should produce a thought which is unsupported by forms, sounds, smells, tastes, touchables, or mind-objects, unsupported by dharma, unsupported by no-dharma, unsupported by anything. And why? All supports have actually no support. It is for this reason that the Tathagata teaches: By an unsupported Bodhisattva should a gift be given, not by one who is supported by forms, sounds, smells, tastes, touchables, or mind-objects.	Tasmat tarhi Subhute bodhisattvena mahasattvena sarva-samjna-vivarjayitva-anuttarayam samyaksambodhau cittam utpadayitavyam. Na rupa-pratisthitam cittam utpadayitavyam, na sabda-gandha-rasa-sprastavya-dharma-pratisthitam cittam utpadayitavyam, na dharma-pratisthitam cittam utpadayitavyam, na adharma-pratisthitam cittam utpadayitavyam, na kvacit-pratisthitam cittam utpadayitavyam. Tat kasya hetoh? Yat pratisthitam tad eva-apratisthitam. Tasmad eva Tathagato bhasate: Apratisthitena bodhisattvena danam datavyam. Na rupa-sabda-gandha-rasa-sprastavya-dharma-pratisthitena danam datavyam.
14	「是故佛說：菩薩心不應住色布施。須菩提！菩薩為利益一切衆生故，應如是布施。如來說：一切諸相，即是非相。又說：一切衆生，即非衆生。須菩提！如來是真語者、實語者、如語者、不誑語者、不異語者。 （讀者不妨多想想，孔茲譯文中for the weal of all beings的意思。）	And further, Subhuti, it is for the weal of all beings that a Bodhisattva should give gifts in this manner. And why? This perception of a being, Subhuti, that is just a non-perception. Those all-beings of whom the Tathagata has spoken, they are indeed no-beings. And why? Because the Tathagata speaks in accordance with reality, speaks the truth, speaks of what is, not otherwise. A Tathagata does not speak falsely.	Api tu khalu punah Subhute bodhisattvenaivamrupo dana-parityagah kartavyah sarva-sattvanam arthaya. Tat kasya hetoh? Ya caisa Subhute sattva-samjna saiva-a-samjna. Ya evam te sarva-sattvas Tathagatena bhasitas ta eva-a-sattvah. Tat kasya hetoh? Bhuta-vadi Subhute Tathagatah satyavadi tathavady ananyathavadi Tathagatah. Na vitatha-vadi Tathagatah.

4 金剛般若波羅蜜經 陳 天竺三藏法師　真諦 譯	5 能斷金剛般若波羅蜜多經 唐 三藏法師 玄奘 奉詔 譯	6 佛說能斷金剛般若波羅蜜多經 唐 三藏法師 義淨 奉制 譯
復次，須菩提！如來忍辱波羅蜜，即非波羅蜜。	「復次，善現！如來說忍辱波羅蜜多即非波羅蜜多，是故如來說名忍辱波羅蜜多。	「妙生！如來說忍辱波羅蜜多，即非忍辱波羅蜜多。
何以故？須菩提！昔時我為迦陵伽王斬斫身體，骨肉離碎。我於爾時，無有我想眾生想壽者想受者想，無想，非無想。	何以故？善現！我昔過去世曾為羯利王斷肢節肉，我於爾時都無我想、或有情想、或命者想、或士夫想、或補特伽羅想、或意生想、或摩納婆想、或作者想、或受者想，我於爾時都無有想亦非無想。	何以故？如我昔為羯陵伽王割截支體時，無我想眾生想壽者想更求趣想。我無是想，亦非無想。
何以故？須菩提！我於爾時，若有我想眾生想壽者想受者想，是時則應生瞋恨想。	何以故？善現！我於爾時若有我想，即於爾時應有恚想；我於爾時若有有情想、命者想、士夫想、補特伽羅想、意生想、摩納婆想、作者想、受者想，即於爾時應有恚想。	所以者何？我有是想者，應生瞋恨。
「須菩提！我憶過去五百生中，作大仙人，名曰說忍。於爾生中，心無我想眾生想壽者想受者想。是故須菩提！菩薩摩訶薩捨離一切想，於無上菩提應發起心，不應生住色心，不應生住聲香味觸心，不應生住法心，不應生住非法心，不應生有所住心。	何以故？善現！我憶過去五百生中，曾為自號忍辱仙人，我於爾時都無我想、無有情想、無命者想、無士夫想、無補特伽羅想、無意生想、無摩納婆想、無作者想、無受者想，我於爾時都無有想亦非無想。是故，善現！菩薩摩訶薩遠離一切想，應發阿耨多羅三藐三菩提心，不住於色應生其心，不住非色應生其心；不住聲、香、味、觸、法應生其心，不住非聲、香、味、觸、法應生其心，都無所住應生其心。	妙生！又念過去於五百世，作忍辱僊人，我於爾時，無如是等想。是故應離諸想，發趣無上菩提之心，不應住色聲香味觸法，都無所住而生其心；不應住法，不應住非法，應生其心。
何以故？若心有住，則為非住。故如來說：菩薩無所住心應行布施。	何以故？善現！諸有所住則為非住。是故如來說諸菩薩應無所住而行布施，不應住色、聲、香、味、觸、法而行布施。	何以故？若有所住，即為非住。是故佛說菩薩應無所住而行布施。妙生！菩薩為利益一切眾生，應如是布施。
復次，須菩提！菩薩應如是行施，為利益一切眾生。此眾生想，即是非想。如是一切眾生，如來說即非眾生。	「復次，善現！菩薩摩訶薩為諸有情作義利故，應當如是棄捨布施。	「此眾生想，即為非想；彼諸眾生，即非眾生。
何以故？諸佛世尊遠離一切想故。須菩提！如來說實、說諦、說如、說非虛妄。	何以故？善現！諸有情想即是非想；一切有情，如來即說為非有情。善現！如來是實語者、諦語者、如語者、不異語者。	何以故？諸佛如來離諸想故。妙生！如來是實語者，如語者，不誑語者，不異語者。

昭明	1 金剛般若波羅蜜經 姚秦 三藏法師 鳩摩羅什 譯	2 Diamond Cutter 孔茲英譯	3 Vajrachedika Prajñaparamita-sutra 孔茲梵版
14	「須菩提！如來所得法，此法無實無虛。 須菩提！若菩薩心住於法而行布施，如人入暗，則無所見； 若菩薩心不住法而行布施，如人有目，日光明照，見種種色。	But nevertheless, Subhuti, with regard to that dharma which the Tathagata has fully known and demonstrated, on account of that there is neither truth nor fraud. In darkness a man could not see anything. Just so should be viewed a Bodhisattva who has fallen among things, and who, fallen among things, renounces a gift. A man with eyes would, when the night becomes light and the sun has arisen, see manifold forms. Just so should be viewed a Bodhisattva who has not fallen among things, and who, without having fallen among things, renounces a gift.	Api tu khalu punah Subhute yas Tathagatena dharmo 'bhisambuddho desito nidhyato, na tatra satyam na mrsa. Tadyatha-api nama Subhute puruso 'ndhakara-pravisto na kimcid api pasyet, evam vastu-patito bodhisattvo drastavyo yo vastu-patito danam parityajati. Tadyatha-api nama Subhute caksusman purusah prabhatayam ratrau surye'bhyudgate nanavidhani rupani pasyet, evam a-vastu-patito bodhisattvo drastavyo yo'vastu-patito danam parityajati.
14	「須菩提！當來之世，若有善男子、善女人，能於此經受持讀誦，即為如來以佛智慧，悉知是人，悉見是人，皆得成就無量無邊功德。	Furthermore, Subhuti, those sons and daughters of good family who will take up this discourse on Dharma, will bear it in mind, recite, study, and illuminate it in full detail for others, they have been known, Subhuti, by the Tathagata with his Buddha-cognition, they have been seen, Subhuti, by the Tathagata with his Buddha-eye, they have been fully known by the Tathagata. All these beings, Subhuti, will beget and acquire an immeasurable and incalculable heap of merit.	Api tu khalu punah Subhute ye kulaputra va kuladuhitaro vemam dharmaparyayam udgrahisyanti dharayisyanti vacayisyanti paryavapsyanti parebhyas ca vistarena samprakasayisyanti, jnatas te Subhute Tathagatena buddha-jnanena, drstas te Subhute Tathagatena buddha-caksusa, buddhas te Tathagatena. Sarve te Subhute sattva aprameyam asamkhyeyam punya-skandham prasavisyanti pratigrahisyanti.
15	「須菩提！若有善男子、善女人，初日分以恒河沙等身布施，中日分復以恒河沙等身布施，後日分亦以恒河沙等身布施，如是無量百千萬億劫以身布施；若復有人，聞此經典，信心不逆，其福勝彼，何況書寫、受持、讀誦、為人解說。	And if, Subhuti, a woman or man should renounce in the morning all their belongings as many times as there are grains of sand in the river Ganges, and if they should do likewise at noon and in the evening, and if in this way they should renounce all their belongings for many hundreds of thousands of millions of milliards of aeons; and someone else, on hearing this discourse on Dharma, would not reject it; then the latter would on the strength of that beget a greater heap of merit, immeasurable and incalculable. What then should we say of him who, after writing it, would learn it, bear it in mind, recite, study and illuminate it in full detail for others?	Yas ca khalu punah**** Subhute stri va puruso va purva-ahna-kala-samaye Ganga-nadi-valuka-saman atmabhavan parityajet, evam madhya-ahna-kala-samaye Ganga-nadi-valuka-saman atmabhavan parityajet, saya-ahna-kala-samaye Ganga-nadi-valuka-saman atmabhavan parityajet, anena paryayena bahuni kalpa-koti-niyuta-satasahasrany atmabhavan parityajet; yas cemam dharmaparyayam srutva na pratiksipet, ayam eva tato nidanam bahutaram punyaskandham prasunuyad aprameyam asamkhyeyam. Kah punar vado yo likhitvodgrhniyad dharayed vacayet paryavapnuyat parebhyas ca vistarena samprakasayet.

4 金剛般若波羅蜜經 陳 天竺三藏法師 真諦 譯	5 能斷金剛般若波羅蜜多經 唐 三藏法師 玄奘 奉詔 譯	6 佛說能斷金剛般若波羅蜜多經 唐 三藏法師 義淨 奉制 譯
復次，須菩提！是法如來所覺，是法如來所說，是法非實非虛。	「復次，善現！如來現前等所證法、或所說法、或所思法，即於其中非諦非妄。	妙生！如來所證法及所說法，此即非實非妄。
「須菩提！譬如有人，在於盲暗，如是當知菩薩墮相，行墮相施。	善現！譬如士夫入於暗室，都無所見，當知菩薩若墮於事，謂墮於事而行布施，亦復如是。	妙生！若菩薩心，住於事而行布施，如人入闇，則無所見。若不住事而行布施，
須菩提！如人有目，夜已曉時，晝日光照，見種種色，如是當知菩薩不墮於相，行無相施。	善現！譬如明眼士夫，過夜曉已，日光出時，見種種色，當知菩薩不墮於事，謂不墮事而行布施，亦復如是。	如人有目，日光明照，見種種色，是故菩薩不住於事應行其施。
復次，須菩提！於未來世，若有善男子善女人，受持讀誦，教他修行，為他正說如是經典，如來悉知是人，悉見是人，生長無量福德之聚。	「復次，善現！若善男子或善女人於此法門受持、讀誦、究竟通利，及廣為他宣說、開示、如理作意，則為如來以其佛智悉知是人，則為如來以其佛眼悉見是人，則為如來悉覺是人，如是有情一切當生無量福聚。（玄奘這裡的翻譯非常精準）	妙生！若有善男子善女人。能於此經受持讀誦，為他演說，如是之人，佛以智眼悉知悉見，當生當攝無量福聚。
「復次，須菩提！若有善男子善女人，於日前分布施身命，如上所說諸恆沙數；於日中分布施身命，於日後分布施身命，皆如上說諸恆沙數。如是無量百千萬億劫，以身命布施。若復有人，聞此經典，不起誹謗，以是因緣，生福多彼無量無數。何況有人書寫受持讀誦，教他修行，為人廣說。	「復次，善現！假使善男子或善女人，日初時分以殑伽河沙等自體布施，日中時分復以殑伽河沙等自體布施，日後時分亦以殑伽河沙等自體布施，由此法門，經於俱胝那庾多百千劫以自體布施。若有聞說如是法門，不生誹謗，由此因緣所生福聚，尚多於前無量無數，何況能於如是法門具足畢竟、書寫、受持、讀誦、究竟通利，及廣為他宣說、開示、如理作意！	「妙生！若有善男子善女人，初日分以殑伽河沙等身布施，中日分復以殑伽河沙等身布施，後日分亦以殑伽河沙等身布施，如是無量百千萬億劫，以身布施。若復有人，聞此經典，不生毀謗，其福勝彼，何況書寫受持讀誦，為人解說。

昭明	1 金剛般若波羅蜜經 姚秦 三藏法師 鳩摩羅什 譯	2 Diamond Cutter 孔茲英譯	3 Vajrachedika Prajñaparamita-sutra 孔茲梵版
15	「須菩提！以要言之，是經有不可思議、不可稱量、無邊功德。如來為發大乘者說，為發最上乘者說。若有人能受持讀誦，廣為人說，如來悉知是人，悉見是人，皆成就不可量、不可稱、無有邊、不可思議功德，如是人等，即為荷擔如來阿耨多羅三藐三菩提。	Moreover, Subhuti, (1) unthinkable and (2) incomparable is this discourse on Dharma. (3) The Tathagata has taught it for the weal of beings who have set out in the best, in the most excellent vehicle. Those who will take up this discourse on Dharma, bear it in mind, recite, study and illuminate it in full detail for others, the Tathagata has known them with his Buddha-cognition, the Tathagata has seen them with his Buddha-eye, the Tathagata has fully known them. All these beings, Subhuti, will be blest with an immeasurable heap of merit, they will be blest with a heap of merit unthinkable, incomparable, measureless and illimitable. All these beings, Subhuti, will carry along an equal share of enlightenment.	Api tu khalu punah Subhute 'cintyo' tulyo 'yam dharmaparyayah. Ayam ca Subhute dharmaparyayas Tathagatena bhasito'gra-yana-samprasthitanam sattvanam arthaya srestha-yana-samprasthitanam sattvanam arthaya, ya imam dharma-paryayam udgrahisyanti dharayisyanti vacayisyanti paryavapsyanti parebhyas ca vistarena samprakasayisyanti, jnatas te Subhute Tathagatena buddha-jnanena, drstas te Subhute Tathagatena buddha-caksusa, buddhas te Tathagatena. Sarve te Subhute sattva aprameyena punya-skandhena samanvagata bhavisyanti, acintyena-atulyena-amapyena-aparimanena punya-skandhena samanvagata bhavisyanti. Sarve te Subhute sattvah samamsena bodhim dharayisyanti.
	何以故？須菩提！若樂小法者，著我見、人見、眾生見、壽者見，即於此經，不能聽受讀誦、為人解說。	And why? (4) Because it is not possible, Subhuti, that this discourse on Dharma could be heard by beings of inferior resolve, nor by such as have a self in view, a being, a soul, or a person. Nor can beings who have not taken the pledge of Bodhi-beings either hear this discourse on Dharma, or take it up, bear it in mind, recite or study it. That cannot be.	Tat kasya hetoh? Na hi sakyam Subhute 'yam dharmaparyayo hina-adhimuktikaih sattvaih srotum na-atma-drstikair na sattvadrstikair na jiva-drstikair na pudgala-drstikaih. Na-abodhisattva-pratijnaih sattvaih sakyam ayam dharma-paryayah srotum vodgrahitum va dharayitum va vacayitum va paryavaptum va. Nedam sthanam vidyate.
15	「須菩提！在在處處，若有此經，一切世間、天、人、阿修羅，所應供養；當知此處，即為是塔，皆應恭敬，作禮圍遶，以諸華香而散其處。	(1) Moreover, Subhuti, the spot of earth where this Sutra will be revealed, that spot of earth will be worthy of worship by the whole world with its Gods, men and Asuras, worthy of being saluted respectfully, worthy of being honoured by circumambulation, like a shrine will be that spot of earth.	Api tu khalu punah Subhute yatra prthivipradesa idam sutram prakasayisyate, pujaniyah sa prthivipradeso bhavisyati sadeva-manusa-asurasya lokasya, vandaniyah pradaksiniyas ca sa prthivipradeso bhavisyati, caitya-bhutah sa prthivipradeso bhavisyati. Api tu ye te Subhute kulaputra va kuladuhitaro veman evamrupan sutrantan udgrahisyanti dharayisyanti vacayisyanti paryavapsyanti yonisas ca manasikarisyanti parebhyas ca vistarena samprakasayisyanti te paribhuta bhavisyanti, suparibhutas ca bhavisyanti.

4 金剛般若波羅蜜經 陳 天竺三藏法師　真諦 譯	5 能斷金剛般若波羅蜜多經 唐 三藏法師 玄奘 奉詔 譯	6 佛說能斷金剛般若波羅蜜多經 唐 三藏法師 義淨 奉制 譯
復次，須菩提！如是經典不可思量，無能與等。如來但為憐愍利益能行無上乘人，及行無等乘人說。若復有人，於未來世，受持讀誦，教他修行，正說是經，如來悉知是人，悉見是人，與無數無量不可思議無等福聚而共相應。如是等人，由我身分，則能荷負無上菩提。	「復次，善現！如是法門不可思議、不可稱量，應當希冀不可思議所感異熟。善現！如來宣說如是法門，為欲饒益趣最上乘諸有情故，為欲饒益趣最勝乘諸有情故。善現！若有於此法門受持、讀誦、究竟通利，及廣為他宣說、開示、如理作意，即為如來以其佛智悉知是人，即為如來以其佛眼悉見是人，則為如來悉覺是人。如是有情一切成就無量福聚，皆當成就不可思議、不可稱量無邊福聚。善現！如是一切有情，其肩荷擔如來無上正等菩提。	「妙生！是經有不可思議不可稱量無邊功德，如來為發大乘者說，為發最上乘者說。若有人能受持讀誦，廣為他說，如來悉知悉見是人，皆得成就不可量不可稱不可思議福業之聚。當知是人，則為以肩荷負如來無上菩提。
何以故？須菩提！如是經典，若下願樂人，及我見衆生見壽者見受者見如此等人，能聽能修讀誦教他正說，無有是處。	何以故？善現！如是法門非諸下劣信解有情所能聽聞，非諸我見、非諸有情見、非諸命者見、非諸士夫見、非諸補特伽羅見、非諸意生見、非諸摩納婆見、非諸作者見、非諸受者見所能聽聞。此等若能受持、讀誦、究竟通利，及廣為他宣說、開示、如理作意，無有是處。	何以故？妙生！若樂小法者，則著我見衆生見壽者見更求趣見，是人若能讀誦受持此經，無有是處。
復次，須菩提！隨所在處，顯說此經，一切世間天人阿脩羅等，皆應供養，作禮右繞。當知此處，於世間中即成支提。	「復次，善現！若地方所聞此經典，此地方所當為世間諸天及人、阿素洛等之所供養、禮敬、右遶如佛靈廟。	「妙生！所在之處，若有此經，當知此處，則是制底，一切世間天人阿蘇羅，所應恭敬，作禮圍繞，以諸香華供養其處。

昭明	1 金剛般若波羅蜜經 姚秦 三藏法師 鳩摩羅什 譯	2 Diamond Cutter 孔茲英譯	3 Vajrachedika Prajñaparamita-sutra 孔茲梵版
16	「復次，須菩提！善男子、善女人，受持讀誦此經，若為人輕賤，是人先世罪業，應墮惡道，以今世人輕賤故，先世罪業，即為消滅，當得阿耨多羅三藐三菩提。	And yet Subhuti, those sons and daughters of good family, who will take up these very Sutras, and will bear them in mind, recite and study them, they will be humbled, well humbled they will be! And why? The impure deeds which these beings have done in their former lives, and which are liable to lead them into the states of woe, in this very life they will, by means of that humiliation, (2) annul those impure deeds of their former lives, and (3) they will reach the enlightenment of a Buddha.	****Tat kasya hetoh? Yani ca tesam Subhute sattvanam paurva-janmikany asubhani karmani krtany apaya-samvartaniyani, drsta eva dharme taya paribhutatataya tani paurvajanmikany asubhani karmani ksapayisyanti, buddha-bodhim ca-anuprapsyanti. Tat kasya hetoh? Abhijanamy aham Subhute 'tite-dhvany asamkhyeyaih kalpair asamkhyeyatarair Dipankarasya Tathagatasya-arhatah samyaksambuddhasya parena para-tarena catur-asiti-buddha-koti-niyuta-satasahasrany abhuvan ye maya aragita aragya na viragitah.
16	「須菩提！我念過去無量阿僧祇劫，於然燈佛前，得值八百四千萬億那由他諸佛，悉皆供養承事，無空過者；若復有人，於後末世，能受持讀誦此經，所得功德，於我所供養諸佛功德，百分不及一，百千萬億分、乃至算數譬喻所不能及。	With my superknowledge, Subhuti, I recall that in the past period, long before Dipankara, the Tathagata, Arhat, fully Enlightened One, during incalculable, quite incalculable aeons, I gave satisfaction by loyal service to 84,000 million milliards of Buddhas, without ever becoming again estranged from them. But the heap of merit, Subhuti, from the satisfaction I gave to those Buddhas and Lords without again becoming estranged from them compared with the heap of merit of those who in the last time, the last epoch, the last five hundred years, at the time of the collapse of the good doctrine, will take up these very Sutras, bear them in mind, recite and study them, and will illuminate them in full detail for others, it does not approach one hundredth part, not one thousandth part, nor a one hundred thousandth part, not a ten millionth part, nor a one hundred millionth part, nor a 100,000 millionth part. It does not bear number, nor fraction, nor counting, nor similarity, nor comparison, nor resemblance.	**** Yac ca maya Subhute te Buddha Bhagavanta aragita aragya na viragita, yac ca pascime kale pascime samaye pascimayam pancasatyam saddharma-vipralopa-kale vartamana iman evamrupan sutrantan udgrahisyanti dharayisyanti vacayisyanti paryavapsyanti parebhyas ca vistarena samprakasayisyanti, asya khalu punah Subhute punyaskandhasya-antikad asau paurvakah punya-skandhah satatamim api kalam nopaiti, sahasratamim api satasahasratamim api, kotitamim api koti-satatamim api koti-satasahasratamim api koti-niyuta-satasahasratamim api, samkhyam api kalam api gananam apy upamam apy upanisadam api yavad aupamyam api na ksamate. (*** 這段文章的梵語對照，有困難。阿僧祇與那由他都找不到比對的文詞。)
16	「須菩提！若善男子、善女人，於後末世，有受持讀誦此經，所得功德，我若具說者，或有人聞，心即狂亂，狐疑不信。須菩提！當知是經義不可思議，果報亦不可思議。」	(4) If moreover, Subhuti, I were to teach, the heap of merit of those sons and daughters of good family, and how great a heap of merit they will at that time beget and acquire, beings would become frantic and confused. Since, however, Subhuti, the Tathagata has taught this discourse on Dharma as unthinkable, so just an unthinkable karma result should be expected from it.	**** Sacet punah Subhute tesam kulaputranam kuladuhitrinam va-aham punyaskandham bhaseyam, yavat te kulaputra va kuladuhitaro va tasmin samaye punyaskandham prasavisyanti pratigrahisyanti, unmadam sattva anuprapnuyus citta-viksepam va gacheyuh. Api tu khalu punah Subhute 'cintyo 'yam dharmaparyayas Tathagatena bhasitah, asya-acintya eva vipakah pratikanksitavyah.

4 金剛般若波羅蜜經 陳 天竺三藏法師　真諦 譯	5 能斷金剛般若波羅蜜多經 唐 三藏法師 玄奘 奉詔 譯	6 佛說能斷金剛般若波羅蜜多經 唐 三藏法師 義淨 奉制 譯
「須菩提！若有善男子善女人，受持讀誦教他修行，正說如是等經。此人現身受輕賤等苦。	「復次，善現！若善男子或善女人於此經典受持、讀誦、究竟通利，及廣為他宣說、開示、如理作意，若遭輕毀、極遭輕毀。	「妙生！若有善男子善女人，於此經典受持讀誦演說之時，或為人輕辱。
過去世中所造惡業，應感生後惡道果報。以於現身受輕苦故，先世罪業及苦果報，則為消滅。當得阿耨多羅三藐三菩提。	所以者何？善現！是諸有情宿生所造諸不淨業應感惡趣，以現法中遭輕毀故，宿生所造諸不淨業皆悉消盡，當得無上正等菩提。	何以故？妙生！當知是人，於前世中造諸惡業，應墮惡道，由於現在得遭輕辱，此為善事，能盡惡業，速至菩提故。
「須菩提！我憶往昔，從然燈如來阿羅訶三藐三佛陀後，無數無量不可算計，過去大劫，得值八萬四千百千俱胝諸佛如來已成佛竟，我皆承事供養恭敬，無空過者。若復有人，於後末世五百歲時，受持讀誦，教他修行，正說此經。須菩提！此人所生福德之聚，以我往昔承事供養諸佛如來所得功德，比此功德，百分不及一，千萬億分不及一，窮於算數不及其一，乃至威力品類相應譬喻所不能及。	何以故？善現！我憶過去於無數劫復過無數，於然燈如來、應、正等覺先，復過先，曾值八十四俱胝那庾多百千諸佛，我皆承事。既承事已，皆無違犯。善現！我於如是諸佛世尊皆得承事，既承事已，皆無違犯；若諸有情，後時、後分、後五百歲，正法將滅時分轉時，於此經典受持、讀誦、究竟通利，及廣為他宣說、開示、如理作意。善現！我先福聚於此福聚，百分計之所不能及，如是千分、若百千分、若俱胝百千分、若俱胝那庾多百千分、若數分、若計分、若算分、若喻分、若鄔波尼殺曇分亦不能及。	「妙生！我憶過去過無數劫，在然燈佛先，得值八十四億那庾多佛，悉皆供養承事，無違背者。若復有人，於後五百歲正法滅時，能於此經受持讀誦，解其義趣，廣為他說，所得功德，以前功德比此功德，百分不及一，千萬億分算分勢分比數分因分，乃至譬喻亦不能及。
「須菩提！若善男子善女人，於後末世，受持讀誦如此等經，所得功德，我若具說，若有善男子善女人，諦聽憶持爾所福聚，或心迷亂及以顛狂。復次，須菩提！如是經典不可思議，若人修行及得果報，亦不可思議。」	「善現！我若具說當於爾時是善男子或善女人所生福聚，乃至是善男子或善女人所攝福聚，有諸有情則便迷悶，心或狂亂。是故，善現！如來宣說如是法門不可思議、不可稱量，應當希冀不可思議所感異熟。」	妙生！我若具說受持讀誦此經功德，或有人聞，心則狂亂，疑惑不信。妙生！當知是經不可思議，其受持者，應當希望不可思議所生福聚。」

昭明	1 金剛般若波羅蜜經 姚秦 三藏法師 鳩摩羅什 譯	2 Diamond Cutter 孔茲英譯	3 Vajrachedika Prajñaparamita-sutra 孔茲梵版
17	爾時，須菩提白佛言：「世尊！善男子、善女人，發阿耨多羅三藐三菩提心，云何應住？云何降伏其心？」	[(Subhuti asked: How, O Lord, should one set out in the Bodhisattva-vehicle stand, how progress, how control his thoughts?	Atha khalv ayusman Subhutir Bhagavantam etad avocat: Katham Bhagavan bodhisattva-yana-samprasthitena sthatavyam, katham pratipattavyam, katham cittam pragrahitavyam?
17	佛告須菩提：「善男子、善女人，發阿耨多羅三藐三菩提心者，當生如是心：『我應滅度一切眾生。滅度一切眾生已，而無有一眾生實滅度者。』 何以故？若菩薩有我相、人相、眾生相、壽者相，即非菩薩。所以者何？須菩提！實無有法發阿耨多羅三藐三菩提心者。」	The Lord replied: Here, Subhuti, someone who has set out in the Bodhisattva-vehicle should produce a thought in this manner: 'all beings I must lead to Nirvana, into that Realm of Nirvana which leaves nothing behind; and yet, after beings have thus been led to Nirvana, no being at all has been led to Nirvana'. And why? If in a Bodhisattva the notion of a 'being' should take place, he could not be called a 'Bodhi-being'. And likewise if the notion of a soul, or a person should take place in him.)] And why? He who has set out in the Bodhisattva-vehicle he is not one of the dharmas.	Bhagavan aha: Iha Subhute bodhisattva-yana-samprasthitenaivam cittam utpadayitavyam: Sarve sattva maya-anupadhisese nirvanadhatau parinirvapayitavyah. Evam ca sattvan parinirvapya, na kascit sattvah parinirvapito bhavati. Tat kasya hetoh? Sacet Subhute bodhisattvasya sattva-samjna pravarteta, na sa bodhisattva iti vaktavyah. Jiva-samjna va, yavat pudgalasamjna va pravarteta, na sa bodhisattva iti vaktavyah. Tat kasya hetoh? Na-asti Subhute sa kascid dharmo yo bodhisattva-yana-samprasthito nama.
17	「須菩提！於意云何？如來於然燈佛所，有法得阿耨多羅三藐三菩提不？」 「不也，世尊！如我解佛所說義，佛於然燈佛所，無有法得阿耨多羅三藐三菩提。」	What do you think Subhuti, is there any dharma by which the Tathagata, when he was with Dipankara the Tathagata, has fully known the utmost, right and perfect enlightenment? Subhuti replied: There is not any dharma by which the Tathagata, when he was with the Tathagata Dipankara, has fully known the utmost, right and perfect enlightenment.	Tat kim manyase Subhute asti sa kascid dharmo yas Tathagatena Dipankarasya Tathagatasya-antikad anuttaram samyaksambodhim abhisambuddhah? Evam ukta ayusman Subhutir Bhagavantam etad avocat: Yatha-aham Bhagavan Bhagavato bhasitasya-artham ajanami, na-asti sa Bhagavan kascid dharmo yas Tathagatena Dipankarasya Tathagatasya-arhatah samyaksambuddhasya-antikad anuttaram samyaksambodhim abhisambuddhah.

4 金剛般若波羅蜜經 陳 天竺三藏法師 真諦 譯	5 能斷金剛般若波羅蜜多經 唐 三藏法師 玄奘 奉詔 譯	6 佛說能斷金剛般若波羅蜜多經 唐 三藏法師 義淨 奉制 譯
爾時須菩提白佛言：「世尊！善男子善女人，發阿耨多羅三藐三菩提心，行菩薩乘，云何應住？云何修行？云何發起菩薩心？」	爾時，具壽善現復白佛言：「世尊！諸有發趣菩薩乘者，應云何住？云何修行？云何攝伏其心？」	復次，妙生白佛言：「世尊！若有發趣菩薩乘者。應云何住？云何修行？云何攝伏其心？」
佛告須菩提：「善男子善女人，發阿耨多羅三藐三菩提心者，當生如是心：我應安置一切眾生，令入無餘涅槃。如是般涅槃無量眾生已，無一眾生被涅槃者。	佛告善現：「諸有發趣菩薩乘者，應當發起如是之心：『我當皆令一切有情，於無餘依妙涅槃界而般涅槃，雖度如是一切有情，令滅度已，而無有情得滅度者。』	佛告妙生：「若有發趣菩薩乘者，當生如是心：我當度脫一切眾生，悉皆令入無餘涅槃。雖有如是無量眾生證於圓寂，而無有一眾生證圓寂者。
何以故？須菩提！若菩薩有眾生相想，則不應說名為菩薩。何以故？須菩提！實無有法，名為能行菩薩上乘。	何以故？善現！若諸菩薩摩訶薩有情想轉，不應說名菩薩摩訶薩。所以者何？若諸菩薩摩訶薩不應說言有情想轉，如是命者想、士夫想、補特伽羅想、意生想、摩納婆想、作者想、受者想轉，當知亦爾。何以故？善現！無有少法名為發趣菩薩乘者。」	何以故？妙生！若菩薩有眾生想者，則不名菩薩。所以者何？妙生！實無有法，可名發趣菩薩乘者。
「須菩提！汝意云何？於然燈佛所，頗有一法如來所得，名阿耨多羅三藐三菩提不？」	佛告善現：「於汝意云何？如來昔於然燈如來、應、正等覺所，頗有少法能證阿耨多羅三藐三菩提不？」	「妙生！於汝意云何？如來於然燈佛所，頗有少法是所證不？」
須菩提言：「不也，世尊！於然燈佛所，無有一法如來所得，名阿耨多羅三藐三菩提。」	作是語已。具壽善現白佛言：「世尊！如我解佛所說義者，如來昔於然燈如來、應、正等覺所，無有少法能證阿耨多羅三藐三菩提。」	妙生言：「如來於然燈佛所，無法可證，而得菩提。」

昭明	1 金剛般若波羅蜜經 姚秦 三藏法師 鳩摩羅什 譯	2 Diamond Cutter 孔茲英譯	3 Vajrachedika Prajñaparamita-sutra 孔茲梵版
17	佛言：「如是，如是。須菩提！實無有法如來得阿耨多羅三藐三菩提。須菩提！若有法如來得阿耨多羅三藐三菩提，然燈佛即不與我授記：『汝於來世，當得作佛，號釋迦牟尼。』以實無有法得阿耨多羅三藐三菩提，是故然燈佛與我授記，作是言：『汝於來世，當得作佛，號釋迦牟尼。』何以故？如來者，即諸法如義。	The Lord said: It is for this reason that the Tathagata Dipankara then predicted of me: 'You, young Brahmin, will be in a future period a Tathagata, Arhat, fully Enlightened, by the name of Shakyamuni!'**** (孔茲於此處譯文特別短，讀者如需深入，可能要再比對更多版本。) And why? 'Tathagata', Subhuti, is synonymous with true Suchness (tathata).	Evam ukte Bhagavan ayusmantam Subhutim etad avocat: Evam etat Subhute evam etat, na-asti Subhute sa kascid dharmo yas Tathagatena Dipankarasya Tathagatasya-arhatah samyaksambuddhasya-antikad anuttaram samyaksambodhim abhisambuddhah. Sacet punah Subhute kascid dharmas Tathagatena-abhisambuddho'bhavisyat, na mam Dipankaras Tathagato vyakarisyad: Bhavisyasi tvam manava-anagate 'dhvani Sakyamunir nama Tathagato 'rhan samyaksambuddha iti. Yasmat tarhi Subhute Tathagatena-arhata samyaksambuddhena na-asti sa kascid dharmo yo 'nuttaram samyaksambodhim abhisambuddhas, tasmad aham Dipankarena Tathagatena vyakrto: Bhavisyasi tvam manava-anagate 'dhvani Sakyamunir nama Tathagato 'rhan samyaksambuddhah. Tat kasya hetos? Tathagata iti Subhute bhuta-tathataya etad adhivacanam.
17	「若有人言：如來得阿耨多羅三藐三菩提。須菩提！實無有法，佛得阿耨多羅三藐三菩提。須菩提！如來所得阿耨多羅三藐三菩提，於是中無實無虛。 是故如來說：一切法皆是佛法。須菩提！所言一切法者，即非一切法，是故名一切法。	And whosoever, Subhuti, were to say, 'The Tathagata has fully known the utmost, right and perfect enlightenment', he would speak falsely. And why? [(There is not any dharma by which the Tathagata has fully known the utmost, right and perfect enlightenment. And that dharma which the Tathagata has fully known and demonstrated, on account of that there is neither truth nor fraud.)] Therefore the Tathagata teaches, all dharmas are the Buddha's own and special dharmas'. And why? 'All-dharmas', Subhuti, have as no-dharmas been taught by the Tathagata. Therefore all dharmas are called the Buddha's own and special dharmas.	Yah kascit Subhuta evam vadet: Tathagatena-arhatah samyaksambuddhena-anuttara samyaksambodhir abhisambuddheti, sa vitatham vadet, abhyacaksita mam sa Subhute asatodgrhitena. Tat kasya hetoh? Na-asti Subhute sa kascid dharmo yas Tathagatena-anuttaram samyaksambodhim abhisambuddhah. Yas ca Subhute Tathagatena dharmo 'bhisambuddho desito va, tatra na satyam na mrsa. Tasmat Tathagato bhasate sarva-dharma Buddha-dharma iti. Tat kasya hetoh? Sarva-dharma iti a-dharmas Tathagatena bhasita. Tasmat ucyante sarva-dharma Buddha-dharma iti.
17	「須菩提！譬如人身長大。」 須菩提言：「世尊！如來說：人身長大，即為非大身，是名大身。」	[(Just as a man, Subhuti, might be endowed with a body, a huge body.)] Subhuti said: That man of whom the Tathagata spoke as 'endowed with a body, a huge body', as a no-body he has been taught by the Tathagata. Therefore is he called, 'endowed with a body, a huge body'.	****Tad yatha-api nama Subhute puruso bhaved upetakayo mahakayah. Ayusman Subhutir aha: Yo 'sau Bhagavams Tathagatena puruso bhasita upetakayo mahakaya iti, a-kayah sa Bhagavams Tathagatena bhasitah. Tenocyata upetakayo mahakaya iti.

4 金剛般若波羅蜜經 陳 天竺三藏法師　真諦 譯	5 能斷金剛般若波羅蜜多經 唐 三藏法師 玄奘 奉詔 譯	6 佛說能斷金剛般若波羅蜜多經 唐 三藏法師 義淨 奉制 譯
佛言：「如是，須菩提！如是。於然燈佛所，無有一法如來所得，名阿耨多羅三藐三菩提。須菩提！於然燈佛所，若有一法如來所得，名阿耨多羅三藐三菩提，然燈佛則不授我記：『婆羅門！汝於來世，當得作佛，號釋迦牟尼，多陀阿伽度，阿羅訶，三藐三佛陀。』須菩提！由實無有法如來所得，名阿耨多羅三藐三菩提，是故然燈佛與我授記，作如是言：『婆羅門！汝於來世，當得作佛，號釋迦牟尼，多陀阿伽度，阿羅訶，三藐三佛陀。』何以故？須菩提！如來者，真如別名。	說是語已。佛告具壽善現言：「如是，如是。善現！如來昔於然燈如來、應、正等覺所，無有少法能證阿耨多羅三藐三菩提。何以故？善現！如來昔於然燈如來、應、正等覺所，若有少法能證阿耨多羅三藐三菩提者，然燈如來、應、正等覺不應授我記言：『汝摩納婆於當來世，名釋迦牟尼如來、應、正等覺。』善現！以如來無有少法能證阿耨多羅三藐三菩提，是故然燈如來、應、正等覺授我記言：『汝摩納婆於當來世，名釋迦牟尼如來、應、正等覺。』所以者何？善現！言如來者，即是真實、真如增語；言如來者，即是無生、法性增語；言如來者，即是永斷道路增語；言如來者，即是畢竟不生增語。何以故？善現！若實無生，即最勝義。	佛言：「如是，如是。妙生！實無有法，如來於然燈佛所，有所證悟，得大菩提。若證法者，然燈佛則不與我授記：『摩納婆！汝於來世，當得作佛，號釋迦牟尼。』以無所得故，然燈佛與我授記，當得作佛，號釋迦牟尼。何以故？妙生！言如來者，即是實性真如之異名也。
「須菩提！若有人說如來得阿耨多羅三藐三菩提，是人不實語。何以故？須菩提！實無有法如來所得，名阿耨多羅三藐三菩提。須菩提！此法如來所得，無實無虛。是故如來說一切法皆是佛法。 須菩提！一切法者，非一切法故，如來說名一切法。	「善現！若如是說如來、應、正等覺能證阿耨多羅三藐三菩提者，當知此言為不真實。所以者何？善現！由彼謗我起不實執。何以故？善現！無有少法，如來、應、正等覺能證阿耨多羅三藐三菩提。善現！如來現前等所證法，或所說法，或所思法，即於其中非諦非妄，是故如來說一切法皆是佛法。 善現！一切法一切法者，如來說非一切法，是故如來說名一切法一切法。」	「妙生！若言如來證得無上正等覺者，是為妄語。何以故？實無有法如來證得無上正覺。妙生！如來所得正覺之法，此即非實非虛。是故佛說，一切法者，即是佛法。 妙生！一切法、一切法者，如來說為非法，是故如來說一切法者，即是佛法。
須菩提！譬如有人遍身大身。 須菩提言：「世尊！如來所說遍身大身，則為非身，是故說名遍身大身。」	佛告善現：「譬如士夫具身大身。」 具壽善現即白佛言：「世尊！如來所說士夫具身大身，如來說為非身，是故說名具身大身。」	妙生！譬如丈夫，其身長大。 妙生言：「世尊！如來說為大身者，即說為非身，是名大身。」

昭明	1 金剛般若波羅蜜經 姚秦 三藏法師 鳩摩羅什 譯	2 Diamond Cutter 孔茲英譯	3 Vajrachedika Prajñaparamita-sutra 孔茲梵版
17	「須菩提！菩薩亦如是。若作是言：『我當滅度無量衆生』，即不名菩薩。何以故？ 須菩提！無有法名為菩薩。是故佛說：一切法無我、無人、無衆生、無壽者。	The Lord said: So it is, Subhuti. The Bodhisattva who would say, I will lead beings to Nirvana', he should not be called a 'Bodhi-being'. And why? Is there, Subhuti, any dharma named 'Bodhi-being'? Subhuti replied: No indeed, O Lord. The Lord said: Because of that the Tathagata teaches, 'selfless are all dharmas, they have not the character of living beings, they are without a living soul, without personality'.	Bhagavan aha: Evam etat Subhute. Yo bodhisattvo evam vaded: Aham sattvan parinirvapayisyanti-iti, na sa bodhisattva iti vaktavyah. Tat kasya hetoh, asti Subhute sa kascid dharmo yo bodhisattvo nama? Subhutir aha: No hidam Bhagavan, na-asti sa kascid dharmo yo bodhisattvo nama. Bhagavan aha: Sattvah sattva iti Subhute a-sattvas te Tathagatena bhasitas, tenocyante sattva iti. Tasmat Tathagato bhasate: Niratmanah sarva-dharma nihsattvah nirjiva nispudgalah sarva-dharma iti.
17	須菩提！若菩薩作是言：『我當莊嚴佛土』，是不名菩薩。何以故？如來說：莊嚴佛土者，即非莊嚴，是名莊嚴。須菩提！若菩薩通達無我、法者，如來說名真是菩薩。	[(If any Bodhisattva should say, 'I will create harmonious Buddhafields')], he likewise should not be called a Bodhi-being. [(And why? 'The harmonies of Buddhafields, the harmonies of Buddhafields', Subhuti, as no-harmonies have they been taught by the Tathagata. Therefore he spoke of 'harmonious Buddhafields'.)] The Bodhisattva, however, Subhuti, who is intent on 'without self are the dharmas, without self are the dharmas', him the Tathagata, the Arhat, the fully Enlightened One has declared to be a Bodhi-being, a great being.	**** Yah Subhute bodhisattva evam vaded: Aham ksetra-vyuhan nispadayisyanti iti, so 'pi tathaiva vaktavyah. Tat kasya hetoh? Ksetra-vyuha ksetra-vyuha iti Subhute 'vyuhas te Tathagatena bhasitah, tenocyante ksetra-vyuha iti. Yah Subhute bodhisattvo niratmano dharma niratmano dharma ity adhimucyate, sa Tathagatena-arhata samyaksambuddhena bodhisattvo mahasattva ity akhyatah.
18	「須菩提！於意云何？如來有肉眼不？」 「如是，世尊！如來有肉眼。」 「須菩提！於意云何？如來有天眼不？」 「如是，世尊！如來有天眼。」	What do you think, Subhuti, does the fleshly eye of the Tathagata exist? Subhuti replied: So it is, O Lord, the fleshly eye of the Tathagata does exist. The Lord asked: What do you think, Subhuti, does the Tathagata's heavenly eye exist, his wisdom eye, his Dharma-eye, his Buddha-eye? Subhuti replied: So it is, O Lord, the heavenly eye of the Tathagata does exist, and so does his wisdom eye, his Dharma-eye and his Buddha-eye.	Bhagavan aha: Tat kim manyase Subhute, samvidyate Tathagatasya mamsa-caksuh? Subhutir aha: Evam etad Bhagavan, samvidyate Tathagatasya mamsacaksuh. Bhagavan aha: Tat kim manyase Subhute, samvidyate Tathagatasya divyam caksuh? Subhutir aha: Evam etad Bhagavan, samvidyate Tathagatasya divyam caksuh.

4 金剛般若波羅蜜經 陳 天竺三藏法師　真諦 譯	5 能斷金剛般若波羅蜜多經 唐 三藏法師 玄奘 奉詔 譯	6 佛說能斷金剛般若波羅蜜多經 唐 三藏法師 義淨 奉制 譯
佛言：「如是，須菩提！如是，須菩提！若有菩薩說如是言：我當般涅槃一切衆生。則不應說名為菩薩。須菩提！汝意云何？頗有一法名菩薩不？」 須菩提言：「不也，世尊！」佛言：「須菩提！是故如來說，一切法無我無衆生無壽者無受者。	佛言：「善現！如是，如是。若諸菩薩作如是言：『我當滅度無量有情。』是則不應說名菩薩。何以故？善現！頗有少法名菩薩不？」 善現答言：「不也，世尊！無有少法名為菩薩。」佛告善現：「有情有情者，如來說非有情，故名有情，是故如來說一切法無有有情、無有命者、無有士夫、無有補特伽羅等。	佛告妙生：「如是，如是。若菩薩作是語：『我當度衆生令寂滅者。』則不名菩薩。妙生！頗有少法名菩薩不？」 答言：「不爾，世尊！」「妙生！是故如來說一切法，無我無衆生無壽者無更求趣。
須菩提！若有菩薩說如是言：我當莊嚴清淨佛土。如此菩薩說虛妄言。 何以故？須菩提！莊嚴佛土者，如來說則非莊嚴，是故莊嚴清淨佛土。須菩提！若菩薩信見諸法無我，諸法無我，如來應供正　覺說：是名菩薩，是名菩薩。」	善現！若諸菩薩作如是言：『我當成辦佛土功德莊嚴。』亦如是說。 何以故？善現！佛土功德莊嚴佛土功德莊嚴者，如來說非莊嚴，是故如來說名佛土功德莊嚴佛土功德莊嚴。善現！若諸菩薩於無我、法無我、法深信解者，如來、應、正等覺說為菩薩菩薩。」	「妙生！若有菩薩言：『我當成就佛土嚴勝、佛土嚴勝者，如來說為非是嚴勝，是故如來說為嚴勝。妙生！若有信解一切法無性、一切法無性者，如來說名真是菩薩菩薩。
佛言：「須菩提！汝意云何？如來有肉眼不？」 須菩提言：「如是，世尊！如來有肉眼。」 佛言：「須菩提！汝意云何？如來有天眼不？」 須菩提言：「如是，世尊！如來有天眼。」	佛告善現：「於汝意云何？如來等現有肉眼不？」 善現答言：「如是，世尊！如來等現有肉眼。」 佛言：「善現！於汝意云何？如來等現有天眼不？」 善現答言：「如是，世尊！如來等現有天眼。」	「妙生！於汝意云何？如來有肉眼不？」 妙生言：「如是，世尊！如來有肉眼。」 「如來有天眼不？」 「如是，世尊！如來有天眼。」

昭明	1 金剛般若波羅蜜經 姚秦 三藏法師 鳩摩羅什 譯	2 Diamond Cutter 孔茲英譯	3 Vajrachedika Prajñaparamita-sutra 孔茲梵版
18	「須菩提！於意云何？如來有慧眼不？」	（合併於上欄）	Bhagavan aha: Tat kim manyase Subhute, samvidyate Tathagatasya prajna-caksuh?
	「如是，世尊！如來有慧眼。」		Subhutir aha: Evam etad Bhagavan, samvidyate Tathagatasya prajna-caksuh.
	「須菩提！於意云何？如來有法眼不？」		Bhagavan aha: Tat kim manyase Subhute, samvidyate Tathagatasya Dharma-caksuh?
	「如是，世尊！如來有法眼。」		Subhutir aha: Evam etad Bhagavan, samvidyate Tathagatasya dharma-caksuh.
	「須菩提！於意云何？如來有佛眼不？」		Bhagavan aha: Tat kim manyase Subhute, samvidyate Tathagatasya Buddha-caksuh?
	「如是，世尊！如來有佛眼。」		Subhutir aha: Evam etad Bhagavan, samvidyate Tathagatasya buddha-caksuh.
18	「須菩提！於意云何？如恆河中所有沙，佛說是沙不？」	The Lord said: What do you think, Subhuti, has the Tathagata used the phrase, 'as many grains of sand as there are in the great river Ganges'?	Bhagavan aha: Tat kim manyase Subhute, yavantyo Gangayam maha-nadyam valuka, api nu ta valukas Tathagatena bhasitah?
	「如是，世尊！如來說是沙。」	Subhuti replied: So it is, O Lord, so it is, O Well-Gone! The Tathagata has done so.	Subhutir aha: Evam etad Bhagavann, evam etat Sugata, bhasitas Tathagatena valukah.
	「須菩提！於意云何？如一恆河中所有沙，有如是沙等恆河，是諸恆河所有沙數，佛世界如是，寧為多不？」 「甚多，世尊！」	The Lord asked: What do you think, Subhuti, if there were as many Ganges rivers as there are grains of sand in the great river Ganges, and if there were as many world systems as there are grains of sand in them, would those world systems be many? Subhuti replied: So it is, O Lord, so it is, O Well-Gone, these world systems would be many.	Bhagavan aha: Tat kim manyase Subhute yavantyo Gangayam maha-nadyam valukas tavantya eva Ganga-nadyo bhaveyuh, tasu ya valukas tavantas ca lokadhatavo bhaveyuh, kascid bahavas te lokadhatavo bhaveyuh? Subhutir aha: Evam etad Bhagavann, evam etat Sugata, bahavas te loka-dhatavo bhaveyuh.
18	佛告須菩提：「爾所國土中，所有眾生，若干種心，如來悉知。	The Lord said: As many beings as there are in these world systems, of them I know, in my wisdom, the manifold trends of thought.	Bhagavan aha: Yavantah Subhute tesu loka-dhatusu sattvas tesam aham nanabhavam citta-dharam prajanami.
	何以故？如來說：諸心皆為非心，是名為心。所以者何？須菩提！過去心不可得，現在心不可得，未來心不可得。	And why? 'Trends of thought, trends of thought', Subhuti, as no trends have they been taught by the Tathagata. Therefore are they called 'trends of thought'. And why? Past thought is not got at; future thought is not got at; present thought is not got at.	Tat kasya hetoh? Citta-dhara citta-dhareti Subhute a-dharaisa Tathagatena bhasitas. Tenocyate citta-dhareti. Tat kasya hetoh? Atitam Subhute cittam nopalabhyate, anagatam cittam nopalabhyate, pratyutpannam cittam nopalabhyate.

4 金剛般若波羅蜜經 陳 天竺三藏法師　真諦 譯	5 能斷金剛般若波羅蜜多經 唐 三藏法師 玄奘 奉詔 譯	6 佛說能斷金剛般若波羅蜜多經 唐 三藏法師 義淨 奉制 譯
佛言：「須菩提！汝意云何？如來有慧眼不？」 須菩提言：「如是，世尊！如來有慧眼。」 佛言：「須菩提！汝意云何？如來有法眼不？」 須菩提言：「如是，世尊！如來有法眼。」 佛言：「須菩提！汝意云何？如來有佛眼不？」 須菩提言：「如是，世尊！如來有佛眼。」	佛言：「善現！於汝意云何？如來等現有慧眼不？」 善現答言：「如是，世尊！如來等現有慧眼。」 佛言：「善現！於汝意云何？如來等現有法眼不？」 善現答言：「如是，世尊！如來等現有法眼。」 佛言：「善現！於汝意云何？如來等現有佛眼不？」 善現答言：「如是，世尊！如來等現有佛眼。」	「如來有慧眼不？」 「如是，世尊！如來有慧眼。」 「如來有法眼不？」 「如是，世尊！如來有法眼。」 「如來有佛眼不？」 「如是，世尊！如來有佛眼。」
「須菩提！汝意云何？於恆伽江所有諸沙，如其沙數所有恆伽，如諸恆伽所有沙數，世界如是，寧為多不？」 須菩提言：「如是，世尊！此等世界，其數甚多。」	佛告善現：「於汝意云何？乃至殑伽河中所有諸沙，如來說是沙不？」善現答言：「如是，世尊！如是，善逝！如來說是沙。」 佛言：「善現！於汝意云何？乃至殑伽河中所有沙數，假使有如是等殑伽河，乃至是諸殑伽河中所有沙數，假使有如是等世界。是諸世界寧為多不？」 善現答言：「如是！世尊！如是！善逝！是諸世界其數甚多。」	「妙生！於汝意云何？如殑伽河中所有沙數，復有如是沙等殑伽河，隨諸河沙，有爾所世界，是為多不？」 妙生言：「甚多，世尊！」
佛言：「須菩提！爾所世界中，所有眾生，我悉見知心相續住，有種種類。 何以故？須菩提！心相續住，如來說非續住，故說續住。何以故？須菩提！過去心不可得，未來心不可得，現在心不可得。	佛言：「善現！乃至爾所諸世界中所有有情，彼諸有情各有種種，其心流注我悉能知。 何以故？善現！心流注心流注者，如來說非流注，是故如來說名心流注心流注。所以者何？善現！過去心不可得，未來心不可得，現在心不可得。」	「妙生！此世界中所有眾生，種種性行，其心流轉，我悉了知。 何以故？妙生！心陀羅尼者，如來說為無持，由無持故，心遂流轉。何以故？妙生！過去心不可得，未來心不可得，現在心不可得。

昭明	1 金剛般若波羅蜜經 姚秦 三藏法師 鳩摩羅什 譯	2 Diamond Cutter 孔茲英譯	3 Vajrachedika Prajñaparamita-sutra 孔茲梵版
19	「須菩提！於意云何？若有人滿三千大千世界七寶以用布施，是人以是因緣，得福多不？」	What do you think, Subhuti, if a son or daughter of good family had filled this world system of 1,000 million worlds with the seven precious things, and then gave it as a gift to the Tathagatas, the Arhats, the fully Enlightened Ones, would they on the strength of that beget a great heap of merit?	Tat kim manyase Subhute yah kascit kulaputro va kuladuhita vemam trisahasramahasahasram lokadhatum sapta-ratna-paripurnam krtva Tathagatebhyo'rhadbhyah samyaksambuddhebhyo danam dadyat, api nu sa kulaputro va kuladuhita va tato nidanam bahu punya-skandham prasunuyat?
	「如是，世尊！此人以是因緣，得福甚多。」	Subhuti replied: they would, O Lord, they would, O Well-Gone!	Subhutir aha: Bahu Bhagavan, bahu Sugata（善逝）.
	「須菩提！若福德有實，如來不說得福德多；以福德無故，如來說得福德多。	The Lord said: So it is, Subhuti, so it is. On the strength of that this son or daughter of good family would beget a great heap of merit, immeasurable and incalculable. But if, on the other hand, there were such a thing as a heap of merit, the Tathagata would not have spoken of a 'heap of merit'.	Bhagavan aha: Evam etat Subhute evam etat, bahu sa kulaputro va kuladuhita va tato nidanam punyaskandham prasunuyad. Tat kasya hetoh? Punya-skandhah punya-skandha iti Subhute a-skandhah sa Tathagatena bhasitah. Tenocyate punya-skandha iti. Sacet Subhute punya-skandho'bhavisyan, na Tathagato'bhasisyat punya-skandhah punya-skandha iti.
20	「須菩提！於意云何？佛可以具足色身見不？」	What do you think, Subhuti, is the Tathagata to be seen by means of the accomplishment of his form-body?	Tat kim manyase Subhute rupa-kaya-parinispattya Tathagato drastavyah?
	「不也，世尊！如來不應以色身見。何以故？如來說：具足色身，即非具足色身，是名具足色身。」	Subhuti replied: No indeed, O Lord, the Tathagata is not to be seen by means of the accomplishment of his form-body. And why? 'Accomplishment of his form-body, accomplishment of his form-body', this, O Lord, has been taught by the Tathagata as no-accomplishment. Therefore is it called 'accomplishment of his form-body'.	Subhutir aha: No hidam Bhagavan, na rupa-kaya-parinispattya Tathagato drastavyah. Tat kasya hetoh? Rupa-kaya-parinispatti rupakaya-parinispattir iti Bhagavan a-parinispattir esa Tathagatena bhasita. Tenocyate rupakaya-parinispattir iti.
	「須菩提！於意云何？如來可以具足諸相見不？」	The Lord asked: What do you think, Subhuti, is the Tathagata to be seen through his possession of marks?	Bhagavan aha: Tat kim manyase Subhute, laksana-sampada Tathagato drastavyah?
	「不也，世尊！如來不應以具足諸相見。何以故？如來說：諸相具足，即非具足，是名諸相具足。」	Subhuti replied: No indeed, O Lord. And why? This possession of marks, O Lord, which has been taught by the Tathagata, as a no-possession of no-marks this has been taught by the Tathagata. Therefore is it called 'possession of marks'.	Subhutir aha: No hidam Bhagavan, na laksana-sampada Tathagato drastavyah. Tat kasya hetoh? Yaisa Bhagavaml laksana-sampat Tathagatena bhasita, a-laksana-sampad esa Tathagatena bhasita. Tenocyate laksana-sampad iti.

4 金剛般若波羅蜜經 陳 天竺三藏法師　真諦 譯	5 能斷金剛般若波羅蜜多經 唐 三藏法師 玄奘 奉詔 譯	6 佛說能斷金剛般若波羅蜜多經 唐 三藏法師 義淨 奉制 譯
「須菩提！汝意云何？若有人以滿三千大千世界七寶，而用布施，是善男子善女人，以是因緣，得福多不？」	佛告善現：「於汝意云何？若善男子或善女人，以此三千大千世界盛滿七寶奉施如來、應、正等覺，是善男子或善女人，由是因緣所生福聚寧為多不？」	「妙生。於汝意云何？若人以滿三千大千世界七寶布施，是人得福多不？」
須菩提言：「甚多！世尊！甚多！修伽陀！」	善現答言：「甚多，世尊！甚多，善逝！」	妙生言：「甚多，世尊！」
佛言：「如是，須菩提！如是。彼善男子善女人，以是因緣，得福聚多。」佛言：「須菩提！若福德聚，但名為聚，如來則不應說是福德聚，是福德聚。	佛言：「善現！如是，如是。彼善男子或善女人，由此因緣所生福聚其量甚多。何以故？善現！若有福聚，如來不說福聚福聚。」	「妙生！若此福聚是福聚者，如來則不說為福聚福聚。
須菩提！汝意云何？可以具足色身觀如來不？」	佛告善現：「於汝意云何？可以色身圓實觀如來不？」	「妙生！於汝意云何？可以色身圓滿觀如來不？」
須菩提言：「不也，世尊！不可以具足色身觀於如來。何以故？此具足色身，如來說非具足色身，是故如來說名具足色身。」	善現答言：「不也，世尊！不可以色身圓實觀於如來。何以故？世尊！色身圓實色身圓實者，如來說非圓實，是故如來說名色身圓實色身圓實。」	「不爾，世尊！不應以色身圓滿觀於如來。何以故？色身圓滿色身圓滿者，如來說非圓滿，是故名為色身圓滿。」
佛言：「須菩提！汝意云何？可以具足諸相觀如來不？」	佛告善現：「於汝意云何？可以諸相具足觀如來不？」	「妙生！可以具相觀如來不？」
須菩提言：「不也，世尊！不可以具足諸相觀於如來。何以故？此具足相，如來說非具足相，是故如來說具足相。」	善現答言：「不也，世尊！不可以諸相具足觀於如來。何以故？世尊！諸相具足諸相具足者，如來說為非相具足，是故如來說名諸相具足諸相具足。」	「不爾，世尊！不應以具相觀於如來。何以故？諸具相者，如來說非具相，是故如來說名具相。」

昭明	1 金剛般若波羅蜜經 姚秦 三藏法師 鳩摩羅什 譯	2 Diamond Cutter 孔茲英譯	3 Vajrachedika Prajñaparamita-sutra 孔茲梵版
	「須菩提！汝勿謂如來作是念：『我當有所說法。』莫作是念，何以故？若人言：如來有所說法，即為謗佛，不能解我所說故。須菩提！說法者，無法可說，是名說法。」	The Lord asked: What do you think, Subhuti, does it occur to the Tathagata, 'by me has Dharma been demonstrated'? Whosoever, Subhuti, would say, 'the Tathagata has demonstrated Dharma', he would speak falsely, he would misrepresent me by seizing on what is not there. And why? 'Demonstration of dharma, demonstration of dharma', Subhuti, there is not any dharma which could be got at as a demonstration of dharma.	Bhagavan aha: Tat kim manyase Subhute, api nu Tathagatasyaivam bhavati: Maya dharmo desita iti? Subhutir aha: No hidam Bhagavan, na Tathagatasyaivam bhavati: Maya dharmo desita iti. Bhagavan aha: Yah Subhute evam vadet: Tathagatena dharmo desita iti, sa vitatham vadet, abhyacaksita mam sa Subhute 'satodgrhitena. Tat kasya hetoh? Dharma-desana dharma-desaneti Subhute, na-asti sa kascid dharmo yo dharma-desana namopalabhyate.
21	爾時，慧命須菩提白佛言：「世尊！頗有衆生，於未來世，聞說是法，生信心不？」	Subhuti asked: Are there, O Lord, any beings in the future, in the last time, in the last epoch, in the last 500 years, at the time of the collapse of the good doctrine who, on hearing such dharmas, will truly believe?	Evam ukta ayusman Subhutir Bhagavantam etad avocat: Asti Bhagavan kecit sattva bhavisyanty anagate 'dhvani pascime kale pascime samaye pascimayam panca-satyam saddharma-vipralope vartamane ya iman evamrupan dharman srutva-abhisraddadhasyanti?
	佛言：「須菩提！彼非衆生，非不衆生。何以故？須菩提！衆生衆生者，如來說非衆生，是名衆生。」	The Lord replied: They, Subhuti, are neither beings nor no-beings. And why? 'Beings, beings', Subhuti, the Tathagata has taught that they are all no-beings. Therefore has he spoken of 'all beings'.	Bhagavan aha: Na te Subhute sattva na-a-sattvah. Tat kasya hetoh? Sattvah sattva iti Subhute sarve te Subhute a-sattvas Tathagatena bhasitah tenocyante sattva iti.
	須菩提白佛言：「世尊！佛得阿耨多羅三藐三菩提，為無所得耶？」	What do you think, Subhuti, is there any dharma by which the Tathagata has fully known the utmost, right and perfect enlightenment?	Tat kim manyase Subhute, api nv asti sa kascid dharmo yas Tathagatena-anuttaram samyaksambodhim abhisambuddhah?
22	佛言：「如是，如是。	Subhuti replied: No indeed, O Lord, there is not any dharma by which the Tathagata has fully known the utmost, right and perfect enlightenment.	Ayusman Subhutir aha: No hidam Bhagavan na-asti sa Bhagavan kascid dharmo yas Tathagatena-anuttaram samyaksambodhim abhisambuddhah.
	須菩提！我於阿耨多羅三藐三菩提乃至無有少法可得，是名阿耨多羅三藐三菩提。」	The Lord said: So it is, Subhuti, so it is. Not even the least (anu) dharma is there found or got at. Therefore is it called 'utmost (anuttara), right and perfect enlightenment'.	Bhagavan aha: Evam etat Subhute evam etat, anur api tatra dharmo na samvidyate nopalabhyate.
23	「復次，須菩提！是法平等，無有高下，是名阿耨多羅三藐三菩提；以無我、無人、無衆生、無壽者，修一切善法，即得阿耨多羅三藐三菩提。須菩提！所言善法者，如來說即非善法，是名善法。	Furthermore, Subhuti, self-identical (sama) is that dharma, and nothing is therein at variance (vishama). Therefore is it called 'utmost, right (samyak) and perfect (sam-) enlightenment'. Self-identical through the absence of a self, a being, a soul, or a person, the utmost, right and perfect enlightenment is fully known as the totality of all the wholesome dharmas. 'Wholesome dharmas, wholesome dharmas', Subhuti yet as no-dharmas have they been taught by the Tathagata. Therefore are they called 'wholesome dharmas'.	Tenocyate 'nuttara samyaksambodhir iti. Api tu khalu punah Subhute samah sa dharmo na tatra kimcid visamam. Tenocyate 'nuttara samyaksambodhir iti. Niratmatvena nihsattvatvena nirjivatvena nispudgalatvena sama sanuttara samyaksambodhih sarvaih kusalair dharmair abhisambudhyate. Tat kasya hetoh? Kusala dharmah kusala dharma iti Subhute a-dharmas caiva te Tathagatena bhasitah. Tenocyante kusala dharma iti.

4 金剛般若波羅蜜經 陳 天竺三藏法師 真諦 譯	5 能斷金剛般若波羅蜜多經 唐 三藏法師 玄奘 奉詔 譯	6 佛說能斷金剛般若波羅蜜多經 唐 三藏法師 義淨 奉制 譯
佛言：「須菩提！汝意云何？如來有如是意，我今實說法耶？須菩提！若有人言，如來實能說法，汝應當知，是人由非實有，及以邪執，起誹謗我。何以故？須菩提！說法說法，實無有法名為說法。」	佛告善現：「於汝意云何？如來頗作是念：我當有所說法耶？善現！汝今勿當作如是觀。何以故？善現！若言如來有所說法，即為謗我，為非善取。何以故？善現！說法說法者，無法可說，故名說法。」	「妙生！於汝意云何？如來作是念：我說法耶？汝勿作是見。若言如來有所說法者，則為謗我。何以故？言說法說法者，無法可說，是名說法。」
爾時須菩提白佛言：「世尊！頗有眾生，於未來世，聽聞正說如是等相，此經章句，生實信不？」	爾時，具壽善現白佛言：「世尊！於當來世後時、後分、後五百歲，正法將滅時分轉時，頗有有情聞說如是色類法已能深信不？」	妙生白佛言：「世尊！於當來世，頗有眾生，聞說是經，生信心不？」
佛告須菩提：「彼非眾生，非非眾生。何以故？須菩提！彼眾生者，如來說非眾生，非非眾生，故說眾生。	佛言：「善現！彼非有情、非不有情。何以故？善現！一切有情者，如來說非有情，故名一切有情。」	佛告妙生：「有生信者。彼非眾生，非非眾生。何以故？眾生眾生者，如來說非眾生，是名眾生。
須菩提！汝意云何？頗有一法如來所得，名阿耨多羅三藐三菩提不？」	佛告善現：「於汝意云何？頗有少法，如來、應、正等覺現證無上正等菩提耶？」	「妙生！於汝意云何？佛得無上正等覺時，頗有少法所證不？」
須菩提言：「不也，世尊！無有一法如來所得，名阿耨多羅三藐三菩提。」	具壽善現白佛言：「世尊！如我解佛所說義者，無有少法，如來、應、正等覺現證無上正等菩提。」	妙生言：「實無有法是佛所證。」
佛言：「如是，須菩提！如是。乃至無有如微塵法，如來所捨，如來所得，是故說名阿耨多羅三藐三菩提平等平等。	佛言：「善現！如是！如是！於中少法無有無得，故名無上正等菩提。	佛告妙生：「如是，如是！此中無有少法可得，故名無上正等菩提。
復次，須菩提！諸佛覺知，無有差別，是故說名阿耨多羅三藐三菩提。復次，須菩提！此法平等，無有高下，是名阿耨多羅三藐三菩提。復次，須菩提！由無我無眾生無壽者無受者等，此法平等，故名阿耨多羅三藐三菩提。復次，須菩提！由實善法具足圓滿，得阿耨多羅三藐三菩提。須菩提！所言善法善法者，如來說非善法，故名善法。	「復次，善現！是法平等，於其中間無不平等，故名無上正等菩提。以無我性、無有情性、無命者性、無士夫性、無補特伽羅等性平等，故名無上正等菩提。一切善法無不現證，一切善法無不妙覺。善現！善法善法者，如來一切說為非法，是故如來說名善法善法。	妙生！是法平等，無有高下，故名無上正等菩提。以無我無眾生無壽者無更求趣性，其性平等，故名無上正等菩提。一切善法皆正覺了，故名無上正等正覺。妙生！善法者，如來說為非法，故名善法。

昭明	1 金剛般若波羅蜜經 姚秦 三藏法師 鳩摩羅什 譯	2 Diamond Cutter 孔茲英譯	3 Vajrachedika Prajñaparamita-sutra 孔茲梵版
24	「須菩提！若三千大千世界中所有諸須彌山王，如是等七寶聚，有人持用布施；若人以此《般若波羅蜜經》，乃至四句偈等，受持、為他人說，於前福德百分不及一，百千萬億分，乃至算數譬喻所不能及。	And again, Subhuti, if a woman or man had piled up the seven precious things until their bulk equaled that of all the Sumerus, kings of mountains, in the world system of 1,000 million worlds, and would give them as a gift; and if, on the other hand, a son or daughter of good family would take up from this Prajnaparamita, this discourse on Dharma, but one stanza of four lines, and demonstrate it to others, compared with his heap of merit the former heap of merit does not approach one hundredth part, etc., until we come to, it will not bear any comparison.	Yas ca khalu punah Subhute stri va puruso va yavantas trisahasramahasahasre lokadhatau Sumeravah parvata-rajanas tavato rasin saptanam ratnanam abhisamhrtya Tathagatebhyo'rhadbhyah samyaksambuddhebhyo danam dadyat, yas ca kulaputro va kuladuhita vetah prajnaparamitaya dharma-paryayad antasas catuspadikam api gatham udgrhya parebhyo desayed, asya Subhute punyaskandhasya-asau paurvakah punyaskandhah satatamim api kalam nopaiti yavad upanisadam api na ksamate.
25	「須菩提！於意云何？汝等勿謂如來作是念：『我當度眾生。』須菩提！莫作是念。 何以故？實無有眾生如來度者，若有眾生如來度者，如來即有我人眾生壽者。須菩提！如來說：『有我者，即非有我，而凡夫之人以為有我。』須菩提！凡夫者，如來說即非凡夫，是名凡夫。」	What do you think, Subhuti, does it occur to a Tathagata, 'by me have beings been set free'? Not thus should you see it, Subhuti! And why? There is not any being whom the Tathagata has set free. Again, if there had been any being whom the Tathagata had set free, then surely there would have been on the part of the Tathagata a seizing of a self, of a being, of a soul, of a person. 'Seizing of a self', as a no-seizing, Subhuti, has that been taught by the Tathagata. And yet the foolish common people have seized upon it. 'Foolish common people', Subhuti, as really no people have they been taught by the Tathagata. Therefore are they called 'foolish common people'.	Tat kim manyase Subhute api nu Tathagatasyaivam bhavati: Maya sattvah parimocita iti? Na khalu punah Subhute evam drastavyam. Tata kasya hetoh? Na-asti Subhute kascit sattvo yas Tathagatena parimocitah. Yadi punah Subhute kascit sattvo' bhavisyat yas Tathagatena parimocitah syat, sa eva Tathagatasya-atma-graho'bhavisyat, sattva-graho jiva-grahah pudgala-graho 'bhavisyat. Atma-graha iti Subhute agraha esa Tathagatena bhasitah. Sa ca balaprthag-janair udgrhitah. Balaprthag-jana iti Subhute a-jana eva te Tathagatena bhasitah. Tenocyante balaprthagjana iti.
26	「須菩提！於意云何？可以三十二相觀如來不？」 須菩提言：「如是！如是！以三十二相觀如來。」 佛言：「須菩提！若以三十二相觀如來者，轉輪聖王即是如來。」 須菩提白佛言：「世尊！如我解佛所說義，不應以三十二相觀如來。」	What do you think, Subhuti, is the Tathagata to be seen by means of his possession of marks? Subhuti replied: No indeed, O Lord. The Lord said: If, Subhuti, the Tathagata could be recognized by his possession of marks, then also the universal monarch would be a Tathagata. Therefore the Tathagata is not to be seen by means of his possession of marks. Subhuti then said: As I, O Lord, understand the Lord's teaching, the Tathagata is not to be seen through his possession of marks.	Tat kim manyase Subhute, laksana-sampada Tathagato drastavyah? Subhutir aha: No hidam Bhagavan, yatha-aham Bhagavato bhasitasya-artham ajanami na laksana-sampada Tathagato drastavyah. Bhagavan aha: Sadhu sadhu Subhute, evam etat Subhute evam etad, yatha vadasi: Na laksana-sampada Tathagato drastavyah. Tat kasya hetoh? Sacet punah Subhute laksana-sampada Tathagato drastavyo 'bhavisyad, raja-api cakravarti Tathagato'bhavisyat. Tasman na laksana-sampada Tathagato drastavyah. Ayusman Subhutir Bhagavantam etad avocat: Yatha-aham Bhagavato bhasitasya-artham ajanami, na laksana-sampada Tathagato drastavyah.

4 金剛般若波羅蜜經 陳 天竺三藏法師　真諦 譯	5 能斷金剛般若波羅蜜多經 唐 三藏法師 玄奘 奉詔 譯	6 佛說能斷金剛般若波羅蜜多經 唐 三藏法師 義淨 奉制 譯
「須菩提！三千大千世界中，所有諸須彌山王，如是等七寶聚，滿此世界，有人持用布施。若人從此般若波羅蜜經，乃至四句偈等，受持讀誦為他正說，所得功德，比此功德，百分不及一，千萬億分不及一，窮於算數不及其一，乃至威力品類相應譬喻所不能及。	「復次，善現！若善男子或善女人集七寶聚，量等三千大千世界其中所有妙高山王，持用布施。若善男子或善女人，於此般若波羅蜜多經中乃至四句伽陀，受持、讀誦、究竟通利，及廣為他宣說、開示、如理作意。善現！前說福聚於此福聚，百分計之所不能及，如是千分、若百千分、若俱胝百千分、若俱胝那庾多百千分、若數分、若計分、若算分、若喻分、若鄔波尼殺曇分亦不能及。」	「妙生！若三千大千世界中，所有諸妙高山王，如是等七寶聚，有人持用布施。若復有人，於此經中，乃至一四句頌，若自受持，及為他說。以前福聚比此福聚，假令分此以為百分，彼亦不能及一分，或千分億分算分勢分數分因分，乃至譬喻亦不能及一。
「須菩提！汝意云何？如來作是念：我度眾生耶？須菩提！汝今不應作如是念。 何以故？實無眾生如來所度。須菩提！若有眾生如來所度，即是我執眾生執壽者執受者執。須菩提！此我等執，如來說非執，嬰兒凡夫眾生之所執故。須菩提！嬰兒凡夫眾生者，如來說非眾生，故說嬰兒凡夫眾生。	佛告善現：「於汝意云何？如來頗作是念：我當度脫諸有情耶？善現！汝今勿當作如是觀。 何以故？善現！無少有情如來度者。善現！若有有情如來度者，如來即應有其我執、有有情執、有命者執、有士夫執、有補特伽羅等執。善現！我等執者，如來說為非執，故名我等執，而諸愚夫異生強有此執。善現！愚夫異生者，如來說為非生，故名愚夫異生。」	「妙生！於汝意云何？如來度眾生不？汝莫作是見：『如來度眾生。』 何以故？曾無有一眾生是如來度者。若有眾生是如來度者，如來則有我見眾生見壽者見更求趣見。妙生！我等執者，如來說為非執，而諸愚夫妄為此執。妙生！愚夫眾生，如來說為非生，故名愚夫眾生。
須菩提！汝意云何？可以具足相觀如來不？」 須菩提言：「如我解佛所說義，不以具足相應觀如來。」 佛言：「如是，須菩提！如是。不以具足相應觀如來。何以故？若以具足相觀如來者，轉輪聖王應是如來，是故不以具足相應觀如來。」	佛告善現：「於汝意云何？可以諸相具足觀如來不？」 善現答言：「如我解佛所說義者，不應以諸相具足觀於如來。」 佛言：「善現！善哉！善哉！如是，如是。如汝所說。不應以諸相具足觀於如來。善現！若以諸相具足觀如來者，轉輪聖王應是如來，是故不應以諸相具足觀於如來，如是應以諸相非相觀於如來。」	「妙生！於汝意云何？應以具相觀如來不？」 「不爾，世尊！不應以具相觀於如來。」 「妙生！若以具相觀如來者，轉輪聖王應是如來，是故不應以具相觀於如來，應以諸相非相觀於如來。」

昭明	1 金剛般若波羅蜜經 姚秦 三藏法師 鳩摩羅什 譯	2 Diamond Cutter 孔茲英譯	3 Vajrachedika Prajñaparamita-sutra 孔茲梵版
26	爾時，世尊而說偈言： 「若以色見我 以音聲求我 是人行邪道 不能見如來	Further the Lord taught on that occasion the following stanzas: Those who by my form did see me, And those who followed me by voice Wrong the efforts they engaged in, Me those people will not see. From the Dharma should one see the Buddhas, From the Dharmabodies comes their guidance. Yet Dharma's true nature cannot be discerned, And no one can be conscious of it as an object.	Atha khalu Bhagavams tasyam velayam ime gathe abhasata: Ye mam rupena ca-adraksur Ye mam ghosena ca-anvayuh Mithya-prahana-prasrta Na mam draksyanti te janah Dharmato Buddha drastavya Dharmakaya hi nayakah Dharmata ca na vijneya Na sa sakya vijanitum.
27	「須菩提！汝若作是念：『如來不以具足相故，得阿耨多羅三藐三菩提。』須菩提！莫作是念：『如來不以具足相故，得阿耨多羅三藐三菩提。』	What do you think, Subhuti, has the Tathagata fully known the utmost, right and perfect enlightenment through his possession of marks? Not so should you see it, Subhuti. And why? Because the Tathagata could surely not have fully known the utmost, right and perfect enlightenment through his possession of marks.	Tat kim manyase Subhute laksana-sampada Tathagatena-anuttara samyaksambodhir abhisambuddha? Na khalu punas te Subhute evam drastavyam. Tat kasya hetoh? Na hi Subhute laksana-sampada Tathagatena-anuttara samyaksambodhir abhisambuddha syat.
	「須菩提！汝若作是念，發阿耨多羅三藐三菩提心者，說諸法斷滅。莫作是念！何以故？發阿耨多羅三藐三菩提心者，於法不說斷滅相。」	Nor should anyone, Subhuti, say to you, 'those who have set out in the Bodhisattva-vehicle have conceived the destruction of a dharma, or its annihilation'. Not so should you see it, Subhuti! For those who have set out in the Bodhisattva-vehicle have not conceived the destruction of a dharma, or its annihilation.	Na khalu punas te Subhute kascid evam vaded: Bodhisattva-yana-samprasthitaih kasyacid dharmasya vinasah prajnapta ucchedo veti. Na khalu punas te Subhute evam drastavyam. Tat kasya hetoh? Na bodhisattva-yana-samprasthitaih kasyacid dharmasya vinasah prajnapto nocchedah.
28	「須菩提！若菩薩以滿恒河沙等世界七寶持用布施；若復有人知一切法無我，得成於忍，此菩薩勝前菩薩所得功德。須菩提！以諸菩薩不受福德故。」	And again, Subhuti, if a son or daughter of good family had filled with the seven precious things as many world systems as there are grains of sand in the river Ganges, and gave them as a gift to the Tathagatas, Arhats, fully Enlightened Ones, and if on the other hand a Bodhisattva would gain the patient acquiescence in dharmas which are nothing of themselves and which fail to be produced, then this latter would on the strength of that beget a greater heap of merit, immeasurable and incalculable. Moreover, Subhuti, the Bodhisattva should not acquire a heap of merit.	Yas ca khalu punah Subhute kulaputro va kuladuhita va ganganadi-valuka-samaml lokadhatun saptaratna-paripurnan krtva Tathagatebhyo'rhadbhyah samyaksambuddhebhyo danam dadyat, yas ca bodhisattvo niratmakesv anutpatti-kesu dharmesu ksantim pratilabhate, ayam eva tato nidanam bahutaram punya-skandham prasaved aprameyam asamkhyeyam.Na khalu punah Subhute bodhisattvena mahasattvena punya-skandhah parigrahitavyah.
	須菩提白佛言：「世尊！云何菩薩不受福德？」	Subhuti said: Surely, O Lord, the Bodhisattva should acquire a heap of merit?	Ayusman Subhutir aha: Nanu Bhagavan bodhisattvena punyaskandhah parigrahitavyah?
	「須菩提！菩薩所作福德，不應貪著，是故說不受福德。	The Lord said: 'Should acquire', Subhuti, not 'should seize upon.' Therefore is it said, 'should acquire'.	Bhagavan aha: Parigrahitavyah Subhute nodgrahitavyah. Tenocyate parigrahitavya iti.

4 金剛般若波羅蜜經 陳 天竺三藏法師 真諦 譯	5 能斷金剛般若波羅蜜多經 唐 三藏法師 玄奘 奉詔 譯	6 佛說能斷金剛般若波羅蜜多經 唐 三藏法師 義淨 奉制 譯
是時世尊而說偈言： 「若以色見我 以音聲求我 是人行邪道 不應得見我 由法應見佛 調御法為身 此法非識境 法如深難見	爾時，世尊而說頌曰： 「諸以色觀我， 以音聲尋我， 彼生履邪斷， 不能當見我。 應觀佛法性， 即導師法身； 法性非所識， 故彼不能了。」	爾時，世尊而說頌曰： 「若以色見我 以音聲求我 是人起邪觀 不能當見我 應觀佛法性 即導師法身 法性非所識 故彼不能了」
「須菩提！汝意云何？如來可以具足相得阿耨多羅三藐三菩提不？須菩提！汝今不應作如是見：如來以具足相得阿耨多羅三藐三菩提。何以故？須菩提！如來不以具足相得阿耨多羅三藐三菩提。 須菩提！若汝作是念：如來有是說：『行菩薩乘人，有法可滅。』須菩提！汝莫作此見。何以故？如來不說行菩薩乘人有法可滅，及以永斷。	佛告善現：「於汝意云何？如來、應、正等覺以諸相具足現證無上正等覺耶？善現！汝今勿當作如是觀。何以故？善現！如來、應、正等覺不以諸相具足現證無上正等菩提。 「復次，善現！如是發趣菩薩乘者，頗施設少法若壞若斷耶？善現！汝今勿當作如是觀。諸有發趣菩薩乘者，終不施設少法若壞若斷。	 「妙生！諸有發趣菩薩乘者，其所有法是斷滅不？汝莫作是見。何以故？趣菩薩乘者，其法不失。
「須菩提！若有善男子善女人，以滿恆伽沙等世界七寶，持用布施。若有菩薩，於一切法無我、無生，得無生忍，以是因緣，所得福德最多於彼。須菩提！行大乘人，不應執取福德之聚。」 須菩提言：「此福德聚，可攝持不？」 佛言：「須菩提！此福德聚，可得攝持，不可執取。是故說此福德之聚，應可攝持。	「復次，善現！若善男子或善女人，以殑伽河沙等世界盛滿七寶，奉施如來、應、正等覺，若有菩薩於諸無我，無生法中獲得堪忍，由是因緣所生福聚甚多於彼。「復次，善現！菩薩不應攝受福聚。」 具壽善現即白佛言：「世尊！云何菩薩不應攝受福聚？」 佛言：「善現！所應攝受，不應攝受，是故說名所應攝受。	「妙生！若有男子女人，以滿殑伽河沙世界七寶布施。若復有人，於無我理、不生法中，得忍解者，所生福聚，極多於彼無量無數。妙生！菩薩不應取其福聚。」 妙生言：「菩薩豈不取福聚耶？」 佛告妙生：「是應正取，不應越取，是故說取。

昭明	1 金剛般若波羅蜜經 姚秦 三藏法師 鳩摩羅什 譯	2 Diamond Cutter 孔茲英譯	3 Vajrachedika Prajñaparamita-sutra 孔茲梵版
29	「須菩提！若有人言：如來若來若去、若坐若臥，是人不解我所說義。何以故？如來者，無所從來，亦無所去，故名如來。	Whosoever says that the Tathagata goes or comes, stands, sits or lies down, he does not understand the meaning of my teaching. And why? 'Tathagata' is called one who has not gone anywhere, nor come from anywhere. Therefore is he called 'the Tathagata, the Arhat, the fully Enlightened One'.	Api tu khalu punah Subhute yah kascid evam vadet: Tathagato gacchati vagacchati va, tisthati va nisidati va sayyam va kalpayati, na me Subhute sa bhasitasya-artham ajanati. Tat kasya hetoh? Tathagata iti Subhute ucyate na kvacid-gato na kutascid agatah. Tenocyate Tathagato 'rhan samyaksambuddha iti.
30	「須菩提！若善男子、善女人，以三千大千世界碎為微塵，於意云何？是微塵眾寧為多不？」	And again, Subhuti, if a son or daughter of good family were to grind as many world systems as there are particles of dust in this great world system of 1,000 million worlds, as finely as they can be ground with incalculable vigour, and in fact reduce them to something like a collection of atomic quantities, what do you think, Subhuti, would that be an enormous collection of atomic quantities?	Yas ca khalu punah Subhute kulaputro va kuladuhita va yavantas trisahasra-mahasahasre lokadhatau prthivi-rajamsi tavatam lokadhatunam evamrupam masim kuryat yavad evam asamkhyeyena viryena tad yathapi nama paramanu-samcayah, tat kim manyase Subhute api nu bahuh sa paramanu-samcayo bhavet?
	須菩提言：「甚多，世尊！何以故？若是微塵眾實有者，佛即不說是微塵眾，	Subhuti replied: So it is, O Lord, so it is, O Well-Gone, enormous would that collection of atomic quantities be!	Subhutir aha: Evam etat Bhagavann, evam etat Sugata, bahuh sa paramanu-samcayo bhavet.
	所以者何？佛說：微塵眾，即非微塵眾，是名微塵眾。世尊！如來所說三千大千世界，即非世界，是名世界。	And why? If, O Lord, there had been an enormous collection of atomic quantities, the Lord would not have called it an 'enormous collection of atomic quantities'. And why? What was taught by the Tathagata as a 'collection of atomic quantities', as a no-collection that was taught by the Tathagata. Therefore is it called a 'collection of atomic quantities'. And what the Tathagata taught as 'the world system of 1,000 million worlds', that he has taught as a no-system. Therefore is it called 'the world system of 1,000 million worlds'.	Tat kasya hetoh? Saced Bhagavan bahuh paramanu-samcayo 'bhavisyat, na Bhagavan avaksyat paramanu-samca = ya iti. Tat kasya hetoh? Yo 'sau Bhagavan paramanu-samcayas Tathagatena bhasitah, a-samcayah sa Tathagatena bhasitah. Tenocyate paramanu-samcaya iti. Yas ca Tathagatena bhasitas trisahasramahasahasro lokadhatur iti, a-dhatuh sa Tathagatena bhasitah. Tenocyate trisahasramahasahasro lokadhatur iti.
	何以故？若世界實有，即是一合相。如來說：一合相，即非一合相，是名一合相。」	And why? If, O Lord, there had been a world system, that would have been a case of seizing on a material object, and what was taught as 'seizing on a material object' by the Tathagata, just as a no-seizing was that taught by the Tathagata.	Tat kasya hetoh? Saced Bhagavan loka-dhatur abhavisyat, sa eva pinda-graho 'bhavisyat, yas caiva pinda-grahas Tathagatena bhasitah, a-grahah sa Tathagatena bhasitah.
	「須菩提！一合相者，即是不可說，但凡夫之人貪著其事。	Therefore is it called 'seizing on a material object'. The Lord added: And also, Subhuti, that 'seizing on a material object' is a matter of linguistic convention, a verbal expression without factual content. It is not a dharma nor a no-dharma. And yet the foolish common people have seized upon it.	****Tenocyate pinda-graha iti. Bhagavan aha: Pinda-grahas caiva Subhute 'vyavaharo 'nabhilapyah. Na sa dharmo na-adharmah, sa ca balaprthagjanair udgrhitah.

4 金剛般若波羅蜜經 陳 天竺三藏法師 真諦 譯	5 能斷金剛般若波羅蜜多經 唐 三藏法師 玄奘 奉詔 譯	6 佛說能斷金剛般若波羅蜜多經 唐 三藏法師 義淨 奉制 譯
「須菩提！若有人言：如來行住坐臥，是人不解我所說義。何以故？須菩提！如來者，無所行去，亦無所從來，是故說名如來應供正遍覺知。	「復次，善現！若有說言如來若去、若來、若住、若坐、若臥，是人不解我所說義。何以故？善現！言如來者即是真實、真如增語，都無所去、無所從來，故名如來、應、正等覺。	「妙生！如有說言，如來若來若去若坐若臥者，是人不解我所說義。何以故？妙生！都無去來，故名如來。
「須菩提！若善男子善女人，以三千大千世界地大微塵，燒成灰末，合為墨丸，如微塵聚。須菩提！汝意云何？是鄰虛聚，寧為多不？」	「復次，善現！若善男子或善女人，乃至三千大千世界大地極微塵量等世界，即以如是無數世界色像為量如極微聚。善現！於汝意云何？是極微聚寧為多不？」	「妙生！若有男子女人，以三千大千世界土地碎為墨塵。妙生！於汝意云何？是極微聚，寧為多不？」
須菩提言：「彼鄰虛聚，甚多，世尊！」	善現答言：「是極微聚甚多，世尊！甚多，善逝！	妙生言：「甚多，世尊！何以故？若聚性是實者，如來不說為極微聚極微聚。
何以故？世尊！若鄰虛聚是實有者，世尊則不應說名鄰虛聚。 何以故？世尊！所說此鄰虛聚，如來說非鄰虛聚，是故說名為鄰虛聚。如來所說三千大千世界，則非世界，故說三千大千世界。	何以故？世尊！若極微聚是實有者，佛不應說為極微聚。所以者何？如來說極微聚即為非聚，故名極微聚。如來說三千大千世界即非世界，故名三千大千世界。	何以故？極微聚者，世尊說為非極微聚，故名極微聚。世尊！如來所說三千大千世界，說為非世界，故名三千大千世界。
何以故？世尊！若執世界為實有者，是聚一執。此聚一執，如來說非執，故說聚一執。」	何以故？世尊！若世界是實有者，即為一合執，如來說一合執即為非執，故名一合執。」	何以故？若世界實有，如來則有聚執。佛說聚執者，說為非聚執，是故說為聚執。」
佛世尊言：「須菩提！此聚一執，但世言說。須菩提！是法非可言法，嬰兒凡夫偏言所取。	佛言：「善現！此一合執不可言說，不可戲論，然彼一切愚夫異生強執是法。何以故？	「妙生！此聚執者，是世言論，然其體性，實無可說，但是愚夫異生之所妄執。

昭明	1 金剛般若波羅蜜經 姚秦 三藏法師 鳩摩羅什 譯	2 Diamond Cutter 孔茲英譯	3 Vajrachedika Prajñaparamita-sutra 孔茲梵版
31	「須菩提！若人言：佛說我見、人見、眾生見、壽者見。須菩提！於意云何？是人解我所說義不？」	And why? Because whosoever would say that the view of a self has been taught by the Tathagata, the view of a being, the view of a living soul, the view of a person, would he, Subhuti, be speaking right?	Tat kasya hetoh? Yo hi kascit Subhuta evam vaded: Atma-drstis Tathagatena bhasita sattva-drstir jiva-drstih pudgala-drstis Tathagatena bhasita, api nu sa Subhute samyagvadamano vadet?
31	「不也，世尊！是人不解如來所說義。何以故？世尊說：我見、人見、眾生見、壽者見，即非我見、人見、眾生見、壽者見，是名我見、人見、眾生見、壽者見。」 「須菩提！發阿耨多羅三藐三菩提心者，於一切法，應如是知，如是見，如是信解，不生法相。須菩提！所言法相者，如來說即非法相，是名法相。	Subhuti replied: No indeed, O Lord, no indeed, O Well-Gone, he would not be speaking right. And why? That which has been taught by the Tathagata as 'view of self', as a no-view has that been taught by the Tathagata. Therefore is it called 'view of self'. The Lord said: It is thus, Subhuti, that someone who has set out in the Bodhisattva-vehicle should know all dharmas, view them, be intent on them. And he should know, view and be intent on them in such a way that he does not set up the perception of a dharma. And why? 'Perception of dharma, perception of dharma, 'Subhuti, as no-perception has this been taught by the Tathagata. Therefore is it called 'perception of dharma'.	Subhuti aha: No hidam Bhagavan no hidam Sugata, na samyag-vadamano vadet. Tat kasya hetoh? Ya sa Bhagavann atma-drstis Tathagatena bhasita, a-drstih sa Tathagatena bhasita. Tenocyata atma-drstir iti. Bhagavan aha: Evam hi Subhute bodhisattva-yana-samprasthitena sarva-dharma jnatavya drastavya adhimoktavyah. Tatha ca jnatavya drastavya adhimoktavyah yatha na dharma-samjna pratyupasthahe. Tat kasya hetoh? Dharma-samjna dharma-samjneti Subhute a-samjnaisa Tathagatena bhasita. Tenocyate dharma-samjneti.
32	「須菩提！若有人以滿無量阿僧祇世界七寶持用布施，若有善男子、善女人，發菩提心者，持於此經，乃至四句偈等，受持讀誦，為人演說，其福勝彼。云何為人演說，不取於相，如如不動。何以故？ 「一切有為法 如夢幻泡影 如露亦如電 應作如是觀」	And finally, Subhuti, if a Bodhisattva, a great being had filled world-systems immeasurable and incalculable with the seven precious things, and gave them as a gift to the Tathagatas, the Arhats, the fully Enlightened Ones, and if, on the other hand, a son or daughter of good family had taken from this Prajnaparamita, this discourse on Dharma, but one stanza of four lines, and were to bear it in mind, demonstrate, recite and study it, and illuminate it in full detail for others, on the strength of that this latter would beget a greater heap of merit, immeasurable and incalculable. And how would he illuminate it? So as not to reveal. Therefore is it said, 'he would illuminate'. As stars, a fault of vision, as a lamp, A mock show, dew drops, or a bubble, A dream, a lightning flash, or cloud, So should one view what is conditioned.	Yas ca khalu punah Subhute bodhisattva mahasattvo 'prameyan asamkhyeyaml lokadhatun saptaratna-paripurnam krtva Tathagatebhyo 'rhadbhyah samyaksambuddhebhyo danam dadyat, yas ca kulaputro va kuladuhita vetah prajnapara-mitaya dharmaparyayad antasas catuspadikam api gatham udgrhya dharayed desayed vacayet paryavapnuyat parebhyas ca vistarena samprakasayed, ayam eva tato nidanam bahutaram punyaskandham prasunuyad aprameyam asamkhyeyam. Katham ca samprakasayet? Yatha na prakasayet. Tenocyate samprakasayed iti. Taraka timiram dipo Maya-avasyaya budbudam Supinam vidyud abhram ca Evam drastavyam samskrtam.
end	佛說是經已，長老須菩提及諸比丘、比丘尼、優婆塞、優婆夷、一切世間、天、人、阿修羅，聞佛所說，皆大歡喜，信受奉行。	Thus spoke the Lord. Enraptured, the Elder Subhuti, the monks and nuns, the pious laymen and laywomen, and the Bodhisattvas, and the whole world with its Gods, men, Asuras and Gandharvas rejoiced in the Lord's teaching. - This completes the Diamond-Cutter of Perfect Wisdom.	Idam avocad Bhagavan. Attamanah sthavira Subhutis, te ca bhiksu-bhiksuny-upasakopasikas te ca bodhisattvah sa-deva-manusa-asura-gandharvas ca loko Bhagavato bhasitam abhyanandann iti. Arya-Vajracchedika Bhagavati Prajnaparamita samapta.

4 金剛般若波羅蜜經 陳 天竺三藏法師　真諦 譯	5 能斷金剛般若波羅蜜多經 唐 三藏法師 玄奘 奉詔 譯	6 佛說能斷金剛般若波羅蜜多經 唐 三藏法師 義淨 奉制 譯
「須菩提！若有人言：如來說我見衆生見壽者見受者見。須菩提！汝意云何？是人言說，為正語不？」	善現！若作是言：『如來宣說我見、有情見、命者見、士夫見、補特伽羅見、意生見、摩納婆見、作者見、受者見。』於汝意云何？如是所說為正語不？」	「妙生！如有說云：佛說我見衆生見壽者見求趣見者，是為正說為不正耶？」
須菩提言：「不也，世尊！不也，修伽陀！何以故？如來所說我見衆生見壽者見受者見，即是非見，是故說我見衆生見壽者見受者見。」	善現答言：「不也，世尊！不也，善逝！如是所說非為正語。所以者何？如來所說我見、有情見、命者見、士夫見、補特伽羅見、意生見、摩納婆見、作者見、受者見，即為非見，故名我見乃至受者見。」	妙生言：「不爾，世尊！何以故？若有我見如來說者，即是非見，故名我見。」
「須菩提！若人行菩薩乘，如是應知應見應信，一切諸法；如是應修，為令法想不得生起。何以故？須菩提！是法想法想者，如來說即非想，故說法想。	佛告善現：「諸有發趣菩薩乘者，於一切法應如是知，應如是見，應如是信解，如是不住法想。何以故？善現！法想法想者，如來說為非想，是故如來說名法想法想。	「妙生！諸有發趣菩薩乘者，於一切法，應如是知，如是見，如是解。如是解者，乃至法想亦無所住。何以故？妙生！法想法想者，如來說為非想，故名法想法想。
「須菩提！若有菩薩摩訶薩，以滿無數無量世界七寶持用布施，若有善男子善女人，從此般若波羅蜜經，乃至四句偈等，受持讀誦，教他修行，為他廣說，是善男子善女人，以是因緣，所生福德，最多於彼無量無數。云何顯說此經，如無所顯說，故言顯說。 如如不動，恆有正說。應觀有為法，如暗翳燈幻，露泡夢電雲。」	「復次，善現！若菩薩摩訶薩以無量無數世界盛滿七寶，奉施如來、應、正等覺。若善男子或善女人，於此般若波羅蜜多經中乃至四句伽陀，受持、讀誦、究竟通利、如理作意，及廣為他宣說、開示，由此因緣所生福聚，甚多於前無量無數。云何為他宣說、開示？如不為他宣說、開示，故名為他宣說、開示。」 爾時，世尊而說頌曰： 「諸和合所為，如星翳燈幻， 露泡夢電雲，應作如是觀。」	「妙生！若有人以滿無量無數世界七寶，持用布施。若復有人，能於此經，乃至受持讀誦四句伽陀，令其通利，廣為他人正說其義，以是因緣所生福聚，極多於彼無量無數。云何正說？無法可說，是名正說。」 爾時，世尊說伽陀曰： 「一切有為法　如星翳燈幻 露泡夢電雲　應作如是觀」
爾時世尊說是經已，大德須菩提，心進歡喜，及諸比丘比丘尼、優婆塞優婆夷衆，人天阿脩羅等，一切世間，踴躍歡喜，信受奉行。	時，薄伽梵說是經已，尊者善現及諸苾芻、苾芻尼、鄔波索迦、鄔波斯迦，並諸世間天、人、阿素洛、健達縛等，聞薄伽梵所說經已，皆大歡喜，信受奉行。	爾時，薄伽梵說是經已，具壽妙生，及諸菩薩摩訶薩、苾芻、苾芻尼、鄔波索迦、鄔波斯迦、一切世間天人阿蘇羅等，皆大歡喜，信受奉行。

「阿耨多羅三藐三菩提」比較表

「阿耨多羅三藐三菩提」一詞，意思是「無法超越、正確而且完美的覺知」。在《金剛經》的梵文版裡，其實是在兩種不同地方用了兩個意思完全不同的字詞，分別是「無上正等正覺」（anuttaram samyaksambodhimt）與「發趣菩薩乘」（bodhisattva-yana-samprasthitena）。鳩摩羅什對此二者都統一譯為「阿耨多羅

分	昭明太子	孔茲分析（單元）	孔茲分析（節）	孔茲譯文
2	善現啓請	01 Introductiuon 序	Subhuti makes request 須菩提提問	At that time the Venerable Subhuti came to that assembly, and sat down. Then he rose from his seat, put his upper robe over one shoulder, placed his right knee on the ground, bent forth his folded hands towards the Lord（佛陀十號之一「世尊」）, and said to the Lord: 'It is wonderful O Lord, it is exceedingly wonderful, O Well-Gone（佛陀十號之一「善逝」）, how much the Bodhisattvas, the great beings, have been helped with the greatest help by the Tathagata（如來善護念諸菩薩，善付囑諸菩薩）, the Arhat, the Fully Enlightened One. It is wonderful, O Lord, how much the Bodhisattvas, the great beings, have been favoured with the highest favour by the Tathagata（佛陀十號之一「如來」）, the Arhat（佛陀十號之一「應供」）, the Fully Enlightened One（佛陀十號之一「正遍知」）. How then, O Lord, should a son or daughter of good family, who have set out in the Bodhisattva-vehicle, stand, how progress, how control their thoughts（發阿耨多羅三藐三菩提心，應云何住？云何降伏其心？）?'
2	善現啓請	01 Introductiuon 序	Subhuti makes request 須菩提提問	After these words the Lord said to the Venerable Subhuti: 'Well said, well said, Subhuti! So it is, Subhuti, so it is, as you say! The Tathagata, Subhuti, has helped the Bodhisattvas, the great beings with the greatest help, and he has favoured them with the highest favour. Therefore, 'Subhuti, listen well, and attentively! I will teach you how those who have set out in the Bodhisattva vehicle（梵文是bodhisattva-yana-samprasthitena，發菩薩乘心）should stand, how progress, how control their thoughts.'
7	無得無說	02 The Bodhisattva's Career 菩薩的修行歷程	The Dharmabody as the result of Gnosis 法身乃「靈知」之果	The Lord asked: What do you think, Subhuti, is there any dharma which the Tathagata has fully known（得）as 'the utmost, right and perfect enlightenment（阿耨多羅三藐三菩提）, or is there any dharma which the Tathagata has demonstrated（說）?

三藐三菩提」，難怪許多讀經者雖然讀誦數年，仍然停留在模模糊糊的瞭解。透過此表的比對，熟讀《金剛經》的讀者，可以仔細想想其中差異，你會恍然大悟梵文原始經文的鋪陳是如此的完美。

鳩摩羅什譯文	關鍵內容	白話翻譯
時，長老須菩提在大眾中即從座起，偏袒右肩，右膝著地，合掌恭敬而白佛言：「希有！世尊！如來善護念諸菩薩，善付囑諸菩薩。世尊！善男子、善女人，發阿耨多羅三藐三菩提心，應云何住？云何降伏其心？」	長老須菩提發問了一個《金剛經》最關鍵的問題：「善男子、善女人，發阿耨多羅三藐三菩提心，應云何住？云何降伏其心？」。	那時候，大比丘眾中，有一位長老叫做須菩提，從自己的座位上站了起來。他披著袈裟，偏袒右肩，走到佛陀的面前，右膝跪地，合起手掌，恭恭敬敬地向佛陀稟白，請求開示：「希有的世尊！如來您向來善於護持顧念諸菩薩眾，而且善於教導叮嚀諸菩薩眾。世尊！世間的善男子、善女人，如果想要發心追求無上正等正覺，如何才能使發起的菩提心安住？要怎樣做才能降伏妄想的妄心？」
佛言：「善哉，善哉！須菩提！如汝所說：如來善護念諸菩薩，善付囑諸菩薩。汝今諦聽，當為汝說：善男子、善女人，發阿耨多羅三藐三菩提心，應如是住，如是降伏其心。」	佛陀答應解答這個問題。	佛陀說： 「問得好！問得好！須菩提！就像你所說的，如來向來善於護持諸菩薩們，而且善於付囑諸菩薩們。你現在就用心注意聽，我要為你們解說：善男子、善女人發起無上正等正覺，應該這樣安住不退失，應該這樣降伏自己的妄心。」
「須菩提！於意云何？如來得阿耨多羅三藐三菩提耶？如來有所說法耶？」	佛陀問須菩提兩個問題： 1. 如來有得到無上正等正覺嗎？ 2. 如來有所說的法嗎？	佛陀問須菩提： 「你認為如何呢？如來已經證得了『阿耨多羅三藐三菩提（無上正等正覺）』嗎？如來說過什麼法嗎？」

分	昭明太子	孔茲分析（單元）	孔茲分析（節）	孔茲譯文
7	無得無說	02 The Bodhisattva's Career 菩薩的修行歷程	The Dharmabody as the result of Gnosis 法身乃「靈知」之果	Subhuti replied: No, not as I understand what the Lord has said. And why? This dharma which the Tathagata has fully known or demonstrated it cannot be grasped（取）, it cannot be talked about（說）, it is neither a dharma（非法）nor a no-dharma（非非法）. And why? Because an Absolute（絕對真理）exalts（提升，提拔，給予更大的力量）the Holy Persons（賢聖）.
8	依法出生	02 The Bodhisattva's Career 菩薩的修行歷程	The Dharmabody as the result of Merit 法身乃「福德」之果	The Lord said: But if someone else were to take from this discourse on dharma but one stanza of four lines（四句偈）, and would demonstrate and illuminate it in full detail to others, then he would on the strength of that beget a still greater heap of merit, immeasurable and incalculable. And why? Because from it has issued the utmost, right and perfect enlightenment of the Tathagatas, Arhats, Fully Enlightened Ones, and from it have issued the Buddhas, the Lords. And why? For the Tathagata has taught that the dharmas special to the Buddhas are just not a Buddha's special dharmas（所謂佛法者，即非佛法）. That is why they are called 'the dharmas special to the Buddhas'.
14	離相寂滅	05 Trancedentality 超越到彼岸	Selfless Patience and perfect inner freedom 無我的忍辱與圓滿內在自由	Moreover, Subhuti, the Tathagata's perfection of patience（忍辱波羅蜜）is really no perfection. And why? Because, Subhuti, when the king of Kalinga cut my flesh from every limb, at that time I had no perception of a self, of a being, of a soul, or a person. And why? If, Subhuti, at that time I had had a perception of self, I would also have had a perception of ill-will（瞋恨）at that time. And so, if I had had a perception of a being, of a soul, or of a person. With my superknowledge I recall that in the past I have for five hundred births led the life of a sage devoted to patience. Then also have I had no perception of a self, a being, a soul, or a person. Therefore then, Subhuti, the Bodhi-being, the great being, after he has got rid of all perceptions（離一切相）, should raise his thought（心）to the utmost, right and perfect enlightenment. He should produce a thought which is unsupported by forms, sounds, smells, tastes, touchables, or mind-objects, unsupported by dharma, unsupported by no-dharma, unsupported by anything. And why? All supports have actually no support. It is for this reason that the Tathagata teaches: By an unsupported Bodhisattva should a gift be given, not by one who is supported by forms, sounds, smells, tastes, touchables, or mind-objects.

鳩摩羅什譯文	關鍵內容	白話翻譯
須菩提言：「如我解佛所說義，無有定法名阿耨多羅三藐三菩提，亦無有定法，如來可說。何以故？如來所說法，皆不可取、不可說、非法、非非法。所以者何？一切賢聖，皆以無為法而有差別。」	須菩提回答佛陀上述問題，而且回答得很精采： 1. 沒有一個固定的法叫做無上正等正覺。 2. 沒有一個確定具體的法如來可說。 3. 如來所說的法有以下特質：(a) 不可取 (b) 不可說 (c) 非法 (d) 非非法 4. 一切賢聖：都是以「無為法」而有不同的證悟結果。	須菩提回答： 「依據我對佛陀所說的義理的了解，根本沒有一種確定具體的法稱為『阿耨多羅三藐三菩提（無上正等正覺）』，而且也沒有某個確定具體的法是如來所說的。這是什麼緣故呢？因為如來所說的法，都是不可以執取（不可取），都不是語言所能表達（不可說）。如來說的法既不是一切的現象（非法），也不是否定一切的現象（非非法）。這是什麼緣故？因為一切賢聖所修的都是無因緣造作的理法，也就是超越生滅變化而寂然常住之法（無為法）。因為這樣，隨體會深淺而證悟結果有所差別。」
「若復有人，於此經中受持，乃至四句偈等，為他人說，其福勝彼。何以故？須菩提！一切諸佛，及諸佛阿耨多羅三藐三菩提法，皆從此經出。須菩提！所謂佛法者，即非佛法。」	佛陀針對須菩提的回答進一步解說： 1.「受持此經，乃至四句偈，為他人說」比「滿三千大千世界七寶用來布施」的福德多。 2.「一切諸佛」與「諸佛的無上正等正覺法」都是出於此《金剛經》。 3. 所謂佛法者，即非佛法。	佛陀說： 「如果有人受持這部經，甚至少到只受持此經中的四句偈，而且為他人講說，那麼他所得到的福德，比前面所說『用三千大千世界的七寶布施』的人所獲得福德更多。為什麼呢？須菩提！因為一切諸佛，及成佛的無上正等正覺法，都是從此經所生。須菩提！所謂佛法並非佛法，意思是說本來就沒有佛法可言，不過藉此開悟眾生，替它取名為佛法而已。」
須菩提！忍辱波羅蜜，如來說非忍辱波羅蜜，是名忍辱波羅蜜。何以故？須菩提！如我昔為歌利王割截身體，我於爾時，無我相、無人相、無眾生相、無壽者相。何以故？我於往昔節節支解時，若有我相、人相、眾生相、壽者相，應生瞋恨。須菩提！又念過去於五百世，作忍辱仙人，於爾所世，無我相、無人相、無眾生相、無壽者相。 是故，須菩提！菩薩應離一切相，發阿耨多羅三藐三菩提心，不應住色生心，不應住聲、香、味、觸、法生心，應生無所住心。若心有住，即為非住。	3. 忍辱波羅蜜，如來說非忍辱波羅蜜。 4. 佛陀從前被歌利王割節身體，當時必然已無四相。 5. 被節節支解時如果心有四相，必然生瞋恨之心。 6. 過去五百世佛陀作忍辱仙人，必無四相。 菩薩應該如何？ 1. 應離一切相，發阿耨多羅三藐三菩提心。 2. 不應住色生心，不應住聲、香、味、觸、法生心。 3. 應生無所住心。若心有住，則為非住。	須菩提！再說到忍辱波羅蜜也是相同的，如果知道本來無相，哪裡有忍辱不忍辱，所以如來說非忍辱波羅蜜。為什麼呢？須菩提！就好比我的前世，被歌利王割節身體的時候，肯定是已經通達無我相、無人相、無眾生相、無壽者相。為什麼這樣說呢？如果當時我在被支解時，仍有我相、人相、眾生相、壽者相，必定心生忿恨。」 佛陀說： 「須菩提！我又想起過去的前五百世，做忍辱仙人修行的時候，早已離我、人、眾、生壽者四相的執著。 所以，須菩提！菩薩應當離開一切相狀，發無上正等正覺的菩提心。既不應執著於色而生心念，也不該執著於聲、香、味、觸、法而生心念，應該安住沒有任何執著的心念。如果心中有所執著，即會產生迷妄，就無法達到『無住生心』的境界。」

分	昭明太子	孔茲分析（單元）	孔茲分析（節）	孔茲譯文
15	持經功德	05 Trancedentality 超越到彼岸	The Merit acquired, its presuppositions and results 功德的養成 功德的因與果	Moreover, Subhuti, (1) unthinkable and (2) incomparable is this discourse on Dharma. (3) The Tathagata has taught it for the weal of beings who have set out in the best, in the most excellent vehicle. Those who will take up this discourse on Dharma, bear it in mind, recite, study and illuminate it in full detail for others, the Tathagata has known them with his Buddha-cognition, the Tathagata has seen them with his Buddha-eye, the Tathagata has fully known them. All these beings, Subhuti, will be blest with an immeasurable heap of merit, they will be blest with a heap of merit unthinkable, incomparable, measureless and illimitable. All these beings, Subhuti, will carry along an equal share of enlightenment. And why? (4) Because it is not possible, Subhuti, that this discourse on Dharma could be heard by beings of inferior resolve, nor by such as have a self in view, a being, a soul, or a person. Nor can beings who have not taken the pledge of Bodhi-beings either hear this discourse on Dharma, or take it up, bear it in mind, recite or study it. That cannot be.
16	能淨業障	05 Trancedentality 超越到彼岸	The Merit acquired, its presuppositions and results 功德的養成 功德的因與果	And yet Subhuti, those sons and daughters of good family, who will take up these very Sutras, and will bear them in mind, recite and study them, they will be humbled, well humbled they will be! And why? The impure deeds which these beings have done in their former lives, and which are liable to lead them into the states of woe, in this very life they will, by means of that humiliation, (2) annul those impure deeds of their former lives, and (3) they will reach the enlightenment of a Buddha.
17	究竟無我	06 The Bodhisattvas 菩薩	The Bodhisattva's Vow 菩薩的誓願	Subhuti asked: How, O Lord, should one set out in the Bodhisattva-vehicle stand, how progress, how control his thoughts?
17	究竟無我	06 The Bodhisattvas 菩薩	The Bodhisattva's Vow 菩薩的誓願	The Lord replied: Here, Subhuti, someone who has set out in the Bodhisattva-vehicle should produce a thought in this manner: 'all beings I must lead to Nirvana, into that Realm of Nirvana which leaves nothing behind; and yet, after beings have thus been led to Nirvana, no being at all has been led to Nirvana'. And why? If in a Bodhisattva the notion of a 'being' should take place, he could not be called a 'Bodhi-being'.（請注意，先談眾生相）And likewise if the notion of a soul, or a person（再談壽者相、人相，此處並未出現我相）should take place in him. And why? He who has set out in the Bodhisattva-vehicle he is not one of the dharmas.

鳩摩羅什譯文	關鍵內容	白話翻譯
須菩提！以要言之，是經有不可思議，不可稱量，無邊功德，如來為發大乘者說，為發最上乘者說。若有人能受持讀誦，廣為人說，如來悉知是人，悉見是人，皆得成就不可量、不可稱、無有邊、不可思議功德，如是人等，即為荷擔如來阿耨多羅三藐三菩提。 何以故？須菩提！若樂小法者，著我見、人見、眾生見、壽者見，即於此經不能聽受讀誦，為人解說。	佛陀分析如來對「大乘者」與「小乘者」的態度： 佛陀先讚歎《金剛經》：不可思議、不可稱量、無邊功德。 發大乘者、發最上乘的人將是如何？ 1. 如來願為發大乘者說《金剛經》。 2. 如來會為發最上乘者說《金剛經》。 3. 如果能受持讀誦此經、且「廣」為人說：佛陀可以完全知道、可以完全看到此人成就不可思議、不可稱量、無邊功德。 樂小法的人又是如何？ 1. 樂小法的人有四相的執著。 2. 不能聽受讀誦《金剛經》`。 3. 也不能為他人解說。	佛陀說： 「須菩提！總而言之，此經具備不可思議的、無法稱量的、無邊無際的功德。如來特別為立志發大乘心願與立志發最上乘心願的眾生而說的。如果有人能夠受持讀誦此經，而且廣為他人解說，那麼如來肯定會完全確知此人的成就，並且確見到此人的成就，其成就是不可記量、不可稱量、無邊無際、不可思議的功德。像這樣的人等，一身就荷擔著如來的無上正等正覺。為什麼呢？須菩提！一般喜好小乘法的人，由於執著於我、人、眾生、壽者等私見，對此大乘妙法是無法理解的，也無法聽受讀誦，更不可能為他人解說此經。」
「復次，須菩提！若善男子、善女人，受持讀誦此經，若為人輕賤，是人先世罪業，應墮惡道。以今世人輕賤故，先世罪業，即為消滅，當得阿耨多羅三藐三菩提。	佛陀開示如果受持讀誦此經，卻被人人輕賤，原因何在？又會如何發展？（對象是善男子善女人） 1. 受持讀誦《金剛經》卻被人輕賤，是因為前世罪業累積所造成的。 2. 原本應墮入惡道，但是如果能修持《金剛經》，可先消滅先世罪業，依此可得無上正等正覺。	佛陀說： 「再者，須菩提！如果有善男子或善女人受持讀誦此經，不但不得眾人恭敬，反而被人輕賤。為什麼呢？那是因為他在前世種下深重的罪業的結果。本來應該墮入地獄、惡鬼、畜生三惡道中受苦，而現在受到世人輕賤。但如果能夠忍辱修持，則可消除先世的罪業，如此還可證得無上正等正覺。」
爾時，須菩提白佛言：「世尊！善男子、善女人，發阿耨多羅三藐三菩提心，云何應住？云何降伏其心？」	須菩提發問：「善男子、善女人，發阿耨多羅三藐三菩提心，云何應住？云何降伏其心？」 （這與第二分的問法差了一點點） 之前：應云何住？（這部分是追求智慧的般若道，「自覺」時要注意的事項。） 現在：云何應住？（這是大乘菩薩行的方便道，「覺他」時要注意的事項。）	那時，須菩提向佛稟白：「世尊！善男子或善女人已經發心，希望證得無上正等正覺，應該如何保持那顆菩提心？又如何能降伏妄念的心呢？」
佛告須菩提：「善男子、善女人，發阿耨多羅三藐三菩提心者，當生如是心：『我應滅度一切眾生；滅度一切眾生已，而無有一眾生實滅度者。』 何以故？須菩提！若菩薩有我相、人相、眾生相、壽者相，即非菩薩。所以者何？須菩提！實無有法，發阿耨多羅三藐三菩提心者。」	佛陀回答須菩提： 1. 當生如是心，我應滅度一切眾生。 2. 依這樣的發心去滅度一切眾生，但是心中毫無任何一絲眾生被我滅度的念頭。 3. 如果菩薩有四相的分別，那就不是菩薩了。 4. 實際上，沒有法叫做發無上正等正覺的。	佛陀告訴須菩提： 「善男子或善女人已發心希望證得無上正等正覺者，應該如此生其心：『我應該幫助一切眾生滅除煩惱而度脫到涅槃境界。』以這樣的發心去滅度一切眾生，但是心中沒有任何眾生因我而滅度的念頭。」 佛陀繼續說： 「為什麼？如果菩薩有我相、人相、眾生相、壽者相的分別概念，那就不是菩薩了。為什麼這麼說呢？實際上，沒有任何法名為發心證得無上正等正覺。」

分	昭明太子	孔茲分析（單元）	孔茲分析（節）	孔茲譯文
17	究竟無我	06 The Bodhisattvas 菩薩	The Bodhisattva's state of mind when he met Dipankara 遇到燃燈佛時，菩薩的心境	What do you think Subhuti, is there any dharma by which the Tathagata, when he was with Dipankara the Tathagata, has fully known the utmost, right and perfect enlightenment?
17	究竟無我	06 The Bodhisattvas 菩薩	The Bodhisattva's state of mind when he met Dipankara 遇到燃燈佛時，菩薩的心境	Subhuti replied: There is not any dharma by which the Tathagata, when he was with the Tathagata Dipankara, has fully known the utmost, right and perfect enlightenment.
17	究竟無我	06 The Bodhisattvas 菩薩	The Bodhisattva's state of mind when he met Dipankara 遇到燃燈佛時，菩薩的心境	The Lord said: It is for this reason that the Tathagata Dipankara then predicted of me: 'You, young Brahmin, will be in a future period a Tathagata, Arhat, fully Enlightened, by the name of Shakyamuni!' And why? 'Tathagata', Subhuti, is synonymous with true Suchness（即梵語tathata）.
17	究竟無我	06 The Bodhisattvas 菩薩	The Bodhisattva at the end of his career 菩薩最終的歷程	And whosoever, Subhuti, were to say, 'The Tathagata has fully known the utmost, right and perfect enlightenment', he would speak falsely. And why? There is not any dharma by which the Tathagata has fully known the utmost, right and perfect enlightenment. And that dharma which the Tathagata has fully known and demonstrated, on account of that there is neither truth nor fraud.（無實無虛）Therefore the Tathagata teaches, all dharmas are the Buddha's own and special dharmas'. And why? 'All-dharmas', Subhuti, have as no-dharmas been taught by the Tathagata. Therefore all dharmas are called the Buddha's own and special dharmas.
22	無法可得	07 The Buddhas 諸佛	The Buddha's Dharma 佛陀的法	What do you think, Subhuti, is there any dharma by which the Tathagata has fully known the utmost, right and perfect enlightenment?
22	無法可得	07 The Buddhas 諸佛	The Buddha's Dharma 佛陀的法	Subhuti replied: No indeed, O Lord, there is not any dharma by which the Tathagata has fully known the utmost, right and perfect enlightenment. The Lord said: So it is, Subhuti, so it is. Not even the least（梵語anu，最少的）dharma is there found or got at. Therefore is it called 'utmost（梵語anuttara）, right and perfect enlightenment'.

鳩摩羅什譯文	關鍵內容	白話翻譯
「須菩提！於意云何？如來於燃燈佛所，有法得阿耨多羅三藐三菩提不？」	佛陀問須菩提一個問題： 如來在燃燈佛處有沒有得到一種法稱為無上正等正覺？	佛陀問須菩提： 「須菩提！你認為如何？如來在燃燈佛之處，有沒有從他那兒學得無上正等正覺法？」
「不也，世尊！如我解佛所說義，佛於燃燈佛所，無有法得阿耨多羅三藐三菩提。」	須菩提回答： 沒有。	須菩提回答： 「沒有。世尊！依據我對佛陀講說義理的瞭解，佛陀在燃燈佛那裡，只是了悟諸法空相，並沒有得到一種法叫無上正等正覺。」
佛言：「如是！如是！須菩提！實無有法，如來得阿耨多羅三藐三菩提。須菩提！若有法如來得阿耨多羅三藐三菩提者，燃燈佛即不與我授記：『汝於來世當得作佛，號釋迦牟尼。』以實無有法得阿耨多羅三藐三菩提，是故燃燈佛與我授記，作是言：『汝於來世，當得作佛，號釋迦牟尼。』何以故？如來者，即諸法如義。」	佛陀進一步解釋「無上正等正覺」： 1. 佛陀先肯定須菩提的回答：「沒有一種法叫做無上正等正覺」。 2. 如果有法叫做無上正等正覺，則：燃燈佛不會授記佛陀「汝於來世，當得作佛，號釋迦牟尼」。 3. 因為沒有法叫做無上正等正覺，所以：燃燈佛會授記佛陀「汝於來世，當得作佛，號釋迦牟尼」。	佛陀說： 「是的！是的！須菩提！誠如你所說的，事實上如來並沒有得到一個叫無上正等正覺的法。須菩提！如果說如來有得到一種法叫做無上正等正覺，那麼燃燈佛就不會為佛陀授記說：『你在來世，當得成佛，名叫釋迦牟尼』。 因為實際上沒有一個法叫做無上正等正覺，佛陀了悟了這點，所以燃燈佛才會為佛陀授記說：『你在來世，當得成佛，名叫釋迦牟尼』。為什麼這麼說呢？因為如來的意思，就是諸法體性空寂，如其本來之義。」
「若有人言：如來得阿耨多羅三藐三菩提，須菩提！實無有法，佛得阿耨多羅三藐三菩提。須菩提！如來所得阿耨多羅三藐三菩提，於是中無實無虛。是故如來說一切法，皆是佛法。須菩提！所言一切法者，即非一切法，是故名一切法。」	佛陀更進一步解釋「無上正等正覺」： 1. 如來者，及諸法如義。 2. 如果有人說如來得無上正等正覺，這是錯誤的。實際上並沒有一個法，也沒有如來得到無上正等正覺這件事。 3. 所謂如來所得到的無上正等正覺，於此之中無實無虛。 4. 如來說一切法皆是佛法。但要知道一切法超越語言文字的描述，所以並沒有一個法叫做一切法，只不過為了方便眾生的理解而給假名罷了。	「如果有人說：如來已得無上正等正覺，那就錯了。須菩提！因為實在沒有任何法可以讓佛陀得到這個無上正等正覺。 須菩提！如來所得的無上正等正覺，在這之中是無實無虛的。所以，如來說的一切法是體性空寂，故一切法都是佛法。須菩提！如來所說的一切法是一切事物的現象，一切法並沒有真實的具體相狀，之所以稱為一切法，只不過借個假名方便眾生瞭解罷了。
須菩提白佛言：「世尊！佛得阿耨多羅三藐三菩提，為無所得耶？」	須菩提請示佛陀： 證得無上正等正覺是不是無所得呢？	須菩提稟白佛陀： 「世尊！佛陀所得的無上正等正覺，真是無所得嗎？」
佛言：「如是！如是！須菩提！我於阿耨多羅三藐三菩提，乃至無有少法可得，是名阿耨多羅三藐三菩提。」	佛陀的回答： 1. 非常肯定須菩提的回答。 2. 佛陀所證得的無上正等正覺，甚至一點法也無所得。 3. 只是假名無上正等正覺。	佛陀說： 「是的！是的！須菩提！我於無上正等正覺，乃至於沒有絲毫一點法可得。法並非實體存在可得，只是假借一個名，稱之為無上正等正覺而已。」

分	昭明太子	孔茲分析(單元)	孔茲分析(節)	孔茲譯文
23	淨心行善	07 The Buddhas 諸佛	The Buddha's Dharma 佛陀的法	Furthermore, Subhuti, self-identical (sama) is that dharma, and nothing is therein at variance (vishama). Therefore is it called 'utmost, right (samyak) and perfect (sam-) enlightenment'. Self-identical through the absence of a self, a being, a soul, or a person, the utmost, right and perfect enlightenment is fully known as the totality of all the wholesome dharmas（善法）. 'Wholesome dharmas, wholesome dharmas', Subhuti yet as no-dharmas have they been taught by the Tathagata. Therefore are they called 'wholesome dharmas'.
27	無斷無滅	07 The Buddhas 諸佛	The effectiveness of meritorious deeds 功德的果報	What do you think, Subhuti, has the Tathagata fully known the utmost, right and perfect enlightenment through his possession of marks? Not so should you see it, Subhuti. And why? Because the Tathagata could surely not have fully known the utmost, right and perfect enlightenment through his possession of marks.
27	無斷無滅	07 The Buddhas 諸佛	The effectiveness of meritorious deeds 功德的果報	Nor should anyone, Subhuti, say to you, 'those who have set out in the Bodhisattva-vehicle have conceived the destruction of a dharma, or its annihilation（說諸法斷滅）'. Not so should you see it, Subhuti! For those who have set out in the Bodhisattva-vehicle have not conceived the destruction of a dharma, or its annihilation.
31	知見不生	08 Advice to the Imperfect 給未達圓滿境界者的忠告	Views and Attitudes 見解與態度	The Lord said: It is thus, Subhuti, that someone who has set out in the Bodhisattva-vehicle should know all dharmas, view them, be intent on them. And he should know, view and be intent on them in such a way that he does not set up the perception of a dharma（不生相法）. And why? 'Perception of dharma, perception of dharma, 'Subhuti, as no-perception has this been taught by the Tathagata. Therefore is it called 'perception of dharma'.

鳩摩羅什譯文	關鍵內容	白話翻譯
「復次，須菩提！是法平等，無有高下，是名阿耨多羅三藐三菩提。以無我、無人、無眾生、無壽者，修一切善法，即得阿耨多羅三藐三菩提。須菩提！所言善法者，如來說即非善法，是名善法。」	佛陀闡釋「法」的概念：（三點分析） 1. 是法平等，無有高下，是名阿耨多羅三藐三菩提。 2. 以無我、無人、無眾生、無壽者，修一切善法，則得阿耨多羅三藐三菩提。 3. 所言善法者，如來說非善法，是名善法。	佛陀說： 「其次，須菩提！此法是平等的，沒有高下之分，所以才稱為無上正等正覺。以無我、無人、無眾生、無壽者等四相皆無，修行一切善法，即可證得無上正等正覺。 須菩提！所謂的善法，事實上是並不存在，所以如來說非善法，意思是說為了開悟眾生，假借一個名，稱之為善法而已。」
「須菩提！汝若作是念：『如來不以具足相故，得阿耨多羅三藐三菩提。』須菩提！莫作是念：『如來不以具足相故，得阿耨多羅三藐三菩提。』	佛陀提出更高階的問題： 1. 你如果有這樣的念頭：如來沒有具足相，所以證得無上正等正覺。（此念頭是錯的） 2. 千萬不可有這樣的念頭：如來沒有具足相，所以證得無上正等正覺。	佛陀說： 「須菩提！你如果有這樣的念頭，認為如來無須圓滿相狀去證得無上正等正覺，這是不正確的。須菩提！千萬不可有這種的念頭：以為如來是因為不具圓滿的相狀才證得無上正等正覺。」
須菩提！汝若作是念：『發阿耨多羅三藐三菩提心者，說諸法斷滅。』莫作是念！何以故？發阿耨多羅三藐三菩提心者，於法不說斷滅相。」	佛陀再提「發」無上正等正覺者： 1. 你如果有這樣的念頭：發心求無上正等正覺者說「諸法斷滅」。（此念頭是錯的） 2. 發心求無上正等正覺者，於法不說「斷滅相」。	佛陀說： 「須菩提！如果你這樣想，那麼發無上正等正覺心的人，等於完全捨棄斷滅一切存在的現象。不要有這樣的念頭，為什麼呢？發心要證得無上正等正覺的人，對於一切現象是不會全然否定的。」
「須菩提！發阿耨多羅三藐三菩提心者，於一切法，應如是知，如是見，如是信解，不生法相。須菩提！所言法相者，如來說即非法相，是名法相。」	佛陀開示發無上正等正覺者該如何？（其實應是發大乘菩薩心者） 1. 於一切法，應如是知，如是見，如是信解，不生法相。 2. 所言法相者，如來說即非法相，是名法相。	佛陀開示說： 「須菩提！凡是發心證得無上正等正覺的人，對一切事物或道理應該像這樣理解，像這樣認識，像這樣信仰，而不生法相。須菩提！所謂的法相，並非有一個真實不變的法相，而是隨緣顯現的幻相，如來暫且應機說法，所以才稱之為法相。」

「法」比較表

《金剛經》的「法」共有三種層面，讀經的時候一定要分析清楚，才不會對經句產生錯誤的理解。

第一，代表宇宙存在的一切現象。涵蓋一切的現象事物，不論大的小的，有形的或是無形的，都叫做法，在這之中有形的是叫做色法，無形的是叫做心法。

分	昭明太子	孔茲分析(單元)	孔茲分析(節)	孔茲譯文
4	妙行無住	02 The Bodhisattva's Career 菩薩的修行歷程	The Practice of Perfections 六度的實踐	Moreover, Subhuti, a Bodhisattva who gives a gift should not be supported by a thing, nor should he be supported anywhere (菩薩有我相、人相、衆生相、壽者相，即非菩薩). When he gives gifts he should not be supported by sight-objects, nor by sounds, smells, tastes, touchables, or mind-objects. For, Subhuti, the Bodhisattva, the great being should give gifts in such a way that he is not supported by the notion of a sign. And why? Because the heap of merit of that Bodhi-being, who unsupported gives a gift, is not easy to measure.
6	正信希有	02 The Bodhisattva's Career 菩薩的修行歷程	The Dharmabody as the body of teachings 法身乃「教法」之身	And why? Because, Subhuti, in these Bodhisattvas (1) no perception of a self takes place, (2) no perception of a being, (3) no perception of a soul, (4) no perception of a person. Nor do these Bodhisattvas have (5) a perception of a dharma, or (6) a perception of a no-dharma. (7) No perception or (8) non-perception takes place in them. (perception是指透過「看、聽」等感知器官方式認識，是有相的認識)
6	正信希有	02 The Bodhisattva's Career 菩薩的修行歷程	The Dharmabody as the body of teachings 法身乃「教法」之身	And why? If, Subhuti, these Bodhisattvas should have a perception of either a dharma, or a no-dharma, they would thereby seize on a self, a being, a soul, or a person. And why? Because a Bodhisattva should not seize on either a dharma or a no-dharma. Therefore this saying has been taught by the Tathagata with a hidden meaning: 'Those who know the discourse on dharma as like unto a raft, should forsake dharmas, still more so no-dharmas.'
7	無得無說	02 The Bodhisattva's Career 菩薩的修行歷程	The Dharmabody as the result of Gnosis 法身乃「靈知」之果	The Lord asked: What do you think, Subhuti, is there any dharma which the Tathagata has fully known (得) as 'the utmost, right and perfect enlightenment (阿耨多羅三藐三菩提), or is there any dharma which the Tathagata has demonstrated (說)?

第二，佛陀對世間弟子所說的法，屬於語言文字可以描述的層面，例如佛經上所說的法、大師的講經說法。第三，佛陀親證的法，它超越語言文字，也超越凡常人類所理解的事實與真理。以下是《金剛經》三十二個地方談到的「法」，請想想它們究竟屬於那一種法。

鳩摩羅什譯文	關鍵內容	白話翻譯
「復次，須菩提！菩薩於法，應無所住，行於布施，所謂不住色布施，不住聲、香、味、觸、法布施。須菩提！菩薩應如是布施，不住於相。何以故？若菩薩不住相布施，其福德不可思量。」	菩薩指導「布施」，提出以下五點： 1. 菩薩於法應該：無所住，也就是無所執著。 2. 菩薩於布施應該：不住色布施。 3. 菩薩於布施應該：不住身香味觸法布施。 4. 菩薩於布施應該：不住於相。 5. 菩薩於布施不住於相：則福德不可思量。	佛陀說： 「其次，須菩提！菩薩不僅不能執著於一切現象，就是布施時也不能有所執著。所謂『應無所住而行布施』，即是不執著於色相而行布施，亦不執著於聲相、香相、味相、觸相、法相（mind-objects）而行布施。須菩提！菩薩應該像這樣行布施，不執著於任何事物的外相。為什麼呢？須菩提！假若菩薩不執著於外相而布施，所得的福德是無法想像的多。」
何以故？是諸眾生無復我相、人相、眾生相、壽者相。無法相，亦無非法相。何以故？是諸眾生若心取相，即為著我、人、眾生、壽者。	佛陀並且說明這類眾生的境界：不再有四相的分別概念。 佛陀說上述眾生的境界已經達到：無法相，亦無非法相。 佛陀開示：若心取相，則是執著於四相。	為什麼這麼說呢？因為他們已經沒有自我的相狀、他人的相狀、眾生的相狀與一期壽命的相狀等分別概念。如此不執著於一切存在現象的相狀（無法相），也不執著於否定一切存在現象的相狀（亦無非法相）。為什麼呢？如果此眾生內心有『相』的念頭在（若心取相），那就是執著於自我、他人、眾生與追求一期壽命者。
若取法相，即著我、人、眾生、壽者。何以故？若取非法相，即著我、人、眾生、壽者，是故不應取法，不應取非法。以是義故，如來常說：汝等比丘，知我說法，如筏喻者，法尚應捨，何況非法。	佛陀說「若取法相」：則是執著四相。 佛陀說「若取非法相」：還是執著四相。 正確的態度應該是：不應取法，不應取非法。 佛陀告訴比丘筏喻的故事。 （精彩精彩）	倘若執著於一切現象的相狀，那就等於執著於自我、他人、眾生與追求一期壽命者。為什麼呢？這是因為如果執取於否定一切現象的相狀，也等同於執著於自我、他人、眾生、追求一期壽命者。所以不該執著於一切現象，也不應該執著於否定一切現象。因為是這個道理，所以如來常說：「你們諸位比丘大眾啊，知道我所說的法，就如同渡河的竹筏，到了涅槃彼岸之後就應當放下。所以說，不僅一切存在現象（法）應捨棄，而更不應該執著於否定一切存在現象（非法）。」
「須菩提！於意云何？如來得阿耨多羅三藐三菩提耶？如來有所說法耶？」	佛陀問須菩提兩個問題： 1. 如來有得到無上正等正覺嗎？ 2. 如來有所說的法嗎？	佛陀問須菩提： 「你認為如何呢？如來已經證得了『阿耨多羅三藐三菩提（無上正等正覺）』嗎？如來說過什麼法嗎？」

分	昭明太子	孔茲分析（單元）	孔茲分析（節）	孔茲譯文
7	無得無說	02 The Bodhisattva's Career 菩薩的修行歷程	The Dharmabody as the result of Gnosis 法身乃「靈知」之果	Subhuti replied: No, not as I understand what the Lord has said. And why? This dharma which the Tathagata has fully known or demonstrated it cannot be grasped（取）, it cannot be talked about（說）, it is neither a dharma（非法）nor a no-dharma（非非法）. And why? Because an Absolute（絕對真理）exalts（提升，提拔，給予更大的力量）the Holy Persons（賢聖）.
8	依法出生	02 The Bodhisattva's Career 菩薩的修行歷程	The Dharmabody as the result of Merit 法身乃「福德」之果	The Lord said: But if someone else were to take from this discourse on dharma but one stanza of four lines（四句偈）, and would demonstrate and illuminate it in full detail to others, then he would on the strength of that beget a still greater heap of merit, immeasurable and incalculable. And why? Because from it has issued the utmost, right and perfect enlightenment of the Tathagatas, Arhats, Fully Enlightened Ones, and from it have issued the Buddhas, the Lords. And why? For the Tathagata has taught that the dharmas special to the Buddhas are just not a Buddha's special dharmas（所謂佛法者，即非佛法）. That is why they are called 'the dharmas special to the Buddhas'.
9	一相無相	03 The Range of the Spiritual Life 心靈生命的變化	The four Great Saints 四聖者	Subhuti replied: No indeed, O Lord. And why? Because, O Lord, he has not won any dharma. Therefore is he called a Stream-winner. No sight-object has been won, no sounds, smells, tastes, touchables, or objects of mind. That is why he is called a 'Streamwinner'. If, O Lord, it would occur to a Streamwinner, 'by me has a Streamwinner's fruit been attained', then that would be in him a seizing on a self, seizing on a being, seizing on a soul, seizing on a person（著我、人、衆生、壽者）.
9	一相無相	03 The Range of the Spiritual Life 心靈生命的變化	The four Great Saints 四聖者	Subhuti: No indeed, O Lord. And why? Because no dharma is called 'Arhat'. That is why he is called an Arhat. If, O Lord, it would occur to an Arhat. 'by me has Arhatship been attained', then that would be in him a seizing on a self, seizing on a being, seizing on a soul, seizing on a person. And why? I am, O Lord, the one whom the Tathagata, the Arhat, the Fully Enlightened One has pointed out as the foremost of those who dwell in Peace（無諍三昧，人中最為第一）. I am, O Lord, an Arhat free from greed（離欲阿羅漢）. And yet, O Lord, it does not occur to me, 'an Arhat am I and free from greed'. If, O Lord, it could occur to me that I have attained Arhatship, then the Tathagata would not have declared（正式宣佈，say solemnly）of me that 'Subhuti, this son of good family, who is the foremost of those who dwell in Peace, does not dwell anywhere; that is why he is called "a dweller in Peace, a dweller in Peace（樂阿蘭那行者）".

鳩摩羅什譯文	關鍵內容	白話翻譯
須菩提言：「如我解佛所說義，無有定法名阿耨多羅三藐三菩提，亦無有定法，如來可說。何以故？如來所說法，皆不可取、不可說、非法、非非法。所以者何？一切賢聖，皆以無為法而有差別。」	須菩提回答佛陀上述問題，而且回答得很精采： 1. 沒有一個固定的法叫做無上正等正覺。 2. 沒有一個確定具體的法如來可說。 3. 如來所說的法有以下特質：(a) 不可取 (b) 不可說 (c) 非法 (d) 非非法 4. 一切賢聖：都是以「無為法」而有不同的證悟結果。	須菩提回答： 「依據我對佛陀所說的義理的了解，根本沒有一種確定具體的法稱為『阿耨多羅三藐三菩提（無上正等正覺）』，而且也沒有某個確定具體的法是如來所說的。這是什麼緣故呢？因為如來所說的法，都是不可以執取（不可取），都不是語言所能表達（不可說）。如來說的法既不是一切的現象（非法），也不是否定一切的現象（非非法）。這是什麼緣故？因為一切賢聖所修的都是無因緣造作的理法，也就是超越生滅變化而寂然常住之法（無為法）。因為這樣，隨體會深淺而證悟結果有所差別。」
「若復有人，於此經中受持，乃至四句偈等，為他人說，其福勝彼。何以故？須菩提！一切諸佛，及諸佛阿耨多羅三藐三菩提法，皆從此經出。須菩提！所謂佛法者，即非佛法。」	佛陀針對須菩提的回答進一步解說： 1.「受持此經，乃至四句偈，為他人說」比「滿三千大千世界七寶用來布施」的福德多。 2.「一切諸佛」與「諸佛的無上正等正覺法」都是出於此《金剛經》。 3. 所謂佛法者，即非佛法。	佛陀說： 「如果有人受持這部經，甚至少到只受持此經中的四句偈，而且為他人講說，那麼他所得到的福德，比前面所說『用三千大千世界的七寶布施』的人所獲得福德更多。為什麼呢？須菩提！因為一切諸佛，及成佛的無上正等正覺法，都是從此經所生。須菩提！所謂佛法並非佛法，意思是說本來就沒有佛法可言，不過藉此開悟眾生，替它取名為佛法而已。」
須菩提言：「不也，世尊！何以故？須陀洹名為入流，而無所入：不入色、聲、香、味、觸、法，是名須陀洹。」	須菩提回答（三個連續性答案）： 1. 不會。 2. 須陀洹雖然名為「入流」，但實際是「無所入」。 3. 須陀洹不入：色、聲、香、味、觸、法。 4. 只是假名須陀洹。	須菩提回答： 「世尊！不會的。為什麼呢？因為須陀洹的意思雖然是『入流』，但事實上已是無所入，因不執著於色、聲、香、味、觸、法，所以才稱為『須陀洹』。」
須菩提言：「不也，世尊！何以故？實無有法名阿羅漢。世尊！若阿羅漢作是念：『我得阿羅漢道。』即為著我、人、眾生、壽者。世尊！佛說我得無諍三昧，人中最為第一，是第一離欲阿羅漢。世尊！我不作是念：『我是離欲阿羅漢。』世尊！我若作是念：『我得阿羅漢道。』世尊則不說須菩提是樂阿蘭那行者，以須菩提實無所行，而名須菩提，是樂阿蘭那行。」	須菩提回答（六個連續性對談）： 1. 不會。 2. 沒有一個法名叫做阿羅漢。 3. 如果阿羅漢心中有「我得到阿羅漢道」的念頭，代表仍執著於四相。 4. 佛陀稱讚須菩提得「無諍三昧」、「人中第一」與「第一離欲阿羅漢」。（三個稱讚） 5. 如果須菩提心中有「我得到阿羅漢道」的念頭，那麼世尊就不會稱許須菩提是樂阿蘭那行。 6. 須菩提實際上是無所行，只是假名樂阿蘭那行。	須菩提回答： 「世尊！不會的。為什麼呢？因為並非有個真有實存的法可以稱之為阿羅漢。如果阿羅漢自念得道，即著我、人、眾生、壽者等四相，如此就不能叫做『阿羅漢』了。 世尊！你曾經說過我已經證得無諍三昧，是人中第一，是第一個脫盡人我、斷絕此念、離欲的阿羅漢。雖然佛陀如此的稱讚，但我的心中沒有『我是離欲阿羅漢』的念頭。世尊！我若有『得了阿羅漢道』的念頭，這樣世尊就不會說須菩提是樂於寂靜的阿蘭那行者，因為須菩提事實是無所作為，所以佛陀才稱須菩提是樂於寂靜的行者。」

分	昭明太子	孔茲分析（單元）	孔茲分析（節）	孔茲譯文
10	莊嚴淨土	03 The Range of the Spiritual Life 心靈生命的變化	The Bodhisattva's thoght of Enlightment 菩薩覺醒的心	The Lord asked: What do you think, Subhuti, is there any dharma which the Tathagata has learned from Dipankara（燃燈佛）, the Tathagata, the Arhat, the Fully Enlightened One?
10	莊嚴淨土	03 The Range of the Spiritual Life 心靈生命的變化	The Bodhisattva's thoght of Enlightment 菩薩覺醒的心	Subhuti replied: Not so, O Lord, there is not.
10	莊嚴淨土	03 The Range of the Spiritual Life 心靈生命的變化	The Bodhisattva's Final Nirvana 菩薩的究竟涅槃	Therefore then, Subhuti, the Bodhisattva, the great being（菩薩摩訶薩）, should produce an unsupported thought（清淨心）, i.e. a thought which is nowhere supported（應無所住）, a thought unsupported by sights, sounds, smells, tastes, touchables or mind-objects（不應住聲、香、味、觸、法生心）.
12	尊重正教	03 The Range of the Spiritual Life 心靈生命的變化	The Merit derived from Perfect Wisdom 源自圓滿智慧（般若波羅蜜）的福德	Moreover, Subhuti, that spot of earth where one has taken from this discourse on dharma but one stanza of four lines（四句偈）, taught or illumined it, that spot of earth will be a veritable shrine for the whole world with its gods, men and Asuras（當知此處，一切世間天、人、阿修羅，皆應供養，如佛塔廟）. What then should we say of those who will bear in mind this discourse on dharma in its entirety, who will recite, study, and illuminate it in full detail for others! Most wonderfully blest, Subhuti, they will be! And on that spot of earth, Subhuti, either the Teacher（天人師，佛陀的另一稱號，說明佛陀是一切天、人的導師）dwells, or a sage representing him.
13	如法受持	05 Trancedentality 超越到彼岸	The dialectical natural of reality 邏輯證論的真實本質	And why? Just that which the Tathagata has taught as the wisdom which has gone beyond, just that He has taught as not gone beyond. Therefore is it called 'Wisdom which has gone beyond'.（佛說般若波羅蜜，即非般若波羅蜜，是名般若波羅蜜）What do you think, Subhuti, is there any dharma which the Tathagata has taught? Subhuti replied: No indeed, O Lord, there is not.
14	離相寂滅	05 Trancedentality 超越到彼岸	Selfless Patience and perfect inner freedom 無我的忍辱與圓滿內在自由	Moreover, Subhuti, the Tathagata's perfection of patience（忍辱波羅蜜）is really no perfection. And why? Because, Subhuti, when the king of Kalinga cut my flesh from every limb, at that time I had no perception of a self, of a being, of a soul, or a person. And why? If, Subhuti, at that time I had had a perception of self, I would also have had a perception of ill-will（瞋恨）at that time. And so, if I had had a perception of a being, of a soul, or of a person. With my superknowledge I recall that in the past I have for five hundred births led the life of a sage devoted to patience. Then also have I had no perception of a self, a being, a soul, or a person. Therefore then, Subhuti, the Bodhi-being, the great being, after he has got rid of all perceptions（離一切相）, should raise his thought（心）to the utmost, right and perfect enlightenment. He should produce a thought which is unsupported by forms, sounds, smells, tastes, touchables, or mind-objects, unsupported by dharma, unsupported by no-dharma, unsupported by anything. And why? All supports have actually no support. It is for this reason that the Tathagata teaches: By an unsupported Bodhisattva should a gift be given, not by one who is supported by forms, sounds, smells, tastes, touchables, or mind-objects.

鳩摩羅什譯文	關鍵內容	白話翻譯
佛告須菩提：「於意云何？如來昔在燃燈佛所，於法有所得不？」	佛陀問須菩提：佛陀過去在燃燈佛那裡，曾得到什麼法嗎？	佛陀告訴須菩提： 「須菩提！你認為從前如來在與燃燈佛會晤之處，有沒有得到什麼法呢？」
「不也，世尊！如來在燃燈佛所，於法實無所得。」	須菩提回答：沒有得到什麼法。	須菩提回答： 「世尊！在燃燈佛之處，如來實際上沒有證得什麼佛法。」
「是故，須菩提！諸菩薩摩訶薩，應如是生清淨心，不應住色生心，不應住聲、香、味、觸、法生心，應無所住，而生其心。	佛陀告訴須菩提，諸菩薩摩訶薩該如何生清淨心？共有三個要點： 1. 不應執著色而生心。 2. 不應執著聲、香、味、觸、法而生心。 3. 應無所住而生其心。	佛陀開示： 「就因為這樣，須菩提！諸大菩薩應該如是生起清淨心，既不可執著於色而生意念，也不可以執著於聲、香、味、觸、法而生意念。應該無所執著而生起清淨心。」
「復次，須菩提！隨說是經，乃至四句偈等，當知此處，一切世間天、人、阿修羅，皆應供養，如佛塔廟。何況有人，盡能受持讀誦。須菩提！當知是人，成就最上第一希有之法，若是經典所在之處，即為有佛，若尊重弟子。」	佛陀延續上一單元繼續開導須菩提： 1. 講經之處，就算只有四句偈：一切世間、天、人、阿修羅，皆應供養。 2. 講經之處：如佛塔廟一樣的重要。 3. 盡能受持讀誦者，更是了不起：這樣的人成就第一希有之法。 4. 經典所在之處，即是佛的住處：當應虔心供養。	佛陀再進一步的說： 「須菩提！如果有人隨時隨處講說此經，甚至只說四句偈等。應該知道這個講經之處是難得且珍貴的，一切世間的天、人、阿修羅等對於這個地方，皆應恭敬供養，如同供養佛寺塔廟一般。何況是能夠完全受持讀誦此經的人，更是值得尊敬。須菩提！你當知這樣的人未來將成就世上第一希有的法。如果有此經之處，就有佛陀在那裡，還有受人敬重的佛陀弟子隨侍左右。」
所以者何？須菩提！佛說般若波羅蜜，即非般若波羅蜜，是名般若波羅蜜。 須菩提！於意云何？如來有所說法不？」 須菩提白佛言：「世尊！如來無所說。」	1. 佛陀進而開導須菩提： 佛陀說的般若波羅蜜，就不是般若波羅蜜，是為了讓眾生便於瞭解，而暫且稱為般若波羅蜜。 2. 佛陀接著問須菩提： 如來有沒有說法嗎？ 須菩提回答： 如來無所說。	為何要這麼樣呢？須菩提！佛陀說般若波羅蜜，就不是般若波羅蜜，是為了讓眾生便於瞭解，所以假名為般若波羅蜜。須菩提！你認為如何呢？如來說過什麼法嗎？」 須菩提稟白佛陀： 「世尊！如來沒有說過什麼法。」
須菩提！忍辱波羅蜜，如來說非忍辱波羅蜜，是名忍辱波羅蜜。何以故？須菩提！如我昔為歌利王割截身體，我於爾時，無我相、無人相、無眾生相、無壽者相。何以故？我於往昔節節支解時，若有我相、人相、眾生相、壽者相，應生瞋恨。須菩提！又念過去於五百世，作忍辱仙人，於爾所世，無我相、無人相、無眾生相、無壽者相。 是故，須菩提！菩薩應離一切相，發阿耨多羅三藐三菩提心，不應住色生心，不應住聲、香、味、觸、法生心，應生無所住心。若心有住，則為非住。	3. 忍辱波羅蜜，如來說非忍辱波羅蜜。 4. 佛陀從前被歌利王割節身體，當時必然已無四相。 5. 被節節支解時如果心有四相，必然生瞋恨之心。 6. 過去五百世佛陀作忍辱仙人，必無四相。 菩薩應該如何？ 1. 應離一切相，發阿耨多羅三藐三菩提心。 2. 不應住色生心，不應住聲、香、味、觸、法生心。 3. 應生無所住心。若心有住，則為非住。	須菩提！再說到忍辱波羅蜜也是相同的，如果知道本來無相，哪裡有忍辱不忍辱，所以如來說非忍辱波羅蜜。為什麼呢？須菩提！就好比我的前世，被歌利王割節身體的時候，肯定是已經通達無我相、無人相、無眾生相、無壽者相。為什麼這樣說呢？如果當時我在被支解時，仍有我相、人相、眾生相、壽者相，必定心生忿恨。」 佛陀說： 「須菩提！我又想起過去的前五百世，做忍辱仙人修行的時候，早已離我、人、眾、生壽者四相的執著。 所以，須菩提！菩薩應當離開一切相狀，發無上正等正覺的菩提心。既不應執著於色而生心念，也不該執著於聲、香、味、觸、法而生心念，應該安住沒有任何執著的心念。如果心中有所執著，即會產生迷妄，就無法達到『無住生心』的境界。」

分	昭明太子	孔茲分析（單元）	孔茲分析（節）	孔茲譯文
14	離相寂滅	05 Trancedentality 超越到彼岸	Truth and Falsehood 真實與虛妄	But nevertheless, Subhuti, with regard to that dharma which the Tathagata has fully known and demonstrated, on account of（因為，為此，for this/that reason）that there is neither truth nor fraud.（此法無實無虛） In darkness a man could not see anything. Just so should be viewed a Bodhisattva who has fallen among things（菩薩心住於法）, and who, fallen among things, renounces a gift（行布施）. A man with eyes would, when the night becomes light and the sun has arisen, see manifold forms（見種種色）. Just so should be viewed a Bodhisattva who has not fallen among things, and who, without having fallen among things（心不住法）, renounces a gift.
15	持經功德	05 Trancedentality 超越到彼岸	The Merit acquired, its presuppositions and results 功德的養成 功德的因與果	Moreover, Subhuti, (1) unthinkable and (2) incomparable is this discourse on Dharma. (3) The Tathagata has taught it for the weal of beings who have set out in the best, in the most excellent vehicle. Those who will take up this discourse on Dharma, bear it in mind, recite, study and illuminate it in full detail for others, the Tathagata has known them with his Buddha-cognition, the Tathagata has seen them with his Buddha-eye, the Tathagata has fully known them. All these beings, Subhuti, will be blest with an immeasurable heap of merit, they will be blest with a heap of merit unthinkable, incomparable, measureless and illimitable. All these beings, Subhuti, will carry along an equal share of enlightenment. And why? (4) Because it is not possible, Subhuti, that this discourse on Dharma could be heard by beings of inferior resolve, nor by such as have a self in view, a being, a soul, or a person. Nor can beings who have not taken the pledge of Bodhi-beings either hear this discourse on Dharma, or take it up, bear it in mind, recite or study it. That cannot be.
17	究竟無我	06 The Bodhisattvas 菩薩	The Bodhisattva's Vow 菩薩的誓願	The Lord replied: Here, Subhuti, someone who has set out in the Bodhisattva-vehicle should produce a thought in this manner: 'all beings I must lead to Nirvana, into that Realm of Nirvana which leaves nothing behind; and yet, after beings have thus been led to Nirvana, no being at all has been led to Nirvana'. And why? If in a Bodhisattva the notion of a 'being' should take place, he could not be called a 'Bodhi-being'.（請注意，先談眾生相）And likewise if the notion of a soul, or a person（再談壽者相、人相，此處並未出現我相）should take place in him. And why? He who has set out in the Bodhisattva-vehicle he is not one of the dharmas.

鳩摩羅什譯文	關鍵內容	白話翻譯
須菩提！如來所得法，此法無實無虛。須菩提！若菩薩心住於法，而行布施，如人入闇，即無所見；若菩薩心不住法，而行布施，如人有目，日光明照，見種種色。	佛陀繼續開示大菩薩： 1. 如來得到的法：無實無虛。 2. 菩薩心住於法行布施：如人入闇無所見。 3. 菩薩心不住法而行布施：如人有目，日光明照，見種種色。	佛陀說： 「須菩提！如來所證得的法是非實非虛的。須菩提！如果菩薩內心執著一個可布施的法，就如同人走進暗處，一無所見。如果菩薩不執著於一個可布施的法，就如同人有雙眼，在明亮如日光照耀下，可以見得種種外相。」
須菩提！以要言之，是經有不可思議，不可稱量，無邊功德，如來為發大乘者說，為發最上乘者說。若有人能受持讀誦，廣為人說，如來悉知是人，悉見是人，皆得成就不可量、不可稱、無有邊、不可思議功德，如是人等，即為荷擔如來阿耨多羅三藐三菩提。 何以故？須菩提！若樂小法者，著我見、人見、眾生見、壽者見，即於此經不能聽受讀誦，為人解說。	佛陀分析如來對「大乘者」與「小乘者」的態度： 佛陀先讚歎《金剛經》：不可思議、不可稱量、無邊功德。 發大乘者、發最上乘的人將是如何？ 1. 如來願為發大乘者說《金剛經》。 2. 如來會為發最上乘者說《金剛經》。 3. 如果能受持讀誦此經、且「廣」為人說：佛陀可以完全知道、可以完全看到此人成就不可思議、不可稱量、無邊功德。 樂小法的人又是如何？ 1. 樂小法的人有四相的執著。 2. 不能聽受讀誦《金剛經》`。 3. 也不能為他人解說。	佛陀說： 「須菩提！總而言之，此經具備不可思議的、無法稱量的、無邊無際的功德。如來特別為立志發大乘心願與立志發最上乘心願的眾生而說的。如果有人能夠受持讀誦此經，而且廣為他人解說，那麼如來肯定會完全確知此人的成就，並且確見到此人的成就，其成就是不可記量、不可稱量、無邊無際、不可思議的功德。像這樣的人等，一身就荷擔著如來的無上正等正覺。為什麼呢？須菩提！一般喜好小乘法的人，由於執著於我、人、眾生、壽者等私見，對此大乘妙法是無法理解的，也無法聽受讀誦，更不可能為他人解說此經。」
佛告須菩提：「善男子、善女人，發阿耨多羅三藐三菩提心者，當生如是心：『我應滅度一切眾生；滅度一切眾生已，而無有一眾生實滅度者。』 何以故？須菩提！若菩薩有我相、人相、眾生相、壽者相，即非菩薩。所以者何？須菩提！實無有法，發阿耨多羅三藐三菩提心者。」	佛陀回答須菩提： 1. 當生如是心，我應滅度一切眾生。 2. 依這樣的發心去滅度一切眾生，但是心中毫無任何一絲眾生被我滅度的念頭。 3. 如果菩薩有四相的分別，那就不是菩薩了。 4. 實際上，沒有法叫做發無上正等正覺的。	佛陀告訴須菩提： 「善男子或善女人已發心希望證得無上正等正覺者，應該如此生其心：『我應該幫助一切眾生滅除煩惱而度脫到涅槃境界。』以這樣的發心去滅度一切眾生，但是心中沒有任何眾生因我而滅度的念頭。 佛陀繼續說： 「為什麼？如果菩薩有我相、人相、眾生相、壽者相的分別概念，那就不是菩薩了。為什麼這麼說呢？實際上，沒有任何法名為發心證得無上正等正覺。」

分	昭明太子	孔茲分析（單元）	孔茲分析（節）	孔茲譯文
17	究竟無我	06 The Bodhisattvas 菩薩	The Bodhisattva's state of mind when he met Dipankara 遇到燃燈佛時，菩薩的心境	What do you think Subhuti, is there any dharma by which the Tathagata, when he was with Dipankara the Tathagata, has fully known the utmost, right and perfect enlightenment?
17	究竟無我	06 The Bodhisattvas 菩薩	The Bodhisattva's state of mind when he met Dipankara 遇到燃燈佛時，菩薩的心境	Subhuti replied: There is not any dharma by which the Tathagata, when he was with the Tathagata Dipankara, has fully known the utmost, right and perfect enlightenment.
17	究竟無我	06 The Bodhisattvas 菩薩	The Bodhisattva's state of mind when he met Dipankara 遇到燃燈佛時，菩薩的心境	The Lord said: It is for this reason that the Tathagata Dipankara then predicted of me: 'You, young Brahmin, will be in a future period a Tathagata, Arhat, fully Enlightened, by the name of Shakyamuni!' And why? 'Tathagata', Subhuti, is synonymous with true Suchness（即梵語tathata）.
17	究竟無我	06 The Bodhisattvas 菩薩	The Bodhisattva at the end of his career 菩薩最終的歷程	And whosoever, Subhuti, were to say, 'The Tathagata has fully known the utmost, right and perfect enlightenment', he would speak falsely. And why? There is not any dharma by which the Tathagata has fully known the utmost, right and perfect enlightenment. And that dharma which the Tathagata has fully known and demonstrated, on account of that there is neither truth nor fraud.（無實無虛）Therefore the Tathagata teaches, all dharmas are the Buddha's own and special dharmas'. And why? 'All-dharmas', Subhuti, have as no-dharmas been taught by the Tathagata. Therefore all dharmas are called the Buddha's own and special dharmas.
17	究竟無我	06 The Bodhisattvas 菩薩	The Bodhisattva's attitude to his tasks 菩薩對任務秉持的態度	[(If any Bodhisattva should say, 'I will create harmonious Buddhafields')], he likewise should not be called a Bodhi-being. [(And why? 'The harmonies of Buddhafields, the harmonies of Buddhafields', Subhuti, as no-harmonies have they been taught by the Tathagata. Therefore he spoke of 'harmonious Buddhafields'.)] The Bodhisattva, however, Subhuti, who is intent on 'without self are the dharmas, without self are the dharmas', him the Tathagata, the Arhat, the fully Enlightened One has declared to be a Bodhi-being, a great being.

鳩摩羅什譯文	關鍵內容	白話翻譯
「須菩提！於意云何？如來於燃燈佛所，有法得阿耨多羅三藐三菩提不？」	佛陀問須菩提一個問題： 如來在燃燈佛處有沒有得到一種法稱為無上正等正覺？	佛陀問須菩提： 「須菩提！你認為如何？如來在燃燈佛之處，有沒有從他那兒學得無上正等正覺法？」
「不也，世尊！如我解佛所說義，佛於燃燈佛所，無有法得阿耨多羅三藐三菩提。」	須菩提回答： 沒有。	須菩提回答： 「沒有。世尊！依據我對佛陀講說義理的瞭解，佛陀在燃燈佛那裡，只是了悟諸法空相，並沒有得到一種法叫無上正等正覺。」
佛言：「如是！如是！須菩提！實無有法，如來得阿耨多羅三藐三菩提。須菩提！若有法如來得阿耨多羅三藐三菩提者，燃燈佛即不與我授記：『汝於來世當得作佛，號釋迦牟尼。』以實無有法得阿耨多羅三藐三菩提，是故燃燈佛與我授記，作是言：『汝於來世，當得作佛，號釋迦牟尼。』何以故？如來者，即諸法如義。」	佛陀進一步解釋「無上正等正覺」： 1. 佛陀先肯定須菩提的回答：「沒有一種法叫做無上正等正覺」。 2. 如果有法叫做無上正等正覺，則：燃燈佛不會授記佛陀「汝於來世，當得作佛，號釋迦牟」。 3. 因為沒有法叫做無上正等正覺，所以：燃燈佛會授記佛陀「汝於來世，當得作佛，號釋迦牟尼」。	佛陀說： 「是的！是的！須菩提！誠如你所說的，事實上如來並沒有得到一個叫無上正等正覺的法。須菩提！如果說如來有得到一種法叫做無上正等正覺，那麼燃燈佛就不會為佛陀授記說：『你在來世，當得成佛，名叫釋迦牟尼』。 因為實際上沒有一個法叫做無上正等正覺，佛陀了悟了這點，所以燃燈佛才會為佛陀授記說：『你在來世，當得成佛，名叫釋迦牟尼』。為什麼這麼說呢？因為如來的意思，就是諸法體性空寂，如其本來之義。」
「若有人言：如來得阿耨多羅三藐三菩提，須菩提！實無有法，佛得阿耨多羅三藐三菩提。須菩提！如來所得阿耨多羅三藐三菩提，於是中無實無虛。是故如來說一切法，皆是佛法。須菩提！所言一切法者，即非一切法，是故名一切法。」	佛陀更進一步解釋「無上正等正覺」： 1. 如來者，及諸法如義。 2. 如果有人說如來得無上正等正覺，這是錯誤的。實際上並沒有一個法，也沒有如來得到無上正等正覺這件事。 3. 所謂如來所得到的無上正等正覺，於此之中無實無虛。 4. 如來說一切法皆是佛法。但要知道一切法超越語言文字的描述，所以並沒有一個法叫做一切法，只不過為了方便眾生的理解而給假名罷了。	「如果有人說：如來已得無上正等正覺，那就錯了。須菩提！因為實在沒有任何法可以讓佛陀得到這個無上正等正覺。 須菩提！如來所得的無上正等正覺，在這之中是無實無虛的。所以，如來說的一切法是體性空寂，故一切法都是佛法。須菩提！如來所說的一切法是一切事物的現象，一切法並沒有真實的具體相狀，之所以稱為一切法，只不過借個假名方便眾生瞭解罷了。
「須菩提！菩薩亦如是。若作是言：『我當滅度無量衆生。』即不名菩薩。何以故？須菩提！實無有法，名為菩薩。是故佛說：『一切法無我、無人、無衆生、無壽者。』須菩提！若菩薩作是言：『我當莊嚴佛土。』是不名菩薩。何以故？如來說莊嚴佛土者，即非莊嚴，是名莊嚴。須菩提！若菩薩通達無我法者，如來說名真是菩薩。	菩薩應有的修行也是如此，佛陀接著開示須菩提，並總結此一龐大單元的概念： 1. 心中若有「我當滅度無量衆生」，那麼就不叫菩薩。 2. 沒有一個法的名稱叫菩薩。 3. 一切法是四相皆無。 4. 心中如果有「我當莊嚴佛土」，那麼就不叫菩薩了。 5. 莊嚴佛土者，即非莊嚴，是名莊嚴。 6. 如果菩薩能通達「無我法」，那才是真正的菩薩。	佛陀說： 「須菩提！菩薩也是如此，如果菩薩心中起了『我應當滅度一切衆生』的念頭，如此便有了相狀的執著，就不能稱為菩薩。為什麼呢？實際上，沒有任何一個法名為菩薩的。所以佛陀說：『一切的現象之中沒有我相、人相、衆生相、壽者相的分別概念。』 須菩提！如果菩薩說：『我應當莊嚴整飾佛的淨土』，如此便不能稱為菩薩。為什麼呢？因為所謂莊嚴佛土，並不存在能夠莊嚴的人與能莊嚴的法，也沒有實體的佛土可莊嚴，只是假借一個名，稱之為莊嚴而已。 須菩提！如果菩薩能通達這種無我的真理，那麼如來就會說這是真正的菩薩。」

分	昭明太子	孔茲分析（單元）	孔茲分析（節）	孔茲譯文
18	一體同觀	07 The Buddhas 諸佛	佛陀的五眼	（合併於上欄）
18	一體同觀	07 The Buddhas 諸佛	佛陀的五眼	（合併於上欄）
21	非說所說	07 The Buddhas 諸佛	The Buddha's teaching 佛陀的教導	The Lord asked: What do you think, Subhuti, does it occur to the Tathagata, 'by me has Dharma been demonstrated'? Whosoever, Subhuti, would say, 'the Tathagata has demonstrated Dharma'（說法）, he would speak falsely, he would misrepresent me by seizing on what is not there. And why? 'Demonstration of dharma, demonstration of dharma', Subhuti, there is not any dharma which could be got at as a demonstration of dharma.
21	非說所說	07 The Buddhas 諸佛	The Buddha's teaching 佛陀的教導	Subhuti asked: Are there, O Lord, any beings in the future, in the last time, in the last epoch, in the last 500 years, at the time of the collapse of the good doctrine who, on hearing such dharmas, will truly believe?
22	無法可得	07 The Buddhas 諸佛	The Buddha's Dharma 佛陀的法	Subhuti replied: No indeed, O Lord, there is not any dharma by which the Tathagata has fully known the utmost, right and perfect enlightenment. The Lord said: So it is, Subhuti, so it is. Not even the least（梵語anu，最少的）dharma is there found or got at. Therefore is it called 'utmost（梵語anuttara）, right and perfect enlightenment'.
23	淨心行善	07 The Buddhas 諸佛	The Buddha's Dharma 佛陀的法	Furthermore, Subhuti, self-identical (sama) is that dharma, and nothing is therein at variance (vishama). Therefore is it called 'utmost, right (samyak) and perfect (sam-) enlightenment'. Self-identical through the absence of a self, a being, a soul, or a person, the utmost, right and perfect enlightenment is fully known as the totality of all the wholesome dharmas（善法）. 'Wholesome dharmas, wholesome dharmas', Subhuti yet as no-dharmas have they been taught by the Tathagata. Therefore are they called 'wholesome dharmas'.
27	無斷無滅	07 The Buddhas 諸佛	The effectiveness of meritorious deeds 功德的果報	Nor should anyone, Subhuti, say to you, 'those who have set out in the Bodhisattva-vehicle have conceived the destruction of a dharma, or its annihilation（說諸法斷滅）'. Not so should you see it, Subhuti! For those who have set out in the Bodhisattva-vehicle have not conceived the destruction of a dharma, or its annihilation.

鳩摩羅什譯文	關鍵內容	白話翻譯
「須菩提！於意云何？如來有法眼不？」		佛陀問須菩提： 「須菩提！你認為我具有法眼嗎？」
「如是，世尊！如來有法眼。」		須菩提回答： 「是的，世尊！你具有法眼。」
「須菩提！汝勿謂如來作是念：『我當有所說法。』莫作是念！何以故？若人言如來有所說法，即為謗佛，不能解我所說故。須菩提！說法者，無法可說，是名說法。」	佛陀開示須菩提有關「說法」的正確概念： 1. 不要認為如來有「我當有所說法」的念頭。 2. 如果有人說「如來有所說法」，這是謗佛，這是不瞭解如來。 3. 說法者，無法可說，是名說法。	佛陀說： 「須菩提！你不要認為如來心中會有這樣的想法：『我當為眾生說種種法』。千萬不可有這樣的念頭，為什麼呢？如果有人說如來有所說法，這即是毀謗佛，是因為不能瞭解我所說的道理才會這麼說。 須菩提！所謂的說法，事實上是無法可說，只不過為度化眾生協助他們了悟真性，因此假借個名稱，稱之為說法而已。」
爾時，慧命須菩提白佛言：「世尊！頗有眾生，於未來世，聞說是法，生信心不？」	這時慧命須菩提問佛陀： 如果有眾生於未來世聽聞《金剛經》，是否會生信心？	這時，慧命須菩提向佛陀稟白說： 「世尊！未來的眾生，聽到這個無法可說的法，不知能否生信心？」
佛言：「如是！如是！須菩提！我於阿耨多羅三藐三菩提，乃至無有少法可得，是名阿耨多羅三藐三菩提。」	佛陀的回答： 1. 非常肯定須菩提的回答。 2. 佛陀所證得的無上正等正覺，甚至一點法也無所得。 3. 只是假名無上正等正覺。	佛陀說： 「是的！是的！須菩提！我於無上正等正覺，乃至於沒有絲毫一點法可得。法並非實體存在可得，只是假借一個名，稱之為無上正等正覺而已。」
「復次，須菩提！是法平等，無有高下，是名阿耨多羅三藐三菩提。以無我、無人、無眾生、無壽者，修一切善法，即得阿耨多羅三藐三菩提。須菩提！所言善法者，如來說即非善法，是名善法。」	佛陀闡釋「法」的概念：（三點分析） 1. 是法平等，無有高下，是名阿耨多羅三藐三菩提。 2. 以無我、無人、無眾生、無壽者，修一切善法，則得阿耨多羅三藐三菩提。 3. 所言善法者，如來說非善法，是名善法。	佛陀說： 「其次，須菩提！此法是平等的，沒有高下之分，所以才稱為無上正等正覺。以無我、無人、無眾生、無壽者等四相皆無，修行一切善法，即可證得無上正等正覺。 須菩提！所謂的善法，事實上是並不存在，所以如來說非善法，意思是說為了開悟眾生，假借一個名，稱之為善法而已。」
須菩提！汝若作是念：『發阿耨多羅三藐三菩提心者，說諸法斷滅。』莫作是念！何以故？發阿耨多羅三藐三菩提者，於法不說斷滅相。」	佛陀再提「發」無上正等正覺者： 1. 你如果有這樣的念頭：發心求無上正等正覺者說「諸法斷滅」。（此念頭是錯的） 2. 發心求無上正等正覺者，於法不說「斷滅相」。	佛陀說： 「須菩提！如果你這樣想，那麼發無上正等正覺心的人，等於完全捨棄斷滅一切存在的現象。不要有這樣的念頭，為什麼呢？發心要證得無上正等正覺的人，對於一切現象是不會全然否定的。」

分	昭明太子	孔茲分析（單元）	孔茲分析（節）	孔茲譯文
28	不受不貪	07 The Buddhas 諸佛	The effectiveness of meritorious deeds 功德的果報	And again, Subhuti, if a son or daughter of good family had filled with the seven precious things as many world systems as there are grains of sand in the river Ganges, and gave them as a gift to the Tathagatas, Arhats, fully Enlightened Ones, and if on the other hand a Bodhisattva would gain the patient acquiescence in dharmas which are nothing of themselves and which fail to be produced（知一切法無我，得成於忍）, then this latter would on the strength of that beget a greater heap of merit, immeasurable and incalculable.
31	知見不生	08 Advice to the Imperfect 給未達圓滿境界者的忠告	Views and Attitudes 見解與態度	The Lord said: It is thus, Subhuti, that someone who has set out in the Bodhisattva-vehicle should know all dharmas, view them, be intent on them. And he should know, view and be intent on them in such a way that he does not set up the perception of a dharma（不生相法）. And why? 'Perception of dharma, perception of dharma, 'Subhuti, as no-perception has this been taught by the Tathagata. Therefore is it called 'perception of dharma'.
32	應化非真	08 Advice to the Imperfect 給未達圓滿境界者的忠告	The key to supreme knowledge 開啓超越智慧的鑰匙	As stars, a fault of vision, as a lamp, A mock show, dew drops, or a bubble, A dream, a lightning flash, or cloud, So should one view what is conditioned.

鳩摩羅什譯文	關鍵內容	白話翻譯
「須菩提！若菩薩以滿恆河沙等世界七寶，持用布施。若復有人，知一切法無我，得成於忍。此菩薩勝前菩薩所得功德。須菩提！以諸菩薩不受福德故。」	佛陀提問並比較兩類菩薩的功德： 1. 菩薩一：滿恆河沙等世界七寶布施。 2. 菩薩二：知一切法無我，得成於忍。 佛陀再開示另一個指導：以諸菩薩不受福德故。	佛陀說： 「須菩提！若有菩薩以遍滿恆河沙等世界的七寶，拿來布施，所得的功德，當然無可計量。如果另有菩薩，知道一切現象都是無我的，因此證得『無生法忍』。如此後面這位菩薩，所得到的功德要勝過前面那位菩薩。為什麼呢？須菩提！諸菩薩是不執著福德的有無。」
「須菩提！發阿耨多羅三藐三菩提心者，於一切法，應如是知，如是見，如是信解，不生法相。須菩提！所言法相者，如來說即非法相，是名法相。」	佛陀開示發無上正等正覺者該如何？(其實應是發大乘菩薩心者) 1. 於一切法，應如是知，如是見，如是信解，不生法相。 2. 所言法相者，如來說即非法相，是名法相。	佛陀開示說： 「須菩提！凡是發心證得無上正等正覺的人，對一切事物或道理應該像這樣理解，像這樣認識，像這樣信仰，而不生法相。須菩提！所謂的法相，並非有一個真實不變的法相，而是隨緣顯現的幻相，如來暫且應機說法，所以才稱之為法相。」
一切有為法，如夢、幻、泡、影，如露亦如電，應作如是觀。」	佛陀又深入解釋： 一切有為法，如夢、幻、泡、影，如露亦如電，應作如是觀。	因為世間的一切法，都是虛幻無常，如夢、如幻、如泡影、如露珠亦如閃電，凡屬因緣和合所產生的一切現象、法理，終究是虛幻的，應該作如此的觀照。」

「住」比較表

「住」這個字到底有多重要呢？它在《金剛經》總共出現21次。我們很難察覺經文中的「住」在原始梵文裡其實有兩個不同的字，如果沒弄清楚，可能就誤解經文的意思了。第一個「住」梵文是pratisthitena，它的意思是「執著」，執著會讓你的心有罣礙；反之「不住」則是「不執著」，是讓你的心自由自在，「不應住聲、香、味、觸、法生心」的「住」就是這個意思。「住」還有另一

分	昭明太子	孔茲分析(單元)	孔茲分析(節)	孔茲譯文
2	善現啓請	01 Introductiuon 序	Subhuti makes request 須菩提提問	At that time the Venerable Subhuti came to that assembly, and sat down. Then he rose from his seat, put his upper robe over one shoulder, placed his right knee on the ground, bent forth his folded hands towards the Lord (佛陀十號之一「世尊」), and said to the Lord: 'It is wonderful O Lord, it is exceedingly wonderful, O Well-Gone (佛陀十號之一「善逝」), how much the Bodhisattvas, the great beings, have been helped with the greatest help by the Tathagata (如來善護念諸菩薩，善付囑諸菩薩), the Arhat, the Fully Enlightened One. It is wonderful, O Lord, how much the Bodhisattvas, the great beings, have been favoured with the highest favour by the Tathagata (佛陀十號之一「如來」), the Arhat (佛陀十號之一「應供」), the Fully Enlightened One (佛陀十號之一「正遍知」). How then, O Lord, should a son or daughter of good family, who have set out in the Bodhisattva-vehicle, stand, how progress, how control their thoughts (發阿耨多羅三藐三菩提心，應云何住？云何降伏其心？)?'
2	善現啓請	01 Introductiuon 序	Subhuti makes request 須菩提提問	After these words the Lord said to the Venerable Subhuti: 'Well said, well said, Subhuti! So it is, Subhuti, so it is, as you say! The Tathagata, Subhuti, has helped the Bodhisattvas, the great beings with the greatest help, and he has favoured them with the highest favour. Therefore, 'Subhuti, listen well, and attentively! I will teach you how those who have set out in the Bodhisattva vehicle (梵文是bodhisattva-yana-samprasthitena，發菩薩乘心) should stand, how progress, how control their thoughts.'
4	妙行無住	02 The Bodhisattva's Career 菩薩的修行歷程	The Practice of Perfections 六度的實踐	Moreover, Subhuti, a Bodhisattva who gives a gift should not be supported by a thing, nor should he be supported anywhere (菩薩有我相、人相、衆生相、壽者相，即非菩薩). When he gives gifts he should not be supported by sight-objects, nor by sounds, smells, tastes, touchables, or mind-objects. For, Subhuti, the Bodhisattva, the great being should give gifts in such a way that he is not supported by the notion of a sign. And why? Because the heap of merit of that Bodhi-being, who unsupported gives a gift, is not easy to measure.

個梵字是 sthatavyam，意思是「維持」，孔茲譯成 supported。「如發阿耨多羅三藐三菩提心，云何應住？」的「住」就是維持或保持，整句意思是發了心之後，如何保持、維持這顆菩提心？所以，不知道梵文原始字意，即使讀經多年，還可能似懂非懂呢。

鳩摩羅什譯文	關鍵內容	白話翻譯
時，長老須菩提在大眾中即從座起，偏袒右肩，右膝著地，合掌恭敬而白佛言：「希有！世尊！如來善護念諸菩薩，善付囑諸菩薩。世尊！善男子、善女人，發阿耨多羅三藐三菩提心，應云何住？云何降伏其心？」	長老須菩提發問了一個《金剛經》最關鍵的問題：「善男子、善女人，發阿耨多羅三藐三菩提心，應云何住？云何降伏其心？」。	那時候，大比丘眾中，有一位長老叫做須菩提，從自己的座位上站了起來。他披著袈裟，偏袒右肩，走到佛陀的面前，右膝跪地，合起手掌，恭恭敬敬地向佛陀稟白，請求開示：「希有的世尊！如來您向來善於護持顧念諸菩薩眾，而且善於教導叮嚀諸菩薩眾。世尊！世間的善男子、善女人，如果想要發心追求無上正等正覺，如何才能使發起的菩提心安住？要怎樣做才能降伏妄想的妄心？」
佛言：「善哉，善哉！須菩提！如汝所說：如來善護念諸菩薩，善付囑諸菩薩。汝今諦聽，當為汝說：善男子、善女人，發阿耨多羅三藐三菩提心，應如是住，如是降伏其心。」 （這裡住的梵字是 sthatavyam，意思是「維持」。）	佛陀答應解答這個問題。	佛陀說： 「問得好！問得好！須菩提！就像你所說的，如來向來善於護持諸菩薩們，而且善於付囑諸菩薩們。你現在就用心注意聽，我要為你們解說：善男子、善女人發起無上正等正覺，應該這樣安住不退失，應該這樣降伏自己的妄心。」
「復次，須菩提！菩薩於法，應無所住，行於布施，所謂不住色布施，不住聲、香、味、觸、法布施。須菩提！菩薩應如是布施，不住於相。何以故？若菩薩不住相布施，其福德不可思量。」 （這裡住的梵字是 pratisthitena，它的意思是「執著」。）	菩薩指導「布施」，提出以下五點： 1. 菩薩於法應該：無所住，也就是無所執著。 2. 菩薩於布施應該：不住色布施。 3. 菩薩於布施應該：不住身香味觸法布施。 4. 菩薩於布施應該：不住於相。 5. 菩薩於布施不住於相：則福德不可思量。	佛陀說： 「其次，須菩提！菩薩不僅不能執著於一切現象，就是布施時也不能有所執著。所謂『應無所住而行布施』，即是不執著於色相而行布施，亦不執著於聲相、香相、味相、觸相、法相（mind-objects）而行布施。須菩提！菩薩應該像這樣行布施，不執著於任何事物的外相。為什麼呢？須菩提！假若菩薩不執著於外相而布施，所得的福德是無法想像的多。」

分	昭明太子	孔茲分析（單元）	孔茲分析（節）	孔茲譯文
4	妙行無住	02 The Bodhisattva's Career 菩薩的修行歷程	The Practice of Perfections 六度的實踐	The Lord said: Even so the heap of merit of that Bodhibeing who unsupported gives a gift is not easy to measure. That is why, Subhuti, those who have set out in the Bodhisattva-vehicle, should give gifts without being supported by the notion of a sign（無住相布施）.
10	莊嚴淨土	03 The Range of the Spiritual Life 心靈生命的變化	The Bodhisattva's Final Nirvana 菩薩的究竟涅槃	Therefore then, Subhuti, the Bodhisattva, the great being（菩薩摩訶薩）, should produce an unsupported thought（清淨心）, i.e. a thought which is nowhere supported（應無所住）, a thought unsupported by sights, sounds, smells, tastes, touchables or mind-objects（不應住聲、香、味、觸、法生心）.
14	離相寂滅	05 Trancedentality 超越到彼岸	Selfless Patience and perfect inner freedom 無我的忍辱與圓滿內在自由	Moreover, Subhuti, the Tathagata's perfection of patience（忍辱波羅蜜）is really no perfection. And why? Because, Subhuti, when the king of Kalinga cut my flesh from every limb, at that time I had no perception of a self, of a being, of a soul, or a person. And why? If, Subhuti, at that time I had had a perception of self, I would also have had a perception of ill-will（瞋恨）at that time. And so, if I had had a perception of a being, of a soul, or of a person. With my superknowledge I recall that in the past I have for five hundred births led the life of a sage devoted to patience. Then also have I had no perception of a self, a being, a soul, or a person. Therefore then, Subhuti, the Bodhi-being, the great being, after he has got rid of all perceptions（離一切相）, should raise his thought（心）to the utmost, right and perfect enlightenment. He should produce a thought which is unsupported by forms, sounds, smells, tastes, touchables, or mind-objects, unsupported by dharma, unsupported by no-dharma, unsupported by anything. And why? All supports have actually no support. It is for this reason that the Tathagata teaches: By an unsupported Bodhisattva should a gift be given, not by one who is supported by forms, sounds, smells, tastes, touchables, or mind-objects.
14	離相寂滅	05 Trancedentality 超越到彼岸	The existence and nonexistence of beings 衆生的存在與不存在	And further, Subhuti, it is for the weal of all beings that a Bodhisattva should give gifts in this manner. And why? This perception of a being, Subhuti, that is just a non-perception.（如來說一切諸相，即是非相）Those all-beings of whom the Tathagata has spoken, they are indeed no-beings（又說一切衆生，即非衆生）. And why? Because the Tathagata speaks in accordance with reality, speaks the truth, speaks of what is, not otherwise. A Tathagata does not speak falsely（如來是真語者、實語者、如語者、不誑語者、不異語者）.

鳩摩羅什譯文	關鍵內容	白話翻譯
「須菩提！菩薩無住相布施，福德亦復如是不可思量。須菩提！菩薩但應如所教住。」	佛陀開導須菩提該如何？ 1. 菩薩應該：無相布施。 2. 則菩薩福德：不可思量。 3. 告訴須菩提：菩薩應該如佛陀所教導安住於心。	於是佛陀開示說： 「須菩提！菩薩布施時不執著於任何事物的外相，那他所得的福德的廣大，也是像十方虛空那樣的不可思量。須菩提！菩薩應當像我所說的那樣來安住自己的心念。」
「是故，須菩提！諸菩薩摩訶薩，應如是生清淨心，不應住色生心，不應住聲、香、味、觸、法生心，應無所住，而生其心。	佛陀告訴須菩提，諸菩薩摩訶薩該如何生清淨心？共有三個要點： 1. 不應執著色而生心。 2. 不應執著聲、香、味、觸、法而生心。 3. 應無所住而生其心。	佛陀開示： 「就因為這樣，須菩提！諸大菩薩應該如是生起清淨心，既不可執著於色而生意念，也不可以執著於聲、香、味、觸、法而生意念。應該無所執著而生起清淨心。」
須菩提！忍辱波羅蜜，如來說非忍辱波羅蜜，是名忍辱波羅蜜。何以故？須菩提！如我昔為歌利王割截身體，我於爾時，無我相、無人相、無眾生相、無壽者相。何以故？我於往昔節節支解時，若有我相、人相、眾生相、壽者相，應生瞋恨。須菩提！又念過去於五百世，作忍辱仙人，於爾所世，無我相、無人相、無眾生相、無壽者相。 是故，須菩提！菩薩應離一切相，發阿耨多羅三藐三菩提心，不應住色生心，不應住聲、香、味、觸、法生心，應生無所住心。若心有住，則為非住。	3. 忍辱波羅蜜，如來說非忍辱波羅蜜。 4. 佛陀從前被歌利王割節身體，當時必然已無四相。 5. 被節節支解時如果心有四相，必然生瞋恨之心。 6. 過去五百世佛陀作忍辱仙人，必無四相。 菩薩應該如何？ 1. 應離一切相，發阿耨多羅三藐三菩提心。 2. 不應住色生心，不應住聲、香、味、觸、法生心。 3. 應生無所住心。若心有住，則為非住。	須菩提！再說到忍辱波羅蜜也是相同的，如果知道本來無相，哪裡有忍辱不忍辱，所以如來說非忍辱波羅蜜。為什麼呢？須菩提！就好比我的前世，被歌利王割節身體的時候，肯定是已經通達無我相、無人相、無眾生相、無壽者相。為什麼這樣說呢？如果當時我在被支解時，仍有我相、人相、眾生相、壽者相，必定心生忿恨。」 佛陀說： 「須菩提！我又想起過去的前五百世，做忍辱仙人修行的時候，早已離我、人、眾、生壽者四相的執著。 所以，須菩提！菩薩應當離開一切相狀，發無上正等正覺的菩提心。既不應執著於色而生心念，也不該執著於聲、香、味、觸、法而生心念，應該安住沒有任何執著的心念。如果心中有所執著，即會產生迷妄，就無法達到『無住生心』的境界。」
是故佛說菩薩心，不應住色布施。須菩提！菩薩為利益一切眾生故，應如是布施。如來說一切諸相，即是非相；又說一切眾生，即非眾生。須菩提！如來是真語者、實語者、如語者、不誑語者、不異語者。	佛陀繼續開示大菩薩正確的布施態度： 1. 菩薩心：不應執著於色布施。 2. 菩薩為利益眾生應該如何布施？ 正確認知A：一切諸相，即是非相。 正確認知B：一切眾生，即非眾生。 3. 了解如來五語： 真語者、實語者、如語者、不誑語者、不異語者	所以佛陀說： 「菩薩心不應執著於色布施。須菩提！菩薩為了利益一切眾生，應該如此布施。如來說一切諸相，原是空無實體，所以說『一切諸相，即是非相』。又說一切眾生也是因為因緣聚合而顯現，隨時會有生滅變化，所以說『一切眾生，即非眾生』。須菩提！如來所說的是真實語，是如理而說的，如來所說的，不是謊言誑語，不是怪異言論。」

分	昭明太子	孔茲分析（單元）	孔茲分析（節）	孔茲譯文
14	離相寂滅	05 Trancedentality 超越到彼岸	Truth and Falsehood 真實與虛妄	But nevertheless, Subhuti, with regard to that dharma which the Tathagata has fully known and demonstrated, on account of（因為，為此，for this/that reason）that there is neither truth nor fraud.（此法無實無虛） In darkness a man could not see anything. Just so should be viewed a Bodhisattva who has fallen among things（菩薩心住於法）, and who, fallen among things, renounces a gift（行布施）. A man with eyes would, when the night becomes light and the sun has arisen, see manifold forms（見種種色）. Just so should be viewed a Bodhisattva who has not fallen among things, and who, without having fallen among things（心不住法）, renounces a gift.
17	究竟無我	06 The Bodhisattvas 菩薩	The Bodhisattva's Vow 菩薩的誓願	Subhuti asked: How, O Lord, should one set out in the Bodhisattva-vehicle <u>stand</u>, how progress, how control his thoughts?

鳩摩羅什譯文	關鍵內容	白話翻譯
須菩提！如來所得法，此法無實無虛。須菩提！若菩薩心住於法，而行布施，如人入闇，即無所見；若菩薩心不住法，而行布施，如人有目，日光明照，見種種色。	佛陀繼續開示大菩薩： 1. 如來得到的法：無實無虛。 2. 菩薩心住於法行布施：如人入闇無所見。 3. 菩薩心不住法而行布施：如人有目，日光明照，見種種色。	佛陀說： 「須菩提！如來所證得的法是非實非虛的。須菩提！如果菩薩內心執著一個可布施的法，就如同人走進暗處，一無所見。如果菩薩不執著於一個可布施的法，就如同人有雙眼，在明亮如日光照耀下，可以見得種種外相。」
爾時，須菩提白佛言：「世尊！善男子、善女人，發阿耨多羅三藐三菩提心，云何應住？云何降伏其心？」 （這裡住的梵字是 sthatavyam，意思是「維持」。）	須菩提發問：「善男子、善女人，發阿耨多羅三藐三菩提心，云何應住？云何降伏其心？」 （這與第二分的問法差了一點點） 之前：應云何住？（這部分是追求智慧的般若道，「自覺」時要注意的事項。） 現在：云何應住？（這是大乘菩薩行的方便道，「覺他」時要注意的事項。）	那時，須菩提向佛稟白：「世尊！善男子或善女人已經發心，希望證得無上正等正覺，應該如何保持那顆菩提心？又如何能降伏妄念的心呢？」

「四相」比較表

《金剛經》首談「四相」（我相、人相、眾生相、壽者相）是在第3分，經文中寫著菩薩如果有此四相的執取，於此就會生起顛倒之心。那麼該如何遠離四相帶來的顛倒夢想呢？其實，追根究柢，四相都是由一個「我相」所開展出來，所以佛教向來特別注重破除「我執」。超過五千字的《金剛經》一次又一次，

分	昭明太子	孔茲分析(單元)	孔茲分析(節)	孔茲譯文
3	大乘正宗	02 The Bodhisattva's Career 菩薩的修行歷程	The Vow of a Bodhisattva 菩薩的誓約	The Lord said: Here, Subhuti, someone who has set out in the vehicle of a Bodhisattva should produce a thought in this manner: 'As many beings as there are in the universe of beings(眾生), comprehended under the term "beings" egg-born, born from a womb, moisture-born, or miraculously born (化生); with or without form; with perception (有想), without perception (無想), and with neither perception (非有想) nor non-perception (非無想), as far as any conceivable form of beings is conceived: all these I must lead to Nirvana, into that Realm of Nirvana which leaves nothing behind. And yet, although innumerable beings have thus been led to Nirvana, no being at all has been led to Nirvana.' And why? If in a Bodhisattva the notion (notion通常是指不正確的想法) of a 'being' should take place, he could not be called a 'Bodhi-being'. 'And why? He is not to be called a Bodhi-being, in whom the notion of a self or of a being should take place, or the notion of a living soul or of a person.' (若菩薩有我相、人相、眾生相、壽者相，即非菩薩)
6	正信希有	02 The Bodhisattva's Career 菩薩的修行歷程	The Dharmabody as the body of teachings 法身乃「教法」之身	And why? Because, Subhuti, in these Bodhisattvas (1) no perception of a self takes place, (2) no perception of a being, (3) no perception of a soul, (4) no perception of a person. Nor do these Bodhisattvas have (5) a perception of a dharma, or (6) a perception of a no-dharma. (7) No perception or (8) non-perception takes place in them. (perception是指透過「看、聽」等感知器官方式認識，是有相的認識)
6	正信希有	02 The Bodhisattva's Career 菩薩的修行歷程	The Dharmabody as the body of teachings 法身乃「教法」之身	And why? If, Subhuti, these Bodhisattvas should have a perception of either a dharma, or a no-dharma, they would thereby seize on a self, a being, a soul, or a person. And why? Because a Bodhisattva should not seize on either a dharma or a no-dharma. Therefore this saying has been taught by the Tathagata with a hidden meaning: 'Those who know the discourse on dharma as like unto a raft, should forsake dharmas, still more so no-dharmas.'

針對不同的對象，開示無四相的重要。整部《金剛經》談四相約略可分為三個層面，無論哪個階段都曾對菩薩開示，特別是第 17 分與第 25 分，用了相當的篇幅仔細分析「菩薩該如何度眾生」。以下是經文中所有提及四相的部分。

鳩摩羅什譯文	關鍵內容	白話翻譯
佛告須菩提：「諸菩薩摩訶薩應如是降伏其心！所有一切眾生之類，若卵生、若胎生、若濕生、若化生；若有色、若無色；若有想、若無想、若非有想非無想，我皆令入無餘涅槃而滅度之。如是滅度無量無數無邊眾生，實無眾生得滅度者。何以故？須菩提！若菩薩有我相、人相、眾生相、壽者相，即非菩薩。」	佛陀說明了眾生的不同形式，並且解釋如何「降伏其心」。眾生的形式包括： 1. 四生（卵、胎、濕、化） 2. 有無形色（有色、無色） 3. 有無意識（有想、無想、非有想非無想）。 佛陀回答「降伏其心的方法」是：滅度眾生，但是沒有眾生可滅度的念頭。 如有四相的分別概念，就不是真正的菩薩。	佛陀告訴須菩提： 「諸位菩薩、大菩薩們，應該如此降伏自己的妄心。宇宙間所有一切眾生的類別很多，像卵生的、胎生的、濕生的、化生的；有色的、無色的；有想的、無想的，非有想、非無想，我都將他們救度到無餘涅槃的彼岸去。像這樣地去滅度無數、無量、無邊的眾生，但實際上並沒有任何眾生得到滅度。為什麼要說實無任何眾生獲得滅度呢？須菩提！如果菩薩還有『我度化眾生』的念頭，即證明他的四相未除，包括認為有自我的相狀、他人的相狀、眾生的相狀，執著於一期壽命的相狀，這四相未除，如此就不能稱為菩薩。」
何以故？是諸眾生無復我相、人相、眾生相、壽者相。無法相，亦無非法相。何以故？是諸眾生若心取相，即為著我、人、眾生、壽者。	佛陀並且說明這類眾生的境界：不再有四相的分別概念。 佛陀說上述眾生的境界已經達到：無法相，亦無非法相。 佛陀開示：若心取相，則是執著於四相。	為什麼這麼說呢？因為他們已經沒有自我的相狀、他人的相狀、眾生的相狀與一期壽命的相狀等分別概念。如此不執著於一切存在現象的相狀（無法相），也不執著於否定一切存在現象的相狀（亦無非法相）。為什麼呢？如果此眾生內心有『相』的念頭在（若心取相），那就是執著於自我、他人、眾生與追求一期壽命者。
若取法相，即著我、人、眾生、壽者。何以故？若取非法相，即著我、人、眾生、壽者，是故不應取法，不應取非法。以是義故，如來常說：汝等比丘，知我說法，如筏喻者，法尚應捨，何況非法。	佛陀說「若取法相」：則是執著四相。 佛陀說「若取非法相」：還是執著四相。 正確的態度應該是：不應取法，不應取非法。 佛陀告訴比丘筏喻的故事。 （精彩精彩）	倘若執著於一切現象的相狀，那就等於執著於自我、他人、眾生與追求一期壽命者。為什麼呢？這是因為如果執取於否定一切現象的相狀，也等同於執著於自我、他人、眾生、追求一期壽命者。所以不該執著於一切現象，也不應該執著於否定一切現象。因為是這個道理，所以如來常說：「你們諸位比丘大眾啊，知道我所說的法，就如同渡河的竹筏，到了涅槃彼岸之後就應當放下。所以說，不僅一切現象（法）應捨棄，而否定一切現象（非法）更不應該執著。」

分	昭明太子	孔茲分析（單元）	孔茲分析（節）	孔茲譯文
9	一相無相	03 The Range of the Spiritual Life 心靈生命的變化	The four Great Saints 四聖者	Subhuti: No indeed, O Lord. And why? Because no dharma is called 'Arhat'. That is why he is called an Arhat. If, O Lord, it would occur to an Arhat. 'by me has Arhatship been attained', then that would be in him a seizing on a self, seizing on a being, seizing on a soul, seizing on a person. And why? I am, O Lord, the one whom the Tathagata, the Arhat, the Fully Enlightened One has pointed out as the foremost of those who dwell in Peace（無諍三昧，人中最為第一）. I am, O Lord, an Arhat free from greed（離欲阿羅漢）. And yet, O Lord, it does not occur to me, 'an Arhat am I and free from greed'. If, O Lord, it could occur to me that I have attained Arhatship, then the Tathagata would not have declared（正式宣佈，say solemnly）of me that 'Subhuti, this son of good family, who is the foremost of those who dwell in Peace, does not dwell anywhere; that is why he is called "a dweller in Peace, a dweller in Peace（樂阿蘭那行者）".
14	離相寂滅	05 Trancedentality 超越到彼岸	The supreme excellence of this teaching 此教義的超凡卓越	Thereupon the impact of Dharma moved the Venerable Subhuti to tears. Having wiped away his tears, he thus spoke to the Lord: It is wonderful, O Lord, it is exceedingly wonderful, O Well-Gone, how well the Tathagata has taught this discourse on Dharma. Through it cognition（梵語 jnanam，所得慧眼）has been produced in me. Not have I ever before heard such a discourse on Dharma. Most wonderfully blest will be those who, when this Sutra is being taught, will produce a true perception（復有人得聞是經，信心清淨，即生實相）. And that which is true perception, that is indeed no perception.（是實相者，即是非相，是故如來說名實相）.Therefore the Tathagata teaches, 'true perception, true perceptions'.
17	究竟無我	06 The Bodhisattvas 菩薩	The Bodhisattva's Vow 菩薩的誓願	The Lord replied: Here, Subhuti, someone who has set out in the Bodhisattva-vehicle should produce a thought in this manner: 'all beings I must lead to Nirvana, into that Realm of Nirvana which leaves nothing behind; and yet, after beings have thus been led to Nirvana, no being at all has been led to Nirvana'. And why? If in a Bodhisattva the notion of a 'being' should take place, he could not be called a 'Bodhi-being'.（請注意，先談眾生相）And likewise if the notion of a soul, or a person（再談壽者相、人相，此處並未出現我相）should take place in him. And why? He who has set out in the Bodhisattva-vehicle he is not one of the dharmas.

鳩摩羅什譯文	關鍵內容	白話翻譯
須菩提言：「不也，世尊！何以故？實無有法名阿羅漢。世尊！若阿羅漢作是念：『我得阿羅漢道。』即為著我、人、眾生、壽者。世尊！佛說我得無諍三昧，人中最為第一，是第一離欲阿羅漢。世尊！我不作是念：『我是離欲阿羅漢。』世尊！我若作是念：『我得阿羅漢道。』世尊則不說須菩提是樂阿蘭那行者，以須菩提實無所行，而名須菩提，是樂阿蘭那行。」	須菩提回答（六個連續性對談）： 1. 不會。 2. 沒有一個法名叫做阿羅漢。 3. 如果阿羅漢心中有「我得到阿羅漢道」的念頭，代表仍執著於四相。 4. 佛陀稱讚須菩提得「無諍三昧」、「人中第一」與「第一離欲阿羅漢」。（三個稱讚） 5. 如果須菩提心中有「我得到阿羅漢道」的念頭，那麼世尊就不會稱許須菩提是樂阿蘭那行。 6. 須菩提實際上是無所行，只是假名樂阿蘭那行。	須菩提回答： 「世尊！不會的。為什麼呢？因為並非有個真有實存的法可以稱之為阿羅漢。如果阿羅漢自念得道，即著我、人、眾生、壽者等四相，如此就不能叫做『阿羅漢』了。 世尊！你曾經說過我已經證得無諍三昧，是人中第一，是第一個脫盡人我、斷絕此念、離欲的阿羅漢。雖然佛陀如此的稱讚，但我的心中沒有『我是離欲阿羅漢』的念頭。世尊！我若有『得了阿羅漢道』的念頭，這樣世尊就不會說須菩提是樂於寂靜的阿蘭那行者，因為須菩提事實是無所作為，所以佛陀才稱須菩提是樂於寂靜的行者。」
爾時，須菩提聞說是經，深解義趣，涕淚悲泣，而白佛言：「希有，世尊！佛說如是甚深經典，我從昔來所得慧眼，未曾得聞如是之經。世尊！若復有人得聞是經，信心清淨，即生實相，當知是人成就第一希有功德。世尊！是實相者，即是非相，是故如來說名實相。	須菩提聽到佛陀開示，深刻理解義趣之後，深受感動，隨即有六個體認，非常有條理： 體認1：自己昔日的慧眼不曾聽過如此甚深的經典。 體認2：如果有人聽聞此經，信心清淨而生實相，應當知道此人成就「第一稀有功德」。 體認3：是實相者，即是非相，是故如來說名實相。	這時候，須菩提聽佛陀說經至此，心中已經深悟其中的義理旨趣，深深地感動流下淚來。不禁向佛陀稟白讚歎： 「希有的世尊！佛陀所說如此甚深奧妙的經典，即使在從前，我雖具有慧眼，但還未曾聽過如此深奧的經。世尊！如果有人，得聞此經而信心清淨，那麼他已經達到體悟實相的境界了，應當知道這個人成就了第一希有功德。 世尊！所謂的實相，實際是沒有實體相狀可得的，如來之所以說它是實相，只是為了引導眾生，不得不假借一個名，稱之為實相而已。
佛告須菩提：「善男子、善女人，發阿耨多羅三藐三菩提心者，當生如是心：『我應滅度一切眾生；滅度一切眾生已，而無有一眾生實滅度者。』 何以故？須菩提！若菩薩有我相、人相、眾生相、壽者相，即非菩薩。所以者何？須菩提！實無有法，發阿耨多羅三藐三菩提心者。」	佛陀回答須菩提： 1. 當生如是心，我應滅度一切眾生。 2. 依這樣的發心去滅度一切眾生，但是心中毫無任何一絲眾生被我滅度的念頭。 3. 如果菩薩有四相的分別，那就不是菩薩了。 4. 實際上，沒有法叫做發無上正等正覺的。	佛陀告訴須菩提： 「善男子或善女人已發心希望證得無上正等正覺者，應該如此生其心：『我應該幫助一切眾生滅除煩惱而度脫到涅槃境界。』以這樣的發心去滅度一切眾生，但是心中沒有任何眾生因我而滅度的念頭。 佛陀繼續說： 「為什麼？如果菩薩有我相、人相、眾生相、壽者相的分別概念，那就不是菩薩了。為什麼這麼說呢？實際上，沒有任何法名為發心證得無上正等正覺。」

分	昭明太子	孔茲分析（單元）	孔茲分析（節）	孔茲譯文
17	究竟無我	06 The Bodhisattvas 菩薩	The Bodhisattva's attitude to his tasks 菩薩對任務秉持的態度	[(If any Bodhisattva should say, 'I will create harmonious Buddhafields')], he likewise should not be called a Bodhi-being. [(And why? 'The harmonies of Buddhafields, the harmonies of Buddhafields', Subhuti, as no-harmonies have they been taught by the Tathagata. Therefore he spoke of 'harmonious Buddhafields'.)] The Bodhisattva, however, Subhuti, who is intent on 'without self are the dharmas, without self are the dharmas', him the Tathagata, the Arhat, the fully Enlightened One has declared to be a Bodhi-being, a great being.
23	淨心行善	07 The Buddhas 諸佛	The Buddha's Dharma 佛陀的法	Furthermore, Subhuti, self-identical (sama) is that dharma, and nothing is therein at variance (vishama). Therefore is it called 'utmost, right (samyak) and perfect (sam-) enlightenment'. Self-identical through the absence of a self, a being, a soul, or a person, the utmost, right and perfect enlightenment is fully known as the totality of all the wholesome dharmas（善法）. 'Wholesome dharmas, wholesome dharmas', Subhuti yet as no-dharmas have they been taught by the Tathagata. Therefore are they called 'wholesome dharmas'.
25	化無所化	07 The Buddhas 諸佛	The Buddha as a Savior, and the nature of emancipation 佛陀如同救世主與解救的本質	What do you think, Subhuti, does it occur to a Tathagata, 'by me have beings been set free'? Not thus should you see it, Subhuti! And why? There is not any being whom the Tathagata has set free. Again, if there had been any being whom the Tathagata had set free, then surely there would have been on the part of the Tathagata a seizing of a self, of a being, of a soul, of a person. 'Seizing of a self', as a no-seizing, Subhuti, has that been taught by the Tathagata. And yet the foolish common people have seized upon it. 'Foolish common people', Subhuti, as really no people have they been taught by the Tathagata. Therefore are they called 'foolish common people'.
31	知見不生	08 Advice to the Imperfect 給未達圓滿境界者的忠告	Views and Attitudes 見解與態度	And why? Because whosoever would say that the view of a self（我見）has been taught by the Tathagata, the view of a being（衆生見）, the view of a living soul（壽者見）, the view of a person（人見）, would he, Subhuti, be speaking right?
31	知見不生	08 Advice to the Imperfect 給未達圓滿境界者的忠告	Views and Attitudes 見解與態度	Subhuti replied: No indeed, O Lord, no indeed, O Well-Gone, he would not be speaking right. And why? That which has been taught by the Tathagata as 'view of self', as a no-view has that been taught by the Tathagata. Therefore is it called 'view of self'.

鳩摩羅什譯文	關鍵內容	白話翻譯
「須菩提！菩薩亦如是。若作是言：『我當滅度無量眾生。』即不名菩薩。何以故？須菩提！實無有法，名為菩薩。是故佛說：『一切法無我、無人、無眾生、無壽者。』須菩提！若菩薩作是言：『我當莊嚴佛土。』是不名菩薩。何以故？如來說莊嚴佛土者，即非莊嚴，是名莊嚴。須菩提！若菩薩通達無我法者，如來說名真是菩薩。	菩薩應有的修行也是如此，佛陀接著開示須菩提，並總結此一龐大單元的概念： 1. 心中若有「我當滅度無量眾生」，那麼就不叫菩薩。 2. 沒有一個法的名稱叫菩薩。 3. 一切法是四相皆無。 4. 心中如果有「我當莊嚴佛土」，那麼就不叫菩薩了。 5. 莊嚴佛土者，即非莊嚴，是名莊嚴。 6. 如果菩薩能通達「無我法」，那才是真正的菩薩。	佛陀說： 「須菩提！菩薩也是如此，如果菩薩心中起了『我應當滅度一切眾生』的念頭，如此便有了相狀的執著，就不能稱為菩薩。為什麼呢？實際上，沒有任何一個法名為菩薩的。所以佛陀說：『一切的現象之中沒有我相、人相、眾生相、壽者相的分別概念。』須菩提！如果菩薩說：『我應當莊嚴整飾佛的淨土』，如此便不能稱為菩薩。為什麼呢？因為所謂莊嚴佛土，並不存在能夠莊嚴的人與能莊嚴的法，也沒有實體的佛土可莊嚴，只是假借一個名，稱之為莊嚴而已。須菩提！如果菩薩能通達這種無我的真理，那麼如來就會說這是真正的菩薩。」
「復次，須菩提！是法平等，無有高下，是名阿耨多羅三藐三菩提。以無我、無人、無眾生、無壽者，修一切善法，即得阿耨多羅三藐三菩提。須菩提！所言善法者，如來說即非善法，是名善法。」	佛陀闡釋「法」的概念：（三點分析） 1. 是法平等，無有高下，是名阿耨多羅三藐三菩提。 2. 以無我、無人、無眾生、無壽者，修一切善法，則得阿耨多羅三藐三菩提。 3. 所言善法者，如來說非善法，是名善法。	佛陀說： 「其次，須菩提！此法是平等的，沒有高下之分，所以才稱為無上正等正覺。以無我、無人、無眾生、無壽者等四相皆無，修行一切善法，即可證得無上正等正覺。 須菩提！所謂的善法，事實上是並不存在，所以如來說非善法，意思是說為了開悟眾生，假借一個名，稱之為善法而已。」
「須菩提！於意云何？汝等勿謂如來作是念：『我當度眾生。』須菩提！莫作是念。 何以故？實無有眾生如來度者。若有眾生如來度者，如來即有我、人、眾生、壽者。須菩提！如來說有我者，即非有我，而凡夫之人，以為有我。須菩提！凡夫者，如來說即非凡夫，是名凡夫。」	佛陀開示正確「度眾生」的態度： 1. 不可有「我當度眾生」的念頭。 2. 如果有這樣的念頭，則有四相的執著。 3. 如來稱說「有我」的概念：「有我者，即非有我，而凡夫之人以為有我。」 4. 如來說凡夫的概念：「凡夫者，如來說即非凡夫，是名凡夫。」	佛陀說： 「須菩提！你認為如何？你不要以為如來會有這樣的念頭：『我當救度眾生』。 須菩提！千萬不可有這樣的念頭。為什麼呢？因為實際上並沒有眾生可以被如來度化的。若有眾生可以被如來度化的念頭，那麼如來就有我相、人相、眾生相、壽者相等分別概念的執著（註：這顯示自己尚未度化，如何度化別人？） 須菩提！如來雖然口稱有我，但實際上是無我的，只不過凡夫卻以為真有我。 須菩提！所謂凡夫即不是凡夫，是說凡夫並非真實存在，只要能了悟就不是凡夫，在他們尚未領悟時，暫且假名為凡夫而已。」
「須菩提！若人言：『佛說我見、人見、眾生見、壽者見。』須菩提！於意云何？是人解我所說義不？」	佛陀問須菩提一個問題： 如果有人說佛說四相見，此人是否瞭解佛陀的教義？	佛陀問： 「須菩提！若有人說：『佛陀說過我見、人見、眾生見、壽者見。』須菩提！你認為如何呢？這個人是否瞭解我所說的義理？」
「不也，世尊！是人不解如來所說義。何以故？世尊說我見、人見、眾生見、壽者見，即非我見、人見、眾生見、壽者見，是名我見、人見、眾生見、壽者見。」	須菩提回答：（《金剛經》特有的公式又出現了） 1. 此人不瞭解佛陀說的教義。 2. 所謂XX，即非XX，是名XX。.	須菩提回答： 「佛陀！這個人並不瞭解您所說的義理。為什麼呢？佛陀說的我見、人見、眾生見、壽者見，只是為了凡夫便於理解而說，而只不過是假借一個名，稱之為我見、人見、眾生見、壽者見而已。」

「三十二相」比較表

「三十二相」又名「三十二大人相」（英譯：thirty-two marks of the superman），是「轉輪聖王」與「佛的應化身」圓滿具備的三十二種殊勝容貌與微妙形相，此處是指佛陀身形殊勝圓滿的應化身。以下是《金剛經》提及

分	昭明太子	孔茲分析（單元）	孔茲分析（節）	孔茲譯文
13	如法受持	05 Trancedentality 超越到彼岸	The dialectical natural of reality 邏輯證論的真實本質	The Lord asked: What do you think, Subhuti, can the Tathagata be seen by means of the thirty-two marks of the superman（三十二相）?
13	如法受持	05 Trancedentality 超越到彼岸	The dialectical natural of reality 邏輯證論的真實本質	Subhuti replied: No indeed, O Lord. And why? Because those thirty-two marks of the superman which were taught by the Tathagata, they are really no-marks. Therefore are they called the thirty-two marks of the superman.
26	法身非相	07 The Buddhas 諸佛	The true nature of a buddha 佛陀的真實本質（為何用小寫？？）	What do you think, Subhuti, is the Tathagata to be seen（觀）by means of his possession of marks? Subhuti replied: No indeed, O Lord. The Lord said: If, Subhuti, the Tathagata could be recognized by his possession of marks, then also the universal monarch would be a Tathagata. Therefore the Tathagata is not to be seen by means of his possession of marks. Subhuti then said: As I, O Lord, understand the Lord's teaching, the Tathagata is not to be seen through his possession of marks.
26	法身非相	07 The Buddhas 諸佛	The true nature of a buddha 佛陀的真實本質	Subhuti replied: No indeed, O Lord.
26	法身非相	07 The Buddhas 諸佛	The true nature of a buddha 佛陀的真實本質	The Lord said: If, Subhuti, the Tathagata could be recognized by his possession of marks, then also the universal monarch would be a Tathagata. Therefore the Tathagata is not to be seen by means of his possession of marks.
26	法身非相	07 The Buddhas 諸佛	The true nature of a buddha 佛陀的真實本質	Subhuti then said: As I, O Lord, understand the Lord's teaching, the Tathagata is not to be seen through his possession of marks.

三十二相的部分。其中有寫著「以三十二相見如來」，或寫著「以三十二相觀如來」，「見」與「觀」有差別嗎？

鳩摩羅什譯文	關鍵內容	白話翻譯
「須菩提！於意云何？可以三十二相見如來不？」	佛陀問須菩提（有關三十二相）： 可以透過三十二相來認識如來嗎？	佛陀問須菩提： 「須菩提！你認為如何呢？可以透過三十二相來認識如來嗎？」
「不也，世尊！不可以三十二相得見如來。何以故？如來說：三十二相，即是非相，是名三十二相。」	須菩提回答： 1. 不可以。 2. 如來所說的三十二相，並非如來真實的相狀，只是為了方便度化眾生，暫且稱為三十二相而已。	須菩提回答： 「不可以，世尊！不可以三十二相來認識如來。為什麼呢？如來所說的三十二相，並非是如來的真實相狀，只不過是暫借個名，稱之為三十二相。」
「須菩提！於意云何？可以三十二相觀如來不？」	佛陀問須菩提： 可否透過三十二相來觀如來？ （第13分曾提及可否透過三十二相來見如來？二者不同）	佛陀問須菩提： 「須菩提！你認為如來可以用三十二相來觀察嗎？」
須菩提言：「如是！如是！以三十二相觀如來。」	須菩提回答：是的。	須菩提回答： 「是的！是的！如來是可以三十二相來觀察。」
佛言：「須菩提！若以三十二相觀如來者，轉輪聖王即是如來。」	顯然這樣不是佛陀要的答案，於是佛陀進一步開示： 轉輪聖王也具備三十二相的身形。	（這時，佛陀發現須菩提尚未明白其中的深義） 佛陀說： 「須菩提！轉輪聖王亦具有三十二相色身，那麼轉輪聖王豈不就可以成為如來了嗎？」
須菩提白佛言：「世尊！如我解佛所說義，不應以三十二相觀如來。」	須菩提這次明白了，於是回答： 不可以三十二相來觀如來。	須菩提稟白佛陀： 「啊，世尊！我已瞭解佛陀所說的義理，是不應該用三十二相來觀察如來的。」

「降伏其心」比較表

「降伏其心」意思是降伏妄想的妄心，這裡的「心」梵語是 cittam，意思是「思維的過程」或「思考的能力」，接近英文的 thought，而非 heart 或 mind。「降伏其心」此句，般若專家孔茲英譯為「管理控制其思考」（control their

分	昭明太子	孔茲分析（單元）	孔茲分析（節）	孔茲譯文
2	善現啓請	01 Introductiuon 序	Subhuti makes request 須菩提提問	At that time the Venerable Subhuti came to that assembly, and sat down. Then he rose from his seat, put his upper robe over one shoulder, placed his right knee on the ground, bent forth his folded hands towards the Lord（佛陀十號之一「世尊」）, and said to the Lord: 'It is wonderful O Lord, it is exceedingly wonderful, O Well-Gone（佛陀十號之一「善逝」）, how much the Bodhisattvas, the great beings, have been helped with the greatest help by the Tathagata（如來善護念諸菩薩，善付囑諸菩薩）, the Arhat, the Fully Enlightened One. It is wonderful, O Lord, how much the Bodhisattvas, the great beings, have been favoured with the highest favour by the Tathagata（佛陀十號之一「如來」）, the Arhat（佛陀十號之一「應供」）, the Fully Enlightened One（佛陀十號之一「正遍知」）. How then, O Lord, should a son or daughter of good family, who have set out in the Bodhisattva-vehicle, stand, how progress, how control their thoughts（發阿耨多羅三藐三菩提心，應云何住？云何降伏其心？）?'
2	善現啓請	01 Introductiuon 序	Subhuti makes request 須菩提提問	After these words the Lord said to the Venerable Subhuti: 'Well said, well said, Subhuti! So it is, Subhuti, so it is, as you say! The Tathagata, Subhuti, has helped the Bodhisattvas, the great beings with the greatest help, and he has favoured them with the highest favour. Therefore, 'Subhuti, listen well, and attentively! I will teach you how those who have set out in the Bodhisattva vehicle（梵文是 bodhisattva-yana-samprasthitena，發菩薩乘心）should stand, how progress, how control their thoughts.'

thoughts），而玄奘解釋成「攝伏其心」，攝字帶有管理的意思，孔兹與玄奘的譯法頗為相似。請比較第 2 分與第 17 分，思考須菩提為何要提問兩次？

鳩摩羅什譯文	關鍵內容	白話翻譯
時，長老須菩提在大衆中即從座起，偏袒右肩，右膝著地，合掌恭敬而白佛言：「希有！世尊！如來善護念諸菩薩，善付囑諸菩薩。世尊！善男子、善女人，發阿耨多羅三藐三菩提心，應云何住？云何降伏其心？」	長老須菩提發問了一個《金剛經》最關鍵的問題：「善男子、善女人，發阿耨多羅三藐三菩提心，應云何住？云何降伏其心？」。	那時候，大比丘衆中，有一位長老叫做須菩提，從自己的座位上站了起來。他披著袈裟，偏袒右肩，走到佛陀的面前，右膝跪地，合起手掌，恭恭敬敬地向佛陀稟白，請求開示：「希有的世尊！如來您向來善於護持顧念諸菩薩衆，而且善於教導叮嚀諸菩薩衆。世尊！世間的善男子、善女人，如果想要發心追求無上正等正覺，如何才能使發起的菩提心安住？要怎樣做才能降伏妄想的妄心？」
佛言：「善哉，善哉！須菩提！如汝所說：如來善護念諸菩薩，善付囑諸菩薩。汝今諦聽，當為汝說：善男子、善女人，發阿耨多羅三藐三菩提心，應如是住，如是降伏其心。」	佛陀答應解答這個問題。	佛陀說： 「問得好！問得好！須菩提！就像你所說的，如來向來善於護持諸菩薩們，而且善於付囑諸菩薩們。你現在就用心注意聽，我要為你們解說：善男子、善女人發起無上正等正覺，應該這樣安住不退失，應該這樣降伏自己的妄心。」

分	昭明太子	孔茲分析(單元)		孔茲譯文
3	大乘正宗	02 The Bodhisattva's Career 菩薩的修行歷程	The Vow of a Bodhisattva 菩薩的誓約	The Lord said: Here, Subhuti, someone who has set out in the vehicle of a Bodhisattva should produce a thought in this manner: 'As many beings as there are in the universe of beings(眾生), comprehended under the term "beings" egg-born, born from a womb, moisture-born, or miraculously born (化生); with or without form; with perception (有想), without perception (無想), and with neither perception (非有想) nor non-perception (非無想), as far as any conceivable form of beings is conceived: all these I must lead to Nirvana, into that Realm of Nirvana which leaves nothing behind. And yet, although innumerable beings have thus been led to Nirvana, no being at all has been led to Nirvana.' And why? If in a Bodhisattva the notion (notion通常是指不正確的想法) of a 'being' should take place, he could not be called a 'Bodhi-being'. 'And why? He is not to be called a Bodhi-being, in whom the notion of a self or of a being should take place, or the notion of a living soul or of a person.' (若菩薩有我相、人相、衆生相、壽者相，即非菩薩)
17	究竟無我	06 The Bodhisattvas 菩薩	The Bodhisattva's Vow 菩薩的誓願	Subhuti asked: How, O Lord, should one set out in the Bodhisattva-vehicle stand, how progress, how control his thoughts?

鳩摩羅什譯文	關鍵內容	白話翻譯
佛告須菩提：「諸菩薩摩訶薩應如是降伏其心！所有一切衆生之類，若卵生、若胎生、若濕生、若化生；若有色、若無色；若有想、若無想、若非有想非無想，我皆令入無餘涅槃而滅度之。如是滅度無量無數無邊衆生，實無衆生得滅度者。何以故？須菩提！若菩薩有我相、人相、衆生相、壽者相，即非菩薩。」	佛陀說明了衆生的不同形式，並且解釋如何「降伏其心」。衆生的形式包括： 1. 四生（卵、胎、濕、化） 2. 有無形色（有色、無色） 3. 有無意識（有想、無想、非有想非無想）。 佛陀回答「降伏其心的方法」是：滅度衆生，但是沒有衆生可滅度的念頭。 如有四相的分別概念，就不是真正的菩薩。	佛陀告訴須菩提： 「諸位菩薩、大菩薩們，應該如此降伏自己的妄心。宇宙間所有一切衆生的類別很多，像卵生的、胎生的、濕生的、化生的；有色的、無色的；有想的、無想的，非有想、非無想，我都將他們救度到無餘涅槃的彼岸去。像這樣地去滅度無數、無量、無邊的衆生，但實際上並沒有任何衆生得到滅度。 為什麼要說實無任何衆生獲得滅度呢？須菩提！如果菩薩還有『我度化衆生』的念頭，即證明他的四相未除，包括認為有自我的相狀、他人的相狀、衆生的相狀，執著於一期壽命的相狀，這四相未除，如此就不能稱為菩薩。」
爾時，須菩提白佛言：「世尊！善男子、善女人，發阿耨多羅三藐三菩提心，云何應住？云何降伏其心？」	須菩提發問：「善男子、善女人，發阿耨多羅三藐三菩提心，云何應住？云何降伏其心？」 （這與第二分的問法差了一點點） 之前：應云何住？（這部分是追求智慧的般若道，「自覺」時要注意的事項。） 現在：云何應住？（這是大乘菩薩行的方便道，「覺他」時要注意的事項。）	那時，須菩提向佛稟白：「世尊！善男子或善女人已經發心，希望證得無上正等正覺，應該如何保持那顆菩提心？又如何能降伏妄念的心呢？」

「三段式邏輯」比較表

凡透過意識所能夠建構的一切，依據中觀學派的理論就叫「假名」，即不完全否定它的存在，在《金剛經》裡被稱為「名」。金剛經最著名的「三段論式」（A，即非A，是名A）就是透徹呈現「假名的意涵」。例如「莊嚴佛土者，即非莊嚴，是名莊嚴。」是其中的典型範例。《金剛經》認為，只要能被語言

分	昭明太子	孔茲分析（單元）	孔茲分析（節）	孔茲譯文
14	離相寂滅	05 Trancedentality 超越到彼岸	The supreme excellence of this teaching 此教義的超凡卓越	The Lord said: So it is, Subhuti. Most wonderfully blest will be those beings who, on hearing this Sutra, will not tremble, nor be frightened, or terrified. And why? The Tathagata has taught this as the highest perfection（梵語 parama-paramita，最高波羅蜜）. And what the Tathagata teaches as the highest perfection, that also the innumerable (梵語 aparimana) Blessed Buddhas do teach. Therefore is it called the 'highest perfection'.
17	究竟無我	06 The Bodhisattvas 菩薩	The Bodhisattva at the end of his career 菩薩最終的歷程	Subhuti said: That man of whom the Tathagata spoke as 'endowed with a body, a huge body', as a no-body he has been taught by the Tathagata. Therefore is he called, 'endowed with a body, a huge body'.
17	究竟無我	06 The Bodhisattvas 菩薩	The Bodhisattva's attitude to his tasks 菩薩對任務秉持的態度	[(If any Bodhisattva should say, 'I will create harmonious Buddhafields')], he likewise should not be called a Bodhi-being. [(And why? 'The harmonies of Buddhafields, the harmonies of Buddhafields', Subhuti, as no-harmonies have they been taught by the Tathagata. Therefore he spoke of 'harmonious Buddhafields'.)] The Bodhisattva, however, Subhuti, who is intent on 'without self are the dharmas, without self are the dharmas', him the Tathagata, the Arhat, the fully Enlightened One has declared to be a Bodhi-being, a great being.
18	一體同觀	07 The Buddhas 諸佛	The Buddha's superknowledge of other's thoughts 佛陀的超智慧 能知衆生的「心」	he Lord said: As many beings as there are in these world systems, of them I know, in my wisdom, the manifold trends of thought. And why? 'Trends of thought, trends of thought', Subhuti, as no trends have they been taught by the Tathagata. Therefore are they called 'trends of thought'. And why? Past thought is not got at; future thought is not got at; present thought is not got at.

文字陳述的存在實態就已經不是真正的實態了，但為了隨機施教，不得不採用符號文字來說明，於是產生了假名，如此間接承認了假名的必要。絕大部分的人們都是經由文字傳述而有獲取文字般若的機會，接著再經過禪定般若的修習有更深體悟，最後才可能如同佛陀一般親證實相般若。

鳩摩羅什譯文	關鍵內容	白話翻譯
佛告須菩提：「如是，如是！若復有人，得聞是經，不驚、不怖、不畏，當知是人，甚為希有。何以故？須菩提！如來說：第一波羅蜜即非第一波羅蜜，是名第一波羅蜜。	佛陀繼續對須菩提解釋說明此經的重要，他說： 1. 如有人聽聞此經不驚、不怖、不畏，這樣的人一定非常希有。 2. 第一波羅蜜，非第一波羅蜜，是名第一波羅蜜。	佛陀告訴須菩提： 「對的！對的！如果有人聽到這部經不驚駭、不恐怖、不畏懼，當知這種人實在是非常希有。為什麼這樣說呢？須菩提！如來說：所謂的第一波羅蜜，是說此人的智慧已到彼岸了，但修持的人內心不執著於有個『彼岸』可度，不執著有個『修智慧度到彼岸的人』，也不將『度脫到彼岸的智慧』執為實有，所以說第一波羅蜜即非第一波羅蜜。這不過為了要引導眾生修持，特別給予一個方便的假名，稱之為第一波羅蜜而已。
須菩提言：「世尊！如來說人身長大，即為非大身，是名大身。」	須菩提的回答： 人身長大，則為非大身，是名大身。	須菩提回答： 「世尊！如來說：大身如果是可以描述說出的，即表示仍是有限量的，如此怎能稱為大身呢？這不過假借一個名，稱之為大身而已。」
「須菩提！菩薩亦如是。若作是言：『我當滅度無量眾生。』即不名菩薩。何以故？須菩提！實無有法，名為菩薩。是故佛說：『一切法無我、無人、無眾生、無壽者。』須菩提！若菩薩作是言：『我當莊嚴佛土。』是不名菩薩。何以故？如來說莊嚴佛土者，即非莊嚴，是名莊嚴。須菩提！若菩薩通達無我法者，如來說名真是菩薩。	菩薩應有的修行也是如此，佛陀接著開示須菩提，並總結此一龐大單元的概念： 1. 心中若有「我當滅度無量眾生」，那麼就不叫菩薩。 2. 沒有一個法的名稱叫菩薩。 3. 一切法是四相皆無。 4. 心中如果有「我當莊嚴佛土」，那麼就不叫菩薩了。 5. 莊嚴佛土者，即非莊嚴，是名莊嚴。 6. 如果菩薩能通達「無我法」，那才是真正的菩薩。	佛陀說： 「須菩提！菩薩也是如此，如果菩薩心中起了『我應當滅度一切眾生』的念頭，如此便有了相狀的執著，就不能稱為菩薩。為什麼呢？實際上，沒有任何一個法名為菩薩的。所以佛陀說：『一切的現象之中沒有我相、人相、眾生相、壽者相的分別概念。』 須菩提！如果菩薩說：『我應當莊嚴整飾佛的淨土』，如此便不能稱為菩薩。為什麼呢？因為所謂莊嚴佛土，並不存在能夠莊嚴的人與能莊嚴的法，也沒有實體的佛土可莊嚴，只是假借一個名，稱之為莊嚴而已。 須菩提！如果菩薩能通達這種無我的真理，那麼如來就會說這是真正的菩薩。」
佛告須菩提：「爾所國土中，所有眾生若干種心，如來悉知。 何以故？如來說諸心，皆為非心，是名為心。所以者何？須菩提！過去心不可得，現在心不可得，未來心不可得。」	佛陀開示須菩提「心」的概念： 1. 佛陀知曉佛世界的一切眾生的各種心。 2. 佛陀說：諸心皆為非心，是名為心。 3. 佛陀又說：過去心不可得，現在心不可得，未來心不可得。	佛陀告訴須菩提： 「在這些佛土之中所有眾生的心思，如來完全都知道。為什麼呢？如來說這些心思都不是真正的心，而是眾生的妄心，它們並非是本性常住的真心，只是假借一個名，稱之為心。 這是為什麼呢？ 須菩提！過去的心思是無法把握的，現在的心思也是無法把握，未來的心思也無法把握的。」

分	昭明太子	孔茲分析（單元）	孔茲分析（節）	孔茲譯文
20	離色離相	07 The Buddhas 諸佛	The Buddha's Physical Body 佛陀的具體身形	Subhuti replied: No indeed, O Lord, the Tathagata is not to be seen by means of the accomplishment of his form-body. And why? 'Accomplishment of his form-body, accomplishment of his form-body', this, O Lord, has been taught by the Tathagata as no-accomplishment. Therefore is it called 'accomplishment of his form-body'.
20	離色離相	07 The Buddhas 諸佛	The Buddha's Physical Body 佛陀的具體身形	Subhuti replied: No indeed, O Lord. And why? This possession of marks, O Lord, which has been taught by the Tathagata, as a no-possession of no-marks this has been taught by the Tathagata. Therefore is it called 'possession of marks'.
21	非說所說	07 The Buddhas 諸佛	The Buddha's teaching 佛陀的教導	The Lord asked: What do you think, Subhuti, does it occur to the Tathagata, 'by me has Dharma been demonstrated'? Whosoever, Subhuti, would say, 'the Tathagata has demonstrated Dharma'（說法）, he would speak falsely, he would misrepresent me by seizing on what is not there. And why? 'Demonstration of dharma, demonstration of dharma', Subhuti, there is not any dharma which could be got at as a demonstration of dharma.
21	非說所說	07 The Buddhas 諸佛	The Buddha's teaching 佛陀的教導	The Lord replied: They, Subhuti, are neither beings nor no-beings. And why? 'Beings, beings', Subhuti, the Tathagata has taught that they are all no-beings. Therefore has he spoken of 'all beings'.
23	淨心行善	07 The Buddhas 諸佛	The Buddha's Dharma 佛陀的法	Furthermore, Subhuti, self-identical (sama) is that dharma, and nothing is therein at variance (vishama). Therefore is it called 'utmost, right (samyak) and perfect (sam-) enlightenment'. Self-identical through the absence of a self, a being, a soul, or a person, the utmost, right and perfect enlightenment is fully known as the totality of all the wholesome dharmas（善法）. 'Wholesome dharmas, wholesome dharmas', Subhuti yet as no-dharmas have they been taught by the Tathagata. Therefore are they called 'wholesome dharmas'.

鳩摩羅什譯文	關鍵內容	白話翻譯
「不也，世尊！如來不應以具足色身見。何以故？如來說具足色身，即非具足色身，是名具足色身。」	須菩提的回答： 1. 不可以。 2. 具足色身（假諦），即非具足色身（空諦），是名具足色身（中諦）。	須菩提回答： 「不可以。世尊！如來不應以完美圓滿的色身來認識。為什麼呢？因為如來說過，所謂的具足色身，雖然完美圓滿但不是真實不變的實體，只是假借一個名，稱之為具足色身。」
「不也，世尊！如來不應以具足諸相見。何以故？如來說諸相具足，即非具足，是名諸相具足。」	須菩提的回答： 1. 不可以。 2. 諸相具足（假諦），即非具足（空諦），是名諸相具足（中諦）。 （想想看：為何不是即非具足諸相？）	須菩提回答： 「不可以。世尊！如來不應以完美圓滿諸相來觀察。為什麼呢？因為如來說過，所謂的諸相具足，只不過是完美圓滿而顯示的相狀，為了方便度化眾生而假借一個名，稱之為具足諸相而已。」
「須菩提！汝勿謂如來作是念：『我當有所說法。』莫作是念！何以故？若人言如來有所說法，即為謗佛，不能解我所說故。須菩提！說法者，無法可說，是名說法。」	佛陀開示須菩提有關「說法」的正確概念： 1. 不要認為如來有「我當有所說法」的念頭。 2. 如果有人說「如來有所說法」，這是謗佛，這是不瞭解如來。 3. 說法者，無法可說，是名說法。	佛陀說： 「須菩提！你不要認為如來心中會有這樣的想法：『我當為眾生說種種法』。千萬不可有這樣的念頭，為什麼呢？如果有人說如來有所說法，這即是毀謗佛，是因為不能瞭解我所說的道理才會這麼說。 須菩提！所謂的說法，事實上是無法可說，只不過為度化眾生協助他們了悟真性，因此假借個名稱，稱之為說法而已。」
佛言：「須菩提！彼非眾生，非不眾生。何以故？須菩提！眾生，眾生者，如來說非眾生，是名眾生。」	佛陀的開示： 1. 彼非眾生，非不眾生 2. 眾生，眾生者，如來說非眾生（空），是名眾生（假名）。	佛陀說： 「須菩提！那些眾生並不是眾生，也不是非眾生。為什麼呢？須菩提！因為眾生之所以為眾生，只是尚未了悟，如果能了悟，亦可成佛，所以如來說他們不是眾生，只是假名為眾生。」
「復次，須菩提！是法平等，無有高下，是名阿耨多羅三藐三菩提。以無我、無人、無眾生、無壽者，修一切善法，即得阿耨多羅三藐三菩提。須菩提！所言善法者，如來說即非善法，是名善法。」	佛陀闡釋「法」的概念：（三點分析） 1. 是法平等，無有高下，是名阿耨多羅三藐三菩提。 2. 以無我、無人、無眾生、無壽者，修一切善法，則得阿耨多羅三藐三菩提。 3. 所言善法者，如來說非善法，是名善法。	佛陀說： 「其次，須菩提！此法是平等的，沒有高下之分，所以才稱為無上正等正覺。以無我、無人、無眾生、無壽者等四相皆無，修行一切善法，即可證得無上正等正覺。 須菩提！所謂的善法，事實上是並不存在，所以如來說非善法，意思是說為了開悟眾生，假借一個名，稱之為善法而已。」

分	昭明太子	孔茲分析（單元）	孔茲分析（節）	孔茲譯文
25	化無所化	07 The Buddhas 諸佛	The Buddha as a Savior, and the nature of emancipation 佛陀如同救世主與解救的本質	What do you think, Subhuti, does it occur to a Tathagata, 'by me have beings been set free'? Not thus should you see it, Subhuti! And why? There is not any being whom the Tathagata has set free. Again, if there had been any being whom the Tathagata had set free, then surely there would have been on the part of the Tathagata a seizing of a self, of a being, of a soul, of a person. 'Seizing of a self', as a no-seizing, Subhuti, has that been taught by the Tathagata. And yet the foolish common people have seized upon it. 'Foolish common people', Subhuti, as really no people have they been taught by the Tathagata. Therefore are they called 'foolish common people'.
30	一合理相	08 Advice to the Imperfect 給未達圓滿境界者的忠告	The material world 物質世界	Subhuti replied: So it is, O Lord, so it is, O Well-Gone, enormous would that collection of atomic quantities be! And why? If, O Lord, there had been an enormous collection of atomic quantities, the Lord would not have called it an 'enormous collection of atomic quantities'. And why? What was taught by the Tathagata as a 'collection of atomic quantities', as a no-collection that was taught by the Tathagata. Therefore is it called a 'collection of atomic quantities'. And what the Tathagata taught as 'the world system of 1,000 million worlds', that he has taught as a no-system. Therefore is it called 'the world system of 1,000 million worlds'. And why? If, O Lord, there had been a world system, that would have been a case of seizing on a material object, and what was taught as 'seizing on a material object'（一合相）by the Tathagata, just as a no-seizing was that taught by the Tathagata. Therefore is it called 'seizing on a material object'.
31	知見不生	08 Advice to the Imperfect 給未達圓滿境界者的忠告	Views and Attitudes 見解與態度	Subhuti replied: No indeed, O Lord, no indeed, O Well-Gone, he would not be speaking right. And why? That which has been taught by the Tathagata as 'view of self', as a no-view has that been taught by the Tathagata. Therefore is it called 'view of self'.
31	知見不生	08 Advice to the Imperfect 給未達圓滿境界者的忠告	Views and Attitudes 見解與態度	The Lord said: It is thus, Subhuti, that someone who has set out in the Bodhisattva-vehicle should know all dharmas, view them, be intent on them. And he should know, view and be intent on them in such a way that he does not set up the perception of a dharma（不生相法）. And why? 'Perception of dharma, perception of dharma, 'Subhuti, as no-perception has this been taught by the Tathagata. Therefore is it called 'perception of dharma'.

鳩摩羅什譯文	關鍵內容	白話翻譯
「須菩提！於意云何？汝等勿謂如來作是念：『我當度眾生。』須菩提！莫作是念。 何以故？實無有衆生如來度者。若有衆生如來度者，如來即有我、人、衆生、壽者。須菩提！如來說有我者，即非有我，而凡夫之人，以為有我。須菩提！凡夫者，如來說即非凡夫，是名凡夫。」	佛陀開示正確「度衆生」的態度： 1. 不可有「我當度衆生」的念頭。 2. 如果有這樣的念頭，則有四相的執著。 3. 如來稱說「有我」的概念：「有我者，即非有我，而凡夫之人以為有我。」 4. 如來說凡夫的概念：「凡夫者，如來說即非凡夫，是名凡夫。」	佛陀說： 「須菩提！你認為如何？你不要以為如來會有這樣的念頭：『我當救度衆生』。 須菩提！千萬不可有這樣的念頭。為什麼呢？因為實際上並沒有衆生可以被如來度化的。若有衆生可以被如來度化的念頭，那麼如來就有我相、人相、衆生相、壽者相等分別概念的執著（註：這顯示自己尚未度化，如何度化別人？） 須菩提！如來雖然口稱有我，但實際上是無我的，只不過凡夫卻以為真有我。 須菩提！所謂凡夫即不是凡夫，是說凡夫並非真實存在，只要能了悟就不是凡夫，在他們尚未領悟時，暫且假名為凡夫而已。」
須菩提言：「甚多，世尊！何以故？若是微塵衆實有者，佛即不說是微塵衆，所以者何？佛說微塵衆，即非微塵衆，是名微塵衆。 世尊！如來所說三千大千世界，即非世界，是名世界。何以故？若世界實有，即是一合相。如來說：一合相，即非一合相，是名一合相。」	須菩提一連串的回答：（微塵、世界、一合相） 1. 很多。 2. 若是微塵衆實有者，佛則不說是微塵衆。 3. 佛說：微塵衆，則非微塵衆，是名微塵衆。 4. 如來所說三千大千世界，則非世界，是名世界。 5. 若世界實有，則是一合相。 6. 如來說：一合相，則非一合相，是名一合相。	須菩提回答： 「非常多。世尊！為什麼這麼說呢？如果這些微塵是有實體的，那佛陀就不會稱它們是微塵衆了。為何這麼說呢？因為佛陀所說的微塵衆，並非恆常不變的真實體相，只是假借一個名，稱之為微塵衆而已。 世尊！如來所稱的三千大千世界，同樣也不是一個真有實體的世界，也只是假借一個名，稱之為世界而已，只是假名為世界。為什麼呢？如果真有一個實體的世界，即是一合相（微塵聚合而成的一個相狀）。但是如來所說的一合相亦非實有，所以說非一合相，只是假名稱之為一合相而已。
「不也，世尊！是人不解如來所說義。何以故？世尊說我見、人見、衆生見、壽者見，即非我見、人見、衆生見、壽者見，是名我見、人見、衆生見、壽者見。」	須菩提回答：（《金剛經》特有的公式又出現了） 1. 此人不瞭解佛陀說的教義。 2. 所謂XX，即非XX，是名XX。	須菩提回答： 「佛陀！這個人並不了解您所說的義理。為什麼呢？佛陀說的我見、人見、衆生見、壽者見，只是為了凡夫便於理解而說，而只不過是假借一個名，稱之為我見、人見、衆生見、壽者見而已。」
「須菩提！發阿耨多羅三藐三菩提心者，於一切法，應如是知，如是見，如是信解，不生法相。須菩提！所言法相者，如來說即非法相，是名法相。」	佛陀開示發無上正等正覺者該如何？（其實應是發大乘菩薩心者） 1. 於一切法，應如是知，如是見，如是信解，不生法相。 2. 所言法相者，如來說即非法相，是名法相。	佛陀開示說： 「須菩提！凡是發心證得無上正等正覺的人，對一切事物或道理應該像這樣理解，像這樣認識，像這樣信仰，而不生法相。須菩提！所謂的法相，並非有一個真實不變的法相，而是隨緣顯現的幻相，如來暫且應機說法，所以才稱之為法相。」

「四句偈」比較表

偈，梵語gatha，音譯伽陀。所謂四句偈是由四句所構成的偈文形式。《心地觀經二》：「勸諸眾生，開發此心，以真實法一四句偈施眾生，使向無上正等菩提，是為真實波羅蜜多。」《金剛經》中所提出的四句偈有多種說法，究竟是哪四句？自古以來議論與說法甚多。其實這四句偈，不必太刻意去分別是哪

分	昭明太子	孔茲分析（單元）	孔茲分析（節）	孔茲譯文
8	依法出生	02 The Bodhisattva's Career 菩薩的修行歷程	The Dharmabody as the result of Merit 法身乃「福德」之果	The Lord said: But if someone else were to take from this discourse on dharma but one stanza of four lines（四句偈）, and would demonstrate and illuminate it in full detail to others, then he would on the strength of that beget a still greater heap of merit, immeasurable and incalculable. And why? Because from it has issued the utmost, right and perfect enlightenment of the Tathagatas, Arhats, Fully Enlightened Ones, and from it have issued the Buddhas, the Lords. And why? For the Tathagata has taught that the dharmas special to the Buddhas are just not a Buddha's special dharmas（所謂佛法者，即非佛法）. That is why they are called 'the dharmas special to the Buddhas'.
11	無為福勝	03 The Range of the Spiritural Life 心靈生命的變化	The Merit derived from Perfect Wisdom 源自圓滿智慧（般若波羅蜜）的福德	The Lord said: But if a son or daughter of good family had taken from this discourse on dharma but one stanza of four lines, and were to demonstrate and illuminate it to others, then they would on the strength of that beget a still greater heap of merit, immeasurable and incalculable.
12	尊重正教	03 The Range of the Spiritural Life 心靈生命的變化	The Merit derived from Perfect Wisdom 源自圓滿智慧（般若波羅蜜）的福德	Moreover, Subhuti, that spot of earth where one has taken from this discourse on dharma but one stanza of four lines（四句偈）, taught or illumined it, that spot of earth will be a veritable shrine for the whole world with its gods, men and Asuras（當知此處，一切世間天、人、阿修羅，皆應供養，如佛塔廟）. What then should we say of those who will bear in mind this discourse on dharma in its entirety, who will recite, study, and illuminate it in full detail for others! Most wonderfully blest, Subhuti, they will be! And on that spot of earth, Subhuti, either the Teacher（天人師，佛陀的另一稱號，說明佛陀是一切天、人的導師）dwells, or a sage representing him.

四句，它是泛指經文中任何最小最短的偈子。真正的意思是要強調無論受持此經多深，那怕是只能領會其中的幾句經文，即可累積甚多福德。以下呈列所有與四句偈有關的經文段落：

鳩摩羅什譯文	關鍵內容	白話翻譯
「若復有人，於此經中受持，乃至四句偈等，為他人說，其福勝彼。何以故？須菩提！一切諸佛，及諸佛阿耨多羅三藐三菩提法，皆從此經出。須菩提！所謂佛法者，即非佛法。」	佛陀針對須菩提的回答進一步解說： 1.「受持此經，乃至四句偈，為他人說」比「滿三千大千世界七寶用來布施」的福德多。 2.「一切諸佛」與「諸佛的無上正等正覺法」都是出於此《金剛經》。 3. 所謂佛法者，即非佛法。	佛陀說： 「如果有人受持這部經，甚至少到只受持此經中的四句偈，而且為他人講說，那麼他所得到的福德，比前面所說『用三千大千世界的七寶布施』的人所獲得福德更多。為什麼呢？須菩提！因為一切諸佛，及成佛的無上正等正覺法，都是從此經所生。須菩提！所謂佛法並非佛法，意思是說本來就沒有佛法可言，不過藉此開悟眾生，替它取名為佛法而已。」
佛告須菩提：「若善男子、善女人，於此經中，乃至受持四句偈等，為他人說，而此福德勝前福德。」	佛陀告訴須菩提有關布施的正確認知：「受持四句偈、為他人講說」的福德大於「布施遍滿恆河沙數的三千大千世界的七寶」的福德。	佛陀告訴須菩提： 「如果有善男子或善女子，雖然少到只受持此經的四句偈，但仍為他人解說此經，這樣的布施所得到的福德，勝過前面用七寶布施所得到的福德。」
「復次，須菩提！隨說是經，乃至四句偈等，當知此處，一切世間天、人、阿修羅，皆應供養，如佛塔廟。何況有人，盡能受持讀誦。須菩提！當知是人，成就最上第一希有之法，若是經典所在之處，即為有佛，若尊重弟子。」	佛陀延續上一單元繼續開導須菩提： 1. 講經之處，就算只有四句偈：一切世間、天、人、阿修羅，皆應供養。 2. 講經之處：如佛塔廟一樣的重要。 3. 盡能受持讀誦者，更是了不起：這樣的人成就第一希有之法。 4. 經典所在之處，即是佛的住處：當應虔心供養。	佛陀再進一步的說： 「須菩提！如果有人隨時隨處講說此經，甚至只說四句偈等。應該知道這個講經之處是難得且珍貴的，一切世間的天、人、阿修羅等對於這個地方，皆應恭敬供養，如同供養佛寺塔廟一般。何況是能夠完全受持讀誦此經的人，更是值得尊敬。須菩提！你當知這樣的人未來將成就世上第一希有的法。如果有此經之處，就有佛陀在那裡，還有受人敬重的佛陀弟子隨侍左右。」

分	昭明太子	孔茲分析（單元）	孔茲分析（節）	孔茲譯文
13	如法受持	05 Trancedentality 超越到彼岸	The supreme excellence of this teaching 此教義的超凡卓越	The Lord said: And again, Subhuti, suppose a woman or a man were to renounce all their belongings as many times as there are grains of sand in the river Ganges; and suppose that someone else, after taking from this discourse on Dharma but one stanza of four lines, would demonstrate it to others. Then this latter on the strength of that would beget a greater heap of merit, immeasurable and incalculable.
24	福智無比	07 The Buddhas 諸佛	Once more about the Buddha's Merit 再談佛陀的福德	And again, Subhuti, if a woman or man had piled up the seven precious things until their bulk equaled that of all the Sumerus, kings of mountains, in the world system of 1,000 million worlds, and would give them as a gift; and if, on the other hand, a son or daughter of good family would take up from this Prajnaparamita, this discourse on Dharma, but one stanza of four lines, and demonstrate it to others, compared with his heap of merit the former heap of merit does not approach one hundredth part, etc., until we come to, it will not bear any comparison.
26	法身非相	07 The Buddhas 諸佛	The true nature of a buddha 佛陀的真實本質	Further the Lord taught on that occasion the following stanzas:
26	法身非相	07 The Buddhas 諸佛	The true nature of a buddha 佛陀的真實本質	Those who by my form did see me, And those who followed me by voice. Wrong the efforts they engaged in, Me those people will not see. From the Dharma should one see the Buddhas, From the Dharmabodies comes their guidance. Yet Dharma's true nature cannot be discerned, And no one can be conscious of it as an object.
32	應化非真	08 Advice to the Imperfect 給未達圓滿境界者的忠告	The key to supreme knowledge 開啓超越智慧的鑰匙	And finally, Subhuti, if a Bodhisattva, a great being had filled world-systems immeasurable and incalculable with the seven precious things, and gave them as a gift to the Tathagatas, the Arhats, the fully Enlightened Ones, and if, on the other hand, a son or daughter of good family had taken from this Prajnaparamita, this discourse on Dharma, but one stanza of four lines, and were to bear it in mind, demonstrate, recite and study it, and illuminate it in full detail for others, on the strength of that this latter would beget a greater heap of merit, immeasurable and incalculable. And how would he illuminate it? So as not to reveal. Therefore is it said, 'he would illuminate'.
32	應化非真	08 Advice to the Imperfect 給未達圓滿境界者的忠告	The key to supreme knowledge 開啓超越智慧的鑰匙	As stars, a fault of vision, as a lamp, A mock show, dew drops, or a bubble, A dream, a lightning flash, or cloud, So should one view what is conditioned.

鳩摩羅什譯文	關鍵內容	白話翻譯
「須菩提！若有善男子、善女人，以恆河沙等身命布施，若復有人，於此經中，乃至受持四句偈等，為他人說，其福甚多！」	最後，佛陀開導須菩提（有關布施）：善男子善女子「以恆河沙數的身命布施」的福德，小於「受持四句偈、並為他人講說」的福德。	佛陀說： 「須菩提！如果有善男子或善女人，以等同於恆河沙的生命來布施眾生。再說如果另一種人，遵循受持此經，甚至僅只四句偈，但仍為他人解說，這樣所得的福德，還是比前面說的『以恆河沙數的生命捨身布施』的福德，來得更多！」
「須菩提！若三千大千世界中，所有諸須彌山王，如是等七寶聚，有人持用布施。若人以此般若波羅蜜經，乃至四句偈等，受持讀誦，為他人說，於前福德，百分不及一，百千萬億分，乃至算數譬喻所不能及。」	佛陀說明兩種福德的比較： 1. 三千大千世界中所有諸須彌山王，如是等七寶聚，有人持用布施。 2. 以此《般若波羅蜜經》，乃至四句偈等，受持讀誦，為他人說。（此者勝出！）	佛陀說： 「須菩提！如果有人以相當於三千大千世界所有的須彌山堆積起來的七寶來行布施；此外若是另有他人以這部《般若波羅蜜經》，甚至只是以其中的四句偈來受持誦讀，並且為他人解說。那麼，前者以七寶布施所得的福德是比不上後者所得福德的百分之一、千萬億分之一，甚至是無法以任何算數所能及的譬喻所能計數的。」
爾時，世尊而說偈言：	佛陀說出偈語：	這時，世尊以偈語解說：
「若以色見我， 以音聲求我， 是人行邪道， 不能見如來。」	1. 若以色見我 2. 以音聲求我 3. 是人行邪道 4. 不能見如來	「如果想以形色外表見我，或是以聲音求我，此人便是行於邪道，是無法見如來真正的面目。」
「須菩提！若有人以滿無量阿僧祇世界七寶，持用布施。若有善男子、善女人，發菩提心者，持於此經，乃至四句偈等，受持讀誦，為人演說，其福勝彼。云何為人演說？不取於相，如如不動。何以故？	比較兩種福德： 1. 滿無量阿僧祇世界七寶持用布施。 2. 發菩薩乘心者，持於此經，乃至四句偈等，受持讀誦，為人演說。 佛陀又問該如何為人演說講解《金剛經》： 為人演說，不取於相，如如不動。	佛陀說： 「須菩提！若有人以遍滿無量阿僧祇世界的七寶來行布施，他的福德確實很多。但是，如果另有善男子或善女人，發菩薩乘心受持此經，甚至只有其中的四句偈，受持讀誦，並且為他人演說。那麼這個人所得的福德會遠勝過前面那位以七寶布施的人。 至於要如何為他人演說呢？必須要不執著於名相，知道真理的本質是不變的。為什麼呢？
一切有為法，如夢、幻、泡、影，如露亦如電，應作如是觀。」	佛陀又深入解釋： 一切有為法，如夢、幻、泡、影，如露亦如電，應作如是觀。	因為世間的一切法，都是虛幻無常，如夢、如幻、如泡影、如露珠亦如閃電，凡屬因緣和合所產生的一切現象、法理，終究是虛幻的，應該作如此的觀照。」

「布施」比較表

《金剛經》提到，菩薩不僅不能執著於一切現象，就是布施時也不能有所執著。所謂「應無所住而行布施」，即是不執著於色相而行布施，亦不執著於聲相、

分	昭明太子	孔茲分析（單元）	孔茲分析（節）	孔茲譯文
4	妙行無住	02 The Bodhisattva's Career 菩薩的修行歷程	The Practice of Perfections 六度的實踐	Moreover, Subhuti, a Bodhisattva who gives a gift should not be supported by a thing, nor should he be supported anywhere（菩薩有我相、人相、衆生相、壽者相，即非菩薩）. When he gives gifts he should not be supported by sight-objects, nor by sounds, smells, tastes, touchables, or mind-objects. For, Subhuti, the Bodhisattva, the great being should give gifts in such a way that he is not supported by the notion of a sign. And why? Because the heap of merit of that Bodhi-being, who unsupported gives a gift, is not easy to measure.
4	妙行無住	02 The Bodhisattva's Career 菩薩的修行歷程	The Practice of Perfections 六度的實踐	The Lord said: Even so the heap of merit of that Bodhibeing who unsupported gives a gift is not easy to measure. That is why, Subhuti, those who have set out in the Bodhisattva-vehicle, should give gifts without being supported by the notion of a sign（無住相布施）.
8	依法出生	02 The Bodhisattva's Career 菩薩的修行歷程	The Dharmabody as the result of Merit 法身乃「福德」之果	The Lord then asked: What do you think, Subhuti, if a son or daughter of good family had filled this world system of 1,000 million worlds with the seven precious things, and then gave it as a gift to the Tathagatas（如來）, Arhats（應供）, Fully Enlightened Ones（正遍知）, would they on the strength of that beget a great heap of merit（福德）?
11	無為福勝	03 The Range of the Spiritual Life 心靈生命的變化	The Merit derived from Perfect Wisdom 源自圓滿智慧（般若波羅蜜）的福德	The Lord said: This is what I announce to you, Subhuti, this is what I make known to you, if some woman or man had filled with the seven precious things（七寶）as many world systems（三千大千世界）as there are grains of sand in those Ganges rivers, and would give them as a gift to the Tathagatas, Arhats, fully Enlightened Ones（複數，三種稱謂，以用布施）what do you think, Subhuti, would that woman or man on the strength of that beget a great heap of merit（福德）?
13	如法受持	05 Trancedentality 超越到彼岸	The supreme excellence of this teaching 此教義的超凡卓越	The Lord said: And again, Subhuti, suppose a woman or a man were to renounce all their belongings as many times as there are grains of sand in the river Ganges; and suppose that someone else, after taking from this discourse on Dharma but one stanza of four lines, would demonstrate it to others. Then this latter on the strength of that would beget a greater heap of merit, immeasurable and incalculable.

香相、味相、觸相、法相（mind-objects）而行布施。如果透視整個《金剛經》對於布施的問答，肯定是有相當數量的，請不妨比較其間的差異。

鳩摩羅什譯文	關鍵內容	白話翻譯
「復次，須菩提！菩薩於法，應無所住，行於布施，所謂不住色布施，不住聲、香、味、觸、法布施。須菩提！菩薩應如是布施，不住於相。何以故？若菩薩不住相布施，其福德不可思量。」	菩薩指導「布施」，提出以下五點： 1. 菩薩於法應該：無所住，也就是無所執著。 2. 菩薩於布施應該：不住色布施。 3. 菩薩於布施應該：不住身香味觸法布施。 4. 菩薩於布施應該：不住於相。 5. 菩薩於布施不住於相：則福德不思量。	佛陀說： 「其次，須菩提！菩薩不僅不能執著於一切現象，就是布施時也不能有所執著。所謂『應無所住而行布施』，即是不執著於色相而行布施，亦不執著於聲相、香相、味相、觸相、法相（mind-objects）而行布施。須菩提！菩薩應該像這樣行布施，不執著於任何事物的外相。為什麼呢？須菩提！假若菩薩不執著於外相而布施，所得的福德是無法想像的多。」
「須菩提！菩薩無住相布施，福德亦復如是不可思量。須菩提！菩薩但應如所教住。」	佛陀開導須菩提該如何？ 1. 菩薩應該：無相布施。 2. 則菩薩福德：不可思量。 3. 告訴須菩提：菩薩應該如佛陀所教導安住於心。	於是佛陀開示說： 「須菩提！菩薩布施時不執著於任何事物的外相，那他所得的福德的廣大，也是像十方虛空那樣的不可思量。須菩提！菩薩應當像我所說的那樣來安住自己的心念。」
「須菩提！於意云何？若人滿三千大千世界七寶以用布施，是人所得福德，寧為多不？」	佛陀問須菩提： 「滿三千大千世界七寶用來布施，這樣的福德多不多？」	佛陀問： 「須菩提！你認為如何？如果有人以盛滿三千大千世界的七寶來行布施，這個人所得的福德是否很多？」
「須菩提！我今實言告汝：若有善男子、善女人，以七寶滿爾所恆河沙數三千大千世界，以用布施，得福多不？」	佛陀問須菩提一個有關布施問題：如果善男子善女子，用「遍滿恆河沙數那樣多的三千大千世界」的七寶來布施，那麼所得到的福德多不多？	佛陀問須菩提： 「須菩提！我現在實實在在告訴你，如果有善男子或善女人，用遍滿如恆河沙數那麼多的三千大千世界的七寶來布施，如此所獲得的福德多不多？」
「須菩提！若有善男子、善女人，以恆河沙等身命布施，若復有人，於此經中，乃至受持四句偈等，為他人說，其福甚多！」	最後，佛陀開導須菩提（有關布施）：善男子善女子「以恆河沙數的身命布施」的福德，小於「受持四句偈、並為他人講說」的福德。	佛陀說： 「須菩提！如果有善男子或善女人，以等同於恆河沙的生命來布施眾生。再說如果另一種人，遵循受持此經，甚至僅只四句偈，但仍為他人解說，這樣所得的福德，還是比前面說的『以恆河沙數的生命捨身布施』的福德，來得更多！」

分	昭明太子	孔茲分析（單元）	孔茲分析（節）	孔茲譯文
14	離相寂滅	05 Trancedentality 超越到彼岸	The existence and nonexistence of beings 衆生的存在與不存在	And further, Subhuti, it is for the weal of all beings that a Bodhisattva should give gifts in this manner. And why? This perception of a being, Subhuti, that is just a non-perception.（如來說一切諸相，即是非相）Those all-beings of whom the Tathagata has spoken, they are indeed no-beings（又說一切衆生，即非衆生）. And why? Because the Tathagata speaks in accordance with reality, speaks the truth, speaks of what is, not otherwise. A Tathagata does not speak falsely（如來是真語者、實語者、如語者、不誑語者、不異語者）.
14	離相寂滅	05 Trancedentality 超越到彼岸	Truth and Falsehood 真實與虛妄	But nevertheless, Subhuti, with regard to that dharma which the Tathagata has fully known and demonstrated, on account of（因為，為此，for this/that reason）that there is neither truth nor fraud.（此法無實無虛） In darkness a man could not see anything. Just so should be viewed a Bodhisattva who has fallen among things（菩薩心住於法）, and who, fallen among things, renounces a gift（行布施）. A man with eyes would, when the night becomes light and the sun has arisen, see manifold forms（見種種色）. Just so should be viewed a Bodhisattva who has not fallen among things, and who, without having fallen among things（心不住法）, renounces a gift.
15	持經功德	05 Trancedentality 超越到彼岸	The Merit acquired, its presuppositions and results 功德的養成 功德的因與果	And if, Subhuti, a woman or man should renounce in the morning all their belongings as many times as there are grains of sand in the river Ganges, and if they should do likewise at noon and in the evening, and if in this way they should renounce all their belongings for many hundreds of thousands of millions of milliards of aeons; and someone else, on hearing this discourse on Dharma, would not reject it; then the latter would on the strength of that beget a greater heap of merit, immeasurable and incalculable. What then should we say of him who, after writing it, would learn it, bear it in mind, recite, study and illuminate it in full detail for others?
19	法界通化	07 The Buddhas 諸佛	The Buddha's Merit is no Merit 佛陀的佛德是無福德	What do you think, Subhuti, if a son or daughter of good family had filled this world system of 1,000 million worlds with the seven precious things, and then gave it as a gift to the Tathagatas, the Arhats, the fully Enlightened Ones, would they on the strength of that beget a great heap of merit?

鳩摩羅什譯文	關鍵內容	白話翻譯
是故佛說菩薩心，不應住色布施。須菩提！菩薩為利益一切眾生故，應如是布施。如來說一切諸相，即是非相；又說一切眾生，即非眾生。須菩提！如來是真語者、實語者、如語者、不誑語者、不異語者。	佛陀繼續開示大菩薩正確的布施態度： 1. 菩薩心：不應執著於色布施。 2. 菩薩為利益眾生應該如何布施？ 正確認知A：一切諸相，即是非相。 正確認知B：一切眾生，即非眾生。 3. 了解如來五語： 真語者、實語者、如語者、不誑語者、不異語者	所以佛陀說： 「菩薩心不應執著於色布施。須菩提！菩薩為了利益一切眾生，應該如此布施。如來說一切諸相，原是空無實體，所以說『一切諸相，即是非相』。又說一切眾生也是因為因緣聚合而顯現，隨時會有生滅變化，所以說『一切眾生，即非眾生』。須菩提！如來所說的是真實語，是如理而說的，如來所說的，不是謊言誑語，不是怪異言論。」
須菩提！如來所得法，此法無實無虛。須菩提！若菩薩心住於法，而行布施，如人入闇，即無所見；若菩薩心不住法，而行布施，如人有目，日光明照，見種種色。	佛陀繼續開示大菩薩： 1. 如來得到的法：無實無虛。 2. 菩薩心住於法行布施：如人入闇無所見。 3. 菩薩心不住法而行布施：如人有目，日光明照，見種種色。	佛陀說： 「須菩提！如來所證得的法是非實非虛的。須菩提！如果菩薩內心執著一個可布施的法，就如同人走進暗處，一無所見。如果菩薩不執著於一個可布施的法，就如同人有雙眼，在明亮如日光照耀下，可以見得種種外相。」
「須菩提！若有善男子、善女人，初日分以恆河沙等身布施；中日分復以恆河沙等身布施；後日分亦以恆河沙等身布施，如是無量百千萬億劫，以身布施。若復有人，聞此經典，信心不逆，其福勝彼，何況書寫、受持、讀誦、為人解說。	佛陀分析三種布施的福德： 1. 初日分、中日分、後日分以恆河沙等身布施。 2. 聞此經典，信心不逆。已經很不錯囉，第二名！！ 3. 何況書寫、受持、讀誦、為人解說。太棒了，第一名，勝出！	佛陀說： 「須菩提！如果有善男子或善女人，在早晨的時候以相當於恆河沙數的身命布施，中午又以相當於恆河沙數的身命布施，晚上也以相當於恆河沙數的身命布施，如此經過無量百千萬億劫都無間斷的作身布施。如果另一種人，聽聞此經，能篤信不違逆，那麼他所得的福德，將勝過前面那位以身命布施的人。更何況是書寫經書，受持讀誦，並且為人解說此經的福德呢？」
「須菩提！於意云何？若有人滿三千大千世界七寶，以用布施，是人以是因緣，得福多不？」	佛陀問須菩提：如果有人以遍滿三千大千世界七寶以用布施，此人以這樣的因緣，得到的福德多嗎？	佛陀問須菩提： 「須菩提！你認為如何？如果有人用積滿三千大千世界的七寶來行布施，此人依這樣因緣而得來的福德多不多？」

分	昭明太子	孔茲分析（單元）	孔茲分析（節）	孔茲譯文
24	福智無比	07 The Buddhas 諸佛	Once more about the Buddha's Merit 再談佛陀的福德	And again, Subhuti, if a woman or man had piled up the seven precious things until their bulk equaled that of all the Sumerus, kings of mountains, in the world system of 1,000 million worlds, and would give them as a gift; and if, on the other hand, a son or daughter of good family would take up from this Prajnaparamita, this discourse on Dharma, but one stanza of four lines, and demonstrate it to others, compared with his heap of merit the former heap of merit does not approach one hundredth part, etc., until we come to, it will not bear any comparison.
28	不受不貪	07 The Buddhas 諸佛	The effectiveness of meritorious deeds 功德的果報	And again, Subhuti, if a son or daughter of good family had filled with the seven precious things as many world systems as there are grains of sand in the river Ganges, and gave them as a gift to the Tathagatas, Arhats, fully Enlightened Ones, and if on the other hand a Bodhisattva would gain the patient acquiescence in dharmas which are nothing of themselves and which fail to be produced（知一切法無我，得成於忍）, then this latter would on the strength of that beget a greater heap of merit, immeasurable and incalculable.
32	應化非真	08 Advice to the Imperfect 給未達圓滿境界者的忠告	The key to supreme knowledge 開啓超越智慧的鑰匙	And finally, Subhuti, if a Bodhisattva, a great being had filled world-systems immeasurable and incalculable with the seven precious things, and gave them as a gift to the Tathagatas, the Arhats, the fully Enlightened Ones, and if, on the other hand, a son or daughter of good family had taken from this Prajnaparamita, this discourse on Dharma, but one stanza of four lines, and were to bear it in mind, demonstrate, recite and study it, and illuminate it in full detail for others, on the strength of that this latter would beget a greater heap of merit, immeasurable and incalculable. And how would he illuminate it? So as not to reveal. Therefore is it said, 'he would illuminate'.

鳩摩羅什譯文	關鍵內容	白話翻譯
「須菩提！若三千大千世界中，所有諸須彌山王，如是等七寶聚，有人持用布施。若人以此般若波羅蜜經，乃至四句偈等，受持讀誦，為他人說，於前福德，百分不及一，百千萬億分，乃至算數譬喻所不能及。」	佛陀說明兩種福德的比較： 1. 三千大千世界中所有諸須彌山王，如是等七寶聚，有人持用布施。 2. 以此《般若波羅蜜經》，乃至四句偈等，受持讀誦，為他人說。（此者勝出！）	佛陀說： 「須菩提！如果有人以相當於三千大千世界所有的須彌山堆積起來的七寶來行布施；此外若是另有他人以這部《般若波羅蜜經》，甚至只是以其中的四句偈來受持誦讀，並且為他人解說。那麼，前者以七寶布施所得的福德是比不上後者所得福德的百分之一、千萬億分之一，甚至是無法以任何算數所能及的譬喻所能計數的。」
「須菩提！若菩薩以滿恆河沙等世界七寶，持用布施。若復有人，知一切法無我，得成於忍。此菩薩勝前菩薩所得功德。須菩提！以諸菩薩不受福德故。」	佛陀提問並比較兩類菩薩的功德： 1. 菩薩一：滿恆河沙等世界七寶布施。 2. 菩薩二：知一切法無我，得成於忍。 佛陀再開示另一個指導：以諸菩薩不受福德故。	佛陀說： 「須菩提！若有菩薩以遍滿恆河沙等世界的七寶，拿來布施，所得的功德，當然無可計量。如果另有菩薩，知道一切現象都是無我的，因此證得『無生法忍』。如此後面這位菩薩，所得到的功德要勝過前面那位菩薩。為什麼呢？須菩提！諸菩薩是不執著福德的有無。」
「須菩提！若有人以滿無量阿僧祇世界七寶，持用布施。若有善男子、善女人，發菩提心者，持於此經，乃至四句偈等，受持讀誦，為人演說，其福勝彼。云何為人演說？不取於相，如如不動。何以故？	比較兩種福德： 1. 滿無量阿僧祇世界七寶持用布施。 2. 發菩薩乘心者，持於此經，乃至四句偈等，受持讀誦，為人演說。 佛陀又問該如何為人演說講解《金剛經》： 為人演說，不取於相，如如不動。	佛陀說： 「須菩提！若有人以遍滿無量阿僧祇世界的七寶來行布施，他的福德確實很多。但是，如果另有善男子或善女人，發菩薩乘心受持此經，甚至只有其中的四句偈，受持讀誦，並且為他人演說。那麼這個人所得的福德會遠勝過前面那位以七寶布施的人。 至於要如何為他人演說呢？必須要不執著於名相，知道真理的本質是不變的。為什麼呢？

19

「悉知悉見」比較表

這是個容易被忽略的重要學習，請你仔細閱讀，或許可以開展另一番新的學習！

提示一下這個主題的重點是：「如來悉知悉見」此句，鳩摩羅什可能省略了部分翻譯！在孔茲提供的梵文版則說，透過「佛智」（梵 buddha-jnanena，英 buddha-cognition）悉知，再透由「佛眼」（buddha-caksusa，Buddha-eye）悉見。

分	昭明太子	孔茲分析（單元）	孔茲分析（節）	孔茲譯文
6	正信希有	02 The Bodhisattva's Career 菩薩的修行歷程	The Dharmabody as the body of teachings 法身乃「教法」之身	The Lord replied: Do not speak thus, Subhuti! Yes, even then there will be such beings. For even at that time, Subhuti, there will be Bodhisattvas who are gifted with good conduct, gifted, with virtuous qualities, gifted with wisdom, and who, when these words of the Sutra are being taught, will understand their truth. And these Bodhisattvas, Subhuti, will not be such as have honoured only one single Buddha, nor such as have planted their roots of merit under one single Buddha only. On the contrary, Subhuti, those Bodhisattvas who, when these words of the Sutra are being taught, will find even one single thought of serene faith, they will be such as have honoured many hundreds of thousands of Buddhas, such as have planted their roots of merit under many hundreds of thousands of Buddhas. Known they are, Subhuti, to the Tathagata through his Buddha cognition, seen they are, Subhuti, by the Tathagata with his Buddha-eye, fully known they are, Subhuti, to the Tathagata（如來悉知悉見）. And they all, Subhuti, will beget and acquire an immeasurable and incalculable heap of merit.
14	離相寂滅	05 Trancedentality 超越到彼岸	The Merit acquired, its presuppositions and results 功德的養成 功德的因與果	Furthermore, Subhuti, those sons and daughters of good family who will take up this discourse on Dharma, will bear it in mind, recite, study, and illuminate it in full detail for others, they have been known, Subhuti, by the Tathagata with his Buddha-cognition（梵語buddha-jnanena，以佛智慧）, they have been seen, Subhuti, by the Tathagata with his Buddha-eye（梵語buddha-caksusa，佛眼）, they have been fully known by the Tathagata. All these beings, Subhuti, will beget and acquire an immeasurable and incalculable heap of merit（*** 功德與福德在英譯版本似乎無差別）.

這個部分在玄奘的譯本《能斷金剛般若波羅蜜多經》也有完整的呈現:「善現!如來以其佛智悉已知彼,如來以其佛眼悉已見彼。善現!如來悉已覺彼一切有情,當生無量無數福聚,當攝無量無數福聚。」玄奘與孔茲這裡的翻譯非常相似,讀者不妨再到「六個版本比較表」裡細作比較。

鳩摩羅什譯文	關鍵內容	白話翻譯
佛告須菩提:「莫作是說。如來滅後,後五百歲,有持戒修福者,於此章句能生信心,以此為實,當知是人不於一佛二佛三四五佛而種善根,已於無量千萬佛所種諸善根,聞是章句,乃至一念生淨信者,須菩提!如來悉知悉見,是諸眾生得如是無量福德。	佛陀提醒須菩提:千萬不要如此質疑。 佛陀讚言佛滅後,後五百歲持戒修福者的境界: 1. 聞此章句能生信心。 2. 這些人早在無量千萬佛處種下善根。 3. 聞此章句,或是一念生淨者,可得無量福德。	佛陀告訴須菩提: 「不要這樣說,在如來入滅以後的第五個五百年,凡能持戒修福的人,必能由此章句生信心,而且以此為真。應當知道,持戒修福的這些人,不僅止於一、兩尊佛,乃至於三佛、四佛或五佛之處均種下善根,而且早在無量千萬諸佛那裡就種下諸多善根,因此聽了這些章句,僅在一念之中即可產生純淨的信念。須菩提!如來完全確知、也完全確見這些眾生將會得到無量福德。
須菩提!當來之世,若有善男子、善女人,能於此經受持讀誦,即為如來以佛智慧,悉知是人,悉見是人,皆得成就無量無邊功德。」	佛陀開示善男子善女子: 如果受持誦讀《金剛經》,以佛陀的智慧可以知道,以佛陀的慧眼可以見到,此人成就無量無邊的功德。	佛陀說: 「須菩提!在未來之世,如果有善男子或善女人,能夠遵循持守讀誦此經,如此如來透過佛的智慧,完全確知此人,透過佛的慧眼,完全見到此人,已經成就無量無邊的功德。」

分	昭明太子	孔茲分析（單元）	孔茲分析（節）	孔茲譯文
15	持經功德	05 Trancedentality 超越到彼岸	The Merit acquired, its presuppositions and results 功德的養成 功德的因與果	Moreover, Subhuti, (1) unthinkable and (2) incomparable is this discourse on Dharma. (3) The Tathagata has taught it for the weal of beings who have set out in the best, in the most excellent vehicle. Those who will take up this discourse on Dharma, bear it in mind, recite, study and illuminate it in full detail for others, the Tathagata has known them with his Buddha-cognition, the Tathagata has seen them with his Buddha-eye, the Tathagata has fully known them. All these beings, Subhuti, will be blest with an immeasurable heap of merit, they will be blest with a heap of merit unthinkable, incomparable, measureless and illimitable. All these beings, Subhuti, will carry along an equal share of enlightenment. And why? (4) Because it is not possible, Subhuti, that this discourse on Dharma could be heard by beings of inferior resolve, nor by such as have a self in view, a being, a soul, or a person. Nor can beings who have not taken the pledge of Bodhi-beings either hear this discourse on Dharma, or take it up, bear it in mind, recite or study it. That cannot be.
18	一體同觀	07 The Buddhas 諸佛	The Buddha's superknowledge of other's thoughts 佛陀的超智慧 能知衆生的「心」	he Lord said: As many beings as there are in these world systems, of them I know, in my wisdom, the manifold trends of thought. And why? 'Trends of thought, trends of thought', Subhuti, as no trends have they been taught by the Tathagata. Therefore are they called 'trends of thought'. And why? Past thought is not got at; future thought is not got at; present thought is not got at.

鳩摩羅什譯文	關鍵內容	白話翻譯
須菩提！以要言之，是經有不可思議，不可稱量，無邊功德，如來為發大乘者說，為發最上乘者說。若有人能受持讀誦，廣為人說，如來悉知是人，悉見是人，皆得成就不可量、不可稱、無有邊、不可思議功德，如是人等，即為荷擔如來阿耨多羅三藐三菩提。 何以故？須菩提！若樂小法者，著我見、人見、衆生見、壽者見，即於此經不能聽受讀誦，為人解說。	佛陀分析如來對「大乘者」與「小乘者」的態度： 佛陀先讚歎《金剛經》：不可思議、不可稱量、無邊功德。 發大乘者、發最上乘的人將是如何？ 1. 如來願為發大乘者說《金剛經》。 2. 如來會為發最上乘者說《金剛經》。 3. 如果能受持讀誦此經、且「廣」為人說：佛陀可以完全知道、可以完全看到此人成就不可思議、不可稱量、無邊功德。 樂小法的人又是如何？ 1. 樂小法的人有四相的執著。 2. 不能聽受讀誦《金剛經》。 3. 也不能為他人解說。	佛陀說： 「須菩提！總而言之，此經具備不可思議的、無法稱量的、無邊無際的功德。如來特別為立志發大乘心願與立志發最上乘心願的衆生而說的。如果有人能夠受持讀誦此經，而且廣為他人解說，那麼如來肯定會完全確知此人的成就，並且確見到此人的成就，其成就是不可記量、不可稱量、無邊無際、不可思議的功德。像這樣的人等，一身就荷擔著如來的無上正等正覺。為什麼呢？須菩提！一般喜好小乘法的人，由於執著於我、人、衆生、壽者等私見，對此大乘妙法是無法理解的，也無法聽受讀誦，更不可能為他人解說此經。」
佛告須菩提：「爾所國土中，所有衆生若干種心，如來悉知。 何以故？如來說諸心，皆為非心，是名為心。所以者何？須菩提！過去心不可得，現在心不可得，未來心不可得。」	佛陀開示須菩提「心」的概念： 1. 佛陀知曉佛世界的一切衆生的各種心。 2. 佛陀說：諸心皆為非心，是名為心。 3. 佛陀又說：過去心不可得，現在心不可得，未來心不可得。	佛陀告訴須菩提： 「在這些佛土之中所有衆生的心思，如來完全都知道。為什麼呢？如來說這些心思都不是真正的心，而是衆生的妄心，它們並非是本性常住的真心，只是假借一個名，稱之為心。 這是為什麼呢？ 須菩提！過去的心思是無法把握的，現在的心思也是無法把握，未來的心思也無法把握的。」

「福德」比較表

去業障、累福德、增功德是需要《金剛經》的三大原因，其中福德的探討在《金剛經》的比例是相當厚重的，由滿三千大千世界盛滿七寶的寶布施，逐漸擴大，到滿恆河沙等世界，再到滿無量阿僧祇世界，七寶累聚的數量與質量不斷增添。下表讓你一次比較它們之間的變化過程。

分	鳩摩羅什原典	經句條例式完整分析	經句重點分析
4	「須菩提！菩薩無住相布施，福德亦復如是不可思量。須菩提！菩薩但應如所教住。	佛陀開導須菩提該如何？ 1. 菩薩應該：無相布施。 2. 則菩薩福德：不可思量。 3. 告訴須菩提：菩薩應該如佛陀所教導安住於心。	無住相形布施
6	佛告須菩提：「莫作是說。如來滅後，後五百歲，有持戒修福者，於此章句能生信心，以此為實，當知是人不於一佛二佛三四五佛而種善根，已於無量千萬佛所種諸善根，聞是章句，乃至一念生淨信者，須菩提！如來悉知悉見，是諸眾生得如是無量福德。何以故？是諸眾生，無復我相、人相、眾生相、壽者相。	佛陀提醒須菩提：千萬不要如此執疑。佛陀讚言後佛滅五百歲持戒修福者的境界： 1. 聞此章句能生信心。 2. 這些人早在無量千萬佛處種下善根。 3. 聞此章句，或是一念生淨者，可得無量福德。 佛陀並且說明這類眾生的境界：不再有四相的分別概念。	生淨信
8	「須菩提！於意云何？若人滿三千大千世界七寶以用布施，是人所得福德，寧為多不？」	佛陀問須菩提一個問題：「滿三千大千世界七寶用來布施，這樣的福德多不多？」	三千大千世界七寶布施
8	「若復有人，於此經中受持，乃至四句偈等，為他人說，其福勝彼。何以故？須菩提！一切諸佛，及諸佛阿耨多羅三藐三菩提法，皆從此經出。須菩提！所謂佛法者，即非佛法。	佛陀又說（三種概念）： 1.「受持此經，乃至四句偈，為他人說」比「滿三千大千世界七寶用來布施」的福德多。 2.「一切諸佛」與「諸佛的無上正等正覺法」都是出於此《金剛經》。 3. 所謂佛法者，即非佛法。	A. 受持此經，乃至四句偈，為他人說 B. 三千大千世界七寶布施
11	佛告須菩提：「若善男子、善女人，於此經中，乃至受持四句偈等，為他人說，而此福德勝前福德。	佛陀告訴須菩提（有關布施）： 「受持四句偈、為他人講說」的福德 >「七寶盛滿恆河沙數的三千大千世界的布施」的福德。	恆河沙數三千大千世界七寶布施
13	「須菩提！若有善男子、善女人，以恆河沙等身命布施；若復有人，於此經中，乃至受持四句偈等，為他人說，其福甚多！」	佛陀開導須菩提（有關布施）： 善男子善女子「以恆河沙數的身命布施」的福德 <「受持四句偈、並為他人講說」福德	受持四句偈等，為他人說 恆河沙等身命布施
15	「須菩提！若有善男子、善女人，初日分以恆河沙等身布施，中日分復以恆河沙等身布施，後日分亦以恆河沙等身布施，如是無量百千萬億劫以身布施；若復有人，聞此經典，信心不逆，其福勝彼，何況書寫、受持、讀誦、為人解說。	佛陀分析三種布施的福德： 1. 初日分、中日分、後日分以恆河沙等身布施。 2. 聞此經典，信心不逆。已經很不錯囉，第二名！！ 3. 何況書寫、受持、讀誦、為人解說。太棒了，第一名，勝出！	佛陀分析三種布施的福德： 1. 初日分、中日分、後日分以恆河沙等身布施。 2. 聞此經典，信心不逆。已經很不錯囉，第二名！！ 3. 何況書寫、受持、讀誦、為人解說。太棒了，第一名，勝出！

分	鳩摩羅什原典	經句條例式完整分析	經句重點分析
19	「須菩提！於意云何？若有人滿三千大千世界七寶以用布施，是人以是因緣，得福多不？」	佛陀問須菩提：如果有人以盛滿三千大千世界七寶以用布施，此人以這樣的因緣，得到的福德多嗎？	三千大千世界七寶布施，加此因緣
24	「須菩提！若三千大千世界中所有諸須彌山王，如是等七寶聚，有人持用布施；若人以此《般若波羅蜜經》，乃至四句偈等，受持讀誦、為他人說，於前福德百分不及一，百千萬億分，乃至算數譬喻所不能及。	佛陀說明兩種福德的比較（後者勝出！！）： 1. 三千大千世界中所有諸須彌山王，如是等七寶聚，有人持用布施。 2. 以此《般若波羅蜜經》，乃至四句偈等，受持讀誦、為他人說。	佛陀說明兩種福德的比較（後者勝出！！）： 1. 三千大千世界諸須彌山王七寶，有人持用布施。 2. 以此經，乃至四句偈等，受持讀誦、為他人說。
28	「須菩提！若菩薩以滿恆河沙等世界七寶布施；若復有人知一切法無我，得成於忍，此菩薩勝前菩薩所得功德。須菩提！以諸菩薩不受福德故。」	佛陀提問兩個菩薩功德的比較： 1. 菩薩一：滿恆河沙等世界七寶布施。 2. 菩薩二：知一切法無我，得成於忍。 佛陀再下個指導：以諸菩薩不受福德故。	佛陀提問兩個菩薩功德的比較： 1. 菩薩一：滿恆河沙等世界七寶布施。 2. 菩薩二：知一切法無我，得成於忍。 佛陀再下個指導：以諸菩薩不受福德故。
28	「須菩提！菩薩所作福德，不應貪著，是故說不受福德。	佛陀回答： 菩薩所作福德，不應貪著，是故說不受福德。	佛陀回答： 菩薩所作福德，不應貪著，是故說不受福德。
32	「須菩提！若有人以滿無量阿僧祇世界七寶持用布施，若有善男子、善女人，發菩薩心者，持於此經，乃至四句偈等，受持讀誦，為人演說，其福勝彼。云何為人演說，不取於相，如如不動。何以故？	比較兩種福德： 1. 滿無量阿僧祇世界七寶持用布施。 2. 發菩薩心者，持於此經，乃至四句偈等，受持讀誦，為人演說。 佛陀又問該如何為人演講《金剛經》： 為人演說，不取於相，如如不動。	比較兩種福德： 1. 滿無量阿僧祇世界七寶持用布施。 2. 發菩薩心者，持於此經，乃至四句偈等，受持讀誦，為人演說。 佛陀又問該如何為人演講《金剛經》： 為人演說，不取於相，如如不動。

21

四聖名稱譯表

	鳩版	孔茲英譯	真諦	玄奘	義淨
須陀洹	入流	Stream-winner	至於流	預流	預流
斯陀含	一往來	Once-Returner	一往來	一來	一來
阿那含	不來	Nerer-Returner	不來	不還	不還
阿羅漢	阿羅漢	Enter Nirvana	阿羅漢	阿羅漢	阿羅漢

【封面圖片賞析】

釋迦牟尼鎏金銅佛

釋迦牟尼鎏金銅佛
大明永樂年施款
72.5公分., 28 1/2英吋
圖片提供：
Sotheby's 蘇富比國際拍賣公司

這件釋迦牟尼像是目前所知明代永樂時期尺寸最大、製作最壯麗的一尊鎏金銅佛，是源自於永樂的宮廷鑄造廠，可說是中國明代金屬佛像製作的顛峰時期。

此雕像是釋迦牟尼持觸地印的形象，代表成為佛陀之前最重要的生命階段，也就是悉達多戰勝魔羅、達證悟真理之前的關鍵時刻。當年，悉達多立下誓約將維持如此禪定冥想的姿態，直到透悟世間眞理爲止。魔羅是一位試圖讓佛陀分心、阻礙佛陀證悟的魔鬼。他盡其所能破壞，以種種歡樂的誘惑或是邪惡的干擾，攻擊佛陀，但佛陀始終不為所動。最後，釋迦牟尼勝利了，他以圖像中的觸地印指地召請地神作為證，證明戰勝了魔羅。

下令打製此尊雕像的即是永樂皇帝，在那個時代的國際盛事之一是明成祖自永樂三年開始，派三寶太監鄭和率領船隊出使西洋，經歷三十餘國。明成祖曾統治過一段繁榮富庶的中國，當時的永樂朝廷與西藏宗教勢力維持密切的良好關係。文獻紀錄共有五十四件帶有如同此件「大明永樂年施」款識的鎏金銅佛，多數存於西藏寺廟。這位明代皇帝虔誠篤信佛教，**由於《金剛經》是如此的珍貴，於是明成祖特別指示，於永樂二十一年四月十七日完成了一部《金剛經百家集註大成》，並且由皇帝親自爲此集註寫序**。他寫著：

朕惟佛道弘深精密，神妙感通，以慈悲利物，以智慧覺人，超萬有而獨尊，歷曠劫而不壞。先天地而不見其始，後天地而不見其終。觀之金剛般若波羅蜜經，蓋可見矣。是經也，發三乘之奧旨，啓萬法之元微。論不空之空，見無相之相。指明虛妄，即夢幻泡影而可知；推極根原，於我人眾壽而可見。誠諸佛傳心之秘，大乘闡道之宗，而群生明心見性之機括也。

我們之所以選這件雕像作為封面，是因為《金剛經》是釋迦牟尼佛與須菩提的心靈對談。此件極為重要的釋迦牟尼佛像，肯定是大明永樂金銅佛中體積最大與最莊嚴富麗的佛像之一，也是研究佛教造像的重要選件。在2007年10月份，**此尊鎏金佛像創下了國際佛像拍賣史的最高紀錄**。如此完美的鑄像呈金剛禪定坐姿，猶如金剛一般堅固不壞。佛陀的右手持觸地印，象徵征服魔羅，左手為禪定印，代表進入靜慮冥想的狀態。穿戴褶疊的衣袍自左肩處下垂，目光略微朝下呈禪定冥想的神情。頭上排列的點狀小髮螺堆疊成圓錐型的髮髻，是即三十二相中的「無見頂相」，代表一切人天無法見到的頂點。

誦讀《金剛經》的保護力量向來被視爲經中之冠，讀經即可擁有如同咒語眞言的偉大力量。揭開佛陀底座的金屬薄片，裡面安置神聖的裝藏物，是藍底金漆的陀羅尼（Dharani），陀羅尼代表長句咒語，可遮斷一切災難，滅除一切障礙。而藏文字體的真言則含藏於內，真言（Mantra）即是短句咒語，是真實的言語，是神聖言語的象徵，代表如來三密中的語密。**我們以世尊的身形爲封面，以他的言教放於書內，如此守護著每位讀者的心靈**。

圖解系列 BB1002R

圖解金剛經：暢銷經典版

作　　者　張宏實
主　　編　顏素慧
藝術總監　邱梁城
責任編輯　于芝峰
特約編輯　黃靖雅、徐藍萍、洪禎璐
插　　畫　王佩娟、劉鎮豪
圖表繪製　張淑珍
版面構成　張淑珍、宸遠彩藝
封面設計　柳佳璋

發 行 人　蘇拾平
總 編 輯　于芝峰
副總編輯　田哲榮
業務發行　王綬晨、邱紹溢、劉文雅
行銷業務　陳詩婷

出　　版　橡實文化 ACORN Publishing
地址；231030新北市新店區北新路三段207-3號5樓
電話：（02）8913-1005　傳真：（02）8913-1056
E-mail信箱：acorn@andbooks.com.tw
網址：www.acornbooks.com.tw

發　　行　大雁出版基地
地址；231030新北市新店區北新路三段207-3號5樓
電話：（02）8913-1005　傳真：（02）8913-1056
讀者服務信箱：andbooks@andbooks.com.tw
劃撥帳號：19983379　戶名：大雁文化事業股份有限公司

印　　刷　中原造像股份有限公司
二版一刷　2020年08月
二版五刷　2023年12月
定　　價　850元
ISBN　978-986-5401-33-7（平裝）

國家圖書館出版品預行編目(CIP)資料

圖解金剛經／張宏實作.－ 二版.－臺北市：橡實文化
出版：大雁出版基地發行, 2020.07
736面；17×22公分
ISBN 978-986-5401-33-7（平裝）

1. 般若部

221.44　　109009860